WAAROM ENGE

Victoria Clark

Waarom engelen vallen

Een portret van orthodox Europa van Byzantium tot Kosovo

Vertaald door Els van der Pluijm
Met medewerking van Jan Gunning

Uitgeverij Atlas – Amsterdam/Antwerpen

Oorspronkelijke titel: *Why Angels Fall*
Oorspronkelijke uitgave: Picador, Londen

Omslagontwerp: Zeno
Omslagillustratie: © West Light/ABC Press
Typografie: Arjen Oosterbaan

ISBN 90 450 0887 4
D/2005/0108/588
NUR 508/680

www.boekenwereld.com

Voor mijn dierbare ouders,
zonder wie ik, enzovoort...

Scheidingslijn tussen het orthodoxe Oosten en het katholieke/protestantse Westen
Finland
Noorwegen
Zweden
Sint Petersburg
Estland
Letland
Litouwen
Rus.
Wit-Rusland
Moskou
R
U
Verenigd Koninkrijk
Denemarken
Nederland
België
L.
Duitsland
Polen
Tsjechië
Slowakije
Oekraïne
Kazachstan
Frankrijk
Zwitserl.
Oostenrijk
Slovenië
Hongarije
Roemenië
Moldavië
Kroatië
Bosnië-Herzeg.
Joego-slavië
Monte-negro
Bulgarije
Italië
Spanje
Portugal
Albanië
Macedonië
Athos
Istanbul
Georgië
Armenië
Azerbeidzjan
Turkije
Turkmenistan
Griekenland
Tunesië
Cyprus
Libanon
Syrië
Israël
Irak
Iran
Jordanië
Koeweit
Marokko
Algerije
Libië
Egypte
Saudi-Arabië
Quatar
Verenigde Arabische Emiraten
Oman
Mali
Niger
Tsjaad
Sudan
Eritrea
Jemen
Burkina Faso
Nigeria
Ethiopië
Somalië

3000 kilometer
Siberië
L A N D
Mongolië
Kirgizië
jikistan
stan
C H I N A
Wladiwostok
Noord-Korea
Zuid-Korea
Japan
Nepal
Bhutan
Bangla-desh
India
Birma
Laos
Thailand
Vietnam
Cambodja
Taiwan
Philippijnen
Sri-Lanka

INHOUD

VOORWOORD

Mijn welgemeende verontschuldiging voor de wegens ruimtegebrek op zijn best schetsmatige beschrijving van Bulgarije, Oekraïne, Georgië, Wit-Rusland en Moldavië in dit overzicht van oosters-orthodox Europa.

De keuze om de Voormalige Joegoslavische Republiek Macedonië en de noordelijke Griekse provincie Macedonië in één enkel hoofdstuk te behandelen, heeft te maken met de historische situatie en niet met de actualiteit, en dient niet te worden opgevat als een argument voor het herzien van nationale grenzen.

DANKBETUIGING

Het schrijven van een boek als dit is alleen mogelijk met de hulp en de welwillendheid van anderen.

Mijn oprechte dank gaat uit naar de tientallen mensen uit oosters-orthodoxe Kerken – monniken, nonnen, priesters, aartsbisschoppen en de Oecumenisch Patriarch – die zo royaal waren met hun tijd en hun gastvrijheid, en zo vriendelijk om met mij van gedachten te willen wisselen.

Zonder die vrienden, alias voorsprekers, alias tolken, alias beschermers, zouden mijn reizen bij lange na niet zo interessant, veilig en aangenaam zijn geweest. Ik durf te beweren dat Goran Gocić, Bogdan Zlatić, Ljupčo Spasovski, Viorel Hirşan, Dan Ciachir, Vanya Kochkarev en Lena Vozdvizhenskaya er geen idee van hadden dat hun bereidheid mij te helpen betekende dat ze ook een plaats in het verhaal zouden krijgen. Ik ben hun allen buitengewoon dankbaar.

Bevriende journalisten zorgden altijd even belangeloos voor contacten, boeken en onderdak. Mijn speciale dank gaat naar Marcus Tanner, die als eerste in 1986 opperde de beschilderde kloosters in Roemenië eens nader te bekijken en sindsdien mijn belangstelling voor oosters-orthodox Europa deelde. Bill MacPherson in Washington ben ik zeer dankbaar voor het advies mijn werk bij een krant in Londen op te geven en een boek te gaan schrijven. Chris Stephen was zo vriendelijk me in Sarajevo onderdak te verlenen, Helena Smith in Athene en Alison Mutler in Boekarest. Tim Judah en Marc Champion voorzagen me van boeken en contacten. Sophie Russell, Andrew Sparke en Elizabeth Randall lazen de voorlopige versies. Bruce Clark hielp me met vreemde spellingen. Ook Natasha Fairweather, Richard Beeston, Broo Doherty, Anatol Lieven, Colin Smith, Kate de Pury, Tom de Waal en Jusitin Huggler droegen hun steentje bij.

Vader Silhouan en Vader Simeon in het orthodoxe klooster van Johannes de Doper in Essex, Graham Speake van het Genootschap van Vrienden van de Berg Athos, de Grieks-orthodoxe bisschop van Oxford, Kallistos Ware, Dr. Anthony Briar van de universiteit van Birmingham, bisschop Ambrosius Baird van Fili bij Athene, Vader Christopher Hill in Moskou, de staf van de *Cyprus Mail* in Nicosia, John Nassis van het Oecumenisch Patriarchaat in Istanbul en Malcolm Walker van Keston College in Oxford zijn allemaal even behulpzaam geweest.

Zonder het werk van tientallen historici had ik dit boek nooit kunnen schrijven. Geen van hen is verantwoordelijk voor mijn terechte of onterechte gevolgtrekkingen en voor de fouten die ik telkens weer maakte.

Ook *The Observer*, de krant die mijn zevenjarig verblijf op de Balkan en in Rusland tussen 1990 en 1996 financieel steunde en zo meehielp de grondslag voor dit boek te leggen, ben ik dank verschuldigd. Mark Frankland, Martin Huckerby, Adrian Hamilton en Ann Treneman toonden speciale belangstelling.

Mijn uitgevers bij Macmillan, Tany Stobbs en Becky Lindsay, ben ik zeer dankbaar voor de verbeeldingskracht en het enthousiasme waarmee ze het project steunden. Veel dank ook voor Nickey Hursell, die zo ijverig naar foto's speurde. Ook mijn agent, David Godwin, ben ik veel dank verschuldigd, omdat hij me als eerste uitdaagde precies te definiëren wat me in Oost-Europa zo boeide en er vervolgens mee instemde dat ik erover zou schrijven.

En, lest best, gaat mijn dank naar mijn ouders en mijn zusje Nicola, voor hun behulpzaamheid, die varieerde van het luisteren naar mijn orthodoxe anekdotes tot het schilderen van de illustratie op het omslag, het corrigeren van mijn grammatica en het delen van mijn liefde voor historie.

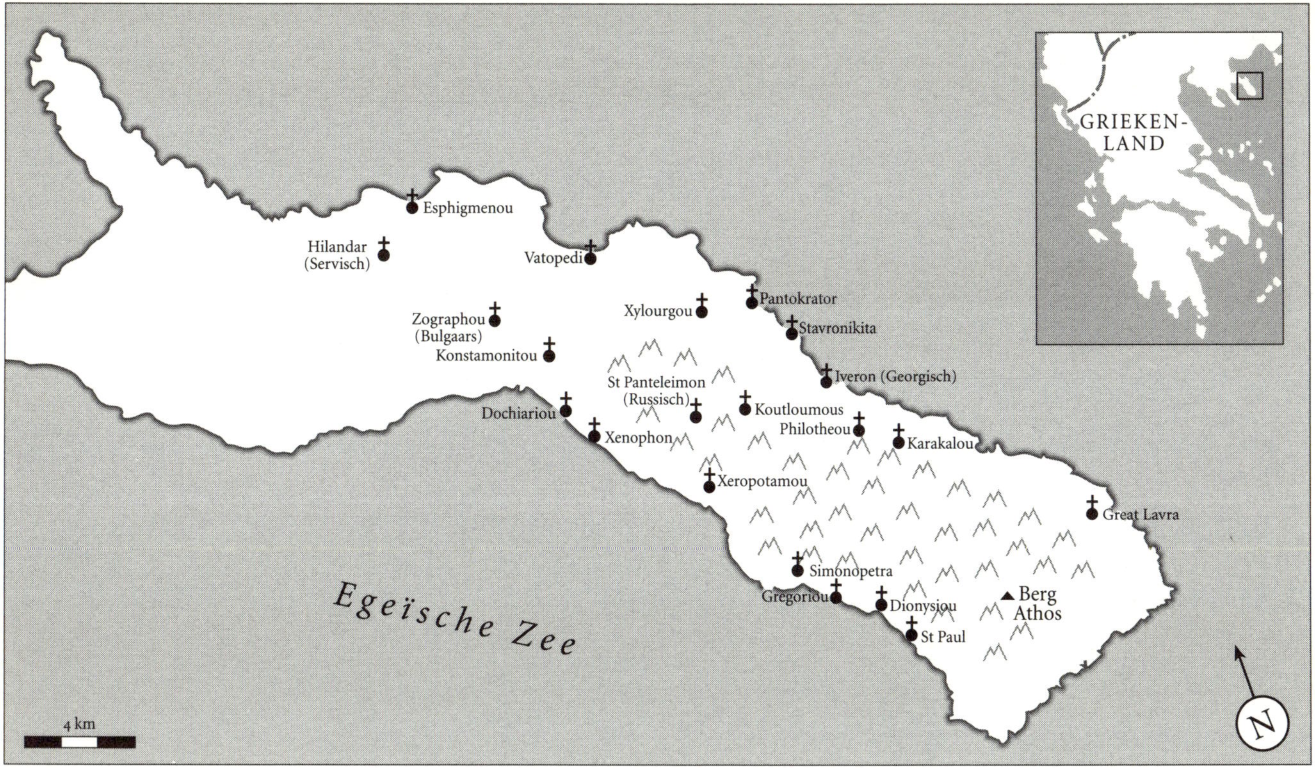
GRIEKEN-
LAND
Esphigmenou
Hilandar
(Servisch)
Vatopedi
Pantokrator
Xylourgou
Stavronikita
Zographou
(Bulgaars)
Konstamonitou
Iveron (Georgisch)
St Panteleimon
(Russisch)
Koutloumous
Dochiariou
Philotheou
Karakalou
Xenophon
Xeropotamou
Great Lavra
Simonopetra
Gregoriou
Dionysiou
Berg
Athos
St Paul
Egeïsche Zee
4 km
N

DE BERG ATHOS

Byzantium

Alleen een engel had kunnen genieten van de eerste glimp die ik op een winderige ochtend in april, door een wolk sigarettenrook en een door de regen gestriemde patrijspoort, van de Heilige Berg opving. Op een boot waar ik niet af kon, turend naar de Byzantijnse kloosters die als reusachtige vogelnesten druipnat aan hun ongenaakbare rotsen hingen, kon ik maar weinig waardering opbrengen voor het duizend jaar oude bolwerk van de oosters-orthodoxe spiritualiteit in Europa.

Een plotseling doorbrekende bundel Grieks zonlicht die de zee van somber grijs in zilver had veranderd, de kruisen van de kloosters had doen oplichten en de mist op de top van de berg Athos zelf verjaagd, had wellicht geholpen, maar niet veel. Van dichterbij kijken zou leuk zijn geweest, maar nog steeds tweede keus, want als ik mijn doel wilde bereiken, was het essentieel dat ik toegang kreeg tot die veertig vierkante kilometers aards paradijs – een van de drie kromme vingers die van het zuidoostelijke uiteinde van Europa in de Egeïsche Zee uitsteken.

Eenmaal op de Heilige Berg zou ik over de oude voetpaden tussen de bouwvallige vestingen van de orthodoxie ronddolen, de geur van wierook, houtvuur, bijenwas en oude stenen opsnuiven en horen hoe de stemmen van de monniken op de binnenplaatsen en in de kerken weergalmden. Dan zou ik zien hoe de mallemolen van de wereld tot stilstand komt op een plaats waar hele generaties mannen duizend jaar lang steeds in dezelfde volgorde liturgieën, heiligendagen en kerkelijke feesten hebben gevierd. Gaandeweg zou ik me beter kunnen voorstellen hoe die ongeveer tweeduizend monniken van de berg Athos ertoe zijn gekomen te geloven dat ze Gods engelen nabootsen...

Maar wat schoot ik op met dromen? Ik zou geen van al die dingen doen, om de doodeenvoudige reden dat de Heilige Berg de afgelopen negenhonderd jaar taboe is geweest voor alle vrouwen. Iedere geslachtloze engel, iedere monnik, in feite ieder mannelijk wezen mocht gaan en staan waar ik nooit zou worden toegelaten.

Het verbod dat vrouwen nooit één voet op de berg Athos mochten zetten, was het antwoord geweest van een of andere bejaarde monnik op een uitbarsting van ontucht op het schiereiland, aan het eind van de elfde eeuw. Vrijpostige vrouwen, vermomd als rondtrekkende schaapherders om een aantal jongere monniken op het slechte pad te brengen, hadden de oudere mannen zó geschokt dat ze zelf een zogenaamd patriarchaal bevel hadden opgesteld waardoor niet alleen vrouwen werden verbannen maar ook elk vrouwelijk schepsel. Nog in de jaren dertig had een monnik van de berg Athos onverkort alle bepalingen van het vervalste origineel verdedigd, zeggend dat het was uitgevaardigd opdat 'het paren geen aanstootgevend schouwspel zou bieden aan zielen die elke vorm van onwelvoeglijkheid verfoeien en dagelijks gelouterd worden'.[1] De paragraaf met de regels die betrekking hebben op vrouwelijke dieren mag dan verzacht zijn, maar tot op de huidige dag maken de monniken slechts één uitzondering waar het vrouwen betreft: voor de Moeder Gods. Toen ze enkele jaren na de dood van haar zoon op de Heilige Berg schipbreuk leed, vatte de Heilige Maagd Maria volgens zeggen een speciale voorliefde voor het schiereiland op en eiste ze het voor zichzelf op. 'Laat dit land voorgoed het mijne zijn – mij door mijn zoon en God geschonken,' zou ze hebben gezegd. Als de monniken naar hun rotsachtige bolwerk verwijzen, noemen ze het nog steeds liefdevol 'De Tuin van de Moeder Gods'.

Allemaal goed en wel, die traditie, en tegen de Moeder Gods kon ik natuurlijk niet op, maar daar stond ik, begin eenentwintigste eeuw, inwoner van een seculiere Europese Unie die iedereen binnen haar grenzen bewegingsvrijheid en gelijke behandeling garandeert. Reizend door Griekenland, lid van diezelfde Unie, hardnekkig proberend nader kennis te maken met de wereld van het oosters-orthodoxe christendom in Europa, moest ik vaststellen dat het loutere toeval van mijn geslacht me belette het hart ervan te bestuderen. Er werd natuurlijk van me verwacht dat ik dit laatste bastion van mannelijkheid zou bestormen, redeneerde ik. Ik zou niet de eerste zijn geweest die dat probeerde.

Zo'n honderd jaar nadat een veertiende-eeuwse Servische koningin voor de rampzalige gevolgen van de pest naar de berg Athos was gevlucht, had de Maagd Maria een oosters-orthodoxe sultane die het verbod had overtreden terwijl ze op weg was naar een klooster met geschenken, goud en wierook, de schrik op het lijf gejaagd. Ze had haar bevolen: 'Kom niet dichterbij, want hier heerst een andere koningin dan gij – de Koningin des Hemels'.[2] De Ottomaans-Turkse gouverneurs van de berg Athos hadden hun harems de daaropvolgende vierhonderd jaar uit kiesheid verboden langs de monniken te paraderen. Onder een groep Griekse vluchtelingen die begin negentiende eeuw, tijdens de Griekse Onafhankelijkheidsoorlog, had geprobeerd aan de toorn van de Ottomanen te ontkomen, hadden zich echter ook een paar vrouwen bevonden, en daarna was het aantal verkrachtingen en pogingen tot verkrachting voortdurend toegenomen. In de tijd van koning Edward had een avonturierster in gezelschap van twee mannen voor de grap voet aan wal gezet en was er vriendelijk ontvangen door de monniken. Kort daarna had een Française een hoogst verdacht verslag geschreven over een verblijf bij de monniken op de berg Athos dat, zo beweerde ze, mogelijk was geworden nadat ze haar borsten had afgesneden. Begin jaren dertig was een Zweedse in mannenkleren en gewapend met het paspoort van haar broer, er niet in geslaagd toegang te verkrijgen omdat ze, toen ze op het punt stond aan land te gaan, de slappe lach had gekregen. Nog maar kort geleden waren een paar Italiaanse vakantiegangers, die geen idee hadden gehad waar ze waren en voor de kust van het schiereiland voor anker waren gegaan om aan het strand te zonnebaden, aanleiding geweest tot het opstellen van een nieuwe regel: alle schepen met vrouwen aan boord moeten een koers van vijfhonderd meter uit de kust van de Heilige Berg aanhouden.

Hoewel ik vertwijfeld de gezichten van de Griekse, Servische en Roemeense vrouwen die de meerderheid van de opvarenden vormden bestudeerde, zag ik geen spoortje wrevel over hun uitsluiting. Met hun mantels over hun schouders zaten ze uit plastic bekers koffie te drinken en onafgebroken te roken en te praten. Telkens als de luidsprekerstem van een gids hen attent maakte op de aanblik van een klooster in de verte, door in hun eigen taal namen en jaartallen op te dreunen, dromden ze voor de patrijspoorten samen, stil, opgetogen. Verbonden door de gedeelde nalatenschap van het ware geloof of de ware aanbidding – de letterlijke vertaling van het woord orthodoxie – leken zij de vijfhonderdmeterregel eensgezind te aanvaarden.

Een Servische vertelde dat ze het leuk zou vinden om te horen wat haar man over zijn verblijf in het Servische Hilandarklooster op de Heilige Berg te vertellen had als ze de volgende dag weer bij elkaar zouden zijn. Een jonge Roemeense, effectenmakelaar in Boekarest, zei dat ze vond dat mannen en vrouwen hun plaats moesten kennen, en dat vrouwen op de berg Athos niet op hun plaats waren. Een jonge, uit die streek, de provincie Halkidiki in Noord-Griekenland, afkomstige vrouw die leefde van de snel groeiende toeristenindustrie in die buurt, zuchtte ongeduldig: 'Zeker,' zei ze, 'veel monniken zijn ziek – geestelijk of lichamelijk of allebei, niks bijzonders. Maar er zijn er ook een paar – misschien maar heel weinig – die daar iets doen wat zo heilig is dat ze zelf heiligen zijn. Dat weet ik zeker. Ze hebben rust en stilte nodig om hun werk te kunnen doen.'

'Ja, maar...'

Ze wist wat ik wilde zeggen en maakte een afwerend gebaar. 'De Europese Unie zal Athos nooit dwingen om vrouwen toe te laten alleen omdat Griekenland lid is. Wat zouden dat voor mensenrechten zijn? Wat voor vrijheid is dat?'

Zeker, maar hoe zit het met mijn vrijheid en de vertrouwde liberale vuistregel dat we moeten streven naar het grootst mogelijke welzijn voor het grootst mogelijke aantal mensen, en niet alleen voor een handvol 'heiligen' die toevallig geloven dat ze op engelen lijken? Dat was de vraag die ik wilde stellen, maar ik vermoedde dat ik mijn en haar tijd zou verspillen als ik erop doorging. We spraken verschillende talen.

Wat ze niet besefte was dat iemand als ik serieus kon overwegen om stiekem over de grens van de monnikenrepubliek te sluipen. De vorige avond had ik vanuit het laatste seculiere dorp op het schiereiland Athos, Ouranopoli, een wandelingetje gemaakt om het terrein te verkennen. Ik was uitgekomen bij een betonnen muur van een meter hoog met prikkeldraad erbovenop, en een groot bord waarop een vergulde Byzantijnse tweekoppige adelaar prijkte en dat me er in alle belangrijke West-Europese talen aan herinnerde dat ik als vrouw niet verder mocht. Maar toen ik rechtsaf langs die muur was gelopen en hem tot het strand, waar hij in zee verdween, had gevolgd, had ik ingeschat dat ik best over dat laatste obstakel, een paar rotsblokken, heen zou kunnen klauteren en omlopen naar de andere kant. Eenmaal daar zou ik een rugzak uitpakken, mezelf voorzien van een lange zwarte baard en een zwarte pij, me een verende tred aanmeten en me naar de kloosters begeven. Zodra ik de moed had verzameld om ergens naar binnen te gaan, zou ik door de politie van Athos worden gearresteerd en voor een jaar in een Griekse gevangenis belanden. Maar vanuit de gevangenis zou ik mijn zaak bij het Europese Hof voor de Rechten van de Mens kunnen aanspannen en misschien zelfs winnen.

Dat proces zou heel wat tongen losmaken, veronderstelde ik, want mijn dappere stunt zou een hoger doel dienen. Hij zou een barrière voor de Europese eenwording aan de kaak stellen die zó hoog en onneembaar is, dat het vermoeden dat ik het grootste deel van de tien jaren dat ik in oosters-orthodoxe landen heb gewoond en gewerkt heb gekoesterd ten slotte onherroepelijk bevestigd zou worden: dat meer dan de helft van het continent dat wij Europa noemen niet zozeer de geboortegrond is van een willekeurige andere tak van de christelijke godsdienst, maar van een volstrekt andere cultuur. De helft van het continent die zich ten oosten van de huidige Bosnisch-Servische Republiek in het westen via de oostelijke Balkanlanden helemaal tot de Oeral in Rusland en dwars door Siberië tot Wladiwostok aan de Stille Oceaan uitstrekt, lijkt alleen oppervlakkig gezien op de westelijke helft van het continent. Oosters-orthodox Europa – de tweelinghelft waarvan ons rooms-katholieke en later protestantse West-Europa zich zo'n duizend jaar geleden achteloos heeft afgekeerd – is een entiteit waarvan we de onderscheiden waarden, tradities en dus ook de geschiedenis op zijn best hebben gebagatelliseerd en op zijn slechtst genegeerd.

Het einde van de Koude Oorlog had dit patroon kunnen doorbreken en leiden tot een herwaardering van wat het continent ooit was geweest en weer had kunnen worden, maar om de een of andere reden is dat niet gebeurd. Traditioneel rooms-katholieke of protestantse landen als Polen, Oost-Duitsland, Hongarije en Tsjechoslowakije waren blij dat ze weer toegang kregen tot het traditioneel rooms-katholieke of protestantse West-Europa, en West-Europa smeedde al snel plannen om ze in de NAVO en de Europese Gemeenschap op te nemen. Maar de oosters-orthodoxe landen van het voormalige Oost-Europa – Servië en Montenegro, de Voormalige Joegoslavische Republiek Macedonië, Roemenië, Bulgarije, Moldavië, Oekraïne, Wit-Rusland en Rusland – werden buitengesloten, gediskwalificeerd, omdat ze onvoldoende democratisch waren en in economisch opzicht niet levensvatbaar. De kans dat een van deze landen zich in de eerste decennia van de komende eeuw bij de NAVO of de EU zal aansluiten is heel klein. Dit betekent dat de oostelijke grenzen van beide organisaties gedoemd zijn vrijwel exact Europa's oudste politieke breuklijn te volgen, die teruggaat op de tweede eeuw A.D., op de splitsing van het Romeinse Rijk – de westelijke helft geregeerd vanuit Rome, de oostelijke vanuit Constantinopel. In 1054 had die lijn religieuze dimensies aangenomen en markeerde ze het schisma tussen de Romeinse en de Byzantijnse christelijke Kerken. Ten westen van de lijn het rooms-katholieke christendom, aangevoerd door Rome, ten oosten het orthodoxe christendom, aangevoerd door Constantinopel.

Ten oosten van die oude breuklijn staan de mensen op dit moment voor een dubbele uitdaging. Vrijwel het hele gebied lijdt onder de naweeën van het communisme, maar moet bovendien het hoofd bieden aan de zich opdringende wezensvreemde westerse cultuur, en in het zuiden soms ook nog aan een steeds onverzettelijker islamitische wereld. De combinatie van die verschillende soorten druk garandeerde in zekere zin dat oosters-orthodox Europa niet in aanmerking kwam voor toetreding tot de Europese Unie en de NAVO. Diezelfde druk ligt aan de wortel van de meeste onlusten in Europa sinds het wegvallen van het IJzeren Gordijn. De moorddadige exclusiviteit van de Serviërs in het voormalige Joegoslavië, het opleven van nationalisme en anti-semitisme in Rusland, de status van Griekenland als enfant terrible in de EU en de NAVO, de gewelddadige geschillen tussen rooms-katholieken en orthodoxen over kerkelijke eigendommen in de grensgebieden van Roemenië en de Oekraïne, de anti-islamitische gevoelens in Bulgarije en de smeulende lont die Cyprus is (een kwart eeuw na de tweedeling nog steeds niet gedoofd): het hangt allemaal samen. Stuk voor stuk frontlinies in de omvangrijke verdedigingsoorlog die oosters-orthodox Europa voert om – in spirituele zowel als territoriale zin – zichzelf te blijven in een gebied dat wordt bedreigd door goddeloos materialisme uit het Westen en de bevolkingsexplosie van de islam in het zuiden. Ongemakkelijk klem tussen die twee dominante culturen, wordt oosters-orthodox Europa al sinds de elfde eeuw belaagd en teruggedrongen. En het eind van de ellende is nog lang niet in zicht.

De berg Athos was niet per se de beste plek om dat allemaal in kaart te brengen. Dus geen dappere stunts, dacht ik terwijl de boot voortploegde over de woelige zee en de vrouwen van hun koffie slurpten. Ik zou me niet verlagen tot nachtelijke strooptochten of rondsluipen met een valse baard, want in zeker opzicht was oosters-orthodox Europa ook aanwezig op die boot vol orthodoxe vrouwen. Niet zozeer de monniken op de berg Athos en mijn verkeerde sekse, maar mijn westerse cultuur, mijn rooms-katholieke opvoeding en, het allerbelangrijkste, mijn gebrek aan geloof belemmerden mij het zicht op de fijnere nuances. Ik nam aan dat ik even diep in oosters-orthodox Europa zou kunnen doordringen als elke andere West-Europeaan: door gedeelten van de geschiedenis te ontrafelen, de betreffende gebieden te verkennen en het gezelschap te zoeken en de meningen te horen van haar belangrijkste verdedigers en hoeders – monniken en nonnen, priesters en bisschoppen, aartsbisschoppen en zelfs een patriarch.

Byzantium, zo troostte ik mezelf, was voor mij in feite even ontoegankelijk als Athos, en Byzantium was minstens even cruciaal voor het begrijpen van de orthodoxe wereld als de berg Athos. Zonder Byzantium zou de berg Athos noch de orthodoxie er zijn geweest. En Byzantium zelf zou nooit hebben bestaan zonder het Romeinse Rijk. Een goed verhaal, en die uren op de boot, terwijl de regen tegen de patrijspoorten sloeg en de zee, zo grijs als een oorlogsschip, tegen de verschansing klotste, leken het ideale moment om van wal te steken.

In het Romeinse Rijk waar Jezus leefde, zijn Kerk stichtte en stierf, lagen al die denominaties – oosterse orthodoxie en rooms-katholicisme met als nakomelingen allerlei vormen van protestantisme – nog lang niet in het verschiet. De Kerk, waarin Christus op mysterieuze wijze aanwezig was zodra er twee of drie in Zijn naam bijeen waren, was één enkele gemeenschap. Zo groeide en bloeide ze aan het begin van de vierde eeuw A.D. De Romeinse keizer Constantijn zelf had het licht gezien.

Die soldaat met zijn stierennek, die zo verbazingwekkend ontvankelijk was voor visioenen en voortekens, was op weg naar Rome voor een beslissende confrontatie met zijn voornaamste tegenstander toen hij een rechtstreekse boodschap van God ontving. Constantijn zag volgens zijn zeggen tegen de zon in de omtrek van een kruis en hoorde een stem die hem zei voorwaarts te gaan en 'in dit teken' te strijden. Het feit dat ongeveer een op de vijf Romeinen, onder wie zijn moeder, al christen was, rechtvaardigt het vermoeden dat zijn bekering nauwelijks een wonder mag heten, maar de overwinning die erop volgde heeft zijn vastberadenheid ongetwijfeld versterkt.

De oude Romeinse goden waren uit de gunst, hun magie was verbleekt en uit de tijd. Het christendom was fris, krachtig, en de aanhangers ervan waren bewonderenswaardig goed georganiseerd. Die nieuwe godsdienst was precies wat een rijk dat na vijfhonderd jaar last van zijn leeftijd begon te krijgen nodig had. Vanaf 323 A.D. had het Romeinse Rijk weer één enkele onbetwiste keizer, en Constantijn bevorderde het christendom door de Kerk belastingvoordelen te gunnen en druk uit te oefenen op de rijken om passende gebedshuizen te bouwen waar de nieuwe god kon worden vereerd.

Door een nagel van het ware kruis in zijn met juwelen bezette helm te slaan, en ook een in het bit van zijn paard, gaf Constantijn te kennen dat hij een nieuw begin wilde maken. Het zich snel uitbreidende rijk had dringend behoefte aan een tweede bestuurscentrum in het Oosten. De stad Byzantium, genoemd naar een in vergetelheid geraakte Griekse kolonist, op de plek waar de Bosporus in de Zwarte Zee uitmondt, strategisch gelegen bij 'de gedwarsboomde kus van twee continenten',[3] leek de ideale plaats om dat plan te verwezenlijken. Deze schepping, die al snel bekend werd als het Nieuwe Rome of Constantinopel, was in 330 A.D. klaar om te worden ingewijd, en Constantijn joeg hele hordes Romeinse notabelen uit hun comfortabele oude villa's in het oude Rome naar de nieuwe villa's in zijn Nieuwe Rome, met haar dampige zeemist, haar stormachtige winters en snikhete zomers.

De nieuwe hoofdstad van het oostelijke Romeinse Rijk bloeide en werd fabelachtig rijk. Het had moeilijk anders gekund. Omringd door een stelsel van drie onneembare muren, aan de monding van de smalle Bosporus waar die zich na een paar kilometer verbreedt tot de Zwarte Zee, werd het een gigantische, bruisende vesting, die de voornaamste handelsroutes tussen Europa, Azië en Afrika controleerde. Bijna duizend jaar lang, maar met name tussen de vijfde en de negende eeuw, toen het westerse christendom woelige tijden beleefde en het oude Rome door Gothen, Visigoten, Slaven en Vandalen werd geplunderd, was het Nieuwe Rome de oogverblindende, bedrijvige spil van de toenmalige bekende wereld. Graan uit de Nijldelta, slaven, was, honing en bont uit Rusland, wijn en olie uit het Middellandse-Zeebekken, wol en zilver uit Noord-Europa, kruiden uit India en zijde uit China stroomden de 'Stad der Steden' in en weer uit. Nu in hun materiële behoeften zo rijkelijk was voorzien, konden de inwoners van Constantinopel zich veroorloven hun aandacht op spirituele behoeften te richten.

Het Byzantijnse Rijk kon zijn kloosters vol gezonde jonge christenen, mannen zowel als vrouwen die 'het leven van engelen' leidden, veel meer land schenken dan het westerse christendom. In de negende eeuw onderhield het Byzantijnse Rijk naar schatting een legertje van zo'n honderduizend monniken. Constantinopel zelf wemelde van de kloosters, maar ook onbewoonde, afgelegen plekken – woestijnen, bergtoppen, eilanden en verborgen dalen – waren in trek bij de talloze beschouwelijke kloosterordes, die zichzelf en de wereld voorbereidden op de kennelijk spoedig verwachte wederkomst van Christus, die al het andere in de schaduw stelde. Ze droegen aan het keizerrijk niets tastbaarders bij dan gebeden en waren een levende verwijzing naar het feit dat alleen de komende wereld telt, niet deze.

Streng ascetisch of niet, de monniken speelden in het rijk een minstens even vitale rol als kooplieden, getrouwde mannen en militairen. Zoals een hedendaags orthodox theoloog het stelde: 'De geestelijke arbeid van een monnik die in een gemeenschap leeft, of van een kluizenaar die zich uit de wereld heeft teruggetrokken, heeft waarde voor het gehele universum, zelfs als die arbeid voor ieders blik verborgen blijft.'[4] Een bisschop uit de vierde eeuw schreef dat keizer Constantijn ernaar streefde zijn 'aardse heerschappij naar het voorbeeld van het goddelijke origineel'[5] in te richten, maar de kluizenaarsverblijven en kloosters vormden een permanente en ongemakkelijke herinnering aan het feit dat er een wijde kloof gaapte tussen het hemelse en het aardse rijk. Ongenuanceerde kritiek op de wereld, krankzinnige profetieën, dromen, door honger veroorzaakte visioenen, dreigementen en voorspellingen waren de wapens waarmee de monniken de staat belaagden. Keizers, patriarchen en bisschoppen die te veel wereldlijke macht kregen negeerden die legers van aardse 'engelen' op eigen risico. In de elfhonderddrieëntwintig jaar dat het Byzantijnse Rijk heeft bestaan, zagen de monniken telkens weer kans massa's mensen de straat op te krijgen om het Ware Geloof te verdedigen en het tegen de staat op te nemen.

De invloed van de kloosters, via de vele banden met grote aantallen 'geestelijke kinderen' waarop beroemde spirituele monniken konden bogen, was mogelijk wel subtieler maar zeker niet minder groot. Iedereen, om te beginnen de keizer zelf, zocht een 'geestelijk vader' uit, om zijn meest duistere hartsgeheimen aan toe te vertrouwen en raad te vragen, zowel op geestelijk als praktisch vlak. De gepaste houding tegenover een geestelijk vader was onvoorwaardelijke gehoorzaamheid. De heilige Simeon de Jongere heeft een uiteenzetting nagelaten over hoe iemand zo'n mentor vindt en zich vervolgens jegens hem gedraagt: 'Ga en zoek de man die God u op mysterieuze wijze zelf, of in de persoon van zijn dienaar, zal tonen. Hijzelf is Christus. Zo moet gij hem dus beschouwen en zo moet gij tot hem spreken; zo moet gij hem eren; zo moet gij van hem leren wat u goed zal doen.'[6]

De raad van een geestelijk vader aan een keizer of een generaal kon heel goed een aansporing tot een staatsgreep of een veldtocht inhouden. Een geestelijk vader kon niet alleen directe morele aanwijzingen geven, maar ook de basis leggen voor een politiek verbond tussen een aantal van zijn geestelijke kinderen. De berg Athos verwierf een groot deel van zijn invloed als broedplaats van de geestelijk vaders van de rijkste en machtigste Byzantijnen. De heilige Athanasius, die in 963 het eerste mannenklooster op de Heilige Berg stichtte, zodat de monniken hun 'engelenroeping' konden volgen door God net als de engelen te loven en te prijzen, was geestelijk vader van keizer Nicephorus Phocas. Het bouwproject kreeg de beschikking over onuitputtelijke keizerlijke fondsen.

Maar wie waren deze mensen, die wij Byzantijnen noemen en van wie we gewoonlijk aannemen dat het Grieken waren, maar die zichzelf beschreven als *Romaioi*, het Griekse woord voor Romeinen? De meer ontwikkelden onder hen spraken Grieks, de lingua franca van het Oost-Romeinse Rijk, maar hun nationaliteit had voor hen niet de betekenis die wij daar tegenwoordig aan hechten. Wat hen verenigde was ten eerste hun christelijke geloof en ten tweede hun loyaliteit aan de Byzantijnse keizer. De inwoners van het Byzantijnse Rijk waren oorspronkelijk wellicht wat we nu Grieken, Roemenen, Egyptenaren, Palestijnen, Oekraïners, Turken of Serviërs zouden noemen, maar beschouwden zichzelf eenvoudig als christelijke Romeinen die Grieks spraken en niet in het westelijke maar in het oostelijke deel van het Romeinse Rijk leefden. De berg Athos is het laatst overgebleven getuigenis van dit, tegenwoordig weliswaar zeer kleinschalige maar oorspronkelijk universele, christelijke ideaal. De Heilige Berg is een kloosterrepubliek met zelfbestuur, bevolkt door orthodoxe monniken uit Griekenland, Rusland, Servië, de Voormalige Joegoslavische Republiek Macedonië, Roemenië, Moldavië, Cyprus, Bulgarije, Oekraïne en Wit-Rusland, nog afgezien van het handjevol monniken uit alle landen van West-Europa en nog verder weg.

Die oude Romaioi geloofden dat ze Gods uitverkoren volk waren. Zoals de gouden achtergrond op de Byzantijnse iconen en mozaïeken naar de heilige, tijdloze context van de afbeelding verwees, was het christendom in veel opzichten de heilige, tijdloze context van het Byzantijnse Rijk. Het Ware Geloof van de Grote Kerk was het sine qua non van een rijk dat was bestemd om voort te duren tot de komst van de antichrist, het einde van de wereld en de wederkomst van Christus. Het was de mystieke alchemie die de toch al ongeëvenaard rijke tradities van de Griekse filosofie en de Griekse wijsheid, de Romeinse wetten en de oriëntaalse autocratie in zuiver goud veranderde. In de Byzantijnse visie op de hemelse orde regelde God de hemelen en de Byzantijnse keizer de Oecumene – de bewoonde wereld.

Sinds de eerste keizer, Constantijn, zo rechtstreeks door de hemel was uitverkoren, hadden alle Byzantijnse keizers op grond van hun goddelijke rechten als Gods plaatsvervangers op aarde en gelijken van de apostelen geregeerd, totdat ze door een sterkere macht ten val waren gebracht en de troon na een staatsgreep door een rivaal was bezet. Omdat niets buiten Gods wil om kon gebeuren, had ook de nieuwkomer natuurlijk op grond van zijn goddelijke rechten geregeerd. Een dergelijk rijk met een dergelijk geloof was zó volmaakt dat verdere ontwikkeling nergens voor nodig was, geloofden de Byzantijnen – en ook onvoorwaardelijke trouw aan de traditie werd als volmaaktheid beschouwd. Dat onbuigzame conservatisme geldt tegenwoordig als een van de meest uitgesproken en meest bewonderenswaardige kenmerken van de orthodoxie.

Kerk en staat werden in het Byzantijnse Rijk opgevat als een volmaakte harmonie, ofwel *symphonia*. Er hoefden geen nadere pogingen te worden ondernomen om beider verantwoordelijkheden af te bakenen, omdat zowel de keizer als de oecumenisch patriarch van Constantinopel werden geacht hun aandeel te leveren aan de gezamenlijke taak om de Hemel op Aarde te reproduceren. Kerk en staat waren beide even mystiek en op paradoxale wijze één en tegelijk twee, zoals God de Vader, de Zoon en de Heilige Geest de heilige Drievuldigheid vormen en één zijn maar ook drievoudig. Als het ideaal van de harmonie niet altijd werd bereikt, kwam dat doordat de belangen in de praktijk niet altijd samenvielen. Soms had een keizer de overhand, soms een patriarch. Een elfde-eeuwse patriarch was blijkbaar 'zeer ontstemd'[7] dat het rijk werd geregeerd door een vrouw, namelijk door keizerin Theodora. Hij was vastbesloten de teugels van de regering over te nemen maar zij, minstens zo goed in staat om te regeren als wie van haar mannelijke voorgangers dan ook, 'verafschuwde' hem en verijdelde zijn pogingen.

De gemiddelde Byzantijn mocht zich verheugen in de wetenschap dat de werkelijke heerser over het rijk gelukkig niet de keizerin, niet de keizer, noch de patriarch, maar Christus zelf was. In het keizerlijk paleis lag een exemplaar van de vier evangeliën op een lege troon, als onweerlegbaar symbool van Zijn tegenwoordigheid temidden van Zijn uitverkoren volk. Aan de andere kant keken de Byzantijnen niet vreemd op van een keizer die een preek voor zijn hofhouding hield, of van een kunstenaar die hem als een heilige portretteerde, met een gouden aureool om zijn hoofd. Het woord 'heilige' werd vaak gebruikt in verband met de titel 'keizer'. Andere hoogwaardigheidsbekleders werden aangesproken als 'Uwe Oprechtheid' of 'Uwe Sublieme en Bewonderenswaardige Grootheid' of 'Uwe Roemrijke en Magnifieke Hoogheid'. De keizer beledigen stond gelijk aan godslastering. Op samenzweringen tegen zijn heerschappij stond excommunicatie. Elke oorlog – meestal waren ze eerder defensief dan offensief van aard, omdat de Byzantijnen liever veroveringen maakten door de overtuigingskracht van cultuur en geloof dan van wapens – was een heilige oorlog, in naam van God gevoerd ter bescherming van Zijn koninkrijk op aarde. De Byzantijnse overwinningsleuze luidde niet 'Byzantium heeft gezegevierd!' maar 'Het kruis heeft gezegevierd!'

Die godsdienstige bevlogenheid was hun levensadem, en wat de Romaioi voor hun Drie-ene God en Zijn Moeder Maria voelden was de allesverslindende hartstocht van de verdwaasde minnaar voor zijn beminde. Hart, ziel en geest werden volledig ingezet voor het opsporen van ketterijen en het schouwen van de Waarheid. Gregorius van Nyssa, die in verband met de bouw van het Nieuwe Rome in de omgeving was, sprak de volgende beroemde woorden:

> ... de stad is vol werklui en slaven, stuk voor stuk theologen... als je een man vraagt om geld te wisselen, zal hij je vertellen waarin de Zoon verschilt van de Vader. Als je naar de prijs van een brood vraagt, zal iemand betogen dat de Zoon minder is dan de Vader. Als je wilt weten of het bad klaarstaat, wordt je verteld dat de Zoon uit het niets is gemaakt.[8]

De godsdienst kleurde elke activiteit. Er braken politieke rellen uit over de vraag of 'de Zoon minder is dan de Vader', en duizenden stierven omwille van het recht om iconen te gebruiken, of juist omwille van hun geloof dat die bekoorlijke schilderingen de zondige aanbidding van gesneden beelden bevorderden. Populaire Byzantijnse lectuur bestond niet uit luchtige romantische fictie maar uit stichtelijke heiligenlevens. Het Byzantijnse equivalent van een voetbalwedstrijd, een uitstapje naar de Hippodroom om naar de paardenrennen te kijken en de blauwe of de groene ploeg aan te moedigen, was gewoon het zoveelste voorwendsel om God te vereren. Voorzangers die verdacht veel van cheerleaders hadden, dirigeerden de rituele gezangen, die luidden:

Voorzangers: Heilig, driewerf Heilig, victorie voor de Blauwen!
Volk: Ja, victorie voor de Blauwen!
Voorzangers: Lieve Vrouwe, Moeder Gods!
Volk: Ja, Moeder Gods, victorie voor de Blauwen!
Voorzangers: Macht van het kruis!
Volk: Ja, Macht van het kruis, victorie voor de Blauwen![9]

Byzantinologen hebben zich afgevraagd of er ooit zo'n lange periode in de wereldgeschiedenis is geweest waarin zoveel mannen en vrouwen zich zo oprecht bezorgd bezighielden met hun verhouding tot hun God. De dichter W.B. Yeats heeft ooit geschreven dat hij, als hem een maand in de Oudheid zou zijn vergund, hij die had doorgebracht in het oude Byzantium: 'Ik denk dat ik in het eerste het beste wijnkeldertje een filosofische mozaïeklegger had aangetroffen die me op al mijn vragen antwoord kon geven... Ik denk dat het religieuze, esthetische en alledaagse leven in het oude Byzantium een eenheid vormden als nooit eerder of later is vertoond in de geschiedenis die we ons herinneren...'[10]

Niet dat de Romaioi zo buitengewoon deugdzaam waren. Dat waren ze zeker niet, maar de volmaakte onstoffelijke wereld waarnaar hun wereld volgens hen was gemodelleerd, hadden ze bijzonder duidelijk voor ogen. Ideaal gezien waren de Byzantijnen, zoals Yeats hoopte, evenwichtig naar geest en hart, een fijnzinnig, hoogontwikkeld en toegewijd volk. Maar heel vaak verloren ze de herkenbare werkelijkheid uit het oog. Betoverd door hun 'hogere werkelijkheid' dobberden ze op hun mythen in een troebele mist van onweerswolken en bundels zonlicht barstensvol wonderen, voortekenen, visioenen en profetieën. In het jaar 398 zag men een naar zwavel stinkende rode wolk Constantinopel naderen. Die veroorzaakte een paniekerige wedloop op de kerken, iedereen wilde worden gedoopt met het oog op het einde van de wereld. De keizer zelf ging voorop bij de uittocht naar een nabijgelegen veld, zodat de stad een paar uur lang leeg en stil achterbleef.

Alsof de dertien mijl lange machtige muren en de versterkte poorten niet voldoende bescherming boden tegen invasies, kon Constantinopel bovendien bogen op een fraaiere collectie relikwieën van beschermheiligen dan enige andere christelijke stad ter wereld. Net als de monniken van de berg Athos, kozen ook de Byzantijnen de Moeder Gods als hun speciale beschermheilige. Toen ze in 860 in een processie langs de stadsmuren werd gedragen, op het moment dat het ernaar uitzag dat Constantinopel voor haar Russische belagers zou vallen, joeg haar wonderbaarlijke mantel de vijand al spoedig op de vlucht. De toenmalige patriarch schreef, onmiskenbaar opgelucht, 'Dit allerheiligste gewaad is werkelijk de mantel van de Moeder Gods! Het omhulde de muren en de vijand wendde zich om onverklaarbare redenen af; de stad sloeg de mantel om zich heen en het kamp van de vijand werd als bij toverslag opgebroken...'[11]

Haar gordel was al even wonderbaarlijk, en een kostbare icoon van haar, waarvan werd aangenomen dat ze door Sint-Lucas naar de werkelijkheid was geschilderd, werd telkens als er een catastrofe dreigde – wat na de mislukte inval van de Russische vikingen steeds vaker het geval was – in een rituele processie om de stadswallen gedragen. Byzantium koesterde en vereerde ook de doeken waarin het kindeke Jezus was gewikkeld, de bloedbevlekte mantel die Christus op weg naar Zijn kruisiging had gedragen, de lans die Zijn zijde had doorstoken, en de doornenkroon. Al deze voorwerpen werden geëerd met een met zilver of goud beslagen reliekschrijn in een heiligdom of in een eigen kerk, net als het hoofd van Johannes de Doper, verschillende ledematen van de apostelen Lucas, Timotheüs en Andreas, en een flink aantal heilige vingerkootjes, tanden enzovoort.

De stad, die op haar hoogtepunt op zo'n vierhonderdvijftig schitterende kerken boordevol iconen kon bogen, verbaasde iedereen die er heen ging, zoals een Franse kruisvaarder die er in de elfde eeuw onderweg naar Jeruzalem verbleef.

> O, wat een prachtige stad! Zo statig, zo lieflijk, met zoveel kloosters, zoveel paleizen die door noeste arbeid langs haar lanen en straten verrijzen, zoveel kunstwerken, zo prachtig om te aanschouwen; het zou te ver voeren om de overvloed van goede dingen op te sommen; goud en zilver, gewaden van velerlei snit, en zeer heilige relikwieën![12]

Na een plechtigheid te hebben bijgewoond in de Aya Sofia, de kerk van de grote keizer Justinianus in het centrum van de stad, dicht bij het koninklijk paleis en de Hippodroom, berichtte een aantal verbijsterde Russische afgezanten aan het eind van de tiende eeuw vanuit Tsargrad, zoals ze Constantinopel noemden, hun vorst in Kiev dat 'we niet wisten of we in de hemel waren of op aarde. Want op aarde bestaat zulke pracht en schoonheid niet, en we hebben geen idee hoe we die moeten beschrijven. We weten alleen dat God daar onder de mensen woont.'[13]

In Constantinopel kon je je geluk beproeven, en na de invasie van de Noormannen in 1066 waren er met name veel Engelsen die dat deden. In 1075 besloten naar schatting minstens tienduizend[14] Engelsen dat ze hun hoofd niet langer onder het juk van de Noormannen wilden buigen, dus zetten ze koers naar Constantinopel of Micklegarth, zoals zij het noemden. Ze verwachtten in de stad der steden werk te vinden, en ook een spirituele atmosfeer die hun meer aanstond en vrijer was dan wat hun door de Noormannen en de paus werd opgedrongen. Bij aankomst troffen ze een Constantinopel dat weer eens te lijden had onder een van de periodieke belegeringen door de Turken – die de Engelsen meteen kordaat op de vlucht joegen om de toenmalige Byzantijnse keizer dankbaar te stemmen. Meer dan vierduizend van hen vestigden zich in Constantinopel zelf, van wie velen werden beloond met banen in het keizerlijke leger. Een van hun kerken stond halverwege de negentiende eeuw nog steeds overeind.

Die Engelsen waren eenentwintig jaar na de gebeurtenis die de tweedeling van het christendom – en daarmee van Europa – markeerde in Byzantium aangekomen. Niemand vermoedde indertijd dat het schisma van 1054 een permanente toestand inluidde. Het Byzantijnse Oosten begreep de betekenis ervan pas in de veertiende eeuw, toen de kruisvaarders de kloof hadden verdiept door Byzantijnse hiërarchen uit hun oude orthodoxe kerken in Antiochië en Jeruzalem te verjagen en te vervangen door Latijnse, en nadat de deelnemers aan de vierde kruistocht Constantinopel hadden geplunderd en veroverd. Hoewel het schisma van 1054 nauwelijks een vermelding in de kronieken van die tijd verdiende, hebben de godsdienstige, culturele en politieke gevolgen ervan nog een millennium lang doorgewerkt, tot in het recente uiteenvallen van Joegoslavië. Misschien werd het schisma door tijdgenoten nauwelijks opgemerkt omdat het deel uitmaakte van een continuüm, een zoetjesaan afglijden waarvan niemand vermoedde dat het onomkeerbaar zou blijken.

Christelijke ambtsdragers in Oost en West neigden al snel tot meningsverschillen. Meteen vanaf het begin van de Kerk waren er verbeten theologische twistgesprekken tussen de patriarchen van de verschillende kerkelijke centra gevoerd, omdat ze zich allemaal hartstochtelijk inzetten voor het verdedigen van het Ware Geloof tegen een overvloed aan verfoeilijke ketterijen. Met dat doel waren concilies bijeengeroepen. Dat waren vaak tumultueuze bijeenkomsten, door een van de getuigen vergeleken met 'bijeenkomsten van kraanvogels en ganzen',[15] maar onder al dat gesnater en al dat gekissebis over ketterijen werd in toenemende mate duidelijk dat de zeer uiteenlopende historische ervaringen van het oosterse en het westerse christendom de Kerk langzaam maar zeker spleten. Sommigen hebben de kiemen van de problemen gezocht in de westerse voorkeur voor de strenge logica van Aristoteles, en de oosterse voor de uiteindelijk mystiekere en speculatievere leer van Plato. Terwijl de Romeinen in Rome steeds meer blijk gaven van hun aanleg voor het opstellen van wetten en van liefde voor het gezag, ontwikkelden de Romaioi in Byzantium hun voorliefde voor speculatieve filosofie en mystiek. Sommigen hebben erop gewezen dat ze wel verschillende prioriteiten moesten hebben, omdat ze in de verste uithoeken van Europa verschillende ketterijen het hoofd moesten bieden. Anderen suggereren dat de taalbarrière – aan de ene kant werd in het Latijn en aan de andere in het Grieks gedacht – oorzaak was van het groeiende gebrek aan onderling begrip. Zoals de eminente byzantoloog sir Steven Runciman kort en bondig zei, koesterden ze 'verschillende gevoelens voor hun godsdienst, en het is moeilijk om over gevoelens te debatteren'.[16]

Oost en West hadden hun eigen visie op de verhouding van de mens tot God ontwikkeld. Verstandig en rationeel als ze waren, geloofden de Latijnen dat de mens tot na zijn dood moest wachten om te weten of hij was verlost of verdoemd. Idealistisch en mystiek als ze waren, geloofden de Byzantijnen dat de mens al voor zijn dood kon worden verlost. Door Gods genade kon de mens God worden, in die zin dat hij nog tijdens zijn leven tot inzicht kon komen en deel hebben aan de goddelijke energie. Een centrale leerstelling in het oosters-orthodoxe christendom is dat 'God mens is geworden opdat wij God konden worden'.[17] Vergoddelijking, *theosis* in het Grieks, is precies wat de enkele 'heiligen' op de berg Athos tegenwoordig nastreven, zoals generaties monniken dat al eeuwenlang hebben gedaan, om te worden 'als een gouden ketting, elk afzonderlijk een schakel die is verbonden met alle voorgaande: heiligen in geloof, liefde en goede werken... één enkele keten, in één God'.[18]

Hedendaagse oosters-orthodoxe geestelijken en leken zullen, als ze over de verschillen met het westerse christendom praten, alles wat hierboven is gezegd beamen, maar ook benadrukken dat het 'egotistische en absolutistische streven van de paus om leider en despoot te worden, rechter en soeverein over de hele wereld'[19] ten slotte onvermijdelijk tot het schisma moest leiden. Kerkhistorici zouden het minder scherp stellen en zeggen dat de rol van de Romeinse Kerk, als het enige lichtende baken van de beschaving in de vroege Middeleeuwen in West-Europa, er vanzelfsprekend toe heeft geleid dat ze een belangrijke universele rol op zich nam. Om hun aanspraak op suprematie over alle andere afsplitsingen van de Kerk kracht bij te zetten, wezen de pausen erop dat de apostel Petrus, de eerste paus van Rome, de 'rots' was geweest waarop Christus zijn Kerk had gebouwd. Vanaf de zesde eeuw hebben de pausen op alle concilies de Romeinse suprematie onderstreept. Hele generaties Byzantijnse patriarchen hebben echter niet de moeite genomen om na te denken over de verreikende consequenties van die aanspraak, of konden niet geloven dat de pausen het serieus meenden. Ongeïnteresseerd en wantrouwig tegenover de legalistische spitsvondigheden van de westerse theologie, ontwikkelden ze dan ook geen consistent beleid om weerstand te kunnen bieden aan de Romeinse druk.

Maar ze wisten wel uit welke hoek de wind waaide. Op de eerste kerstdag van het jaar 800 kroonde de paus de Frankische leider Karel de Grote tot keizer van het Heilige Roomse Rijk, een zet die kort daarop werd gevolgd door ernstige onenigheid tussen Oost en West over de opname van het *filioque* in de geloofsbelijdenis. Aanleiding was de vraag of de derde persoon van de Drievuldigheid, de Heilige Geest, 'voortkwam uit de Vader en de Zoon' of alleen uit de Vader. Karel de Grote en de westerse religieuze denkers waren eerder geneigd vast te houden aan het eerste, de Byzantijnen aan het tweede.

Beiden gingen op dit punt hun eigen weg, maar waren er niet gelukkig mee. De scheuren begonnen zichtbaar te worden. Zo'n honderd jaar later kookte het bloed van de Romaioi toen een pauselijk gezantschap naar Constantinopel kwam met een brief van de paus van Rome, die naar de Duitse koning Otto I verwees als 'de Verheven Keizer van de Romeinen' en naar de Byzantijnse keizer alleen als 'Keizer van de Grieken'. 'Om een armzalig barbaars schepsel aan te spreken als "Keizer van de Romeinen!" O hemel! O aarde! O zee! Wat moeten we met deze schurken en misdadigers?'[20] tierden ze volgens Liudprand van Cremona, ambassadeur van Otto I in Constantinopel.

De Kerken van Oost en West streden destijds verwoed en soms zeer venijnig om invloed in Centraal-Europa en op de Balkan, waarbij beide partijen missionarissen inzetten als stoottroepen. Hoewel de Serviërs en de Bulgaren een tijdlang tussen het oosterse en het westerse christendom hadden geaarzeld, daarbij de te verwachten voordelen tegen elkaar afwegend, kozen ze uiteindelijk voor het Oosten. Het Byzantijnse Rijk liet de zeggenschap over hun eigen aangelegenheden merendeels aan henzelf over en verkondigde het evangelie in een taal die dichter bij die van hen stond dan het Latijn. Bovendien was Constantinopel de rijkste en meest beschaafde stad ter aarde.

In 1001 vervloog de vurige hoop op een blijde hereniging van de christenen toen de westerse keizer Otto III, die vast van plan was met Zoë, een Byzantijnse prinses, te trouwen, op de prille leeftijd van tweeëntwintig jaar stierf. Het was nu alleen nog een kwestie van tijd, iets meer dan vijftig jaar, voordat de beslissende breuk plaatsvond.

Het schisma, wellicht de meest catastrofale gebeurtenis die het christendom ooit is overkomen, kwam voort uit een onverkwikkelijke persoonlijke vete tussen een kleingeestige bureaucraat, de patriarch van Constantinopel, en een arrogante Romeinse kardinaal, die de leiding had over een pauselijk gezantschap naar Byzantium. Het feit dat zijn opdrachtgever, de paus, tegen de tijd dat de kardinaal in de stad aankwam was overleden, en dat degene met wie de patriarch zijn macht deelde, de Byzantijnse keizer, tot een verzoenend gebaar geneigd was, kon ons tweetal er niet van afbrengen hun politieke en theologische geschillen op de spits te drijven. Elke belediging werd gevolgd door een provocatie en elke nieuwe provocatie weer door een belediging, tot 16 juli 1054, drie uur 's middags. Toen schreden de leden van het Romeinse gezantschap, in vol ornaat, bekleed met alle tekenen van hun waardigheid, Constatinopels Aya Sofia binnen, waar juist een plechtigheid zou beginnen. Ze marcheerden naar het hoogaltaar, smeten hun excommunicatiebul erop en marcheerden de kerk weer uit.

Twee dagen later gingen ze terug naar Rome. De door monniken opgezweepte mensenmassa's in Constantinopel namen het met zo veel geweld voor de patriarch op, dat de orde pas kon worden hersteld toen over de hele pauselijke delegatie de banvloek was uitgesproken, de keizer op een haar na onttroond en de aanstootgevende bul ritueel verbrand. Onder druk van de kerkelijke hoogwaardigheidsbekleders kwam het tot een echtscheiding tussen Oost- en West-Europa. Hoewel de formele banvloek in 1965 eindelijk werd opgeheven, schrijnt het litteken nog steeds.

Na 1054 werd de kloof steeds wijder. Sindsdien waren er twee christendommen, die zichzelf beide als universeel bestempelden. De breuklijn liep van noord naar zuid, van de Baltische tot de Middellandse Zee. Ten westen ervan werd de Kerk van Rome steeds onmiskenbaarder een macht op zich, los van de staat, vooral dankzij de invloed van het vijfde-eeuwse tractaat van de heilige Augustinus van Hippo, *De Civitate Dei*. Maar het was een wereldlijke en schaamteloos feilbare macht, die niet mikte op de harmonieuze symphonia maar op theocratie, en haar doel meteen voorbijschoot toen de westerse machthebbers niet langer bang waren voor excommunicatie. Haar sacramentele betekenis als gemeenschap van gelovigen werd vervangen door een nieuwe betekenis. De westerse Kerk werd 'een sociaal en corporatief organisme'.[21] Ze bevorderde in zowel financiële als spirituele zin de bloei van het humanisme en de renaissance, die de mens in plaats van God in het middelpunt van het universum plaatsten, en verbeurde daarmee haar werkelijke spirituele invloed. Vervolgens kwam de terugslag van de Reformatie en het verdeeldheid zaaiende protestantisme. De Contrareformatie had maar ten dele succes en werd gevolgd door het tijdperk van de Verlichting, met de bij de moderne tijd horende honende verachting voor het Byzantijnse christendom en voor godsdienst in het algemeen. Dat is het klimaat zoals dat nog steeds in het huidige christendom van West-Europa heerst.

In het Oosten woonden de volkeren die door Byzantijnse missionarissen tot het christendom waren bekeerd. De Byzantijnse orthodoxe Kerk hield zich aan de definitie van de Kerk als een gemeenschap van individuen, en niet zozeer als een op zichzelf staand instituut of een staat. Geen enkele patriarch van Constantinopel heeft ooit het bevel gevoerd over buitenlandse koningen en legers. In het Oosten is nooit een renaissance tot bloei gekomen, geen Reformatie, geen Verlichting zoals het Westen die had gekend. De wonderen behielden hun zeggingskracht en de kloosters het grootste deel van hun rijkdommen, in een wereld die het moderne Westen afdeed als middeleeuws en onverlicht. De Byzantijnse orthodoxe Kerk bleef tot de vijftiende eeuw organisch verbonden met de Byzantijnse staat, en voedde de angst van de Byzantijnen voor de hen omsingelende ketterse vijanden en het slinken van hun territorium met sombere uitspraken over het rijk, dat op zo grote schaal had gezondigd dat het de goddelijke bescherming had verkwanseld. In 1453 viel Constantinopel in handen van de Ottomanen.

Onder Ottomaanse heerschappij, van het midden van de vijftiende tot het midden van de negentiende eeuw, was de orthodoxe kerkelijke hiërarchie in Klein-Azië en op het grootste gedeelte van de Balkan de gedoogde en zelfs bevoorrechte dienaar van haar islamitische meester. Tijdens de Griekse Onafhankelijkheidsoorlog tegen de Ottomanen, in de negentiende eeuw, heeft iemand een Turkse gouverneur van de berg Athos de mening horen verkondigen dat de monniken van de Heilige Berg het Ottomaanse juk, waar ze zich met alle geweld van wilden bevrijden, ooit nog zouden missen:

> Kijk naar die duizenden monniken. Wat hebben ze eigenlijk te klagen? Hebben we hun regels aangetast? Hebben we hun eigendom geschonden? Hebben we hun pelgrimstochten verboden? Hebben we ook maar één kleinigheid aan hun wereldlijke grondwet veranderd? Welk volk, vraag ik u, welke veroveraar zou deze mensen met meer humaniteit, meer gematigdheid en grotere religieuze verdraagzaamheid hebben behandeld?... Ze zullen ons missen.[22]

De oosters-orthodoxe ambtsdragers hadden de goede behandeling van de kant van de Ottomanen aanvaard, maar zichzelf ook gezworen zowel de haat jegens de ongelovigen als de geïdealiseerde herinnering aan hun roemruchte elfhonderddrieëntwintigjarige rijk aan de Bosporus levend te houden. Hun stokpaardjes sloten naadloos aan bij de negentiende-eeuwse moderne westerse ideeën over nationaliteit. Elke orthodoxe natie begon om een eigen staat en een autocefale of zelfstandige orthodoxe Kerk te vragen. Het oecumenisch patriarchaat van Constantinopel, zelf niet langer een toonbeeld van symphonia maar eerder een soort bevoorrechte slaaf, had niet de macht om die versnippering een halt toe te roepen. Aan het begin van de twintigste eeuw moest het met lede ogen de opkomst van religieus nationalisme ofwel phyletisme aanzien. De gebeurtenissen na het eind van de Koude Oorlog hebben aangetoond dat zeventig jaren staatssocialisme in Rusland en vijfenveertig jaren op de Balkan er niet in zijn geslaagd die gruwelijke nasleep teniet te doen.

Aangezien het oude Rome aan ketterij ten prooi was gevallen, en het nieuwe in 1453 aan de Ottomanen, mat Moskou zich al snel de allures van een derde Rome aan, naar het voorbeeld van dat vorige Rome. In tsaristisch Rusland heeft de Byzantijnse vlag met de tweekoppige adelaar nog gewapperd tot de moord op de keizerlijke familie, de Romanovs, in juli 1918. Na bijna een eeuw door de staat gesteund atheïsme, is die vogel weer terug als het trotse embleem van het nieuwe Rusland.

Zo heeft het Oost-Romeinse Rijk, althans de vitale godsdienstige essentie ervan, overleefd als een beschaving die ongemakkelijk klem zit tussen de westerse wereld en de islamitische, die het beide al vroeg had leren vrezen en wantrouwen. Het heeft overleefd als een andere wereld, die de betrekkingen tussen Kerk en staat op haar eigen manier regelde, die op haar eigen manier over mens en God nadacht, over de geschiedenis en over de niet-orthodoxe wereld. Het Westen toonde nauwelijks belangstelling voor de christelijke broeders in het Oosten. Het rooms-katholieke en protestantse Europa verklaarde zichzelf tot de belangrijkste erfgenaam van de enige goede dingen die het Oosten ooit had voortgebracht: het oude Griekenland en het christendom. Zelfs nu nog vatten wij de geschiedenis van Europa exclusief op als de geschiedenis van West-Europa.

De steeds schrijnender aan het licht tredende tragedie van het continent betekent dat beide partijen bij het schisma van 1054 iets zijn kwijtgeraakt waar ze niet goed buiten konden. Je zou kunnen zeggen dat Oost en West, waarvan de een te veel naar de ratio en het wereldse neigt en de ander te veel naar de geest en het bovennatuurlijke, beide jammerlijk zijn verminkt door het gemis van de ander. Heel gewaagd, met het risico de zaak omwille van de duidelijkheid vergaand te simplificeren, zou je kunnen stellen dat het westerse christendom zijn hart heeft verloren en het oosterse christendom zijn verstand.

Ten tijde van het elfde-eeuwse schisma legde een monnik op Athos zich een aantal jaren van zijn leven toe op het naleven van een vers uit psalm 49, door zich op handen en voeten over de Heilige Berg te bewegen en gras te eten, als een schaap. Misschien was híj zijn verstand kwijt, maar er zullen weinig episodes in de betrekkingen tussen het Westen en het Oosten te vinden zijn die hartelozer waren dan de plundering van Constantinopel door westerse kruisvaarders, in 1204, minder dan tweehonderd jaar na het schisma.

De oosters-orthodoxen in Europa hebben dat voorval vergeven noch vergeten, omdat het bij hen de vraag heeft opgeroepen of het Westen de term 'christelijk' überhaupt nog wel verdiende, en ze hun christelijke broeders in het Westen er heviger door gingen haten dan de islam. Daarom hebben velen, toen Constantinopel nog eens tweehonderd jaar later in handen van de Ottomanen viel, het gebrek aan opties eerlijk onder ogen gezien en geconstateerd dat ze zich liever aan de heerschappij van 'een sultanstulband' dan van 'een kardinaalshoed' onderwierpen. De eerste, de tweede en de derde kruistocht hadden stuk voor stuk kans gezien de antipathie die West en Oost voor elkaar voelden te vergroten, maar pas door de vierde kruistocht werd de tweedeling van Europa definitief, en alle schuld daarvoor ligt bij het Westen.

De vierde kruistocht die het Heilig Land van ongelovigen moest bevrijden, was van meet af aan broddelwerk. Hij was uitgeroepen door paus Innocentius III, maar beschikte niet over voldoende middelen. De kruisvaarders stelden vast dat ze te weinig geld hadden om de Venetianen – de enigen die vierhonderdtachtig schepen konden leveren – hun transportkosten te betalen. Venetië's tachtig jaar oude Doge was dan misschien stekeblind, maar had nog wel een fijne neus voor een zakelijk buitenkansje. Hij vertelde de kruisvaarders dat hij misschien wel een manier wist om hun korting te geven, als zij in ruil Venetië een dienst wilden bewijzen door op weg naar het Heilig Land even te stoppen om de haven van Zara op de Hongaren terug te veroveren.

Hoewel de paus – gealarmeerd door het vooruitzicht van onderlinge rooms-katholieke wedijver – hevig protesteerde, popelden de kruisvaarders om te vertrekken en kwamen ze tot de conclusie dat er niets anders op zat dan ermee in te stemmen. De kruisvaarders hesen de zeilen, Zara werd geplunderd en terugveroverd voor Venetië, en alle Venetianen werden prompt door de paus geëxcommuniceerd. Geen beste start voor de onderneming, maar het duurde niet lang of de kruisvaarders troffen nóg een financieel buitenkansje op hun weg.

Dat deed zich voor in de gedaante van een Byzantijnse troonpretendent, die de hulp van de kruisvaarders inriep om zijn oom af te zetten en hem in diens plaats te installeren. De jonge Alexius, op en top Byzantijn met zijn bedrevenheid in het bouwen van luchtkastelen, beloofde in ruil voor hun diensten een adembenemend aantrekkelijk pakket: onbeperkte middelen voor de kruistocht, extra troepen en, lest best, de onmiddellijke onderwerping van Byzantium aan de paus van Rome en het omhelzen van het rooms-katholicisme. Volgende halte van de dappere kruisvaarders? Niet het Heilig Land maar Constantinopel.

Geoffrey de Villehardouin, een Franse aanvoerder van de kruistocht en een uitstekend kroniekschrijver, verwoordt hoeveel indruk de eerste aanblik van Constantinopel in 1203 op het allegaartje aan West-Europeanen maakte:

> ... toen ze de hoge wallen en stoere torens zagen waar ze door werd omcirkeld, en de prachtige paleizen en hoog oprijzende kerken – zoveel dat ze het nooit hadden geloofd als ze het niet met eigen ogen hadden gezien – en de lengte en breedte van die stad die alle andere overtreft, geloofden ze dat geen enkele andere plaats op aarde zo rijk en zo machtig kon zijn.[23]

De kruisvaarders, die minder dan een jaar later werden geconfronteerd met al die rijkdommen, bezweken door een mengsel van jaloezie en hebzucht voor de verleiding en vielen de stad der steden aan.

De ontstelde Byzantijnen probeerden de aanvallers te verjagen, maar zonder succes. Ondanks alle pracht en praal van 'De Stad' had het Byzantijnse Rijk grote problemen en snelde het zijn ondergang tegemoet. De laatste keizer had zo'n wanbeheer gevoerd dat hij de hele Byzantijnse vloot aan de Venetianen had verkocht. Vandaar dat de kruisvaarders de regerende keizer dan ook meteen afzetten en vervingen door de jonge troonpretendent. Zoals te verwachten bleek de jeugdige Alexius niet in staat zijn gulle beloften te houden. Niemand was bereid mee te werken, en zeker niet de clerus van Constantinopel, die eerst zijn plannen verijdelde om aan geld te komen door hun kerkzilver om te smelten, en vervolgens ontploften bij het nieuws dat hij van hen verwachtte dat ze het Ware Geloof zouden opgeven en de suprematie van de ketterse Romeinse paus erkennen. Intussen gedroegen de rooms-katholieke kruisvaarders – wier handen jeukten om hun eigenlijke werk aan te pakken, het verslaan van de ongelovigen – zich als misdadig gepeupel in een Byzantijnse kathedraal. Eerst gingen ze zich te buiten aan platvloers vandalisme en vervolgens staken ze de kerken in brand, zodat grote delen van de stad in vlammen opgingen.

De Doge had de catastrofe op elk willekeurig moment kunnen afwenden door iedereen bevel te geven aan boord te gaan en koers te zetten naar het Heilig Land, want de hoop dat hij nog iets van het hem verschuldigde geld zou terugzien had hij allang opgegeven. Naar het schijnt koesterde hij echter een speciale wrok jegens de stad waarvan de inwoners hem een paar decennia eerder tijdens anti-Latijnse rellen van het gezichtsvermogen hadden beroofd. Boven aan zijn boosaardige en ambitieuze nieuwe agenda stond het verslaan van zijn christenbroeders en hun rijk, om een Venetiaanse stroman op de troon te zetten.

Op 9 april 1204 voerden de kruisvaarders de druk op de stad nog meer op en namen ze haar in. Er volgde een drie dagen durende overwinningsroes, een orgie van verkrachtingen en plunderingen, een kwaadaardige explosie van gefrustreerde energie, een slachting zoals de middeleeuwse wereld sinds de invallen van de barbaren in het Westen, aan het begin van de Middeleeuwen, niet meer had gezien, en een groot deel van de onlust van de kruisvaarders werd afgereageerd op de Byzantijnse Kerk. Een door verdriet overmande Byzantijnse getuige van die gebeurtenissen, Nicetas Choniates, probeerde zo goed mogelijk verslag te doen:

> Ik weet niet hoe ik enige orde in mijn verslag moet brengen, hoe te beginnen, te vervolgen, te eindigen. Ze hebben de heilige afbeeldingen kapotgeslagen en de heilige relikwieën van de martelaren op plekken gegooid die ik me schaam te noemen, en overal lagen restanten van het lichaam en het bloed van de Verlosser... Ook aan de ontheiliging van de Grote Kerk [de Aya Sofia], kan niemand zonder afgrijzen terugdenken. Ze hebben het hoogaltaar vernield, een door de hele wereld bewonderd kunstwerk... En ze hebben paarden en muilezels de kerk in gebracht, om het heilige vaatwerk en het gegraveerde zilver en goud dat ze van de troon en de preekstoel en de deuren en het meubilair hadden gerukt mee te kunnen nemen... en als een van die beesten uitgleed en viel regen ze het aan hun zwaard, zodat de kerk door hun bloed en hun uitwerpselen werd bevuild.[24]

Choniates, van adellijke afkomst, was met zijn familie de stad ontvlucht. Onderweg had hij de patriarch, vrijwel alleen, nauwelijks gekleed en rijdend op een ezel, ingehaald. De oude man, in zekere zin de gelijke van de keizer, verkeerde inmiddels in een staat 'van welhaast apostolische armoede', zoals Edward Gibbon met een karakteristieke schimpscheut richting oosters-orthodoxe Kerk aantekent. Gibbon klaagde-spotte vervolgens dat 'de hoeveelheid hoofden en benen, kruisen en afbeeldingen die door deze revolutie over de kerken in Europa werd verspreid immens was...'[25]

Inderdaad. Iemand heeft gezien hoe een zekere abt Martinus een bejaarde Byzantijnse priester bevel gaf een ijzeren kist vol relikwieën open te maken, erin graaide en vervolgens naar de haven strompelde met zijn buit, die een spoortje van Christus' bloed bevatte, een stukje van het ware kruis, verscheidene lichaamsdelen van de heilige Johannes, een arm van de heilige Jacobus, een voet van de heilige Cosmas en een tand van de heilige Laurentius, allemaal verstopt in de plooien van zijn pij. Onderweg groette hij zijn medekruisvaarders 'met een glimlach op het gezicht, zoals altijd, en de opgewekte woorden: "we hebben wél gedaan," waarop zij antwoordden: "God zij dank!"'[26] De

Venetianen wisten precies welke rijkdommen ze begeerden. Ze namen de prachtige bronzen paarden, die Constantijn de Grote voor aan de Hippodrome had geplaatst, mee naar huis. Die hebben het dak van de San Marcokathedraal opgeluisterd tot ze werden aangetast door de luchtvervuiling en binnen zijn gezet. Maar de schatkamer van die kathedraal puilt nog steeds uit van de uit Constantinopel gegapte relikwieën.

Paus Innocentius III was zeer ontstemd toen hij het laatste nieuws over zijn mislukte kruistocht hoorde. Hij begreep maar al te goed dat de barbaarse verovering van Constantinopel door de kruisvaarders bepaald niet de goede manier was om het christendom weer aaneen te smeden en geen duurzame overwinning voor Rome betekende. Hij schreef:

> Hoe kan de Kerk van de Grieken, als ze wordt getroffen door dergelijke beproevingen en vervolgingen, worden overreed tot eenheid met de Kerk en eerbied voor de Apostolische Stoel? Zij heeft de Latijnen slechts als toonbeeld van verderf en werken der duisternis gezien, zodat zij hen nu erger verafschuwt dan honden. Want zij die worden geacht Christus te dienen en niet zozeer hun eigenbelang, die hun zwaarden tegen de heidenen hadden moeten heffen, druipen van het bloed van christenen. Ze hebben godsdienst, leeftijd noch geslacht ontzien en in het openbaar overspel en ontucht gepleegd, getrouwde vrouwen en zelfs nonnen blootgesteld aan de weerzinwekkende schaamteloosheid van hun troepen. Voor hen was het niet voldoende de rijkdommen van het rijk te roven en zowel de grote als de kleine man te bestelen: ze moesten zich ook nog vergrijpen aan de schatten van de kerk... door zilveren kostbaarheden van het altaar te roven en in stukken te breken om onderling te verdelen, door heiligdommen te schenden en kruisen en relikwieën mee te nemen.[27]

Maar de wroeging van het oude Rome bood de geschokte, ontgoochelde Romaioi geen troost. De verschrikkingen van 1204 betekenden dat sindsdien niet alleen de ambtsdragers maar ook de leken in beide delen van Europa de anderen verketterden. Al snel klonken de twee onschuldige woorden die letterlijk naar de gesproken talen en niet zozeer naar de nationaliteiten in de oostelijke en westelijke helft van Europa verwezen, als venijnige vloeken. In het Oosten werd 'Latijnen' en in het Westen 'Grieken' 'synoniem aan kwaad, ketterij en vijandigheid'.[28]

Nog geen zevenenvijftig jaar lang hebben de Latijnen de baas gespeeld over het Byzantijnse Rijk, dat inmiddels al niet veel meer was dan de verschrompelde schim van zijn oude, roemruchte zelf. Het had Arabië, Jeruzalem zelf en Egypte, inclusief Alexandrië met zijn vermaarde bibliotheek, al in de zevende eeuw aan de moslims moeten prijsgeven. Al eeuwenlang hadden Turkse stammen zich in Klein-Azië gevestigd en op de poorten van Constantinopel gebeukt. Omdat ze de mate waarin Kerk en staat in Byzantium een eenheid vormden niet apprecieerden, maakten de Latijnen de zaak alleen nog maar erger door westerse geestelijken met hun ketterse riten te importeren en de orthodoxe bisdommen opnieuw in te delen. Omdat ze zich temidden van die onrechtmatig verkregen buit niet veilig voelden, bouwden ze forten. Een ervan, waarvan de ruïnes nog steeds zichtbaar zijn, staat vlak bij de grens met de Heilige Berg. Ze maakten zich al op om de monniken op Athos te martelen en de kloosters te plunderen, toen de wellicht door zijn geweten geplaagde paus tussenbeide kwam en de monniken bescherming garandeerde.

Een halve eeuw later beleefde Byzantium een prachtige nazomer, een tweede bloei.

In 1261 bleek al dat de Latijnen jammerlijk faalden in hun pogingen om de overblijfselen van het Oost-Romeinse Rijk te besturen. De Byzantijnse diaspora, die zijn toevlucht had gezocht in Nicea, het huidige Zuid-Turkse Iznik, en zich daar had gehergroepeerd, ondernam onder leiding van Michaël Paleologus, eerste telg van de laatste Byzantijnse dynastie van de Paleologische keizers, een geslaagde poging tot terugkeer naar en herovering van Constantinopel. 'We hebben bij het innemen van Constantinopel zoveel fouten gemaakt... omdat God ons wilde laten weten dat het bezit van de stad een genade was die van zijn goedgunstigheid afhing. Die genade heeft Hij onze regering gegund...'[29] zei hij tegen zijn onderdanen, die zoveel vertrouwen in hem hadden dat ze een eigen tweeledige Byzantijnse renaissance in gang zetten, die het zuiveren van de Kerk en de opbloei van kunst en wetenschap inhield, en die de Reformatie en de renaissance die in West-Europa in aantocht waren naar de kroon stak. Het enorme verschil tussen de wedergeboorten van Oost en West was dat in het Westen de staat over de Kerk triomfeerde, terwijl je zou kunnen zeggen dat de Kerk in het Oosten – met de berg Athos als meesterbrein achter haar acties – een droevig soort triomf over de staat bereikte.

De laatste twee eeuwen van het late Byzantium kon de tragische waarheid dat de dagen van het rijk geteld waren niet langer worden genegeerd, hoe graag de Byzantijnen zichzelf ook als gunstelingen van de goddelijke genade wilden zien. Het feit dat de Slaven, met wie ze in de negende eeuw broederlijk de gave van de christelijke beschaving hadden gedeeld, steeds meer macht en land op Byzantium veroverden, was een teken aan de wand. De Bulgaren hadden het noordelijke deel van Thracië en Macedonië ingenomen, en halverwege de veertiende eeuw stond het eveneens orthodoxe maar zich tomeloos uitbreidende Servische rijk op het punt 'De Stad' binnen te vallen. Bovendien vormden de Italiaanse staten samen 's werelds grootste zeemacht, zodat Constantinopel, ondanks het opbloeien van de kunsten, allesbehalve de navel van de toenmalige wereld meer was. Grote delen van de stad waren vervallen. Byzantium verkeerde in een permanente crisis en worstelde om een schijn op te houden die paste bij de bewering dat ze de aardse replica was van Gods hemelse koninkrijk. Een historicus heeft die aanhoudende crisis bondig beschreven als veroorzaakt door 'de steeds groeiende kloof tussen mythe en werkelijkheid'.[30]

Geheel in stijl fixeerden de oude Romaioi zich op datgene wat tijdens elke crisis voorop had gestaan: het behoud van hun onsterfelijke ziel. Na 1261 werd ruim een derde deel van de staatsinkomsten doorgesluisd naar de Kerk. De opbrengst van vis- en jachtvergunningen kwam bijvoorbeeld de patriarch ten goede en werd aangewend om kaarsen en olie voor de Aya Sofia te kopen, terwijl het paleis van de keizer, vlak ernaast, eind veertiende eeuw op instorten stond. Keizer Andronicus II gehoorzaamde slaafs aan patriarch Athanasius, een boze, strenge meester, die zich geroepen voelde het rijk te hervormen en op kloosterlijke leest te schoeien. Athanasius heeft waarschijnlijk het decreet opgesteld dat door Andronicus werd ondertekend en dat luidt: 'Ik verklaar dat ik de Kerk niet alleen volkomen vrij zal laten, maar haar ook de gehoorzaamheid van een slaaf zal betrachten en me in alles voor zover wettig en in overeenstemming met Gods wil aan haar zal onderwerpen...'[31] De Byzantijnse Kerk verwierf in het late Byzantium meer macht en verrichtte meer diplomatieke en bestuurlijke taken dan ooit tevoren. Byzantium was ten dode opgeschreven, maar de Kerk teerde op haar laatste territoriale aanwinsten. Van de kust van de Adriatische Zee in het tegenwoordige Kroatië tot Servië, Macedonië, Bulgarije en het grootste deel van het huidige Roemenië, van de Zwarte-Zeekust tot Moskou en nog verder noordwaarts, tot Novgorod, is de orthodoxie in Europa nooit vitaler geweest.

In Constantinopel zelf werd op grofweg drie manieren op de dreigende ondergang van het rijk gereageerd. De eerste was de krachteloze reactie van de keizer, gefundeerd op het geloof dat Kerk noch staat zonder de ander kon overleven. Dit geloof werd door patriarch Antonius IV van Constantinopel in 1393 in een brief aan grootvorst Basileus van Moskou uiteengezet: 'Het is voor christenen niet mogelijk wel een Kerk maar geen keizer te hebben. Keizerrijk en Kerk vormen een hechte eenheid en een hechte gemeenschap en kunnen niet van elkaar worden gescheiden.'[32] Een aardige filosofische rechtvaardiging van het Byzantijnse nationalisme, dat Moskous toenemende arrogantie de kop wilde indrukken. Maar een patriarch kon dat soort standpunten vrijblijvend verkondigen. De laatste keizers van Byzantium wisten al dat de enige hoop op redding van het rijk in het Westen lag. Over de prijs van zo'n westerse reddingsoperatie viel niet te onderhandelen: de erkenning van de paus als het hoogste gezag van de christelijke Kerk en opname van het vervloekte filioque in de oosters-orthodoxe geloofsbelijdenis.

In 1274 deed paus Gregorius X, een pragmatisch man, zijn uiterste best om het pad voor de Byzantijnse keizer Michaël Paleologus te effenen. Hij zei dat het enige dat hij vroeg de onderwerping van de oosters-orthodoxe bisschoppen was, niet van de hele clerus. Hij ging er waarschijnlijk van uit dat het, aangezien het echte verzet tegen een hereniging van beide Kerken van de kloosters kwam, het beste was de monniken te negeren. Michaël stemde toe en zond de patriarch met zijn gevolg naar Lyon om op een inderhaast bijeengeroepen kerkelijke top de overeenkomst te tekenen. Alles verliep naar wens, totdat de patriarchale delegatie thuiskwam, waar het nieuws van hun twijfelachtige prestatie een uitbarsting van laaiende woede jegens de keizer ontketende. De Byzantijnen beseften dat de juichkreten over de bevrijding van het lompe wanbeheer van de Latijnen nog maar nauwelijks waren verstomd, of hun eigen keizer had hen zonder dralen eigenhandig opnieuw verkocht. Hoe de delegatie ook redeneerde – overigens toch al nooit de sterkste kant van de Byzantijnen – de razernij die, zoals altijd wanneer het Ware Geloof in het geding was, vanuit de kloosters werd geregisseerd, was niet tot bedaren te brengen. De keizer zag zich genoodzaakt hard op te treden, met name tegen de Heilige Berg. Verschillende kloosters, waarvan er indertijd wel veertig waren, werden in brand gestoken. Er werd een aantal monniken verbannen en een paar werden verdronken. Zesentwintig monniken van het Zographouklooster werden in een toren levend verbrand.

De Unie van Lyon was een mislukking, maar de opvolger van Gregorius, Nicolaas III, kon het niet laten de rooms-katholieke voorsprong uit te buiten. Hij stond erop dat 'de geestelijke van elke vesting, elk dorp of elke andere plaats'[33] zelf zijn naam onder elk detail van de Unie zette. De orthodoxe Kerk en het grootste deel van de leken voelden steeds minder voor de Unie. De kruisvaardersrage was tanende, dus kwam er geen westerse hulp toen Turkse moslims en orthodoxe Serviërs Constantinopel bedreigden.

In 1369 betuigde de Byzantijnse keizer persoonlijk zijn gehoorzaamheid aan Rome, al was er toen allang geen sprake meer van dat zijn volk zijn voorbeeld zou volgen. Vier jaar later zag hij zich gedwongen een Ottomaans krijgsheer schatting te betalen in de vorm van geld en soldaten. Zijn opvolger, keizer Manuel Paleologus, werd pas na zijn terugkeer uit militaire dienst in het leger van de sultan gekroond – met de kroonjuwelen in onderpand bij de Venetianen en de sultan voor de poorten van de stad. Het verschrikkelijke lot dat hem wachtte probeerde hij te verijdelen door elke ochtend hetzelfde gebed te prevelen: 'O Mijn Heer Jezus Christus, laat het niet zover komen dat de grote meerderheid van de christenen ter ore komt dat de stad, met al haar heilige en eerbiedwaardige geloofsmonumenten, in de dagen van keizer Manuel Paleologus aan de ongelovigen werd uitgeleverd.'[34] Praktischer was dat hij rond de eeuwwisseling aan een rondreis van drie jaar door West-Europa begon. Een laatste wanhopige poging om de westerse monarchen ervan te overtuigen dat zijn rijk op het punt stond in handen van ongelovigen te vallen. Ze begrepen toch wel dat het, als Constantinopel eenmaal was ingenomen, nog maar een kwestie van tijd zou zijn voordat de Turken over West-Europa zouden uitzwermen? Ze waren al op de Balkan, dus lang zou het niet duren.

Eind vijftiende eeuw vormde de schitterend uitgedoste keizer Manuel met zijn in het wit geklede hofhouding in Londen het gesprek van de dag. Koning Hendrik IV, die dankzij de problemen in Schotland zelf ook niet al te stevig op zijn troon zat, overtrof zichzelf door de keizer uit te nodigen voor een welvoorziene kerstmaaltijd in zijn paleis te Eltham, dicht bij Greenwich. Overal waar hij kwam schijnt Manuel een mengeling van bewondering en medelijden te hebben gewekt. Adam van Usk, een advocaat, mijmerde 'hoe smartelijk het was dat deze grote christelijke vorst door de Saracenen van het uiterste oosten naar deze verre westelijke eilanden werd gejaagd om steun tegen hen te zoeken... O God, wat doet Gij nu, Romes trots van weleer?'[35]

De loop der gebeurtenissen was niet meer te stuiten. Begin vijftiende eeuw was het tijd voor een nieuwe heldhaftige poging om de Kerken van Oost en West te herenigen en zo het christendom tegen de ongelovigen te beschermen. Keizer Johannes Paleologus bereidde een nieuwe kerkelijke topbijeenkomst voor en riep een omvangrijke delegatie van zevenhonderd geestelijken en intellectuelen bijeen om hen als munitie tegen de Latijnen in te zetten, en ging samen met hen scheep naar Italië. Bij het vertrek drukte hij hen op het hart goed voor de dag te komen: ze mochten er in de ogen van hun Latijnse tegenspelers niet 'haveloos uitzien'.

Vandaar dat ze bij aankomst bij het pauselijk paleis in Ferrara even trots als altijd optraden. De patriarch weigerde de voet van de paus te kussen. De keizer weigerde de troon te paard te naderen om de schande te vermijden dat men hem zag afstijgen. Ten slotte werd hij het pauselijk paleis binnengedragen, zodat zijn voeten geen moment de grond raakten. Dit alles werd gevolgd door een langdurige – en voor de paus, die het levensonderhoud van de Byzantijnen betaalde, kostbare – wachttijd terwijl keizer Johannes vergeefs op de komst van de wereldlijke heersers over het westerse christendom wachtte.

Het uitbreken van de pest betekende dat de hele santenkraam naar Florence moest uitwijken, waar de Medici zich – tot grote opluchting van de paus – bereid verklaarden de rekeningen te betalen. In Florence wierpen de twee groepen geestelijken zich op het netelige vraagstuk van het filioque en werden ze het er eindelijk over eens dat de Heilige Geest evengoed uit de Vader én de Zoon voortkwam als van de Vader dóór de Zoon. De eerste slag was voor de Latijnen, en spoedig daarna was het allemaal voorbij. In juli 1438 voelden de Byzantijnen zich veel te ontheemd, beledigd en verward door de eindeloze muggenzifterijen van de Latijnen over het geloof – 'Hoezo Aristoteles? Aristoteles! Wat moeten we met die Aristoteles!'[36] – om nog aan iets anders te kunnen denken dan hoe de terugtocht te betalen. De meesten hebben het decreet over de hereniging op de Latijnse voorwaarden getekend.

Hoewel het concilie van Florence voor veel monniken thuis, in Byzantium, een vreselijke ramp betekende, bood het de geleerden aan weerskanten van de scheidslijn de gelegenheid elkaar te ontmoeten en te waarderen. Een tweede reactie op de dramatische neergang van Byzantium na 1261, kwam van de intellectuele elite in het rijk, van wie de geleerdsten het concilie hadden bijgewoond. Die reactie betekende hernieuwde belangstelling voor het oude Griekenland en een frisse kijk op de eeuwenoude, seculiere waarden ervan, waarnaast het Byzantijnse christendom ongunstig afstak. Die intellectuelen meenden dat de oorzaak van de ondergang van het universele christelijke Byzantijnse keizerrijk wellicht lag in het feit dat het zichzelf met zijn verheven christelijke missie had overschat. Het werd tijd het beste van het rijk in veiligheid te brengen – de seculiere waarden van het Oude Griekenland, de Griekse wijsheid en een specifieke vorm van hellenisme – en de rest te laten varen. In de veertiende eeuw betitelde de Byzantijnse keizer zichzelf als 'Keizer van de Hellenen', en tijdens haar laatste decennia was Constantinopel een zelfbewuste, hellenistische stad. Achteraf bezien liggen daar al de niet ongevaarlijke kiemen van een nationalisme dat niet de Byzantijnse variant van de verstokte imperialisten zou worden, maar van het nationalisme van het huidige Griekenland, dat zich erop beroemt zowel de grandeur van het Oude Griekenland als van Byzantium te hebben voortgebracht.

De Florentijnen zagen dat in 1438 helemaal niet. Ze begonnen nog maar net oog te krijgen voor wat ze als de grootste verdienste van Byzantium voor het Westen beschouwden: het zorgvuldig bewaren van oude Griekse teksten in roerige tijden zoals de vroege Middeleeuwen in het Westen. Terwijl de geestelijken kibbelden over voorzetsels en dat soort dingen, hield een van de belangrijkste Byzantijnse intellectuelen en 'Hellenen' nieuwe stijl, Gemisthus Plethon, voor de sprakeloze Latijnen een betoog over Plato. Het was het intellectuele vermogen van Plethon en de zijnen dat op het concilie van Florence indruk op de Latijnen maakte, en niet de wanhopig pretentieuze grandeur van de keizer of diens geestelijken.

De meeste Byzantijnse geestelijken die hun keizer naar Florence vergezelden waren zorgvuldig geselecteerd op hun gezeglijkheid, en hadden dus nauwelijks last van hun geweten bij het tekenen van het decreet over de hereniging van de Kerk. Er was echter één dappere aanwezige die gebruik maakte van het recht van de Byzantijnse Kerk om het met een keizer oneens te zijn, en die weigerde zijn handtekening onder het decreet te zetten. Dat was metropoliet Marcus Eugenicus van Efeze. Toen de paus, een vooruitziend man, werd verteld dat deze prelaat niet had getekend, antwoordde hij: 'Wel, dat betekent dat we niets hebben bereikt,'[37] en de verslagen over de wijze waarop de Byzantijnse afgezanten thuis in Constantinopel werden ontvangen, bevestigden zijn vermoeden alleen maar. 'Toen de metropolieten [bisschoppen van de Byzantijnse Kerk] van boord gingen, begroetten de burgers hen zoals gebruikelijk "Hoe staan de zaken ervoor? Hoe was het concilie? Hebben we gewonnen?" En zij antwoordden: "We hebben ons geloof verkocht; we hebben het ware geloof voor ongeloof ingeruild..."'[38]

De door de monniken aangevoerde volksmenigte raasde weer door Constantinopel en de kloof tussen 'Unionisten' en 'Anti-unionisten' werd nog wijder. De meeste Byzantijnse bisschoppen trokken hun steun aan de hereniging haastig in. Marcus van Efeze deed afstand van zijn bisschopszetel en werd later als martelaar in de canon van de Byzantijnse Kerk opgenomen. De Russen en de Serviërs voelden niets voor hereniging en de Russische afgezant naar het concilie, metropoliet Isidorus van Kiev, werd uit zijn land verjaagd.

Isidorus liep over naar de rooms-katholieke Kerk en werd kardinaal. Pas als pauselijk ambassadeur waagde hij zich weer in de hoofdstad van het Oosten, een jaar voordat Constantinopel ten slotte viel, in een laatste poging de Byzantijnen te dwingen Romes wil te doen. Op dat moment, meldt een kroniekschrijver uit ongeveer dezelfde tijd, was de Kerk tenminste één in haar verzet tegen de hereniging met Rome, en deed de keizer alleen maar alsof hij het ermee eens was. Een horde radicale Byzantijnse nonnen deed een beroep op hun anti-unionistische leider, een ooit zeer bekende intellectueel, inmiddels Vader Gennadius genoemd, die zichzelf in een van de kloosters in de stad had opgesloten om te treuren over de volharding waarmee de keizer aan de hereniging vasthield. Ze vroegen hem wat hen te doen stond. Gennadius weigerde zijn cel uit te komen, maar spijkerde zijn antwoord op de deur: 'O arme Grieken, waarom hebben jullie het rechte pad verlaten en jullie afgewend van de hoop op God? Door jullie vertrouwen op de kracht van de Franken te stellen, zijn jullie zowel jullie geloof als de stad waarin dat vernietigd dreigt te worden kwijt...'[39]

Gennadius had gelijk wat betreft de roekeloosheid waarmee de Franken werden vertrouwd, terwijl ze in feite nooit een kruistocht hadden georganiseerd om Constantinopel te redden. Trouwens, als ze dat wel hadden gedaan en kans hadden gezien de Ottomaanse opmars te stuiten, hadden ze vast en zeker de kerkelijke hereniging en de suprematie van de paus doorgedrukt, wat het einde van de orthodoxie had betekend. Maar hij had ongelijk wat betreft de ophanden zijnde teloorgang van het Byzantijnse geloof. De oosterse orthodoxie zou behouden blijven dankzij het respect en de verdraagzaamheid die moslims altijd hebben betoond tegenover elk geloof dat, net als het hunne, verkondigt dat er maar één God is.

Door voor het minste van twee kwaden te kiezen, de islamitische heerschappij liever dan de rooms-katholieke, konden orthodoxe geestelijken zichzelf wijsmaken dat de val van Constantinopel een kleine, bittere overwinning van het Ware Geloof was. Voor de heiligste mensen, mannen als Gennadius en Marcus Eugenicus van Efeze, was er nooit sprake geweest van onderhandelen over de centrale leerstelling waarop het keizerrijk was gebouwd en die het zolang in stand had gehouden. Hun positie was in de dertiende en de veertiende eeuw flink versterkt door de reactie van de kloosters op de ondergang van het rijk, en in het bijzonder van Athos. De derde reactie op de dreiging, het hesychasme – van het Griekse woord *hesychia*, dat innerlijke stilte betekent – was een vorm van spiritualiteit die in de nevelige, van doem doordrenkte atmosfeer van het late Byzantium, op de Heilige Berg floreerde en zich tot een politiek perspectief ontwikkelde.

Al sinds de elfde eeuw hadden de monniken van de berg Athos zich erop toegelegd om heiligen te worden volgens de aanbevelingen van de heilige Simeon de Jongere, de Nieuwe Theoloog genaamd, en van de heilige Johannes Climacus van het Byzantijnse klooster op de berg Sinaï. Simeon spoorde de ware gelovigen aan zich in te spannen om de weldadige kracht van God te ervaren door het Licht te aanschouwen, 'de glans en de glorie van eeuwigdurend geluk, het Licht dat degenen die het beschijnt in licht verandert, het Licht dat niet is geschapen, dat ongezien is, zonder begin en niet stoffelijk, maar een eigenschap van de genade waardoor God zichzelf bekendmaakt'.[40] De heilige Johannes Climacus, ongetwijfeld beïnvloed door de naburige moslims en hun praktijken, legde uit wat iemand moest doen om door een bepaalde vorm van meditatie met ademhalingsoefeningen dat Licht te zien.

Een Athosmonnik verfijnde deze mystieke traditie door te schrijven over de juiste manier van bidden. Een monnik, schreef hij, moet in een hoek van zijn cel gaan zitten en zich vooroverbuigen tot zijn voorhoofd bijna zijn navel raakt, op zoek naar zijn hart, want van daaruit zouden zijn gebeden moeten opstijgen, en niet zozeer vanuit zijn geest. Dit middel om God te leren kennen en hem deelachtig te worden door hetzelfde licht te zien dat Christus' apostelen zagen bij de verheerlijking van Christus op de berg Tabor, in de buurt van Jeruzalem, werd het handelsmerk van het hesychasme. Het gebed vanuit het hart, ofwel het Jezusgebed, het onafgebroken herhalen van de woorden 'Heer Jezus Christus, Zoon van God, ontferm u over ons', op het ritme van een regelmatige ademhaling, tot de woorden, net zoals de adem, vanzelf kwamen en geïnternaliseerd waren, was een ander kenmerk van de ware hesychast. Een dertiende-eeuwse Italiaanse Athosmonnik heeft de volgende duidelijke instructies nagelaten en, wat belangrijker is, de bedoeling uiteengezet:

> U weet dat we onze adem alleen terwille van ons hart in- en uitademen... dus, zoals ik al zei, ga zitten, concentreer uw gedachten en trek ze – ik spreek over uw gedachten – naar uw neusgaten, dat is de weg die de adem neemt om het hart te bereiken. Moedig ze aan, dwing ze om samen met de lucht die u inademt omlaag, naar uw hart te gaan. Als ze daar zijn zult u zien hoe groot de vreugde is die volgt: u zult er geen spijt van krijgen. Zoals een man die lang van huis is geweest zijn vreugde niet kan bedwingen bij het zien van zijn vrouw en kinderen, zo vloeit de geest over van vreugde en onzegbaar genot als hij weer is verenigd met de ziel...[41]

Zeshonderd jaar later ervaarde een negentiende-eeuwse Russische monnik op de Heilige Berg kennelijk hetzelfde:

> Op dit moment zijn uw gedachten aan God in uw hoofd. En God zelf is als het ware buiten u, dus blijven uw gebeden en andere geestelijke oefeningen uiterlijk. Zolang u in uw hoofd verwijlt, zullen uw gedachten... altijd ronddwarrelen, als sneeuw in de winter of wolken of muggen in de zomer... Onze innerlijke wanorde is geheel en al te wijten aan de dislokatie van onze vermogens, zodat geest en hart elk hun eigen weg gaan.[42]

Midden 1998 noemde Vader Symeon, de enige Peruaanse monnik op de Heilige Berg, die de orthodoxie had omhelsd na een monnik te hebben ontmoet die hem erop had gewezen dat 'God mens was geworden opdat de mens God zou worden', zichzelf 'een zeer zwakke halve hesychast'. Na elf jaar kluizenaarschap beschrijft hij aarzelend zijn eenzame zoektocht, in de volgende woorden:

> Dat hart kunnen we op een heel speciale manier voelen wanneer we er voor het eerst in doordringen. We worden ingewijd in een werkelijkheid waar we tot dan toe geen idee van hadden. We vinden vreugde, we vinden troost... Dat voelen we als we voelen dat we liefhebben en bemind worden. Het Goddelijk Licht verschijnt... Als God ergens mee kan worden omschreven, dan is het met Liefde en Vreugde.[43]

In de veertiende eeuw was deze spirituele terug-naar-de-bron geloofspraktijk van de oosterse orthodoxie overal in opmars in de Byzantijnse Kerk, en niet alleen in de Byzantijnse, maar ook op de Balkan en in Rusland. Hesychasten waren verwoede reizigers. Een vijftiende-eeuwse hesychast, Gregorius genaamd, bracht verscheidene jaren op de berg Athos door voordat hij abt werd van een Servisch klooster in Kosovo. Daarna verhuisde hij naar Moldavië en vervolgens naar Litouwen, Moskou en Constantinopel, totdat hij in 1415 tot metropoliet van Kiev werd benoemd. Overal verzetten invloedrijke hesychasten zich hevig tegen het verafschuwde nationalisme van de Grieken in hun zieltogende rijk en pleitten ze vurig voor het oude, kosmopolitisch-christelijke ideaal van het Byzantium van de Romaioi.

Maar hun geestelijke oefeningen riepen wel vragen op. Afhankelijk van iemands gezichtspunt waren ze óf op de hoopvolle, glorieuze en noodzakelijke weg van contemplatie en innerlijke zuivering als voorbereiding op hun vergoddelijking, óf was het pure zelfbevrediging, navelstaren, terwijl het Nieuwe Rome in brand stond. De 'helleense' intellectuele elite van Byzantium maakte hun passieve navelstaarderij belachelijk, maar de meerderheid van de Byzantijnen respecteerde die buitengewoon ascetische weg naar Licht en Verlossing. De controverse wakkerde aan tot een storm toen een briljante intellectuele leek, Barlaam, de meest krankzinnige excessen waartoe het hesychasme had geleid aan de kaak stelde, bijvoorbeeld dat sommige monniken bij hoog en bij laag volhielden dat hun hart in hun navel zou zitten. De eminente kerkleider Gregorius Palamas, ooit monnik op Athos, schoot de hesychasten te hulp met een lijvig boekwerk, *Triaden ter verdediging van de heilige hesychasten*, waarvan een samenvatting door de meeste abten van de kloosters op Athos werd onderschreven. Een dergelijk zeldzaam teken van vrijwel volmaakte eensgezindheid, afgegeven door de Heilige Berg, maakte een gunstige indruk op de keizer-van-de-dag en Palamas was intellectueel genoeg om Barlaams kritische opmerkingen te kunnen weerleggen. Rond 1430 hadden Palamas en het mystieke hesychasme, met zijn nadruk op een hogere vorm van weten dan waartoe de geest op zich in staat is, over Barlaam en diens verstandelijke manier van redeneren en analyseren gezegevierd.

Het was de geest van het hesychasme die tot een late hervorming van de Kerk inspireerde, de tucht in de kloosters aanscherpte en hun fabelachtige rijkdom beteugelde. Maar diezelfde wereldvreemde hesychasten waren de mannen die de laat-Byzantijnse opvatting propageerden en voedden dat Byzantium té zwaar had gezondigd om nog langer goddelijke bescherming te verdienen. Het einde van het keizerrijk zou een passende straf van Godswege zijn.

Zouden de Byzantijnen zonder het hesychasme harder voor hun stad hebben gevochten? Zou het schisma zonder dit zware tegenwicht tegen de invloed van Rome zijn bijgelegd? Robert Curzon, een Engelsman die aan het begin van de twintigste eeuw naar de berg Athos reisde, dacht van wel. Curzon was ervan overtuigd dat Europa er heel anders had uitgezien als Barlaam in 1432 over Palamas en de hesychasten had gezegevierd:

> Hoe anders zouden de zaken er in Europa hebben voorgestaan als Barlaams missie succes had gehad! Dan zouden de Turken nu niet in het bezit van Constantinopel zijn; en omdat vele geschilpunten door de twee grote afdelingen van de Kerk wederzijds zouden zijn getolereerd, had de Reformatie misschien nooit plaatsgevonden.[44]

De volgende paar honderd jaar zouden aantonen dat niet alleen de Grieken, maar ook de Russen, de Oekraïners en de Roemenen waardige hoeders van de mystieke schat van de orthodoxie waren. Haar thuis was de Heilige Berg, waar ze een Engelsman die de berg Athos halverwege de zeventiende eeuw bezocht het vermoeden ontlokte dat degenen die haar in praktijk brachten, de monniken dus, 'verder op weg naar de hemel' zouden komen dan westerlingen, die slechts 'de wijsheid van zeer diepzinnige filosofen of zeer wijze geleerden'[45] ter beschikking hadden. In 1782 verzamelde een Athosmonnik de uitspraken van heilige mannen uit Oost en West en de essentie van hun mystieke ervaringen in een werk dat *De Philokalia* heette, De Liefde voor het Goede, nog steeds het belangrijkste handboek van het hesychasme. Sinds het dieptepunt van Athos in 1970, toen het aantal monniken onder de duizend was gezakt, werken jonge, goed opgeleide en energieke nieuwe recruten van de Heilige Berg weer aan het versterken van het hesychasme.

Op dit moment staat deze traditie in het Oosten hoog in aanzien en haalt ze in het Westen een groeiend aantal mensen over zich tot de orthodoxie te bekeren.[46] Het hesychasme heeft er waarschijnlijk in grote mate toe bijgedragen dat de expositie 'Schatten van de berg Athos' in Thessaloniki – de eerste keer dat een aantal van de kostbaarste iconen en kunstvoorwerpen van het klooster werden uitgestald – in 1997 de populairste tentoonstelling van Europa werd. Hesychia, die mystieke innerlijke stilte, is wat de westerlingen opnieuw ontdekken als iets van zichzelf waarvan ze nooit hebben geweten dat ze het bezaten. Met zijn mystieke nadruk op die hogere vorm van kennen en innige verbondenheid met God, is het hesychasme een van de grootste drijvende krachten van de orthodoxie. Het werkt als een krachtig tegengif op het dooretterende phyletisme of religieus nationalisme.

Eenentwintig jaar na de zege van de hesychasten viel Constantinopel in handen van de Ottomaanse Turken. Dinsdag 29 mei 1453 is een dag die door veel orthodoxen – maar vooral door de Grieken, voor wie het een jaarlijkse gedenkdag is – nog steeds als een ongeluksdag wordt beschouwd. In de week voorafgaand aan de val van de stad waren afgrijselijke voortekenen waarneembaar: een rode gloed die van beneden af langs de Aya Sofia omhoogkroop, de icoon van de Moeder Gods die van zijn standaard gleed tijdens een laatste uitstelling om haar tussenkomst af te smeken, een vreselijk onweer, mist buiten het seizoen. Aan de vooravond van de beslissende aanval van de Turken op de stad gingen de inwoners in de schemer op weg naar de Aya Sofia, voor een laatste droevige plechtigheid ter ere van de God die ervoor had gekozen zijn uitverkoren volk in de steek te laten. In dit laatste uur in hun prachtige Grote Kerk, begroeven de elkaar bestrijdende 'anti-Unionisten' en 'Unionisten' de strijdbijl, staken ze samen kaarsen op en baden ze samen, in het Grieks en in het Latijn. De volgende ochtend om halftwee, toen de aanval begon en de kerkklokken alarm luidden, vochten ze zij aan zij om één christendom te behouden.

Hoewel duizenden monniken ter wille van hun rijk naar de wapens grepen en de kantelen bemanden, moest elke Byzantijn het tijdens de slachtpartij die toen een aanvang nam tegen twee man opnemen. De buitengewoon kostbare wonderbaarlijke icoon van de Moeder Gods, die door Lucas zou zijn geschilderd, werd in stukken gehakt, en tijdens de metten bestormden de Turken de kathedraal en vermoordden ze de priesters op het hoogaltaar. De jongere nonnen wierpen zichzelf in putten om verkrachting te ontlopen. De laatste Byzantijnse keizer, Constantijn XI, viel in de strijd, maar zijn lijk werd pas later herkend aan het paar halfhoge purperen laarzen aan zijn voeten, waarop met gouddraad geborduurde Byzantijnse adelaars prijkten. De volgende ochtend vroeg hadden de Turken de Koningin der Steden ingenomen.

'Wat een stad hebben we aan plundering en verwoesting overgegeven!' treurde de jonge sultan Mehmet II, terwijl hij op zijn hemelsblauwe leren laarzen tussen de puinhopen van zijn laatste verovering door dwaalde en stilstond om een van zijn soldaten te beletten op het marmer van de Aya Sofia in te hakken. De Grote Kerk zou het grootste deel van haar glinsterende mozaïeken kwijtraken en de islamitische inscripties krijgen die zij nog steeds heeft. Het enige dat de sultan kon doen om de ontheiliging enigszins goed te maken, was het opsporen van de oude Gennadius, de intellectuele en fel anti-Unionistische monnik die incognito als slaaf in het huis van een welgestelde Turk woonde, en hem tot patriarch benoemen. Mehmet wees hem een patriarchale kerk toe en gunde hem niet alleen belastingvoordelen voor zijn geestelijken, maar ook het gezag over alle orthodoxe christenen in het Ottomaanse Rijk.

Dit had enige troost kunnen bieden ware het niet dat Gennadius inmiddels volledig verdoofd en afgestompt moet zijn geweest. Hij had niet alleen zijn vaderland verloren, maar een wereld, een heel universum, dat langer heeft bestaan dan enig ander rijk ervoor of erna. Gennadius wist nauwelijks meer wie hij was: 'Ik noem mezelf geen Helleen omdat ik niet geloof zoals de Hellenen geloofden. Ik zou mezelf een Byzantijn kunnen noemen omdat ik in Byzantium ben geboren. Maar ik noem mezelf liever gewoon een christen.'[47] Hij was geen Griekse nationalist en evenmin een Byzantijnse imperialist, maar een hesychast die zijn ononderbroken lidmaatschap bevestigde van de enige club die het nog waard was om bij te horen: de Kerk van Christus.

De meeste Byzantijnen waren in hun hart echter wel Byzantijnse imperialisten en wisten hun hemelse geloof niet van hun aardse rijk te onderscheiden. Kerk en staat hadden altijd in symphonia geheerst, de een ondenkbaar zonder de ander, behalve voor wie toevallig een hesychast of een Helleense intellectueel was. De klaagliederen die na de val van Constantinopel werden gecomponeerd, barstten van het met een mythisch sausje overgoten verlangen naar haar terugkeer.

God luidt de klokken, de aarde luidt de klokken,
en de Heilige Sofia, de Grote Kerk, luidt de klokken:
een priester voor elke klok en een diaken voor elke priester.
Links zong de keizer, rechts de patriarch,
en door de kracht van het zingen trilden de zuilen.
Toen ze de lofzang van de cherubijnen wilden inzetten,
hoorden ze een stem uit de hemel en uit de mond van de aartsengel:
'Stop de lofzang van de cherubijnen en laat de heilige elementen buigen en rouwen.
Gij, priesters, neemt de heilige vaten weg, en uw kaarsen moeten worden gedoofd,
want het is Gods wil dat de stad voor de Turken valt.
Maar zend een boodschap naar het Westen en vraag of er drie schepen komen;
een die het kruis meeneemt, een tweede de heilige bijbel,
het derde, het mooiste, ons heilige altaar,
opdat de honden het niet van ons stelen en het bezoedelen.'
De Maagd was bedroefd, en de heilige iconen weenden.
'Stil maar, Vrouwe – schrei niet zoveel tranen,
na jaren en eeuwen zullen ze weer van U zijn.'[48]

Alle landen van de oosterse orthodoxie rouwden over een tragedie die even wereldschokkend was als de plundering van Jeruzalem of het einde van de wereld zelf. De hele wereld van de Romaioi, hun Romania, was verloren gegaan.

Romania is dood, Romania is ingenomen:
Hoewel Romania is gestorven, zal het weer bloeien en vrucht dragen.[49]

De boot was bij het Sint-Pauluskloooster aangekomen, aan het verste einde van de Heilige Berg, en keerde om. De meeste Servische,

Griekse en Roemeense vrouwen zaten weggedoken in hun mantels rustig te dommelen. De regen spatte nog steeds tegen de ramen.

Onrustig als ik was, stapte ik de hut van de kapitein binnen. Hij keek naar zijn radarscherm, zoals altijd zorgend dat hij niet binnen de onzichtbare vijfhonderdmeterzone terechtkwam. Een verkreukeld kiekje van een blauwogige Athosmonnik was op een in het oog springende plek achter een van zijn wijzerplaten gestoken. Op de muur achter hem hing een goedkope papieren icoon. Ik hoorde hem tegen een Servische vrouw die het had gewaagd hem naar de ligging van het Servische klooster te vragen snauwen dat dat er helemaal niet was: 'Alle kloosters zijn Grieks. En alle monniken – ook als ze uit Rusland, Servië, Roemenië, Bulgarije of waar dan ook komen – zijn Griekse staatsburgers.'

Ja... maar gevoelsmatig absoluut niet, dacht ik.

Die kapitein, op en top een hedendaagse Helleen, had technisch gesproken gelijk. Het verdrag van Lausanne uit 1923 had 'de zichzelf besturende monastieke republiek van de berg Athos' met al zijn kloosters tot integraal onderdeel van het soevereine Griekse territorium verklaard. Alle Athosmonniken krijgen inderdaad het Griekse staatsburgerschap, ongeacht hun oorspronkelijke nationaliteit. Maar hij had ook ongelijk, omdat de universele christelijke raison d'être van de berg Athos hem ontging. Ik bedacht dat hij, om te voorkomen dat hij zou klinken als een laat-Byzantijnse Griekse nationalist die was behept met laatdunkend wantrouwen jegens vreemdelingen, zou moeten weten dat patriarch Gennadius zich in 1453 simpelweg een chrístelijk patriarch had gevoeld. Om te voorkomen dat hij zou bezwijken voor de ziekte van de oosters-orthodoxe Kerken in Europa, religieus nationalisme, de ketterij van het phyletisme, moest hij de hesychastische spirituele traditie van de berg Athos misschien wel opnieuw ontdekken.

De verdere geschiedenis van de oosterse orthodoxie in Europa is de geschiedenis van deze twee vreemd in de oren klinkende verschijnselen – phyletisme en hesychasme – het ene met helse consequenties voor de dagelijkse praktijk, het andere met hemelse idealen. Het korte antwoord op de vraag waarom engelen vallen, waarom de oosterse orthodoxie in staat is tot de hoogte van engelen op te stijgen en vervolgens in helse diepten te storten, is het phyletisme. Maar ik was op zoek naar wat langere antwoorden. Mijn uitstapje in de Byzantijnse geschiedenis had me er al een paar opgeleverd, waarvan de belangrijkste de schandalige rol was die het westerse christendom in de begintijd van de orthodoxie had gespeeld.

Mijn onderzoek zou me door de landen en door het verleden van díe volkeren voeren die het ruimst vertegenwoordigd zijn bij de 'engelen' die de berg Athos bevolken – de Servische delen van voormalig Joegoslavië, de Voormalige Joegoslavische Republiek Macedonië en haar Griekse tegenhanger, Griekenland, Roemenië, Rusland en Cyprus. Bulgarije, Wit-Rusland, Georgië, Oekraïne en Moldavië, die ook een orthodoxe meerderheid hebben, zouden hoogstens een bijrol spelen, omdat ik dacht dat een nadere kennismaking met de andere de meest essentiële geschiedenis al zou onthullen. Door helemaal naar Kroatië in het westen te reizen, naar Siberië in het oosten, tot de poolcirkel in het noorden van Rusland en Cyprus in het zuiden – wilde ik erachter komen welke plaatsen en tijden van vitaal belang zijn gebleken voor de wordingsgeschiedenis van het huidige orthodoxe Europa.

De boot legde aan in Ouranopoli. We gingen van boord. Een groepje Servische vrouwen zette hun paraplu's op en haastte zich naar de souvenirwinkels aan de haven. Hun land, zo dacht ik, is de huidige frontlinie van de oosters-orthodoxe wereld in de oorlog tegen het Westen en de islam. Ik zou beginnen in het voormalige Joegoslavië, waar het grootste gedeelte van het laatste decennium van de twintigste eeuw strijd heeft gewoed, in een nog maar kortgeleden verlaten Servisch-orthodox klooster in een deel van Kroatië waar de Serviërs hadden moeten vluchten.

Bosnisch-Servische Republiek
Krajina Republiek, 1991-1995
Kroatische Moslimfederatie
Slovenië
Hongarije
Roemenië
Kroatië
Bosnië
Servië
Belgrado
Bijeljina
Tuzla
Zvornik
Sarajevo
Ravanica-
klooster
Krka-
klooster
Montenegro
Jovandol-
klooster
Priština
Peć
Kosovo
Gračanica-
klooster
Dečani-
klooster
Bulgarije
Albanië
Voormalige Joego-
slavische Republiek
Macedonië
Griekenland
Adriatische Zee
Italië
N

DE SERVIËRS

alleen als tastbaar bewijs dat de Serviërs al heel lang in dit door Kroaten gedomineerde gedeelte van het voormalige Joegoslavië hebben gewoond, maar ook als de meest westelijke voorpost van oosters-orthodox Europa. Tot 1995 strekte het oosterse christendom in Europa zich vanaf dit punt duizenden en nog eens duizenden kilometers oostwaarts uit, helemaal over Rusland en nog verder, over Siberië, wel tot de Japanse Zee.

Toen Joegoslavië begin 1990 uiteen begon te vallen, raakten de in deze streek woonachtige Serviërs, opgeruid door boosaardige anti-Kroatische propaganda uit Belgrado, in paniek bij het vooruitzicht dat ze in een onafhankelijk Kroatië hoogstens een minderheidsstatus zouden krijgen. Ze riepen hun eigen Servische 'Krajina Republiek' uit, verdreven alle Kroaten en staken zo de lont in het kruitvat van een vier jaar durende strijd, de meest gruwelijke die Europa na 1945 heeft aanschouwd. De dwergrepubliek hield stand tot augustus 1995, toen een goed toegerust en uitstekend getraind leger op een vreselijke manier wraak nam door de streek met geweld te heroveren en de Serviërs eruit te gooien. Door de grenzen van de oosterse orthodoxie terug te dringen, maakten de rooms-katholieke Kroaten een abrupt en verschrikkelijk einde aan het duizendjarige verblijf van de orthodoxe Serviërs. De monniken van het Krkaklooster hoorden tot de duizenden Serviërs die oostwaarts vluchtten, naar Servië. Het klooster kwam leeg te staan.

Geen wonder dat de drie orthodoxe Serviërs twee jaar later zo grimmig keken en dat de drie rooms-katholieke Kroatische politieagenten zo pedant optraden. De Serviërs voelden zich op hun door de vijand opgeëiste territorium slecht op hun gemak en de Kroatische politieagenten sloofden zich uit om de Serviërs te laten zien hoe zakelijk en neutraal ze konden optreden.

De sporen van die recente opleving van de strijd lagen verspreid over de binnenplaats van het klooster, in de vorm van een stapel roze, doorweekte matrassen, oude groene munitiekisten, bergen met modder bespatte kledingstukken en lege blikken. De saaie moderne gebouwen van het seminarie en het met vogelpoep bespikkelde klooster zagen er troosteloos uit. De kerk met zijn pietepeuterige fresco's was nauwelijks groot genoeg om ons zevenen onderdak te bieden. Vader Ilija reikte me een dunne, kromme waskaars aan. Toen ik hem opstak en in de bak met zand zette waarop 'levenden' stond in plaats van die waar 'doden' op stond, bedacht ik dat diezelfde zes mannen als ze elkaar hier net als nu, maar dan twee jaar eerder, toevallig waren tegengekomen, zich verplicht hadden gevoeld elkaar af te slachten.

Welke macht heeft het grootste gedeelte van het laatste decennium over het leven of de gewelddadige dood van de zuidelijke Slaven beschikt? Deze mensen hebben hetzelfde ras, dezelfde taal, huidskleur en opleiding. Als je de manipulaties van de politici terzijde laat, is de godsdienst – met al zijn historische, culturele en psychologische bagage – het enige dat een orthodoxe Serviër van een rooms-katholieke Kroaat en van een Bosnische moslim onderscheidt. Elke laat-Byzantijnse tijdreiziger die in het Joegoslavië van de jaren negentig tussen de Serviërs terecht was gekomen, had onmiddellijk zijn eigen wereld herkend. Hij had het idee gekregen dat er de laatste vier of vijf eeuwen alleen een schaalvergroting van de gebeurtenissen en de dramatis personae had plaatsgevonden. In plaats van orthodoxe Byzantijnen die de rooms-katholieke paus in het westen en de islamitische Ottomanen in het zuiden tegenhielden, zou hij orthodoxe Serviërs aantreffen die tegen rooms-katholieke Kroaten in het westen vochten en moslims – Bosniërs of Kosovo-Albanezen – in het zuiden. Die orthodoxe Serviërs zouden zich precies zo angstig en bedreigd voelen als hijzelf had gedaan. Sommigen zouden hem zelfs herinneren aan de benarde situatie van het grote keizerrijk en die met hun eigen situatie vergelijken, maar de onweerlegbare waarheid dat niemand Servië fysiek had bedreigd zouden ze voor hem verborgen houden. Hij zou nooit te horen krijgen hoe de Serviërs – uitgerust met de hele wapenvoorraad van het leger van het voormalige Joegoslavië – zelf waren begonnen met de meest grimmige oorlog van dat decennium...

De zes mannen verwachtten dat ik iets zou zeggen.

'Ik hoop dat de Serviërs gauw naar dit klooster terugkomen en weer rustig in Kroatië kunnen wonen,' waagde ik.

Vader Ilija glimlachte na mijn beleefdheidsfrase, ofwel er blikkerde een gouden tand in het klamme duister. De Kroatische politieagenten achter ons, enigszins beneveld door de pruimenbrandewijn, hoestend, het maandenlang dag en nacht op wacht moeten staan meer dan beu, schuifelden geërgerd en ongemakkelijk met hun voeten. Ik kon hun stille protest – dat het niet hun schuld was dat de Serviërs uit een van hun oudste en dierbaarste spirituele onderkomens waren verjaagd, dat zíj niet met de oorlog waren begonnen door barricades op te werpen en de Republiek Krajina uit te roepen en dat ze, nu ze dit deel van hun land weer hadden teruggepakt, hun leven alleen op een fatsoenlijke manier wilden hervatten – bijna horen. Ze konden zich, als overwinnaars, kennelijk wel enige grootmoedigheid veroorloven.

'Is er kans dat jullie mensen hier gauw terugkomen? Dat wachthouden begint ons de keel uit te hakken, snap je,' grapte een van de Kroatische politieagenten tegen een van de Serviërs.

'Wie weet – wie weet,' antwoordde de grimmig uitziende Serviër.

Wanneer precies valt moeilijk te zeggen. De tweehonderd stafleden en studenten van het Krkaseminarie zijn naar een stad in het oosten van Bosnië overgebracht. De Serviërs voelen zich in deze streken niet welkom en Vader Ilija zelf werkte evenmin bevorderlijk op welk genezingsproces ook. Een paar maanden terug was op het Kroatische televisiejournaal te zien geweest hoe hij voor een kerk in een naburige stad een handvol overgebleven, troosteloos uitziende, oudere Serviërs onbeschaamd had ingewreven dat dit Servisch land was en dat altijd zou blijven. Zijn kleine oude Peugeot vertoonde nog steeds de deuken van de klappen die hij had moeten incasseren van de woedende Kroaten. De Serviërs maken geen haast met het vergeven en vergeten van de diepe oorlogswonden die ze hier in 1995 hebben opgelopen. Het stadje dat het dichtst bij het klooster ligt is nog steeds één puinhoop, waarin nog een handvol oudere Serviërs het miserabele bestaan rekt tegen de achtergrond van wat het decor van een film over de Tweede Wereldoorlog zou kunnen zijn. Ze hebben wel redenen om te treuren, maar niet om bang te zijn. Jonge Serviërs zullen echter nooit terug durven naar het land dat hun voorouders hebben verdedigd. Daarom zal het Krkaklooster, dat in de veertiende eeuw door Jelena, de 'zeer genadige en vrijgevige' zuster van de grote Servische tsaar Dušan, met gunsten werd overladen, waarschijnlijk leeg en op slot blijven.

Byzantium was ineengeschrompeld en stervende, maar het middeleeuwse koninkrijk Servië beleefde in de veertiende eeuw gouden tijden, met tsaar Dušan als de machtigste vorst van Europa. In minder dan twintig jaar had hij zijn snel groeiende rijk opgebouwd uit veroverde Byzantijnse landen, tot het zich van het Krkaklooster in het westen tot en met de Donau in het noorden en het Griekse vasteland in het zuiden uitstrekte. Hij lijfde Albanië in, het grootste deel van Macedonië, inclusief Athos, en een deel van Bulgarije. Dušans mateloze ambitie ging zo ver dat hij de Romeins-Byzantijnse titel Caesar, in de Slavische talen 'tsar', aannam en in 1346 de phyletistische zonde beging een onafhankelijk patriarchaat op te richten, waarvoor hij door de patriarch van Constantinopel met excommunicatie werd gestraft. Niet in het minst ontmoedigd, liet hij zijn veroveraarsblik op de haveloze stakkers in het oude Romeinse Rijk aan de Bosporus vallen, en verleende zichzelf zonder blikken of blozen de titel 'Koning van de Romaioi en de Serviërs' en 'Heerser over vrijwel het gehele Romeinse Rijk'.[1] In Constantinopel werd tsaar Dušan meer gevreesd en gehaat dan de Ottomaanse Turken.

Die afkeer was niet wederzijds. Byzantium was het paradepaardje van de toenmalige beschaving en tsaar Dušan koesterde grote liefde en diepe eerbied voor alles wat het vertegenwoordigde. De portretten die de muren van Servische kloosters opluisteren tonen hem met baard, zijn ogen in de beproefde Byzantijnse stijl vroom naar de hemel opgeslagen en in de met juwelen bezaaide uitmonstering van de Byzantijnse heerser. Zijn hofceremonieel was tot in de kleinste details op Byzantijnse leest geschoeid. Hij probeerde de grote zesde-eeuwse wetgever-keizer Justinianus te evenaren door een eigen alomvattende codex op te stellen. Hij nam het Byzantijnse embleem over, de tweekoppige adelaar, ondertekende zijn gouden bullen net als de keizers met rode inkt en gaf zijn hofbeambten Byzantijns-Griekse titels – *sebastokrator*, *despoot* en *logofet*.

Het leven aan het hof was er geweldig op vooruitgegaan sinds de tijd van zijn vader, toen een Byzantijns diplomaat die op bezoek was gekomen, God had gedankt dat hij geen Serviër was, omdat hij het gevoel had gehad alsof hij 'bij met armbanden en halskettingen getooide insecten terecht was gekomen'.[2] Onder tsaar Dušan werd Servië zowel welvarender als groter. Zijn leger bestond voor een belangrijk deel uit goed betaalde huurlingen. In Kosovo en het naburige Macedonië verrezen steeds meer in weelde badende kloosters. De abt van Hilandar, het Servische klooster op de berg Athos, was tsaar Dušans geestelijk vader en tegelijkertijd zijn belangrijkste ambassadeur in Byzantium, die zijn aanspraak op de keizerstroon steunde en Byzantijnse abten naar de nieuwe Servische Kerk lokte met veiligheidsgaranties voor de bezittingen van hun kloosters. In een gouden bul aan een Byzantijns klooster had Dušan de brutaliteit zichzelf 'met Gods genade tot de opvolger van de grote en heilige Griekse keizers'[3] te benoemen, en gaf hij zijn pogingen om de Byzantijnse Kerk te verleiden een nieuwe dimensie door te proberen de taaiste verdediger van het hesychasme, Gregorius Palamas, een hele stad cadeau te geven. Palamas sloeg het geschenk af. Ondanks zijn hesychastische universalisme moet hij toch genoeg Byzantijns imperialist zijn geweest om te zien dat Dušans legers op dat moment Constantinopel bedreigden.

Tsaar Dušan haatte Constantinopel beslist niet. De reden dat hij het einde van het rijk onnodig verhaastte moet elders worden gezocht. Waarschijnlijk had hij zijn zinnen op de troon van Byzantium gezet omdat die de bekroning van zijn levenswerk als stichter van een rijk vertegenwoordigde en er, strikt genomen, geen enkele reden was waarom hij géén poging zou durven wagen. De Byzantijnse Kerk zou hem niet als een godslasterlijke barbaarse usurpator kunnen beschouwen, omdat het zegel van de goddelijke goedkeuring per traditie berustte bij degene die op de Byzantijnse troon zat, ongeacht wie dat was en hoe hij daar was gekomen. Maar we moeten ook bedenken dat het Byzantijnse ideaal van een universeel christelijk rijk, waar de hesychasten aan vast hadden willen houden, gaandeweg was afgebrokkeld. De deelnemers aan de vierde kruistocht, in 1204, hadden Byzantium een slag toegebracht waarvan het nooit meer zou herstellen. In het op den duur aan alle kanten omsingelde rijk, vormde het Griekse nationalisme een belangrijk tegenwicht voor de oude, expansieve inclusiviteit. Het is meer dan waarschijnlijk dat tsaar Dušan, net als zijn koninklijke Nemanjavoorouders, dat nationalisme gewoon heeft overgenomen, zoals hij al het andere van Byzantium heeft overgenomen. De Servisch-orthodoxe Kerk was indertijd nog te jong om zich de hoogtijdagen van Byzantiums inclusiviteit te herinneren. Sinds 1219, toen Sava, Dušans oudoom, van Byzantiums penibele situatie na de vierde kruistocht profiteerde door de verbannen patriarch van Constantinopel toestemming voor een onafhankelijke Servische Kerk te ontfutselen, was de Servische Kerk een nationale kerk. Sint-Sava was haar eerste leider en blijft Servië's favoriete heilige.

De Almachtige was misschien minder enthousiast bij het vooruitzicht dat Dušan zijn plaatsvervanger op aarde zou zijn, want de kronieken vermelden dat Dušan, toen hij zich in 1355 binnen gezichtsafstand van Constantinopels muren bevond, plotseling hoge koorts kreeg en overleed. Hij was pas achtenveertig en zijn verscheiden luidde het snelle uiteenvallen van zijn rijk in. Tien jaar na zijn dood merkte een Russisch historicus al op dat 'de grandeur van het Servische Rijk tot een ver verleden scheen te behoren'.[4] Vierentwintig jaar later, in 1389, werden de laatste brokstukken begraven in de modder en het bloed van de veldslag tegen de Ottomaanse Turken bij Kosovo Polje, het Merelveld.

De slag bij Kosovo, het einde van Servië's gouden eeuw, werd in de gedachten van de Serviërs een ramp die de verdrijving van de mens uit de hof van Eden evenaart. Er zijn bijna zevenhonderd jaren voorbijgegaan, maar geen enkele Serviër is vergeten hoe de grote tsaar Dušan gekleed als Byzantijns keizer van zilveren borden at en wetboeken schreef. Zo heeft ook de Servische Kerk nooit vergeten hoe uitgestrekt de landerijen waren die in dat gouden tijdperk onder haar jurisdictie vielen. Alle Serviërs herinneren zich de eropvolgende vier eeuwen Turkse overheersing als een donkere nacht van onafgebroken lijden. Volgens hun zeggen was dat één langdurig collectief martelaarschap.

Die eindeloze kruisweg bracht het Krkaklooster afwisselend voor- en tegenspoed. Het is zeker niet voor het eerst dat 'de schuilplaats voor de lijdenden en het bolwerk van onze heilige godsdienst'[5] er leeg en kil bij ligt. Aan het eind van de zestiende eeuw hadden botsingen tussen Turken en Venetianen een nieuwe uittocht tot gevolg. De kronieken vertellen dat er onder de vluchtelingen zeven monniken uit Krka waren, die 'waardevolle liturgische boeken en gebruiksvoorwerpen'[6] bij zich hadden. Twintig jaar later waren ze weer terug en verzetten ze zich tegen bekering tot de islam door de Turken om te kopen met 'verscheidene zakken vol rijkdommen'.[7] De veelvuldige samenzweringen met de Venetianen tegen de Turken kwamen de monniken van Krka in de zeventiende eeuw op een aantal plunderingen en ontruimingen te staan. Drie eeuwen later, tijdens de Tweede Wereldoorlog, vielen Mussolini's troepen er binnen. De abt van Krka werd krijgsgevangen gemaakt. Kroatische Ustaša fascisten brachten hem voor een krijgsraad en veroordeelden hem tot een maand dwangarbeid. Later werd de arme man door Tito's atheïstisch-communistische Joegoslavië wegens dapper gedrag onderscheiden – en vervolgens zonder inkomen of pensioen aan zijn lot overgelaten. 'Ik ben alleen, aan het eind van mijn krachten en diep bedroefd,' schreef archimandriet Nikodim uit Krka aan het eind van zijn leven. 'Ik ben bezorgder om ons klooster dan om mezelf...'[8]

Misschien kwam het doordat hij aan die ellendige geschiedenis terugdacht, dat de plaatselijke Servische bisschop in augustus 1995 in paniek raakte en zo'n twintig dagen voordat de wraakzuchtige Kroaten hun land terugveroverden en het klooster plunderden het hazenpad koos, naar Australië. Maar twee jaar later zag Vader Ilija niets verkeerds in de vlucht van de bisschop. Hij gaf me dan ook een met modder bespatte foto van de man als souvenir en liet me maar al te graag de door de Kroaten aangerichte schade zien, die eerder dramatisch dan structureel bleek, zoals ik opmerkte. Terwijl we onze weg zochten door een gang die was bezaaid met kledingstukken, waaronder een groezelige maar nog steeds prachtige stola, hemelsblauw en met gouddraad bestikt, mopperde Vader Ilija: 'We hadden hier van de zomer tien dagen lang vijftien mensen om de boel schoon te maken. Maar het is natuurlijk nergens voor nodig om alles op te ruimen, want de mensen moeten dit eigenlijk allemaal zien, nietwaar?'

Een serie portretten van illustere voormalige archimandrieten was aan flarden. Van een uitbundig opgedofte prelaat waren de ogen uitgestoken. De lange kale refter was bezaaid met borden, de parketvloer kletsnat. Vader Ilija schudde zijn hoofd over een verfrommeld portret van de leider van de Servisch-orthodoxe Kerk, patriarch Pavle, en mompelde dat de hel was losgebroken als iemand hetzelfde met een foto van de paus had gedaan. Ik merkte op dat zelfs de lichtschakelaars waren gestolen en dat het plafond in de spreekkamer van de archimandriet regenwater doorliet. Na ongeveer een uur leek de priester voldaan over mijn herhaalde uitroepen van medeleven en afschuw en had ik genoeg verwoestingen gezien.

Weer in de taxi, via de haarspeldbochten uit het dal omhoogklimmend, merkte ik dat de aanblik van de spreekkamer van de archimandriet herinneringen aan een eerder bezoek aan het Krkaklooster naar boven had gebracht, van begin 1992 – waarschijnlijk op het hoogtepunt van de kleine Servische republiek Krajina. Ik was daar op een ijzige februarimorgen gearriveerd in de hoop te ontdekken wat de archimandriet van het beroemdste klooster van de regio vond van het vredesplan van de Verenigde Naties, dat inhield dat internationale troepen het gebied zouden binnentrekken en de Serviërs ontwapenen.

Het klooster lag indertijd in de Servische verdedigingslinie, dus draafden er die dag minstens evenveel zwaar bewapende, in camouflagepakken gestoken Servische soldaten als in zwarte gewaden gehulde geestelijken door de kloostergangen. Archimandriet Benedict, een fraai gebouwde prelaat, die in zijn lange zwarte gewaad met twee wapperende zwarte sluiers aan zijn hoge hoofddeksel door een kloostergang schreed, had me hoffelijk in die nu zo haveloze spreekkamer genodigd en mijn hart op hol gebracht met slokjes brandewijn en Turkse koffie. Vervolgens had hij met tegenzin laten doorschemeren dat hij begreep dat het spel voor de Serviërs in dit gedeelte van Kroatië was afgelopen. 'De Servisch-orthodoxe Kerk weet waar het vredesplan op neerkomt. We hebben onze eigen bronnen. Wat erachter zit, de teruggave aan Kroatië, is niet goed voor de regio,' zei hij, 'maar de mensen hier zullen voor hun historische land vechten...'

Hoewel hij een nieuwe oorlog leek te overwegen, wist hij dat Servië, onder druk van internationale sancties, de Serviërs in Krajina zou overlaten aan het lot dat de VN hun had toebedeeld. Hij had ook begrepen dat de Serviërs niet sterk genoeg waren om het alleen tegen de hele wereld op te nemen. Dus was hij begin 1991, toen de problemen waren begonnen maar een totale oorlog voor de meeste mensen nog niet meer was dan een boze droom, zo slim geweest om alle rijkdommen van het klooster, met inbegrip van de onschatbare stola van Sint-Sava en een schat aan middeleeuwse manuscripten, uit voorzorg in een geweldige vrachtwagen te laden. De hele vracht was onder poltiebegeleiding naar Servië gestuurd om veilig te worden opgeslagen.

Archimandriet Benedict had niets voor een nieuwe oorlog gevoeld. Hij was dan ook zo bang geweest dat hij opnieuw in de frontlinie zou moeten leven, 'terwijl de Kroaten van bovenaf op ons dal neerkijken alsof we in een kom zaten', dat hij zich in 1994, een heel jaar voor de Kroatische tegenaanval, uit Krka had laten overplaatsen.

Bijeljina
De Bosnisch-Servische Republiek

Tegen de tijd dat de Krajina-Serviërs doodsbenauwd vóór de oprukkende Kroaten uit vluchtten, had archimandriet Benedict een paar honderd kilometer noordoostwaarts, in de Bosnische stad Bijeljina en aangenaam dicht bij de Servische grens, een veilig heenkomen gevonden.

Bijeljina was van vitaal strategisch belang voor de Servische droom om alle Serviërs in één Groot-Servië te verenigen. Daarom moest het in het voorjaar van 1992 'ethnisch gezuiverd' worden van zijn merendeels islamitische bewoners. Zeljko Ražnatović, alias de van oorlogsmisdaden verdachte Arkan, die een huurleger van paramilitaire gangsters aanvoerde wanneer er ergens ethnische zuiveringen moesten plaatsvinden, heeft dat smerige karwei met zijn 'Tijgers' uitgevoerd onder het mom dat hij 'voor ons geloof vocht, voor de Servisch-orthodoxe Kerk'. De televisieopnamen van het resultaat van Arkans voorjaarsschoonmaak in Bijeljina toonden Alija Izetbegović, de islamitische president van Bosnië, zo'n kleine tweehonderd kilometer verderop in Sarajevo, een eerste afgrijselijk voorproefje van wat zijn medemoslims in Bosnië te wachten stond: 'Het was onvoorstelbaar. Nadat de burgers waren gedood, toonden de beelden de dode lichamen van de vrouwen op de straten. Ik dacht dat het een fotomontage was, ik kon mijn ogen niet geloven. Ik kon niet geloven dat dit mogelijk was,'[9] zei hij. De oorlog woedde drie jaar lang, totdat het vredesakkoord van Dayton in 1995 Arkans overwinning met gelijke munt betaalde door Bijeljina in de Bosnisch-Servische Republiek op te nemen. Voormalig archimandriet Benedict van Krka was naar een eenvoudig huisje van één verdieping in de stad verhuisd, aan de onlangs omgedoopte Servische Legerstraat. Het was onder dwang verlaten door een Bosnische moslimvrouw en haar dochter.

Hoewel hij er zo zonder spreekkamer en zwarte sluiers natuurlijk minder indrukwekkend uitzag, maakte hij, net thuis na een hele ochtend godsdienstonderricht op een van de middelbare scholen in de stad, nog steeds een vastberaden indruk. Hij was in zijn nopjes omdat de orthodoxe Kerk in de Bosnisch-Servische Republiek haar tegenhanger in Servië een slag voor was geweest door voor iedereen onder de vijftien verplicht godsdienstonderwijs in te voeren. Dankzij de – na vrijwel een halve eeuw officieel atheïsme vanzelfsprekende – schaarste aan gekwalificeerde mensen, was archimandriet Benedict in de herfst van 1997 een veelgevraagd man in Bijeljina.

Zijn voorkamer was donker, het stralende ochtendlicht buitengesloten door dikke gordijnen. Maar je zag wel overal iconen, kanten kleedjes en foto's van de Servische koninklijke familie in ballingschap. Hij scharrelde wat rond, rommelde met bierviltjes en theelepeltjes, zette koffie, Roemeens bosbessensap en brandewijn klaar, om het beschamende relaas over zijn oorlogservaringen in Krka uit te stellen.

'Als ik er nu aan terugdenk kan ik me niet meer voorstellen hoe we daar durfden te blijven – we waren doodsbang. Ik durfde nauwelijks naar bed. Ik sliep met mijn kleren aan. Soms leek het wel of de Kroaten granaten op ons afschoten, maar ik zou niet meer kunnen zeggen of ze het klooster opzettelijk spaarden of dat God ons beschermde – de handgranaten vlogen ons om de oren...'

Na nog een glaasje brandewijn kwam hij helemaal op dreef en onthulde dat hij het daar in Krka tot driemaal toe raadzaam had geacht de hulp van Arkans tijgers in te roepen. 'Laat ik eerlijk zijn,' zei archimandriet Benedict, 'toen de situatie echt heel slecht was hebben we Arkans mannen daar twee of drie weken gehad en dat was de enige keer dat ik goed sliep. Daar ben ik hem en God dankbaar voor, al moet ik toegeven dat ik bang voor die kerels was. Ze lieten zich alleen 's nachts zien. God verhoede dat je ooit zo iemand tegenkomt!' voegde hij er met een zenuwachtig lachje aan toe.

'Ik heb gehoord dat Arkan* op dit moment wordt gezocht wegens oorlogsmisdaden...' probeerde ik.

'O, ik heb geen idee wat hij nog meer heeft uitgespookt, ik weet

* Arkan werd in januari 2000 in de lobby van Intercontinental Hotel in Belgrado vermoord.

alleen dat hij ons heeft geholpen,' haastte de archimandriet zich te zeggen.

Hij had natuurlijk geen enkele belangstelling voor de uitspraken van het Joegoslaviëtribunaal in Den Haag. Archimandriet Benedict stond vierkant achter de meest gezochte oorlogsmisdadiger van die tijd, de enige man die dapper en heilig genoeg was geweest om de Bosnische Serviërs langs hun Kruisweg naar de onafhankelijkheid te leiden: Dr. Radovan Karadžić. In de ogen van veel Bosnische Serviërs en een flink deel van de hiërarchie van de Servische Kerk was Karadžić – en niet president Milošević in Belgrado – de ware en eerbiedwaardige nakomeling van een middeleeuwse Servische krijgsheer.

Enkele weken voor mijn bezoek, toen de NAVO voor het eerst het plan opperde om met een helikopter Pale, Karadžić's bolwerk even buiten Sarajevo, aan te vallen en hem uit zijn arendsnest te plukken, had *The Times* een van zijn aanhangers geciteerd, die had gezegd dat elke man, elke vrouw en elk kind hem zou verdedigen, dat elke helikopter zou worden neergeschoten en dat er honderden, ja duizenden doden zouden vallen, omdat Karadžić een 'legende en een dichter was... hij zal met zevenmijlslaarzen lopen'.[10] Karadžić was zich bewust van zijn reputatie, en toen hij tijdens de laatste maanden van de oorlog in Bosnië een obscuur kerkelijk weekblaadje een van zijn zeldzame interviews gunde, deed hij al het mogelijke om als een strijdvaardige heilige over te komen. Bescheiden ontkende hij elke leidende rol bij de wedergeboorte van de Bosnisch-Servische natie en beweerde hij dat hij hooguit barrières had geslecht, opdat 'de spiritualiteit van de mensen weer vrijuit kon stromen, als een rivier die alleen door God kan worden tegengehouden'. Hij mat zichzelf echter wel de rol aan van de belangrijkste verdediger van 'onze stam en onze Kerk, bij God hopend dat we niet meer geweld hebben gebruikt dan noodzakelijk was'.[11] Hij beweerde bovendien dat de Heilige Geest hem de toespraken ingaf die hij voor de vuist weg tot de toegestroomde gelovigen hield, net zoals de Heilige Geest de apostelen met Pinksteren had geleid. Hij hield vol dat hij bij al zijn goddeloze daden nooit één enkel besluit had genomen zonder voorafgaand de Kerk te raadplegen.

Archimandriet Benedict wilde dus geen kwaad woord horen over

Karadžić, in wie president Slobodan Milošević volgens hem een gevaarlijke rivaal zag. In zijn ogen waren de Amerikanen, doorzichtig vermomd als NAVO-strijdkrachten, er alleen op uit om Karadžić te arresteren omdat ze niet wilden dat die hun man, Milošević, zou afzetten. En ze wilden niet dat Milošević zou worden afgezet, omdat hij al die tijd dat hij Joegoslavië met zijn opruiende oorlogstaal uiteen had gedreven hun man was geweest, en hun zodoende een volmaakt excuus had gegeven om in Bosnië in te grijpen. En waarom zou Amerika iets met Bosnië willen? Omdat een bruggenhoofd op de Balkan de Amerikanen, het Westen, weer een flinke stap verder bracht op weg naar hun uiteindelijke doel, namelijk de wereldheerschappij en, tussen neus en lippen door, het uitroeien van de orthodoxie.

Archimandiet Benedict wist zeker dat de Bosnisch-Servische Republiek op een goede dag zou worden verenigd met het eigenlijke Servië en geloofde vast dat de Krajina, en daarmee natuurlijk ook het Krkaklooster, ooit weer Servisch grondgebied zou worden. Nadat hij nog wat brandewijn had genomen, mijmerde hij hardop: 'Iedereen geeft de Serviërs de schuld, maar wij zouden nooit als eersten kwaad doen. U moet niet vergeten dat de moslims in de meerderheid zijn en meer kinderen hebben, dus zullen er bij hen ook meer slachtoffers vallen...'

Ik zag hem al een klas vol makkelijk te beïnvloeden jonge Bosnische Serviërs toespreken, allemaal gefascineerd door het soepele gemak waarmee hij zijn priesterlijke gezag wist om te buigen tot een soort overtuigend politiek gezag. Hij vervolgde: 'En u weet toch hoe de moslims in Sarajevo hebben gevochten, hoe ze zichzelf tot slachtoffers maakten en riepen: "Allah!" – hoe ging het ook alweer? – o ja, zo ging het: "*Allah u Akbar!*" en regelrecht de machinegeweren tegemoet renden...'

Het werd tijd om op te stappen. Hij liet me uit, chagrijnig omhoogkijkend naar een NAVO-helikopter die dreigend laag boven onze hoofden cirkelde.

In het nabijgelegen café Byzantium, met zijn felgele luifel, voegde ik me weer bij mijn vertrouwde reisgenoten, Goran en Bogdan, een stel freelance journalisten uit Belgrado. Even vergetend dat de Bosnische Serviërs erop gespitst waren alle sporen van de islamitische cultuur in Bijeljina even grondig uit te wissen als Arkan en zijn trawanten de stad ethnisch hadden gezuiverd, bestelde ik een *turkska* in plaats van een *srpska kafa*. Goran en Bogdan schoven ongemakkelijk op hun stoelen heen en weer. De kelner fronste zijn wenkbrauwen.

Terwijl ik mijn koffie opdronk dacht ik na over wat een Servische verslaggever, met een eigen succesvol persagentschap in Belgrado, me had verteld over de ervaringen die hij eind jaren zeventig in Krka had opgedaan. Vol enthousiasme had hij verteld hoe hij en zijn vrouw tijdens een wandelvakantie onverwacht op Krka waren gestuit, veilig verstopt in het dal. Ze waren de heuvel af gelopen naar het seminarie en hadden door een van de ramen naar binnen gegluurd. Ze hadden het gevoel gehad dat ze 'rechtstreeks uit de twintigste eeuw de zestiende of zeventiende eeuw waren binnengestapt' en waren stomverbaasd geweest bij het zien van de rijen simpele boerenjongens, Serviers uit Bosnië en Krajina, die door een slechtgehumeurde monnik werden afgeblaft en uitgescholden. Als hoofd van het seminarie had archimandriet Benedict de opleiding van een hele generatie geestelijken beïnvloed, dacht ik. Dat had hem tot een belangrijk man gemaakt, want, had de verslaggever vervolgd, hoewel je de Servische Kerk moeilijk een georganiseerde macht kon noemen, was ze wel in elk dorp aanwezig, in de gedaante van de priester. Dat was de enig overgebleven autoriteit geweest nadat Tito's communistische orde was weggevallen. Hij was ervan overtuigd dat de oorlogen in Kroatië en Bosnië zonder de Kerk niet zouden zijn gevoerd en dat het ook de schuld van de Kerk was dat niemand ooit kon zeggen wanneer het allemaal voorbij zou zijn. 'Vergeet niet dat de orthodoxe Kerk het moet afleggen tegen elke centimeter westerse vooruitgang – telefoons, wegen, het internet, gewoon alles', had zijn advies bij zijn afscheid geluid.

Terwijl hij dat zei had ik teruggedacht aan de zomer waarin de oorlog was uitgebroken, in 1991. Ik had me erover verbaasd dat het juist Joegoslavië was, zoveel welvarender dan Roemenië waar ik destijds woonde, waar de oorlog uitbrak. Dat was de eerste aanwijzing die ik kreeg dat de nieuwe goden van consumptie en democratie – de westerse Haarlemmerolie voor alle kwalen van het postcommunisme – in Oost-Europa tot een onstuitbare allergische reactie zouden kunnen leiden.

Een colonne jonge soldaten marcheerde langs café Byzantium. Een politieagent aan de tafel naast ons was hinderlijk nieuwsgierig naar wat ik zat te schrijven, dus stopte ik mijn aantekenboekje weg. De Bosnisch-Servische Republiek was geen onbekommerde verblijfplaats en de stad Bijeljina was berucht om haar criminaliteit. Verval is één ding, maar een beklemmende leegte is heel iets anders. Café Byzantium had in die stralende, warme lunchpauze vol moeten zitten. De afwezigheid van de moslims was pijnlijk voelbaar in de stad. Net of dat oord een lichaamsdeel miste.

Servië's status van internationale paria bracht niet het beste in het volk naar boven. Goran, die uitstekend Engels spreekt en graag met een rugzak door India trekt, begon erover dat hij er – net als archimandriet Benedict – van overtuigd was dat Amerika vermomd als NAVO naar de Balkan was gekomen omdat het op de wereldheerschappij uit was. Goran was wat niet-gelovige Serviërs spottend een *novo pecheni* noemen – een herborene, maar letterlijk een nieuwbakken christen, behorend tot de postcommunistische intellectuelen in Belgrado die weer belangstelling voor de orthodoxie opvatten. Hij had het Servische Hilandarklooster op de berg Athos bezocht. Hij had ook een quasi-religieuze theorie over de betekenis van Servië's oorlogen bedacht en was ervan overtuigd dat hij het bij het rechte eind had: 'Waar wreedheden plaatsvinden, waar de mensen in morele zin diep zijn gezonken,' begon hij, langzaam, me alle tijd gevend om mijn aantekenboekje weer te voorschijn te halen en elk woord op te schrijven, 'heb je ook mensen die daar boven verheven zijn, heel anders dan in het Westen, waar de verschillen dankzij de erfenis van de Franse Revolutie en de democratisch gekozen regeringen lang niet zo groot zijn. In orthodoxe landen vind je veel grotere verschillen tussen het hoogste en het laagste, en die worden in oorlogstijd nog groter. Daarom verwacht ik dat Servië als het oorlogsmisdadigers heeft, en die heeft het ongetwijfeld, ook een aantal echte heiligen heeft.'

'Maar Goran,' protesteerde ik, 'die prijs is wel erg hoog! Hoe kan het tolereren van oorlogsmisdadigers met het bloed van duizenden niet-orthodoxe mensen aan hun handen opwegen tegen de kleine kans dat er een paar orthodoxe heiligen opstaan?'

'Omdat je heiligheid niet kunt bereiken zonder dat mateloze lijden. De hoogte waartoe je kunt opstijgen hangt af van de diepte van het lijden.'

Mijn adem stokte toen ik plotseling in paniek raakte vanwege de onoverbrugbare kloof die tussen ons gaapte. Ik dacht terug aan de griezelig gelijkluidende woorden van Gavriil, de in 1950 gestorven Servische patriarch: '... de historische vooruitgang van het Servische volk is enkel en alleen bereikt door het zwaard, door een zee van vergoten bloed en door ontelbare slachtoffers, en dat betekent dat er zonder dat alles geen overwinning bestaat, zoals er geen opstanding is zonder dood.'[12]

Goran dronk zijn laatste restje koffie op en gromde: 'We hebben zo iemand als een patriarch nodig – een soort heilige – om ons uit deze rotzooi te halen!'

Ik was van plan geweest in mijn eentje door orthodox Europa te reizen, maar had er om veiligheidsredenen van afgezien. Nu was ik blij dat ik hun gezelschap had gezocht. Ze bleken van onschatbare waarde, Goran en zijn vriend Bogdan, die ons in zijn statige chocoladebruine Citroën uit 1970 rondreed. Terwijl Gorans kijk op wat we zagen en hoorden zeer verhelderend was, stond Bogdan, een toegewijd orthodox christen, op voldoende vertrouwde voet met de geestelijkheid van zijn land om ons pad in alle richtingen te effenen. In de jaren dat ik als buitenlands correspondent had geprobeerd de Roemeense, de Voormalig-Joegoslavische en de Russische politiek te doorgronden, had ik geleerd dat dit soort persoonlijke contacten goud waard was. De politieke stijl van deze landen, vaak laatdunkend als 'byzantijns' aangemerkt, blinkt uit door een ergerlijk gebrek aan doorzichtigheid in de hogere echelons, en door de zenuwslopende gewaarwording dat alle doorslaggevende besluiten bij een paar glaasjes pruimenbrandewijn in een Russische sauna of op een Grieks jacht worden genomen. Aan de ene kant leidt dit soort informaliteit met irritant gemak tot paranoia en samenzweerderig gesjacher, maar aan de andere kant had ik gemerkt dat het juiste persoonlijke contact soms resulteerde in welhaast miraculeuze onthullingen, van het soort waar een in het Westen werkende journalist slechts van kan dromen. Ik vroeg me af of dit ontbreken van wat we 'verantwoorde doorzichtigheid' zouden kunnen noemen, wel helemaal kon worden herleid tot dat onzichtbare netwerk van innige en sterke banden dat Byzantijnse 'geestelijke vaders' met hun 'geestelijke kinderen' plachten te onderhouden...

We betaalden onze koffie en maakten aanstalten om weg te gaan, want we hadden een afspraak. Een aanplakbiljet van een bioscoop aan de overkant van de weg, waarop een Amerikaanse erotische film met de bizarre titel *A Sense of Sin* werd aangeprezen, trok Gorans aandacht en bracht hem weer in een goed humeur. Gedrieën wandelden we een achterafstraatje in, op zoek naar bisschop Vasilije Kaćavenda van Tuzla en Zvornik, benieuwd waarom hij niet in een van die twee steden woonde en in plaats daarvan hier in Bijeljina zetelde.

Bisschop Vasilije vormde het middenstuk van weer zo'n karakteristiek middeleeuws tableau. Hij stond midden op straat in zijn lange, zwarte toog, omringd door met cement besmeurde bouwvakkers, en wees op de neoklassieke gevel van een gloednieuw klooster in aanbouw. Zijn zware, baardige gezicht was diep gegroefd en streng, in de stijl van de tamelijk angstaanjagende afbeelding van de Christus Pantokrator op de fresco's die de centrale koepel van een aantal orthodoxe kerken opluisteren. Achter hem ontwaarde ik de fundamenten van een nieuwe kerk, gelegd in de traditionele vorm van een Grieks kruis, met een kort schip. Links ervan stond zijn gloednieuwe paleis, waar een dubbele trap met marmeren treden naar de voordeur leidde en het portiek werd geschraagd door een paar kunstige Ionische zuilen. 'Ik voel me niet zo goed – net een griepje achter de rug. U treft het dat ik thuis ben,' zei hij.

Toen we in zijn gerieflijke salon neerstreken om te praten, naast een garderobekast met dubbele glazen deuren en boordevol prachtige kledingstukken, antwoordde ik dat ik wel degelijk besefte dat ik geluk had dat ik hem hier in Bijeljina aantrof, maar ook verbaasd was. Meteen versomberde zijn gezicht en klaagde hij dat ik, voor iemand die een boek over de orthodoxie schreef, wel heel erg in politiek geïnteresseerd was. Was ik nou journalist of spion? Langzamerhand werd duidelijk dat hij sinds het begin van de oorlog in Bosnië geen voet meer in Tuzla, de hoofdstad van zijn diocees, had gezet. Deze stad, zo'n honderd kilometer ver en tegenwoordig deel van Bosniës-Kroatische Moslimfederatie, is verloren voor wat de Serviërs *Srpstvo* – het Serviërdom – noemen. Hij deed zijn best uit te leggen waarom het voor hem onmogelijk was om zijn gezicht in Tuzla te laten zien, zodat hij hier in Bijeljina een paleis voor zichzelf had moeten bouwen.

'Ik heb een probleem met de regering daar. Ze zeggen dat ik een oorlogsmisdadiger ben.'

'O ja?'

'Ik word ervan beschuldigd dat ik in de oorlog de schatten van de Servische Kerk en het Servische volk heb meegenomen en de kant van de Serviërs heb gekozen.'

Later hoorde ik dat bisschop Vasilije, hoewel hij niet op de lijst van het Haagse tribunaal stond, was gebrandmerkt als een wolf in schaapskleren, een prelaat die in de maanden voor de oorlog in Bosnië zo schaamteloos haat had gepreekt, van de kansel, op de televisie, op de radio en op Servische godsdienstige-alias-politieke bijeenkomsten, dat zelfs de enkele in Tuzla achtergebleven Serviërs hadden besloten dat ze hem nooit meer wilden zien. Toen hij de wens had uitgesproken om Pasen 1997 in Tuzla door te brengen, hadden de stedelijke autoriteiten een brandbrief naar de hoogste internationale afgezant gestuurd met de waarschuwing dat ze geen verantwoordelijkheid voor zijn veiligheid zouden kunnen dragen als hij kwam.

Een paar dagen eerder had ik met een man uit Tuzla gesproken, die me had verteld dat 'bisschop Kaćavenda vermoedelijk een van de aanstichters was van wat de Serviërs hier hebben aangericht. We hebben hier nu een goede Servische priester, een die niet de last van het historische verleden torst, maar Kaćavenda is heel iets anders.'

Hij had beschreven hoe duivels bedreven geestelijken als bisschop Vasilije waren in het uitzaaien van hun boodschap van haat en angst en zichzelf buiten schot houden. 'Ze hoeven geen directe termen te gebruiken. De mensen kunnen tussen de regels door lezen en iedereen weet precies wat ze bedoelen. Ze weten hoe ze de emoties kunnen bespelen.' Net als de verslaggever uit Belgrado, was ook hij ervan overtuigd dat 'er hier zonder de Kerk misschien ook oorlog was gevoerd, maar niet zo bloedig als we nu hebben gehad'.

Toen ik de bisschop vroeg of hij dacht dat de oorlog voorbij was, zag ik meteen precies wat die man in Tuzla had bedoeld met geestelijken die bedreven waren in het gebruik van indirecte taal om hun bedoelingen direct over te brengen. 'Of de oorlog definitief afgelopen is of niet,' begon hij bedachtzaam, op het puntje van zijn stoel gezeten, zijn ogen diep in de mijne, op de charismatische manier waarmee Raspoetins ogen volgens zeggen in die van de ontvankelijke adellijke dames aan het laatste Russische keizerlijke hof hadden geboord, 'hangt niet van de mensen hier af maar van degenen die de oorlog zijn begonnen. Ik weet niet veel van politiek, maar geen van de mensen hier wilde oorlog.'

'U bedoelt dat Amerika de oorlog is begonnen?'

Hij leunde achterover en haalde de schouders op, alsof hij wilde zeggen: 'Dat is toch duidelijk? Wat moet ik nog meer zeggen?'

Ik besefte dat ik het hoofd koel moest houden en hem alles moest vragen wat ik maar wilde. Mijn eerste vraag was hoeveel moskeeën de moslims voor de oorlog in Bijeljina hadden en hoeveel er over waren. Hij pareerde ze handig met rechtstreekse antwoorden en stelde dat zijn protest tegen het verwoesten van de eerste vier moskeeën de veiligheid van de vijfde had verzekerd. 'U boft, ik ben vandaag toevallig in een goed humeur,' merkte hij geprikkeld op.

'Kan Uwe Excellentie me vertellen waarom een van uw geestelijken, archimandriet Benedict, in het huis van een verdreven moslimvrouw woont?'

Op zijn Pantokratorgezicht verschenen plotseling onweerswolken. 'Jullie Engelsen, vooral jullie Engelsen!' en hij prikte met zijn vinger in de lucht boven het met een kanten kleedje gedekte koffietafeltje tussen ons in. 'Hoe halen jullie het in je hoofd om ons de les te lezen over moraal en democratie. Daar zullen jullie duur voor moeten betalen. Wij zijn niet bang voor de islam. Bosnische moslims zijn gewoon tot de islam bekeerde Serviërs, maar er zijn andere, verschillend gekleurde naties. Wat zal er met de Engelse natie gebeuren?'

De Engelsen, bedoelde hij, zouden te laat tot bezinning komen, om dan tot hun afschuw te ontdekken dat hun land door Aziatische moslims was overspoeld, en ze zouden het alleen aan zichzelf te wijten hebben dat ze niet wat eerder aan hun eigen etnische zuiveringsorgie waren begonnen. Zijn woede ging over in gesputter over de rooms-katholieke Kerk en ik maakte al aanstalten om te gaan. Maar hij was nog niet klaar en probeerde met zwaar geschut mijn ziel te winnen voor de 'lieve orthodoxie', zoals hij het noemde. 'Verdiep je eens in onze orthodoxie,' zei hij poeslief, 'ga naar een klein klooster met kaarslicht in de kerk en probeer tot God te bidden. Daar heerst een speciaal soort warmte. De deuren staan open voor iedereen die zich behoorlijk gedraagt. Onze nonnen zijn eenvoudig en vriendelijk. Ze lakken hun nagels niet en epileren hun wenkbrauwen niet...'

'Dat is waar ook,' zei ik, zijn slaapliedje na de storm onderbrekend, 'waarom zijn er zoveel meer nonnen dan monniken in de Servische Kerk?'

'Serviërs zijn tamelijk ruwe mensen,' zei hij, plotseling weer op samenzweerderstoon. 'Ze kunnen het maar moeilijk zonder vrouwen stellen. Misschien hebben jullie in het Westen meer monniken...?'

Ondanks alles moest ik lachen. Zijn sluwe vraagteken bij de viriliteit van de westerse man was zijn slimste zet tot nu toe. Goran en Bogdan vonden het ook een goede grap. Op de een of andere manier kwamen we daarna op de anglicaanse vrouwelijke priesters, die hij beschreef als een 'een zeer weerzinwekkend verschijnsel', en voor de tweede keer probeerde ik weg te komen. Voor de tweede keer hield hij me aan de praat.

'Ik geloof dat ik uw ziel heb geraakt, is het niet? Als de ogen de spiegel van de ziel zijn, dan denk ik dat ik die van u heel even heb geraakt, toch?' fluisterde hij zachtjes, teder als een minnaar.

Ik voelde dat ik bloosde. 'Ach, misschien hebt u mijn ziel wel geraakt, natuurlijk, maar kijk, er is een probleem...'

'Een probleem?' Hij boog nieuwsgierig in zijn leunstoel naar voren.

Ik bekende dat ik weliswaar oprecht in God geloofde, maar het moeilijk vond in de godheid van Christus te geloven. Meteen stak de storm weer op. Zijn ogen werden twee gloeiende kolen die zich brandend van wilskracht in de mijne boorden, de spiegels van mijn ziel. Streng als een patriarch waarschuwde hij me voor de doodzonde van de hoogmoed en praatte hij maar door over de Heilige Drievuldigheid, tot hij niets beters meer wist dan het erin te rammen door zijn drie vingers de lucht in te steken, de groet die de Servische royalistische Tsjetniks in de Tweede Wereldoorlog en de Servische strijders in de jaren negentig hadden gebruikt. 'Dríé personen in één God!' brulde hij.

Ik gaf hem lik op stuk met mijn eigen teken voor 'Eén God' – één duim in de lucht.

Hij scheen te beseffen dat dit spelletje hem niet dichter bij zijn doel bracht en schakelde weer over naar zijn suikerzoete register. 'Ik kan aan uw ogen zien dat u een beschouwelijk type bent, dus ik geloof niet dat u een persoonlijke God voor uzelf hebt. U moet dat wat u gelooft ook kunnen verwoorden, weet u.'

Dat was vreemd, want als de orthodoxie één onschatbaar grote voorsprong heeft op het rooms-katholicisme of het protestantisme, is dat het feit dat het zich nooit erg druk heeft gemaakt over het verklaren of intellectualiseren van het christendom.

Bisschop Vasilije was nog steeds razend. 'Ik veronderstel dat u ook niet in het laatste oordeel gelooft! Nou, dan zal ik u eens iets vertellen, er zijn engelen en er zijn gevállen engelen!...'

Ik stond op om weg te gaan. De bisschop uiteindelijk ook, en hij liep met ons mee door de marmeren gang naar de deur, waar hij mij de hand drukte.

Sarajevo
De Kroatische Moslimfederatie, Bosnië

Lieve orthodoxie, lieve orthodoxie...

Bogdan en Goran hadden terug gemoeten naar Belgrado. Ik was alleen en reisde per bus naar het zuiden, langs de fraaie bochten van de Drina, door kleine, verwoeste, door NAVO-tanks gepacificeerde stadjes. Onderweg naar het hart van het oude Bosnië hoopte ik de 'lieve orthodoxie' te vinden.

Puur toevallig trof ik haar op een regenachtige zondagmorgen in het lage orthodoxe kerkje in het oudste gedeelte van Sarajevo, waar de straten nauw zijn en de gebouwen laag, eerder Ottomaans-Turks schots en scheef dan Centraal-Europees pompeus, en gebouwd nadat Oostenrijk Bosnië in 1908 had geannexeerd. Dit pittoreske oude gedeelte van de stad was door de oorlog zwaar gehavend maar intussen weer tot leven gekomen. Op die regenachtige zondag wemelde het er van de Duitse en de Franse NAVO-soldaten op verlof. Auto's met nummerborden van buitenlandse hulpverleners en politieke organisaties verstopten de smalle straten. Het marktplein, ooit het toneel van bijzonder gruwelijke oorlogswreedheden, werd opgefleurd door bloemenverkopers met hun kleurige bloemen. De cafés, vol buitenlanders, hadden het weer even druk als in maart 1992, toen ik hier voor het eerst met een stel andere journalisten heen was gekomen om getuige te zijn van de vreselijke manier waarop Bosnië bij de oorlog was betrokken.

Dat voorjaar was er op een hete zondagmiddag in ditzelfde kerkje een huwelijk gesloten. Bij de deuren had iemand het vuur geopend, en dat was door iemand anders beantwoord. De Servische vader van de bruidegom werd gedood en een orthodoxe priester gewond. De Serviërs zeiden dat het incident 'een groot onrecht tegen het Servische volk was'.[13] De moslims zeiden dat de Serviërs om moeilijkheden hadden gevraagd door in het oude, islamitische gedeelte van de stad met hun nationale vlaggen te lopen zwaaien. Een provocatie of iemand met veel te losse handen, ziedaar – de vonk die het sein gaf tot een drie jaar durende slachtpartij. Het incident werd gekenmerkt door dezelfde weerzinwekkende onvermijdelijkheid als de moord op de Oostenrijkse groothertog Frans Ferdinand en diens vrouw, in Sarajevo, juni 1914.

Als je het kleine, zestiende-eeuwse kerkje in gaat, moet je een paar steile treden af, omdat de Ottomanen de bouw ervan alleen hadden goedgekeurd als het achter een stenen muur verborgen zou zijn, met een klokkentoren die qua hoogte niet kon wedijveren met hun minaretten. 'Intiem' was het juiste woord voor het interieur, met een laag plafond, pas geverfd en goed verlicht, glimmend gepoetst donker meubilair en schitterende iconen. De gemeente, een handvol hoogbejaarden, zong niet gelijk en al evenmin zuiver, maar het was een bijzonder aangename plek en de priester, die zijn wierookvat in een welriekende wolk heen en weer zwaaide, had een vriendelijk gezicht.

Het was een kleine man die, toen hij zijn gewaden eenmaal had afgelegd, verbazend veel had van een krasse Lenin. Zijn pientere ogen, kwieke gestalte en puntbaardje gaven hem een levendig, energiek uiterlijk. Hoewel Vader Krstan al gepensioneerd was toen de oorlog uitbrak, was hij een van de slechts twee Servische geestelijken die in Sarajevo hadden durven blijven. Onder de helse aanvallen van zijn Servische broeders, die zich met hun wapens en hun door de brandewijn verhitte hersens hoog in de heuvels hadden genesteld, had hij het wantrouwen en de wrevel van de moslims en de Kroaten in de stad getrotseerd. Af en aan lopend over de verraderlijke 'Sniper

Alley', had hij de erediensten in de twee belangrijkste orthodoxe kerken van Sarajevo verzorgd.

'Het was zwaar. De mensen vroegen me in die dagen geregeld waarom ik de stad niet verliet om de wereld de waarheid te vertellen over wat hier allemaal gebeurde. Maar ik ben maar een priester, en ik was hier om God te dienen, en ook de Serviërs die waren achtergebleven.'

De oude man was geen heilige en ook geen heldhaftige Servische martelaar. Hij bekende dat een belangrijke reden om niet uit Sarajevo naar het nabijgelegen Pale te vertrekken, waar de meeste Serviërs uit de stad waren, zijn angst was geweest om opnieuw dakloos te worden. Na de Tweede Wereldoorlog had hij vijf jaar lang als vluchteling geleefd. Tijdens die oorlog had hij als jong priester in Tito's partizanenleger gediend en een partizanenuniform gedragen, met een bizarre afbeelding van een kruis over de rode ster. De nationalistische neigingen van de Servisch-orthodoxe Kerk hadden hem indertijd al niet aangesproken, en die neigingen, die sinds Tito's dood in 1980 zo in zwang waren, spraken hem nog steeds niet aan, maar hadden zijn Joegoslavische patriottisme evenmin aangetast.

'Tegenwoordig praten veel orthodoxe geestelijken heel kritisch over het Joegoslavië van Tito, maar niemand heeft ooit gezegd hoeveel kerken er tijdens het socialisme zijn gebouwd, en bovendien,' voegde hij er bitter aan toe, 'zegt niemand hoeveel kerken en moskeeën er in deze oorlog precies zijn verwoest.'

Ik had geen behoefte hem tegen te spreken en hem erop te wijzen dat Tito de orthodoxe Kerk zeer kort had gehouden, haar van haar inkomsten had beroofd en het grootste deel van haar eigendommen geconfisqueerd, waarschijnlijk in een poging om de voornaamste drijfveer achter het Servische nationalisme te breken. Toen Tito in 1980 stierf, was de Servische Kerk het meest verzwakt van alle orthodoxe Kerken in Europa. Ik wilde hem niet onder de neus wrijven dat de manier waarop Tito de Kerk had behandeld wellicht ten dele verantwoordelijk was geweest voor haar bereidheid om met Slobodan Milošević samen te werken toen die haar eind jaren tachtig voor zijn karretje had geprobeerd te spannen, en ook voor de onmiskenbaar nationalistische trekjes die ze tegenwoordig vertoont.

Vader Krstan gaf blijk van een verfrissend gezonde kijk op het heden en van betrokkenheid op de nabije toekomst, wat voor talloze andere Servische geestelijken niet opging. Hij bladerde een krant van die dag door en wees verheugd op Sarajevo's nieuwe hoopvolle en optimistische klimaat, zoals bleek uit het forse aantal pagina's met vacatures. Hij kon ook een lijst geven van de donors die het kerkdak wilden restaureren; Lawrence Eagleburger, de Beierse Kerk, de Duitse regering en de Italiaanse rooms-katholieke charitas... Een prachtige lijst donors, zonder één orthodoxe broeder!

'Bent u niet verbaasd dat het rooms-katholieken en Amerikanen zijn die uw kerk geld geven?' kon ik niet nalaten hem te vragen, want er was me voortdurend ingepeperd dat dát de oervijanden van de orthodoxie waren. Toen stak Vader Krstan van wal op een manier die hem duidelijk onderscheidde van types als bisschop Vasilije – en me duidelijk maakte dat de orthodoxie inderdaad lief kan zijn.

'Nee, eigenlijk niet. Kijk, ik gooi de politiek van nazi-Duitsland niet op één hoop met de huidige. Tijdens deze oorlog heeft Duitsland driehonderduizend vluchtelingen opgenomen en die vijf jaar lang gevoed. Daar konden onze traditionele bondgenoten niet aan tippen. Wat Amerika en de NAVO betreft, we kunnen klagen en op zoek gaan naar zondebokken, maar in zeker opzicht moeten we ze dankbaar zijn, omdat ze hier een eind aan de oorlog hebben gemaakt. Ze hebben dan misschien geen eind aan de economische of de politieke of de verbale oorlog gemaakt, maar in elk geval wel aan het moorden.'

Vader, hoe komt het dat u van alle Servische geestelijken die ik heb ontmoet de enige bent die de dingen zo ziet? wilde ik zeggen, maar ik wist dat die vraag hem in verlegenheid zou brengen. Het was voldoende dat ik iemand zoals hij had gevonden. Er waren er waarschijnlijk niet veel meer in de plaatsen waar ik naar op weg was.

Goran en Bogdan zouden me vergezellen op een verkenningstocht door het eigenlijke Servië en zijn zuidelijke provincie Kosovo. Ik begon te vermoeden dat de orthodoxie en haar kenmerkende opvatting over de tijd als cyclus al sinds 1389, toen tsaar Dušans machtige rijk in de veldslag bij Kosovo in duigen was gevallen, een cruciale rol had gespeeld bij de vorming van de collectieve Servische psyche.

Het Ravanicaklooster
Servië

Ravanica was op dat late uur een klein, zwart klooster in een zwart dal tussen zwarte bomen. De nonnen waren onaangenaam verrast door het avondlijke bezoek van een Engelse in gezelschap van twee Servische mannen uit de hoofdstad. Het was midden in de week en het toeristenseizoen was voorbij. De stralende dagen werden al gevolgd door kille nachten en de vijfentwintig leden van de gemeenschap zouden juist aan het avondgebed beginnen alvorens te eten en naar bed te gaan.

'God sta ons bij!' luidde onze traditionele en welgemeende begroeting.

'God sta u bij!' kwam het gemompelde traditionele antwoord van een zwarte gestalte in een zwak verlichte deuropening.

Maar een eenvoudige non, bijna even lang als breed in haar zwarte jurk, haar zelfgebreide zwarte vest en haar zwarte sluier, ging ons voor naar een ontvangstkamer die werd verlicht door een lelijke tl-buis en opgeluisterd door een grote ingelijste collage van alle Servische koningen, in chronologische volgorde tot aan de Tweede Wereldoorlog. Toen ging ze weg, om terug te komen met een blikken dienblad met de gebruikelijke kopjes Turkse koffie, glazen water, een schaal abrikozencompôte en drie theelepels. Ze zette het op tafel en verdween weer.

We wachtten en wachtten. Goran kreeg er genoeg van en Bogdan was moe na een hele dag rijden door een van de minst inspirerende gedeelten van Servië's platteland. Hij trommelde met zijn vingers op tafel en mompelde ongeduldig: 'O Servië, dierbare moeder – Zo zal ik je altijd noemen!' De opzwepende eerste regel van een Servisch strijdlied uit de Eerste Wereldoorlog, verklaarde hij voordat hij opsprong en op zoek ging naar de abdis van Ravanica.

Onze bedoelingen waren niet helemaal onschuldig. We waren niet gekomen om de sfeer van de met kaarsen verlichte kerk te proeven, zoals bisschop Vasilije in Bijeljina ons had aanbevolen, maar in de vurige hoop een glimp van Servië's heiligste relikwieën op te vangen. Ons ervan bewust dat de kist die de veertiende-eeuwse gemummificeerde overblijfselen van vorst Lazar bevatte op zóndag en niet dónderdag werd geopend, smeekten we de abdis een uitzondering te maken.

Vorst Lazar vormt een cruciaal stukje in de legpuzzel van de Servische psyche, maar niet zozeer vanwege iets wat hij tijdens zijn leven tot stand heeft gebracht. Hoewel hij dit klooster had gesticht, de monniken van de berg Athos een kostbaar kameelharen stukje van de gordel van de Maagd had geschonken en een ernstig geschil met de patriarch van Constantinopel had bezworen door hem te beloven dat Servië niet opnieuw zou proberen Byzantium binnen te vallen, had Lazar niets van een roemrijk, daadkrachtig heerser als tsaar Dušan. Hij is alleen belangrijk omdat de mythen die na zijn dood de kop op hadden gestoken de verpletterende nederlaag van de Serviërs tegen de Ottomanen, tijdens de veldslag bij Kosovo in 1389, tot een glorieuze spirituele overwinning hadden getransformeerd. Vorst Lazar is de sleutel tot het begrijpen van de diepgewortelde overtuiging van de Serviërs dat ze, hoeveel oorlogen ze ook zijn begonnen, altijd een natie van slachtoffers en martelaars zullen blijven.

Aan de vooravond van de grote slag zou vorst Lazar een boodschap hebben ontvangen van een als adelaar vermomde engel, die uit de hemel omlaag was gedoken met een sprekend boek in zijn klauwen. De boodschap van het boek zoals die eeuwenlang via kerkelijke kronieken is doorgegeven, maar hier is weergegeven in de woorden van een beroemde negentiende-eeuwse Servische nationalist, luidde als volgt:

Lazar, roemrijke keizer,
Wat is het rijk waarvoor gij kiest?
Is het het hemelrijk?
Is het het aardse rijk?
Als het het aardse rijk is,
zadel dan paarden, trek de zadelriem aan,
en, strijders, omgordt u met zwaarden,
valt de Turken aan,
en heel het Turkse leger zal sterven.
Maar is het het hemelse rijk,
Richt dan een kerk op in Kosovo,
bouw haar fundamenten niet van marmer,

bouw haar van zuiver zijde en karmozijnen doeken,
neem het sacrament, stel de manschappen op,
allen zullen sterven,
en gij zult met hen sterven als zij sterven.[14]

Net zoals Jezus Christus voor een vernederende dood aan het kruis koos om eeuwig leven voor de mensen te verwerven, koos vorst Lazar ervoor om door de handen van de Turken om te komen en zo voor zijn volk een soort status van Boven-Allen-Uitverkoren-Natie te verwerven. Daarna had 'Het Hemelse Servië' zichzelf, dwars door eeuwen vol oorlogen en vernederingen heen, kunnen blijven beschouwen als de natie die leefde met de consequenties van de hartverscheurende beslissing van vorst Lazar. Verraad, lijden en dood zouden de Serviërs op aarde ten deel vallen, maar ook gerechtigheid en wederopstanding. 's Lands meest geliefde moderne theoloog, tot zijn dood in 1979 geestelijk vader van vier van de politiek meest actieve bisschoppen, bevestigde het op Christus gelijkende zelfbeeld van het land: 'Onze nationale geschiedenis is een welsprekend bewijs van de wederopstanding en de macht van Christus',[15] schreef archimandriet Justinus Popović, en ergens anders noteerde hij dat de Serviërs 'op alle kritieke momenten van hun geschiedenis altijd het hemelse boven het aardse, het onsterfelijke boven het sterfelijke en het eeuwige boven het vergankelijke hebben verkozen'.[16]

Volgens de oude legenden riep vorst Lazar op de avond voor de noodlottige nederlaag bij Kosovo twaalf bisschoppen en de Servische patriarch bijeen in de tent die als kerk diende, voor een laatste heilige communie. Een laatste avondmaal met zijn ridders, met inbegrip van degene die hem aan de Turken zou verraden, maakte zijn identificatie met Jezus Christus compleet, en de volgende morgen zond hij zijn mannen hun ondergang tegemoet met een bezielende toespraak over hoe 'beproevingen roem voortbrengen en zware inspanningen rust schenken.'

Het duurde enige tijd voordat gedetailleerde verslagen over de slag bij Kosovo, een van de diepste dolksteken die de Ottomaanse Turken het bevende hart van Europa ooit hebben toegebracht, het Westen bereikten. Een Russische monnik kwam als eerste met het verhaal, maar kon niet zeggen waar de ramp had plaatsgevonden. Daarna meldden de meeste verslagen dat de Ottomaanse sultan in de strijd was omgekomen en werd vorst Lazar nauwelijks genoemd. Zes eeuwen later is nog steeds niet duidelijk of hij op het slagveld is gevallen of door de Turken gevangengenomen en onthoofd. Ook weten we niet of hij ooit officieel in de canon is opgenomen. In Servië waren de grenzen tussen heilige en heerser of tussen staat en Kerk destijds even onscherp als in Byzantium. Vrijwel elke heerser van de Nemanjadynastie, de illustere en 'heilige wortel' waaraan onder meer tsaar Dušan was ontsproten, is heilig verklaard.

Een paar jaar na vorst Lazars dood schreef de Servische patriarch Danilo III de eerste 'Vertelling over vorst Lazar', waarin opgenomen diens vrome opvatting over het verzaken van een aards koninkrijk ter wille van een hemels. In 1391 nam Lazars weduwe Milica het gebeente van haar man mee om hier in Ravanica, het door hem gestichte klooster, te rusten. Tijdens de meer dan driehonderd jaar durende Ottomaanse overheersing is jaarlijks op 15 juni in de Servisch-orthodoxe kerken een 'Plechtigheid voor de Heilige Vorst Lazar' gehouden. Daarbij werd naar de Turken verwezen als de 'helse draak', het 'goddeloze volk' of de 'kinderen van het beest en de draak', maar verder werd de vorst-Lazarcultus wijselijk het zwijgen opgelegd. Tsaar Ivan de Verschrikkelijke van Rusland eerde Lazar openlijker dan de Serviërs onder hun Ottomaanse overheersers hadden gedurfd. Hij liet vorst Lazars portret halverwege de zestiende eeuw op een muur van de kerk van de Heilige Aartsengelen in het Kremlin schilderen.

De grote Servische volksverhuizing aan het eind van de zeventiende eeuw, naar het noorden, ver van Kosovo, het noodgedwongen achterlaten van wat ze als hun vaderland in het zuiden waren gaan zien, heeft de mythe van vorst Lazar nieuw leven ingeblazen. In 1690 vluchtten zo'n veertigduizend Servische gezinnen voor de Turken naar wat nu Hongarije is. Daar leverden ze zich uit aan de genade van de Oostenrijkse keizer. De monniken van Ravanica groeven de dierbare overblijfselen van hun stichter op en sloten zich aan bij de stroom vluchtelingen, onder aanvoering van patriarch Arsenije III. Een van hen dacht eraan terug hoe ze naar het noorden trokken, 'veertig dagen lang, en in een plaats voorbij Buda terechtkwamen, Sint-Andreas geheten. Daar vestigde de patriarch zich. Ook wij, de inwoners van Ravanica, hebben op die plaats huizen gebouwd en een kerk gesticht, die we van hout hadden gemaakt, vlak bij de oever van de Donau, en daar hebben we de relikwieën van Sint-Lazar te ruste gelegd'.[17]

Zeven jaar later keerden die monniken terug naar wat tegenwoordig het noorden van Servië is en vonden er een bouwvallig klooster waar ze de kist van vorst Lazar konden neerzetten. Daar kwam zijn cultus tot bloei, waarschijnlijk meeschommelend met de mate van afschuw die de Serviërs altijd voor hun Turkse overheersers zijn blijven koesteren. Het grootste deel van de tijd was die, althans wat de boeren betreft, zeer hevig. Lady Mary Wortley Montagu, een Engelse aristocrate die begin achttiende eeuw een rondreis door Servië maakte, was geschokt door de ongebreidelde wreedheid van de Turkse janitsaren, het gruwelijkste en meest zichtbare aspect van de Ottomaanse overheersing op de Balkan.

> De onderdrukking van de boeren is zo groot dat ze zich gedwongen zien hun landerijen te verlaten, en als de janitsaren er hun zinnen op zetten, valt alles wat ze bezitten aan hen ten prooi. We hadden een lijfwacht van vijfhonderd man, en elke dag was ik bijna in tranen als ik zag hoe ze tekeergingen in de arme dorpen waar we doorheen kwamen.[18]

Begin negentiende eeuw lieten de Serviërs zich inspireren door dezelfde doctrines van nationale vrijheid die ook de brandstof voor de Franse Revolutie hadden geleverd, en was hun afschuw van de Turken groot genoeg om de eerste stappen te zetten om hen, of in ieder geval de janitsaren, uit Servië te verdrijven. Dat was de fase waarin de nieuwe Servische nationalisten en de geestelijkheid, die zich er de afgelopen vier eeuwen onder de Ottomanen op had toegelegd de herinnering aan het middeleeuwse Servische rijk levend te houden, de handen ineensloegen om de oude mythen over vorst Lazar uit te buiten.

De preken en kronieken van de Servische Kerk hebben het meeste bijgedragen aan de erop volgende stemmingmakerij rond vorst Lazar, maar ook een negentiende-eeuws olieverfschilderij beeldt hem af als een soort Christus aan het Laatste Avondmaal, vóór de slag bij

Kosovo. Er valt een bundel heilig licht op zijn gezicht en hij wordt omgeven door de crème de la crème van de Servische adel, alle twaalf met baard en even eerbiedwaardig als Christus' apostelen. Op de voorgrond staat een andere heilige Servische krijgsman, die met een dolk zwaait en zweert de sultan te zullen doden. De nonnen in het Ravanicaklooster verdienen tegenwoordig aardig wat bij met het vervaardigen van de reproducties van het schilderij op posterformaat die overal in Servië in kloosters en kerken te koop zijn. Dit ontroerende werkstuk, in de Servische geest gegrift, heeft zonder enige twijfel een rol gespeeld bij de transformatie van vorst Lazar tot een tweede Christus, en van de Turken, dus zeg maar alle moslims, tot gehate Christusmoordenaars.

Het verhaal over Lazars verheven offer heeft ook een aantal moderne Servische koningen geïnspireerd. Koning Petar Karadjordjević besteeg in 1903 de troon en sleepte zijn volk mee in de Eerste Wereldoorlog en de rampzalige terugtocht voor de Duitsers en de Oostenrijkers. Zijn zoon herinnerde zich naderhand hoe 'hij zich voornam te sterven en een heilige te worden, zoals Lazar in Kosovo'. Hij had de soldatenbaret opgezet, een geweer gepakt en zich bij de mannen in de loopgraven gevoegd.[19]

Vorst Lazar bleef niet lang in zijn Noord-Servische klooster. Tijdens de Tweede Wereldoorlog opende een bende Kroatische fascisten de kist en stalen ze zijn gouden ringen. Ontsteld over de barbaarsheid van hun bondgenoten, hielpen de Duitse nazi's de Serviërs een nieuwe schuilplaats voor hem te zoeken in Belgrado, zijn onderkomen tot 1988. Het jaar daarop ging hij, als onderdeel van de voorbereiding op de uitgebreide, door de staat gesponsorde festiviteiten ter herdenking van de zeshonderdste verjaardag van de slag bij Kosovo, weer op toernee en was hij de voornaamste attractie in een reizend circus van wierook zwaaiende priesters en oogverblindende plechtigheden dat van klooster naar klooster trok, door heel Servië en Bosnië, helemaal tot aan Krka. Met de gevoelens van de niet-Serviërs langs de weg waar de schitterende karavaan langskwam werd weinig rekening gehouden, maar de Serviërs kwamen met hele hordes tegelijk, allemaal aangestoken door hetzelfde bedwelmende, eeuwenoude religieuze nationalisme waar de bouwers van het middeleeuwse Servische rijk al door waren geïnspireerd. Ten slotte werden de overblijfselen van Lazar, tijdens een laatste glorieuze publiciteitsstunt, in september 1989 weer hierheen gebracht, om in Ravanica rust te vinden.

'Het was geweldig! Ik zal die dag nooit vergeten,' dweepte de oude non, toen we naast elkaar in die door neon verlichte kloosterspreekkamer een album met ezelsoren vol zwart-witfoto's van Ravanica's hoogtijdagen doorbladerden.

De foto's zagen er vreemd gedateerd uit en het was niet moeilijk te zien waarom. Het was een belangrijke staatsgebeurtenis geweest, die politiek volledig was uitgemolken. Er zwommen hele scholen journalisten door die zee van geestelijken in Byzantijnse kledij. In die lang vervlogen dagen van vóór de oorlogen had president Milošević de orthodoxe Kerk met al haar pracht en praal nodig gehad om de toekomstige veldslagen te helpen voorbereiden door de Serviërs eraan te herinneren wie ze na bijna een halve eeuw Joegoslavische homogeniteit eigenlijk waren. En de Kerk was verrukt geweest toen ze had ontdekt dat al die eeuwen die waren besteed aan het koesteren en verspreiden van mythen over Servië's middeleeuwse grandeur en eeuwige roemrijke martelaarschap niet vergeefs waren geweest. De geestelijken op de foto's zagen er ernstig en sereen uit, gerust in de wetenschap dat hun tijd weer was gekomen.

De orthodoxe tijd heeft een eigen dynamiek en verloopt spiraalvormig, niet lineair, wat betekent dat de orthodoxe geschiedenis in goddelijk voorbeschikte cirkels rondgaat, zich even geruststellend herhaalt als de patronen op kerkelijke gewaden. Rijken en landen worden verloren en herwonnen, verloren en herwonnen, verloren en herwonnen, tot het eind van de wereld. Het verleden wordt nooit vergeten, want het komt weer terug en de toekomst is nooit nieuw. In een poging een bepaald aspect ervan te beschrijven, zegt een Grieks historicus dat de orthodoxe geschiedenis 'het wegvagen van alle kenmerken die de historische waarheid noodzakelijkerwijs aan de termen van de alledaagse logica binden' inhoudt. Zo wordt een waarheid gegenereerd die niet tot de nuchtere werkelijkheid behoort, maar tot de sfeer waar het heden bij het hiernamaals aansluit en waar God in de historische tijd ingrijpt...'[20] We hebben hier te maken met een mythische historie waarvan de volmaakte patronen niet mogen worden bedorven door tegenstrijdige waarheden. De Serviërs leren niet dat de kern van hun middeleeuwse rijk en van hun natie tijdens het grootste deel van die middeleeuwse hoogtijdagen helemaal niet in Kosovo lag, maar in een gebied enigzins ten noorden en ten westen daarvan. Serviërs worden er niet graag aan herinnerd dat de Ottomanen door toedoen van tsaar Dušan hun eerste bruggenhoofd in Europa verwierven doordat hij Byzantium had aangevallen en de keizer gedwongen hulp van de Ottomanen te aanvaarden. Serviërs leren niet hoe hun voorvaderen de ondergang van Byzantium hebben verhaast door tijdens de veldslagen van 1396, 1444 en 1448 de kant van de Turken te kiezen. Hun mythische geschiedenis is veel eenvoudiger. Het grote rijk van tsaar Dušan, waar de Turken tijdens de veldslag bij Kosovo een eind aan maakten, zal ooit verrijzen, net als Jezus Christus.

Bogdan deed zijn naam, 'Godsgeschenk', eer aan en kwam terug met de verheugende tijding dat we het lijk van vorst Lazar in diens geopende kist zouden mogen vereren, maar op voorwaarde dat we de avondplechtigheid in de kerk zouden bijwonen.

Buiten zag je geen hand voor ogen en er blies een harde, koude wind door de toppen van de cipressen. Over de stenen van de binnenplaats en een paar treden struikelend, kwamen we door een lage houten deur de kerk in. Binnen was het warm en licht. Een intieme gouden gloed, verspreid door kaarsen en gedimde elektrische lampen, verlichtte de blauwgroene fresco's op de muren en het lage plafond. De kerk rook naar wierook en, heel aards, naar oude, vochtige stenen. Terwijl buiten de eeuwenoude donkere nacht van de Turkse onderdrukking of van het miserabele moderne Servië loerde, vond je hierbinnen de hoop en de troost van een grotere en betere werkelijkheid: een hemels koninkrijk, verbeeld op elke centimeter muur, hele menigten grootogige, met zwaarden toegeruste heiligen met dofgouden aureolen zo groot als etensborden, scènes uit het leven van Christus en daarboven, hoog in zijn centrale koepel, de Christus Pantokrator die alles overzag.

Rechts van de iconostase stond Ravanica's zeshonderd jaar oude schat. Ongeveer een meter vijfendertig lang, lag vorst Lazar in een kist met een glazen deksel in een rood met goud brokaten doodskleed met bijpassende muilen, maar zijn hoofd ontbrak. Alleen zijn gevouwen handen waren zichtbaar, als een geweldige klont donkerbruin oorsmeer. Bogdan naderde de kist als eerste en begon devoot het glazen deksel, de rand van de kist en zelfs het fluwelen doek eronder te kussen. Goran hield het bij een enkele nergens in het bijzonder geplaatste kus. Ik stond er zo dicht mogelijk bij toe te kijken, terwijl vier nonnen rechts van mij de liturgie zongen.

Wij drieën, plus de nonnen, twee tienermeisjes in trainingsjack, lange rok, hoofddoek en gymschoenen, plus een handvol bejaarde mannen die helemaal achteraan in de schaduw stonden, vormden maar een kleine kudde, ver in de minderheid bij de legers heiligen op de muren. Maar het was een intiem tafereeltje, en tegelijkertijd enigszins schrijnend. Alsof we daar allemaal, de massa's heiligen en vorst Lazar incluis, op zoek waren naar troost en een veilige schuilplaats. De duisternis van het heden was dezelfde duisternis van zeshonderd jaar geleden. De eeuwen vervaagden en de tijdperken schoven over elkaar.

Bogdan moet het ook hebben gevoeld, want weer terug in de auto begon hij hardop te mijmeren over de betekenis van de mythe van vorst Lazar; 'Lazar koos voor een hemels koninkrijk, wat terwijl wij hier en nu rijden werkelijkheid is...' mompelde hij in het duister. In het volgende dorp langs de weg ontdekte Goran een restaurant waarvan de naam in roze, fluorescerend licht, scherp afstak: 'Lazars Laatste Avondmaal.'

Kosovo

Het oude patriarchaatsgebouw van de Serviërs ligt even buiten Peć, een aardige, grotendeels islamitische, Albanese stad, tegen de hoge bergen aangevlijd die Servië van Montenegro scheiden.

De stad was op die gouden herfstdag vol bedrijvigheid, overal zag je tekens van Albanese handelsactiviteiten. Achter op de door paarden getrokken karren lagen zakken met felrode pepers en door de hoofdstraat drentelde een kudde schapen. Etalagepoppen, pronkend met opzichtige Albanese trouwjurken, luisterden de trottoirs op. Op een straathoek in het stadscentrum stond een stel blozende Servische politieagenten. Maar begin jaren tachtig was hiervandaan, en ook vanuit de andere grote steden in Servisch-Kosovo, het slechte nieuws naar Belgrado doorgesijpeld hoe de geboorte-explosie van de Albane-

het glazen deksel, de rand van de kist en zelfs het fluwelen doek eronder te kussen. Goran hield het bij een enkele nergens in het bijzonder geplaatste kus. Ik stond er zo dicht mogelijk bij toe te kijken, terwijl vier nonnen rechts van mij de liturgie zongen.

Wij drieën, plus de nonnen, twee tienermeisjes in trainingsjack, lange rok, hoofddoek en gymschoenen, plus een handvol bejaarde mannen die helemaal achteraan in de schaduw stonden, vormden maar een kleine kudde, ver in de minderheid bij de legers heiligen op de muren. Maar het was een intiem tafereeltje, en tegelijkertijd enigszins schrijnend. Alsof we daar allemaal, de massa's heiligen en vorst Lazar inclusief, op zoek waren naar troost en een veilige schuilplaats. De duisternis van het heden was dezelfde duisternis van zeshonderd jaar geleden. De eeuwen vervaagden en de tijdperken schoven over elkaar.

Bogdan moet het ook hebben gevoeld, want weer terug in de auto begon hij hardop te mijmeren over de betekenis van de mythe van vorst Lazar; 'Lazar koos voor een hemels koninkrijk, wat terwijl wij hier en nu rijden werkelijkheid is...' mompelde hij in het duister. In het volgende dorp langs de weg ontdekte Goran een restaurant waarvan de naam in roze, fluorescerend licht, scherp afstak: 'Lazars Laatste Avondmaal.'

Kosovo

Het oude patriarchaatsgebouw van de Serviërs ligt even buiten Peć, een aardige, grotendeels islamitische, Albanese stad, tegen de hoge bergen aangevlijd die Servië van Montenegro scheiden.

De stad was op die gouden herfstdag vol bedrijvigheid, overal zag je tekens van Albanese handelsactiviteiten. Achter op de door paarden getrokken karren lagen zakken met felrode pepers en door de hoofdstraat drentelde een kudde schapen. Etalagepoppen, pronkend met opzichtige Albanese trouwjurken, luisterden de trottoirs op. Op een straathoek in het stadscentrum stond een stel blozende Servische politieagenten. Maar begin jaren tachtig was hiervandaan, en ook vanuit de andere grote steden in Servisch-Kosovo, het slechte nieuws naar Belgrado doorgesijpeld hoe de geboorte-explosie van de Albanese moslims de Serviërs in Kosovo het gevoel had gegeven een bedreigde minderheid in hun eigen Jeruzalem te worden. De klaagzangen van de kwijnende Servische bevolking werden gedirigeerd door de orthodoxe geestelijkheid van Kosovo. Het had niet lang geduurd of de Serviërs in het Hilandarklooster op de berg Athos begonnen hun partijtje mee te blazen. '"We hebben dan misschien ons koninkrijk wel verloren, maar onze ziel niet," hebben de monniken in Hilandar na de slag bij Kosovo in 1389 gezegd. Datzelfde zeggen wij nu tegen alle Serviërs in Kosovo en elders. Sint-Sava, de patroon van Servië, heeft ons door de eeuwen heen beschermd en zal ons ook nu weer beschermen.'[21]

Een substantieel deel van het middeleeuwse spirituele erfgoed van de Serviërs was geconcentreerd in de kerken en kloosters van Kosovo. Wat zou er met de kostbare schatten – de patriarchale kerken in Peć, de beeldschone veertiende-eeuwse kerk in Gračanica en de eeuwenoude kerk van Prizren – gebeuren als Albanese moslims het gebied onder de voet liepen? In 1988 grepen de Servische bisschoppen en masse officieel terug op een taalgebruik dat geschikter was om de christenen te alarmeren vanwege de dreigende ineenstorting van Byzantium dan voor een evenwichtige beoordeling van een gevoelig demografisch probleem. Ze gaven een verklaring uit onder de titel: 'De stellingname van de bisschoppen van de Servisch-orthodoxe Kerk tegen de genocide waarmee de Albanezen de inheemse Servische bevolking bedreigen, en tegen het schenden van de culturele monumenten in hun eigen land.'

Al een jaar eerder had president Slobodan Milošević zijn sobere communistische apparatsjikuniform afgelegd en zich als een heilige Servische krijgsheer uitgedost om een roerige bijeenkomst van Kosovo-Serviërs met de volgende woorden toe te spreken: 'Laat niemand het wagen de hand aan jullie te slaan.' In 1989 kwam hij terug voor het hoogtepunt van de feestelijkheden ter gelegenheid van de zeshonderdste gedenkdag van de slag bij Kosovo. Vorst Lazar, bijna aan het einde van zijn rondreis, die een jaar lang had geduurd, lag vergeten in de kerk van het nabijgelegen Gračanica terwijl Milošević op een podium aan de rand van het veertiende-eeuwse slagveld een enorme menigte Serviërs stond toe te spreken. Hij werd omringd door bisschoppen, onder wie de heetgebakerde bisschop Vasilije van

Tuzla en Zvornik. Milošević zei tegen de massa: 'De heroïek van Kosovo staat ons niet toe te vergeten hoe dapper en waardig we ooit waren... Zes eeuwen later moeten we opnieuw strijd voeren en conflicten oplossen. Geen gewapende strijd – al kan zoiets nog niet worden uitgesloten...'[22] De menigte was hem luidkeels bijgevallen. Milošević, de orthodoxe Kerk en miljoenen Serviërs zetten hun horloges allemaal tegelijk op de circulaire orthodoxe tijd en riepen hun middeleeuwse verleden weer tot leven. Er moest strijd worden geleverd met de Kosovo-Albanezen en de Serviërs zouden natuurlijk winnen. Dat zou de hemel op aarde zijn, niet alleen Lazars mystieke koninkrijk maar Groot-Servië, hier op aarde.

In 1990 joegen tanks, extra politie en een nachtelijk uitgaansverbod de Kosovo-Albanezen de stuipen op het lijf. Milošević had de autonome status van het gebied binnen Servië herroepen en Servië's aanspraak op de provincie kracht bijgezet door het de nieuwe naam Kosovo-Metohija te geven, waarvan de tweede helft is afgeleid van het Griekse woord voor landgoederen van orthodoxe kloosters. De meeste waarnemers in Joegoslavië, met inbegrip van de Amerikaanse CIA, verwachtten dat de oorlog, áls die zou uitbreken, hier in Kosovo zou beginnen.

In de herfst van 1997, na twee verwoestende oorlogen op hun conto, was van het euforische zelfvertrouwen van de Kosovo-Serviërs niet veel over. De Kosovo-Albanezen hadden zich op vreedzame wijze van Servië losgemaakt door een eigen apartheidssysteem op te zetten, met parallelle overheidsstructuren. Een poosje later hadden minder geduldige inwoners een Kosovo-Bevrijdingsleger opgericht en een politieke terreurcampagne opgestart. De Kosovo-Serviërs waren woedend en bang. Ze vonden de hoge geboortecijfers van de Albanezen angstaanjagend en waren jaloers op hun toenemende welvaart, maar hun horloges stonden weer op de normale tijd en ze waren bitter teleurgesteld in Milošević.

Bogdan zette de Citroën geruisloos in de schaduw naast de poort van het patriarchaat. De witte kloostergebouwen achter de niet voor niets zo hoge, dikke stenen muren, met hun donkerhouten, uitbundig met geraniums versierde balkons, waren opvallend on-Albanees en hadden eerder iets van een ouderwets Alpendorp. De vrolijke bloembedden waren goed onderhouden. Een kromme oude non in een verschoten blauw schort veegde met lange, trage halen de paden aan.

Het eigenlijke patriarchaat bestaat uit niet minder dan drie naast elkaar gelegen kerken, met allerlei verschillende fresco's en de stenen sarcofagen van voormalige Servische patriarchen. Ze weerspiegelen de verschillende tijden waarin ze werden gebouwd, maar hebben gemeenschappelijke muren – zoals Londense rijtjeshuizen – en een verbindingsgang, een narthex, waardoor ze alle drie bereikbaar zijn. Die narthex met zijn schitterende fresco's was de geïnspireerde toevoeging van een zestiende-eeuwse patriarch, Makarije geheten, die zijn verheven positie geheel en al aan de voorspraak van zijn broer, Mehmet Sokolović, te danken had. Zoals duizenden andere knappe, intelligente jonge christenen op de Ottomaanse Balkan, was ook Mehmet Sokolović als kind door de Turken ontvoerd, meegenomen naar Constantinopel, tot de islam bekeerd, aan het hof grootgebracht en uiteindelijk bevorderd tot de hoge positie van tweede vizier. De titel patriarch van Servië was al afgeschaft toen de Turken de Balkan onder de voet liepen, maar halverwege de vijftiende eeuw verkeerde tweede vizier Sokolović nog steeds in een positie waarin hij de regels naar zijn hand kon zetten en zijn broer een grote gunst kon bewijzen. Het was uitsluitend aan hem te danken dat Servië weer een eigen patriarch kreeg, tot de achttiende eeuw.

De Edwardiaanse schrijfster van reisverhalen Edith Durham heeft begin 1900 een nacht in Peć doorgebracht. Vol bewondering naar het rijtje kerken kijkend, was ze overvallen door weemoed en had ze vol heimwee teruggedacht aan de tijd dat het grootste deel van de Balkan nog niet door de Ottomanen was veroverd en 'Turkije in Europa' werd genoemd. '... Deze merkwaardige, primitieve kunst, die tegenwoordig exotisch, oosters en buitenissig aandoet, heeft ooit de kunst in heel Europa beïnvloed. We vinden haar sporen in onze eigen Normandische architectuur; we vinden ze in de oude kerken in Italië. Ze bereikte haar hoogtepunt in de Aya Sofia en in de San Marco in Venetië...'[23] Durham werd met open armen in Peć ontvangen en onthaald op een 'volle beker gekookte melk met suiker als ontbijt'.

Onze ontvangst, bijna honderd jaar later, was totaal anders. De abdis was op haar hoede en stond ons te woord vanaf haar hoge balkon, achter de vitrage. Ze wilde weten wat we kwamen doen voordat ze een van haar nonnen, die net een balkon ernaast aanveegde, met tegenzin opdroeg naar beneden te gaan en de deur open te maken. 'Hebben jullie niets anders te doen, jullie komen hier rondhangen terwijl wij aan het werk zijn!' luidde haar afscheidssalvo. We werden binnengelaten in een gebouw propvol naargeestig meubilair, waar weer andere nonnen hard bezig waren de ontvangstkamers te schrobben en te poetsen. De gehoorzame non ging met een gemelijke zucht zitten. De uitdrukking op haar gegroefde gezicht was afwerend en haar lichaamstaal vijandig. Ik vroeg haar of er de laatste tijd veel bezoekers in het klooster waren geweest.

'Nee, de meeste Serviërs zijn uit angst vertrokken,' zei ze kortaf, en zuchtte nog eens. 'Dit jaar is er bijna niemand geweest – de bussen en de auto's zijn met stenen bekogeld...'

'Echt? Wat vreselijk! Is dat pas gebeurd?'

Nee. Zoals ik al vermoedde, betekende haar orthodoxe tijdsbesef dat ze het over de jaren tachtig had.

'Ik denk dat Amerika de hele wereld wil regeren,' barstte ze plotseling los. 'Zij willen uitmaken wat er gebeurt. Het is een duivels land.'

We hadden kennelijk een zeer politiek geëngageerde non getroffen, dus vroeg ik haar te vertellen hoe ze zich hier in Kosovo voelden, op drift in die steeds groter wordende zee van Albanese moslims. Maar nee. Ze mocht dan naar hartenlust tekeergaan tegen een land ver weg, waar ze geen directe ervaring mee had, maar elke toespeling op het 'Kosovovraagstuk', waar ze vermoedelijk uit de eerste hand over kon meepraten, was strikt taboe.

'U weet best hoe de situatie hier is. Ik dacht dat u over de orthodoxie wilde praten. Dit gesprek gaat over de politiek,' zei ze woedend, terwijl ze opstond en naar de deur liep. 'Ik zal u koffie brengen en dan is het welletjes. Ik zeg niets meer. We zijn de afgelopen tijd genoeg door journalisten bedrogen.'

Misschien hebben de Servische journalisten de verhalen over Albanezen die Serviërs mishandelden wel vreselijk opgeblazen en verdraaid, dacht ik. Dat had makkelijk gekund toen president Milošević er eind jaren tachtig alles aan had gedaan om het vuurtje van het Servische nationalisme aan te wakkeren. Aan de andere kant leed het geen twijfel dat de nonnen in Kosovo in die jaren de meest vreselijke dingen over de Albanezen dachten. Robert D. Kaplan, een Amerikaanse journalist die in deze streek heeft gewerkt, had er een ontmoet die hem had gewaarschuwd: '"Ik ben een christen, maar ik zal mijn andere wang niet toekeren als de een of andere Albanees de ogen van een mede-Serviër uitsteekt, of een klein meisje verkracht, of een twaalfjarig Servisch jongetje castreert." Ze had haar hand over haar dijen gehaald alsof het een mes was.'[24]

Al Bogdans verzekeringen dat ik Amerikaanse noch journaliste was en dat talloze geestelijken ons hun zegen voor onze reis hadden gegeven, konden de non niet vermurwen: 'Het klinkt of u voldoende bent gezegend om vooruit te kunnen.' Ze snoof, smakte het blad met koffie op tafel en keek toe hoe we die opdronken. 'U kunt nu vertrekken.'

Verbannen uit dat eeuwenoude bolwerk van hun Kerk, vielen Bogdan en Goran me nijdig aan: 'Waarom moest je haar nou zo'n vraag stellen? Je vraagt nooit naar politiek. Zij weten hoogstens hoe je een kou moet genezen. Je hebt het mooi verpest!'

Ik zei dat het me speet, maar ook dat ze me moesten vergeven dat ik haar ten onrechte voor een politiek dier had aangezien.

Toen Bogdan de Citroën startte, stak een andere non haar hoofd door het autoraampje. Het nieuws dat we in ongenade waren gevallen was als een lopend vuurtje door het klooster gegaan.

'Waar gaat haar boek over?'

'Over de oosterse orthodoxie in Europa,' mompelde Bogdan.

'Is ze gelovig?'

'Rooms-katholiek,' zei Bogdan, terwijl hij de koppeling liet opkomen en wegreed.

We keerden en reden terug naar het oosten, naar Kosovo's hoofdstad Priština. Terwijl de Citroën over de vlakte van Kosovo zoefde, dwong ik mezelf het voorbijglijdende landschap door de ogen van eind-veertiende-alias-eind-twintigste-eeuwse Serviërs te zien. Door achterbaks gekonkel in plaats van een eerlijke strijd was het Jeruzalem van de Serviërs het land van de ongelovigen geworden. Ik telde de grijze betonnen minaretten van de tientallen nieuwe moskeeën en de hoog-ommuurde versterkte huizen waar welvarende Albanezen met hun talrijke familieleden woonden.

In het centrum van Kosovo's hoofdstad Priština prijkte het betonnen karkas van een grote nieuwe orthodoxe kathedraal op een allang verlaten bouwterrein, maar aan een smal achterafstraatje vonden we het kleine, witte orthodoxe kerkje van Sint-Nicolaj. We vroegen de priester te spreken, kregen te horen dat hij Vader Milorad heette en werden naar zijn woning verwezen. Die was in een modern woonblok, aan het eind van een lange, bochtige weg met fraaie moskeeën erlangs, oude, rechthoekige houten huizen in Ottomaanse stijl, met minaretten die eruitzagen als extra hoge schoorsteenpijpen.

Vader Milorad, een forse veertiger met een dramatisch litteken dat van onder zijn neus naar zijn mondhoek liep, waarschuwde ons dat hij niets kon zeggen over de plaatselijke politiek. Maar zijn wantrouwige frons verdween meteen toen hij hoorde dat ik Engelse was. Kort en goed: hij zou ons graag koffie, sigaretten en brandewijn aanbieden, want hij wenste me deelgenoot te maken van zijn opvattingen over de dood van prinses Diana. We volgden hem naar de keuken, waar zijn vrouw, in trainingspak, de binnenkant van de oven boende en zijn zoon rokend in een leunstoel hing.

'We hebben satelliettelevisie, dus ik heb zes uur lang de reportages van de begrafenis kunnen zien – CNN, Euronews, Sky. Woorden schieten tekort om te beschrijven hoe indrukwekkend ik die kerkdienst vond,' zwijmelde Vader Milorad, voordat hij mij vroeg hoe ik over haar dood dacht.

'Een tragisch ongeval...'

'Een ongeval? O ja!' sputterde hij boven zijn vingerhoedje slivovitsj. 'Ze is op bevel van uw koningin vermoord. Dat waren geen paparazzi, dat waren commando's die waren ingehuurd om haar te vermoorden. Het was haar straf voor het neuken met een moslim. Waarom moest ze zo nodig? Hebben we nog niet genoeg moslims op deze wereld? Ik veronderstel dat Fayed iets wilde wat blank en blond was, niet zo donker als hijzelf, en dat alleen de schoondochter van de koningin van Engeland goed genoeg was. Natuurlijk kon de koningin niet toestaan dat een moslim de stiefvader van haar kleinzoons werd – van de troonopvolger! Onmógelijk! Zo was het toch? Het zou nooit zijn gebeurd als Diana haar echtgenoot en haar huis niet had verlaten. En vertel me nu maar eens waarom ze dat deed!'

'Prins Charles had haar bedrogen, ik denk...'

'Tss!' riep hij, nadat hij met zijn mobieltje snel een telefoontje van een parochiaan had afgehandeld. 'Diana had bij haar man moeten blijven. Vergeet niet dat Eva uit Adams rib is gevormd, en niet andersom. Een vrouw is het lichaam, een man is het hoofd.'

Op dat punt viel zijn hardwerkende vrouw hem in de rede met de onaangename tijding dat een nieuwe generatie jonge vrouwen hun mannen niet gehoorzaamde en dat zij hun, van haar kant, veel succes wenste. Ze wilde dat ik haar bijviel. Haar zoon lachte en bediende zich nog eens van zijn vaders Lucky Strikes. Vader Milorad amuseerde zich kostelijk. Zijn blik was niet zo dwingend als die van bisschop Vasilije. Als de gulle gastheer die hij was, gaf hij me een lijvig boekwerk ter inzage, waarvan hij beweerde dat het vier kilo woog. Het heette *Het erfdeel van Kosovo.* Terwijl hij het doorbladerde, op zoek naar een lemma over zijn eigen kerkje, liet hij zich ontvallen dat hij dat boek zeker mee zou nemen als hij gedwongen zou worden Kosovo te verlaten.

Ik had niet verwacht dat hij over weggaan dacht. Het zou me helemaal niet verbaasd hebben als hij had verklaard dat het feit dat Kosovo Servië rechtens toekwam de reden was waarom hij zijn huis nooit zou verlaten. Maar dit was een aanwijzing dat de Serviërs in Kosovo, dus de mensen aan wie hij eind jaren tachtig de opkomst van zijn macht te danken had gehad, bang waren dat Milošević zelfs in staat was het hart van de Servische wereld op te geven. Ze hadden al gezien hoe hij de Krajina-Serviërs had verraden en de Bosnische-Serviërs vervolgens had gedwongen vrede te sluiten.

'Hier staat het allemaal in,' zei Vader Milorad, het boek in zijn armen wiegend, 'alles wat we hier in Kosovo hebben gehad, alles wat we hebben opgebouwd. Niemand kan me achteraf vertellen dat het nooit waar is geweest, want alle documenten staan hierin. En we hadden zoveel! In de veertiende eeuw, toen Londen nog niets voorstelde, aten onze koningen van zilveren borden met gouden bestek...'

Ik onderbrak zijn dagdroom door hem te vragen of hij dacht dat de goede tijden zouden terugkeren, of hij in de wederopstanding van Servië geloofde.

'Dat weet God alleen, maar wij weten wel dat Amerika dit land wil hebben, net zoals ze Bosnië in bezit hebben genomen. Ze steunen de Albanezen, tegen ons. Maar de Albanezen hebben hier alles wat hun hartje begeert. Engeland, Frankrijk of Duitsland kunnen nooit meer voor hen doen.'

Zijn zoon knikte instemmend.

Ik wist bijna zeker dat ik Vader Milorad, als ik over vijf jaar naar dit huis zou terugkeren, hier niet meer zou treffen. Net als de rest van de handvol in Kosovo achtergebleven Serviërs zou hij vreedzaam – of juist niet – zijn nederlaag hebben toegegeven en naar het noorden zijn geëmigreerd, mét zijn lijvige boekwerk en zijn aardige vrouw. Een treurig vooruitzicht, en nog treuriger toen we de stad een eindje uit waren gereden om de veertiende-eeuwse kerk van Gračanica te bezoeken, het kostelijkste product van Servië's gouden eeuw. Als ik Gračanica niet had gezien, had ik de naderende tragedie niet 'aan mijn huid' – zoals de Serviërs zeggen – kunnen voelen, en me absoluut niet kunnen voorstellen waarom de Serviërs niet open en eerlijk toegeven dat Kosovo zo goed als verloren is. Zonder me de gapende kloof voor de geest te halen die in het late Byzantium tussen mythe en werkelijkheid bestond, had ik niet kunnen begrijpen waarom de werkelijkheid geen kans krijgt wanneer er heilig land in het geding is.

Gračanica, met haar roodbruine bakstenen in visgraatpatronen, haar mollige ronde koepeltjes en raampjes van bobbelig glas, is de schilderachtigste kerk die ik ooit heb gezien. Sir Steven Runciman, een specialist in de geschiedenis van Byzantium en de oosters-orthodoxe Kerk, is er ook helemaal aan verknocht. Ooit heeft hij de kathedraal van Salisbury met Gračanica vergeleken: 'De eerste rijst dan wel uiterst elegant hemelwaarts, maar de tweede, met haar simpele ontwerp, de afgewogen balans tussen structuur en detail en de rijke, fijnzinnige decoratie van haar interieur, is het werk van een volk dat niet minder spiritueel is, maar wel veel verfijnder en cultureler.'[25]

Als we ergens in het Westen zo'n juweeltje bezaten, zou het inmiddels het volle gewicht van onze toeristenindustrie moeten dragen. Er zouden een snackbar en een souvenirwinkel zijn, een groot parkeerterrein, audiogidsen en folders. Het met fresco's beklede interieur zou door touwen zijn afgeschermd, of zelfs door glas. Maar in Gračanica niets van dat alles: het verleden is er even tastbaar als het heden, en dat maakt het opmerkelijke feit dat de kerk nog steeds bestaat, in een haveloos dorpje op de platte, vruchtbare vlakte van Kosovo, des te ontroerender. In plaats van faciliteiten voor toeristen is er graffiti uit de vijftiende, de zeventiende en de negentiende eeuw, in het Russisch, het Bulgaars, het Turks en het Albanees over alle fresco's in de narthex gekrast, herinnerend aan de tijden dat dit oord verlaten was of als stal of kazerne werd gebruikt. Binnen hebben kaarsvet en paraffine van de lampen, maar ook kauwgum en zelfs gesmolten plastic op borsthoogte een vettige, zwarte laag op een aantal fresco's achtergelaten. Het was donker. We konden de menigten heiligen, martelaars, engelen en koningen op de verschillende muren nauwelijks onderscheiden en hun aanwezigheid alleen vermoeden.

Tsaar Dušans grootvader, koning Milutin, had Gračanica in 1324 gebouwd. Het was gewoon een van de tientallen kerken die hij heeft gesticht, mogelijk als boetedoening voor de gretigheid waarmee hij vrouwen nam en weer afdankte. Zijn vierde en laatste, een Byzantijnse prinses, Simonida genaamd, was pas zes toen ze aan haar troosteloze reis van het gouden Byzantium naar dit betrekkelijk barbaarse land met zijn donkere bossen begon, om te trouwen met een man die veertig jaar ouder was dan zijzelf. Haar vader had veel van zijn jongste dochter gehouden maar ook toen al, tweeënhalve eeuw voordat Constantinopel viel, had Byzantium bondgenoten nodig gehad om het tegen de oprukkende ongelovigen te beschermen. Simonida was simpelweg de hoge prijs die hij voor koning Milutins hulp moest betalen. Ze komt op twee van de fresco's voor. Op de eerste staat ze naast haar echtgenoot, beiden schitterend uitgedost in hun Byzantijnse koninklijke gewaad en met parels bezaaide hoofddeksel. Beiden dragen Servische kronen en staan op het punt uit de handen van engelen twee Byzantijnse kronen te ontvangen, maar hun ogen zijn uitgestoken door bijgelovige boeren die er wonderbaarlijke geneeskracht aan toeschreven. Op het tweede fresco draagt ze een paar reusachtig lange oorbellen en vormt ze met haar echtgenoot een tak van de stamboom van de Servische koninklijke familie, waarvan de 'heilige wortel' aan de eerste twaalfde-eeuwse heerser over Servië ontspruit, Stefan Nemanja. Stefan Nemanja, rooms-katholiek gedoopt, had zich om tactische redenen tot de orthodoxie bekeerd en stierf als een eenvoudige monnik, waarmee hij de traditie in het leven riep dat Servische koningen hun leven in het Servische Hilandarklooster op de berg Athos beëindigden. Simonida's uitgekookte echtgenoot volgde het patroon maar paste de regel enigszins aan: hij werd wel monnik, maar pas na zijn dood.

Onze gids door de kerk was de toezichthoudster, een fors Servisch meisje dat Snežana heette, wat Sneeuwwitje betekent. Omdat ze als twee druppels water op Vader Milorad leek, vroeg ik haar of ze hem kende. Dat deed ze, maar ze had niet veel met hem op.

'We hebben een grapje over priesters: er dreigt er een in een meer te verdrinken en een visser roept hem uit zijn boot toe: "Hier, geef me je hand," maar de priester wil niet en verdrinkt. Ziet u, onze priesters zijn dol op nemen, niet op geven. We hebben niet veel respect voor ze.'

'En de monniken?' vroeg ik.

'Dat is heel iets anders. Die zijn erg heilig,' zei ze.

Vader Sava, die ongeveer tachtig kilometer ten westen van Priština en niet ver van Peć in het Dečaniklooster woonde, was dan misschien wel heilig, maar deed qua tolerantie in het Servië van 1997 niet onder voor welke andere geestelijke ook.

Het Dečaniklooster, nog zo'n juweeltje in Kosovo, was gesticht door koning Stefan Dećanski, die de pech had dat hij door zijn vader, de wellustige koning Milutin, blind was gemaakt en door zijn zoon, tsaar Dušan, werd vermoord. De grootste vreugde van Stefan Dećanski's leven schijnt het klooster te zijn geweest, waarvan hij de naam heeft aangenomen. Een kroniekschrijver vermeldde dat 'hij daar, als hij zijn tenten eenmaal had opgeslagen, bleef, genietend van de prachtige ligging, want het lag op een zeer hoge plek, en alle bomen waren weggehaald, de streek was namelijk dichtbegroeid en zeer vruchtbaar, zacht glooiend en grazig'.[26] Tsaar Dušan had de bouw van Dečani in 1350 voltooid, hetzelfde jaar waarin het Krkaklooster was afgebouwd, en het rijkelijk voorzien van *metohija*, kloosterbezittingen, die zich ver naar het zuiden uitstrekten, tot in het huidige Albanië. Uit berouw over de moord op zijn vader, had hij ook het lichaam van Stefan Dečanski in de kloosterkerk te ruste gelegd, waar het zelfs een zekere faam verwierf door te zorgen dat de tong van een leugenaar verrotte en afviel, en dat een boosaardige Ottomaanse pasja door zelfontbranding omkwam. Kinderloze Albanese vrouwen uit de omgeving zochten, net als hun Servische lotgenotes, soms hun toevlucht onder de iets boven de grond geplaatste graftombe, in de hoop dat de dertiende-eeuwse koning en heilige hen met baby's zou zegenen.

Wat godsdienstige verdraagzaamheid betreft, waren die tijden gunstiger dan de onze. Voordat de breuklijnen zich in dit onrustige land verhardden, hadden de Albanese moslims zich vrij gevoeld om in de orthodoxe magie te delen, en de Serviërs in die van de moslims. Het had ook geen opzien gebaard dat er een rooms-katholieke Kroaat was benoemd als opperbouwmeester van de kerk van Dečani, zodat die in geen enkel opzicht lijkt op die van Gračanica, of op een van de andere kloosters die ik in Kosovo heb gezien. Ze is wit en schoon, romaans, zonder koepel, en aan de buitenkant spaarzaam verfraaid. En het westerse karakter van Dečani gaat nog verder. Rondom de kerk ligt een zeer on-Balkanachtig groen gazon, en we vonden Vader Sava in een kantoor op de derde verdieping van een van de kloostergebouwen met houten veranda's. Hij legde juist de laatste hand aan de nieuwe website van het klooster en keurde internetplaatjes van de Servische politie die Albanese studenten in elkaar sloeg.

Vader Sava was een grote, zachtaardige man, begin dertig, met lichtblauwe ogen en piekerig goudblond haar dat uit zijn knot piepte. Hij droeg een zelfgebreid zwartwollen vest over zijn lange toog en had wel iets van een uit de kluiten gewassen ongetrouwde tante. Hij sprak uitstekend Engels, wist alles van informatietechnologie en bleek steeds onmisbaarder voor zijn bisschop op de talloze uitstapjes naar het buitenland, bedoeld om internationale steun te verwerven voor een moeizaam bevochten oplossing van het Kosovovraagstuk. De vorige dag waren ze uit Chicago terug komen vliegen.

Hij draaide weg van zijn computerscherm, rommelde in een stapel boeken en vond een doosje. Er zat een klein, luchtdicht zakje in, met een plukje katoen waar een veegje licht geparfumeerde vettigheid op zat. Hij zei dat het *mira* was – myrrhe – en voor zijn eigen ogen door een icoon van Sint-Nicolaas, eigendom van een Russisch-orthodoxe kerk in Indiana, was uitgezweet.

'Hier,' zei hij, het onder mijn neus duwend. 'Het ruikt lekkerder dan rozen. Het is zo prachtig dat God dit soort wonderen in Amerika verricht. Mag ik iets zeggen? Ik heb het gevoel dat de toekomst van de orthodoxie in het Westen ligt. Hier in Oost-Europa zijn de meeste mensen nog te veel betoverd door de glitter en de glamour van het Westen. Het Westen zelf is op dit moment klaar voor het geestelijke voedsel dat wij kunnen bieden.'

De orthodoxie, vond hij, kon wel een nieuw imago en een frisse marketingstrategie gebruiken. Volgens zijn zeggen waren daar westerse zielen die hongerden naar de ware spirituele voeding en walgden van de geseculariseerde religies die ze kenden.

'De mensen zien de orthodoxie als een van de vertakkingen van het rooms-katholicisme, maar met een nationalistisch en folkloristisch tintje, nietwaar? Dat leert ons dat we meer zouden moeten doen aan het toegankelijker maken van de orthodoxie. Het is tenslotte het fundament van de Europese cultuur,' zei hij.

Ik wees hem erop dat de jonge Serviërs de orthodoxie volstrekt toegankelijk schenen te vinden. Dečani was niet langer de vrijwel verlaten voorpost van de Servische orthodoxie die het in 1992 was toen Vader Sava er was gearriveerd. Vijf jaar na dato waren er twintig monniken. De meesten waren jong, uit de middenklasse en goed opgeleid, en de communiteit groeide nog steeds. Nog maar een paar maanden voor ons bezoek hadden de kranten in Belgrado vol gestaan met het nieuws dat een van de meest geliefde jonge acteurs van de hoofdstad zijn hectische levensstijl had opgegeven om monnik te worden, in Dečani. Nog korter geleden had een jonge fotograaf die het klooster had bezocht Vader Sava een album vol meesterwerken in zwart-wit van werkende en zich ontspannende Dečanimonniken gestuurd.

'Kijk, dit is zijn toegangsbewijs voor Dečani. Hij kan zich nu elk moment bij ons aansluiten,' zei Vader Sava, 'zijn ze niet prachtig? Ik denk dat ik er een paar voor onze website zal scannen...'

Bij Vader Sava kon ik al mijn vragen over de orthodoxie kwijt, zonder bang te zijn dat ze hem zouden ergeren. Hoewel de orthodoxe spiritualiteit zich niet leent voor intellectuele discussies, gaf hij op al mijn vragen geduldig antwoord en maakte de indruk dat hij van ganser harte naar een weg zocht om zijn Kerk uit haar middeleeuwse impasse te halen, zonder haar geheel eigen greep op De Waarheid in gevaar te brengen of haar blijvende aanwezigheid in Kosovo te verspelen. Hij vond dat de Kerk actieve belangstelling voor de politiek moest tonen, maar betreurde ten zeerste dat ze verstrikt was geraakt in wat hij het 'atheïstische nationalisme' van de staat noemde. De volgende dag, een zondag, zouden er in Servië verkiezingen zijn, en hij was oprecht ontsteld over de kandidaten op de kieslijst.

'Serviërs worden nu gedwongen een keuze te maken tussen atheïsme en openlijk fascisme. Maar beide zullen ertoe leiden dat we hier moeten vluchten, net zoals de Serviërs uit Krajina zijn gevlucht. Ik ben eerlijk gezegd vooral bang dat wij Serviërs de Albanezen gaan provoceren. Dat is het werkelijke gevaar, en dat terwijl we zoveel van hen kunnen leren. Ze hebben de laatste tien jaar voor een echte economische explosie hier in Kosovo gezorgd, dus ik wens ze helemaal geen kwaad toe. Hoewel ik erbij moet zeggen dat ze hier geen enkel waardevol monument of gebouw hebben. De oudste moskeeën zijn door de Turken gebouwd.'

De onverschrokken Edwardiaanse Edith Durham had ook de weg naar Dečani gevonden. Het klooster lag destijds een paar kilometer van de al aangetaste noordgrens van het Ottomaanse Rijk, dus had ze het beschreven als 'gevaarlijk, op het scherp van het bloedige mes'[27] gelegen. Minder dan een eeuw later, op drift in een zee van Kosovo-Albanezen die tot elke prijs de autonomie waarvan Milošević ze had beroofd terug wilden veroveren, scheen het zich in het middelpunt van al die bloedige turbulentie te bevinden. Ik voelde met Vader Sava en zijn monniken mee.

Het werd laat, de klokken voor de avondplechtigheid luidden zo dringend als een brandalarm, maar Vader Sava en ik zaten nog steeds te praten. De ene vraag na de ander. Ik vroeg hem waarom orthodoxe landen het communisme makkelijker hadden aanvaard dan rooms-katholieke of protestantse.

'In Joegoslavië heeft het communisme het diepst wortel geschoten bij de Serviërs,' stemde hij in, 'en ik denk dat dat kwam doordat het communisme een religie was, niet zomaar een ideologie. Zo was het natuurlijk ook in Rusland. Bij ons, orthodoxe mensen, is de religie diep in onze geest en in ons hart geworteld. Ik weet nog dat ik als kind ooit aan mijn vader vroeg: "Wat zal er gebeuren als Tito sterft?" "Stil, stil," zei mijn vader. "Hij kan niet sterven." Toen Tito in 1980 toch stierf, huilde ik tranen met tuiten... in het Westen benaderen jullie de dingen niet op die religieuze manier. Jullie benaderen de dingen met jullie verstand, rationeel, en nauwelijks met jullie gevoel. Ik ben bang dat met name Engeland een al te rationele weg heeft gekozen en verdwaald is. Ik was vreselijk bedroefd toen ik hoorde dat er in de anglicaanse Kerk vrouwelijke priesters zijn...'

Terwijl ik in de met kaarsen verlichte kerk stond en de avondplechtigheid in een wolk van wierook en gezang over me heen spoelde, dwaalden mijn gedachten naar wat een andere jonge Dečanimonnik, met gloeiende bruine ogen, ons al eens eerder had gezegd, tijdens een korte rondleiding door de kerk. 'Stel u een grote, stevige boom voor, en dat een van zijn dikke takken plotseling besluit dat hij ook een boom wil zijn en zich op de grond laat vallen,' was hij begonnen. 'Nou, wat gebeurt er met die tak? Hij hoeft niet per se te verrotten want hij kan daar op de grond een paar twijgen voortbrengen – maar hij kan nooit een boom worden en evenmin vrucht dragen. De stevige oude boom heeft het natuurlijk moeilijk zonder zijn grote tak, maar hij leeft nog wel en, wat belangrijker is, hij kan vrucht dragen...'

Die boom is de orthodoxie, de domme tak is het rooms-katholicisme, de twijgen de miezerige protestantse godsdiensten. De oosters-orthodoxe Kerken verwachten dat de tak zal terugkeren om zich weer bij de boom te voegen, niet dat de boom zal moeten omvallen om zich bij de tak te voegen. Voor hen geen speurtocht naar gemeenschappelijke noemers en oecumenische consensus. Voor hen geen verwatering van het Ware Geloof. Wat zou het voor zin hebben het Ware Geloof te bezitten als alle andere gelijkwaardig waren? Als het orthodoxe geloof 'gelijk' had, moest elk andersoortig geloof 'ongelijk' hebben. Religieus pluralisme en gewetensvrijheid zeggen de meeste oosters-orthodoxen niet veel.

Terug in het klooster, in de gezellige warmte van de witgekalkte refter met zijn donkere houten balken, gingen we op houten banken zitten, terwijl jonge monniken met een schort voor ronddraafden en de tafel overlaadden met Hongaarse gerookte kaas, witte schapenkaas, twee soorten gepureerde ratatouille (een met, een zonder ei), zelfgebakken brood, zware, donkere wijn, gevulde paprika's, mierzoet chocoladegebak en appels. Ik pakte net wat brood toen Bogdan zei: 'Moeten we niet eerst bidden?'

'Natuurlijk, als u wilt – ik wilde niets opdringen,' zei Vader Sava toen ik opsprong.

Hij kwam tussen ons in zitten en babbelde over zijn tocht naar Amerika, zijn hoofd vol ideeën die hij wilde testen: 'De vlucht kostte maar vierhonderdvijftig dollar, via Boedapest, waar we op Air France overstapten – redelijk goedkoop, echt. Het viel me op dat de bemanning van Air France grotendeels moslim of zwart was. Ik veronderstel dat die vermenging van rassen en religies onvermijdelijk is... Proef deze werkelijk uitstekende kaas eens, wilt u de wijn doorgeven? Zo ging het er in het Romeinse en in het oude Byzantijnse Rijk tenslotte ook aan toe, nietwaar? Iedereen kon toch Romeins burger worden? Aan de andere kant heb ik het gevoel dat Servië aan zijn specifieke tradities moet vasthouden om een hogere trap van spiritualiteit te bereiken...'

Meteen na het eten werd Goran en Bogdan een cel voor de nacht toegewezen, terwijl ik naar de kloosterbibliotheek werd gebracht. Onder een raam met uitzicht op de spookachtig witte kerk en een nachthemel vol schitterende sterren, werd op de vloer een bed voor me gespreid. Ik sliep omringd door schilderijen, wazige foto's van voormalige abten en bisschoppen, en boeken – waaronder dezelfde zwaarlijvige band die Vader Milorad me ginds in Priština had laten zien. Om vijf uur werd ik gewekt. De hemel begon nog maar net lichter te worden toen een luguber uitziende zwarte monniksgestalte in een lange pij met capuchon om de kerk schreed en daarbij met een houten hamer op de *semantron* sloeg – een meer dan een meter lange houten plank. Het geluid dat hij voortbracht klonk hol en angstwekkend, als een geweerschot. De tijd balde zich weer tot één enkel moment en hernam toen zijn cirkelgang. Ook op de ochtend dat tsaar Dušan zijn vader liet vermoorden zal een monnik dit ritueel hebben uitgevoerd, en ook op de dag dat vorst Lazar Servië aan de Turken verloor, en ook op de dag dat Edith Durham haar bezoek had gebracht, en ook op de dag dat de onverschrokken Russische abt van Dečani een patrouille nazi's had bevolen hun wapens bij de poort achter te laten, en ook op de dag dat Vader Sava was aangekomen om de communiteit nieuw leven in te blazen...

De semantron weerklonk elk halfuur, tot acht uur, maar tegen die tijd was ik al ingetogen, met hoofddoek en rok, op weg naar de kerk. Vader Sava ging voor in een wit met gouden mantel over een witte superplie. Toen hij de kleine, saloonachtige klapdeurtjes in het midden van de iconostase openmaakte en erdoorheen stapte naar het hoogaltaar erachter, leken de slippen van zijn gewaad door het bleke ochtendlicht dat erdoorheen scheen op engelenvleugels en lichtte zijn pluizige haar op als een aureool. Een wolk wierook, een bundel zonlicht, het rinkelen van bellen en een koor van jonge monnikenstemmen die telkens en telkens weer het *Gospodi pomiluj!* Heer, ontferm u! herhaalden, bewerkstelligden een oeroude, krachtige magie.

Het was echt jammer dat er, net als in de tijd van Edith Durham, nog geen twaalf mensen – vrouwen links, mannen rechts – getuige waren van dat heilige ritueel. Maar Serviërs zijn geen verwoede kerkgangers. Hun orthodoxe gevoelens zijn paradoxaal genoeg zowel heftig als grillig. Aan het begin van de twintigste eeuw verklaarde een eminent Servisch historicus en diplomaat dat als volgt: 'Ze staan niet toe dat wie dan ook haar (de Kerk) aanvalt of in opspraak brengt, al veronachtzamen ze haar als ze niet wordt aangevallen.'[28]

Trots dat Servië een monnik van Vader Sava's formaat had voortgebracht, waren Goran en Bogdan het erover eens dat hij was voorbestemd voor episcopale zo niet patriarchale hoogten. Ik ging ervan uit dat het in elk geval onwaarschijnlijk was dat ik hem over vijf jaar nog hier in Dečani zou aantreffen. Maar we hadden e-mail adressen uitgewisseld, dus was er geen reden om het contact te verliezen.*

* Vader Sava had een eigen e-mail-nieuwsgroep toen Milošević Kosovo in 1998 onder de voet liep. Dećani beschermde de Albanezen tegen de Servische paramilitairen. In maart 1999, aan het begin van de NAVO-bombardementen en de wrede etnische zuiveringen van Milošević, week Vader Sava uit naar Montenegro en op 29 maart vertelde hij de *Evening Standard*: 'Ik wil niet terug naar Kosovo... als dit het Kosovo is dat zij willen, dan hoop ik dat de NAVO het plat bombardeert.' Tot mei 1999 was er geen e-mailcontact. Toen de NAVO-troepen Kosovo in juni overnamen, ging Vader Sava terug naar Kosovo, waar hij zich samen met bisschop Artemije terugtrok in het Graćanicaklooster, woedend dat de NAVO-troepen de wraakacties van de Albanezen tegen de Serviërs en de vlucht van Serviërs uit Kosovo niet verhinderden. In januari meldden zijn e-mails de verwoesting van zesenzeventig Servisch-orthodoxe kerken en kloosters en de diefstal of vernietiging van tienduizend iconen en religieuze voorwerpen.

Het Jovandolklooster
Montenegro

O oogverblindende dageraad in mei,
Moeder, moeder – ons Montenegro!...

Goran zong uit volle borst toen de trouwe Citroën langs bochtige wegen Kosovo verliet en door bossen met roodbruine en goudkleurige beuken, omhoog en dan weer omlaag door de bergen, het land van zijn voorouders in reed, Montenegro, het kleine Servische bolwerk in de bergen dat de Turken nooit in handen hadden gekregen – sommigen zeggen: nooit de moeite waard hadden gevonden. In 1997 was Montenegro – de republiek die in 1991 op aandringen van Belgrado zijn mannen uit de bergen naar beneden had gestuurd om Dubrovnik onder vuur te nemen – diep teleurgesteld in grote broer Servië. Welk land wil samen met een internationale paria een eenheid vormen in wat westerse persagentschappen 'klein Joegoslavië' noemden?

Montenegro maakte een identiteitscrisis door. Aan de ene kant had het altijd zijn traditionele band met Servië gekoesterd, en ook het beeld van zichzelf als broedplaats van rasechte, godvrezende Servische vrijheidsstrijders, zoals Karadjordje, de eerste Servische koning na de Ottomanen. Aan de andere kant hunkerde het nog steeds naar de pseudo-onafhankelijkheid die het als onofficieel Russisch protectoraat in de negentiende eeuw had genoten. Rusland had Montenegro's minimale uitgaven betaald in ruil voor toegang tot een waardevol steunpunt aan de Adriatische Zee. Montenegro had steeds meer aanzien verworven. De laatste koning, Nicola, stond bekend als 'de schoonvader van Europa', vanwege zijn zeven dochters, die hij binnen de meeste Europese vorstenhuizen had uitgehuwelijkt. Twee van hen hadden zich aan het Russische hof van tsaar Nicolaas II en diens vrouw Alexandra bevonden en waren bekend geworden doordat ze het keizerlijk paar in aanraking hadden gebracht met Raspoetin.

Zoals Montenegro zelf door een scheidslijn in voor- en tegenstanders van de onafhankelijkheid was verdeeld, gold dat ook voor de Kerk. De aartsbisschop naar wie we op weg waren vertegenwoordigde de pro-Serviëstroming. Zijn rivaal, een gewone archimandriet, was met hart en ziel vóór Montenegro's kerkelijke en politieke onafhankelijkheid van Servië.* Bogdan had zoals altijd haast, omdat we de volgende ochtend om negen uur op de top van een bepaalde berg in Montenegro moesten zijn als we de aartsbisschop wilden treffen en de consecratie van een nieuw klooster wilden bijwonen. Dat wilden we natuurlijk wel, maar het was zonde om ons zo te haasten, want het uitzicht was adembenemend mooi, mijn beide metgezellen waren in een uitstekend humeur en de herfstzon scheen warm door de voorruit.

Om negen uur de volgende ochtend hoorden we een klok een alarmerend welkom luiden, zodat we zeker wisten dat we bij de juiste berg waren. We lieten de auto staan en klommen de laatste zevenhonderd meter naar de top, af en toe stilstaand om een hele stroom Lada's en gloednieuwe Landrovers te laten passeren – de eerste vol oude vrouwen in het zwart, de laatste vol baardige prelaten in hun mooiste ceremoniële kledij – zodat ze door konden jakkeren, modder opspattend alsof het racewagens waren die een rally reden. Samen met een menigte opgetogen plaatselijke bewoners liepen we, onder het beieren van de klok, door de nieuwe houten deuren van het klooster van Johannes de Voorloper een vlak, met gras begroeid terrein op, anderhalf keer zo groot als een voetbalveld. Aan het verste eind lag de betonnen fundering van een nieuwe kerk en daaromheen waren de nieuwe kloostergebouwen gerangschikt. Overal op het terrein zag je betonmolens en bouwmaterialen die een ordelijke doortocht van de menigte beletten. Er was al een opstopping ontstaan op een smal modderpad dat om een van de gebouwen naar de ingang van de nieuwe kapel liep waar vandaag, de gedenkdag van zijn ontvangenis, de opdracht van het klooster aan Johannes de Voorloper zou plaatsvinden. Bogdan liep een vriend tegen het lijf die voor de gelegenheid helemaal uit Belgrado hierheen was gereisd.

Door de hitte en de drukte was het in de kleine kapel niet te harden. Montenegrijnse mannen, allemaal even lang en baardig als Goran, hun hoofden eerbiedig gebogen en hun handen gevouwen, kwamen in hele drommen van de gloednieuwe witmarmeren treden om-

* In januari 2000 werd een afgescheiden Montenegrijns-orthodoxe Kerk uitgeroepen.

laag. Buiten gehoorsafstand van het eindeloos herhaalde 'Heer, ontferm u!' renden kinderen in zondagse kleren in het zaagsel tussen de betonmolens rond. Een heel leger nonnen draafde af en aan over het voetbalveld met dienbladen vol voedsel en serviesgoed en dekten de lange schragentafels voor het komende feest.

Drie uur later stroomde een hele stroom geestelijken, hun met goud geborduurde karmozijnrode gewaden schitterend in de middagzon, als een waterval uit de kapel het modderpad af en baande zich een weg naar de lokatie voor de nieuwe kerk, gevolgd door een zwerm in het zwart gehulde nonnen en leken. Voorop liep Montenegro's aartsbisschop Amfilohije, die een goudkleurig gewaad droeg, een met juwelen en miniatuuriconen verfraaide mitra en een leesbril.

Amfilohije vormt onder de prelaten van Voormalig Joegoslavië een uitzondering. Als hoofd van de Montenegrijnse Kerk heeft hij een waarlijk grootse traditie hoog te houden. Van 1516 tot 1830 werd Montenegro geregeerd door verscheidene generaties inheemse prinsbisschoppen, *Vladika* genaamd. De Kerk was het enige instituut dat de clans in de bergen, volkomen overgeleverd aan hun bloedige, wetteloze wraakacties, minstens een schijn van discipline kon bijbrengen. Een Vladika werd altijd opgevolgd door zijn neef, omdat bisschoppen celibatairen moesten zijn. Aangezien er nauwelijks belangstelling bestond voor de platvloerse verlokkingen van de moderne staat, bleef Montenegro's oude hoofdstad Cetinje tot ver in de negentiende eeuw één groot klooster en telde het slechts een handvol stenen huizen. Weer een andere Engelse reisde in het midden van de negentiende eeuw door de kleine republiek en noteerde dat '... de parochiepriesters of popes van Montenegro de nationale klederdracht dragen, en wapens die ze alleen afleggen wanneer ze bij een plechtigheid voorgaan. Het zijn over het algemeen "echte helden", voorzitters van bijeenkomsten, leiders van hun kudden in oorlogstijd.'[29] Begin negentiende eeuw schreef een prins-bisschop, Petar Petrović-Njegoš, poëzie die was ingegeven door zijn orthodoxe geloof en door zijn afkeer van de Turken. Zijn ballade 'Een krans van bergen', waarin de hoofdrol wordt gespeeld door een zeventiende-eeuwse prins-bisschop die de Montenegrijnen aanspoort de plaatselijke moslims in een kerstnacht te vermoorden, komt neer op wat een historicus ooit 'een lofzang op de genocide'[30] noemde. Maar de

Serviërs waren er zo enthousiast over dat er tussen 1847 en 1913 negentien herdrukken zijn verschenen. De volgende citaten zijn door de vertaling duidelijk wel hun poëzie maar niet hun strekking kwijtgeraakt:

De lasteraars van Christus' naam
Zullen we dopen met water of bloed!...
Laat het lied van verschrikking luidkeels klinken
Een heus altaar op een bloedbevlekte rots....
Sla minaret en moskee dus tegen de grond,
Steekt de Servische joelblokken aan,
Schildert onze paaseieren,
Houdt de twee vastentijden in ere;
En doe verder wat u goeddunkt.[31]

Aartsbisschop Amfilohije was een getrouwe replica van die Vladika-prins-bisschoppen. Hij vatte zijn betrokkenheid bij de internationale en lokale politiek zeer ernstig op en had al ver voor de oorlog begon een zekere faam verworven als woordvoerder van de Servische nationalisten, geestelijken zowel als leken. Zelfs toen de oorlog in Bosnië in 1992 steeds feller oplaaide, had hij keihard verklaard dat orthodox Europa 'het laatste eiland van heiligheid, van onbetwiste en onbezoedelde waarheid' was, waartegen 'alle demonische krachten samenspannen'. Hij was zo door en door Servisch dat hij ooit had beweerd dat de term 'Montenegrijns' een uitvinding van het Vaticaan was. Geen enkele in Montenegro geboren baby mag in de parochie met een andere nationaliteit dan de Servische worden geregistreerd. Tijdens de oorlog had Amfilohije zelfs zijn eigen kudde geschokt door zich met Arkan in te laten. Hij had zich ook opgeworpen als bemiddelaar tussen Milošević in Belgrado en Karadžić in Bosnië. In april 1995, krap een maand voordat de vrede werd getekend, vierden hij en patriarch Pavle samen Pasen in de kerk van Karadžić' bolwerk Pale, even buiten Sarajevo.

Het scheelde niet veel of de consecratie van de nieuwe kloosterkerk eindigde in een chaos. Amfilohije moest zijn priesters dwingen om het vuile werk te doen en zand over de ingegraven stenen van de fundering te scheppen. Een van de geestelijken begon een verkeerde bladzijde van de liturgie te zingen. Een voortvarende jonge non zette een gezang in dat Amfilohije alleen had willen zingen. Het was heet daarbuiten, zo midden op de dag, en vooral onder die Byzantijnse gewaden, stelde ik me zo voor. De stemming werd er niet beter op, totdat alle geestelijken en leken om een geïmproviseerd houten kruis op de betonnen plaat midden op het voetbalveld samendromden en zich spontaan aansloten bij een oeroud, waarschijnlijk heidens en zeer Servisch stamritueel. Het oogde als een soort fysieke maar tegelijk ook spirituele eenheid. Elke deelnemer stak zijn rechterarm vooruit en legde zijn rechterhand op de rechterschouder van degene voor hem, voor een moment van stilte.

Tegen één uur begonnen de magen te rammelen, maar er moest nog meer ritueel worden gezegend en 'Heer ontferm U!' gezongen. De schitterende rivier van karmozijnrood, goud en wit zette zich weer in beweging, op naar het verste einde van het voetbalveld, en iedereen sloot zich erbij aan. Prachtig uitgedost als hij was, klauterde aartsbisschop Amfilohije de steile, modderige helling op naar een brede richel op de berg, waar achter een open graf een nieuwe, witmarmeren grafsteen was geplaatst. Dat moest het graf zijn van de familie Nikćević, die dit stuk land op aandringen van een van de monniken in de familie aan de Montenegrijnse Kerk had geschonken. Ik stond zo geconcentreerd te kijken naar wat Amfilohije in een wolk wierook met de olie, de koek en de wijn op het tafeltje naast het graf zou doen, dat ik aanvankelijk geen erg had in de twee forse, met vergeelde mensenbotten gevulde houten kisten die in de zon stonden te bakken.

'Daar liggen vijf generaties Nikćevićes,' fluisterde Goran, wijzend op de data op de grafsteen, van 1912 tot 1977, en op de lijst met namen. 'Ze zijn hier waarschijnlijk uit alle windstreken heen gebracht. Wij hebben een paar jaar geleden hetzelfde gedaan met het gebeente van mijn voorouders – jammer genoeg was ik op reis in India en ben ik het misgelopen.'

Zelfs in de dood, schoot door me heen, zijn de Serviërs eropuit hun volk bij elkaar te houden: één staat, één familie, één graf, één kist. Op dat moment pakte Amfilohije een fles die, afgaand op het schreeuwerige gele etiket, tafelwijn bevatte, maar ook heel goed een geconsacreerde kwaliteitswijn kon zijn. Hij boog diep over de kisten, zoals een kok over een oven als hij vet over het zondagse gebraad druppelt, en goot de hele inhoud ervan over het gebeente, wreef er vervolgens krachtig de schedels mee in en zalfde elk afzonderlijk bot. 'De wijn is het bloed van Christus,' fluisterde Goran. Een sterke, zurige lucht, van botten in kokend hete wijn, steeg op naar onze neusgaten, zodat onze magen weer begonnen te knorren. De deksels werden weer op de kisten gedaan en die werden weer in het graf neergelaten.

Alweer zo'n magisch tafereel, misschien niet zo subtiel en betoverend als dat van Vader Sava, maar minstens even indringend.

Eindelijk was het etenstijd. Zo'n honderd gasten namen plaats aan de lange schragentafel midden op het voetbalveld. Als aartsbisschop Amfilohijes gasten werden we uitgenodigd aan de hoofdtafel, in de van gasbetonblokken opgetrokken garage bij een gebouw naast de kloosterpoort. Binnen werden nog twee lange tafels voor zo'n honderd gasten gedekt. Daar stond alles op wat een Balkanmaag zich op het gebied van degelijk Balkanvoedsel en drank maar kon wensen, nóg gevarieerder en overvloediger dan ons feestmaal in Dečani: geroosterd lamsvlees, gevulde kool, Cola, ingemaakte paprika's, soep, brandewijn, *samosas* à la Balkan, gekookte aardappelen, bier, salade, gepaneerde vis, gebak. Amfilohije, die zijn feestgewaad had verwisseld voor een alledaagse zwarte toog, zat aan het hoofd van de tafel. Hij liet de greep op zijn staf geen moment verslappen en hield met zijn glinsterende kraaloogjes het hele gezelschap in de gaten.

Terwijl Bogdan zijn niet geringe kerkelijke invloed aanwendde om een gesprek met Amfilohije voor me te regelen, raakten Goran en ik in gesprek met de man die het ijzeren kruis boven op de kapel had gemaakt. Het was een joviale, haveloze Bosnische Serviër van vlak over de grens, die zichzelf beschreef als 'Servisch-nationalist en Servisch-orthodox, wat natuurlijk eerst komt.' Hij pochte dat hij tweeenvijftig maanden als vrijwilliger in de oorlog in Bosnië had meegevochten en naam had gemaakt als 'Wrede Mirko'.

'Ik was het soort vechtersbaas dat zijn nek uitsteekt op plaatsen waar de meeste mensen zelfs geen voet durven zetten! En ik kan u wel vertellen dat ik weer zou gaan vechten. Ik schat dat ik goed ben voor nog eens tien jaar en de volgende keer zou ik mijn bijnaam pas echt verdienen, omdat ik woedend ben, ik ben woedend op iedereen, de Engelsen inbegrepen – want God staat aan onze kant. Ik ben woest op die satanskinderen, op die Satan met zijn babyface...'

Ik wist niet zeker of hij het over Bill Clinton of president Slobodan Milošević had, maar was blij toen Bogdan naast me stond en vertelde dat hij zijn doel had bereikt. De aartsbisschop zou ons ontvangen.

Nonnen brachten stoelen en een tafel vol koffie, limonade en bordjes met heerlijke baklava naar een plek ergens aan het verste eind van het voetbalveld, en daar bleven we een paar uur lang zitten terwijl de zon al in de richting van het massagraf van de Nikćevićes zakte en de gasten begonnen te vertrekken.

Amfilohije, een kwieke negenenvijftiger die er door zijn lange, pluizige baard veel ouder uitzag, scheen geen last te hebben van het feit dat hij bij elkaar vijf uur in de weer was geweest met zingen, wijn gieten en het leiden van de operaties. 'Zonden zijn vermoeiend, kwaad is vermoeiend – het goede niet,' verkondigde hij. Het nieuws dat ik half Iers was deed hem deugd. 'Ierse rooms-katholieken staan bij de orthodoxen in een goede reuk,' zei hij, met zijn vinger op het puntje van zijn neus, 'ze hebben het geestelijk zaad van Sint-Patrick in hun genen.'

Net als Vader Sava was hij pas terug uit het buitenland en had hij heel wat te vertellen over wat hij daar had gezien.

'Jeruzalem! Een eeuwigdurend drama hebben ze daar, en de geschiedenis is wat God en zijn volk daarvan maken. Die strijd om welke religie het dichtst bij God staat zal tot het einde van de wereld voortduren. Maar weet u waar ik vooral blij om ben? Dat de orthodoxie het dichtst bij God is gebleven. Tachtig procent van de heiligste plaatsen in de stad zijn in het bezit van orthodoxen. De Griekse priester die het graf van Christus bewaakt zal dat aan niemand anders overlaten. O nee, hij niet! Op dat soort vurig geloof is Christus' Kerk gebouwd. Hier, een foto van mezelf terwijl ik in Jeruzalem voorga bij een plechtigheid. Neem maar mee, als souvenir,' zei de aartsbisschop met twinkelende ogen.

Dat is zijn Servische charme dacht ik, me herinnerend dat iemand me had verteld hoe hij begin jaren tachtig was verafgood door de vrouwen van Belgrado's upper ten, toen die zich na bijna vijftig jaar staatsatheïsme vol ijver op het herontdekken van het voorouderlijk geloof hadden gestort. Iemand had gezegd dat 'ze naar hem, hun geestelijk vader, gingen om zich door zijn opvattingen te laten inspireren'. Bisschop Amfilohije heeft op dit moment even weinig tijd voor de oecumene als alle andere Servische geestelijken.

'Zoveel mensen zijn teleurgesteld in het Westen. Toen de communisten aan de macht waren, zagen we de westerse democratie als een soort verlossing, maar het Westen is in een heel andere gedaante verschenen. Het heeft een nieuwe versie van een totalitair bewind ingevoerd, door economische uitbuiting. Het is in staat onze kranten op te kopen, onze armoede te gebruiken, onze gewetens om te kopen en ons verder van huis te brengen dan we ooit zijn geweest. Daarom zeggen wij: "Ik zoek mijn eigen weg wel. Bedankt, maar dit soort hulp hoeven we niet..."'

Al pratend genoot hij van zijn portie baklava. Ik vroeg of hij dacht dat de strijd nu voorbij was.

'Nee, natuurlijk niet,' antwoordde hij zonder aarzelen. 'Hoe kunnen we nog meer strijd vermijden als de Amerikanen en de Europeanen steeds meer wapens aan de moslims en de Kroaten geven? Ze hebben de mond vol van vrede maar het hart vol oorlog. De volgende keer worden onze vijanden vast geholpen door Clinton, Kinkel en John Major – o nee, Blair, ja toch?'

Hij gaf toe dat hij nog steeds niet goed begreep waarom de orthodoxe volkeren van Oost-Europa een leidende rol hadden gespeeld bij elk conflict en overal waar in Europa sinds de ineenstorting van het communisme bloed werd vergoten. Was het niet vreemd, zei ik, dat Tsjechoslowakije kans had gezien zich te splitsen zonder één druppeltje bloed te vergieten?

Hij wachtte even voordat hij antwoord gaf. 'Sint-Makarios, de heilige Egyptische kluizenaar, zei dat overal waar de Heilige Geest is mensen hevig lijden en vervolgd worden... U moet niet vergeten dat ze niet Herodes hebben gekruisigd... Nee, ze hebben Christus gekruisigd, en hem zelfs bespot...'

Plotseling overvallen door paniek, vroeg ik me af waar het sluipende gif van de slag bij Kosovo Servië zou brengen. Was dan niemand na de tragisch vruchteloze oorlogen tegen de rooms-katholieke Kroaten en de Bosnische moslims bij zijn positieven gekomen? Hoe moest je omgaan met een hele natie in de ban van een Christus-isslachtoffer-én-hemelse-veroveraarcomplex? Wanneer en waar zou daar een eind aan komen? Volgens de cyclische regels van de orthodoxe tijd zou dit volk zonder enige twijfel voordat het millennium was afgelopen terugkeren naar het slagveld bij Kosovo, voor een oorlog met de Kosovo-Albanezen.*

Amfilohije probeerde me iets te vertellen over twee gesprekken die hij had gevoerd, een met de Amerikaanse ambassadeur in Belgrado en een met paus Johannes Paulus II in het Vaticaan.

'De Amerikaanse ambassadeur vroeg of ik vond dat Radovan Karadžić een oorlogsmisdadiger was. Ik zei zonder omwegen: "Als u over Gods gerechtigheid spreekt, dan ben ik van mening dat Hans Dietrich Genscher, paus Johannes Paulus II, Franjo Tudjman, Alija Izetbegović, aartsbisschop Amfilohije Radović en dan pas Radovan Karadžić terecht zouden moeten staan – in die volgorde."'

Hij had de paus gevraagd waarom het Vaticaan in 1991 zo snel was geweest met het erkennen van Kroatië's onafhankelijkheid. 'Weet u wat de paus zei? Hij zei: "Het Vaticaan is geen politieke macht." "Hoezo niet?" zei ik. "U bent de staat van het Vaticaan. Hoe kunt u verklaren dat Duitsland zich binnen de kortste keren mocht herenigen en vervolgens in één moeite door de eenheid van een ander land openbrak?"' Hij bedoelde Joegoslavië. Het werd steeds duidelijker dat het wantrouwen en de afkeer van de aartsbisschop in eerste instantie de rooms-katholieke Kroaten, vervolgens het rooms-katholieke Westen, en ten slotte het hele Westen gold.

'Zal ik eens wat zeggen? U beweert dat Karadžić een oorlogsmisdadiger is, maar hij heeft wel voorkomen dat de Serviërs net zo werden afgeslacht als tussen 1941 en 1945. De [Kroatische] Ustaša's zijn de voornaamste aanstokers van deze oorlog, dezelfden die in de vorige oorlog concentratiekampen hebben ingericht. En de moslims hadden in het Kroatische leger hun eigen divisie, weet u...'

We waren weer overgestapt op de orthodoxe tijd: 1204, toen de katholieke kruisvaarders Constantinopel hadden geplunderd... 1914

* Die oorlog brak achttien maanden later uit. NAVO-strijdkrachten grepen in om een derde Servische, ditmaal tegen de Kosovo-Albanezen gerichte 'etnische zuiverings'-campagne te voorkomen. In juni 1999 kwam Kosovo onder het gezag van de NAVO.

tot 1918, toen Servië een derde van zijn manschappen was verloren in de strijd tegen de Duitsers, het Oostenrijks-Hongaarse Rijk en de Kroaten... 1941, toen Kroatische fascisten zowel de Serviërs als de joden en de zigeuners hadden afgeslacht... 1991, toen de oorlog met Kroatië was uitgebroken... Rond en rond en rond.

Het begon koud te worden op de bergtop. De zon was al onder.

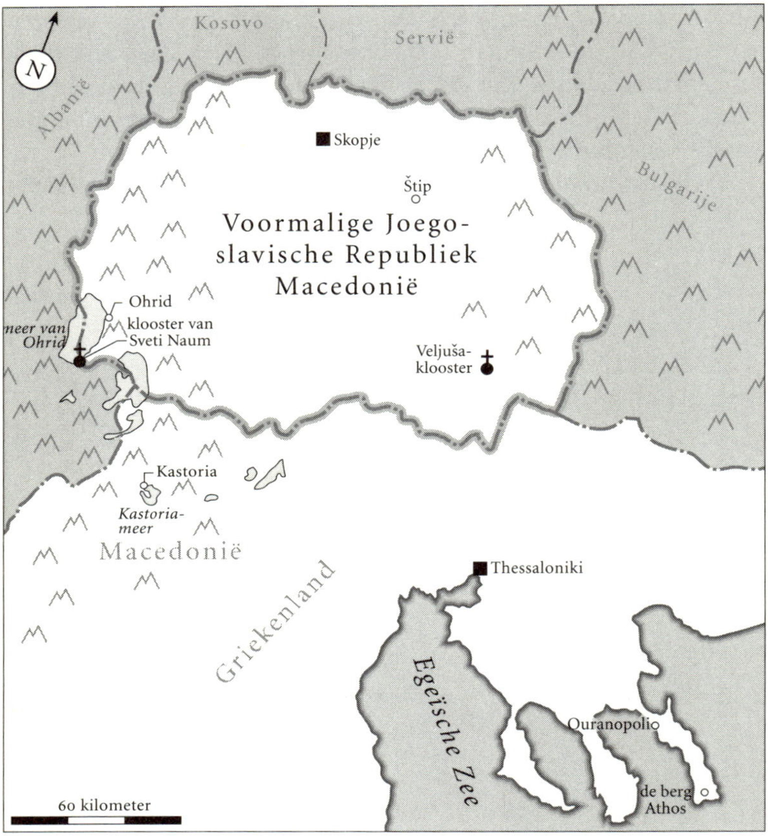
N
Kosovo
Servië
Albanië
Bulgarije
Skopje
Štip
Voormalige Joego-
slavische Republiek
Macedonië
Ohrid
klooster van
Sveti Naum
meer van
Ohrid
Veljuša-
klooster
Kastoria
Kastoria-
meer
Macedonië
Thessaloniki
Griekenland
Egeïsche Zee
Ouranopoli
de berg
Athos
60 kilometer

MACEDONIË

Skopje
De Voormalige Joegoslavische Republiek Macedonië

De koplampen van de Citroën verbleekten tot een spookachtig schijnsel. Ze drongen nauwelijks door en verkleinden de Voormalige Joegoslavische Republiek Macedonië – bekend onder de afkorting FYROM (Former Yugoslav Republic of Macedonia) – tot een paar meter weg voor ons. In het donkerste deel van het jaar, tussen Kerstmis en Nieuwjaar, leek de lange nachtelijke rit van de Servische grens naar de hoofdstad van de FYROM eindeloos en dwaas, vanwege de mist. Onze enige troost was de gedachte dat het een gepast entree was voor een staat waarvan de toekomst zo zorgwekkend onduidelijk was.

Macedonië, in de ogen van de gemiddelde westerling een obscuur lapje Balkan, door de *Encyclopaedia Britannica* afgedaan met de fameuze zinsnede: 'eerder een politiek probleem dan een geografische eenheid', ligt aan de voet van de Balkan, waar het vasteland van Europa in de Egeïsche Zee eindigt. Een gebied dat te strategisch ligt om over het hoofd te worden gezien, maar te heterogeen is om te definieren, dat onderdak biedt aan een explosief mengsel van alle rassen en religies op de Balkan en door het lot is voorbestemd om door al zijn buren te worden begeerd, regelmatig door oorlogen te worden geteisterd en maar al te vaak in bloed te worden gedrenkt. Stuk voor stuk hebben ze, om te beginnen de Romeinen, toen de Bulgaren, de Byzantijnen, de Serviërs en de Ottomaanse Turken, om het gebied gevochten en erover geheerst. Tegen het eind van de zeventiende eeuw drongen reizigers, omringd door gewapende lijfwachten en bovendien gehinderd door het ontbreken van betrouwbare kaarten, op eigen risico de Ottomaanse provincie binnen. '... Eerlijk gezegd,' schreef een verbijsterde Engelsman in die regio indertijd, 'zal iemand die door Macedonië reist nooit de ligging van steden en rivieren in overeenstemming kunnen brengen met hun plaats en hun beschrijving op kaarten.'[1]

Begin negentiende eeuw had de langdurige Pax Ottomana het grootste deel van het Macedonische platteland gereduceerd tot jachtgebied van moordzuchtige bandieten, waar kooplieden met gevaar voor hun leven doorheen trokken en murw geslagen boeren streden voor de vrijheid om hun schrale kostje bijeen te mogen schrapen. Het Ottomaanse Rijk rotte zienderogen weg en liet zijn grondgebied in Europa vallen. De Serviërs kregen hun onafhankelijkheid terug, net als de Grieken, de Bulgaren en de Roemenen, maar het strategische belang van Macedonië voor de Britten, die de Russische invloed in het gebied wilden terugdringen, betekende dat de verschillende volkeren ter plaatse langer dan de meeste andere onder de Turkse neergang hebben geleden – tot 1913. En niet alleen de door tegenspoed geplaagde Turken waren corrupt en beestachtig wreed. Ook de aangrenzende nieuwe naties, zoals Griekenland, Servië en Bulgarije, hebben een verfoeilijke rol gespeeld bij het kwellen van Macedonië. Onder het flinterdunne voorwendsel dat ze naar zielen visten, bestookten de afzonderlijke nieuwe nationale Kerken Macedonië met hun tegen de andere Kerken gerichte religieus-nationalistische propaganda. De orthodoxe christenen in die provincie werden gedwongen een nationaliteit te kiezen. Hij of zij was Griek als hij of zij in een Griekse kerk bad, Bulgaar als zijn of haar parochie een Bulgaarse priester had en Serviër als de plaatselijke orthodoxe kerk onder de jurisdictie van het Servische patriarchaat viel. Die wrede methode, waardoor een gebied is versnipperd waarvan de bevolking altijd zo gemengd was geweest dat het zijn naam aan de gemengde groente- of vruchtensalade heeft gegeven die je vaak op het menu van Franse restaurants vindt, moest wel tot verschrikkelijke misstanden leiden. Zo kon het gebeuren dat de priester van de ene kerk door die van een andere werd vermoord, en dat zijn hele dorp vervolgens met het pistool op de borst werd gedwongen zijn religieuze en nationale gebondenheid te veranderen. Bisschoppen verleenden willekeurig welke politieke terroristen die hun doelen onderschreven financiële steun. Moord werd Macedoniës alom erkende specialiteit.

Een bezorgde Engelse journalist oordeelde in 1906 dat de provincie 'een land was waar een boer met een geweer op zijn rug ploegt, waar de overheersers, als dat zo uitkomt, dankzij hun aanleg voor massamoorden regeren, waar christelijke bisschoppen worden verondersteld politieke moorden te organiseren'.[2] Een Franse antropoloog, die onderzoek deed naar christelijke gebruiken in de beginjaren van de twintigste eeuw, schreef: 'De dood komt voor de Macedoniërs nooit als een verrassing; er zijn tekenen waarvan hij aanneemt dat ze onontkoombaar op zijn komst wijzen. Begint een van zijn kippen te kraaien als een jonge haan, of kakelt ze terwijl ze op stok zit? Er zal spoedig een familielid sterven als het beest niet aan het dichtstbijzijnde klooster wordt geschonken.'[3]

Het gruwelijke verhaal over de betrekkingen die Macedonië in deze eeuw met zijn buren onderhield leest als een waarschuwing die moet illustreren hoe nationale trots altijd wordt gevolgd door een verschrikkelijke val. In 1912 kwamen de Servische, de Griekse en de Bulgaarse legers naar de regio om de leiding van de geestelijken en de terroristen over te nemen. Ze werkten net lang genoeg samen om de Turken de provincie en het continent uit te werken, maar keerden zich onmiddellijk tegen elkaar toen de buit verdeeld moest worden. Een door Amerika gesponsord onderzoek naar oorzaken en verloop van de twee Balkanoorlogen, van 1912 tot 1914, vermeldde een hele litanie van bloedvergieten, willekeurige verwoesting en actieve betrokkenheid bij de terreur van de verschillende orthodoxe Kerken. Het besloot, bijna wanhopig:

> Het platbranden van dorpen en de uittocht van de verslagen bevolking is een normale en traditionele gebeurtenis bij alle oorlogen en opstanden op de Balkan. Het is gewoonte bij al deze volkeren. Wat ze zelf hebben ondergaan, doen ze op hun beurt anderen aan. Het had alleen vermeden kunnen worden door dwingende orders uit Athene, Belgrado en Sofia, en ook dan alleen als de Kerk en de opstandige organisaties de beslissing van die regeringen hadden gesteund.[4]

Tijdens beide wereldoorlogen werd Macedonië telkens opnieuw in bloed gedrenkt. In 1945 is het verdeeld over Griekenland, Joegoslavië, Bulgarije en Albanië, waarbij de twee eerste landen veruit het meeste in de wacht hebben gesleept. Terwijl Griekenland duizenden Grieken, vooral vluchtelingen uit Turkije, in haar zuidelijke portie van Macedonië huisvestte, zag Tito uit tactische overwegingen af van het inlijven van zijn deel bij Servië, waar het tussen de wereldoorlogen bij had gehoord. In plaats daarvan riep hij de Joegoslavische Republiek Macedonië in het leven, die in 1991, na toestemming te hebben gekregen zich zonder slag of stoot uit Milošević' Joegoslavië terug te trekken, 'Voormalige' voor zijn naam zette.

Op dit moment zien de orthodoxe Slaven in de broze nieuwe staat zichzelf als Macedoniërs die een taal spreken die dicht bij het Bulgaars ligt maar toch anders is, en vinden ze dat ze door hun luidruchtiger, gulziger buren aan het kruis zijn genageld. Die orthodoxe broeders, zeggen ze bitter, hebben eeuwenlang hun best gedaan om de rest van de wereld ervan te overtuigen dat er nooit zoiets is geweest als het verlangen van de Macedoniërs naar een onafhankelijk vaderland. Zelfs nu nog beweren de Serviërs dat zij Zuid-Serviërs zijn, beschouwen de Bulgaren hen als Bulgaren en houden ook de Grieken vol dat ze Bulgaren zijn, behalve in de noordelijke Griekse provincie Macedonië, waar ze in hart en nieren Grieken moesten worden of het land verlaten. Of iemand de bewering van de Macedoniërs dat ze niets van dat alles zijn aanvaardt, hangt er kennelijk van af of hij het met hen eens is dat een bepaalde elfde-eeuwse tsaar een Macedoniër was en geen Bulgaar, zoals de meeste geschiedenisboeken willen.

Tsaar Samuil kan best een Macedoniër zijn geweest, maar had zichzelf als een Bulgaar beschouwd, want de Bulgaren waren de enigen die ooit kans hadden gezien een rijk op te bouwen dat kon wedijveren met Byzantium, en Samuil had dat precedent nodig gehad om zijn eigen expansieplannen gewicht te verlenen. De Byzantijnen kenden hem ongetwijfeld als Bulgaar. De Byzantijnse keizer Basilius de Bulgarenslachter – dus níet Basilius de Macedoniërslachter – heeft het binnenvallende leger van tsaar Samuil in 1014 glansrijk verslagen. Tijdens een van die eerste interorthodoxe oorlogen, heeft keizer Basilius zo'n veertienduizend krijgsgevangenen gemaakt en opdracht gegeven ze allemaal, één op elke honderd uitgezonderd, blind te maken. Die gelukkige minderheid, stuk voor stuk voorzien van één oog, heeft het verminkte leger strompelend naar huis geleid. De aanblik was zo schokkend dat tsaar Samuil een beroerte kreeg, in coma raakte en stierf.

Dit aangrijpende verhaal indachtig, verwijzen de Macedoniërs nog steeds naar hun naaste buren – Servië, Griekenland, Bulgarije en Albanië – als 'de vier wolven'. Na het einde van de koude oorlog en het uiteenvallen van Joegoslavië hebben ze weer moeten leren om net als vroeger goed op te letten welk verslindend beest het gevaarlijkst is. Toen de Serviërs begin jaren negentig hun plannen voor een Groot-Servië probeerden te verwezenlijken, leek Servië de hongerigste wolf. De FYROM moest sidderend aanzien hoe Kroatië werd onttakeld en Bosnië waarschijnlijk hetzelfde lot wachtte. Nauwelijks was het gebied aan die kaken ontsnapt en had het in 1991 internationale erkenning verworven, of de Griekse wolf verscheen ten tonele, om te voorkomen dat het land zichzelf Macedonië zou noemen. De Grieken protesteerden omdat het gebruik van de naam Macedonië, de keuze van de Macedoniërs voor een vlag met de Verginaster van Alexander de Grote en de afbeelding van de beroemde Witte Toren van Thessaloniki op een van haar nieuwe bankbiljetten, inhield dat de kleine republiek niet alleen het bij uitstek Griekse erfgoed van de gehelleniseerde Alexander de Grote voor zich opeiste, maar ook plannen koesterde om het Griekse brokje Macedonië op den duur te annexeren. Voor de Grieken stond vast dat de gloednieuwe FYROM-ers, zoals zij hen noemden, wel gek zouden zijn als hun dromen niet die kant opgingen, omdat zo'n uitbreiding hun drie onschatbare voordelen zou opleveren: de welvarende havenstad Thessaloniki, toegang tot de zee en tot de berg Athos. Tot woede en tenenkrommende verbijstering van alle EU-partners besloot Griekenland in 1994 de veronderstelde aanmatigende houding van het kleine, noordelijke buurland af te straffen door het te verbieden de naam Macedonië aan te nemen en het op te zadelen met een verlammend handelsembargo. Afgesneden van de Grieks-Macedonische haven van Thessaloniki in het zuiden en proberend zich aan de VN-sancties tegen Servië in het noorden te houden, is de FYROM helaas een jaar lang gevaarlijk geïsoleerd gebleven. De Grieken hieven het embargo pas op toen de Macedoniërs beloofden de Verginaster op hun vlag te vervangen door een min of meer erop lijkend zonne-embleem.

Maar de gulzigste en bedreigendste wolf, althans in de ogen van de oosterse orthodoxie, huist al in het hart van de FYROM zelf, in de gestalte van een minderheid van Albanese moslims, die net zo angstaanjagend hard groeit als die in het naburige Kosovo, over de grens met Servië. Hoewel ze ongeveer een kwart van Macedonië's bevolking uitmaken, zien ze zichzelf niet als Macedoniërs en willen ze ongetwijfeld – net als hun broeders in het naburige Servische Kosovo – een stuk van de FYROM inpikken om dat ergens in de toekomst bij een Groot-Albanië te voegen. Al in 1992 hebben de Albanezen in de FYROM een referendum gehouden en voor politieke en territoriale autonomie gestemd. Begin 1998 patrouilleerden Amerikaanse en Scandinavische vredestroepen van de Verenigde Naties in hun witte voertuigen op de bergwegen. Dat was de allereerste 'preventieve' VN-troepenmacht, die moest zorgen dat de Albanese factor de FYROM niet tot het zoveelste slagveld op de Balkan zou maken en Griekenland en Turkije – NAVO-bondgenoten – in de strijd zou meesleuren.*

Intussen is de Servische wolf niet verdwenen maar heeft hij zich in kerkelijke schaapskleren gestoken. De laatste vijfendertig jaar heeft de onafhankelijke orthodoxe Kerk in de FYROM geprobeerd zich te ontworstelen aan de verstikkende omhelzing van haar grote broer, de Servische Kerk. In 1967 kwam het tot een definitieve breuk, maar de Servische Kerk heeft die nooit geaccepteerd en blijft de scheiding als een schandelijk schisma zien, een kerkelijke coup en een tragisch verlies voor Servië. Nationale grenzen zijn altijd makkelijker te veranderen geweest dan eeuwenoude orthodoxe grenzen. De Macedonisch-orthodoxe Kerk blijft een paria, buiten de orthodoxe kudde, door geen van de orthodoxe Kerken in Europa erkend, door de meeste genegeerd of geminacht.

Maar de Macedoniërs hebben volhard in hun kerkelijke separatisme, omdat zelfs nu nog de gegronde angst bestaat dat een klein, van de zee afgesloten Balkanland, met hongerige wolven als buren en een Kerk die niet door haar orthodoxe zusterkerken is erkend, maar een bijzonder kleine kans heeft om tot bloei te komen. Het ministerie van Buitenlandse Zaken van de Verenigde Staten begrijpt dat ook. In januari 1996 zijn de Amerikaanse en de FYROM ambassadeur in Tur-

* In maart 1999, het begin van de NAVO-campagne om de Serviërs van de 'etnische zuivering' van Kosovo te weerhouden, staken meer dan tienduizend Albanese vluchtelingen uit Kosovo de grens naar Macedonië over – waarmee de toch al zo wankele etnische balans nog verder doorsloeg.

kije naar het Fanardistrict in Istanbul gegaan voor een bezoek aan de oecumenisch patriarch, om samen een beroep op hem te doen en te pleiten voor een snelle erkenning van de Macedonisch-orthodoxe Kerk. Patriarch Bartholomaios bleek vol begrip maar niet in staat om te helpen. Kerkrechtelijk gesproken ligt het lot van de Macedonische Kerk nog steeds in handen van de Servische Kerk.

Heeft enig ander gebied ooit zoveel pech gehad, en wie zei daar dat de Macedoniërs ondanks alles nog steeds een door en door beschaafd, gastvrij en vreedzaam volk waren?

'Nou ja, het waren altijd de aardigste mensen van het voormalige Joegoslavië,' mijmerde Bogdan, ontspannen nu we eindelijk Skopje naderden en de mist optrok.

'O ja? En wie waren het onaardigst?'

'De Serviërs,' gniffelde hij.

Was het wel verstandig geweest om de Serviër Bogdan mee te vragen op dit gedeelte van de reis? vroeg ik me af. De Macedoniërs hebben goede redenen om de Serviërs te vrezen en te haten. Misschien zouden ze ons onderdak weigeren, of benzine voor die Citroën met zijn kenteken uit Belgrado, of een audiëntie bij de aartsbisschop van de Kerk die door zichzelf Macedonisch-orthodox werd genoemd. Maar het was veel te laat voor dit soort bedenksels. De gedachte dat Bogdan behalve Serviër gelukkig niet ook nog eens monnik was bood enige troost.

Twee weken na onze ontmoeting in het Kosovaarse Dečaniklooster, had Vader Sava me een overzicht gemaild van de angstaanjagende vernederingen die elke Servische geestelijke te wachten staan als hij probeert door de FYROM te reizen. Hij was op weg geweest naar de berg Athos, voor een zonnig, spiritueel opkikkertje voordat de winter aanbrak, toen hij in aanvaring met de Macedonische grenspolitie was gekomen. Vader Sava schreef:

> ... Onze zuiderburen [FYROM-Macedoniërs] wilden ons niet zoals gewoonlijk door hun land laten reizen. Omdat we ons kloosterhabijt droegen, lieten ze ons pas na een hoog oplopende discussie door, maar we mochten nergens onderweg stoppen... Dat soort gedrag is helaas voornamelijk te wijten aan de onduidelijke canonieke status van de Macedonische Kerk, omdat de Servische Kerk haar na dertig

jaar schisma nog steeds geen onafhankelijkheid gunt. Ik vermoed dat Sint-Sava in de twaalfde eeuw veel makkelijker door de Balkanlanden reisde dan wij aan het begin van de eenentwintigste eeuw...! Ik wed dat deze Balkanavonturen jullie daar in Engeland heel vreemd in de oren zullen klinken, maar het is de werkelijkheid waar wij in leven...

Ik had hem onmiddellijk een e-mail teruggestuurd en om uitleg en nadere bijzonderheden over de problemen gevraagd. Suggereerde hij dat de schismatieke Macedonische Kerk met de landelijke grenspolitie samenspande om hun Servische broeders in Christus dwars te zitten en te beledigen? Kon dit kleingeestige getreiter de wraak van de Macedonische Kerk zijn voor decennialang lijden onder het juk van de Servische Kerk?

Vader Sava's antwoord luidde bevestigend en hij beschreef uitvoerig hoe hun tocht naar Athos pas veilig kon worden voortgezet toen een van de Servische chirurgen met wie hij reisde had gedreigd telefonisch zijn beklag te doen bij zijn meest illustere patiënt – Gligorov, de president van de FYROM. Anders, schreef Vader Sava, zou hij gedwongen zijn geweest zijn habijt af te leggen en burgerkleding te dragen tot ze de Griekse grens hadden bereikt. Ik besloot het onderwerp ter sprake te brengen zodra ik in Skopje, de hoofdstad van de FYROM, een ontmoeting had geregeld met aartsbisschop Mihail, het hoofd van de schismatieke Macedonische Kerk.

Om twee uur 's ochtends was de stad rustig en donker en nauwelijks bewegwijzerd. De hoge minaretten van Skopjes moskeeën, bovenaan verlicht door hele reeksen groene, roze of witte tl-buizen, vormden de duidelijkste oriëntatiepunten. Als ik niet beter had geweten had ik gezworen dat we waren aangekomen in de hoofdstad van een moslimstaat en niet in die van tsaar Dušans Groot-Servische rijk.

Maar 's morgens zag het er heel anders uit.

Het aartsbisschoppelijk paleis was een eenvoudige witte villa van twee verdiepingen, met een grote satellietschotel op het dak en een zware, zwarte toegangspoort, fraai gelegen aan de traag stromende Vardar, dicht bij de ruïne van een van tsaar Dušans kastelen. We waren gewaarschuwd dat Zijne Excellentie aartsbisschop Mihail van Ohrid en Macedonië zeer stipt was en arriveerden ruim twintig minuten te vroeg voor onze audiëntie.

Bogdan had het feit dat zijn Servische aanwezigheid de prelaat onwelgevallig zou kunnen zijn sportief opgevat en was verdwenen, op zoek naar benzine. Zijn plaats was ingenomen door een jonge Macedoniër, Ljupćo Spasovski genaamd, professor Engelse filologie aan de universiteit van Skopje en collega van aartsbisschop Mihails dochter, die deze ontmoeting had geregeld. Een glimlachende vrouw van middelbare leeftijd in een roze fluwelen kamerjas deed open en liet ons meteen in een ruime ontvangstkamer, waar de aartsbisschop uit zijn pluche leunstoel opstond om ons te verwelkomen. Een knappe oude man, die zijn dunne, witte lokken van zijn voorhoofd naar achteren had gekamd, op schouderlengte, in de stijl van de Engelse koning Charles I, en wiens lange, witte, keurig bijgeknipte baard tot halverwege zijn borst reikte om de ketting met het zware aartsbisschoppelijke medaillon vrij te laten. We gingen zitten om koffie te drinken.

'Vertel eens, wat voor titel krijgt uw boek?' begon de aartsbisschop.

Ik vertelde het, in de stille hoop dat de betekenis ervan hem zou ontgaan, maar hij had het meteen door.

'Heel goed, heel goed! Engelen vallen omdat ze te trots zijn. Wij Macedoniërs zijn te trots op ons verleden...' mompelde hij, zette die onprettige gedachte vervolgens van zich af en ging op vertrouwelijke toon door: 'Ons volk wordt in de bijbel heel vaak genoemd: "En Paulus kreeg in de nacht een gezicht; er stond een Macedonische man, die hem toeriep: steek over naar Macedonië en help ons",'[5] citeerde hij.

Zijn voordracht was verbazingwekkend. De haveloze, uitgehongerde woestijnvaders hadden net eender kunnen klinken als ze over hun visioenen vertelden. En als de Christus Pantokrator in al die kerkkoepels had kunnen spreken, had hij zich wellicht op diezelfde welluidende wijze uitgedrukt, met dramatische pauzes voor een groter effect en zo hier en daar een speciaal accentje op een woord. Zijn hoofd enigszins naar het plafond geheven, met gesloten ogen en de mouwen van zijn toog iets opgeschoven om zijn witte, in een gebaar van eeuwige aanbidding geheven armen te tonen, gaf de aartsbisschop een verkorte en zeer aanvechtbare versie van Macedonië's geschiedenis in de tweeduizend jaren na Christus. In zijn versie stond het natuurlijk buiten kijf dat de cruciale tsaar Samuil Macedonisch was geweest en niet Bulgaars.

Hij was er trots op dat het de – uiteraard Macedonische (hoezo Griekse of Bulgaarse) – heiligen Cyrillus en Methodius uit de buitenwijken van het negende-eeuwse Thessaloniki waren geweest die de orthodoxie naar de Slaven hadden gebracht in een taal die ze konden verstaan. Die twee 'Apostelen der Slaven' – de een leraar en diplomaat, de ander een hoge ambtenaar die monnik was geworden – hadden eerst het glagolithische en vervolgens het cyrillische schrift uitgevonden, een mix van Griekse, Latijnse en Hebreeuwse letters. Hij legde uit hoe ze daarna de oude Griekse teksten hadden overgezet in hun nieuwe taal, die later bekend werd als Kerk-Slavisch, een instrument dat bij uitstek geschikt was voor de vreedzame doeleinden van de grootste christelijke macht op aarde. Het schisma zou nog meer dan een eeuw op zich laten wachten, dus konden zowel de paus in Rome als de oecumenisch patriarch in Constantinopel de Macedonische broeders op hun eerste missie naar Centraal-Europa, om het koninkrijk Moravië te evangeliseren, hun zegen geven. In een brief aan de koning van die afgelegen streek had de Byzantijnse keizer de betekenis van zijn afgezanten en hun boeken benadrukt. 'Aanvaardt een geschenk dat groter en kostbaarder is dan alle goud en zilver, dan alle edelstenen en schatten – zodat u gerekend kunt worden tot de belangrijke volkeren die God in hun eigen taal kunnen roemen,'[6] had hij geschreven. Maar Cyrillus en Methodius hadden ervaren dat zegeningen van hogerhand hierbeneden weinig waard zijn. Moravië's rooms-katholieke geestelijkheid had al snel door dat die erudiete Byzantijnse broers en hun onderricht in een taal die dicht bij de plaatselijke Slavische spreektaal stond, voor hun eigen Latijnse zaken ruïneus zouden zijn. De broers werden uit Moravië verdreven en stierven in de overtuiging dat hun missie een tragische mislukking was geweest. Maar dankzij hun en hun leerlingen, Sint-Kliment en Sint-Naum, heeft het Kerk-Slavisch zich uiteindelijk helemaal tot in Bulgarije, Macedonië, Servië en de huidige Oekraïne uitgebreid en is het – na het Grieks en het Latijn – de derde lingua franca in het middeleeuwse Europa geworden. Het feit dat de Serviërs, de Bulgaren en de Russen zelfs nu nog een in wezen Macedonische uitvinding gebruiken om hun Slavische talen te schrijven, was voor de aartsbisschop een bron van mateloze trots. 'Het christendom bereikte de bodem van de Slavische ziel pas toen we het evangelie in het Slavisch hoorden...' schalde hij.

Bovendien was hij er trots op dat de eerste Slavische universiteit, door Sint-Kliment aan de FYROM-oever van het Ohridmeer gesticht, vijfendertighonderd Slavisch-orthodoxe missionarissen had opgeleid, allemaal even bedreven in 'theologie, filosofie, retoriek, astronomie, wiskunde, Grieks en zelfs landbouwkunde'. Die negende-eeuwse universiteit, verduidelijkte hij, had niet alleen aan de wieg gestaan van de eerste Slavische literatuur, maar ook van de eerste verschijnselen van wat de westerse renaissance zou worden. Ook het feit dat de hele Balkan en zelfs Kiev naar Ohrid hadden gekeken als het om Kerk-Slavische teksten ging, vervulde hem met trots, en hij vond het al even heerlijk me te kunnen vertellen dat het eerste patriarchaat van Macedonië aan het eind van de negende eeuw in Ohrid was gesticht – wat de meeste historici als Bulgaars zouden aanmerken. Het was meer dan tweehonderd jaar ouder dan Peć, dus een doeltreffend wapen tegen de Servische Kerk.

'De Serviërs zijn altijd met hun legers naar Macedonië gekomen. Ze kwamen niet om het volk te verheffen. Ze gebruikten de Kerk alleen om de mensen tot Serviërs te maken,' verklaarde de aartsbisschop.

Zijn persoonlijke ervaringen hebben lelijke littekens nagelaten. Toen Joegoslavië eind jaren dertig een koninkrijk was dat door een Servische dynastie werd geregeerd, en wat nu de FYROM is ongelukkigerwijs bij zuidelijk Servië werd gerekend, was aartsbisschop Mihail nog maar pas met vlag en wimpel afgestudeerd aan de theologische hogeschool. Toen hij in zijn geboortestad Štip was aangekomen om zijn eerste betrekking te aanvaarden, had hij zich bij de plaatselijke bisschop gemeld om te horen wat zijn taken zouden zijn. '"Goddank dat je eindelijk klaar bent! Welkom. We hebben op je gewacht. En, wat zou je voor werk willen doen?"' had die gevraagd.

'"Ik zou godsdienstleraar in het voortgezet onderwijs willen worden."

“Een briljante jonge man, maar dom! Weet je wel hoeveel je daarmee gaat verdienen?”

“Voor mij is het genoeg.”

“Luister, je kunt persoonlijk secretaris van die of die worden en twee keer zoveel salaris krijgen.”

“Maar wat moet ik daarvoor doen?”

“Niets bijzonders. Je moet die mensen in Štip alleen duidelijk maken dat ze Serviërs zijn.”

“Voor dat soort dingen ben ik niet opgeleid. Ik ben getraind om de heilige evangelisten uit te leggen.”

“Duvel op met je heilige evangelisten!” schreeuwde hij tegen me.’

De aartsbisschop genoot van het hoogbejaarde drama. ‘Het zweet brak me uit. Ik kon niet begrijpen dat een bisschop zulke woorden in de mond nam. Ik kneep in mijn hand om te voelen of ik droomde en dacht: Schaam je! Toen stak ik mijn hand uit om mijn zakdoek te pakken, omdat ik zo zweette. Maar hij dacht dat ik een pistool wilde pakken en rende naar boven om de politie te bellen. Ik kon hem in de telefoon horen schreeuwen: “Kom gauw, er is hier een jongeman, een *comitadji*. Hij wil me vermoorden!” De politie kwam me onmiddellijk fouilleren.’

Aartsbisschop Mihail was helemaal op dreef en riep met gesloten ogen en opgeheven armen goddelijke inspiratie over zich af. Als straf voor zijn faux pas en een heleboel andere activiteiten die niet vaderlandslievend genoeg waren, was hij in een Servische gevangenis beland.

Ten slotte pauzeerde hij zó lang dat ik de gevoelige kwestie van de vernederende behandeling van Vader Sava door de grenspolitie van de FYROM durfde aankaarten. Ljupčo, die me nauwelijks had geloofd toen ik het voorval in de auto op weg naar het paleis te berde had gebracht, zat aandachtig op het puntje van zijn stoel. Ik legde de aartsbisschop het probleem zo tactvol mogelijk voor. Hoewel hij er zichtbaar verlegen mee was, ontkende hij niet dat er zoiets was gebeurd, en zelfs regelmatig gebeurde. ‘Het is niet onze schuld dat die monniken worden gedwongen hun toog uit te trekken,’ begon hij verzoenend, ‘dat is de wet.’ Maar dan wel een wet die hij kennelijk niet aanvocht, ‘want de Servische Kerk wil zelf graag priesters en bisschoppen in Macedonië hebben, maar dat kunnen we niet toelaten. Een van hun priesters heeft hier heel wat onrust gezaaid, in de regio Crna Gora, ten noorden van Skopje. Wij hebben geen priesters in Servië. Het is hier op dit moment altijd oog om oog, tand om tand.'

De aartsbisschop kon zijn afschuw van de naburige 'chauvinistische Kerken', die niet de hoffelijkheid konden opbrengen zijn Kerk te erkennen, nauwelijks verhelen. De Griekse Kerk had de Macedonische consequent vijandig behandeld, vooral nadat ze had gehoord dat de aartsbisschop vriendschappelijke betrekkingen onderhield met paus Johannes Paulus II. De aartsbisschop grinnikte trots bij de herinnering dat hij bij zijn terugkeer uit Rome in 1995 was gedwongen een televisietoespraak tot de natie te houden. Hij had zijn trouwe kudde er uitvoerig van moeten verzekeren dat hij niet voor de pauselijke vleierijen was gezwicht en de oosterse orthodoxie niet de rug had toegekeerd. Maar het allerliefst praatte hij over de tijd dat zijn Kerk niet langer de paria van de oosters-orthodoxe gemeenschap zou zijn. Al zijn hoop was op het millennium gevestigd.

'Ik denk dat er bij het aanbreken van het derde millennium op dat gebied heel wat zal gebeuren,' zei hij. 'Ik zou de gelukkigste man ter wereld zijn als ik op een goede dag zou mogen deelnemen aan een samenkomst van de hoofden van alle orthodoxe Kerken!' In een opgewonden onderonsje met zijn mede-Macedoniër Ljupćo zei hij: 'Dat boek van haar kan ons nog van pas komen!' en zich weer tot mij wendend: 'Wanneer komt uw boek uit?'

Ach, dacht ik, de andere oosters-orthodoxe Kerken zullen toch niet zo onvermurwbaar zijn dat ze deze oude man de vervulling van zijn laatste vrome wens misgunnen? De Serviërs, de Grieken en de Bulgaren zullen het onweerstaanbare verlangen om kerkelijke onafhankelijkheid van Constantinopel aan politieke onafhankelijkheid te koppelen toch wel begrijpen? Ze hadden tenslotte allemaal vroeg of laat datzelfde rotsachtige separatistische pad gekozen. De kwestie van de status van de Macedonische Kerk leek me een uitgemaakte zaak, haar onafhankelijkheid volkomen redelijk. Maar redelijkheid is zowel hier als daar ver te zoeken. Het ideaal van een universeel, vanuit Constantinopel bestuurd christelijk gemenebest staat mijlenver van de realiteit van het versnipperde orthodoxe Europa, maar een teleurstellende realiteit is nooit een reden geweest om het mythische ideaal op te geven, om niet nóg een strikt nationalistische Kerk te erkennen en de kerkelijke canon te overtreden.

De aartsbisschop verdween naar zijn aangrenzende kantoor.

Deze strikt nationale Kerk zou weleens gevaarlijk nationalistisch kunnen blijken, dacht ik toen ik opstond om zijn muurklok te bekijken. Die had een kast van ongelakt hout, ruw gebeeldhouwd in de onmiddellijk herkenbare vorm van een Groot-Macedonië, bestaand uit de FYROM, een partje Bulgarije, een partje Albanië en, vanzelfsprekend, de noord-Griekse provincie Macedonië. Elke Griek die die uitbreiding naar de kust van de Egeïsche Zee en de drie kromme vingers met de berg Athos aan het oostelijke uiteinde opmerkte, zou bij die aanblik verbleken en zijn ergste nachtmerrie bewaarheid zien. 'Dat was waarschijnlijk gewoon een cadeau,' zei Ljupćo gauw, me vriendelijk bij de elleboog pakkend en van de muur wegtrekkend.

Zijne Excellentie verscheen weer, op zijn muilen over de glanzende parketvloer schuifelend om me bij wijze van afscheidscadeautje wel vier vergulde kruisjes in mijn hand te duwen. Ik maakte al aanstalten om hem een hand te geven. 'Kus hem!' beval hij.

Terug in de auto schraapte Ljupćo zijn keel en zei: 'Hij was naar mijn smaak eerlijk gezegd een beetje te politiek, maar ik denk wel dat Macedonië in deze tijd zoiets nodig heeft.'*

Ik zei niets. Die klok was een schok voor me geweest. Ik had de Macedoniërs aangezien voor onschuldige slachtoffers die op bijzonder wrede wijze door de Serviërs en de Grieken werden belaagd, maar zou mijn opstelling in het licht van dat uurwerk moeten herzien. Waarom had ik ook maar even gedacht dat de Macedoniërs immuun zouden zijn voor de phyletistische pest? Dat kwam doordat ik de dag voor mijn ontmoeting met de aartsbisschop iets had gezien wat die indruk had gewekt.

Bogdan en ik hadden het centrum van Skopje verkend, met zijn smog en lelijke moderne gebouwen, vol dichtgespijkerde etalages en stilgelegde bouwprojecten, de onmiskenbare sporen van een langslepende economische depressie. De lucht stonk naar diesel, zo nu en dan afgewisseld door de warme stank van kebab en het aangenamer

* Aartsbisschop Mihail stierf in juli 1999. De Macedonische oosters-orthodoxe Kerk is nog steeds niet erkend.

aroma van sterke Turkse koffie. In de smalle kronkelstraatjes van de oude Albanese wijk etaleerden hele rijen winkeltjes rood-gouden sieraden, waarschijnlijk uit Turkije geïmporteerd. De FYROM, had ik gedacht, hoort tot het soort wanhopige, nauwelijks levensvatbare landen waar de mensen van ieder beetje geld dat ze overhebben goud kopen, omdat dat metaal zijn waarde behoudt en makkelijk kan worden vervoerd. Op het grootste plein van de stad hadden we gelachen om een peloton ondernemende kerstmannen die ouders van peuters ertoe overhaalden om samen met hun nazaten op een fantastische namaakslee te springen en een dure polaroïdfoto te laten maken. Hun zaken liepen niet slecht, maar aan de straatverkoper die alleen een paar aanstekers of een doosje batterijen te verpatsen had kon je afmeten dat de FYROM nog veel armer was geworden dan Servië in december 1997.

Niemand stond meer met de patriottische T-shirts te leuren waar ik tijdens mijn bezoek in de zomer van 1989 geen weerstand aan had kunnen bieden, grappige dingen, opgeluisterd door kaarten van een Groot-Macedonië dat keurig was verdeeld in drie componenten – Eger (een Grieks stukje), Pirin (Bulgaars), en Vardar (Joegoslavisch). Eind jaren tachtig, toen in de euforie na de val van het communisme alles mogelijk leek, hadden de Macedoniërs van een Groot-Macedonië gedroomd. Nu niet meer, zo te zien. In plaats van die T-shirtkraam vonden Bogdan en ik een stoffig stalletje dat een selectie groezelig uitziende autostickers en sleutelringen verkocht met 'MK' voor Macedonië erop. Mijn oog viel op een hoge stapel met weer andere stickers. Precies dezelfde kaart van Groot-Macedonië, ditmaal verfraaid met de karakteristieke Verginaster, het embleem van Alexander de Grote, een witte banier met de woorden 'Dood of Vrijheid' en een welgedaan rood hart voor 'Ik hou van Macedonië'. De dikte van de stapel en de laag stof waarmee hij bedekt was, deden vermoeden dat de droom van een Groot-Macedonië veilig en wel dood of stervende was. Ik nam aan dat het bloedbad in Bosnië de Macedoniërs ervan had overtuigd dat dromen over territoriale expansie alleen maar konden uitlopen op nog meer bloedvergieten. Terwijl ik had staan lachen met de man in het stalletje, had ik een sticker gekocht en die meteen op de achterkant van mijn notitieboekje geplakt.

Nu dwong de klok van de aartsbisschop me mijn mening te herzien. Als een Macedoniër die zo invloedrijk was als aartsbisschop Mihail kennelijk droomde van het herstellen van een eenheid die even uitgestrekt was als de Ottomaanse provincie Macedonië, moesten er nog duizenden zijn zoals hij.

Die avond dineerden Bogdan en ik met Ljupćo en diens elegante vriendin Anna in een chic privérestaurantje in een afgelegen buitenwijk van de stad. Onder het genot van brandewijn, ingemaakte groenten en zwaar op de maag liggende, met zure room overgoten vleesschotels, kwam het gesprek op het nauwkeurig vaststellen van de mate van vernederingen die Ljupćo de Macedoniër en Bogdan de Serviër van de kant van de Grieken hadden ondergaan. Ljupćo won de wedstrijd met glans.

'Kijk, wij moeten uren wachten om bij het consulaat een Grieks visum te krijgen, ze houden ons tot het laatste moment in onzekerheid, en ik kan je wel vertellen waarom niemand die MK-autostickers koopt die je gisteren zag. De meesten van ons willen naar Griekenland kunnen gaan om inkopen te doen, maar als je een van die dingen op je auto plakt kun je hem er weer afkrabben als je bij de grens komt. Wat heeft het voor zin? Het zijn klootzakken, die Grieken!'

'Bij ons – ' begon Bogdan, maar Ljupćo was nog niet klaar.

'Het is gewoon te gek,' foeterde hij verder in zijn onberispelijke Oxford-Engels, 'de schande om door een of andere vette Griekse grenswacht die waarschijnlijk alleen lagere school heeft *malaka* te worden genoemd – zoiets als hoerenjong of rukker – alleen omdat ik Macedoniër ben!'

Tot zover het oude Byzantijnse symphonia-ideaal. Heel even ving ik een glimp op van de eeuwenoude bron van het grootste deel van de onenigheid tussen de orthodoxe Balkannaties. Orthodoxe Slaven verdenken de moderne Grieken ervan dat ze hen nog steeds op dezelfde manier bekijken als hun voorouders in het oude Byzantijnse Griekenland van de zesde en de zevende eeuw deden: als onbeschaafd en primitief, als barbaren.

De Grieken, die gedurende het gehele Ottomaanse tijdperk het patriarchaat van Constantinopel hebben bestierd, hebben steeds vol ijver een ideologie gepropageerd die op Griekse superioriteit gebaseerd was, wat de Ottomanen volledig onderschreven. Toen sultan

Mehmet de oude Gennadius in 1453 tot patriarch van Constantinopel had benoemd, had hij ook besloten dat de structuren van de oude Byzantijnse orthodoxe Kerk heel goed konden dienen als blauwdruk voor een kant-en-klaar ambtenarenapparaat dat het onderwijs, de wetgeving en de belastingen zou regelen voor de hele *Rum-millet* – letterlijk de natie van de Romaioi, ofwel alle orthodoxe christenen in het rijk. De onafhankelijke patriarchaten in Ohrid en Peć werden afgeschaft. Toen ze binnen het partnerschap van de Byzantijnse symphonia niet langer de spirituele helft vertegenwoordigden, waren patriarch Gennadius en zijn Griekse opvolgers in Constantinopel tot de tweede helft van de negentiende eeuw hoogstens de bevoorrechte vazallen van de sultan geweest, vrij om de baas te spelen over de Rum-millet. Ze hadden een rijk binnen een rijk bestuurd, en alleen de Russisch-orthodoxen hadden zich aan hun jurisdictie onttrokken.

Na 1453 verving het patriarchaat van Constantinopel alle niet-Griekse kerkleiders in de Rum-millet door Grieken. Het geloof bleef een heilige troost met zijn belofte van een beter leven in het hiernamaals, maar de Griekse geestelijken werden gewantrouwd en gevreesd. De oorzaak was simpel. Hele generaties patriarchen van Constantinopel hadden zich verplicht gevoeld hun oprechte dankbaarheid jegens de sultan vanwege zijn steun bij hun aanstelling te uiten door hem met geschenken te overladen. Die gewoonte was al spoedig ontaard in regelrechte omkoperij, en alleen door steeds grotere bedragen te geven kon iemand het hoogste ambt binnen de orthodoxie verwerven. Die verlammende kosten werden vanzelfsprekend afgewenteld op de aangestelde Griekse bisschoppen, die ze op hun beurt weer doorschoven naar de lagere parochiepriesters, die geen andere keus hadden dan de ongelukkige boeren uit te persen.

Al lang voor de val van Constantinopel waren de Byzantijnen geneigd de Slavische stammen die ze hadden gepacificeerd en tot het christendom bekeerd hard aan te pakken. Toen de Byzantijnen in de elfde eeuw, na de nederlaag van tsaar Samuil, Macedonië binnentrokken, 'begonnen ze met het verbieden van in het Slavisch geschreven documenten, Slavische hagiografieën enzovoort'.[7] In de tijd van de Ottomanen hadden de Donauvorstendommen Walachije en Moldavië, het huidige Roemenië, het het zwaarst te verduren. In de achttiende eeuw waren zowel hun geestelijken als hun heersers Grieken. De vorstendommen, die vanwege hun natuurlijke rijkdom bekendstonden als een tweede 'Tuin van de Moeder Gods', werden leeggeroofd door Grieken die hun aanstelling van de sultan hadden gekocht. Halverwege diezelfde eeuw vergrootte de patriarch van Constantinopel het aantal kerkelijke blunders nog eens door de sultan over te halen de pas onlangs gestichte Macedonische (of Bulgaarse) en Griekse patriarchaten in Ohrid en Peć weer op te heffen, omdat hij bang was dat ze centra van nationaal verzet zouden worden en zijn Griekse hegemonie zouden aanvechten. De Bulgaren hadden er zo hartgrondig genoeg van dat het patriarchaat van Constantinopel zich met hun zaken bemoeide, dat ze al met de gedachte speelden de orthodoxie helemaal overboord te gooien en zich tot het rooms-katholicisme te bekeren. Maar toen had het machtige orthodoxe Rusland hen aangemoedigd hun Griekse bisschoppen de laan uit te sturen, en in 1870 hadden ze hun eigen exarchaat gesticht. Nijdig vanwege die flagrante schoffering van de kerkelijke canon, had de patriarch van Constantinopel een gloednieuwe ketterij verzonnen om de Bulgaarse afscheidingsbeweging te veroordelen: 'het phyletisme'.

Maar dat phyletisme was natuurlijk niets nieuws. De Grieken, die in hun tot de ondergang gedoemde Byzantijnse Rijk na 1204 akelig nationalistisch waren geworden, waren als eersten voor die ketterij gevallen. Ze hadden de orthodoxe volkeren op de Balkan laten zien hoe ze hun etnische politiek op fatale wijze met hun godsdienst wisten te vermengen. Maar als de vierde kruistocht hun hoofdstad niet met een bezoek had vereerd, hadden de Grieken zich waarschijnlijk nooit zo defensief van de anderen afgekeerd.

Aan de andere kant was die eigenliefde van de Grieken misschien ook gevoed door hun ingesleten trots op het feit dat de Byzantijnse cultuur was gebaseerd op de oude Griekse cultuur en dat het Grieks de taal van het keizerrijk was geweest. De Griekse geestelijkheid had het onderwijs in heel 'Turkije in Europa' gemonopoliseerd. Zelfs in de negentiende eeuw gebruikten ze de godsdienst en de taal nog als controlemiddel en om hun gebied te vergroten, terwijl Byzantijnse missionaris-diplomaten als Cyrillus en Methodius uit kiesheid alleen de godsdienst hadden gebruikt.

Albanezen, Walachijers, Bulgaren,
gij die andere talen spreekt, verheugt u!
En bereidt u allen voor om Griek te worden!
Geeft uw barbaarse taal op, uw spraak en uw gewoonten,
Zodat uw nakomelingen ze als mythen kunnen beschouwen.[8]

Een begaafde Macedoniër, een inwoner van de Donauvorstendommen Walachije of Moldavië, een Serviër of een Bulgaar, studeerde in het Grieks of studeerde niet. We kennen het treurige verhaal van een negentiende-eeuwse Macedonische schooljongen die in een Griekse school in Ohrid, de stad aan het meer, op deze manier volkomen was gehelleniseerd. In 1860 had hij bij een Griekse dichtwedstrijd de eerste prijs gewonnen en was hij luidkeels geroemd als een 'tweede Homerus' – tot de Griekse juryleden zijn minderwaardige Slavische afkomst ontdekten. Dodelijk beledigd had hij besloten nooit meer in het Grieks te schrijven. Bij thuiskomst had hij zich eerst volledig op zijn moedertaal gestort en was toen gaan schrijven. Het resultaat was teleurstellend. 'In het Grieks zong ik als een zwaan; nu, in het Slavisch, kan ik niet eens balken als een ezel,'[9] klaagde hij.

Slaaf of Bulgaar zijn betekende dat je een uit de klei getrokken barbaar was. Hele generaties intelligente jonge Slaven werden aan de voeten van de Griekse clerus doordrongen van hun raciale inferioriteit en aangemoedigd zich te helleniseren. Dat de Grieken in Constantinopel erop vertrouwden dat hun Byzantijnse Rijk, als de Turken eenmaal waren teruggedreven naar waar ze vandaan kwamen, weer zou worden hersteld – onder leiding van Grieken, dat spreekt – kan hun onmogelijk zijn ontgaan. Maar halverwege de negentiende eeuw werden die Griekse scholen, opgejut door westerse ideeën over de wenselijkheid van nationale staten, broeinesten van vurige Slavische vrijheidsstrijders met een tweeledige heilige missie: het afwerpen van zowel het Griekse als het Ottomaanse juk.

Het onderscheid tussen Grieken en barbaren was in de Tweede Balkanoorlog, in 1913, toen de Griekse pers en de Griekse regering de haat tegen de Bulgaarse vijand voortdurend aanwakkerden, nog even uitgesproken als altijd. Iemand heeft een Griekse legeraanvoerder ooit horen zeggen: 'Als je met barbaren te maken hebt, moet jij je ook als barbaar gedragen. Dat is het enige dat ze begrijpen.'[10] Een populair Grieks aanplakbiljet uit die tijd, 'De Bulgarenvreter' genaamd, toont een Griekse strijder die vol afkeer een hap uit de wang van een Bulgaar bijt.

In de ogen van zijn Slavische buren heeft Griekenland zijn ware aard goed weten te verbergen voor het Westen. Hoe had het anders toegang kunnen verkrijgen tot zowel de EU als de NAVO, luidt hun redenatie. Volgens hen heeft het naïeve, goedgelovige Westen opzettelijk het feit genegeerd dat er geen verband bestaat tussen de democraten en de filosofen van het oude Griekenland en de huidige halfslachtige mix van de moderne Grieken. De Grieken, mopperen ze, zijn degenen die Macedonië in 1992 met hun handelsembargo het mes op de keel hebben gezet, terwijl ze bijna openlijk de overmoedige maar tot mislukken gedoemde rebellie van Servië tegen de rest van de wereld steunden. Daar zit iets in, dacht ik. In 1994 had de Griekse Kerk het gepast geacht Radovan Karadžić met de negenhonderd jaar oude orde van Sint-Dionysius van Xanthe te onderscheiden en hem te huldigen als 'een van de meest prominente zonen van onze Heer Jezus Christus die aan de vrede werken'. Ik herinnerde me ook dat Bogdan me ooit had verteld dat hij, toen hij tijdens de oorlog in Bosnië op vakantie was in Griekenland, regelmatig was benaderd door Grieken die hem op de schouder hadden geklopt en gefeliciteerd en iets hadden gezegd in de trant van: 'Jullie Serviërs doen fantastisch werk! Hou vol. Ik wou dat onze mensen genoeg lef hadden om onze Turken aan te pakken zoals jullie dat daar doen!' met wie ze waarschijnlijk de Turken op Noord-Cyprus hadden bedoeld.

De Macedonische brandewijn deed zijn duivelswerk. Het gesprek was plezierig verlopen en de rekening was gebracht. Buiten werd de rust van de achterafstraat in een buitenwijk verscheurd door het geluid van geweerschoten. Nee, gewoon voetzoekers in de handen van losgeslagen tieners die het einde van 1997 vierden, of de gevaren van 1998 aankondigden.

Het Ohridmeer

Het Ohridmeer en de bijbehorende stad zagen er hartje winter en buiten het seizoen betoverend uit.

Een tussen hoge, zwarte heuvels ondergaande zon zette het meer in een koperkleurige gloed en gaf de wolken alle tinten van een regenboogforel. De ramen van Ohrids hoge witte huizen, op de heuvel gestapeld alsof ze elkaar het beste uitzicht op het water betwistten, weerkaatsten datzelfde gestaag afnemende licht. Hier en daar gloeide een ronde straatlantaarn parelwit tegen de gitzwarte contouren van de bomen. Aan de oever van het meer voorzagen restauranthouders in hemdsmouwen hun bedrijven van sprookjesachtige lichtjes, in afwachting van de nieuwjaarsfestiviteiten. Af en toe slenterden wat plaatselijke bewoners langs, scherp afstekend tegen het dieprode meer.

We parkeerden de Citroën op de stenen kade, met uitzicht over het water. De lucht was zacht, een verademing na Skopjes smog. We klommen via een smal, hobbelig straatje omhoog, langs de schaduwrijke Sint-Sophiakerk, door de Byzantijnen als een bescheiden herinnering aan de grote kathedraal thuis gebouwd nadat ze de soldaten van tsaar Samuil blind hadden gemaakt en de streek hadden bezet. Uit een nabijgelegen restaurant kwam de geur van gebakken vis. Bogdan kondigde aan dat hij zin had een week of twee ter plaatse te blijven. Het was een heerlijk ontspannen oord, maar ik herinnerde me dat ik iets had gelezen over een Byzantijnse prelaat, die hier zo'n duizend jaar geleden vanuit Constantinopel was aangesteld. Zelfs de onovertroffen geur van Ohrids forellen had aartsbisschop Theophylactus niet kunnen verzoenen met zijn verbanning uit de meest geciviliseerde stad ter aarde. Hij had de lucht bij het Ohridmeer vergeleken met 'een dodelijke ademtocht uit de Hades'. De geur van de stadsbewoners had hem doen denken aan 'de huid van een of ander smerig stinkend dier', en de manier waarop ze naar hem luisterden als hij Grieks sprak aan 'ezels die naar de klanken van een lier luisteren'.[11]

Het was te donker om nog veel te onderscheiden, maar overal zag ik de ronde omtrekken van Byzantijnse kerkdaken, zoals ik ze ook in het Servische Kosovo had gezien, nog geen tweehonderd kilometer verderop over de grens. De flauw hellende daken met rode pannen op gedrongen ronde torens waren beeldschoon. Die lage stenen kerken met hun pretentieloze constructies waren even solide en praktisch als Engelse plattelandspubs en er waren er in dat oudste gedeelte van de stad zo te zien bijna evenveel als huizen. Dat was niet zo vreemd, want Cyrillus en Methodius, Kliment, Naum en al hun volgelingen hadden deze nederzetting aan het meer, de hoofdstad van tsaar Samuils kortstondige rijk, tussen de negende en de elfde eeuw opgekrikt tot het vitale, spirituele zowel als academische centrum waar aartsbisschop Mihail zo hoog over had opgegeven. Het licht van de heilige wijsheid die het verspreidde was helder genoeg geweest om helemaal in Kiev te worden gezien. Ohrid was het Oxbridge van de Slavische wereld geweest in een tijd dat Oxford nog een drukke handelspost was, zonder ook maar één vermeldenswaardige kerktoren.

Daarna had het ruim ruim negen eeuwen lang niet veel voorgesteld – en zeker niet als wieg van een onafhankelijk Macedonië – tot het diocees Ohrid in 1958 de aartsbisschoppelijke status had gekregen. Voor de Joegoslavische Macedoniërs was dat de eerste stap naar herstel van hun nationale Kerk geweest. De Servisch-orthodoxe Kerk had zich er hevig tegen verzet. Maar de Macedoniërs hadden de zegen van de atheïstische en communistische Tito, indertijd het enige dat telde. Tito stond bij hen in het krijt omdat duizenden van hen, geestelijken inbegrepen, zich in de Tweede Wereldoorlog hadden aangesloten bij zijn communistische partizanenleger. Aangenaam verrast door de clementie van de grote leider, hadden de Macedoniërs tactvol van een openlijk schisma met de Servische Kerk afgezien en in plaats daarvan de Servische patriarch als het hoogste gezag aanvaard. Het was een compromis, hadden ze gezegd, 'gesloten in het belang van de broedervolken waarmee de Macedoniërs in één gemeenschap waren verenigd'[12]: Tito's officieel atheïstische communistische Joegoslavië.

Iedereen was dolblij geweest. Overal in Ohrid en Macedonië hadden de klokken geluid toen de nieuwe aartsbisschop Dositej van Ohrid en Macedonië, gezeten op een zestiende-eeuwse, met parelmoer ingelegde troon, de staf van de middeleeuwse aartsbisschoppen in Ohrid in zijn ene hand en in de andere een heilige icoon van Sint-Kliment, zijn kudde had toegesproken. 'Grote daden,' had hij gezegd, 'worden niet verricht door grote naties, maar door naties die groot van ziel zijn, naties die klaar staan en bereid zijn grote offers voor hun vrijheid te brengen en zich nooit onder vreemde heerschappij zullen schikken.'[13] Die strijdlustige taal is in Belgrado vast niet goed gevallen. Toch kreeg het definitieve schisma tussen de Servische en de Macedonische Kerk van negen jaar later ook Tito's zegen. De Servische Kerk mompelde alleen iets over een canonieke coup, en verbeet haar woede in stilte.

Op het hoogste punt van de stad, met het mooiste uitzicht op het meer, stond de oude maar veelvuldig gerenoveerde kerk van Sint-Kliment, dicht en donker, in een zee van niet weggeveegde bladeren, weggegooide plastic tasjes en Coca-Cola-blikjes. Bogdan herkende de plek meteen van een schoolreisje, een kwart eeuw geleden. Het beste herinnerde hij zich de bejaarde koster van de kerk, die hem had bezworen dat hij, als hij naar binnen ging en zijn oor tegen het graf van Sint-Kliment zou leggen, wis en zeker het hart van de heilige man zou horen slaan. Om de een of andere reden waren we geen van beiden verrast toen onze gastheer die avond de zoon van die oude man bleek te zijn. In een snikhete woonkamer onthaalden onze gastheer en zijn vrouwvolk ons op stroperige koffie met brandewijn. De vraag wat wij, een Serviër en een Engelse, eind december in Ohrid te zoeken hadden, was onvermijdelijk. Toen ik vertelde welke titel ik mijn boek wilde geven, wierp de man me een boze, wantrouwige blik toe en zei: 'Maar engelen vallen niet. Sterren vallen, maar engelen leven eeuwig.' Ik vroeg of ze gelovig waren. Zijn vrouw begon langzaam: 'Ja... we hebben het christendom nodig zoals bloemen voedsel nodig hebben...' tot haar man haar onderbrak met een vastberaden: 'We zijn het zo gewend, het is onze traditie. Weet u,' pochte hij, 'dat er in Ohrid zoveel kerken stonden dat je nu nergens kunt graven zonder op de fundamenten van een kerk te stuiten? Zelfs onder dit huis ligt er een.'

De volgende morgen ontmoetten we een oude man met een versleten overjas aan, goed dichtgeknoopt als bescherming tegen de stevige bries en de spatjes regen die van het meer woeien. Hij hield toezicht op het uitbreken van zijn woning, een van de hoge witte huizen in de oude wijk en nam even pauze om ons te helpen de koster van de twee kleine kerken aan de overkant te zoeken.

'Vroeger stonden er driehonderdvijfenzestig kerken in Ohrid – voor elke dag van het jaar één – tot de Turken kwamen. Nu zijn er nog maar achtenveertig. Ze hebben er heel wat verwoest, en de Sint-Sofia is vijfhonderd jaar lang een moskee geweest,' lichtte hij toe.

Toen hij ontdekte welke nationaliteiten we hadden, besloot hij zijn kosmopolitische wereldwijsheid eens flink te spuien. Zijn vrouw was een Servische uit Belgrado, dus misschien kende Bogdan haar familie wel. Hij had Engeland weleens bezocht, en het Barbican Centre en Shakespeare's geboorteplaats Stratford-upon-Avon gezien.

'Shakespeare's huis was van binnen precies hetzelfde als onze huizen hier – als je een van deze huizen in gaat,' zei hij, in het hobbelige straatje omhoog wijzend, 'zijn ze allemaal eender. We zouden een fortuin kunnen verdienen als we ze allemaal voor toeristen openstelden!'

We waren al met de kleine koster – die een paar geweldige, roestige sleutels bleek te bezitten – op weg naar de kleine kerkjes, toen de man ons nog eens achterna riep: 'Barbican... Stratford-upon-Avon... Oxford!'

De koster leidde ons door een poort over een kleine binnenplaats naar de 'zijn' van de 'zijn en haar' kerken die tegenover elkaar stonden aan een hobbelig weggetje dat te smal was voor een auto. Dit waren geen Macedonische kerken maar Servische, gebouwd in de veertiende eeuw, vlak nadat tsaar Dušan zijn hof naar Skopje had verplaatst en zichzelf tot 'Koning van de Romaioi en de Serviërs' had gekroond. De gids legde uit dat het quarantainekerken waren geweest. Bezoekers aan de stad zouden daar zo'n tien dagen lang zijn vastgehouden, de mannen in deze, vernoemd naar Sint-Nicolaj de hospitaalridder, de vrouwen in de kerk van de Moeder Gods. Ze hadden daar gewoonlijk een vluchtig medisch onderzoek ondergaan en gebeden en geslapen in de vergrote kerkportalen met op de muren fresco's van heiligen – waaronder een enkele Servische Nemanjakoning en de Byzantijnse Constantijn de Grote met zijn moeder Helena – om hen op de komende wereld voor te bereiden. Mijn oog viel op een niet erg oud maar zeer levensecht fresco, dat een reus met krullende zwarte snorrenbaarden, hippe netkousen en een pistachegroene tuniek afbeeldde. Zijn benen de lucht in gooiend als een cancandanseres, probeerde hij zich te bevrijden uit de klauwen van een tengere jongeman die schrijlings op zijn borst zat en een lange dolk tegen zijn keel hield. Was het misschien het kleine Macedonië dat het tegen de machtige Turk opneemt? vroeg ik me af. De koster kon geen opheldering geven.

Bij de 'haar' van de twee kerken liet de gids ons een foto van een massagraf zien, dat hier rond de jaren zeventig achter in de kerk was geopend. Volgens hem zouden het slachtoffers van de cholera zijn geweest. De oorspronkelijke iconostase was verdwenen. 'Ik weet niet wie hem heeft meegenomen,' mopperde hij, 'waarschijnlijk de Grieken, of de Serviërs, of de Bulgaren – misschien zelfs de Britten.'

'Voelt u zich dan een echte Macedoniër?' vroeg ik hem.

'Wat zou ik anders kunnen zijn?' sputterde hij.

'Waarom zijn er in Ohrid zoveel kerken?' hield ik aan toen hij met een van de reusachtige sleutels zwaaide om de poort achter ons dicht te doen.

Hij knarste geïrriteerd met de een of twee tanden die hij nog over had en fronste zijn wenkbrauwen vanwege mijn onwetendheid. 'Omdat de orthodoxie in Ohrid is ontstaan, daarom! De eerste universiteit ter wereld stond hier in Ohrid, daarom!'

'Ik dacht dat de orthodoxie in Byzantium was ontstaan.'

'Byzantium? Pff!' reageerde hij.

Bogdan en ik slenterden verder omhoog de stad in, sloegen toen linksaf door een klein park en kwamen ten slotte op de plek van die eerste universiteit en het oudste klooster op de Balkan, dat bekendstaat als de kerk van Sint-Kliment of Sint-Panteleimon. Er valt tegenwoordig niet veel meer te zien, alleen witte stenen die de omtrek van de oorspronkelijke kerk in de vorm van een Grieks kruis aangeven. Het hoofdgebouw is op dit moment een rechthoekige moskee, door de Turken gebouwd met de stenen van de oude kerk, volkomen onttakeld en leeg, afgezien van wat werklui die bezig waren het dak te stutten. Een van hen riep van zijn hoge steiger boven de radio uit naar beneden dat het gauw weer een kerk zou zijn – Ohrids negenenveertigste.

Dertig kilometer verderop, op de rechteroever van het meer en precies op de grens van de FYROM met Albanië, kijkt het klooster van Sint-Naum over het water uit. We reden er door het glinsterende, waterige zonlicht heen, langs steile heuvels, pokdalig van allang verlaten kluizenaarsgrotten en dorpen die naar heiligen zijn vernoemd, en verpest door hotels die geheel verzorgde reizen buiten het seizoen aanbieden en Hotel Graniet en Hotel Beton heten. Toen we naar het klooster afsloegen, kwamen we langs een groot bord waarop in het

Engels stond: BORDERZONE! ONLY PERSONS WITH PERMISSION ALLOWED! Het begon te stortregenen.

'Sint-Naum doopt ons met wijwater,' grapte Bogdan toen we van de auto naar de kloosterpoort spurtten.

Op de met keien bestrate binnenplaats, met in het midden de kleine, vijftienhonderd jaar oude stenen kerk, klonk ons een oorverdovend lawaai tegemoet, regenwater dat kletterend en roffelend door de nieuwe zinken regenpijpen van het klooser omlaag kwam. Het tafereel werd bovendien verlevendigd door zeven sjofele pauwen, maar ik was meer geïnteresseerd in de afmetingen van de kloostergebouwen. Gloednieuw, nog niet eens helemaal af en vier verdiepingen hoog, zonk het charmante kerkje erbij in het niets. Tot de kerkschat behoort een driehonderd jaar oude houten iconostase met een icoon van een Sint-Naum met een rood hoofd die een piepkleine replica van de kerk in zijn handen heeft. Ik veronderstelde dat zo'n architectonische blunder nooit zou zijn begaan als daar geen bijzonder dringende reden van buitenaf voor was geweest en vroeg me al af wat die kon zijn toen ik 'Boem!' hoorde... 'Boem!' Automatisch zocht ik dekking in het kerkportaal, waar een olijke monnik die souvenirs verkocht in de lach schoot en zei: 'Niet op letten. Dat zijn gewoon de Albaniërs die de mijnen in het grensgebied opblazen. Daar zijn ze dag en nacht mee bezig.'

Of het kwam door het oorlogsgeroffel van het water dat door de regenpijpen omlaag raasde of door de schok van de Albanezen die hun grenzen mijnen-vrij maakten valt moeilijk te zeggen, maar tegen de tijd dat we Sint-Naum verlieten was ik ervan overtuigd dat die gebouwen absoluut geen cellen voor monniken bevatten en alleen kazernes konden zijn, bestemd voor militair gebruik als de Albanese wolf – in die dagen de meest bedreigende – hongerig genoeg zou zijn om aan te vallen. Ik veronderstelde dat alleen de nationale veiligheid de Macedoniërs ertoe had kunnen bewegen de lieflijke aanblik van een van hun favoriete kerken op te offeren.

Boem! Boem!... Boem! dreunde het over het meer.

Het Veljušaklooster

Onder een wijde, lichte lucht, reden we over een rechte, met bomen omzoomde weg oostwaarts langs kale, door reusachtige Marlboro-reclameborden opgefleurde velden, naar de charismatische jonge bisschop van Strumica.

De zesendertigjarige bisschop Naum had er alles aan gedaan om het op sterven na dode kloosterleven in de FYROM nieuw leven in te blazen door jonge Macedoniërs op te roepen hun familie te verlaten en hem te volgen, in dienst van God. Nog maar twee jaar geleden had de republiek slechts op vijf monniken en nonnen in totaal kunnen bogen. Het feit dat er in 1998 meer dan vijftig waren was de zoveelste bron van trots geweest voor aartbisschop Mihail, die me had verteld dat zijn jongste bisschop sinds zijn terugkeer van een acht jaar durend verblijf op de berg Athos wonderen had verricht. 'Elke dag komen er monniken en nonnen bij – zoveel dat bisschop Naum geen plaats meer voor ze heeft!' had hij gekscherend gezegd.

Het late decemberzonnetje scheen warm door de voorruit van de Citroën. In de verte lagen bergen die vaag genoeg waren om voor onweerswolken te worden aangezien. Niemand had kunnen vermoeden dat we zo dicht bij Griekenland waren. Het licht was niet het bekende helderwitte Griekse licht maar een nevelige, donkergouden gloed. Dit was oud land, en net als Kosovo of Bosnië vol littekens. We kronkelden langs een van de berghellingen omhoog, langs paard en wagens, door een dorp, verder naar de top, waar we het Veljušaklooster vonden, met een kostelijk dertiende-eeuws kerkje waarvan de fundamenten nog zeven eeuwen ouder zijn. Even opmerkelijk en onwaarschijnlijk als een Tardis stond het tussen de donkere voren van een moestuintje en een paar pas opgeknapte maar inmiddels alweer haveloze kloostergebouwen.

Ik leunde over de muur aan het einde van de moestuin om te luisteren naar de merkwaardig versterkte geluiden uit het dorp beneden: de klap van een bijl op hout, een blikkerige radio, een blaffende hond, een kraaiende haan, wat pratende dorpsbewoners en stromend water. Uit een van de kloostergebouwen kwam een non aangesneld om ons de kerk te laten zien en het fantastische nieuws te brengen dat bisschop Naum die ochtend nog in Veljuša werd verwacht.

Het interieur van de kerk was klein en heerlijk verwarmd door een elektrische radiator. Ik zag dat er een ruige schapenvacht over de enige stoel was gedrapeerd. De meeste fresco's waren zo oud dat ze door de rook te zwart waren om er iets op te onderscheiden. De non lichtte toe dat Veljuša na de Eerste Balkanoorlog van 1912, toen Griekenland, Bulgarije en Servië hadden samengespannen om de Turken uit Macedonië en Europa te verdrijven, in Griekse handen was geweest. Toen de drie landen vervolgens onenigheid hadden gekregen over de verdeling van de buit en zich in de Tweede Balkanoorlog hadden gestort, van 1912 tot 1913, waren de Serviërs oostwaarts getrokken, helemaal tot hiertoe, en hadden ze de Grieken gedwongen zich naar het zuiden terug te trekken. De Griekse soldaten, zei ze, hadden hun kerk voordat ze vertrokken in brand gestoken, snoevend dat ze zodra ze weer terug waren een nieuwe zouden bouwen.

Het was niet al te moeilijk je de Balkanoorlogen voor te stellen, vooral dankzij H.N. Brailsford, een Engelse journalist die, nadat hij jarenlang verslag had uitgebracht van de ravage die de Turken aanrichtten toen ze zich uit Macedonië terugtrokken en van de weerzinwekkende manier waarop de provincie over haar buurlanden was verdeeld, een levendig verhaal over zijn eigen ervaringen had geschreven. Brailsford was zeer onder de indruk geweest van het diepe geloof van de Slavisch-Macedonische boer. Toen hij een aantal boeren ooit het advies had gegeven de hel van hun geboorteland te ontvluchten en naar Bulgarije te lopen of de trein naar Servië te pakken, hadden ze geweigerd, uit liefde voor het plaatselijke orthodoxe klooster. Brailsford schreef: 'Die hartstocht voor de Kerk vertegenwoordigde het ideëele element in het dorpsleven, de enige zorg die verder reikte dan voedsel en kleding en sterk genoeg was om de verlokkingen van vrijheid en gemak te weerstaan... De Kerk herinnert hem aan zijn roemrijke verleden, verenigt hem met zijn medechristenen overal in het rijk.'[14]

De daar schril bij afstekende omkoopbaarheid van de orthodoxe bisschoppen die hij in het Ottomaanse Rijk was tegengekomen, had Brailsford verbijsterd. Hij had beschreven hoe ze zich gedroegen, 'met een waardigheid die deels aristocratisch, deels priesterlijk aandoet'. Ze leidden, zegt hij, 'een grotendeels honkvast bestaan en wagen zich zelden buiten hun paleizen', en hij merkte bovendien op dat 'hun voornaamste zorg het in stand houden van de onafgebroken keten van intriges en geweld geldt waarmee elke kerk in Macedonië zich tegenover haar rivalen handhaaft. Hun handelswaar is onverdraagzaamheid en hun voornaamste bezigheid propaganda maken'.[15]

Te oordelen naar de zwerm in het zwart gestoken jonge nonnen die plotseling het portaal van het kloostergebouw bevolkten, was bisschop Naum gearriveerd.

Lang en knap, met grote, lichtgrijze ogen, had hij de nonchalante, verstrooide elegantie van een Etonstudent en een trage maar welwillende glimlach. Zo'n monnik had ik nog niet eerder ontmoet. Zelfs Vader Sava in Dečani had niet op dit onderkoelde filmsterren-air kunnen bogen. Geen wonder dat zijn Rattenvanger-van-Hamelncampagne het zo goed deed, dacht ik toen we aan een lage tafel in een schaars gemeubileerde ontvangstkamer plaatsnamen. Hij zette zijn stoffige fluwelen hoofddeksel af en onthulde zijn slordige, enigzins vette haar, dat in een knotje in zijn nek was gebonden, waarna hij zijn mobieltje voor zich op tafel zette. 'Zo vervelend,' zei hij lijzig, met een vaag handgebaar en een glimlach, 'ik kan hier geen verbinding krijgen...'

Bisschop Naum vertelde dat hij, sinds hij hier twee jaar geleden was komen werken, twee kloosters nieuw leven had ingeblazen. Er zouden er binnenkort weer twee worden heropend en hij wist nog wel tien vrouwen die alleen op zijn fiat wachtten om hun leven aan God te mogen wijden. Toch zat hij niet op te scheppen, want heus, 'deze twee jaren als bisschop lijken er wel twintig – er zijn zoveel problemen geweest,' gaf hij toe – en zag er plotseling niet langer gemaakt traag maar veeleer dodelijk vermoeid uit.

Het zal niemand verbazen dat de publieke opinie in Macedonië, een streek waar de orthodoxe clerus eeuwenlang een slechte reputatie had opgebouwd, niet onverdeeld welwillend tegenover bisschop Naums opdracht om de kloosters te reactiveren stond. Een onafhankelijke Macedonische Kerk mag dan een sine qua non zijn voor het bestaan van de natie, het opofferen van je enige kind aan een celibatair leven van zelfverloochening is heel iets anders. Zijn project werd beschouwd als een gevaarlijke stap terug, net op het moment dat de FYROM de blik op het Westen en niet op het Oosten moest richten en al haar krachten moest bundelen voor de moeizame strijd om in aanmerking te komen voor de Europese Unie. Het aan de kloosters opofferen van de bloem van de Macedonische jeugd was in veler ogen een misdadige verspilling van krachten, terwijl de FYROM al haar energie nodig had om in economisch opzicht levensvatbaar te worden.

'Ik heb twee jaar lang aanvallen te verduren gehad van mensen die na tientallen jaren communisme niet meer begrijpen wat het betekent om monnik of non te zijn. Ze hebben geprobeerd me buitenspel te zetten door te beweren dat ik niet vaderlandslievend ben, dat ik te dicht bij de Griekse en de Servische Kerken sta, en dat het spirituele leven van de natie verziekt is.' Afwezig pakte hij zijn mobieltje op om nogmaals aan de knopjes te frunniken en het signaal te testen, maar hij ging door: 'De ouders van de nieuwe monniken en nonnen hebben me ervan beschuldigd dat ik hun kinderen heb gehypnotiseerd en gezegd dat we net een sekte waren, maar dan erger. Er gingen geruchten dat we drugs verkochten en gebruikten en ga zo maar door. Ik veronderstel dat het heel gewoon is dat de mensen ons haten en proberen ons in de problemen te brengen. De grote uitdaging is of we liefde voor deze mensen kunnen voelen. Maar er is geen andere weg...'

Alsof de duvel ermee speelde werden we onderbroken door een priester met een krullenbol die opgewonden verslag deed van een allerminst vrome ruzie in een naburig dorp. Een frauderend kerkbestuur had geweigerd de sleutels over te dragen toen de termijn erop zat en zich in het gebouw verschanst. De priester kwam de bisschop advies vragen over de te nemen maatregelen. Moest hij de politie roepen? Bisschop Naum zei dat hij het er al met de politie over had gehad en de raad had gekregen het aan hen over te laten, omdat zij hun 'methodes' hadden om met zulke situaties om te gaan. Maar dat antwoord had hem veel te onheilspellend geklonken, dus zei hij tegen de jonge priester de politie erbuiten te houden. De priester snelde weer weg en er kwam een non binnen met een tinnen dienblad vol met jam gevulde flensjes en zoete zwarte koffie. De bisschop begon een flensje te verorberen en legde uit dat hij zich niet erg lekker voelde en een antibioticakuur deed, zodat hij zich niet hoefde te houden aan de vasten voor Kerstmis, die het nuttigen van zoetigheden, vlees en zuivelproducten verbood.

Ik vroeg of ook hij er, net als aartsbisschop Mihail, vast van overtuigd was dat de Macedonisch-orthodoxe Kerk bij de eeuwwisseling zou worden erkend door Constantinopel en de andere orthodoxe Kerken. Hij dacht even na. 'In de jaren zeventig heeft patriarch Athenagoras van Constantinopel ons hoop gegeven, misschien omdat hij zelf Macedoniër was. Hij zei: "Als jullie op orthodoxe wijze leven, zullen jullie op zekere dag worden erkend." Dus proberen we dat. De renaissance van de kloosters is een heel belangrijk onderdeel van de orthodoxe levenswijze.'

Heel anders dan zijn aartsbisschop was hij zichtbaar ontdaan toen hij hoorde dat Servische monniken door de grenspolitie onheus waren bejegend en gedwongen hun habijten uit te doen. 'Dat lijkt nergens op, nietwaar? De volgende keer dat ik in Skopje ben zal ik het er zeker met iemand van de regering over hebben,' zei hij.

Zo kwamen we ongemerkt op een taxatie van de betrekkingen tussen de Macedonische en de naburige Kerken. 'Er is geen communicatie met de Bulgaarse Kerk,' zei hij, 'zoals u weet is daar op dit moment een strijd gaande tussen twee rivaliserende patriarchen. Maar in tegenstelling tot de Griekse of de Servische hiërarchie staat die van de Roemeense Kerk me wel toe de liturgie te vieren als ik op bezoek ben. Er zijn twee Servische bisschoppen – Amfilohije en Artemije – die mij zelfs de heilige communie niet willen geven!'

Dat verbaasde me niets. Ik kon me aartsbisschop Amfilohijes ongezouten mening over de schismatieke orthodoxe Kerk van Macedonië moeiteloos voorstellen. Bisschop Artemije was de bisschop van Vader Sava. De e-mail van Vader Sava had gezinspeeld op diens verzet tegen de onafhankelijkheid van de Macedonische Kerk.

De zichtbare opgetogenheid van de nonnen in het Veljušaklooster overtuigde me ervan dat de publieke opinie bisschop Naum onrecht had gedaan. Terwijl de Servische nonnen die ik had ontmoet met een slechte gezondheid en een nog slechter humeur kampten, straalden de zestien vrouwen hier lichamelijk en geestelijk welzijn uit. Ik vroeg de bisschop mij zijn zegen te geven voor een gesprek met twee van hen die een mondje Engels spraken. De ene was gediplomeerd tandarts, de andere een soort dichteres. Ze vertelden dat hun moeders het verlies van hun dochters aan de Kerk geleidelijk aan accepteerden, maar nog steeds huilden als ze op bezoek waren. De tandarts deed al het naaiwerk dat in het klooster moest worden gedaan. De dichteres hielp in de keuken.

'Alles is zo eenvoudig in ons leven hier,' zei de eerste.

'Omdat we al onze tijd aan God kunnen geven,' zei de tweede.

Meer viel er niet over te zeggen. Zo simpel was dat.

Weer buiten, in het gouden namiddaglicht dat de toch al zo prachtige kleine kerk nog meer tot haar recht deed komen, wilde ik daar, bij de kerk, een foto maken van de twee nonnen zoals ik ze daarnet had gezien, lachend en grapjes makend met bisschop Naum. De bisschop had er geen bezwaar tegen om samen met hen op de foto te gaan.

'Ontspannen alstublieft,' riep ik terwijl ik de camera op hen richtte. Zonder resultaat: alle drie zagen ze er even stijf en uitdrukkingsloos uit als heiligen op een Byzantijns fresco.

'Kom alstublieft nog eens terug,' zeiden de nonnen. 'Maakt niet uit wanneer, kom gewoon...'

Ik zei dat ik het heerlijk zou vinden en meende het.

Kastoria
Grieks Macedonië

De Griekse grensovergang was die nacht een zee van witgeel licht, een welkom dat schitterde als een hemels visioen. Overal wapperde de blauwe EU-vlag met zijn fonkelende gele sterren en glommen de splinternieuwe verchroomde sloten op de slagbomen en de wachthokjes. De donkere grensovergang van de FYROM met zijn kilometerslange rij rook uitbrakende vrachtwagens, dronken grenswachters die om flessen whiskey vroegen en chagrijnige geüniformeerde vrouwen die elke centimeter van de Citroën hadden geïnspecteerd, lag veilig achter ons. Bogdan de Serviër was welkom in Griekenland en mijn rode EU-paspoort hoefde ik nauwelijks te laten zien. Volgens de blauw-gele wegwijzer vlak achter de slagboom, heette de noordelijkste provincie, Macedonië – Griekenlands vette aandeel in de buit toen het Ottomaanse Macedonië in 1913 werd verdeeld – ons van harte welkom.

Zo'n tweehonderd kilometer in Grieks Macedonië ligt een stad aan een meer, Kastoria of Kostur, zoals de Slavische Macedoniërs haar altijd hebben genoemd. Meer dan elders vinden we hier het tastbare bewijs dat Macedonië ooit één, zij het heterogeen en slecht afgebakend, geheel was dat dienst deed als kruispunt van handelswegen, en een kleurrijke, geliefde verblijfplaats was voor Grieken, Slaven, Albaniërs, Turken en joden.

Net als Ohrid is Kastoria aan een meer gebouwd en gezegend met talloze intieme Byzantijnse kerkjes, waarvan de meeste zijn gesticht door de uit de gratie geraakte Byzantijnse adel die uit Constantinopel hierheen was verbannen. Sommige zijn nog in gebruik maar liggen tegenwoordig verstopt achter hoge moderne flats en kinderspeelplaatsen. Kastoria's mooiste gebouwen, de solide oude woningen van de bonthandelaars, zijn gewoon de iets bouwvalliger versie van de hoge huizen in Ohrid. Kastorië is altijd een stad van bontwerkers geweest. Tegenwoordig prijzen ze hun waren op opzichtige reclameborden aan, net zo goed in het Russisch en het Servisch als in het Grieks.

Het leek een vredig, slaperig oord, maar dat was het vast niet geweest toen H.N. Brailsford het begin 1900 had bezocht. De strijd om de stoffelijke resten van het Ottomaanse Macedonië laaide steeds heviger op. De Ottomaanse Turken hadden er tot op het laatst de beest uitgehangen en in Kastoria had een zekere Griekse bisschop Germanos de scepter gezwaaid. De situatie was hem uitstekend bevallen – tot de oprichting van het nieuwe Bulgaarse Exarchaat, dat eerst had geprobeerd de Slavische Macedoniërs in hun eigen taal te bedienen en vervolgens om Bulgarijes deel van Macedonië van Grieken te verlossen. In 1903 had de prelaat een klacht aan de patriarch van Constantinopel geschreven: 'Is deze situatie, o Alheilige patriarch, geen regelrechte vervolging? Ons geloof en onze taal hebben nog nooit zo verschrikkelijk te lijden gehad; we hebben zoveel eeuwen lang naar tevredenheid geleefd onder de heerschappij van de sultan, die onze godsdienst en onze scholen altijd met respect heeft bejegend en ons vele privileges heeft verleend.'[16]

Brailsford had opgemerkt dat een Griekse aartsbisschop meer waardering genoot vanwege zijn beheersing van het Turks dan vanwege zijn kennis van het Nieuwe Testament. Er heilig van overtuigd dat het de schuld van de Grieken was dat de Turken zich zo misdroegen, en niet andersom – zoals algemeen werd aangenomen – beschreef Brailsford aartsbisschop Germanos als volgt: 'U kunt hem elke middag zien als hij op zijn witte paard langs de hoofdweg van de [Ottomaanse] prefectuur naar zijn eigen paleis op de heuvel galoppeert – een rijzige gestalte in een zwarte toog, met een zwarte baard, golvende lokken en scherp getekende gelaatstrekken.' Brailsford had de aartsbisschop ooit in zijn paleis bezocht en geconstateerd hoe tenenkrommend Byzantijns hij was in zijn minachting voor welke feiten dan ook. 'Zijn geest verwijlt in abstracties. Hij heeft het niet over Grieken maar over het hellenisme, niet over feiten maar over rechten,' schreef Brailsford. Zelfs toen was Alexander de Grote met zijn Griekse afkomst uit de kast gehaald om de Griekse aanspraak op Macedonië te rechtvaardigen. De twee mannen gingen volledig op in een discussie over Duitse moraalfilosofie, toen Brailsford opmerkte dat 'daar boven mijn hoofd, op een opvallende plaats aan de muur, de foto van een gruwelijk hoofd hing, bij de hals afgehouwen en met een kogel door de kaak, druipend van het bloed'.[17] Het hoofd had toebehoord aan een Bulgaarse bendeleider, die de bisschop had laten vermoorden door een 'groepje avonturiers' dat hij zelf had betaald.

De wreedheid van de Griekse bisschoppen van Macedonië had Brailsford met evenveel afschuw vervuld als de laatdunkendheid waarmee ze aannamen dat het grootste deel van het oude 'Turkije in Europa', zodra de Ottomanen de hielen hadden gelicht, weer als een nieuw Byzantium onder Griekse heerschappij zou komen. 'Net zoiets als wanneer de rooms-katholieke Kerk het grootste deel van Europa als erfgoed voor Italië zou opeisen,' schreef hij, zijn lezers vragend zich voor te stellen hoe het zou zijn 'als elke bisschop in Frankrijk en Duitsland een Italiaan was, als de officiële taal van de Kerk niet het Latijn maar het Italiaans was en als elke priester een politieke agent was die zich inzette voor de annexatie van Frankrijk en Duitsland door Italië.'[18]

Thessaloniki

Bisschop Germanos van Kastoria zal eeuwig voortleven in de vorm van een witte buste op een wit voetstuk in een van de gemeenteparken in de hoofdstad van Grieks Macedonië, Thessaloniki.

Het licht van de midwinterzon werd weerkaatst door de daken van de auto's die toeterend door de drukke straten van de stad reden en danste over de zee die nog net zichtbaar was aan het einde van de lange boulevards. De FYROM heeft wat wereldsteden betreft niet veel te bieden. Is het dan zo vreemd, dacht ik – terwijl de motor van de Citroën tijdens de lunchpauze vergeefs doordraaide in een verkeersopstopping, dat sommige Macedoniërs van een Groot-Macedonië droomden?

Door de nabijheid van de berg Athos en haar geschiedenis als de tweede hoofdstad van Byzantium, is Thessaloniki Griekenlands spirituele hoofdstad geworden. Aan het oog onttrokken door een woud van moderne flats en meestal iets lager gelegen dan de straat, staan er tientallen Byzantijnse kerken, gedrongen en pretentieloos met hun veelvoud aan kunstig met dakpannen belegde koepels en hun ingewikkelde vlechtwerk van bakstenen. Van allemaal wappert de Byzantijnse vlag met de tweekoppige adelaar op een gele achtergrond broederlijk naast de Griekse blauw-witte nationale vlag. De hoofdverkeersader van de stad wordt omzoomd door winkels die schitteren van de iconen, de kruisen en de kerkelijke fournituren die ze te koop aanbieden. Op de vlucht voor het verkeerslawaai liepen de mensen de talloze kleine kapelletjes, die er even alledaags uitzagen als openbare toiletten, in en uit om kaarsen aan te steken en te bidden. Een reusachtige religieuze boekwinkel, boordevol kleurig gekafte paperbacks met uitspraken van voormalige en hedendaagse wijze en heilige *gerontes* van de berg Athos, nam de hele parterre van een huizenblok in de binnenstad in beslag.

De orthodoxe kathedraal van de stad, de Sint-Dimitri, de grootste op de Balkan tot Slobodan Milošević in 1989 met de bouw van de Sint-Sava in Belgrado was begonnen, leek die avond wel in brand te staan, maar het was gewoon de weerschijn op de glazen ramen van de honderden kaarsen die binnen brandden. De gouden achtergronden van de Byzantijnse mozaïeken glinsterden door het licht van de enorme kroonluchter die boven het schip van de kerk hing. In het stalletje naast de deur, waar iconen, kruisbeelden en religieuze literatuur werden verkocht, liepen de zaken gesmeerd. Een paar oudere vrouwen zaten in afgesloten kerkbanken (de eerste die ik ooit in een orthodoxe kerk heb gezien) te kletsen en te giechelen, en hadden het waarschijnlijk net zo naar hun zin als hun mannen die in het *kafeneion* koffie dronken en backgammon speelden. Een jonge moeder tilde haar peuter op om een icoon te kussen. Een jonge man zat in zijn eentje te lezen terwijl een oudere man Sint-Dimitri's relikwieën in hun met parels bezaaide en met goud ingelegde schrijn vereerde.

Sint-Dimitri is de patroon van Thessaloniki, verdediger en toevlucht van de stad in de bijna tweeduizend jaar van haar regelmatig bedreigde bestaan. Tijdens de invallen van de barbaarse Slavische hordes in de zesde en de zevende eeuw, was Sint-Dimitri telkens weer verschenen, in het wit, en had hij in de harten van die hordes angst gezaaid door de aanvallers met zijn speer van hun belegeringsladders te stoten, over de zee te lopen of op een paard te verschijnen om de stadspoorten te bewaken.

De verhalen over zijn fantastische heldendaden hebben er ongetwijfeld toe bijgedragen dat de Serviërs en de Bulgaren of de Macedoniërs, of beiden, voor de orthodoxie hebben gekozen. Sint-Kliment, uit het nabije Ohrid, zou Sint-Dimitri beschrijven als 'de zeer roemrijke martelaar' en 'de hechte grondslag van zijn vaderland'.[19] Zijn roem verspreidde zich tot in Kosovo, waar hij zowel op de fresco's in Dečani als die in Peć voorkomt. De Russische vikingen die Constantinopel in de negende eeuw belegerden hadden ook van hem gehoord. Volgens een kroniekschrijver had de toen nog heidense bevelhebber twee gevangengenomen Griekse meisjes meegenomen om ze uit te horen over Byzantiums meest dodelijke wapen. 'Ik hoor dat jullie een machtige god hebben, Demetrius genaamd, die veel wonderen verricht,' had hij tegen hen gezegd. 'Borduur een goed gelijkende beeltenis van hem, zodat ik hem kan vereren en mijn vijanden kan verslaan door zijn beeltenis voor mijn leger uit te dragen.' Aanvankelijk hadden de vrouwen geweigerd, maar ten slotte toegegeven. Nadat ze het kunstwerk met grote tegenzin hadden geborduurd, waren ze huilend in slaap gevallen. Die nacht, zegt de kroniek, werd de beeltenis 'op wonderbaarlijke wijze door Demetrius naar zijn kerk in Thessaloniki overgebracht'.[20] De beteuterde Russen hadden de aantoonbaar machtige heilige eer bewezen door in Vladimir een prachtige nieuwe kerk aan hem te wijden. Zolang Byzantium heeft bestaan is er door de orthodoxe volkeren van Europa verbeten gewedijverd om de gunsten en de militaire steun van Sint-Dimitri.

Thessaloniki was de volgende ochtend druk en chaotisch, maar een duidelijk bord wees: TENTOONSTELLING VAN DE SCHATTEN VAN DE BERG ATHOS, zodat we met de Citroën rechtstreeks naar de nieuwe expositiehal van rode bakstenen reden om te kijken naar wat Bogdan tijdens zijn talrijke bezoeken aan de Heilige Berg al had gezien maar waar ik, net als miljoenen andere vrouwen, slechts eens in de duizend jaar van mocht genieten.

Uit mijn kladjes met aantekeningen kan ik opmaken dat ik niet erg van de tentoonstelling heb genoten. 'Met parelmoer ingelegde staf... eikenhouten wijnvat van zo'n tweeënhalf duizend liter met een ladder opzij... achttiende-eeuwse met bloemen beschilderde reisapotheek van de abt van het Vatepediklooster... maliënkolder uit het midden van de veertiende eeuw... 'zitstok' – een soort omgekeerd T-stuk van een skilift (gebruikt door bejaarde monniken die niet meer in staat waren om de hele nachtwake lang zonder steun te blijven staan)... Kalendericoon, geschenk van tsaar Nicolaas II van Rusland – een heilige voor elke dag, zeventig afbeeldingen van de Heilige Maagd met Kind... een oude foto van een priester, geflankeerd door twee soldaten, tegen een nepachtergrond van bloemen...' Zomaar een paar notities die ik maakte, veel te nijdig om netjes te schrijven, omdat mijn sekse met deze kruimeltjes werd afgescheept in plaats van te worden toegelaten tot de berg Athos.

Bogdan was al net zo kwaad, maar om een heel andere reden. 'Ze laten dingen zien die niet op deze manier vertoond horen te worden,' mopperde hij, nauwelijks naar de uitgestalde voorwerpen kijkend, 'alsof ze alleen als kunstvoorwerpen belangrijk zijn. Het lijkt wel alsof alles op de Heilige Berg is veranderd sinds ik er ben geweest.'

Er is de laatste twee decennia inderdaad veel veranderd. Alleen al de afgelopen tien jaar hebben zeshonderd nieuwe monniken zich bij de gemeenschap aangesloten, waarmee ze de neergang die in 1970, toen er nog maar krap duizend monniken over waren, een dieptepunt had bereikt, definitief hebben gekeerd. De meesten zijn Grieken die, zoals dat altijd met jonge orthodoxe mannen was gegaan, door een bijzonder charismatische generatie geestelijk vaders tot het oosters-orthodoxe kloosterleven waren aangetrokken. Sommigen zeiden ook wel dat de onvermijdelijke terugslag, het resultaat van Griekenlands al te snelle verwesterlijking in de laatste twintig jaar, bij die verjonging een rol had gespeeld. In de jaren tachtig zijn de kluizenaarsverblijven op Athos opnieuw in bezit genomen door toegewijde hesychasten, en sindsdien heeft hun ascetische manier van bidden weer de weg gevonden naar de kloosters. De meeste nieuwe recruten zijn niet alleen spiritueel gemotiveerd, maar ook uitstekend opgeleid en voornemens de kloostertucht aan te scherpen. Dat heeft weer geleid tot de herinvoering van de Coenobitische Regel, die gebiedt dat alle monniken gezamenlijk bidden, eten, wonen en hun bezit delen. De Idiorrhytmische Regel, die de monniken van sommige kloosters toestond zelf geld te verdienen, in afzondering te leven en alleen bij elkaar te komen voor de eredienst, is in 1992 definitief afgeschaft.

Dat is waarschijnlijk alleen maar gunstig. De Idiorrhythmische Regel was een erfenis uit de moeilijkste tijden van de Heilige Berg, toen monniken die niet in hun onderhoud konden voorzien door als boer te werken of door eigen middelen, niet welkom waren. Dat had ook tot grote bandeloosheid geleid. In 1933 had een Griekse journalist een onthullend stuk gepubliceerd over de onderbuik van de Heilige Berg. Themistocles Kornaros had kans gezien om achter 'de glimlachjes, het zich ter aarde werpen, de biddende monniken en de relikwieën', door te dringen in een poel van verderf die te walgelijk was geweest om te negeren. 'In de twintig kloosters op Athos,' schreef hij, 'vinden we drugsdealers, aanbieders en kopers van "mannenvlees", scholen waar alcoholisme wordt onderricht en centra voor een systematische training in misantropie en moorddadige wedijver.'[21] Het werd nog erger: 'Daar vind je ook de vader die zijn twaalf- of dertienjarige kind van cel naar cel sleept om het aan de monniken te verhuren.'[22] Twee jaar na Kornaros' exposé was er nog maar weinig veranderd. Ralph Brewster, een Engelsman, bezocht de berg Athos in gezelschap van een jonge Griekse vriend die er niets op tegen had om wat extra zakgeld te verdienen. Elke nacht die ze er doorbrachten liep de Griek op kousenvoeten van cel naar cel, ten gerieve van de bewoners. Brewster was door een boerenjongen die op de Heilige Berg woonde gewaarschuwd dat hij er niet gladgeschoren heen moest gaan, omdat er vrijwel geen monnik was die niet 'van de verkeerde kant'[23] was. Toen hem was gevraagd hoe hij het zelf volhield om het jaar in jaar uit zonder de vertroosting van vrouwelijk gezelschap te moeten stellen, had de boerenjongen achteloos geantwoord: 'O, maar er zijn vier of vijf tamelijk jonge monniken – vaste klanten – die altijd tot mijn beschikking staan. Ik heb de laatste tijd trouwens niet zoveel belangstelling meer voor vrouwen.'[24] Kornaros' veelomvattende exposé over de geschiedenis van de berg Athos besloot met de droeve conclusie dat de volgende generatie monniken 'misschien wel door een menselijke voorzienigheid was voorbestemd om het grootste menselijke experiment van ons millennium aan de hand van de stoffelijke resten ervan als definitief mislukt te bestempelen'.[25] Hij had de plank volkomen misgeslagen.

Toch hebben de laatste twintig jaar niet alleen wedergeboorte en herstel gebracht. Velen, monniken zowel als leken, betreuren de veelvuldige concessies aan de moderne tijd. Monniken met zwarte zonnebrillen die in auto's met vierwielaandrijving over de nieuwe wegen tussen de kloosters scheuren horen tot het normale straatbeeld, terwijl de oude muilezelpaadjes zijn overwoekerd. Telefoons en elektriciteit zijn tegenwoordig heel gewoon, terwijl er vroeger alleen kaarsen waren. De berg Athos gaat zelfs prat op een eigen website. De uitgebreide reparatie- en bouwwerkzaamheden van veel kloosters worden bekostigd met EU-subsidies – doorgesluisd door de Griekse regering, om het opspelende geweten van de monniken te sussen, die het niet pettig vinden geld uit het Westen aan te nemen. In de meeste gevallen is dit de eerste noemenswaardige renovatie sinds het eind van de negentiende eeuw, dus moet er veel gebeuren. De vrede en de rust die zo onmisbaar zijn voor de hesychia op de Heilige Berg, worden niet alleen bedreigd door het lawaai van zagen, betonmolens en buitenlandse aannemers, maar ook door de talloze boten met vakantiegangers die in de zomer om het schiereiland varen, en door de zwermen helikopters met dagjesmensen die erboven zweven. Het aantal mannelijke bezoekers aan de Heilige Berg neemt jaarlijks toe, maar de kloosterregel eist van de monniken dat ze iedereen die daar om vraagt onderdak en gastvrijheid verlenen.

In mei 1998 had Vader Symeon, de enige Peruaanse monnik op de berg Athos, geklaagd dat er zo moeilijk oude monniken te vinden waren die nog in de ban van de *paratesis* waren, wars van de logica en de mentaliteit van de wereld. Kallistos Ware, de Grieks-orthodoxe bisschop van Oxford, die de berg Athos sinds 1960 regelmatig bezoekt, mist ook de 'spontane, argeloze eenvoud en heiligheid van de oudere monniken'.

De laatste twee decennia hebben bovendien een rustverstoorder naar de Heilige Berg gebracht die nóg verraderlijker is en de verheven 'Tuin van de Moeder Gods' in een banaal bolwerk van Grieks nationalisme dreigt te veranderen. Het Griekse ministerie van Buitenlandse Zaken heeft er alles aan gedaan om te garanderen dat het opleven van de Servische, Russische en Roemeense kloosters niet ten koste van de Griekse kloosters zal gaan. Visumaanvragen van monniken en bezoekers uit deze landen zijn doodleuk genegeerd. Brieven waarin de abten van buitenlandse kloosters hiertegen hebben geprotesteerd, zijn onbeantwoord gebleven. De val van het communisme in Oost-Europa, in 1989, gevolgd door de bloedige teloorgang van Voormalig Joegoslavië, heeft de angst van de Griekse autoriteiten alleen maar aangewakkerd: de angst dat duizenden Roemeense, Servische en Russische economische vluchtelingen als zogenaamde novicen de berg Athos zouden overspoelen, en allemaal de Griekse nationaliteit zouden proberen te verkrijgen alvorens het habijt weer uit te trekken en de Heilige Berg te verlaten om hun geluk in Griekenland te zoeken.

Aan de andere kant zijn er momenten geweest waarop de berg Athos door de Griekse regering juist werd gedwongen om bezoekers te ontvangen. Een paar maanden voor het uitbreken van de oorlog in Joegoslavië, april 1991, had de Servische president Milošević zijn helikopter in de moestuin van het Servische Hilandarklooster laten landen, buiten zichzelf van woede dat er niemand was om hem te verwelkomen. Het waarschijnlijk apocriefe verhaal luidt dat de abt van Hilandar, zodra hij van Milošević' op handen zijnde komst had gehoord, er ijlings vandoor was gegaan om bosarbeiders te inspecteren, in de hoop zodoende te voorkomen dat hij een 'communist' de hand zou moeten drukken. Dus was de helikopter, nadat hij Milošević had afgezet, op zoek gegaan naar de ongelukkige abt en had hem gevonden, opgetakeld en naar Hilandar teruggevlogen om zijn plicht te doen. Hoewel Milošević minder dan een uur in Hilandar was gebleven, hebben de monniken hem zijn landing in hun moestuin nog steeds niet vergeven.

Er gingen hardnekkige geruchten dat de Bosnisch-Servische leider Radovan Karadžić in Hilandar zijn toevlucht heeft gezocht en gevonden, om gevangenneming door de NAVO-troepen en berechting door het Joegoslaviëtribunaal in Den Haag te voorkomen. Karadžić kan in ieder geval nooit als 'communist' worden omschreven, dus is het niet geheel onmogelijk. Vreemd genoeg hebben de monniken van Athos lange tijd de reputatie gehad dat ze misdadigers onderdak verleenden. Halverwege de negentiende eeuw schatte een Ottomaanse politiecommissaris dat er zo'n zestig misdadigers op de berg Athos zaten, tegen wie hij niets kon ondernemen vanwege het uitgangspunt van de monniken 'dat een van de functies van een christelijk klooster is een zondaar de kans te bieden om berouw te tonen, en ook omdat ze verwachtten dat een paar van die misdadigers zich ten slotte bij een klooster zouden aansluiten'.[26]

In 1994 dienden de meest toonaangevende kloosters van Athos bij de Griekse regering een officiële klacht in over het toenemende aantal inbreuken op het recht van de kloosters iedereen die ze zelf willen in hun autonome kloosterrepubliek te verwelkomen en af te wijzen wie ze niet bevalt. Het communiqué luidde: 'Op deze wijze wordt de aloude autonome status van de Heilige Berg aangetast, zijn religieuze en spirituele zending belemmerd, zijn universaliteit en internationale reputatie ondermijnd, en verliest Griekenland in het buitenland zijn geloofwaardigheid als orthodox en democratisch land.'[27]

Maar de Griekse regering wist haar strenge controle over het aantal buitenlandse monniken dat op de berg Athos neerstreek te rechtvaardigen door naar een ontnuchterend historisch precedent te verwijzen. Aan het eind van de negentiende eeuw had het tsaristische Rusland de door de hemel gezonden kans om haar invloed een eindje naar het zuiden toe uit te breiden niet voorbij kunnen laten gaan. Wat zoethoudertjes voor de patriarch van Constantinopel en een oud, vervallen klooster op een rotspunt in de Egeïsche Zee, dat door het verdrag van Berlijn in 1878 net van de Ottomaanse overheersing was bevrijd, waren de magische sleutels die de warme zuidelijke zeeen voor haar zouden openen. Rusland had eerst het vervallen Panteleimonklooster op de Heilige Berg weer opgebouwd en toen wat *induced* *sketes* gekocht, de kleinere kloosters die gelieerd waren aan een van de twintig hoofdkloosters op de berg Athos. Vervolgens had Rusland zich ingezet om die sketes te bevorderen tot kloosters met een stem in het bestuur van de Heilige Berg. In 1898 hadden de monniken een campagne gestart om de grondwet van de kloosterstaat af te schaffen en te vervangen door een systeem van een stem per man. De toenmalige patriarch van Constantinopel, Joachim de Magnifieke, heeft beide Russische pogingen om de Griekse hegemonie over de gemeenschap te breken verijdeld.

Toch kon Rusland in 1912 bogen op één klooster, vier sketes, vierendertig kleinere sketes, *kellia* genaamd, honderdzevenentachtig kluizenaarsverblijven en een absolute meerderheid aan monniken, zo'n vierduizend van de krap zesduizend. Zowel de Grieken als de andere op de berg Athos vertegenwoordigde nationaliteiten beschouwden dit als een invasie. Tegen de tijd dat Ruslands Grigori Raspoetin op Athos arriveerde, begin 1900 – te zeer geschokt door de welig tierende homoseksualiteit om er lang te blijven hangen – werd er gefluisterd dat de Heilige Berg een 'Russisch Gibraltar' was geworden.

De scheepsladingen Russische pelgrims die op weg naar Jeruzalem een tussenstop op de Heilige Berg maakten, werden streng gecontroleerd en in speciaal voor dat doel opgetrokken barakachtige gebouwen ondergebracht. Die militaire atmosfeer heeft mogelijk voeding gegeven aan de hardnekkige geruchten dat die Russen gewoon als monniken vermomde legereenheden waren. Misschien heeft dat ook de atmosfeer bevorderd die eind negentiende eeuw tot een onsmakelijke interne machtsstrijd heeft geleid. Een Russische monnik, voormalig officier bij de huzaren en verbonden aan een van de sketes, stak de lont in het kruitvat door te verkondigen dat de naam van God even goddelijk was als God zelf. Toen de heilige synode in het verre Moskou dit als verwerpelijke ketterij brandmerkte, verdeelden de Russische monniken zich in twee kampen. Ketters en niet-ketters gingen elkaar met bijlen en stenen te lijf. Het oproer werd uiteindelijk gesmoord door de komst van een Russische kruiser vol militairen. Maar de ketters trokken zich als guerrilla's in de bossen terug om de soldaten met stenen te bekogelen, wat de soldaten beantwoordden met geweervuur. Meer dan zeshonderd Russische monniken moesten worden afgevoerd, terug naar Rusland. Veertig van hen, die een 'crimineel verleden' bleken te hebben, werden gevangengezet.

Sydney Loch, een Engelsman die de berg Athos in de jaren vijftig regelmatig bezocht, trof er een oude Griekse monnik die nog steeds bittere herinneringen aan de Russische dominantie koesterde, maar tegelijkertijd – zij het knarsetandend – zijn respect voor de Russische nationale aard toegaf. 'Een rijk begiftigd volk, aardse engelen, soms met één vleugeltip in de hemel en de andere in de hel,' had Vader Pankratios Loch verteld. 'Het gebeurde wel dat de zee bij Panteleimon vol schepen lag. Je had er best over naar het vasteland kunnen lopen. En er kwamen evenveel pelgrims als ik haren op mijn benen heb. De Russen probeerden veel te hoog te klimmen...'[28] Hij bedoelde waarschijnlijk dat de Russen in 1917 eindelijk hun verdiende loon hadden gekregen, in de gedaante van een goddeloze bolsjewistische staat. Tegen de tijd dat Robert Byron eind jaren twintig Athos bezocht, als reiziger en kenner bij uitstek van alles wat Byzantium betrof, was het aantal monniken in de Russische kloosters met twee derde geslonken. Het handjevol overblijvers was min of meer armlastig, omdat de stroom gulle giften uit het vaderland was gestopt. Tegenwoordig zijn er nog geen honderd Russische monniken over op de berg Athos.

De Griekse autoriteiten en Athos hebben ook over een andere, zo mogelijk nog ernstiger zaak gebakkeleid. In de zomer van 1997 moest de Griekse regering het Verdrag van Schengen van de EU ratificeren, dat de afschaffing van grenscontroles tussen EU-landen beoogt. Athos was bang dat zijn bevoegdheid om de geen-vrouwenregel te handhaven door die richtlijn rechtstreeks zou worden bedreigd. Maar wat Athos nog openlijker in verlegenheid bracht was een andere clausule in de overeenkomst, die voorziet in een nauwere samenwerking tussen EU-leden bij de misdaadbestrijding. De monniken werden gekweld door het apocalyptisch visioen van een geweldige, door Brussel bediende computer, met een database die informatie over iedere ingezetene van de EU bevatte, over elk afzonderlijk individu. Ze voorzagen hoe die zijn duivelse tentakels tot ver buiten de EU zou uitsteken om de hele wereld te omvatten en waren ervan overtuigd dat de informatie die hij bevatte kon worden misbruikt door 'alle huidige en toekomstige EU-leden die vriendschappelijk dan wel vijandig tegenover ons land staan'.[29] Vermoedelijk hadden ze het islamitische Turkije voor ogen, Griekenlands vijand op Cyprus. In die junimaand bevond zich onder de rumoerige menigte die voor het

Griekse parlementsgebouw protesteerde, in een wanhopige poging de ratificatie van het verdrag door de Griekse regering te verhinderen, een handvol Athosmonniken. Er moest traangas worden ingezet, maar de demonstranten scoorden een mini-overwinning toen een politieagent plotseling zijn oproerschild op de grond smeet, een kruis om zijn hals hing en verklaarde dat de demonstranten gelijk hadden en dat hun zaak ook de zijne was. Desondanks liet de Griekse regering zich niets gelegen liggen aan het diepgewortelde Byzantijnse wantrouwen jegens het Westen en tekende ze het Verdrag van Schengen.

Toen begin 1997 in Thessaloniki de tentoonstelling 'Schatten van de berg Athos' werd geopend, toonden vier kloosters op Athos hun misnoegen over de Griekse plannen om het Verdrag van Schengen te ondertekenen door niet één van hun schatten ter beschikking te stellen. Die kloosters stuurden alleen lager geplaatste afgezanten naar de officiële openingsfestiviteiten.

De overvolle tentoonstelling kon onze aandacht niet lang vasthouden. We gingen naar buiten om de stad te verkennen en stuitten net om de hoek van het operationele hoofdkwartier van de bisschop van Thessaloniki op een prachtig gerenoveerd negentiende-eeuws gebouw in Otttomaanse stijl. Het museum van de Macedonische Strijd was erin gevestigd.

Hier werd het evangelie van de Macedonische geschiedenis volgens de Grieken gepredikt, een elegant maar venijnig antwoord op het evangelie volgens de FYROM-Macedoniërs. Hier kon je zien hoe de opdeling van 'Turkije in Europa' in de tweede helft van de negentiende eeuw was begonnen als een strijd tussen de Grieks-orthodoxe Kerk – met als opdracht het vasthouden aan het oude ideaal van een universeel Byzantijns christendom, de Servisch-orthodoxe Kerk – die de eenheid van tsaar Dušans erfgoed in stand probeerde te houden, en de nog maar pas onafhankelijke Bulgaars-orthodoxe Kerk – die haar bestaan te danken had aan Ruslands vastbeslotenheid om de overheersing van Constantinopel te ondermijnen. Je ontdekt er hoe de strijd om Macedonië al snel ontaardde in de twee schandelijk wrede Balkanoorlogen van 1912 en 1913, toen de naburige naties hun grondgebied met alle geweld ten koste van de anderen wilden uitbreiden. Je ontdekt er ook hoe die oorlogen de keuze van Griekenland en Bulgarije in de twee erop volgende wereldoorlogen hebben beïnvloed. Je ontdekt hoe het verzet tegen de Bulgaarse aanspraken op Macedonië tijdens de Griekse burgeroorlog van 1945 tot 1949 voor de Grieken hetzelfde was als verzet tegen het oprukkende communisme. Je ziet hoe de handvol overgebleven Slavisch-sprekenden in de Griekse provincie Macedonië werd beschouwd als een gevaarlijke vijfde colonne van Bulgaarse of Joegoslavische communisten, eropuit de kiem van het goddeloze bolsjewisme in Griekenland te importeren. Je ontdekt hoe Kerk en staat samenspanden om dat handjevol mensen te bestrijden en te helleniseren door het gebruik van hun Slavische taal onwettig te verklaren en obstakels op te werpen die hun voortbestaan in de provincie onmogelijk moesten maken. Het spreekt vanzelf dat de noordelijkste provincie van Griekenland, die zich pas in 1913 bij het onafhankelijke Griekenland heeft aangesloten, de frontlinie blijft in de strijd tegen de invasie van de barbaarse Slavische hordes uit het noorden.

Begin 1992 verzetten de geestelijken van Thessaloniki zich als eersten tegen de plannen van de FYROM om zichzelf simpelweg 'Macedonië' te noemen. Op hetzelfde moment dat de oorlog in Bosnië uitbrak, waren honderdduizenden demonstranten, onder aanvoering van de clerus, de straten van de stad op gegaan om duidelijk te maken dat de naam Macedonië exclusief Grieks was en alle drieduizend jaren na Alexander de Grote Grieks was geweest. In Athene had de eminente Macedonisch-Griekse historicus Dr. Evangelos Kofos, destijds verbonden aan het Griekse ministerie van Buitenlandse Zaken, vooropgelopen in de propagandaoorlog die Griekenland tegen Skopje en haar eigen EU-partners voerde. Die laatsten waren hevig verontwaardigd dat de Grieken hun boekje te buiten waren gegaan door bij te dragen aan de spanningen op de Balkan, terwijl de EU indertijd juist behoefte had aan een gezamenlijk buitenlands beleid tegenover het om zich heen grijpende Bosnische inferno. Dr. Kofos discussieerde met leden van de westerse pers, die niet konden begrijpen waarom Griekenland zo heftig reageerde op een simpel geweldloos pleidooi van een land dat probeerde zichzelf iets te geven wat op een eigen identiteit leek. Hij hield vol dat de FYROM-ians, zoals hij ze noemde, door de naam 'Macedonië' voor hun nog maar net onafhankelijk geworden land op te eisen, aangaven dat ze 'Griekenland op twee manieren wilden pakken. De ene betreft ons territorium; de andere onze culturele en onze historische identiteit. Door zich die naam toe te eigenen wekken ze de indruk dat de republiek zeggenschap krijgt over alles wat Macedonisch is.'[30]

Zes jaar later bezocht dr. Kofos – een kwieke, charmante man die uitstekend Engels sprak, gepolijst door een paar jaar gastdocentschap aan het Brasenose College in Oxford – het museum van de Macedonische Strijd toevallig op dezelfde dag als ik. Hij wilde maar al te graag met me praten, niet op de laatste plaats omdat hij het gevoel had dat ik werd gehinderd door een gevaarlijk waanidee waar hij me weleens vanaf zou helpen. Hij wreef me onder de neus dat ik er volkomen naast zat als ik orthodox Europa als één samenhangend geheel zag. Volgens hem had de Griekse Kerk een grote voorsprong en kon ze niet worden vergeleken met haar zusterkerken in Rusland, Servië, Roemenië en Bulgarije, eenvoudigweg omdat Griekenland niet onder minstens veertig jaar communisme had geleden.

'Ziet u,' legde hij geduldig uit, 'na het einde van het communisme moesten de andere orthodoxe landen helemaal opnieuw beginnen met de strijd waarin emancipatorische elementen een rol speelden, maar ook de nationale eenwording. Ze zijn allemaal uit het communisme gekomen met een visioen van een Groot, weet ik veel, Macedonië, Servië, Roemenië, Rusland. De Kerken hebben daar natuurlijk ook een rol in gespeeld.' (Hoezo 'natuurlijk?' vroeg ik me af terwijl hij doorging.) 'De Griekse Kerk heeft op dit moment geen nationale zaak om voor te vechten, al zou ze willen dat dat wel zo was. Zo af en toe kun je hier de bisschop vanaf zijn balkon zien roepen – maar dat is gewoon, hoe zal ik het noemen?'

'Kitsch?'

'Ja, kitsch, precies het woord dat ik zoek.'

Ik was absoluut niet gerustgesteld door die bagatellisering van de onuitroeibare macht en invloed van de Griekse Kerk. Nog maar een paar minuten voor ons gesprek had ik ontdekt dat de greep van de huidige socialistische regering op de macht volledig afhankelijk was van haar krappe meerderheid van twaalf vurig orthodoxe Macedonische parlementsleden, die hun redevoeringen doorspekten met religieuze verwijzingen en nog steeds volhielden dat de naam Macedonië uitsluitend betrekking had op een gebied in Noord-Griekenland.

Byzantium en de orthodoxie zijn weer in zwang na de lange periode waarin deze helft van de tweeledige Griekse erfenis – het oude Griekenland en Byzantium – ondergewaardeerd werd. Nadat ze van 1968 tot 1974 door de militaire junta van de Griekse kolonels met hun leuze 'Griekenland voor Griekse christenen' was misbruikt, was de orthodoxie tegen de tijd dat de socialisten aan de macht kwamen een armzalig bijproduct van het conservatisme van de kolonels geworden. Maar begin jaren negentig bezocht de socialistische president van Griekenland, Andreas Papandreou, een aantal kloosters en was zijn vrouw Mimi, voormalig stewardess bij Olympic Airways, even open over haar orthodoxe geloof als over haar voorliefde voor mediums, heksen en soortgelijken. Aanvankelijk had ik de indruk dat Kofos niet met deze neo-Byzantijnse tijden mee was gegaan, tot hij me toevertrouwde hoe diep hij de afgelopen Pasen was getroffen toen hij bij toeval een exemplaar van de evangeliën in handen had gekregen en een paar regels had gelezen. 'Weet u, het bracht me meteen terug naar de tijd dat ik als schooljongen de zondagsschool bezocht en we met de priester meegingen om de paasliturgie bij de Griekse vluchtelingen te vieren die uit Klein-Azië naar het Macedonische platteland waren gekomen. Ik zie ze nog voor me, zo arm dat ze hun kaarsen met eieren betaalden. Maar ze hadden een heel sterk geloof. Toen besefte ik dat het ons orthodoxe geloof is dat ons, Grieken, tot één volk maakt, en niet onze taal, want heel veel van die vluchtelingen spraken Turks.'

Dr. Kofos, concludeerde ik, wist precies hoe belangrijk de Griekse orthodoxie nu was en altijd was geweest, hoe ze in de fijnbesnaarde, op westerse leest geschoeide Griekse geest kon doordringen om een eeuwenoude Byzantijns-Griekse snaar te raken.

Aangemoedigd door haar succes bij het aanvoeren van de anti-FYROM protesten, had de Kerk in Thessaloniki steeds meer harten proberen te winnen voor de strijd tegen de seculiere staat. Er hadden heilloze geweldsuitbarstingen plaatsgevonden bij een van de belangrijkste toeristische trekpleisters van de stad, een groot rond bouwwerk dat de Rotonda werd genoemd. De Kerk had gewild dat de Rotonda weer net als in Byzantijnse tijden in gebruik werd genomen als godshuis. Het ministerie van Cultuur had erop gewezen dat het, lang voordat het een kerk werd, een heidens mausoleum voor een Romeinse keizer was geweest en vervolgens langdurig als moskee was gebruikt, en er een museum van willen maken dat van alle drie de tijdperken getuigde. In 1996 was de discussie vanuit de gerechtshoven naar het gebouw zelf overgeslagen. Toen de kerk in januari van dat jaar toestemming had gekregen om een nachtwake te houden, had de plaatselijke clerus van de gelegenheid gebruik gemaakt om in de Rotonda een marmeren altaar te bouwen, stukje bij beetje. De bewakers hadden de hele nacht een groot aantal geestelijken naar binnen en naar buiten zien schuifelen met kennelijk bijzonder zware, in rood fluweel gewikkelde pakketten, maar hadden zich niet kunnen voorstellen dat ze zich ertoe hadden verlaagd de wet te overtreden. In de herfst van dat jaar bereikte de affaire een hoogtepunt toen er op dezelfde avond zowel een recital van klassieke muziek als een nachtwake in het gebouw gepland bleken. Buiten had zich een hele menigte pro-kerkleken verzameld, die had geschreeuwd: 'Anti-Grieken, anti-christenen, God zal jullie laten branden!' Enkele minuten later was die menigte binnen geweest, waar ze een piano had vernield. Een van de monniken had met fysiek geweld gedreigd.[31]

'De situatie is nog steeds niet opgelost,' zei de nerveus uitziende jonge vrouw die verscheen om te voorkomen dat ik op een zonnige ochtend in de lente van 1998 de Rotonda in zou gaan. 'De Kerk zal de ruzie waarschijnlijk winnen, omdat ze hier zoveel macht heeft. Maar als u het mij vraagt: ik vind dat het een culturele plek zou moeten zijn.'

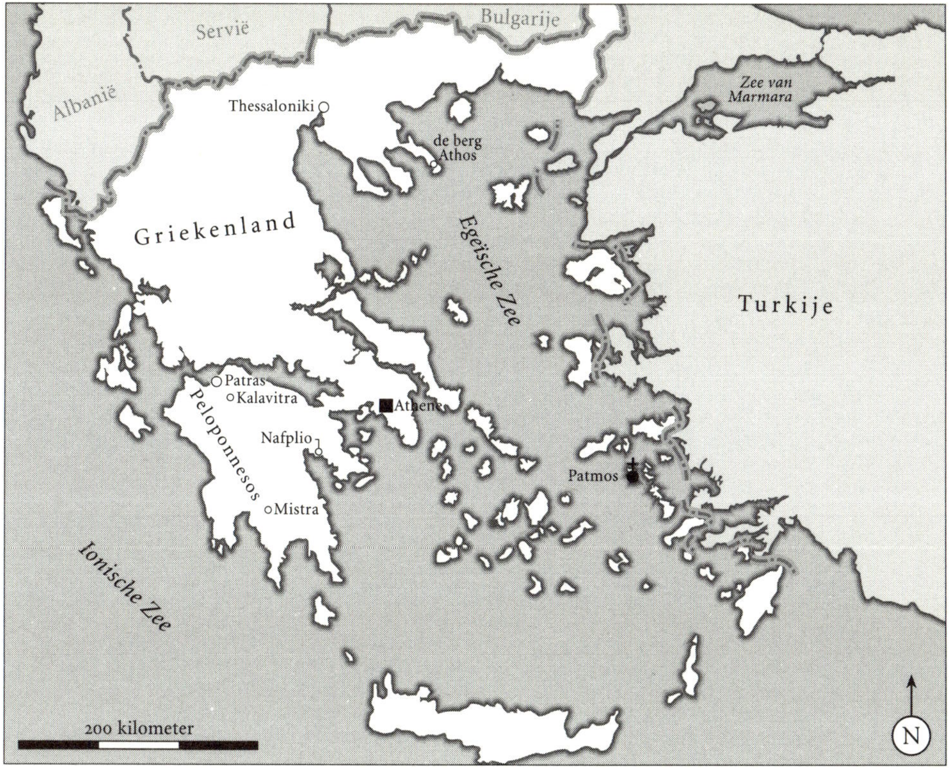
Albanië
Servië
Bulgarije
Zee van
Marmara
Thessaloniki
de berg
Athos
Griekenland
Egeïsche Zee
Turkije
Patras
Kalavitra
Athene
Nafplio
Peloponnesos
Mistra
Patmos
Ionische Zee
200 kilometer
N

GRIEKENLAND

Het klooster van Johannes de Theoloog
Het eiland Patmos

'*Christos Anesti!*'... Boem! Pang, pang, pang! '*Halithos Anesti!*'... Boem! Pang! Christus is verrezen!... Hij is waarlijk verrezen!

De hele paasnacht lang schudde het eiland na het goede nieuws van Jezus Christus' overwinning op de dood van het nerveuze geknetter van vuurwerk en van dreunende dynamietexplosies, zo hevig dat oude gebouwen op hun grondvesten schudden en in een of twee kerken de ramen barstten. Heel Patmos vierde op deze twijfelachtige manier feest. De Turken, slechts drieënveertig kilometer ver, aan de overkant van de donkere zee, lagen vast in hun bedden te woelen.

Ik had lang genoeg in de kloosterkerk getreuzeld om te zien hoe het verwachtingsvolle duister van de rouw werd verjaagd door een priester die met één enkel flakkerend pitje van achter de iconostase was verschenen. Dat lichtje was afkomstig van de vlam die elk jaar op miraculeuze wijze oplaait in de kerk van het Heilig Graf te Jeruzalem. Daarvandaan was het vuur per vliegtuig naar Athene gereisd, van Athene per helikopter naar het militaire vliegveld van Patmos, en toen in een politieauto met zwaailicht de heuvel op gebracht, om precies op tijd voor dat middernachtelijke moment van doodsverachting in het klooster aan te komen. Ik had gezien hoe de priester het geschenk van het licht plechtig had doorgegeven aan de kaarsen van de gelovigen, die het weer aan anderen hadden doorgegeven, enzovoort, totdat iedereen in de kerk, plus de jongens die dicht opeengepakt op het overdekte balkon boven de kloosterpoort stonden – waarvandaan de monniken ooit kokende olie over plunderende piraten hadden gekieperd – plus alle kinderen die zich voor de kloosteringang verdrongen met kaarsen die bijna even lang waren als zijzelf, plus alle welgestelde Atheense vakantiegangers die buiten op de stenen trappen met elkaar stonden te praten, plus de oudere mensen die geduldig op de stenen kantelen zaten – het licht hadden ontvangen en doorgegeven. Een zee van stralende, door een gouden gloed getransformeerde gezichten lichtte op.

Zonder kaars, en vooral zonder het 'Ware Geloof' om mijn aanwezigheid te verklaren, voelde ik me slecht op mijn gemak. Daar kwam nog bij dat het vuurwerk en de zware ontploffingen, een ononderbroken, perfecte imitatie van een combinatie van licht en zwaar artillerievuur, me deden denken aan de belegering van Sarajevo door de Bosnische Serviërs. Die paasnacht op het eiland Patmos had het hoogtepunt van mijn verblijf in Griekenland moeten zijn, maar ik ging vroeg naar bed met watjes in mijn oren en werd bij het krieken van de dag gewekt door een extra luide dynamietontploffing ergens vlak achter het hotel.

Patmos' jaarlijkse virtuele bombardement geeft aan hoezeer het gezag van het reusachtige kloosterfort over het eiland tanende is. De monniken verafschuwen die gewoonte, niet alleen uit angst dat hun bezit wordt beschadigd, maar ook omdat de ouderen te bang zullen zijn om hun woningen te verlaten en de paasplechtigheid bij te wonen. De abt heeft al een klacht ingediend bij de eilandpolitie, maar die beweert dat ze er niets tegen kan doen. Er is een tijd geweest, nog niet zo lang geleden, dat ook de kleinste wens van de abt voor iedereen een bevel betekende, omdat het klooster het grootste deel van het eiland bezat. Er is zelfs een tijd geweest, tot de achttiende eeuw aan toe, dat het klooster het hele eiland had bezeten.

Dat hadden de monniken aan de elfde-eeuwse Sint-Christodoulos te danken gehad, een Byzantijnse monnik die op zoek was gegaan naar hesychia in een wereld waarin die steeds moeilijker te vinden was. Hoewel Byzantium in zijn tijd een bloeiperiode beleefde, was het toch een broeinest van verleidingen en gevaren. Zodra Christodoulos ergens een rustig plekje had gevonden om er een communiteit te stichten, werd het meteen door Saracenen of Seltsjoeken onder de voet gelopen of door piraten geplunderd – en moest hij weer op zoek gaan. Hij was al een oude man toen zijn oog op een eiland in de Egeïsche Zee was gevallen dat 'totaal verlaten en verdord was, overwoekerd door distels en doornstruiken, zonder paden en volkomen uitgedroogd door watergebrek'.[1] Desondanks had hij zijn zinnen erop gezet. 'Ik verlangde vurig dat eiland aan de rand van de wereld te bezitten, want er waren geen mensen, het was overal rustig, er gingen geen schepen voor anker',[2] had hij later geschreven. Hij was naar Constantinopel gereisd om de moeder van de Byzantijnse keizer te polsen, die op haar beurt bij haar zoon voor de oude monnik had gepleit.

Christodoulos had erop gestaan dat het eiland een tweede berg Athos werd, zonder dat ook maar één leek, laat staan een vrouw, zijn hesychia zou verstoren. De keizer vond het geen slecht idee om rijkdommen in de hemel te vergaren door de oude monnik het eiland te schenken, maar had bedacht dat Christodoulos en zijn handvol broeders wel wat hulp van professionele bouwvakkers zouden kunnen gebruiken als ze een stenen kloostervesting wilden optrekken. Christodoulos had het aanbod resoluut van de hand gewezen. Hij moet zijn met-Gods-hulp-is-alles-mogelijk troefkaart hebben uitgespeeld, want hij won het dispuut én zijn eiland. Een keizerlijke gouden bul uit 1088 meldt: 'Vanaf heden en ook de komende eeuwen zal Patmos geheel en al gescheiden zijn van alle landen waar Onze keizerlijke macht zeggenschap over heeft. Er zullen alleen monniken wonen. Ze zullen geen leken toestaan zich er te vestigen, handel te drijven of enig ander bedrijf uit te oefenen. Patmos zal geheel en al van hen zijn... Ze zijn aan niemand rekenschap verschuldigd.'[3]

Gewapend met dit document, ging de verheugde heilige in de dop op bezoek bij de patriarch van Constantinopel, om zich ook van diens bescherming te verzekeren. Vervolgens, nadat hij een goed schip op de kop had getikt, ging hij samen met zijn monniken scheep naar Patmos.

Volgens de legende stuitte hij zodra hij voet aan wal had gezet op een fraai overblijfsel uit de heidense Griekse tijd, een marmeren beeld van een godin. Zonder omhaal smeet hij de voorchristelijke gruwel tegen de grond en begroef hij de scherven. Volgens een andere legende paste hij een soortgelijke destructieve methode ook toe om zeerovers angst aan te jagen. Zodra hij een zeeroversschip zag naderen, placht hij de kostbare icoon van Johannes de Theoloog te pakken en daarmee, staande op de heuveltop waar het klooster werd gebouwd, naar het vijandelijke vaartuig te zwaaien tot het kapseisde of in steen veranderde.

Natuurlijk bleek al snel dat de keizer gelijk had gehad. Niet lang na hun aankomst beraamde het grootste deel van Christodoulos' broeders in Christus een opstand tegen de oude man. Bang dat ze de onmenselijk zware taak die hij hun had opgelegd, het bouwen van een kloostervesting, niet zouden kunnen volbrengen, weigerden ze hem te gehoorzamen of te werken en verlieten ze ten slotte het eiland. Christodoulos en de enkele overgebleven monniken lieten toen een aantal bouwvakkers uit Constantinopel komen, die op hun beurt in opstand kwamen omdat ze hun vrouwen misten. De oude monnik moest zich opnieuw gewonnen geven, omdat zijn eerste zorg de veiligheid van zijn, zoals hij het noemde, 'werkplaats van de deugd' gold, die vooral forse muren en machtige bolwerken nodig had om het tegen allerhande bezoekers, met name zeerovers, te beschermen. Een handvol vrouwen, de echtgenotes van de werklieden, werd zo ver mogelijk van de plek waar het klooster moest komen gehuisvest, op het noordelijkste puntje van het eiland.

Toen Christodoulos' heilige project zo'n vier jaar liep, bleek een Turks roversgezelschap immuun voor de macht van de icoon. De zeerovers wierpen het anker voor de kust van Patmos uit en gingen aan land. Christodoulos vluchtte met het merendeel van zijn broeders en stierf een jaar later in ballingschap, smekend om thuis, op Patmos, te worden begraven. Aldus geschiedde, en ondanks het bijna zestig jaar oude schisma verwierf het miraculeuze lichaam van de tirannieke heilige al snel grote faam in het hele Middellandse-Zeegebied, bij de christenen van Oost en West. Zodra de Turkse zeerovers waren weggevaren, was het werk aan het klooster hervat, gesteund door inkomsten van door de keizer geschonken landerijen, de *metochia* op Kreta en andere Egeïsche eilanden. Nog geen tien jaar na de dood van Sint-Christodoulos woonden er zo'n honderd monniken in het klooster.

Het eiland werd achtereenvolgens belaagd door Noormannen, Arabieren, Turken en Venetianen, meestal met de bedoeling het miraculeuze geraamte van Christodoulus te ontvreemden. In 1204 hoorde Patmos bij de buit van de beschamende vierde kruistocht en werd het in bezit genomen door de Venetianen. Ondanks alles groeide de lekencommuniteit op het eiland, en die trok naar de top van de heuvel, de veiligste plek, vlak onder de stoere kloostermuren. De nederzetting breidde zich nog verder uit door de komst van de Byzantijnse vluchtelingen die trachtten te ontkomen aan de nasleep van de inname van Constantinopel door de Ottomanen, in 1453. Een wrange notitie in de marge van een van de kostbare manuscripten meldt droogjes: 'Vandaag kwam het schip met Genuezen uit de stad.'[4] Patmos zelf viel een jaar later in handen van de Ottomanen.

Maar het Turkse juk was een lichte last voor het eiland. Van de vijftiende tot de negentiende eeuw beleefde Patmos gouden tijden. Het klooster behield zijn privileges en schafte een vloot van veertig schepen aan, die overal waar ze heen voer ontzag inboezemde. Meer dan één abt heeft net gedaan of hij en zijn monniken de orthodoxie vaarwel hadden gezegd en zich hadden bekeerd tot het rooms-katholicisme, in ruil voor de bescherming van de paus. Sommigen hebben een riskant spelletje gespeeld en hun Ottomaanse overheersers gepaaid door luidkeels uitdrukking te geven aan hun loyaliteit, maar intussen al hun ondernemingen door te brieven aan elke westerse macht die hun bescherming leek te kunnen bieden. Verscheidene pausen, Italiaanse hertogen, Franse koningen, grootmeesters van de johannieter orde, vorsten van de Donaurijken (het huidige Roemenië) en ten slotte ook Russische tsaren, hebben gedurende het Ottomaanse tijdperk grote belangstelling voor Patmos getoond. De laatste twee hadden, als blijk van hun wel zeer orthodoxe broederliefde, hele hordes monniken van Patmos toestemming gegeven om hun land af te schuimen om met wat armzalige relikwieën in hun zakken hun hand op te houden voor aalmoezen.

De enige ernstige verstoring van het aangename leventje op Patmos vond halverwege de zeventiende eeuw plaats, toen het eiland betrokken raakte bij de oorlog tussen de Turken en de Venetianen. Een anonieme Patmioot heeft ons in zijn beschrijving van die woelige tijden onbedoeld een betrouwbare indicatie nagelaten over de schrikbarende rijkdom van het eiland, ondanks de zware heffingen die door beide oorlogvoerende partijen werden opgelegd. Hij vertelt uitvoerig hoe de Venetianen hun schepen stalen, en hoe de munten waarmee ze de schatting moesten voldoen opraakten, zodat ze in plaats daarvan betaalden met 'zilver, goud en parels, die in zakken in de galeien werden geladen'. Daarna 'alsof die ellende niet al groot genoeg was, kwamen er zestig Turkse galeien die onze mensen in gijzeling namen, tot twee-, drie-, viermaal toe, en allemaal zijn ze met hun eigen bezittingen losgekocht'. Ten slotte waren ook de Venetianen weer teruggekomen, 'en moesten we vaststellen dat ze meer dan een half miljoen aan zilver, goud en andere waardevolle zaken hadden meegenomen'.[5]

Over het algemeen ging het Patmos voor de wind, dankzij de goede zaken die ze deden op het gebied van de scheepsbouw, de vervaardiging van katoenen kousen, de handel en – met aan zekerheid grenzende waarschijnlijkheid – zeeroverij. De vluchtelingen uit Constantinopel zetten de toon met hun verfijnde stadse manieren. In de stad met haar grote witte koopmanshuizen, die zich als een kanten altaarkleed uit vroeger tijden aan de voet van de uit grijze stenen opgetrokken vestingmuren van het klooster had neergevlijd, werden de eilandbewoners steeds rijker en geciviliseerder. Terwijl het klooster zorgde dat de band met het Byzantijnse erfgoed intact bleef, raakten ze door hun voortdurende zeereizen steeds meer vertrouwd met het Westen, waarvan ze het beste dat dit te bieden had overnamen – luxe meubelen, prachtige 'Frankische' kleren en blijkbaar ook Venetiaanse spiegels. Hun zo op het gehoor aangename levens draaiden om lange zeereizen om handel te drijven, die van tijd tot tijd werden onderbroken om op het eiland grond te kopen, bestemd voor de bruidsschat voor hun dochters en voor gulle schenkingen aan het klooster, waar meestal minstens één gezinslid bijhoorde. En ze bouwden kerken. Zelfs nu nog gaat het eiland prat op meer dan vierhonderd kerken. De meeste zijn klein en even knus als die in Ohrid en Kastoria, maar wit en in de vorm van gerezen broden en zonder koepels. Ze pronken als bovenmaatse paddestoelen op de lentegroene heuvels, langs de wegen en op de velden.

In de achttiende eeuw zou Christodoulos zijn klooster nauwelijks meer hebben herkend. Het was een heel complex van gebouwen geworden, een labyrint van stenen gangen en houten trappenhuizen, die allemaal uitkwamen op een centrale, door bogen overspannen binnenplaats. Zijn opvolgers hadden de strenge Coenobitische Regel vervangen door de soepeler Idiorrythmische Regel. De monniken hadden omvangrijke zakelijke belangen. Het kon op een bepaald moment best zo zijn dat de helft van hen niet op het eiland verbleef maar elders, om de metochia te beheren. Als ze thuis waren, woonden de meesten van hen bij een van hun vele familieleden en kwamen ze alleen voor de gemeenschappelijke eredienst naar het klooster. De grootste concessie van het klooster aan de toenemende secularisatie was dat de helft van het eiland in 1720 in lekenhanden was overgegaan. Op Aaron Hill, een Engelse dichter die het klooster halverwege de achttiende eeuw had bezocht, had het blijkbaar de aangename indruk van een Engels landhuis gemaakt. Hij schreef hoe hij er was ontvangen, 'even hoffelijk als het gastvrije onthaal dat mij ten deel zou kunnen vallen in het huis van een kennis of een relatie, alles even verzorgd en royaal zonder overdadig te zijn, passend bij het Decorum van religieus Levenden, maar geenszins gespeend van Smaak, Vorm en Verfijning'.[6]

Die indruk van ouderwetse degelijkheid was echter bedrieglijk. Zelfs Patmos werd aangetast door verlichte ideeën en nationaal bewustzijn. De eilandbewoners dreven handel met Rusland en die invloedrijke, onafhankelijke orthodoxe macht was zózeer het brandpunt van hun hoop op nationale bevrijding geworden, dat ze iconen van Russische tsaren naar huis verscheepten om die aan hun muren te hangen. Filantropische koopvaarders sloegen samen met het klooster de handen ineen om een school op het eiland op te richten en voorzagen die zowel van uit het Westen meegebrachte boeken als van de oude klassieken. Omdat de school op Patmos op de hele orthodoxe Balkan vermaard was, bracht ze al gauw hele generaties patriarchen, leraren en, tegen het eind van de achttiende eeuw, fanatieke Griekse vrijheidsstrijders voort.

De westerse boeken die zo in befaamde centra als Patmos terecht zijn gekomen, hebben de Griekse identiteitscrisis verhaast. Aan de ene kant begonnen de mensen zichzelf te beschouwen als de erfgenamen van de oude Grieken met hun in het Westen alombekende en bewonderde beschaving. Aan de andere kant waren ze nog steeds hecht verbonden met Byzantium, een tweede grote Griekse beschaving, maar wel een waar het Westen nooit enige belangstelling voor of affiniteit mee had getoond. De irreële Byzantijnse hoop van de Grieken, namelijk dat het orthodoxe Rusland hen te hulp zou snellen en de Ottomanen eruit gooien, zou al snel na het uitbreken van hun onafhankelijkheidsoorlog in 1820 de bodem in worden geslagen. Het Westen, in de gedaante van oorlogsschepen en leningen, maar ook van de morele en fysieke steun van romantische graecofielen als lord

Byron, allemaal geïnspireerd door de roem van het oude Griekenland, bleek in de praktijk veel behulpzamer. Dat was de reden waarom de Grieken, toen de acht jaar durende vrijheidsstrijd voorbij was en er in 1828 een nieuw, onafhankelijk land was geschapen, besloten hun blik op het Westen te richten en een stoffig dorp vol prachtige klassieke ruïnes, Athene genaamd, tot hun nieuwe hoofdstad uit te roepen. Ze markeerden hun verwerping van het Byzantijnse verleden door zich in kerkelijk opzicht onafhankelijk van Constantinopel te verklaren, een schisma dat het oude, universele Byzantijnse ideaal een even zware klap toebracht als het in 1054 of 1204 had geïncasseerd. Het phyletisme was weer helemaal terug en de nieuwe tijden verwelkomden een heel scala aan nationale orthodoxe Kerken – in plaats van één allesomvattende, universele Kerk.

Een van de drie mannen die het geheime genootschap oprichtten dat de omverwerping van de Ottomaanse heerschappij beoogde en het fundament voor de Griekse Onafhankelijkheidsoorlog legde, was een product van de school op Patmos. Hij was koopmansklerk geweest, heette Emmanuel Xanthos en was de aanleiding tot mijn geslaagde ontmoeting met een andere émigré van Patmos.

Ik had even op een drempel aan een van de kleine, witstenen pleinen van de oude stad staan talmen – terwijl ik een cola achteroversloeg en genoot van de koele bries en de donkerblauwe namiddaghemel – toen een wat oudere man in een marineblauwe blazer met een roodzijden lefdoekje in zijn borstzak het plein op was geslenterd en een vriend had begroet die van de overkant kwam.

'*How ya'doin*?' zei de eerste man.

'*Fine, just fine – you back for long*?' zei zijn vriend. '*Business good? Kids?*'

Waarom spraken die twee bejaarde Grieken Engels met een licht Amerikaans accent? Ik veronderstelde dat het oude schoolvrienden waren die allebei in de jaren zestig naar Amerika waren geëmigreerd, toen Patmos sterk verarmd en onbetekenend was geworden, lang voordat het lot van het eiland ten goede keerde en mensen als de Aga Khan de witte herenhuizen in de oude stad begonnen te kopen. Ze waren waarschijnlijk voor Pasen naar huis gekomen en ik veronderstelde dat Engels praten betekende dat ze elkaar geluk wensten met hun voorspoed in het Westen. De koopvaarders die in de zestiende, de zeventiende en de achttiende eeuw tussen de reizen door thuis waren komen uitrusten, hadden elkaar waarschijnlijk om precies dezelfde reden in het Italiaans of het Frans begroet.

'Kan een van u me misschien vertellen waar ik het graf van Emmanuel Xanthos kan vinden?' probeerde ik.

Het was vlak om de hoek en niet erg indrukwekkend, maar de man in de blazer en ik raakten in gesprek. Het was John Kritikos, een welgesteld zakenman uit Houston, die naar huis was gekomen om zijn zuster op te zoeken in het witte herenhuis in de oude stad dat hun familie al generaties lang in bezit had. Hoe veel generaties precies kon hij niet zeggen, maar hij leidde me rond door de oude stad, groette iedereen, overal waar we liepen, en wees me op alle andere herenhuizen die door neven en nichten, ooms en tantes werden bewoond. We liepen een smalle straat met kinderhoofdjes in, sloegen hoeken om, gingen steile stenen trappen op en af en passeerden tientallen kleine witte Hoviskerken, met alleen een klok of een kruis om hun bestemming aan te geven. Al snel had ik geen idee meer waar ik was.

'We moesten deze straten zo smal maken om ons in de hoeken schuil te kunnen houden en de zeerovers aan te vallen,' legde hij uit. 'Weet u waarom er zoveel kerken zijn? Als de een of ander scheurbuik kreeg of als er storm op zee was en ze overleefden het, kwamen ze terug om uit dankbaarheid een kerk te bouwen.'

We stonden stil om vanaf de heuveltop het uitzicht over het eiland te bewonderen, met zijn lentegroene heuvels, verguld door de ondergaande zon, de overal verspreide witte huisjes en de speelgoedbootjes in de haven, stuk voor stuk met de geel-zwarte Byzantijnse vlag met de tweekoppige adelaar. Om ons heen lichtte de lila zee oranje op. Ik stelde me voor dat de oude Christodoulos in deze tijd van het jaar het gevoel moet hebben gehad dat hij extra dicht bij zijn God was, en ook dat zijn krankzinnige, heilige verbetenheid diens zegen had.

'Dat land daarginds is familiebezit, en daar ook, helemaal tot dat huis met die aangebouwde stal aan de ene en een kerk aan de andere kant,' zei John. 'Rond de eeuwwisseling bezaten wij het grootste deel van Patmos. We hebben nog steeds vijf kerken. Zal ik u eens iets vertellen? U vindt het vast een mooi verhaal. Op een nacht had mijn grootvader een visioen dat er in een bosje ergens op zijn land een icoon hing. Wat deed hij? Hij vond dat bosje en bouwde vlak ernaast een kerk. Die staat er nog steeds... Maar het is een hele klus, dat gedoe met zo'n kerk. Je moet voor het onderhoud zorgen en voor een priester die op de juiste dag van de juiste heilige in de juiste kerk de juiste liturgie viert. Dat is niet goedkoop, weet u, en vergeet de kaarsen en de olie voor de lamp niet...'

Ik vroeg me stilletjes af of deze vriendelijke zakenman uit Houston soms zakken vol parels, goud en zilver in zijn herenhuis had verstopt. 'John, waarom voeren al die boten hier de Byzantijnse vlag in plaats van de Griekse?'

Hij legde uit dat het klooster van Patmos *stavropegic* was, wat betekende dat het onder de geestelijke jurisdictie van een patriarch valt, in dit geval de patriarch van Constantinopel, en niet die van de aartsbisschop van Griekenland in Athene. 'Daarom laten ze de tweekoppige adelaar wapperen. Eerlijk gezegd was de eerste man van mijn zuster – een eurocommunist, maar erg ontwikkeld – de eerste die het klooster hier uitlegde dat ze het recht hadden om die vlag te hijsen. Tegenwoordig doet elke kerk in Griekenland dat, allemaal dankzij hem! Overigens, heeft u al plannen voor Pasen? Mijn zuster zal u graag bij ons thuis uitnodigen voor de maaltijd... ik weet niet hoe druk u het hebt...'

Zo kwam ik in een van de weelderigste witte koopmanshuizen daar op die heuvel, in de schaduw van het grote klooster, terecht.

Het feestmaal werd opgediend in een eetzaal met een hoog plafond, opgeluisterd door sepiakleurige foto's van de familie Kritikos, iconen en een kristallen kroonluchter. Die laatste moest worden aangestoken omdat de dikke gordijnen dicht waren om al het zonlicht te weren. De tafel was gedekt met gesteven wit linnen, zilver en kristal, en John had een stoofpot bereid. 'Het lam is van onszelf, van een van mijn pachters,' vertelde hij. Door de open deur ving ik in de salon een glimp op van stoelen met vergulde rugleuningen, een Venetiaanse spiegel met een vergulde lijst, en een muur vol vergulde iconen en schilderijen in vergulde lijsten, allemaal glinsterend in het halfduister. Afgezien van de met groen fluweel overtrokken stoelen met hun kanten antimakassars en een paar Ottomaanse duelleerpistolen, had ik evengoed naar het interieur van een Byzantijnse kerk kunnen kijken, zoals ik dan ook tegen John zei. 'Dat is de Byzantijnse kant van Griekenland. Goud is rijkdom,' zei hij, eraan toevoegend dat het huis vijfentwintig kamers had.

We zaten met ons vijven aan die tafel – ikzelf, John, een oude man die de hele maaltijd lang niets zei, Johns beeldschone, goed geconserveerde zuster Elvira met haar onstuimige kastanjebruine krullenbol, en haar jeugdige vriend Sarandi, wat in het Grieks 'veertig' betekent. Hij was vernoemd naar de Veertig Gezegende Martelaren van Klein-Azië, een baardige, gespierde kerel in een tot zijn middel openhangend overhemd en een spijkerbroek, een gouden ketting om zijn hals en een andere om zijn stevige pols. De oude man, die zich slecht op zijn gemak leek te voelen tussen al die overdaad, bleek Sarandi's vader en een oude getrouwe van de familie Kritikos.

Van tijd tot tijd grinnikte Sarandi en ging hij van tafel, maar het duurde even voordat ik besefte dat zijn afwezigheid samenviel met de oorverdovende knallen van het vuurwerk buiten op het pad. Hij liet me een van de resultaten van zijn weerzinwekkende vaardigheid zien. Het had de omvang en de vorm van een peer, was gemaakt van papier-mâché, in ijzerdraad gewikkeld, met het steeltje als lont. Tijdens een van Sarandi's verdwijningen gromde John: 'Dat deed ik toen ik twaalf was. Die kerel is veertig! Bovendien is het een commie!'

Terwijl de wijn en de wodka rijkelijk vloeiden, legde Sarandi uit dat hij communist was omdat communisme in zekere zin voor 'de juiste levenswijze' stond. Ik meende er de nagalm in te horen van de orthodoxie als de 'juiste wijze om God te vereren'.

John viel hem in de rede met: 'Hoe konden de Russen zichzelf nou communisten noemen? Hielden ze soms niet net zoveel van al dat goud als wij?'

Een van Johns voorouders bleek naar Sint Petersburg te zijn geëmigreerd, waar hij ooit had meegeholpen om tsaar Alexander III of tsaar Nicolaas II (John kon zich niet herinneren wie van de twee) van de verdrinkingsdood te redden en daarvoor was beloond met een lucratieve betrekking als belastinginner. Toen die dappere voorvader uit Rusland had moeten vluchten (John kon zich niet meer herinneren of dat in 1917 was geweest), was hij met 'zeven – let wel, zeven – gallons goud' naar Patmos gekomen. Elvira wees op het gouden kleed over de chaise longue achter me als een extra bewijs van de familiebanden met Rusland en van de Russische voorliefde voor goud. Toen verdween ze, maar kwam even later terug met een sierlijke zilveren kruik, die ze in mijn richting schudde zodat ik droop van haar zelfgemaakte rozenwater. 'Zilver uit Constantinopel,' zei ze, 'voor kerkelijke feestdagen. Als ze met iconen door de stad lopen, doe ik dat ook.' Ze giechelde en schudde haar wapen nog eens heftig.

Tegen de tijd dat Sarandi de volgende wodka voor me inschonk, keek ik er nauwelijks meer van op toen hij zijn wapen uit een schuilplaats naast het buffet te voorschijn haalde. Een machinegeweer dat hij tegen zijn gespierde schouder zette. Door het vizier glurend ging hij zogenaamd schieten. 'Pief, paf, poef!' brulde hij. Hij herinnerde me eraan dat de Turken maar drieënveertig kilometer ver weg waren en het dus de moeite waard was waakzaam te blijven. Toen pakte hij, alsof hij de ongunstige indruk die ik ten onrechte van hem had kunnen krijgen wilde wegnemen, de tot een kruis gevlochten palmtakjes waar de Patmioten op palmzondag mee zwaaien. Ik vroeg hem naar zijn mening over het klooster, ervan uitgaand dat een communist niet zou terugschrikken voor openhartige kritiek op de Kerk, maar over dat onderwerp hield hij wijselijk zijn mond. De abt van het klooster, verklaarde hij, was zijn neef.

Buren, net als John emigranten die naar huis waren gekomen, kwamen binnenvallen met de kreet '*Christos Anesti*' en voorzagen zichzelf van een flink aantal glazen koppige Johnnie Walker. Een van hen had John vijfendertig jaar lang niet gezien en haalde glunderend op hoe hij ooit met zijn blaaspijp op het oog van zijn oude vriend had gemikt en een fikse uitbrander van diens oom had gekregen, destijds de abt van het klooster. Alle emigranten doorspekten hun Grieks met amerikanismen, prezen elkaars exclusief ontworpen dassen en schepten op over de vorderingen van hun kinderen aan de universiteit. Ik wilde geen misbruik van de gastvrijheid maken. Elvira haalde een plastic tas, propte er drie van Sarandi's palmkruisen in, een paaskwarktaart, een zogenaamde *flaunas* en een fles van haar zelfgemaakte rozenwater, die ze me met tranen in haar ogen gaf.

Patmos is de vriendelijkste plek waar ik ooit ben geweest. Eén dag nadat ik daar 's nachts alleen met de nachtboot uit Athene was aangekomen, had ik al genoeg kennissen om zeker te weten dat ik nooit alleen hoefde te zijn. Op mijn eerste stralende morgen had ik er door het havenstadje gewandeld, waar overal de geur van vers brood en koffie hing, waar mensen aan het wassen en schrobben waren voor Pasen, en was toen verder gelopen, halverwege de heuvel op, naar het klooster, naar de grot waar Johannes de Theoloog zijn nachtmerrieachtige Boek der Openbaringen had geschreven.

In het jaar 95, lang voordat Christodoulos zijn oog op Patmos had laten vallen, zelfs lang voordat keizer Constantijn het christendom had omhelsd, op het moment dat de christenvervolging in volle gang was, was Johannes gearresteerd en naar Patmos verbannen. Zijn boek Openbaringen opent met een verslag over de omstandigheden waarin hij zijn visioen van de Apocalyps kreeg.

> Ik ben de alfa en de omega, zegt de Heer uw God, die is en die was en die komt, de Almachtige. Ik, Johannes, uw broeder en deelgenoot in de verdrukking en in het Koninkrijk en de volharding in Jezus, was op het eiland, genaamd Patmos, om het woord Gods en het getuigenis van Jezus. Ik kwam in vervoering des geestes op de dag des Heren, en ik hoorde achter mij een luide stem, als van een bazuin, zeggende: Hetgeen gij ziet, schrijf dat in een boek...'[7]

Wat Johannes zag en getrouw beschrijft heeft de harten van orthodoxe christenen sindsdien altijd vervuld met de vreze Gods. Zijn visie op de toekomst culmineert in een aangrijpende oproep aan de mensheid om de slechte, heidense, overspelige en moordzuchtige wegen te verlaten en in Christus te geloven, want anders... zullen de zeeën in bloed veranderen, landen in vlammen opgaan, draken een verpestende stank uitbraken, de sterren zullen vallen en de waterstromen vergiftigen, vuur en zwavel zullen de aarde bedekken. Vlak voor het einde van de wereld en de wederkomst van Christus zal het Beest op aarde heersen, waarschuwt hij. We zullen het allemaal kunnen herkennen aan zijn getal, 666, dat dan wellicht op iemands hand of voorhoofd verschijnt, en er zal een vreselijke tijd aanbreken waarin kopen en verkopen onmogelijk zullen zijn zonder dat getal. Het boek eindigt met een laatste crescendo, de belofte dat de wederkomst en de dag des oordeels nabij zijn, wanneer de onboetvaardigen in de 'poel des vuurs' worden geworpen en de rechtvaardigen zich bij Christus in het nieuwe Jeruzalem zullen voegen, een hemelse stad die uit prachtige edelstenen en goud is gebouwd.

Voor de oosters-orthodoxen is Johannes' apocalyptische visioen van de laatste dagen van de wereld altijd een letterlijk op te vatten boodschap geweest. Er is een achttiende-eeuws Grieks dagboek gevonden met de profetieën van een monnik, een zekere Dionysus, achteraan tussen de kaft gestoken.

1765 Een vreselijke oorlog over heel de wereld
1766 De verwoesting van Constantinopel
1767 Engeland verzinkt in zee
1768 Alle naties zullen Christus kennen
1769 Er zal een man verschijnen die grote wonderen kan verrichten, en monsters en vreselijke dingen oproept
1770 Er zal een wereldwijde aardbeving plaatsvinden
1771 De zon, de maan en de sterren zullen omlaag vallen
1772 De hele wereld wordt door vuur vernietigd
1773 De gevreesde Dag des Oordeels van de Wederkomst van Christus[8]

Ik hoopte dat de dagboekschrijver deze ijzingwekkende lijst met evenveel scepsis had benaderd als de meesten van ons dat tegenwoordig met horoscopen doen, maar ik had mijn twijfels, omdat het zonneklaar was dat de Grieken zelfs nu nog bijzonder ontvankelijk zijn voor de macht van profetieën. Een paar maanden voordat ik naar Griekenland zou gaan, had ik in de trein naar Londen twee Griekse leerling-verpleegkundigen uit de Peloponnesische haven Patras getroffen. Een van de jongemannen bleek een kenner van zowel oude als nieuwe profetieën en had me meegedeeld dat Griekenland zeer binnenkort oorlog zou voeren met Turkije, drie maanden, drie dagen, of drie uren lang. In het begin zou die oorlog ongunstig voor de Grieken verlopen, zei hij, maar door de tussenkomst van orthodox Rusland zouden ze toch op het nippertje Constantinopel kunnen heroveren. Een nieuwe keizer Constantijn – iemand met zes tenen aan een van zijn voeten – zou op de troon van een Nieuw-Byzantium worden gezet.

'U kunt het zelf zien,' had de ernstige jongeman volgehouden. 'U zult ontdekken dat onze koning Constantijn, die hier in Londen in ballingschap is, zes tenen aan een voet heeft.' Ik beloofde mijn ogen open te houden en de jongeman vervolgde: 'De mensen zeggen dat de situatie er rijp voor is omdat Rusland die S-300 luchtafweerraketten aan Cyprus verkoopt terwijl Turkije met oorlog dreigt als ze worden opgesteld...'

Nog vreemder was het dat ik, zodra ik in Griekenland was aangekomen, had gemerkt dat Johannes' profetische Apocalyps nog steeds een rol speelde: NEE TEGEN 666! schreeuwden reusachtige blauwe graffiti op spoorbruggen, vangrails en muren iedereen toe. Het zou me de nodige tijd kosten om de huidige relevantie van het teken van het Beest te doorgronden.

Daar, in de grot van Johannes op Patmos, liet Nikos, een theologiestudent uit Athene, met droeve ogen en ongeveer even oud als de leerling-verpleegkundigen, me vriendelijk de werkkamer van de heilige zien. 'Hier zit een handgreep, door Johannes in de rots uitgesleten, want hij was natuurlijk oud en hij had steun nodig als hij opstond. En kijk, hier is de steen uitgesleten waar hij zijn hoofd neerlegde om te gaan slapen, en hier is de steen waar Johannes' leerling het boek meestal op legde als hij een dictaat van de heilige opnam. Daarboven is de drievoudige spleet in het dak van de grot die is ontstaan toen God Johannes voor het eerst met luide stem aansprak. Zijn het niet net drie naar elkaar gebogen vingertoppen, klaar om het kruisteken te maken?'

Vervolgens had Nikos een zelfbedachte, fraai gepolijste preek afgestoken. Een poging om de kloof tussen de denkrichtingen van Oost en West te overbruggen door de wonderverhalen te larderen met wetenschappelijke metaforen en bijbehorende gebaren. 'Toen Johannes hierheen werd verbannen was Patmos een min [een vinger horizontaal gestrekt], maar hij veranderde het in een plus [twee gekruiste vingers] door aan het boek Openbaring te beginnen...' begon hij. Hij liet zich niet makkelijk van zijn onderwerp afbrengen, maar raadde me dringend aan om rechtstreeks de heuvel af te gaan en een bezoek te brengen aan zijn vurig othodoxe broer Tassos en diens minstens even vurig orthodoxe, uit Wales afkomstige, schoonzuster. Ik zou ze bij de haven vinden, in hun souvenirwinkel Parousia, wat 'Verschijning' of 'Wederkomst' betekent. Ik beloofde dat ik dat zeker zou doen, maar dan later op de dag. Ik was nu op weg naar boven, om de kloostervesting te bezoeken die de oude Christodoulos had gebouwd en aan Johannes gewijd.

Halverwege de lange steile trap naar het klooster moest ik op adem komen en stopte ik bij een souvenirwinkel om een beker te kopen met op de zijkant een icoon van Johannes de Theoloog – diep over zijn boek gebogen, met een gouden stralenkrans en borstelige wenkbrauwen. Mijn aandacht werd getrokken door een paar onbeholpen geboetseerde figuurtjes van in het zwart geklede monniken die op muilezels reden, backgammon speelden of zaten te vissen, maar vooral door een akelig suggestief beeldje van een zittende monnik met een knielende vrouw voor hem, die haar hoofd onder een slip van zijn toog verborg. Ik vroeg me net af waarom de monniken niet van hun grijze citadel neerdaalden om een eind te maken aan deze obsceniteit op hun stoep, toen een monnik langs de winkel schreed en de glimlachende winkelier vrolijk groette. Natuurlijk, dacht ik, de winkelier kon best een broer, een neef of oomzegger zijn die de kost moest verdienen.

Er was iets zo onheilspellend massiefs aan het grote klooster, dat ik het moment waarop ik de laatste stenen trap op zou moeten, de grote houten deur door en vragen of ik een van de bewoners mocht spreken, onbewust uitstelde. Na een laatste kop koffie sloot ik me bij een achterop geraakt groepje eveneens buitenlandse toeristen aan voor een verplicht bezoek aan het museum en drentelde vervolgens over de binnenplaats naar het stalletje met ansichtkaarten, waar ik de verkoper uitlegde dat ik een van de monniken wilde spreken. Hij zei me te gaan zitten en te wachten.

Nadat ik een kaars had opgestoken en in het daarvoor bestemde bakje met zand gezet, streek ik neer op de rand van een put met wijwater. Met zijn potten geraniums en witgekalkte muren was de binnenplaats een aangename plek, helemaal niet bedreigend. Het was siëstatijd op het eiland en uit de donkere kerk kwamen flarden van gezangen en wolkjes wierook en flakkerend oranje kaarslicht. Een handvol monniken zat op hoge, smalle stoelen in de deuropening en volgde de plechtigheid met een half oor, mompelend en gniffelend achter hun grijze baarden.

Toen de plechtigheid afgelopen was, kwam een kudde monniken de kerk uit gestommeld om met gezwinde spoed via de gangen en de trappen die op de binnenplaats uitkwamen te verdwijnen. Ik wachtte. Van alle kanten klonken kreten: 'Vasilis!' 'Symeon!' De uitnemende akoestiek van het klooster had van de binnenplaats een soort telefooncentrale gemaakt. 'Symeon! ... Symeon!' riep de ansichtkaartenverkoper, totdat een magere jonge monnik met dikke brillenglazen een trap af gehuppeld kwam om me te woord te staan.

Hij ging me over weer een andere houten trap voor naar de kloosterbibliotheek, een somber vertrek met een hoog plafond en rondom halflege boekenkasten. Dit was zeker niet de kloosterbibliotheek vol schatten die helemaal teruggaan tot en met de gouden bul, dus de stichting door Christodoulos, maar ik legde uit wat ik kwam doen en vroeg of hij toevallig ook een boek in het Engels of Frans over de geschiedenis van het klooster had. Hij scheen me niet te horen maar bleef opzij staren, zijn hoofd enigzins afgewend. Dergelijk tergend bescheiden gedrag wordt voor een monnik waarschijnlijk gepast geacht, dacht ik.

'Hierin staat de wijsheid van een heilige geront van de berg Athos,' zei hij, me een pocket overhandigend met achterop een kleurenfoto van een bejaarde monnik die in de zon zat. Daar had ik al een exemplaar van gekocht in de grote religieuze boekwinkel in Thessaloniki. Vader Symeon leek blij dat te horen maar begon desondanks, nog steeds zonder me aan te kijken, een aantal kerkblaadjes door te bladeren en me op dingen te wijzen die geen enkel belang hadden. Ik vroeg me af of hij een hesychast was en veel te druk met zijn innerlijke gebed om aandacht voor mij te hebben. Ik probeerde een vraag over het lot van het klooster in de Tweede Wereldoorlog. Ergens had ik gelezen dat de abt van het klooster gewonde Duitsers, Engelsen en Italianen in verschillende uithoeken en bijgebouwen van het complex had verborgen, zonder dat de ene groep de aanwezigheid van de andere had vermoed. Maar óf hij wist er niets over te vertellen, óf hij had mijn vraag niet begrepen. Pas toen ik begon over hoe de monniken van de berg Athos zich hadden verzet toen Griekenland het Verdrag van Schengen moest ondertekenen, begon hij in samenhangende zinnen te praten, maar – voor zover ik kon vaststellen – slechts zijdelings over dat verdrag.

'De bisschop van Korinthe is een bekwaam jurist en hij zegt nee tegen dat verdrag... De heilige gerontes op Athos gebruiken hun spirituele tv om dingen te zien die wij niet kunnen zien, engelen en duivels, en die zijn overal. Kijk maar hier in dit boek, Sint-Paisius van Athos schreef al in 1987: "Teken des tijds – 666". De wereld wordt steeds zondiger.'

Als hij niet op mijn golflengte wilde of kon afstemmen, zou ik mijn best doen naar de zijne over te schakelen, besloot ik. 'Vader Symeon, wat betekent dat 666?'

Met een tijdschrift spelend en me nog steeds niet aankijkend, zei hij: '666 is de Latijnse levenswijze, uit Europa.'

Daaruit maakte ik op dat de herinnering aan de verwoesting van Constantinopel door de 'Latijnse' kruisvaarders uit Europa, van bijna achthonderd jaar geleden, nog steeds even levend was als de boodschap uit het boek Openbaring.

Vader Symeon ging verder: 'Er staat ons een satanische aanval op de Kerk te wachten, vanuit het Westen, vanuit de Verenigde Staten. New York is de hoer van Babylon. Een van onze gerontes gebruikte zijn spirituele tv en zag over alle westerse landen duivels vliegen... Maar u moet met mijn geestelijk vader gaan praten, geront Vader Pavlos. De bibliotheek gaat nu dicht.'

'O,' zei ik, verbaasd en teleurgesteld, maar enigszins getroost door het vooruitzicht van een ontmoeting met Vader Pavlos. Ik had gehoord dat hij een uitzonderlijk heilige en vermaarde geront was.

De deur naar Vader Pavlos' kamer stond open en de oude man met zijn lange baard stond in zijn zijkamer annex kantoor. Hij droeg een gestreept pyjamajasje en een ronde zwarte monnikskap met een heel klein kruisje voorop, en zijn oude ogen glansden van iets wat ik begon te herkennen als het Licht van de liefde Gods. Ik besefte dat ik dat al bij vier eerdere gelegenheden had gezien: de eerste keer in de ogen van een oude Roemeense monnik, die ik in de herfst van 1988 in een bos wilde paddestoelen had zien bakken, de tweede keer in die van de monnik op de foto achter de wijzerplaat in de kapiteinshut op de boot waarmee ik om de berg Athos heen was gevaren, de derde keer in het Dečaniklooster, in de ogen van de Servische monnik die me had uitgelegd dat de orthodoxie iets had van een grote boom waaraan een dikke tak ontbrak, en de vierde keer in de ogen van die Rattenvanger van Hameln, bisschop Naum. Ik nam aan dat je aan dat licht de hesychast herkende die op weg was 'God te worden' zoals God mens was geworden.

Vader Pavlos was niet alleen. Een modieus geklede jonge vrouw met vier kleine kinderen en een vrouw van middelbare leeftijd, die geïrriteerd leek toen ze me zag, zaten allemaal op een kluitje in die zijkamer. Ik voelde me niet welkom. Na een korte, ongemakkelijke stilte kregen de kinderen en ik glimmende heiligenplaatjes uit de bevende handen van de bijna tastbaar heilige oude geront voordat we met zachte hand de kamer uit werden gebonjourd. Plotseling bijna in tranen rende ik de trap af, terug naar de binnenplaats, en liep Vader Symeon tegen het lijf. Zijn gezicht lichtte op in een vriendelijke glimlach die een ander mens van hem maakte en hij zei eenvoudig: 'Het is paastijd. Vader Pavlos heeft veel geestelijke kinderen die bij hem moeten biechten. Kom, er is iemand met wie u kennis moet maken.'

Terug in de bibliotheek stelde hij me voor aan een landgenote, een zekere Margaret, afkomstig uit Kent, bekeerd tot de orthodoxie en ingezetene van Patmos. Terwijl Vader Symeon op de achtergrond met zijn tijdschriften rommelde, praatten Margaret en ik over het treurige recente schisma in het klooster. Een jonge monnik had de Idiorrythmische Regel willen afschaffen om terug te keren naar de strengere discipline van de Coenobitische, maar was op heftig verzet van zijn oudere medebroeders gestuit. Uiteindelijk had de hervormer met twee van zijn geestelijke kinderen zijn biezen moeten pakken en was hij naar Athos gegaan.

Margarets kleding was nauwelijks te onderscheiden van die van een non, maar zonder sluier en zonder lang, zwart habijt, en ze was de vurigste gelovige die ik ooit had ontmoet. Maar ze had geen haast om de sluier aan te nemen. 'Als non moet je onvoorwaardelijk gehoorzaam zijn en ik wil niet dat een of andere abdis me er met een onbenullige boodschap op uitstuurt terwijl ik in de kerk zou moeten zijn om de liturgie te volgen,' vertrouwde ze me toe.

Ze scheen inderdaad een afkeer van communiteiten te hebben, want in plaats van de plechtigheden in een van de twee vrouwenkloosters op het eiland bij te wonen, had ze zich bij het monnikenklooster aangesloten, waar ze niet altijd welkom was.

'Ik moet het juiste moment afwachten en naar binnen sluipen,' zei ze met een bedrukte glimlach, toegevend dat ze erg leed onder de lage status van vrouwen in de Grieks-orthodoxe Kerk. 'Het kwetst me – het kwetst me vreselijk dat ik de heilige communie niet mag ontvangen of de iconen kussen als ik ongesteld ben...'

'Waar hebben jullie het nu weer over?' onderbrak Vader Symeon, die vol ongeduld wachtte tot we ons gesprek beëindigden en weggingen. 'Hebben jullie het over de sacramenten gehad?'

'Ja, ja,' zei ze sussend over haar schouder, voordat ze op ons onderwerp terugkwam. 'Een van de woestijnvaders zegt iets als: wanneer je over een smalle richel loopt en er is aan de ene kant een vrouw en aan de andere kant een duivel, kun je beter misstappen aan de kant van de duivel. Nou, ik moest maar eens naar huis gaan om te slapen.'

Volgens mijn berekening was het pas zeven uur 's avonds. Ik moet verbaasd hebben gekeken, want ze verklaarde: 'Dat komt doordat het Goede Week is, zodat er heel veel kerkelijke plechtigheden zijn. Ik vind dat ik al mijn tijd in de kerk of slapend moet doorbrengen.'

Samen rekenden we uit dat ze in de week die uitliep op het belangrijkste feest op de kalender van de orthodoxe Kerk, elke dag tussen de vier en de zes uur staande in kerken zou doorbrengen. Vader Symeon hield de deur van de bibliotheek open en rammelde met zijn sleutels.

'Maar de meeste mensen blijven niet de hele plechtigheid, die lopen in en uit, nietwaar?' vroeg ik.

'Ja, maar dat zou niet moeten – net zoals ze in de kerk niet zouden moeten zitten. Dat moderne gedoe van stoelen neerzetten is helemaal verkeerd.'

Margaret, concludeerde ik, was een orthodoxe fundamentaliste en ik begreep dat ze zich, behalve de religieuze aspecten van die traditie, ook de oude Byzantijnse defensieve opstelling had eigen gemaakt die het resultaat is van de eeuwenlange dreiging van de omringende islamitische en westerse ketters.

'Ik ben benieuwd of het klooster bijvoorbeeld een oorlog tegen Turkije zou steunen, om Cyprus,' peinsde ik hardop.

'O ja, natuurlijk, want dat zou een "rechtvaardige oorlog" zijn. Ik zou die ook steunen, want Turkije, of Klein-Azië, is het land dat de heiligen heeft voortgebracht, en elke Griek heeft in zijn hart een zwak plekje voor Constantinopel...'

De hartgrondigheid waarmee Margaret zich met het door haar

omhelsde geloof en het Griekse volk identificeerde was ijzingwekkend. Ik werd steeds benieuwder hoe die andere Britse bekeerlinge, Nikos' schoonzuster uit Wales, zou zijn. Later op de dag ging ik op zoek naar de winkel met de naam Parousia, waar Elisabeth haar uitstalling iconen stond af te stoffen. Terwijl ze een pot Engelse thee zette vroeg ze me een krukje bij te schuiven om een praatje te maken. Ze vertelde dat ze door tussenkomst van Tassos, haar man, tot het orthodoxe geloof was bekeerd, maar pas nadat ze allebei aan het boeddhisme hadden gesnuffeld. Ondanks Patmos' faam als Griekenlands heiligste eiland, was het niet zo eenvoudig geweest om openlijk van het Ware Geloof te getuigen, vertelde ze. De plaatselijke bevolking had niet kunnen begrijpen waarom zij en Tassos geen bars bezochten, zoals alle andere jonge mensen.

'We worden vervólgd,' zei ze, 'maar we houden voor ogen dat Christus heeft gezegd dat de mensen het je moeilijker zullen maken naarmate je beter probeert te zijn.' Even later kregen we gezelschap van een Schotse vakantieganger, een presbyteriaanse predikant uit Aberdeen. Er werd nog een pot thee gezet en nog een krukje bijgeschoven, en hij en Elisabeth raakten in een vriendschappelijke discussie over de oecumene verzeild. Terwijl hij benadrukte dat hij iconen kocht en orthodoxe theologie las omdat hij er heilig van overtuigd was dat alle christelijke Kerken 'vreselijk veel van elkaar kunnen leren', hield Elisabeth zich bij haar orthodoxe geschut: 'Nee. Wij hebben het Ware Geloof bewaard,' zei ze tegen hem, 'dus gaan we geen compromissen sluiten met Kerken die dat hebben losgelaten. We willen onze schat, de Waarheid, niet kwijtraken.'

'Maar denken jullie dan niet dat jullie dezelfde fout maken als de farizeeërs, Elisabeth?' zei de Schot, onderwijl zijn koekje in de thee soppend. 'Jullie weten vast nog wel dat ze het zo druk hadden met vasthouden aan uiterlijke vormen van het geloof dat ze de Messias niet herkenden toen hij kwam.'

Hoewel ze dezelfde taal spraken, lagen hun werelden mijlenver uiteen.

De winkel stond al vol avondklanten toen Elisabeths echtgenoot, Tassos, binnenstormde. Een stralende, gelukkig uitziende man, met heldere ogen en een gulle glimlach en al spoedig had hij zijn eigen kring bezoekers om zich heen – een groepje van drie jonge Atheense docenten, allemaal vrouwen, die hij met zachte hand terugleidde naar het Ware Geloof. Toen ik doorliep om boekenplanken met titels als *Orthodox Psychotherapy* en *A Night in the Desert of the Holy Mountain* nader te bekijken, hoorde ik toevallig hoe Tassos zijn gretige leerlingen eraan herinnerde dat de Byzantijnen zichzelf Romaioi hadden genoemd. Hij vertelde dat het de Franken – de Latijnse kruisvaarders uit 1204 – waren geweest die de naam Byzantium als eersten formeel hadden gebruikt, en dat het woord 'Byzantijns' daardoor zulke negatieve connotaties had gekregen. Tassos spoorde hen aan de waarheid en de roem van het rijk van de Romaioi opnieuw te ontdekken.

Toen ik naderhand voorzichtig wat informatie over de invloed van het klooster op het eiland van hem probeerde los te krijgen, bracht ik hem in verlegenheid.

'Als ik slechte dingen over de monniken daarboven hoor,' zei hij, plotseling fronsend, 'probeer ik eraan te denken dat het evangelie ons gebiedt naar de balk in ons eigen oog te kijken voordat we naar de splinter in dat van een ander zoeken...'

Over ogen gesproken: ik meende ook in die van hem een glimpje van het licht-van-Gods-liefde te ontwaren. 'Tassos,' onderbrak ik hem, 'zou jij jezelf als hesychast beschrijven?'

'Je maakt zeker een grapje!' Hij schaterde. 'Hoe zou ik een hesychast kunnen zijn terwijl ik elke dag dat gedoe en de zorgen om de winkel heb? De monniken op Athos zijn hesychasten, niet iemand zoals ik!'

Toen ik die avond in een *taverna* van een bord inktvis zat te smullen, dacht ik terug aan Tassos' terughoudendheid met betrekking tot het klooster en zijn bewoners. Hij was niet de eerste Patmioot die opmerkelijk behoedzaam was als het daarover ging. Een enkeling had gemopperd over de glanzende zwarte Mercedes-limousines met hun rode nummerborden, pronkend met de zilveren Byzantijnse tweekoppige adelaar, en over de hoeveelheid land die de monniken nog steeds bezaten, maar overal elders was ik op een muur van zwijgzaamheid gestuit.* De eigenlijke reden was dat het klooster weer is

* In mei 1999 werden de voormalige abt en twee monniken van het klooster van Sint-Johannes de Theoloog op Patmos door de patriarch van Constantinopel uit

geworden wat het in Byzantijnse tijden was: de kip die gouden eieren voor de Patmioten legt. Destijds waren de wonderbaarlijke relikwieën van Christodoulos die kip geweest. Op dit moment zouden de reusachtige cruisers, die net lang genoeg aanlegden om hun lading de heuvel op te laten zwoegen, en dan weer terug naar de haven voor een bliksemsnelle souvenirjacht en een maaltijd, wegblijven als het klooster zijn poorten sloot. Binnen de kortste keren zou Patmos weer de dorre woestenij zijn die het voor de komst van Christodoulos was geweest. Het verbod van het klooster op topless zonnebaden en nachtclubs is een bescheiden prijs voor je levensonderhoud. Van de scheepvaart kan niemand meer bestaan.

Maar er zat nog meer achter die terughoudendheid. Ik meende in de Patmioten nog wat sporen van het defensieve Griekse nationalisme van het late Byzantium te herkennen, het wantrouwen jegens het Westen en de mentaliteit van een stam die de gelederen om zijn Kerk sluit. Opnieuw werd ik me bewust van de onopgeloste identiteitscrisis waarmee de indrukwekkende, tweeledige erfenis – het hellenisme van de oude Grieken en het byzantinisme van de Romaioi – de harten van het Griekse volk heeft opgezadeld. Patrick Leigh Fermor noemde het 'the Helleno-Romaic Dilemma', het Helleens-Nieuw-Griekse dilemma, en rangschikte beider kenmerkende eigenschappen in parallelle kolommen. Over hun verschillende visies op de orthodoxie en de rest van de wereld schrijft hij:

	NIEUW-GRIEKS	HELLEENS
19	Zien Griekenland los van Europa.	Zien Griekenland als deel van Europa.
20	Zien Europa als het woongebied van de 'vreemde' Franken.	Europa is het woongebied van mede-Europeanen.

hun ambt ontzet. Ze worden ervan beschuldigd kloostereigendommen ter waarde van 3,5 miljard drachmen te hebben verduisterd en in vakantiehuizen te wonen die op land van de Kerk zijn gebouwd.

54	Geloof in miraculeuze eigenschappen van bepaalde iconen.	Verlicht ongeloof.
56	Onverschillig voor de ethische en mystieke inhoud van de godsdienst, maar bijna heidense betrokkenheid bij de orthodoxe Kerk als hoedster van de *Romiosyne* in moeilijke tijden.	Vergelijkbare onverschilligheid ten opzichte van de ethische en mystieke inhoud van de godsdienst, maar tolerant ten opzichte van de orthodoxe Kerk als symbool van het hellenisme.
57	Strikte inachtneming van religieuze vasten- en feestdagen en instinctieve, tribale vasthoudendheid aan uitwendige kenmerken van de orthodoxie.	Neiging ze te veronachtzamen, behalve Kerstmis en Pasen.
62	Heimwee naar het Byzantijnse Rijk.	Heimwee naar de tijd van Pericles.
64	De koepel van de Aya Sofia.	De zuilen van het Parthenon.[9]

De Grieks-orthodoxe Kerk is het machtige bolwerk van de traditie en de mentaliteit van de Romaioi – wat voor de hand ligt, omdat ze er tijdens de eeuwenlange Ottomaanse bezetting nauwlettend aan heeft vastgehouden. Leigh Fermor merkte op dat de Grieken het in de jaren zestig helemaal niet leuk vonden als er naar dit aspect van hun erfdeel werd verwezen, maar dat het nu weer helemaal in zwang is.

Als ik meer van het Griekenland van de Romaioi zou willen zien, zou ik naar het hart van Griekenland – de Peloponnesos – moeten gaan, waar de Turkse heerschappij het hardvochtigst is geweest en waar begin negentiende eeuw de belangrijkste veldslagen van de Griekse Onafhankelijkheidsoorlog tegen de Turken zijn geleverd. Maar voordat ik Patmos verliet, moest ik de tragikomische geschiedenis van een van de hoofdpersonen in die onafhankelijkheidsstrijd nog ontwarren: van de Patmioot Emmanuel Xanthos, wiens graf John Kritikos me bij onze eerste ontmoeting had aangewezen.

Xanthos was geen rijke Patmioot geweest. Hij had dan wel de school op Patmos bezocht, maar het huis waar hij als kind had gewoond was niet een van de witgekalkte koopmanshuizen en is daarom niet bewaard gebleven. Xanthos was gewoon een van de vele arme maar goed opgeleide jongemannen die bij het aanbreken van de negentiende eeuw de Griekse eilanden verlieten om hun geluk in Rusland te beproeven, want het ging Rusland voor de wind. Als opkomende macht in het Oosten, was Rusland het beloofde land en waren de tsaren in de ogen van de Grieken een soort zorgzame grote broers van de orthodoxe christenen op de Balkan, die nog steeds onder het Ottomaanse juk zuchtten.

Helaas hadden de Russen zich bij hun eerdere pogingen om Europa van de Ottomanen te bevrijden onbekwame redders getoond. Omstreeks 1760 had Catharina de Grote een leger naar de Peloponnesos gestuurd om de Grieken te bevrijden – en vervolgens moeten toezien hoe het door Ottomaans-Albanese troepen in de pan werd gehakt, en was een tweede poging ook op niets uitgelopen. Maar tegen de tijd dat Xanthos Patmos verliet om zijn geluk in Rusland te beproeven, waren die twee fiasco's allang vergeten. De toenmalige Grieken droomden van een nieuw Byzantijns rijk, geregeerd door Grieken, natuurlijk, en het zou niet alleen het moderne Griekenland maar ook Constantinopel, Klein-Azië en de rest van de orthodoxe Balkan omvatten. Die droom werd gevoed door een veel verkochte compilatie van oude en nieuwe profetieën, opgesteld door een Athosmonnik. Met name één profetie voorspelde dat 'een ras met geel haar, tezamen met zijn helpers, Ismaël zou overmeesteren'.[10] De Athosmonnik, en miljoenen Grieken met hem, raakten er steeds vaster van overtuigd dat de blonde Russen op het punt stonden Constantinopel voor hen te bevrijden.

De simpele waarheid dat tsaar Alexander I bij het zien van Napoleons poging om Europa te onderwerpen uit angst eieren voor zijn geld had gekozen en er eerder naar had gestreefd de keizerlijke status quo in Europa te handhaven dan het Byzantijnse Rijk van de Grieken te herstellen, schijnt mensen als Xanthos te zijn ontgaan. De man die tot en met de Griekse Onafhankelijkheidsoorlog als geestelijke aan de Britse ambassade in Constantinopel verbonden was geweest, had zich verbaasd over die Griekse aanleg voor zelfbedrog. 'Het is zeer opmerkelijk dat de Grieken in hun zucht naar vrijheid hun hoop uitsluitend op dát volk in Europa richten dat daar het meest vijandig tegenover staat...'[11] schreef hij. Hij had echter alleen maar wat boeken over Byzantium hoeven te raadplegen om te begrijpen dat daar niet zoveel opmerkelijks aan was. Als het om hun keizerrijk ging, waren de Grieken – net zoals vroeger in Byzantium – nog steeds sterk geneigd de werkelijkheid uit het oog te verliezen.

Xanthos zette koers naar de grote Griekse gemeenschap in de zuidelijke Russische havenstad Odessa, waar hij een simpel baantje vond als koopmansklerk en zich aansloot bij een vrijmetselaarsloge, zoals verlichte lieden destijds plachten te doen. Hier werd waarschijnlijk het plan geboren om een geheim genootschap ter bevrijding van Griekenland op te richten. Samen met twee landgenoten bedacht hij de meest uitvoerige initiatierituelen, codewoorden en hiërarchieën uit de geschiedenis van de geheime genootschappen. Het symbool van de Philiki Etaira, ofwel het Genootschap van Vrienden, was een tweetal vlaggen die als een Grieks kruis waren samengebonden. Op die vlaggen stonden de beginletters van de kreet 'Vrijheid of Dood'. Het genootschap zou vijf rangen kennen, besloten ze. Een Griek kon 'Geadopteerd Broeder' worden door in het holst van de nacht op zijn knieën te gaan liggen en te zweren de belangen van het vaderland te verdedigen, en ook zijn naaste of zijn liefste te doden als hij of zij die belangen zou verloochenen. Geadopteerde broeders mochten weten dat er een plan was om de situatie van de Grieken onder Ottomaanse heerschappij te verbeteren en konden elkaar herkennen door in hun gesprekken van tijd tot tijd de Albanese woorden voor 'sandaal' en 'pijp' te laten vallen. Degenen die tot de rang daarboven behoorden, de 'novieten', wisten dat er een revolutie ophanden was en markeerden hun brieven aan elkaar met de naam van de moeder van de geadresseerde. De 'Priesters van Eleusis' mochten weten dat de tijd voor de strijd nabij was en dat er hogere rangen waren om naar te streven. Als twee van hen elkaar ontmoetten moesten ze de gewrichten van twee vingers aan hun rechterhand laten knakken, hun armen over hun borst vouwen en in hun ogen wrijven. Zo'n honderd 'Prelaten' van het genootschap moesten zich allerlei onzin laten welgevallen: elkaar de rechterhand schudden en tegelijk hun hoofd op hun linkerhand laten rusten, over hun voorhoofd strijken en een hele litanie aan wachtwoorden opzeggen. Ze waren gemachtigd om te corresponderen met een geheimzinnige 'Archè', een supergeheim comité dat zichzelf vol trots wijsmaakte onder bescherming van een machtig iemand als tsaar Alexander I van Rusland zelf te staan.

Xanthos en zijn makkers maakten zich aanzienlijk minder druk over de beduidend minder amusante maar wel praktischere details van het eventuele verloop van een mogelijke oorlog tegen de Ottomanen, of hoe het daaruit voortkomende Griekse vaderland eruit zou zien. Maar goed, toen Xanthos een baan in Constantinopel kreeg en een van zijn vrienden werk vond in Moskou terwijl de andere in Odessa bleef, hadden ze aanknopingspunten voor een netwerk en begonnen ze in ernst met de recrutering. Al gauw sloeg Xanthos een grote vis aan de haak, een mede-Patmioot die patriarch van Alexandrië was geworden, plus een aantal Patmiotische kooplieden, die bereid waren munitie en voorraden te kopen en te vervoeren. Hij verkondigde zijn boodschap op de berg Athos en bewerkte de Peloponnesos, waar hij aartsbisschop Germanos van Patras wist te interesseren, degene die later het startsein tot de oorlog had gegeven door de vlag van de revolutie te laten wapperen van een klooster in de buurt van een hedendaags ski-oord. Servië's negentiende-eeuwse koning Karadjordje Petrović deed ook mee, maar meer dan de helft van de supporters van het genootschap bestond uit Griekse kooplieden en tien procent uit geestelijken, onder wie negen metropolieten, acht bisschoppen en tien archimandrieten. De recrutenjacht had opmerkelijk weinig succes bij de gewone Griekse boeren. Een westers opgeleide koopman of een intellectueel die werd bezield door een hoogdravend buitenlands begrip als 'natie' had maar weinig gemeen met een boer, behalve diens haat jegens de Turken. Volgens de berekeningen heeft het aantal leden van de Philiki Etaira de duizend nooit overschreden.

Alexanders zogenaamde beschermheerschap als lokaas gebruiken om invloedrijke nieuwe leden binnen te halen was allemaal goed en wel, maar het werd ook hoog tijd dat het genootschap een beroemd boegbeeld vond om de droom van de revolutie in werkelijkheid om te zetten. Tegen 1820 had Philiki Etaira de blikken van de keizerlijke hoogten van Alexander I afgewend en besloten dat de Russische minister van Buitenlandse Zaken, de van Corfu afkomstige Griekse graaf Ioannis Capodistrias, bijna even goed voldeed. Xanthos vertrok naar Sint Petersburg om hem over te halen en nam het indrukwekkende zegel van het genootschap mee, met Capodistrias' initialen al middenop gegraveerd, om hem een moreel zetje te geven.

Graaf Capodistrias wees het leiderschap van het genootschap meteen resoluut af, om de begrijpelijke reden dat hij in dienst was van een heerser over een ander land. Hij zei tegen Xanthos dat hij de Philiki Etaira veel geluk wenste, maar alleen als de leden een ander middel dan een gewelddadige revolutie zouden vinden om hun doel te bereiken. Xanthos schijnt zijn woorden – bewust of verblind door hoop – zodanig te hebben verdraaid dat het leek of het genootschap op Capodistrias' oprechte steun kon rekenen als het maar een andere vooraanstaande leider kon vinden. Wanhopig stroopte hij het winterse Sint Petersburg af, tot hij Alexandros Ypsilantis vond, een éénarmige Griekse generaal in het Russiche leger.

Ook Ypsilantis was een telg van een van de minstens tien fabelachtig rijke Griekse families die zich in de eeuwen na de val van Constantinopel onmisbaar hadden gemaakt voor de Ottomaanse heersers door op belangrijke momenten als bankiers en tolken op te treden en om beurten fantastische bedragen te betalen voor het voorrecht af en toe even op de tronen van de Donauvorstendommen te mogen zitten. Die kleine groep families had de aristocratie van het patriarchaat van Constantinopel gevormd, een rijk-binnen-een-rijk, en voor zichzelf oude Byzantijnse afstammingslijnen verzonnen. Onder de naam Fanarioten, omdat ze zich in het district Fanar in Constantinopel hadden gevestigd, dicht bij het patriarchaat, hadden ze door hun fabelachtige rijkdom al snel zeggenschap over de bezetting van de patriarchale troon gekregen. Zij waren ook de kampioenen van de verleidelijke droom over een herrezen Byzantium zoals die begin negentiende eeuw binnen handbereik leek. Iedereen kon zien dat Ottomaans Turkije de ten dode opgeschreven 'zieke man van Europa' was, zoals Nicolaas I van Rusland het ooit had uitgedrukt.

Alexandros Ypsilantis' vader had enige tijd op de troon van het Donauvorstendom Walachije gezeten, maar was door de Ottomanen terechtgesteld op verdenking van hulp aan de Servische opstand in

1804. Dat zijn romantische, eenarmige zoon de zaak van de Griekse onafhankelijkheid onder zijn hoede nam, kan best zijn ingegeven door het ongeduld waarmee die op Byzantiums wedergeboorte wachtte of, een andere mogelijkheid, door de wens om zijn vaders dood te wreken. Maar door zich Xanthos' eerbewijzen verheugd te laten welgevallen, legde hij ongeweten een staaf dynamiet onder de eeuwenlange, uiterst lucratieve en doorgaans vreedzame coëxistentie waar hele generaties Fanariotische families, zoals die van hemzelf, onder de Turken van hadden geprofiteerd. Graaf Capodistrias had hem uitdrukkelijk gewaarschuwd om op te passen voor 'miserabele koopmansklerken'[12] als Xanthos, maar desondanks besloot Ypsilantis een reeks gebeurtenissen in gang te zetten die de aangenaam corrupte maar nog altijd herkenbaar Byzantijns-Griekse wereld van de Kerk van Constantinopel en de Fanarioten op haar grondvesten zou doen schudden.

Xanthos, die de onmiskenbare tekenen dat de Philiki Etairia geen enkele hulp uit Rusland kon verwachten negeerde, benoemde Ypsilantis tot 'Algemeen Vertegenwoordiger van de Archè' en sprak hem als volgt toe: 'O, mijn vorst, God roept u op ons volk, het nieuwe Israël, voor te gaan naar het Land van Belofte. God geeft zijn zegen aan het leiderschap dat de natie u aanbiedt.'[13] Geen enkele Griek schijnt tegen zijn messiaanse toon te hebben geprotesteerd. De meesten hadden hun eeuwenoude religieuze vuur al aan het modieuze, door het Westen geïnspireerde begrip nationale bevrijding gekoppeld.

In maart 1821 hulde Ypsilantis zich in zijn Russische legeruniform en begon hij met nauwelijks twintig man aan de eerste fase van zijn queeste om de Balkan te bevrijden. Ze staken vanuit Zuid-Rusland de rivier de Prut over en kwamen in het naburige vorstendom Moldavië, waar ze nog een paar recruten oppikten. Voor zover er al sprake was van enig serieus plan, ging de Philiki Etairia ervan uit dat de Roemenen, die er net als elk ander orthodox volk op de Balkan schoon genoeg van hadden om Ottomaanse vazallen te zijn, zich enthousiast achter de revolutie zouden scharen om Griekenland te helpen bevrijden. Maar het was nooit tot hen doorgedrongen – of ze hadden de werkelijkheid omwille van hun dierbare mythe over het oude Byzantium genegeerd – dat de Roemenen minstens even weinig op hadden met de Grieks-Fanariotische overheersing als de Grieken met de Ottomaanse *Turcocratia.* Zoals iedereen in die zuidoostelijke uithoek van Europa, wilden destijds ook de Roemenen zichzelf besturen. In plaats van zich bij de revolutie van Ypsilantis aan te sluiten, keerden de Roemeense boeren zich tégen hem en begonnen een eigen revolutie tegen hun Fanariotisch-Griekse overheersers. Het werd een fiasco. Vier maanden later hadden Ypsilantis en zijn overgebleven manschappen hun toevlucht gezocht in een klooster in Walachije, waar ze drie weken lang zijn belegerd door Ottomaanse troepen. De Philiki Etairia zelf ging als een nachtkaars uit, maar niet de revolutie, die in de Peloponnesos pas goed vlamvatte.

De Peloponnesos

25 Maart 1998 was voor Griekenland Onafhankelijkheidsdag én het belangrijke orthodoxe feest van Maria-Boodschap, maar een sneeuwstorm zoals de noordelijke Peloponnesos sinds de Tweede Wereldoorlog niet meer had meegemaakt had de elektriciteitsvoorziening afgesneden en de bergspoorlijn plus alle wegen naar het ski-oord Kalavrita geblokkeerd.

Hele volkstammen Atheners die zich in felgekleurde skipakken voor een vrij weekend naar de dichtst bij de hoofdstad gelegen skipiste hadden gewaagd, werden teleurgesteld. Maar voor mij was het vooral jammer dat de feestelijkheden voor Onafhankelijkheidsdag in het hoog gelegen Aya Lavraklooster, een paar kilometer buiten de stad, drastisch moesten worden ingekort. Er zou geen openluchtvoorstelling zijn van het voorval dat als het startsein voor de tien jaar durende Griekse Onafhankelijkheidsoorlog op de Peloponnesos wordt beschouwd: aartsbisschop Germanos van Patras die de vlag van de revolutie hijst.

In plaats daarvan was er alleen de gebruikelijke plechtigheid in het klooster, dat een met warm kaarslicht beschenen toevlucht voor de sneeuwjacht bood. Midden in de overvolle kerk stond een soort ezel waarover de versleten linnen krijgsbanier van de opstand was gedrapeerd. Om dat heilige voorwerp geschaard, verhieven baardige priesters en leken, sommigen in het uniform van marine- of luchtmachtofficier, hun stemmen voor een emotionele vertolking van het schaamteloos oorlogszuchtige Griekse volkslied:

> Ik herken u aan het meedogenloze lemmet van uw zwaard;
> ik herken u aan de blik waarmee u de aarde meet.
> Vrijheid, ontsproten aan het heilige gebeente van de Grieken,
> even dapper als weleer, ik groet u, ik groet u!...[14]

Na de plechtigheid schreed de bisschop naar buiten, het gordijn van jachtsneeuw in, om samen met de in warme parka's geklede gelovigen te poseren voor de herdenkingsfoto. Vervolgens klom hij, met een glimlach en een zegenend gebaar voor iedereen, in zijn Mercedes en zoefde hij omlaag, net voordat de weg onbegaanbaar werd.

Aartsbisschop Germanos, de revolutionaire vlaghijser van bijna twee eeuwen geleden, was niet helemaal de held waartoe de Griekse geschiedenis hem had gebombardeerd. Een Britse bewonderaar van Griekenland – een van de honderden, onder wie ook Lord Byron, die zo begaan waren met de Griekse zaak dat ze zich bij de strijd tegen de Turken hadden aangesloten – had deze steunpilaar van Philiki Etairia beschreven als 'een zeer gewiekste kerel die zijn eigen belangen zorgvuldig behartigde'.[15] Germanos was zich kennelijk doodgeschrokken toen hij merkte dat zijn grootse gebaar bij het Aya Lavraklooster de opstand op de Peloponnesos had ontketend. En terecht: de gevolgen waren in Constantinopel bijna even direct merkbaar als op de Peloponnesos. De situatie leek aanvankelijk vooral pijnlijk, maar bleek vervolgens fataal voor de arme patriarch van Constantinopel, Gregorius v, die in de ogen van de sultan verantwoordelijk was voor de misdragingen van alle dertien miljoen orthodoxe christenen in het Ottomaanse Rijk. Patriarch Gregorius had het Ottomaanse Rijk waarschijnlijk graag vanzelf uit elkaar zien vallen om zo de weg vrij te maken voor een nieuw Byzantium, maar had niet van geweld gehouden en er al evenmin iets voor gevoeld om de toorn van de Turken over de Griekse minderheid in Klein-Azië af te roepen. Dus had hij, zodra hij over de opstand op de Peloponnesos had gehoord, de waarschuwing doen uitgaan dat elke Griek die meedeed onmiddellijk zou worden geëxcommuniceerd.

Die oude straf had inmiddels echter behoorlijk aan afschrikwekkendheid ingeboet en kwam hoe dan ook te laat. Het oostelijke deel van de Peloponnesos was toen al een orgie van massamoorden en het onder dwang dopen van Turken. De plaatselijke clerus, met name parochiepriesters die geen enkel voordeel van de Ottomaanse overheersing hadden gehad, hadden zich niet alleen door die bloeddorstige roes laten meeslepen maar zelf naar de wapens gegrepen en met veel succes de leiding genomen. Zij hadden de eerste helden van de revolutie geleverd. De meest bekende was een berucht heethoofd, archimandriet Papaphlessas genaamd, die zo meedogenloos had gevochten dat zelfs de Turken onder de indruk waren en wel hadden gewild dat hij aan hun kant had gestreden. Dan was er ook nog de diaken wiens onverschrokken woorden vlak voordat hij werd gespietst in de Griekse folklore terecht zijn gekomen. 'Weg jullie, met jullie geloof, jullie vuile taal, loop naar de hel! Ik ben als Griek geboren en zal als Griek sterven!'[16] zou hij gezegd hebben op het aanbod zijn leven te redden door zich tot de islam te bekeren. De helft van de zesduizend monniken op de berg Athos had de hesychia opgegeven om zich ook in de strijd te werpen. Het was een heilige oorlog tegen ongelovige Turken geweest, even heilig en rechtvaardig als de oorlogen van het oude Byzantium. Tot stomme verbazing van de westerse graecofielen, hadden de Griekse strijdkrachten op belangrijke kerkelijke feestdagen zelfs geweigerd te vechten.

Op een lentemiddag, tien dagen na het voorval bij het Aya Lavraklooster, was patriarch Gregorius in zijn mooiste ceremoniële gewaden in de patriarchale kerk van Sint-Georgius in Constantinopel voorgegaan in de paaszaterdagliturgie, toen Ottomaanse troepen zich een weg door de menigte hadden gebaand, hem hadden gegrepen en een strop om zijn nek gegooid. Als een lam dat naar de slachtbank wordt geleid, was de feitelijke heerser over alle orthodoxe christenen in het Ottomaanse Rijk naar de poort van het patriarchaat gesleept en aan de lateibalk opgeknoopt. Een broze oude man, die te weinig had gewogen om snel te sterven. Robert Walsh, de huispredikant van de Britse ambassade, had vol afschuw gezien hoe 'hij lange tijd vreselijk leed, en dat geen enkele vriendenhand dat durfde te bekorten, en dat het duister al was gevallen voordat zijn laatste stuiptrekkingen ophielden'.[17] Het in gouden feestgewaden gehulde lijk heeft daar nog drie dagen in de voorjaarszon gebungeld, zodat iedereen die door de poort wilde het opzij moest duwen. Nadat het eindelijk was losgesneden, werd het naar de haven gesleept, op een schip gelegd, verzwaard en overboord gegooid. Omdat het te licht was om te zinken, kwam het lijk van de oude Gregorius weer bovendrijven en werd het opgemerkt door een Griek die zich op een Russisch schip in de haven schuilhield. Hij viste het uit zee en liet het per schip over de Zwarte Zee naar Odessa brengen, waar de Griekse gemeenschap het een grootse begrafenis gaf. Gregorius' kostbare ambtsmedaillon vond uiteindelijk zijn weg naar het Westen, naar Patmos, waar het aan de kloosterschat werd toegevoegd. Dit gruwelijke voorval had de westerse machten – meer dan wat ook – doen besluiten om de Grieken te hulp te schieten.

De Ottomaanse jaknikker die als patriarch de plaats van de arme Gregorius innam, had zijn kudde verweten dat ze 'tot zo'n staat van zwakheid en razernij was vervallen, dat ze zich had durven omvormen tot een Etairia of Cabal tegen het onoverwinnelijke bewind dat iedereen altijd zonder onderscheid had bemind en gekoesterd'.[18] Maar er was geen houden meer aan geweest. Achtentwintig Peloponnesische bisschoppen en zo'n duizend priesters hadden hem voor Judas uitgescholden en een onafhankelijke Griekse Kerk uitgeroepen. Adamantios Korais, de grote man van de Griekse Verlichting, schreef: 'De geestelijkheid in de bevrijde gebieden van Griekenland hoeft het kerkelijk gezag van de patriarch van Constantinopel voortaan niet langer te erkennen.'[19] Toen de oorlog eenmaal voorbij was kostte het slechts zeven uren om de breuk in de vijftienhonderd jaar oude heilige band van de Grieken met hun Constantinopel officieel te verklaren. Daarna was de Grieks-orthodoxe Kerk onafhankelijk en autonoom en volgden de Serviërs, Bulgaren en Roemenen al snel haar voorbeeld.

Met steun van Groot-Brittannië, Frankrijk en Rusland, wier schepen de Ottomaans-Egyptische vloot in 1827 tijdens de zeeslag bij Navarino tot zinken hadden gebracht, werden de Turken ten slotte van de Peloponnesos verjaagd. De meeste Grieksgezinden waren diep teleurgesteld door de werkelijkheid die ze in Griekenland aantroffen. De Grieken waren natuurlijk geen natie van helden en goden, maar een dramatisch verdeeld volk. Er waren wat westers opgeleide romantici, volstrekt ongeschikt om oorlog te voeren of een staat te organiseren, een handvol onverschrokken vogelvrije krijgsheren die oorlogshelden werden, de Fanarioten en de hogere geestelijkheid, die het feit dat de Ottomaanse orde, die hen had bevoorrecht en gekoesterd, nu voorbij was alleen maar konden betreuren, er was de oorlogszuchtige lagere geestelijkheid, die haar eigen heilige oorlog had gevoerd, en ten slotte een hele massa uitgebuite boeren. De eerste categorie had met de andere drie niets gemeen, die van de tweede categorie keerden zich tegen elkaar en terroriseerden de boerenbevolking, terwijl de lagere geestelijkheid de oorlog aanwakkerde door de slachtingen te zegenen. Door het betreurenswaardige gebrek aan samenhang tussen mensen die alleen hun orthodoxe geloof gemeen hadden, ontaardden de Griekse oorlogsinspanningen tegen de Turken in een burgeroorlog. Die heeft zich zeven jaar lang voortgesleept.

Desondanks was de vreugde om de Turkse uittocht algemeen en hoopte iedereen vurig dat het gloednieuwe Griekse staatje zou voldoen aan de verheven idealen van zijn oude naamgenoot. In de kanselarijen van West-Europa werd stilzwijgend aangenomen dat die vijftienhonderdjarige Griekse geschiedenis – elfhonderd jaar Byzantium en nog eens vierhonderd jaar Byzantium zonder keizer, onder Ottomaanse heerschappij – maar beter kon worden vergeten. De aanvankelijk hooggespannen verwachtingen werden al snel de bodem ingeslagen. Toen de eerste Griekse president begin 1828 aan boord van een Brits oorlogsschip de haven van Nafplio binnenvoer, hadden twee rivaliserende krijgsheren zich in tegenover elkaar gelegen kastelen genesteld en vuurden ze kanonschoten op elkaar af.

De eerste president van onafhankelijk Griekenland was niemand minder dan graaf Capodistrias. In de elegante, door de Venetianen gebouwde stad die ter ere van de Romaioi oorspronkelijk Napolia di Romania had geheten, werd hij verwelkomd als Jezus Christus tijdens diens intocht in Jeruzalem, met vreugdeschoten en wuivende olijftakken.

Terwijl ik op het Venetiaanse, met marmer geplaveide stadsplein van de ochtendzon genoot en een welgedane priester – met de trots van een opgetuigd schip – op weg naar de bank zag langs schrijden, bedacht ik dat Nafplio een uitstekende keus als eerste hoofdstad van de nieuwe Griekse staat was geweest. Er stonden twee kastelen op de heuvels achter de stad, om zich bij een eventuele aanval in terug te trekken, maar verder wees alles op een beschaafd, vreedzaam bestaan, nergens een spoor van die weerzinwekkende Ottomanen. Het aantal elegante, Italiaans aandoende huizen dat voor ministeriële kantoren en woningen kon worden gevorderd was onuitputtelijk. Er was een ruim, met marmer geplaveid plein om 's avonds te flaneren, een respectabel aantal kerken om God te vereren en een drukke haven. Toen de priester met een map onder zijn arm naar buiten kwam en naar de overkant van het plein schreed, ritselde een briesje door de lentegroene blaadjes van de linde voor de bank. Uit de open deur van een café kwam het geluid van oude mannen die met hun blackgammonstenen op de formica tafels tikten. Na de kille grandeur van Sint Petersburg moet Nafplio in Capodistrias' ogen een onbeduidend provinciestadje zijn geweest, maar ik vond het heel charmant.

Capodistrias had een uitstekende start gemaakt door de twistzieke krijgsheren over te halen hun vesting in de heuvels te verlaten en zich voor een hoger doel in te zetten door hem als leider te erkennen. Maar meteen daarna ging zijn nieuwe carrière min of meer bergafwaarts. Capodistrias had iets tragisch, zowel in de algemene als de letterlijke betekenis van het woord. Hij leek van meet af aan naar de martelaarskroon te streven en heeft maar vijf jaar nodig gehad om er een in de wacht te slepen. Nadat hij de leden van de Philiki Etairia had aangeraden te wachten tot de Goddelijke Voorzienigheid het lot van de Griekse natie zou bepalen, had hij de uitnodiging om de eerste president van Griekenland te worden aanvaard in de stellige overtuiging dat diezelfde Goddelijke Voorzienigheid had verordend dat hij zijn land in het nu aangebroken uur van beproeving moest dienen. Bij aankomst schreef hij een Zwitserse vriend:

> Ik kan zonder overdrijven zeggen dat het vertrouwen dat iedereen, en vooral het gewone volk, me schenkt me in staat stelt de immense last die me elke dag weer wacht met een zekere innerlijke voldoening te dragen. En dat ik niet bezwijk komt natuurlijk doordat ik me door dat besef en door de bescherming van onze Verlosser gesterkt voel.[20]

Een bescheiden wit standbeeld op een plein om de hoek van het stedelijk busstation verraadt niets van de diepe orthodoxe religiositeit en de celibataire soberheid van deze man, en nog minder van zijn geheime droom om zich rustig terug te trekken op Corfu, zijn geboorte-eiland, en zich de rest van zijn leven in theologie te verdiepen. Als we alleen op dit standbeeld afgaan, was hij een van de vele radertjes in het machtige apparaat van het Russische keizerrijk. Die kleine, onberispelijk geklede man met zijn hoge voorhoofd, moet in zijn hoog dichtgeknoopte jacquet en met zijn wurgend hoge boord een tamelijk stijve indruk hebben gemaakt. Het allesbehalve veelbelovende materiaal waarmee hij aan de slag moest, gekoppeld aan zijn voorliefde voor een aantal bijzonder autoritaire aspecten van het staatsmanschap van de Russische keizer, lijken te hebben samengespannen om van Capodistrias een rampzalig slechte president te maken. Hij was onpraktisch en besluiteloos, maar beet zich wel vast in het protocol en in details. Dankzij zijn opleiding was hij een goed bureaucraat, hij stelde leerkrachten aan en ontwierp zelf hun curriculum. Hij bepaalde de namen van nieuwe straten en de ligging van rioolbuizen. Hij wantrouwde de Fanarioten uit Constantinopel, de westers opgeleide intellectuelen, de anarchistische krijgsheren en de hogere clerus, maar raakte steeds meer gesteld op de boeren, die hem liefkozend Barba Yanni, Ome Jan, noemden. Het ideale Griekenland waar hij naar streefde was een land dat werd bewoond door een soort pachters die zich bereidwillig onderwierpen aan de voor hem kenmerkende goedbedoelde maar paternalistische regels.

Capodistrias wilde, zoals een historicus het ooit heeft verwoord, 'een natie met een democratische maatschappij, maar geen democratische staat',[21] een wens die waarschijnlijk al vorm had gekregen in Rusland, waar de betrekkingen tussen de tsaren en het volk door zo'n zelfde soort geïdealiseerd egalitair paternalisme werden gekenmerkt. Alle volkeren in het Russische rijk waren kinderen van de tsaar, in zijn ogen allemaal even geliefd en hem allemaal evenveel dankbaarheid en gehoorzaamheid verschuldigd. En waar kwam dat model vandaan? Uit Byzantium, uit de met strenge hand geregeerde kloosters, die ernaar streefden de Hemel op Aarde beter te weerspiegelen dan het Byzantijnse Rijk ooit had gekund. In de ogen van de abt, die van allemaal dezelfde toewijding en gehoorzaamheid eiste, waren alle monniken in die miniatuurmaatschappijtjes gelijk. Bezit was altijd gemeenschappelijk en in hun armoede waren ze allemaal gelijk. Rusland leek na 1917 dan wel totaal veranderd, zonder door God aangestelde tsaar en zonder Kerk, maar al gauw werd duidelijk dat de fundamentele betrekkingen tussen Ruslands heersers en onderdanen absoluut niet veranderd waren. De nieuwe socialistische orde was precies even paternalistisch en egalitaristisch als de oude.

Zoals Vader Sava van Dečani me had verteld, was het zaad van de communistische ideologie in de traditioneel orthodoxe landen van het Oostblok op vruchtbare bodem gevallen. Het feit dat het communisme het oude christelijke ideaal van een gemeenschap waarin het individu wordt opgeofferd aan de behoeften van die gemeenschap, door onvoorwaardelijke gehoorzaamheid aan het allerhoogste gezag – dus aan de algemeen secretaris van de communistische partij, aan God, een abt of een keizer – is in al die landen buitengewoon goed aangeslagen. De aantrekkingskracht ervan was uiteraard minder sterk in de vanouds rooms-katholieke en protestantse lidstaten van het sovjetrijk – Tsjechoslowakije, Oost-Duitsland, Hongarije en Polen. Al die landen hebben minstens één keer blijk gegeven van heftig verzet tegen hun door de Sovjet-Unie opgedrongen regimes. Zelfs de rooms-katholieke Kroaten, die klem zaten in een communistisch Joegoslavië waar orthodoxe Serviërs het voor het zeggen hadden, hebben in de 'Kroatische Lente' van 1972 een protest laten horen.

Tijdens de Griekse burgeroorlog van 1947 tot 1949, is Griekenland vooral dankzij het ingrijpen van het Westen aan communistische overheersing ontsnapt. Maar op dit moment zijn vijf op de honderd Grieken, onder anderen Sarandi, de Patmiotische vuurwerkmaker, geneigd communistisch te stemmen. Het zou me niet verbazen als dat merkwaardige gegeven eerder te danken is aan een sluimerend Byzantijns-Grieks idee over hoe een ideale christelijke gemeenschap eruit zou moeten zien, dan aan respect voor de werkelijkheid die het sovjetcommunisme heeft geschapen.

Op westerse leest geschoeide democratie stond destijds, in 1820, niet hoog op Capodistrias' agenda, maar wat de expansiedrift van de kleine Griekse staat betreft, was hij het volkomen met zijn volk eens. De droom om een nieuw Byzantijns rijk te stichten was nog niet dood, al werd ze wel getemperd door de wetenschap dat de Slavische orthodoxen op de Balkan niet door Grieken wilden worden geregeerd. Dat was volkomen begrijpelijk, omdat het land destijds uit weinig meer dan de Peloponnesos bestond. In een brief aan het Britse ministerie van Koloniën betoogde hij dat Griekenland moest groeien omdat 'de Griekse natie uit mensen bestaat die na de val van Constantinopel altijd hun orthodoxe religie hebben beleden, de taal van hun vaderen zijn blijven spreken en onder de spirituele of wereldlijke jurisdictie van hun Kerk zijn gebleven...'[22] Griekenlands droom over het herscheppen van Byzantium, hun *Megali Idea*, bleef tot 1922 alle Grieken inspireren. In dat jaar hebben de Grieken, die met westerse hulp het Turkije van na de Eerste Wereldoorlog waren binnengetrokken en Constantinopel hadden terugveroverd, hun hand overspeeld door helemaal alleen naar Ankara op te trekken, waar ze door de strijdkrachten van Kemal Atatürk smadelijk werden verslagen. De Grieken in Klein-Azië werden gedwongen het land te ontvluchten dat een aantal van de eerste christelijke heiligen had voortgebracht. Die *Katastroph*, zoals de Grieken nog steeds zeggen, zou de doodsklok luiden voor de droom van een nieuw Byzantium. Het mislukken van de poging om Cyprus bij Griekenland te voegen en de Turkse bezetting van het noordelijke deel van het eiland in 1974, waren in feite een laatste nagel aan zijn doodkist.

Capodistrias had de Kerk een belangrijke rol in de nieuwe staat toebedacht. 'De eerste en meest essentiële zorg van de Griekse regering is het voorzien in godsdienstonderricht voor de hele natie,'[23] had hij, voordat hij in Nafplio aankwam, een vriend toevertrouwd. De lagere geestelijkheid verkeerde evenwel niet in de juiste conditie om leiding te kunnen geven aan het morele herstel van het land. Er waren in de oorlog zo'n zevenduizend geestelijken gedood en maar één op de honderd kon zijn eigen naam schrijven. 'Wat had de president kunnen doen om de clerus te hervormen, om de kwalen van die omvangrijke sector van de natie te genezen?' schreef zijn vriend en pleitbezorger Mustokidis. 'Als alle rotte plekken waren weggesneden, was er weinig overgebleven...'[24] Capodistrias reisde van tijd tot tijd door zijn door oorlog geteisterde domein om de voortgang van de werkzaamheden te inspecteren. Hij logeerde altijd bij bisschoppen of priesters en stond erop ze voor hun gastvrijheid te betalen. Als hij dat niet deed, luidde zijn scrupuleuze redenatie, zouden ze zodra hij weg was gegarandeerd een inzameling onder de dorpelingen houden. Theodoros Kolokotronis, de sterkste krijgsheer, verzekerde hem ervan dat de priesters sowieso een inzameling zouden houden zodra hij uit het zicht was.

Kolokotronis, wiens portret tegenwoordig een Grieks bankbiljet siert met een hogere waarde dan dat met Capodistrias' droeve beeltenis, heeft met Capodistrias samengewerkt totdat hij besefte dat die in het nieuwe Griekenland een geliefde oude Russische techniek voor het controleren van de bevolking had ingevoerd: een reusachtig netwerk van spionnen en informanten. Persoonlijke post werd geopend en de pers gecensureerd. Omdat Capodistrias nauwelijks oog had voor Griekenlands tweeledige, zowel hellenistische als Byzantijnse aard, accepteerde hij niet dat het nieuwe Griekenland eerder inspiratie zocht bij het eigen Parthenon dan bij Moskou. Een andere vrijheidsstrijder en oorlogsheld, generaal Makrigiannis, heeft hem gewaarschuwd dat de Byzantijns-Russische aanpak misschien wel geschikt was voor de Russen, maar door de vrijheidslievende Grieken niet zou worden gepikt: '... die vrijheid, meneer de President, hebben we niet in de goot gevonden, en we zullen niet zonder slag of stoot in de eierschaal teruggaan, want we zijn geen bange kuikens die je weg kunt sturen: we zijn vogels geworden en blijven waar we zijn',[25] zei hij. Een derde krijgsheer gaf opdracht tot de moord op Capodistrias in 1831.

Op de frisse, zonnige ochtend van 27 september 1831, stond Capodistrias om zes uur op van achter zijn bureau, waar hij al een uur had zitten werken, deed zijn jas met twee rijen zilveren knopen aan, pakte zijn hoed en zijn stok en ging op weg naar de Sint-Spyridonkerk, in een van de mooiste en rustigste straten van Nafplio, om er de vroegmis bij te wonen. Hij was gewaarschuwd dat zijn vijanden tegen hem samenspanden, maar had gezegd: 'Maakt u geen zorgen. De Heilige Voorzienigheid waakt over het leven van de leider van Griekenland.'[26] Hij moet de twee jongemannen die bij de kerkdeur op de uitkijk stonden herkend hebben als broers van de derde krijgsheer, Mavromichalis, die in een van de kastelen van Nafplio achter de tralies wegkwijnde. Hij heeft hun bedoeling waarschijnlijk wel geraden, vooral omdat een van hen zijn rechterhand onder zijn jas hield. Maar in plaats van zich uit de voeten te maken, groette hij hen minzaam, waarop zij eerbiedig hun rode petten voor hem afnamen. Toen hij bij het binnengaan van de kerk zijn eigen hoge hoed afzette, schoot de een hem neer en stak de ander hem met zijn mes.

De president lag op de drempel en blies al bijna zijn laatste adem uit toen er een handgemeen ontstond tussen zijn lijfwachten en de moordenaars, van wie er een in zijn been was geschoten en door de menigte werd gelyncht. 'Maak me niet te schande, jongens! Steek liever een kaars aan bij de kerkdeur. Hela! Is er geen *palikari* die me het genadeschot wil geven?'[27] kreunde hij. De meeste Grieken, vooral de boeren die zo van hun heilige Barba Yanni hadden gehouden, verafschuwden de moord, maar de intellectuelen en de vrijheidsstrijders verhieven de moordenaars tot helden.

Griekenland was nog steeds hopeloos onsamenhangend toen de Europese grootmachten in 1833 overeenkwamen het zestienjarige Beierse prinsje Otto op een nieuwe Griekse troon te zetten. Tot woede van de Russen en de Grieken weigerde hij zijn nieuwe onderdanen te verplichten zich tot het rooms-katholicisme of de orthodoxie te bekeren, en nam als klap op de vuurpijl een protestantse vrouw. Een triumviraat van Duitse ministers trad op als zijn regenten en een van hen, Gheorghe Maurer, nam de taak op zich ook de laatste sporen van de vroegere macht van de Kerk uit te wissen. Hij was degene die de Griekse Kerk aanspoorde om de band met het patriarchaat van Constantinopel te verbreken, omdat hij niet wilde dat Rusland de universele orthodoxie zou gebruiken als middel om Griekenland te controleren. Vervolgens stelde hij een Heilige Synode van door de regering benoemde leden aan om de Griekse Kerk te besturen. Zich er terdege van bewust dat het hevigste verzet tegen kerkelijke hervormingen van de kloosters zou komen, zoals dat in Byzantijnse tijden altijd was gebeurd, richtte hij dáár zijn aandacht op. Omdat hij merkte dat de monniken een gevaarlijk invloedrijke lobby vóór orthodox Rusland op de been hadden gebracht, op een politiek podium waar partijen als 'Britsgezinden', 'Fransgezinden' en 'Russischgezinden' hun partijtje meebliezen, bepaalde hij dat elk klooster met minder dan zes monniken of minder dan dertig nonnen moest worden opgeheven. In 1833 werden 412 kloosters gesloten. Begin 1840 had Griekenland nog maar 128 mannen- en drie vrouwenkloosters. Er hadden geen luide protesten geklonken. De bittere herinneringen aan de vierhonderdjarige collaboratie van de kerkelijke hiërarchie met de Ottomanen overschaduwden de kersverse herinneringen aan de onmisbare bijdrage van de lagere clerus aan de oorlogsinspanningen. Het enthousiasme voor alles wat het oude Griekenland betrof, en voor alles wat modern en westers was, vierde hoogtij. Kloosters leken tot een duister, naargeestig tijdperk te behoren, en het laatste te zijn dat het nieuwe Griekenland nodig had.

De kleine witte Sint-Spyridonkerk, het toneel van de moord op Capodistrias, staat er nog, met het kogelgat, in brons gevat en beschermd achter glas, pal rechts naast de deur. Ik ging naar binnen, stak een kaars op en las een briefje waarop stond dat een plaatselijke archimandriet die avond een lezing zou geven in een zaal bij het busstation.

Ik had een handvol belangstellenden verwacht, maar het was er vol, overvol, met zo'n vijfhonderd uiterst achtenswaardig uitziende inwoners van Nafplio, allemaal – jong en oud – in hun zondagse kleren, alsof het een kerkdienst betrof. Er heerste een opgewonden stemming toen de roodgebaarde jonge geestelijke het spreekgestoelte betrad, waar hij zijn lezing niet zozeer uitsprak alswel voordroeg. De naam Capodistrias viel.

'Capodistrias was de oorspronkelijke "spirituele mens", zoals die door de Kerk is beschreven en gedefinieerd. Een "spiritueel mens" moet wel lijden onder de wereld waarin hij leeft. Capodistrias móést dan ook gedood worden, juist omdat hij een "spiritueel mens" was,' vertelde hij zijn verrukte toehoorders.

Capodistrias' arrogantie, zijn geheime politie en zijn chronische inefficiëntie zijn allemaal vergeten en er is een nieuwe mythe in de maak, dacht ik. De Grieks-orthodoxe Kerk heeft Griekenlands eerste heerser een nieuwe verpakking gegeven: de volmaakte orthodoxe christen die zich voor zijn volk heeft opgeofferd, precies zoals Christus zich voor de mensheid had geofferd. In eerste instantie overwint het kwade altijd het goede, een goed mens krijgt zijn beloning altijd pas in de hemel en niet op aarde, en lijden maakt iemand heilig.

Toen ik door de donkere stad naar mijn hotel terugliep, dacht ik aan vorst Lazar op de vooravond van de veldslag bij Kosovo, hoe de Servische Kerk ook zijn mythe een nieuwe verpakking had gegeven, en aan Gorans deprimerende verzekering dat Milošević' opruiende taal Servië zowel heiligen als oorlogsmisdadigers had opgeleverd.

Athene

NEE TEGEN 666! meldde de blauwe graffiti op de betonnen balustrade naast de lelijke snelweg die de Peloponnesos met Athene verbindt.

Eindelijk was ik achter de hedendaagse betekenis van dat stomme protest, dat me bij elke stap op mijn tocht door Griekenland achtervolgde. In het Pantanassaklooster in het centrum van de verwoeste Byzantijnse stad Mistra, het hartje van de bergachtige Peloponnesos, was ik een jonge non tegengekomen, zuster Agnes, die me, toen ze klaar was met het begieten van de geraniums op de binnenplaats van het klooster, had meegenomen naar een donkere spreekkamer vol portretfoto's van voormalige abdissen, daar een kast open had gedaan om wat brokken mierzoete *loukoumi* te pakken, en vervolgens op een harde bank was gaan zitten om met me te praten.

Op mijn vraag of ze me de 666 graffiti kon uitleggen, had ze de wenkbrauwen gefronst en geknikt.

'Hoe heet die stad in Holland ook alweer, waar ze dat vreselijke plan hebben bedacht om iedereen in de Europese Gemeenschap in een reuzencomputer op te slaan? ... O ja... Schengen. Wel, in het boek Openbaring staat dat het teken van het Beest 666 is en dat er tegen het eind van de wereld een tijd zal aanbreken dat niemand zonder dat teken zal kunnen kopen of verkopen. Nou, met het verdrag van Schengen is die tijd aangebroken. Dankzij die reuzencomputer zal iedereen een identiteitsbewijs met een streepjescode krijgen. Het ergste is nog dat in de streepjescode van de Grieken het nummer 666 zit.'

'O, is dat het...'

Ik herinnerde me wat Goran me ooit over een kluizenaar had verteld die hij op de berg Athos had ontmoet. Goran was bij de hut van de heilige man aangekomen met een trommeltje Duitse koekjes en had met lede ogen moeten aanzien hoe de man het cadeautje nauwelijks had bekeken maar naar buiten was gelopen om het op een soort vuilnishoop te gooien. Het wás ook een vuilnishoop, had hij Goran verteld, eentje die speciaal gereserveerd was voor alle spullen met satanische streepjescodes die hij ooit had gekregen.

Zuster Agnes had gevraagd: 'U heeft toch wel gehoord van die nieuwe technologie, die erop neerkomt dat ieders kenmerken als microchip in zijn handen worden geïmplanteerd?' Ze had in een stapel boeken en papieren op tafel gerommeld. 'Hier is het,' had ze gezegd terwijl ze een gekreukt, slecht gedrukt blaadje met op één hoek een afbeelding van een streepjescode te voorschijn had gehaald. 'Dit zal alles duidelijk maken. U mag het houden.'

Het materiaal was niet zo verhelderend geweest als ik had gehoopt. Voor zover ik er iets uit op had kunnen maken, was het vooral bedoeld om orthodoxe gelovigen te waarschuwen geen elektronische pasjes of geïmplanteerde microchips te gebruiken, omdat je na het gebruik ervan 'niet meer in staat bent weerstand te bieden aan de verlokkingen van de satanische magie van de antichrist, en uiteindelijk wordt verdoemd tot het helse vuur'. De schrijver was een priester.

De mensenmassa's in Athene en de luidruchtig demonstrerende werknemers van Olympic Airways voor het parlementsgebouw waren moeilijk te verdragen na de intense stilte van Mistra en de spookachtige rust van de Peloponnesos. Maar het was volop lente, over de bomen hing een doorschijnend groen waas en de terrassen zaten stampvol.

Ik nam mijn intrek in een hotel in de stad, dicht bij de kathedraal. Het was er rustig, misschien omdat alle winkels langs de smalle zijstraatjes die op het plein voor de kathedraal uitkwamen vol *ekklesiastika* lagen – kerkspullen: iconen, meubilair, lampen, boeken, kruisen, gewaden, lezenaars en wierookvaten. Ik bracht uren op het plein door, zittend op een terras onder een linde, kijkend naar langs schrijdende of strompelende priesters. Soms speelden er wat luidruchtige kinderen krijgertje om een standbeeld van aartsbisschop Damaskinos, de geestelijke die na de Tweede Wereldoorlog een tijdje over Griekenland had geregeerd en door Winston Churchill was getypeerd als een 'sluwe middeleeuwse prelaat'.

Op een ochtend liep ik bij de receptie van het hotel twee jonge Roemeense nonnen tegen het lijf, allebei bescheiden, ernstig en van een ingetogen schoonheid met hun zwarte pillboxhoedjes en sluiers.

Ze vertelden dat ze van plan waren geweest naar Thessaloniki in het noorden te reizen en een boottocht om de berg Athos te maken, maar jammer genoeg door hun geld heen waren. Met de verzekering dat ze daar niet veel aan misten, nodigde ik hen uit voor een kopje koffie in mijn favoriete café, en met ons drieën liepen we naar het plein voor de kathedraal.

Ze waren al een maand in Athene en hadden zich verder bekwaamd in het schilderen van iconen, vertelden ze, maar nu wilden ze weer graag naar huis, want ze waren diep teleurgesteld, ja zelfs geschokt door de wereldsgezindheid van de Griekse Kerk.

'Echt waar, we hadden zoveel meer verwacht. Griekenland is tenslotte de moederkerk,' zei een van de twee met argeloze maar verontruste ogen achter haar stalen brilletje, 'maar nu moeten we wel geloven dat Roemenië in spiritueel opzicht verder is.'

Ik verheugde me er al op dat ik in de herfst naar het spirituele Roemenië zou reizen, maar de twee nonnen hadden met allerlei verhuizende kloosters te kampen en konden niet zeggen waar ze tegen die tijd zouden zijn.

Op weer een andere stralende ochtend was ik langdurig in een café in het Plakadistrict blijven zitten, met een prachtig uitzicht op zowel de Acropolis als een door bomen overschaduwde roodbakstenen Byzantijnse kerk met een schitterend versierd dak. Plotseling was de vraag bij me opgekomen welke Griekse traditie in de volgende eeuw de overhand zou krijgen: de westerse, die van meet af aan bij de Griekse oudheid in het krijt staat, of de Byzantijnse. Ik had de indruk dat ze elkaar wederzijds in toenemende mate uitsloten. Maar misschien ook niet. De manier waarop jonge Griekse mannen op motoren de moeite namen een kruisje te slaan als ze langs dat kleine kerkje raasden, hun Amerikaanse rock-star T-shirts achter hen opbollend als omgekeerde spinnakers, sprak me wel aan. Ik was onder de indruk geweest van het levendige schouwspel dat ik die avond in de Sint-Dimitrikathedraal in Thessaloniki had gezien, en ook van de mix van rijke Atheners en plaatselijke bewoners in die paasnacht in het klooster op Patmos. Aan de andere kant leken 666 en het verdrag van Schengen, dat de monniken van Athos, vader Symeon en zuster Agnes zoveel zorgen baarde, onheilspellende voortekens van een ophanden zijnde botsing.

Misschien zag ik overal leeuwen en beren, maar ik was er niet gerust op. In de Engelstalige *Athens News* stond die ochtend een verbazingwekkend verhaal. De Griekse terroristische 17-november-organisatie, razend genoeg op 'het Amerikaanse imperialisme en internationalisme' om sinds 1975 tweeëntwintig mensen, onder wie een CIA-kopstuk, te hebben vermoord, had haar activiteiten opgevoerd tot vijf aanslagen in de laatste drie maanden. Het laatste manifest van de groep, dat de Verenigde Staten ervan beschuldigde het Griekse nationalisme te demoniseren, had geopend met de verbluffende overeenkomst tussen de eis van een vijftiende-eeuwse rooms-katholieke paus dat Byzantium zich aan Rome moest onderwerpen en de arrogante aanspraak op suprematie van het huidige Amerika.

Op een rustige zatermiddag was ik de verstikkende *nefos* van Athenes centrum ontvlucht en de heuvels ingetrokken, naar de ruim opgezette voorsteden, waar de lucht zuiverder is en de huizen dientengevolge witter zijn, om een Servische vriend van Bogdan op te zoeken die in Athene een postdoctorale theologiestudie volgde. Mladen en ik zaten al een poosje over zijn vaderland te praten toen hij westerse journalisten ervan begon te beschuldigen leugens over de oorlog in Bosnië te schrijven.

'Ik denk dat het Westen probeert ons de geschiedenis te doen vergeten,' zei hij, 'maar hoe zouden we dat ooit kunnen? De bijbel is ook geschiedenis, dus betekent het dat we ons geloof zouden moeten vergeten. Dat is vreselijk, want onze godsdienst is het enige wat ons tot Serviërs maakt! Jullie, westerse journalisten, wisten natuurlijk niets van ons af toen de oorlog begon. Jullie moesten de geschiedenis van de Eerste Wereldoorlog nakijken om te zien wie we waren!'

Ik vroeg hem of hij de Griekse maatschappij orthodoxer vond dan de Servische.

'Griekenland probeert oprecht om een soort harmonie tussen Kerk en staat te bereiken, net zoals in Byzantium. Maar het werkt niet. De staat krijgt de overhand. Ik zal je eens iets vertellen: steeds meer mensen – in alle orthodoxe landen – praten over het opnieuw in het leven roepen van een Byzantijns rijk, om die westerse secularisatie voorgoed een halt toe te roepen.'

'Echt waar? Wat voor mensen dan?' vroeg ik, uitermate geïnteresseerd. Ik wist dat Servië's bekendste hedendaagse romanschrijver,

Milorad Pavić, zichzelf als de laatste der Byzantijnen zag. In 1991 had hij in een kranteninterview geklaagd: 'We hebben alle banden met onze wortels, met onze beschaving, met de Grieken, met de Roemenen, en in het communistische tijdperk ook met orthodox Rusland, verbroken...'[28]

Een jaar of wat later had een vooraanstaande Russische intellectueel opgemerkt dat 'de volkeren van het post-Byzantijnse gebied geopolitiek gezien altijd een continent tussen Oost en West hebben gevormd'.[29] Het leek me boeiend een neo-Byzantijnse Griek te ontmoeten en Mladen was kennelijk bereid me te helpen.

'Mijn professor theologie in Athene, Vader Giorgios Metallinos is er een. Je moet hem beslist ontmoeten, hij heeft veel invloed, doet altijd mee met discussieprogramma's op de radio en de tv. Als je iets over dat 666-gedoe wilt weten kan hij het je wel uitleggen, want hij is heel actief bij het protest betrokken geweest. Maar hij heeft het erg druk. Je kunt hem het beste na halfelf 's avonds bellen.'

De week daarop vond Vader Giorgios in zijn overvolle agenda een klein gaatje voor me. Hij zei dat hij een halfuur voor me uit kon trekken als ik de volgende dag precies om halfzeven 's avonds naar hem toe kwam, in de kerk van de medische faculteit van de universiteit van Athene, recht tegenover het stedelijke kinderziekenhuis. Ik nam een taxi maar kwam bijna te laat, en niet vanwege het drukke verkeer. In mijn ogen waren Atheense taxichauffeurs de onwaarschijnlijke beoefenaars van het oorspronkelijk door de Kerk uitgedragen egalitarisme. Ze pikken je wel op, maar stoppen vervolgens voor iedereen die een hand opsteekt. Als de bestemming van zo iemand ook maar enigszins in dezelfde richting ligt, nemen ze hem mee en maken desnoods een enorme omweg, ongeacht de tijd die dat kost.

Vader Giorgios was een soort krachtcentrale, bruisend van energie. We streken neer in het donkere, met iconen volgepropte kantoortje dat bij de faculteitskerk hoorde. Ik hoefde Byzantium maar één keer te noemen of hij barstte los.

'Gebruik die naam alstublieft niet,' onderbrak hij me, 'vóór Karel de Grote was Europa één. Je had het Oost-Romeinse Rijk dat bekend stond als Roemenië en de bevolking als Romaioi. Daarom is Byzantiums ware naam Roemenië. Als je de oude Donauvorstendommen

Walachije en Moldavië Roemenië noemt, is dat eigenlijk net zoiets als wanneer Californië zichzelf de Verenigde Staten zou noemen!'

'Ja Vader, maar hoe zit het dan met het schisma?' kwam ik er snel tussen, omdat ik merkte dat hij de scheuring tussen Oost en West ruim 250 jaar voor 1054 dateerde, dus in 800, toen de paus Karel de Grote tot keizer had gekroond.

'Dat was de tragedie die het Roemeense Rijk tussen de negende en de elfde eeuw overkwam, natuurlijk. Op dit moment proberen sommigen opnieuw tot een verenigd Europa te komen, maar dat is een Frankisch-Teutoons rijk. Dát willen we niet, en tussen haakjes, ik mag jullie Engelsen alleen zo graag omdat jullie in dat verenigde Europa niet met de Duitsers en de Fransen heulen. Wij orthodoxen kunnen niet met die plannen instemmen, omdat het Westen het Griekse aandeel aan de beschaving kwijt is, het theologische inzicht dat de basis vormt van elke beschaving...'

'Juist ja...'

'... en al die politieke en theologische problemen waar wij – het oosterse en het westerse christendom – tegenwoordig mee te kampen hebben, zijn terug te voeren op het feit dat het Westen het zonder die christelijke beschaving moet stellen. Ik heb aan heel wat oecumenische conferenties deelgenomen en ik constateer dat Oost en West zo ver van elkaar afstaan dat we verschillende talen spreken. Wij hebben twee woorden voor kerk – *kyriakon*, wat betekent dat iets aan de Heer toebehoort, en *ekklesia*, het lichaam van de christelijke gemeenschap, van allen die met de Heilige Geest zijn gedoopt. In het Westen is de Kerk een gebouw of een instituut, een genootschap. Hier, nog een voorbeeld. In het Oosten betekent verlicht vervuld van Gods Geest. In het Westen betekent het dat je ontwikkeld bent!'

Ik bedacht dat op die hedendaagse oecumenische conferenties nog precies dezelfde botten werden afgekloven als op de concilies van de jonge Kerk en het concilie van Florence in 1438. Ik wilde hem naar 'het teken van het Beest' vragen, maar hij had al een nieuw en minstens even boeiend onderwerp bij de horens.

'Een zekere Huntington heeft geschreven dat de orthodoxe cultuur losstaat van het Westen. Kent u zijn boek? *The Clash of Civilisations and the Remaking of World Order*?

Jazeker. Ik had met veel belangstelling gelezen hoe professor Samuel Huntington mijn vermoeden dat de orthodoxe landen in Europa dankzij hun orthodoxe cultuur een wereld op zich vormen, volstrekt anders dan de westerse, met argumenten onderbouwde. Zijn redenatie dat de oorlogen van de nabije toekomst eerder over grenzen tussen beschavingen dan over nationale, ideologische of economische grenzen zouden gaan, klonk erg overtuigend.

'Die man wil de orthodoxie los zien van de Europese traditie. We weten dat onze orthodoxie ons een ideaal voorhoudt dat bijzonder moeilijk na te leven is, maar West-Europa moet daar wel naar streven, want de orthodoxie is de basis van het christendom. Een voorbeeld van ons ideaal kunt u in de Coenobitische Regel van een orthodox klooster vinden.'

Maar het Griekenland van Capodistrias, het Rusland van voor 1917 en de Sovjet-Unie hadden dat voorbeeld gevolgd, een democratische maatschappij zonder een democratische staat, en het was mislukt, dacht ik. 'En de hesychastische traditie, Vader Giorgios?' vroeg ik snel, me bewust dat mijn tijd bijna om was.

Hij greep de nieuwe uitdaging met beide handen aan. 'Wij Grieken hebben die traditie de laatste vijftig jaar herontdekt, goddank! We laten heel de westerse scholastieke traditie voor wat ze is en keren terug naar de leer van de kerkvaders. De verlossing kan nooit van de scholastieke theologie komen!'

Ik begon te begrijpen dat hesychasme in handen van een orthodox Europa dat zich van een veilige plaats naast de rest van het continent probeert te verzekeren, een soort tweesnijdend zwaard is. Enerzijds is het de schatkamer van de taaie, spirituele vitaliteit van de orthodoxie en een machtig middel om westerlingen voor die orthodoxie te interesseren. Maar omdat juist dat aspect van de orthodoxie het verst van de westerse leefwijze afstaat, heeft het aan de andere kant de afkeer van de orthodoxie van alles wat westers is alleen maar aangescherpt en is het een splijtzwam geworden...

Vader Giorgios bereed alweer een ander stokpaardje. 'Het Russische communisme was natuurlijk geen echt communisme. Het kwam in 1917 naar Rusland met Lenin, die door de Duitse keizer was gestuurd om het echte, op orthodoxe leest geschoeide communisme uit te schakelen.'

'O ja? Ik dacht dat de Kaiser Lenin op de trein naar Sint Petersburg had gezet omdat hij Rusland uit de Eerste Wereldoorlog weg wilde hebben, zodat Duitsland niet meer op twee fronten tegelijk hoefde te vechten.'

'Welnee! Lenins echte opdracht was het vernietigen van de orthodoxie. Dat is de mening van allerlei mensen in de orthodoxe wereld, niet alleen de mijne. Nu moet ik weg, want de kerkdienst begint. U heeft precies vijfenveertig minuten gehad.' Hij grinnikte, met een blik op zijn horloge. 'Als er verder nog iets is kunt u me schrijven.' Hij krabbelde zijn e-mailadres in mijn aantekeningenboekje.

De volgende dag zocht ik Vader Giorgios voor de deuren van de metropolitaanse kathedraal van Athene, maar kon hem niet vinden tussen de menigte geestelijken die voor de staatsbegrafenis van het hoofd van de Grieks-orthodoxe Kerk, aartsbisschop Serapheim, allemaal in identieke, golvende witte gewaden waren gekleed.

Serapheim had de laatste twee jaar van zijn vierentwintigjarige bewind gesukkeld, zodat zijn dood op zijn vijfentachtigste niet onverwacht kwam. Zijn dood betekende dan ook een opluchting voor het handjevol ambitieuze bisschoppen dat het had gewaagd te suggereren dat hij misschien wel zou willen aftreden, en ook voor een grote groep leken, die hadden gevreesd dat hij niet tegen de uitdagingen van de moderne wereld was opgewassen. Maar Serapheim was altijd 'een vechtersbaas' geweest, zoals Karamanlis, de eveneens op sterven na dode voormalige president van Griekenland, had gezegd toen hij hoorde dat de prelaat was overleden. Als jong priester had hij zich in het door de nazi's bezette Griekenland bij een van de Griekse verzetsbewegingen aangesloten en de leden ervan geestelijke bijstand verleend, hun vlaggen gezegend en zelfs als guerrillero in de bergen gevochten. Dus had hij vijftig jaar later op zijn sterfbed, tot op het laatst strijdlustig, geweigerd om af te treden en die vermetele bisschoppen woedend met 'gieren' vergeleken.

De Griekse staat had hij echter altijd heel wat diplomatieker aangepakt, en eerste minister Papandreou, die de Kerk van haar enorme bezittingen had willen beroven, had hij tot bijzonder gunstige compromissen weten te verleiden door in te stemmen met de telkens weer uitgestelde invoering van het burgerlijk huwelijk, waarbij hem tegelijkertijd was verzekerd dat kerkelijke huwelijken dezelfde geldigheid zou behouden en dat de Kerk op een behoorlijke mate van autonomie mocht rekenen, en dat allemaal zonder politici in het harnas te jagen. Hij kon rekenen op een staatsbegrafenis met alles erop en eraan, en een uitvaartstoet die lang genoeg was om te garanderen dat er midden op een doordeweekse dag een paar uur lang geen verkeer door het hart van Athene zou razen.

Langs de weg vanaf de kathedraal waar de begrafenisstoet langs moest komen, waren kaarsrechte rijen paratroopers, mariniers en soldaten in volledige uitrusting opgesteld, die urenlang in de hete voorjaarszon stonden te stoven. Somber klokgelui kondigde het einde van de kerkelijke plechtigheid aan en het verschijnen van een groepje geestelijken, gevolgd door een schitterende menigte van meer dan vijftig bisschoppen, de meesten oud en gebogen onder het gewicht van hun diepblauwe, bordeauxrode, witte en goudkleurige gewaden van fluweel of satijn en zware, met iconen en juwelen opgeluisterde mitra's en vergulde bisschopsstaven. Ze schreden naderbij als de hoogste generaals van de zoveelste indrukwekkende afdeling van de Griekse strijdmacht, tot ze eindelijk op mijn hoogte waren en ik ontdekte dat het niet allemaal zo verheven was als uit de verte had geleken. Een bejaarde bisschop liep tegen een andere te mopperen dat die onfatsoenlijk hard liep. Weer een andere hing zijn brokaten stola recht, omdat hij over de kwasten dreigde te struikelen, en een volgende strompelde voorwaarts met zijn mitra scheef op zijn hoofd, terwijl hij probeerde zijn bezwete voorhoofd te betten zonder zijn greep op zijn staf te verliezen. Ik herinnerde me dat ik had gelezen over een westerse buitenstaander die naar een Byzantijnse processie had staan kijken en net als ik was getroffen door de kloof tussen het verheven ideaal en de platvloerse werkelijkheid.

Bij het naderen van de in camouflagekleuren geschilderde vrachtwagen die een moderne affuit met de open kist erop voorttrok, bogen de omstanders het hoofd en sloegen ze een kruis. De dode 'vechtersbaas' en aartsbisschop – een plukje van zijn zilverkleurige baard en het puntje van zijn scherpe witte neus transparant in de middagzon en net zichtbaar boven de rand van de kist – gleed langs de lelijke naoorlogse flats. Daarna kwam het voetvolk: honderden priesters in wit satijn en met hoge zwarte hoofddeksels op.

Serapheims opvolger, aartsbisschop Christodoulos, moet bij de ruim zeventig prelaten zijn geweest die daar onder hun zware gewaden liepen te zwoegen. Hij was jonger dan de meesten, net als Vader

Giorgios voorzien van een woeste baard en een tomeloze energie, schudde vijf Europse talen uit zijn mouw, kon bogen op een Grieks-orthodoxe internetserver en een radiostation op zijn naam en beloofde een zwaargewicht op het Griekse politieke toneel te worden. Volgens zeggen wilde hij de Byzantijnse symphonia tussen de Griekse Kerk en de staat in zekere mate herstellen. Terwijl ik dit opschrijf, minder dan twee maanden na zijn aanstelling, heeft een opiniepeiling hem al tot de populairste publieke figuur in het hedendaagse Griekenland verklaard en heeft zijn nieuwe slogan, 'orthodoxie is cool', een daverend succes bij de Griekse jeugd. Maar op zijn inaugurele rede – een gepeperde explosie van anti-westerse retoriek – hebben de kanselarijen van de landen van de Europese Unie de noodklok geluid.*

* Toen de NAVO in maart 1999 haar acties in Kosovo begon, heeft Griekenland geprotesteerd. Aartsbisschop Christodoulos, bijgenaamd 'de Donderbui' gaf als commentaar: 'De NAVO-aanvallen zijn niet alleen onchristelijk maar ook een aanval op de orthodoxie.' (*Guardian* 29-03-99) Griekenland was het enige NAVO-land dat weigerde aan de bombardementen op Joegoslavië mee te doen.

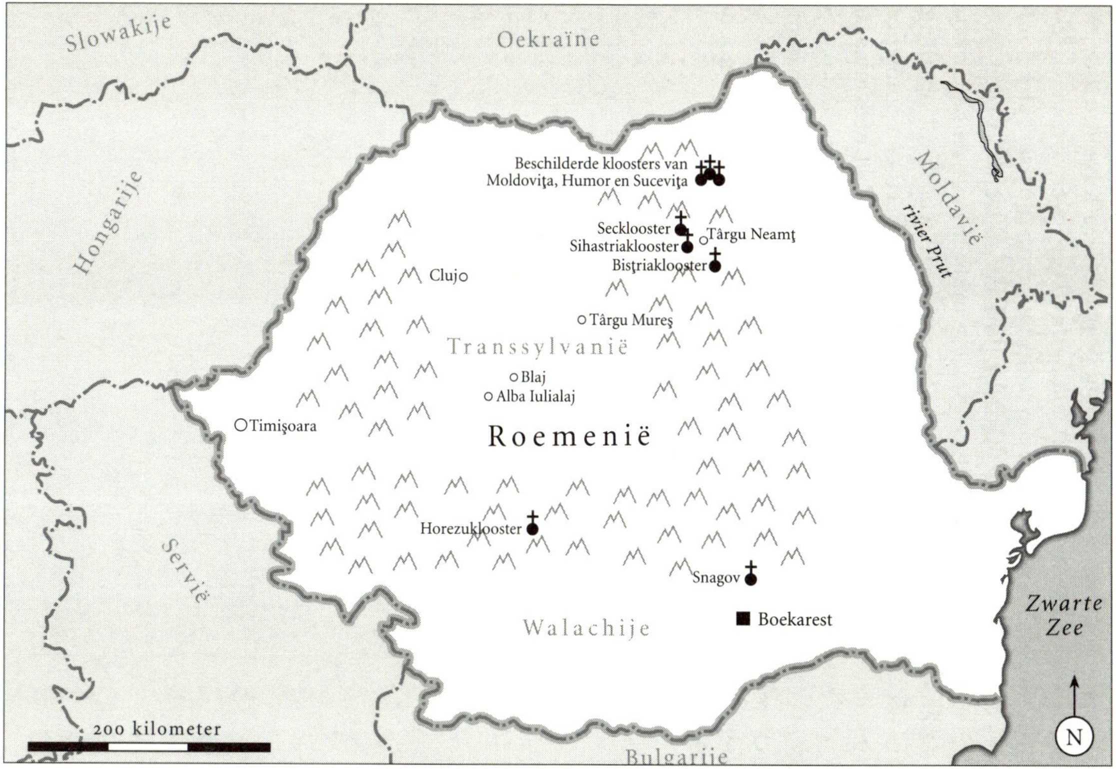
Slowakije
Oekraïne
Hongarije
Moldavië
rivier Prut
Beschilderde kloosters van
Moldoviţa, Humor en Suceviţa
Secklooster
Târgu Neamţ
Sihastriaklooster
Bisţriaklooster
Clujo
Târgu Mureş
Transsylvanië
Blaj
Alba Iulialaj
Timişoara
Roemenië
Horezuklooster
Servië
Snagov
Boekarest
Walachije
Zwarte Zee
200 kilometer
N
Bulgarije

ROEMENIË

Het klooster van de Geboorte van de Moeder Gods

Het had de hele middag geregend, maar nu was de lucht opgeklaard en ging de zon boven het natte wegdek voor ons in een amberkleurige gloed onder. Links en rechts braakland met een blauwachtig waas van rook van een houtvuur en in de verte donkere bergen. Maar vlak voor ons, in de luwte van een lage heuvel, lag iets waarvan de felle kleuren pijn aan je ogen deden. Een winkelcentrum, een benzinestation, een reusachtige MacDonald's?

'Nee, nee,' gniffelde Viorel terwijl hij met zijn oude Mercedes-jeep een gat in de weg ontweek om een rij voortsukkelende paarden en wagens vol broodmagere armoedzaaiers in te halen. 'Dat is het splinternieuwe klooster van de Geboorte van de Moeder Gods, beste meid.'

Dat oosters-orthodox Europa de bakermat van een indrukwekkende monastieke opleving was wist ik inmiddels wel, maar dat die zich ook uitstrekte tot het land dat zich zo'n ontwikkeling het minst van allemaal kon veroorloven, was merkwaardig.

Bijna tien jaar na de val van het communistische regime waren de Roemenen zich nog steeds omhoog aan het worstelen uit de afschuwelijke afgrond waar Nicolae Ceauşescu hen heen had geleid tot hij op eerste kerstdag 1989 was doodgeschoten. De meeste potentiële investeerders hadden zich vol afschuw en medelijden afgewend van een land dat even ontredderd leek als de verwaarloosde kinderen in de overvolle, afgrijselijke weeshuizen. Haveloze boeren reisden nog steeds met paard en wagen over wegen die nog steeds gevaarlijk hobbelig, onverlicht en niet gemarkeerd waren. De meeste steden waren nog steeds een onsamenhangend allegaartje van vochtig beton, gebarsten trottoirs en onkruid. Op het gebied van decentralisatie en economische hervormingen was er in dit land nog niet veel bereikt.

Roemenië had nog steeds aan vrijwel alles behoefte – behalve aan meer kloosters dan de honderd die het in de communistische tijd in stand had weten te houden.

Er was wel het een en ander veranderd. Overal in Transsylvanië hadden reusachtige borden met reclame voor de 'Internationale Bank van het Geloof, voor alle Gelovigen', (een instelling die volgens de alom verspreide geruchten door voormalige leden van Ceaușescu's Securitatepolitie wordt bestierd) de plaats ingenomen van de roestige metalen borden waarop 'Ceaușescu's Gouden Tijdperk' had geprijkt. De boeren zwoegden nu op eigen lapjes grond in plaats van dienstplichtige soldaten die door paarden voortgetrokken ploegen over de uitgestrekte landerijen van de staat hadden geduwd. De weeshuizen waren met westerse steun verbeterd. Nieuwe supermarkten die allerlei voedsel te koop aanboden hadden de donkere winkeltjes vervangen waar je alleen slechte champagne en kippenpootjes had kunnen krijgen, behalve als je een afspraak met de winkelier had en stiekem achterom mocht komen. Er waren nu ook betrouwbare elektricteitsvoorzieningen en verwarmingsinstallaties, en de mensen hoefden niet meer in het donker te zitten, in een kou die in de winter van 1989 zó hevig was geweest dat de mensen om hun gaspitten in de keuken bij elkaar waren gekropen en bij kaarslicht hadden zitten lezen. Er waren wat nieuwe particuliere restaurants, zodat reizigers niet langer bij orthodoxe kloosters hoefden aan te kloppen voor een vriendelijke ontvangst en een behoorlijke maaltijd. In feite was er zoveel veranderd dat ik al bang was dat het surrealistische karakter van het land, dat me bij mijn eerste bezoek halverwege de jaren tachtig zo had geboeid, verdwenen was – tot ik dat adembenemende nieuwe klooster van de Geboorte van de Moeder Gods zag.

Toen we linksaf sloegen en over een weg vol kuilen naar de poort hobbelden, keek ik mijn ogen uit bij het zien van keurige rijtjes rode pannendaken, een kerk met meerdere torenspitsen, vriendelijke woonhuizen met balkons en grote, goed onderhouden tuinen en van de gloednieuwe gebouwen en een tweede kerk wat verder op de heuvel, allemaal omgeven door een keurige, roodbakstenen muur. Het klooster van de Geboorte van de Moeder Gods leek ons op de geruststellende toon van een willekeurige neonreclame toe te roepen: 'Komt allen, arme zondaars, naar dit stukje Hemel op Aarde, en laaft uw zielen!' Wie zou zo'n oproep kunnen weerstaan?

Viorel had me met dit neomiddeleeuwse paradepaardje willen verrassen. 'Vertrouw me maar, vertrouw me nou maar,' had hij ginds in Târgu Mureş gezegd toen hij me in zijn jeep duwde en weigerde te zeggen waar we heen gingen. Omdat hij officieel was benoemd tot held van de revolutie die het land van het communisme en Ceauşescu had verlost, was Viorel in zijn geboortestad een gevierd man, maar bij het zien van mijn verbazing lachte hij als een uitgelaten kind, zich al verkneukelend bij het vooruitzicht van de volgende onthutsende openbaring.

'En dit is niet het enige nieuwe klooster in deze omgeving. In de tijd van Ceauşescu hadden we er in deze streek maar een, nu kunnen we vol trots zeggen dat we er zeventien hebben!'

'Zéventien kloosters in Mureş?' Even twijfelde ik aan de uitstekende beheersing van het Engels van mijn oude vriend. 'Je bedoelt zeker zeven?'

'Ik bedoel wat ik zei – zeventien,' zei hij nog eens, en ging door: 'Ik hoop dat we Vader Ioan hier zullen aantreffen. De mensen zeggen dat hij erg heilig is, een *duhovnik*, en ze komen uit het hele land om hem te spreken en zijn zegen te vragen. Je zou de bussen in de weekends hier eens moeten zien!'

De bezorgde jonge nonnen die ik in Athene op koffie had getrakteerd, hadden me al doen vermoeden dat de Byzantijnse traditie van heilige mannen in Roemenië beter bewaard was gebleven dan in het moderne Griekenland, maar ik had dat soort kloosterlingen in het hartje van het Roemeense hesychasme verwacht, de handvol vijftiende- en zestiende-eeuwse kloosters in de noordoostelijke uithoek van het land. Er konden er ook wel een paar in het zuiden zijn, in de concentratie van zeventiende-eeuwse gebouwen die de uitlopers van de Karpaten opluisteren. Maar dat ik er hier een vond, op een vlakte in het hartje van Transsylvanië, in een gloednieuw klooster op een steenworp afstand van een drukke hoofdweg, was een onverwachte meevaller.

Toen we de poort door waren stond ik even stil. Het klooster kon nooit een neomiddeleeuws paradepaardje zijn, verbeterde ik mezelf, want het woord 'middeleeuws' slaat alleen op het westerse christendom en wordt gebruikt om het geloofstijdperk te benoemen dat beklemd zit tussen wat wij in het Westen de Duistere Middeleeuwen noemen en de zestiende-eeuwse Reformatie. Orthodox Europa kende geen Middeleeuwen in die zin, en mocht dat wel zo zijn, dan zijn ze nog niet definitief voorbij. Daarom was het niet per se bizar of kitscherig om in een land als Roemenië aan het eind van de twintigste eeuw kloosters te bouwen. Als West-Europa geen Reformatie had gekend had het misschien precies hetzelfde gedaan, want afgezien van het schisma van 1054 en de plundering van Constantinopel door de kruisvaarders, verschilde het West-Europa van vóór de Reformatie niet beduidend van zijn oosters-orthodoxe tegenhanger.

Het schisma had een verwijdering tussen Oost en West teweeggebracht die door het misdadige optreden tijdens de vierde kruistocht was verhard tot een bittere echtscheiding, maar het was de Reformatie geweest die dat besluit onomkeerbaar had gemaakt. Door te preken dat het geen zin had om te proberen iemands verblijf in het vagevuur te bekorten met behulp van substantiële donaties aan kloosters en kerken, of door dure relikwieën en aflaten te kopen, hadden de protestanten het grootscheepse misbruik van het vertrouwen aan de kaak gesteld waar de hebzuchtige rooms-katholieke geestelijkheid zich schuldig aan had gemaakt. God kon niet worden omgekocht en alleen Hij kon beslissen wie het verdiende om na zijn dood te worden gered, hadden ze gezegd. De verbazingwekkend lucratieve verzekeringsindustrie van de rooms-katholieken, in stand gehouden door de volksangst voor hellevuur en verdoemenis, had helemaal niets met Hem te maken. Geloof was de enige valuta die de ziel kon redden en alleen God kon beslissen wiens geloof groot genoeg was, had Maarten Luther gezegd. In Noord-Europa, vooral in het tegenwoordige Duitsland en Engeland, waren kloosters geplunderd en kerken officieel van hun schatten beroofd. In 1538 had Hendrik VIII de opheffing van de meeste Engelse kloosters bevolen.

De revolutionaire euforie van de Reformatie werd onvermijdelijk gevolgd door een Contrareformatie. De paus ondernam een tegenaanval en de rooms-katholieke Kerk maakte een glorieuze comeback in grote gebieden in Centraal-Europa, onder meer in de Roemeense provincie Transsylvanië. Achteraf gezien weten we dat het toen al te laat was om alle schade te herstellen, want de Reformatie had de geestesgesteldheid van de westerse mens onherroepelijk veranderd.

Zijn gedachten zouden nooit meer zo vol vertrouwen op de komende wereld gericht zijn dat hij zijn welzijn en zijn genoegens hier op aarde ervoor in de waagschaal stelde. Het pausdom zou zijn verliezen nooit meer helemaal te boven komen. Rooms-katholiek Frankrijk is nooit meer rooms-katholiek genoeg geweest om de gewelddadige breuk met de Kerk en de grote sprong voorwaarts van de Revolutie van 1789 te voorkomen. En de Spaanse Burgeroorlog aan het eind van de jaren dertig gaf het Spaanse rooms-katholicisme de genadeslag.

Dankzij de conservatieve inertie van Turkije in Europa, gebeurde er in de orthodoxe wereld tot de twintigste eeuw niets dat zelfs maar leek op West-Europa's Reformatie of Contrareformatie. Toen probeerde het communisme, de vrucht van Karl Marx' westerse geest, een sprong voorwaarts te maken naar een universum waarin de mens centraal staat, een sprong die verder ging dan welke reformatie ook: door God uitdrukkelijk door de mens te vervangen. Dat mislukte, en een levendiger illustratie van die mislukking dan dit splinternieuwe klooster van de Geboorte van de Moeder Gods kon je je nauwelijks voorstellen. Er was alleen gebruik gemaakt van de allerbeste bouwmaterialen, kosten noch moeiten waren gespaard om er een onvervalst stukje hemel-op-aarde van te maken. De treden voor de kerk waren van glanzend wit marmer, de keurige, met rode stenen geplaveide binnenplaats was net aangeveegd, en overal tussen de perken goudsbloemen stonden vuilnisbakken met de tekst: 'Schoonmaken is geen kunst, schoonhouden wel'. Terwijl een jonge non wegsnelde om de beroemde heilige monnik voor ons te zoeken, dwaalden Viorel en ik over het terrein. We gluurden door ramen en waren verbaasd over de elegante ruimtelijkheid van het geheel, en vooral over de fonkelnieuwe wasmachines in de wasserij. Maar Viorels gezicht betrok.

'Het is allemaal prachtig,' zei hij met een diepe zucht, 'maar het zit me niet lekker. Kun je je voorstellen hoeveel geld er naar dit soort oorden gaat? Ik bedoel niet dat de regering belastinggeld voor het bouwen gebruikt. Nee, het grootste deel wordt gebouwd met giften van oprechte, gelovige Roemenen. Ons nationale voetbalteam heeft bijvoorbeeld onlangs de helft van het geld voor het zoveelste nieuwe klooster in de provincie Alba bij elkaar gebracht. Maar als ik ze erop zou wijzen dat we genoeg andere doelen hebben om ons geld aan te besteden – bouwvallige huizen, weeshuizen, ziekenhuizen, wegen, scholen enzovoort – zou ik problemen krijgen.'

'Waarom?' vroeg ik. Ik had bedacht dat dit nieuwe klooster perfect illustreerde waar de traditionele voorkeur van de orthodoxie – voor het hart boven het verstand, voor de geest boven het vlees en voor het leven in het hiernamaals boven het leven hier en nu – toe kan leiden. Maar iemand zou aan de bel moeten trekken voordat de provincie Mureş op meer kloosters dan scholen en ziekenhuizen zou kunnen bogen, en in mijn ogen was Viorel, als directeur van het plaatselijke radiostation, daar de aangewezen persoon voor.

'Waarom ik problemen zou krijgen? Omdat het een politieke kwestie is natuurlijk. Als de monniken bij plaatselijke zakenlieden geld inzamelen kun je op je vingers natellen dat ze die lui vertellen dat dit gedeelte van het land kloosters nodig heeft om de Roemeens-orthodoxe aanwezigheid te versterken en de Hongaren te laten zien dat dit Roemeens grondgebied is en dat wij, Roemenen, hier voorgoed blijven. Zodra ik mijn mond open zou doen, zou iedereen zeggen dat ik geen echte Roemeen kan zijn en dat ik wel door de Hongaren zal worden betaald.'

'O ja, natuurlijk...'

Daar stonden we dan, op een vlakte in het hartje van Roemenië, en opnieuw op de scheidslijn tussen oosters en westers christendom. Beide christelijke tradities hebben elkaar hier in Transsylvanië zo'n duizend jaar lang dwarsgezeten en uitgedaagd, en de kloof tussen de minderheid van rooms-katholieke en protestantse Hongaren en de meerderheid van orthodoxe Roemenen is nog steeds pijnlijk zichtbaar. In 1918 moest het naburige Hongarije Transsylvanië afstaan aan Roemenië, dat het vol trots in bezit nam, maar het is – net als Kosovo of Bosnië of Macedonië – het zoveelste gebied waarvan het bezit altijd onzeker blijft en het verlies onherstelbaar is. Met haar snelstromende rivieren, met sneeuw bestoven bergpieken, haar vruchtbare, donkere aarde en haar rijkdom aan mineralen is Transsylvanië uiteraard zeer begerenswaard.

Met haar gulle, landelijke karakter, de geur van houtvuur, aan alle kanten omkranst door een kroon van Karpaten en Transsylvanische Alpen, ligt de provincie als een flonkerende ruwe edelsteen in een setting van bergen. Transsylvanië is een wereld op zich, het landschap Breugheliaans of uit een sprookje van Grimm, bezaaid met kleine dorpjes – sommige Hongaars, sommige Roemeens en zelfs een paar Saksisch-Germaanse gehuchten uit de dertiende eeuw. Het platteland wordt opgeluisterd door orthodoxe kerken, rondborstiger en stoerder dan hun Hongaarse rivalen – hoge, spitse, rooms-katholieke kerken – en door een heel enkel, inmiddels jammerlijk in verval geraakt Saksisch kerkfort. Met zilverkleurige daken en nieuw in de verf staan ze in de dalen tussen de glooiende groene heuvels te glimmen.

Op de telegraafpalen langs de wegen in Transsylvanië nestelen ooievaars, die al even emblematisch zijn als de talloze kruisbeelden. Er zwerven wolven en beren door de bergen en de wouden. Over de hobbelige wegen kuieren varkens, ganzen, koeien en kuddes schapen. Herders in ruige schapenvachten liggen onder de bomen te doezelen, hun vilten bloempothoeden beschermend over hun gezicht. In dit late najaar gloeien de bomen in allerlei tinten oranje en geel en staan de akkers vol maïs. De voederbakken puilen uit van het maïsgele goud waarmee de varkens straks worden vetgemest voor de winterslacht. De rode pepers en rode kolen zijn ingemaakt en de *ţuica*-brandewijn is gebotteld. Oude mannen met hoge laarzen aan zitten op de banken voor hun lage, blauw of groen gepleisterde huizen op zonnepitten te kauwen en van hun zelfgestookte brouwsel te nippen.

Maar die landelijke idylle is bedrieglijk, want beide volken – de Roemeense meerderheid en de Hongaarse minderheid – blijven hun mini hof-van-Eden allebei koppig als de wieg van hun respectieve culturen beschouwen. Schermend met hun eigen, de ander uitsluitende versie van de geschiedenis, blijft de omgang stroef, zijn ze altijd gespitst op nieuwe beledigingen die de oude wonden weer openrijten. De manier waarop ze elkaar etiketten opplakken lijkt akelig veel op de manier waarop oosterse en westerse christenen elkaar na de plundering van Constantinopel in 1204 verketterden of, nu we het er toch over hebben, de manier waarop orthodoxe Serviërs rooms-katholieke Kroaten karakteriseren. De Roemenen zeggen dat de Hongaren slim maar wreed zijn, terwijl de Hongaren de Roemenen afdoen als lui en oneerlijk.

Viorels geboortestad, Târgu Mureş, was in de tijd dat beide bevolkingsgroepen in 1989 samen de barricades opgingen om Ceauşescu te helpen afzetten, vrijwel voor de helft Hongaars en voor de andere helft Roemeens. Op dit moment verschuift de balans in het voordeel van de Roemenen, maar op straat hoor je beide talen. Het Hongaars klinkt cerebraal en exact met zijn lange, samengestelde woorden en talrijke scherpe klinkers. Daarmee vergeleken is het Latijnse Roemeens vloeiend en emotioneel. Viorel spreekt beide talen perfect en een van zijn beste vrienden is een Hongaar, Feri, die zich keurig aan de clichés over zijn volk hield, want hij runde het grappige hotelletje waar ik verbleef. Viorel en Feri hadden vriendschap voor het leven gesloten – niet op die barricades in december 1989 maar drie maanden later, in maart 1990, op de dag dat Roemenen en Hongaren zich met hooivorken en koevoeten hadden gewapend en elkaar te lijf waren gegaan tijdens de aanhoudende, zeer gewelddadige gevechten die overal op de belangrijkste weg in Târgu Mureş hadden plaatsgevonden. Beide mannen hadden in een kantoor op de tweede verdieping van het gemeentehuis gezeten toen de Hongaren hadden besloten het gebouw te bestormen. Feri had tussenbeide moeten komen om te voorkomen dat Viorel uit het raam werd gegooid en een vreselijke dood zou sterven. Toen de zon die dag onderging waren er drie doden en honderden gewonden, en was een beroemde Hongaarse dichter blind gemaakt. Die eerste treurige uitbarsting van etnisch geweld in het nieuwe Roemenië was aanleiding tot mijn eerste – maar allerminst treurige – ontmoeting met Viorel.

Hoewel hij de dood in de ogen heeft gezien, staat Viorel nuchter genoeg tegenover zijn Hongaarse buren om te begrijpen dat een zekere mate van autonomie voor Transsylvanië op dit moment wenselijk is. De meeste Roemenen zouden het daar niet mee eens zijn. Hoewel ze erkennen dat Roemenië te sterk gecentraliseerd is en dat Transsylvanië, geholpen door het Hongaarse arbeidsethos en niet gehinderd door de ballast van de rest van Roemenië, beter op eigen benen zou kunnen staan, zijn ze niet bereid de regio meer autonomie te gunnen. De gewone Roemeen is bang dat dat een eerste stap is op weg naar inlijving bij Hongarije.

Viorel is beslist geen gewone Roemeen, maar zelfs hij steigerde toen ik opmerkte dat iemand de Hongaarse plaatsnamen op alle tweetalige wegwijzers had overgespoten. Hij zei dat hij met de vandaal meevoelde, omdat de Roemeense burgemeester die nieuwe borden in het holst van de nacht had laten plaatsen, 'als een dief', terwijl hij er ook een referendum over had kunnen laten houden.

'Ik denk dat je nooit helemaal zult kunnen begrijpen hoe gevoelig die zaak ligt – die heeft zo'n lange geschiedenis,' zei Viorel terwijl we in de schitterende herfstzon door Târgu Mureş kuierden. Hij had waarschijnlijk gelijk, maar ik begreep er wel degelijk íets van. Op de achttiende-eeuwse muurschilderingen in een kleine houten orthodoxe kerk, naast een van Ceauşescu's favoriete jachthutten even ten noorden van Viorels geboortestad, werden de slechte Romeinse soldaten die Jezus kruisigden afgebeeld als Hongaarse soldaten. Ze droegen rode tunieken en strakke witte maillots met een streep opzij.

We onderbraken onze wandeling om met een jonge monnik te praten die geld inzamelde voor de bouw van het zoveelste nieuwe klooster. Met mijn bescheiden bijdrage was ik die dag de drieëntachtigste op zijn lijst met alle gulle gevers voor wie zou worden gebeden. Die korte ontmoeting had Viorel ertoe gebracht me naar dit klooster van de Geboorte van de Moeder Gods te brengen.

We liepen de witmarmeren treden op, de kerk in, een donkere, overwelfde ruimte waarvan de nieuwe grijze muren op fresco's wachtten. Een groep schoolkinderen liep hand in hand twee aan twee achter ons aan en ik zag hoe de zesjarigen automatisch een kruis sloegen, sommigen heel geroutineerd. Toen verscheen de jonge non weer, gevolgd door Vader Ioan, en werden we naar een kamertje rechts van de kerkdeur geloodst. In plaats van de etherische asceet met gloeiende ogen die ik had verwacht, bleek hij een knappe, kwieke oude man, met blozende wangen en pientere ogen. Hij was bovendien uitbundig vrolijk, misschien omdat hij op het punt stond Roemenië voor het eerst in zijn zesenzeventigjarige leven te verlaten om op vakantie te gaan. Zijn nieuwe paspoort had hij al. Zijn felbegeerde vertrek naar Patmos – een blijk van erkentelijkheid van een welgesteld geestelijk kind – was alleen uitgesteld omdat hij nog op een Grieks visum wachtte.

'Ik ben naar Johannes de Theoloog vernoemd, dus moet ik eerst naar Patmos,' verklaarde hij.

'Ik ben er in het voorjaar geweest, u zult het vast prachtig vinden, Vader,' zei ik beleefd, en hij ging op geëxalteerde toon verder: 'Daarna ga ik naar Athos, de Heilige Berg! Dáár bent u toch zeker niet geweest?' Hij sloeg met de groene, met gouddraad geborduurde stola op zijn in het zwart gehulde dij en lachte. 'Daar zijn godzijdank geen vrouwen – ha ha!' en hij knipoogde naar Viorel. 'Vrouwen doen tegenwoordig overal aan mee, gaan overal heen en dragen lange broeken, maar heeft u mannen ooit,' zei hij, zich weer tot Viorel richtend, 'handtasjes zien dragen? Ha ha!'

Ik begon te vermoeden dat Vader Ioan bij de lunch iets te veel pruimenbrandewijn had ingenomen, maar ja, heiligheid was nooit afkerig geweest van een uitbundig gevoel voor humor. Ik probeerde van onderwerp te veranderen. 'Vader,' gokte ik, 'heb ik het goed dat de Roemenen het meest devote orthodoxe volk van Europa zijn?'

'Natuurlijk,' knikte hij, meteen weer nuchter, 'omdat we als christenen zijn geboren. We zijn opgegroeid als christenen, net als gras dat nooit is gemaaid. Die Hongaren zeggen tegen ons dat zij al voor ons in Transsylvanië waren, maar dat is onzin! Ze zijn pas duizend jaar geleden tot christenen gedoopt. Wij, Roemenen, zijn hier altijd geweest en we waren altijd al christenen!'

Telkens opnieuw moest ik hetzelfde trotse relaas over de Roemeense toewijding aan de eigen Kerk aanhoren. Maar wat betekende het voor een volk om als christenen te worden 'geboren' of 'op te groeien', 'als gras dat nooit is gemaaid'? Misschien berustte die stelling op historische feiten, maar misschien ook niet. Een handvol heidense Daciërs, die dit land omstreeks de vierde eeuw hadden bewoond, was inderdaad door de oude Romeinen gedoopt, maar helaas zijn er uit de daaropvolgende negen eeuwen geen vermeldingen van Daciërs of iets wat voor Roemeens zou kunnen doorgaan bewaard gebleven. De werkelijke oorsprong van de huidige Roemenen, die een onmiskenbaar Latijnse taal spreken maar tot het oosterse christendom behoren, wordt gerekend tot wat een historicus ooit 'het raadsel van de Middeleeuwen'[1] heeft genoemd. Dat bedroevende gebrek aan bewijsstukken heeft de Roemenen er echter nooit van weerhouden aanspraak te maken op hun rechtstreekse, trotse afkomst van die oude Dacische stammen waar Romeinse soldaten zich door huwelijken bij aangesloten zouden hebben. Al eeuwenlang is die hoogst twijfelachtige waarheid – die veel weg had van de mythische historie van de Serviërs – een onoverkomelijke hinderpaal in het dispuut met de Hongaren over de vraag welk volk het recht heeft om over Transsylvanië te regeren.

Wat we wel weten is dat er begin dertiende eeuw twee embryonale, orthodoxe, Roemeenssprekende staatjes waren ontstaan die tot de Roemeense unificatie halverwege de negentiende eeuw bekendstonden als zeer begerenswaardige mogelijke melkkoeien: de Donauvorstendommen. Het ene, Walachije, lag ten zuiden van Transsylvanië, tussen de Donau en de Transsylvaanse Alpen. Het andere, Moldavië, was ten oosten van Transsylvanië gesitueerd, tussen de Karpaten en de Prut. Transsylvanië, een van de drie provincies die samen het land vormden dat halverwege de negentiende eeuw, toen Walachije en Moldavië zijn samengevoegd, Roemenië werd genoemd, stond tot 1918 onder Oostenrijkse of Hongaarse heerschappij, maar het grootste deel van de bevolking sprak Roemeens en was orthodox.

De Walachijers, de Moldaviërs en de Roemeenssprekende inwoners van Transsylvanië zullen door de volgelingen van de ondernemende Macedonische missionarissen die onder de Slaven hadden gewerkt, Cyrillus en Methodius, ongetwijfeld voor een tweede keer, en ditmaal veel effectiever, zijn gedoopt, want beide staatjes vielen tot het eind van de veertiende eeuw, toen ze allebei hun eigen aartsbisschop kregen, onder de kerkelijke jurisdictie van het patriarchaat van Ohrid. Hoewel de Roemeense taal niets gemeen had met welke Slavische taal ook, werden Roemeense kerkelijke teksten tot de zeventiende eeuw in het oude Kerk-Slavisch gedrukt, de lingua franca van de Balkan.

De veertiende-eeuwse vorsten van Walachije en Moldavië hadden zich vrijwillig overgegeven aan de oprukkende Ottomanen en konden in 'Turkije in Europa' op een zekere autonomie bogen. De vorstendommen hadden niet noemenswaard onder de Turkse bezetting te lijden, maar werden tot Ottomaanse 'vazal'-staten verklaard. Ze hoefden niet elk jaar hun knapste kinderen aan de harems en de legers van de sultan af te staan en toe te zien hoe hun kerken minaretten kregen, maar waren wel verplicht jaarlijks een enorme schatting te betalen. Afgezien daarvan stond niets hun heersers in de weg om zich op te werpen als rechtstreekse erfgenamen van de Byzantijnse keizers, en die rol namen ze op zich door zichzelf 'autocraat' te noemen, hun documenten met keizerlijke rode inkt te ondertekenen en in binnen- en buitenland een enorm aantal kloosters te bouwen en financieel te ondersteunen. Ze lieten zich op de fresco's in de nieuwe kerken zelfs afbeelden in de officiële gewaden van Byzantiums eerste keizer Constantijn.

Je zou kunnen zeggen dat het oude Byzantijnse ideaal van een universeel – en niet eng-nationaal – christendom in de Donauvorstendommen beter bewaard bleef dan waar ook in orthodox Europa. De vijftiende-eeuwse vorst van Moldavië, Basilius de Wolf, was een voorbeeldig Byzantijn. Niet tevreden met zijn schenkingen aan de kloosters op Athos en de kerken in Constantinopel, betaalde hij bovendien de schulden van de patriarch van Constantinopel en organiseerde hij een kerkelijke synode om de orthodoxe leer vast te leggen. De bijnaam van de vijftiende-eeuwse vorst Vlad van Walachije, ofwel de Spietser, klinkt al even weinig charmant als die van Basilius de Wolf, en wij kennen hem vooral als inspiratiebron voor Bram Stokers Dracula, of als de dolgedraaide sadist die de Turken voor zijn plezier met hele bossen tegelijk op palen spietste – maar in zijn tijd werd hij ook geëerd als een bijzonder royale beschermheer van de Heilige Berg.

Er is nauwelijks een klooster op Athos dat niet kan bogen op door Vlad de Spietser geschonken kostbaarheden. De orthodoxe wereld gedenkt hem dan ook als een onverschrokken verdediger van de orthodoxie tegen de islam en het rooms-katholicisme. Een van de kronieken vermeldt zelfs dat hij ooit drie blootsvoetse rooms-katholieke benedictijner bedelmonniken tegen het lijf was gelopen en in zijn paleis in Târgovişte had uitgenodigd voor een aanvankelijk luchtige gedachtewisseling, want hij was gek op theologische disputen. Hij had gevraagd of het niet mogelijk was dat hij 'door God als een heilige werd beschouwd, omdat hij de ellende van zoveel ongelukkige mensen op deze aarde had bekort'.[2] Gedurende de drie periodes waarin hij over Walachije heeft geheerst, in totaal zes jaar, heeft hij minstens veertigduizend maar misschien wel honderdduizend mensen afgeslacht. De eerste monnik die zijn listige vraag moest beantwoorden verzekerde hem dat het zelfs op het moment dat hij stierf nog niet te laat zou zijn om berouw te tonen over al zijn zonden en het heil deelachtig te worden. De tweede monnik was dapperder, heldhaftig zelfs. Hij had hem de huid volgescholden vanwege zijn wandaden, vooral tegen zwangere vrouwen en baby's, en geschreeuwd: 'Waanzinnige tiran, denkt gij werkelijk dat gij eeuwig zult leven? Allen zullen opstaan voor God en zijn koninkrijk en om wraak roepen vanwege het bloed dat gij op aarde hebt vergoten... uw hele bestaan hoort in de hel thuis!'[3] De geschokte vorst Vlad was woest geworden. Tégen de gebruikelijke gang van zaken in had hij de monnik niet gespietst maar hem vastgegrepen, op de grond gesmeten en doodgeslagen. Het slachtoffer was vervolgens aan zijn voeten opgehangen en uiteindelijk recht tegenover een rooms-katholiek klooster op een brandstapel gehesen, samen met zijn al even zwaar mishandelde ezel. De eerste en de derde monnik hadden gemaakt dat ze uit Walachije wegkwamen en hun heil gezocht in een Oostenrijks benedictijner klooster, waar ze verslag hadden uitgebracht van hun hachelijke avontuur. Deze huiveringwekkende geschiedenis werd de voedingsbodem voor de eerste griezelverhalen over Dracula die omstreeks 1460 in West-Europa de ronde begonnen te doen.

Tegen het einde van de zeventiende eeuw beschouwden de heersers over de Donauvorstendommen zichzelf als machtiger beschermers van de orthodoxie dan de patriarch in Constantinopel zelf. Vorst Constantin Brancoveanu van Walachije bouwde een aantal kloosters in de zonnige uitlopers van de Karpaten, waarvan een flink aantal nu weer tot bloei is gekomen en opnieuw wordt bewoond door de serieuze, bleke jonge nonnen van het soort dat ik in Athene had ontmoet. Brancoveanu was vroom, ontwikkeld en vrijgevig, maar werd uiteindelijk ontmaskerd als iemand die met het Westen en Rusland samenspande tegen het Ottomaanse Rijk. In 1714 was hij afgezet door een Turkse afgezant van de sultan, die een zwarte zakdoek over zijn schouder had geworpen. Daarna was hij met een rijtuig naar Istanbul gebracht en samen met zijn twee zoons en zijn schoonzoon in de gevangenis gegooid. Zijn zestien jaar oude zoon was zo bang geworden toen hij had gezien hoe zijn vader en zijn broer werden gemarteld, dat hij zijn leven probeerde te redden door aan te bieden zich tot de islam te bekeren. Volgens de woorden van een jonge non uit het Horezuklooster, het mooiste dat door Brancoveanu was gesticht, had de vorst de jongeman moed ingesproken met de woorden: '"Als het kon zou ik liever duizend doden sterven dan mijn ziel verliezen voor een paar jaar op aarde. Niemand van ons volk is ooit anders dan als christen gestorven. Doe als je broers"... zeker, je kunt zeggen: die arme jongen, maar het waren heilige martelaars,' ging de bleke jonge non verder, met gepassioneerd glanzende ogen achter haar dikke brillenglazen, 'en in 1992 zijn ze allemaal heilig verklaard.'

Na het debacle met Brancoveanu, had de Porte besloten dat Walachije en Moldavië beter en met minder risico konden worden geregeerd door Fanariotische Grieken, die voor hun tronen gigantische bedragen zouden moeten neertellen en elk moment bereid zouden moeten zijn om ze weer af te staan. In ruil daarvoor stond het hun vrij om uitgedost als Byzantijnse keizers door hun nieuwe lustoorden te schrijden. Onnodig te zeggen dat ze de vorstendommen compleet hebben uitgezogen om de kosten van hun tronen te dekken, terwijl ze er intussen heimelijk van droomden ze op een goede dag als uitvalsbasis te gebruiken om een nieuw Grieks-Byzantijns rijk te stichten. Gedreven door ambitie probeerden ze de Roemenen te helleniseren door Griekse scholen op te richten en, nog belangrijker, hun eigen geestelijken te importeren. Al snel waren honderden kloosters, die oorspronkelijk aan befaamde oude kloosters op de berg Athos in Klein-Azië en het Heilig Land 'gewijd' waren, om ze uit de handen van Ottomaanse belastinginners te houden, stevig in Griekse handen. Hun kolossale opbrengsten vloeiden voortaan uit de Donauvorstendommen naar het zuiden, naar die verre, veel oudere instellingen. Voor beide staten moet het verlies aan middelen kolossaal zijn geweest als we bedenken dat een kwart van Walachije en bijna de helft van Moldavië in handen van door Grieken bestuurde kloosters was toen ze halverwege de negentiende eeuw hun onafhankelijkheid verwierven en werden samengevoegd tot wat nu het hart van het moderne Roemenië is. Geen wonder dat de vorstendommen bekend werden als 'het Peru van de Grieken'[4] en dat de Roemenen er niets mee te maken wilden hebben toen Alexandros Ypsilantis in 1820 zo ondoordacht aan de Griekse Onafhankelijkheidsoorlog begon. Ypsilantis' vader had de provincie als de toenmalige vorst van Walachije zonder scrupules op de gebruikelijke manier uitgezogen. De onenigheid over de 'gewijde kloosters' werd pas in 1862 opgelost, toen Roemenië's eerste president korte metten maakte met de aderlatingen van zijn nieuwe land. De Heilige Berg registreerde een fatale daling van de inkomsten.

Al die buitenlandse bemoeienis met de aangelegenheden van de

Roemeense kerken hebben de ontwikkeling van een Roemeense nationale identiteit aanzienlijk vertraagd. Dat is de reden waarom er, hoewel er altijd Roemeense monniken op de Heilige Berg zijn geweest, nooit een klooster speciaal voor Roemenen is gebouwd en bekostigd, zodat ze nooit inspraak hebben gehad in het beleid van Athos. Ze hebben echter wel een aantal grote sketes. Volgens zeggen is de huidige oecumenisch patriarch van Constantinopel, Bartholomaios, verontrust over het toenemende aantal Roemeense monniken dat sinds de val van het communisme in hun land op de Heilige Berg is neergestreken. Maar die stortvloed zal wel weer in een miezerig straaltje veranderen. Met naar schatting drie keer zoveel kloosters en sketes als tien jaar geleden, heeft Roemenië de monniken nu in eigen land nodig. Nonnen zijn er meer dan genoeg, zo'n zevenduizend. Hier, in het klooster van de Geboorte van de Moeder Gods, zijn er vijfendertig.

'Vader Ioan, heb ik gelijk als ik denk dat de meeste nieuwe kloosters van Roemenië hier in Transsylvanië liggen?'

'Natuurlijk, want hier zijn ze het hardst nodig. Toen de Habsburgers in 1760 naar Transsylvanië kwamen om in plaats van de Hongaren over ons te heersen, stuurde hun keizerin Maria Theresa generaal Bukow met zijn kanonnen om honderdvijftig – hónderdvíjftig! – kloosters kapot te schieten. Die zijn we nu pas aan het herbouwen, meer dan twééhonderd jaar later!'

Zoals de veertiende eeuw doorslaggevend is geweest voor het ontstaan van Servië, het begin van de twintigste eeuw voor dat van Macedonië en de eerste helft van de negentiende eeuw voor dat van Griekenland, is de achttiende eeuw doorslaggevend voor het ontstaan van Roemenië en met name Transsylvanië.

In het achttiende-eeuwse Transsylvanië beleefde oosters-orthodox Europa een van haar hachelijkste momenten. Zodra het rooms-katholieke Oostenrijk Transsylvanië in 1698 van Hongarije had afgepakt, begon het plannen te smeden om de grenzen van het westerse christendom naar het oosten te verleggen, ten koste van de orthodoxie. Voordat generaal Bukow de orthodoxe kloosters van Transsylvanië aan flarden schoot, had Wenen geprobeerd Roemeense orthodoxe bisschoppen samen met hun kuddes van de oosterse orthodoxie weg te lokken. Orthodoxe geestelijken kregen te horen dat ze – als ze het maar over hun hart konden verkrijgen om het gezag van de paus te erkennen en het filioque in hun geloofsbelijdenissen te smokkelen – hun Slavische liturgie, hun getrouwde priesters en hun iconen mochten houden. Bovendien zouden ze ook een aantal grondrechten krijgen die hun door hun Hongaarse heersers eeuwenlang waren onthouden. Ze zouden onderricht en een eigen inkomen krijgen in plaats van onwetend te zijn en te worden uitgebuit, en hun bisschoppen zouden zitting mogen nemen in het Transsylvaanse parlement – de Rijksdag. De bittere bekeringspil werd nog fraaier verguld doordat Wenen de orthodoxe geestelijken beloofde dat ze de beslissing over de christelijke hereniging, zoals drie eeuwen eerder op het concilie van Florence was besloten, pas op termijn in praktijk hoefden te brengen, mits ze aan de plannen meewerkten.

De Oostenrijkers hadden al enige ervaring met dit soort religieuze agressie, en hun techniek was aanzienlijk verfijnd nadat ze een eeuw eerder dezelfde truc hadden uitgehaald over de rug van de Russisch-orthodoxen in het huidige Oekraïne. In wezen was de geünieerde Kerk, zoals ze in beide gebieden werd genoemd, een politieke manoeuvre van de rooms-katholieke Contrareformatie, bedoeld om meer zielen voor Rome te winnen en de effecten van de Reformatie teniet te doen. Maar die truc heeft nauwelijks bijgedragen tot het verstevigen van de greep van de Habsburgers op Transsylvanië. Doordat de bekeerlingen toegang kregen tot een klassieke opvoeding, waardoor de Roemenen het verband tussen het Latijn en hun eigen taal ontdekten, begonnen ze juist over hun afstamming van het oude Rome te dromen en werd, met name in Transsylvanië, de groei van een Roemeens nationaal bewustzijn erdoor bevorderd. Dat bewustzijn zou zich over de bergen heen uitbreiden, de Donauvorstendommen besmetten en halverwege de negentiende eeuw vruchten afwerpen. De afscheiding van de geünieerde Kerken betekende een pijnlijk schisma binnen de oosterse orthodoxie, en de littekens ervan zijn zowel in Transsylvanië als in de Oekraïne nog steeds zichtbaar.

Het gros van de orthodoxe geestelijken beschouwt dat tweeslachtige geloof nog steeds als het meest grievende onrecht dat hun wereld na de vierde kruistocht, in 1204, door het Westen is aangedaan. Een Roemeense monnik die ik ontmoette noemde het schamper 'een soort kunstmatige inseminatie'. Desondanks verklaarde de vergevingsgezinde Vader Ioan zichzelf opgewekt tot een groot voorstander van de hereniging van beide helften van het christendom. Er zou natuurlijk alleen vrede worden gesloten op voorwaarden die gunstiger voor de orthodoxie waren dan de besluiten op het concilie van Florence. De geünieerde Kerk was geen oplossing, maar hij kon zich de vredesonderhandelingen best voorstellen.

'De orthodoxe Kerken zouden tegen de rooms-katholieken en de protestanten kunnen zeggen: "Kijk, we zijn jaloers op jullie efficiënte organisatie, maar jullie zouden onze bescheidenheid moeten overnemen." De westerse Kerken zijn zo arrogant! We zouden een rouleersysteem voor pausen kunnen instellen – één westerse, één oosterse. Dat zou een goede aanpak zijn!'

Hij sloeg zich nogmaals op zijn dij.

Transsylvanië

Toen ik in Alba Iulia aankwam, op de versterkte heuvel waar de Roemeense orthodoxe kathedraal uit de jaren twintig en de Hongaarse rooms-katholieke kathedraal uit de dertiende eeuw zij aan zij om de ziel van Transsylvanië strijden, stuitte ik op een relletje.

Drie uur eerder was een grote, haveloze menigte in de tuin van de orthodoxe kathedraal samengedromd om een glimp van patriarch Teoctişt van Roemenië en al diens Transsylvaanse bisschoppen op te vangen. Op hun podium, hoog boven de menigte, vormden de ambtsdragers een oogverblindende schittering van gouden, zachtblauwe en rozerode gewaden, en die bejaarde boeren, moeders met baby's en tieners in spijkerbroeken, hadden daar al een halve dag lang in eerbiedige stilte gestaan om bij elk 'Amen' en 'Heer, ontferm u' hun hoofden te buigen en een kruis te slaan. Maar nu waren ze moe en hongerig en niet meer in de stemming om nog langer te wachten op de piepjonge monniken die kennelijk niet in staat waren om de verdeling van de gewijde broodjes en de gratis boeken in goede banen te leiden. Dus waren ze in actie gekomen en was er in de smalle zuilengalerij naar de tuin een opstootje ontstaan. De kleine boerenvrouwen gebruikten hun ellebogen, de mannen hun stevige borstkassen en de tieners hun slungelige lengte om een plaatsje te veroveren waar ze de broodjes en de boeken konden opvangen die door de paniekerige monniken ten slotte maar in de lucht werden gegooid. Je hoorde schreeuwen van woede, kreten van pijn en oorlogsgehuil.

'Het lijkt wel revolutie,' gromde een oude vrouw, die zich uit het gekrakeel terugtrok om haar afgedragen jas en haar hoofddoek recht te trekken. Ze propte het fraai uitgegeven boek in haar tas, nam een hap van haar broodje en baande zich een weg door de groepen pratende monniken en opgeschoten seminaristen, de heuvel af naar een parkeerterrein vol bussen uit heel Transsylvanië.

Het was woensdag 21 oktober 1998, vijftig jaar na de dag dat Roemenië's nieuwe communistische bewind, samen met de orthodoxe Kerk, als twee handen op één buik, de opheffing van de geünieerde Kerk officieel hadden verklaard en haar gebouwen overgenomen. Tussen de twee wereldoorlogen hadden de geünieerden de grootste denominatie in Transsylvanië gevormd, maar de orthodoxen hadden de belediging van rooms-katholieke zijde nooit vergeten of vergeven. In elk geval had Stalin – altijd beducht voor Vaticaanse invloeden in zijn rijk – de geünieerde Kerk van de Oekraïne, onderdeel van de Sovjet-Unie, onwettig verklaard, en dus had satellietstaat Roemenië dat voorbeeld gedwee gevolgd. Hoewel de trouwste geünieerden diepbedroefd waren vanwege de gevangenneming van hun bisschoppen en geestelijken en de confiscatie van hun kerken, en ondergronds waren gegaan, was de meerderheid mee overgestapt. Schaamteloos juichend om de uitbreiding van haar kudde en de eigendommen die haar in de schoot werden geworpen, had de Roemeense orthodoxe Kerk de verheugende terugkeer van haar ketterse broeders tot het 'Ware Geloof' gevierd en de onschatbare waarde van de 'eenheid' opgehemeld.

Tegenwoordig kunnen de meeste Roemeens-orthodoxen nauwelijks verhelen hoezeer het hun ergert dat de geünieerden na de val van het communisme weer bovengronds zijn gekomen, de teruggave van hun kerken eisen en met hun legalistische spitsvondigheden de gang van zaken op de rechtbanken dwarsbomen. De ruzies waren al snel ook buiten de rechtbanken voortgezet. In een paar van de belangrijkste steden en dorpen van Transsylvanië hebben groepen geünieerden hun kerken met geweld opgeëist en in het holst van de nacht ruiten ingegooid en deuren opengebroken. Zowel in Roemenië als in de Oekraïne worden de veldslagen van de veel grotere oorlog van orthodox Europa tegen het Westen op deze manier uitgevochten – op kleine schaal, man tegen man, om bakstenen en mortel.

Orthodoxe geestelijken zijn altijd blijven hameren op eenheid, op één verenigde orthodoxe Kerk voor alle Roemenen. In hun ijver, en mogelijk in Byzantijnse trant gedreven door blinde hoop, ontkennen ze de simpele waarheid dat de geünieerden zich nooit met hen hebben wíllen herenigen en dat nog steeds niet willen. Dat patriarch Teoctişt en zijn bisschoppen de gelegenheid van die droevige vijftigste verjaardag van de afschaffing van de geünieerde Kerk aangrepen om die ochtend in Alba Iulia de lof van de eenheid te zingen, was op zijn zachtst gezegd onkies. De titel van het gratis boek dat werd uitgedeeld luidde schaamteloos: *Verdeeldheid brengt lijden, eenheid brengt geluk.*

Een van de grootste problemen tussen de twee Roemeense Kerken is gevolg van het feit dat de geünieerden in de achttiende eeuw het puikje van Transsylvanië's prille intelligentsia vormden. Het ging om Roemenen die hun overstap naar het uniatisme hadden beschouwd als een schappelijke prijs voor het uitstekende onderricht dat ze op de jezuïetenscholen van de geünieerden konden krijgen. De orthodoxen zijn geneigd te vergeten dat die eerste geünieerden hartstochtelijke patriotten waren, wier wetenschappelijk onderzoek op historisch en taalkundig gebied de kiem heeft gelegd voor Roemenië's onafhankelijkheidsstrijd in de negentiende eeuw. Dat de geünieerden de natie die unieke dienst hebben bewezen, wordt vaak over het hoofd gezien.

Al even vaak wordt de waardevolle dienst vergeten die een geünieerde hoogleraar uit de Transsylvaanse stad Cluj het Roemeense volk eind 1980 heeft bewezen. De moedige open protestbrieven van Doina Cornea tegen Ceauşescu's waanzinnige plan om de Roemeense dorpen te verwoesten en de boeren naar torenflats te verhuizen, werden door de BBC en Radio Free Europe uitgezonden, en behoorden daarmee tot de eerste tekenen van openbaar verzet tegen het wrede regime. Zo raakte ze haar baan aan de universiteit kwijt en werd ze onder huisarrest geplaatst, maar in december 1989 zou ze als enige heldin van de revolutie worden erkend. De vervolging van weer een andere niet-orthodoxe Transsylvaniër, de Hongaarse protestantse predikant László Tökes uit Timişoara, gaf het uiteindelijke startsein tot de revolutie. Nog zo'n held die meteen op een zijspoor werd gerangeerd, net als Doina Cornea.

Orthodoxe Roemenen staan tegenwoordig vaak even vijandig tegenover de geünieerden als tegenover de Hongaren. Ze beschouwen beiden als manifestaties van het kille, berekenende Westen, waar hun orthodoxe cultuur tegen moet worden beschermd.

De revolutie van 1989 heeft haar geünieerde en haar Hongaarse kinderen opgegeten maar vergaf wel patriarch Teoctişt, wiens gedrag tijdens die onstuimige, gewelddadige winterdagen allesbehalve heroïsch was. Twee dagen na het uitbreken van de opstand, na de beestachtige maar mislukte strafexpeditie van het leger naar Timişoara, had Teoctişt gemeend Ceauşescu een telegram te moeten sturen om hem geluk te wensen met zijn herverkiezing als leider van de communistische partij. Daarin had hij Ceauşescu's 'wijze en vooruitziende leiding' geprezen. Hij had lovend gesproken over 'de gouden eeuw die terecht uw naam draagt, en waarvan de verworvenheden nog duizenden jaren zullen standhouden'.[5] In januari 1990 is hij afgetreden, maar twee maanden later liet hij zich door zijn clerus overreden om de patriarchale troon weer te bestijgen. Maar één enkele communiteit van Roemeense nonnen – even onverzettelijk als degenen die in het Byzantium van de vijftiende eeuw in opstand waren gekomen tegen de hereniging van het oosterse met het westerse christendom – is altijd blijven protesteren tegen het feit dat hij nog steeds de patriarchale troon bezette. Toen hij in 1997 met Kerstmis voorging bij de plechtigheid, onderbraken ze hem voortdurend en zijn ze schoppend en schreeuwend door de politie de kerk uit gesleurd. De Roemeense regering respecteert de Kerk en haar leider zonder verdere ophef. In november 1998 beloofde zij patriarch Teoctişt financiële steun bij de bouw van een gloednieuwe 'Kathedraal van de Redding van het Volk' in het hartje van Roemenië's hoofdstad Boekarest. Groot genoeg om een kudde van vijftienduizend mensen te bevatten, zal zij het arme Roemenië minstens vijf miljoen dollar lichter maken. De geünieerde Doina Cornea en de Hongaarse protestant László Tökes zullen zich ongetwijfeld afvragen wat er is geworden van de revolutie waar ze hun leven voor op het spel hebben gezet.

Acht jaar na de omverwerping van het communisme klonk de stem van die eenzame heldin zwak en klaaglijk aan de andere kant van een slechte telefoonlijn tussen Târgu Mureş en haar woonplaats Cluj, op ongeveer een uur rijden. Mevrouw Cornea voelde zich te ziek om iemand te ontvangen en stelde me voor om in plaats van haar de geünieerde Theologische Hogeschool in Cluj te bezoeken. Carmen, Viorels vrome orthodoxe vrouw, en ik reden er op een mistige ochtend heen en stopten onderweg bij het klooster van de Geboorte van de Moeder Gods om een kaars op te steken en voor een behouden reis te bidden.

'Wist jij dat Vader Ioan ooit een visioen van de Maagd Maria heeft gehad?' zei Carmen toen we wegreden. 'Ze zei dat hij heel veel mensen zou helpen door hier een klooster te bouwen.'

In het pas geschilderde collegegebouw, het kloppende hart van de geünieerde wereld, onthaalde een jeugdige assistent van de geünieerde bisschop van Cluj me op een verslag van de recente teruggave van een van hun kerken. Hij zat achter zijn computer, een ernstige jongeman in een zwarte spijkerbroek met bijpassend poloshirt en een groot houten kruis om zijn hals.

'Het was een vrijdagmiddag in maart. We waren naar de Hoge Raad geweest om onze kerk terug te krijgen en het hof had ons in het gelijk gesteld, maar de orthodoxen weigerden onze kerk terug te geven. Die dag besloten een paar van onze mensen dat ze lang genoeg hadden gewacht en braken ze in. De sfeer was fantastisch, dat weet ik zo goed omdat ik erbij was. Net of het weer revolutie was! En toen verschenen er een paar orthodoxe seminaristen met houten knuppels, aangevoerd door een van hun priesters, en het leek wel een veldslag daar in de kerk! Echt, het was net de revolutie. We noemden de orthodoxen zelfs terroristen! Een van onze priesters probeerde bij het altaar te komen, maar de orthodoxe seminaristen gingen in de weg staan. Na ongeveer tien minuten trokken ze zich terug en zette de politie het gebied af. Natuurlijk, het was niet goed dat we het recht op die manier in eigen hand namen. Dat was helemaal verkeerd, maar de mensen waren die kerkdiensten in de openlucht beu...'

We hadden het over de recente hausse in de orthodoxe kloosterbouw.

'En niet alleen kloosters,' onderbrak hij me, 'heb je die nieuwe orthodoxe kerk recht tegenover dit gebouw gezien? Die stond er van de ene op de andere dag. Wij denken dat ze een van hun spionnen heel dicht bij ons in de buurt willen hebben. Je moet niet vergeten dat er hier in Transsylvanië een soort oorlog woedt en dat de kerken wapens zijn. Stel het je maar voor als een oorlog tussen McDonald's en Burger King: waar de een is verschijnt binnen de kortste keren ook de ander.'

Viorels vrouw en ik begaven ons voor de lunch naar de gloednieuwe maar vreemd genoeg uitgestorven McDonald's. Carmen legde uit dat het voor de gemiddelde Roemeniër domweg te duur was om hier te eten, en al gauw waren we terug in de auto, weer op weg naar de bakermat van het uniatisme in Transsylvanië.

Blaj is een kleine Transsylvaanse handelsstad, verstopt in de heuvels, bijna halverwege tussen Târgu Mureş en Alba Iulia. Van de heuvel af gezien bood de stad op die heldere herfstmiddag een fraaie aanblik. Helemaal aan de rand glansde de nog in de steigers staande gouden koepel van een bijna voltooide orthodoxe kerk. In het overzichtelijk ontworpen, onmiskenbaar Oostenrijks aandoende centrum, stonden de barokke tweelingtorens van de grote geünieerde kathedraal en vlak ernaast de pas geverfde gevel van het indrukwekkende geünieerde seminarie. Beide gebouwen zagen eruit alsof ze oorspronkelijk waren bedoeld als de pronkstukken van een veel belangrijker en welvarender stad – op het formaat van Salzburg in Oostenrijk of Sopron in Hongarije. Ze hoorden niet in orthodox Oost-Europa maar in Centraal-Europa thuis, en hun omgeving leek van de weeromstuit nog nietiger.

Ik baande me een weg de trap op, door een hele menigte seminaristen die precies eender waren gekleed als degene die ik in Cluj had gesproken, klopte op de deur en vroeg Vader Nicolae Lupea, de geestelijk leider van het seminarie te spreken. Een non ging me voor door een doolhof van gangen met smetteloos linoleum, behangen met sentimentele negentiende-eeuwse prenten van de Maagd Maria met een blauwe sluier, haar hoofd omkranst met rozen, met roze wangen en blauwe ogen waar tranen in glinsterden. Onmiskenbaar een sterke rooms-katholieke invloed. Hoewel Wenen alleen had geëist dat de geünieerden het gezag van de paus erkenden en het filioque in de geloofsbelijdenis opnamen, en had toegestaan dat ze hun oosterse riten, hun iconen, hun getrouwde priesters en hun liturgieën behielden, leek de sfeer hier in het hartje van geünieerdenland onversneden rooms-katholiek.

De kamer waar ik werd binnengelaten was ruim, met een hoog plafond in Habsburgse empirestijl en lichtblauw geschilderd, de kleur van Maria's sluier. De bewoner was een kleine oude man, al even kwiek en blozend als Vader Ioan in het klooster van de Geboorte van de Moeder Gods, maar slechts half gekleed. Terwijl hij snel een overhemd over zijn plastron aanschoot, verontschuldigde hij zich voor zijn *déshabillé* en vertelde dat hij net een injectie had gehad.

Ik zat al snel op mijn gemak over de orthodoxe viering van de hereniging in Alba Iulia te vertellen. Toen ik de titel noemde van het gratis boek dat ik daar had zien uitdelen, grijnsde hij. 'Om uitgerekend deze dag te kiezen voor het vieren van de eenheid van de Kerk!' Vol ongeloof schudde hij het hoofd. 'Er verandert niets. Het is dezelfde geschiedenis als in 1054, toen het naar wereldse macht strevende orthodoxe Oosten met Rome brak. Vanuit datzelfde streven naar wereldse macht praten ze nu weer over eenheid, maar in werkelijkheid willen ze alleen onze kerkgebouwen houden,' zei hij, 'en die hereniging waar ze het over hebben heeft nooit plaatsgevonden, omdat die de opheffing van onze kerk betekende. Ik weet hoe het is gegaan en dat klopt niet met wat zij zeggen! Luister, er zijn zo'n vijfhonderd van onze priesters gearresteerd en vervolgens naar verschillende orthodoxe kloosters gestuurd. Er zijn bisschoppen gedood! Ik heb zelf vijf jaar in werkkampen doorgebracht en ben toen tien jaar lang ondergedoken, van de ene plek naar de andere trekkend en logerend bij gelovigen die ik kon vertrouwen en waar ik in slaapkamers, op erven of waar dan ook voorging. Niemand hoeft mij te vertellen dat het anders is gegaan, want ik heb het zelf meegemaakt!'

Hoewel ik het vervelend vond de bejaarde man te onderbreken terwijl hij door herinneringen werd overspoeld, was ik vooral geïnteresseerd in de allervroegste geschiedenis van de geünieerde Kerk. Ik was benieuwd wat hij me kon vertellen over de beroemde achttiende-eeuwse geünieerde bisschop met de merkwaardige naam Ion-Innocentie Micu-Klein, die de vurig orthodoxe Roemeense historicus Nicolae Iorgha ooit opmerkelijk genoeg had afgedaan als 'een slechte monnik, een slechte priester en een slechte bekeerling'.

'Ah! Een van de grote martelaren van onze geünieerde Kerk,' beschreef Vader Nicolae hem.

Ion Micu, zoals zijn geboortenaam luidde, was de zoon van een Roemeens ambachtsman. Innocenti was de naam die hij had aangenomen toen hij Roemeens-orthodox monnik was geworden en 'Klein', de Duitse vertaling van zijn Roemeense achternaam Micu, had hij toegevoegd toen hij zich tot het uniatisme had bekeerd en de Oostenrijkers hem in 1728 tot de hoge positie van baron-aartsbisschop van de geünieerde Kerk hadden verheven. Omdat ze niet hadden beseft dat zijn ware roeping in de Roemeense politiek lag, hadden ze Micu-Klein opgedragen de Roemeense boerenbevolking tot het uniatisme te bekeren. Het belangrijkste motief waarom Micu-Klein het uniatistische geloof had aangenomen was niet de hereniging van de christelijke Kerken of het steunen van de Contrareformatie geweest, maar het verwerven van meer rechten voor de achtergestelde Roemenen in een Transsylvanië dat werd geregeerd door een minderheid van Hongaren en Saksische Duitsers. Hij was vrijwel onmiddellijk in aanvaring gekomen met de Hongaarse landeigenaars die de gang van zaken in de Transsylvaanse rijksdag bepaalden en bereid waren om voor het behoud van hun privileges te vechten. Vader Nicolae greep zijn kans om nog eens in geuren en kleuren te vertellen over de merkwaardige verbale schermutseling tussen Micu-Klein en de Hongaren toen de bisschop voor het eerst in dat parlement was verschenen.

'Een van de Hongaarse edelen schamperde: "Is Saul ook onder de profeten?" En zijn antwoord luidde: "Ik ben op zoek naar de ezelinnen die mijn vader is kwijtgeraakt" – hij bedoelde natuurlijk de rechten van de Roemenen. "We gooien je straks het raam uit," schreeuwden de Hongaren tegen hem. "Dan kom ik weer naar binnen om de rechten van mijn volk te verdedigen," had hij teruggeschreeuwd.'

Die Hongaren vonden de Roemenen in Transsylvanië ongeveer van evenveel nut als 'motten in kledingstukken'. Ze hadden de spot gedreven met Micu-Kleins Latijn en de Roemenen nog steeds hardnekkig ieder recht ontzegd, behalve dat om te worden opgeleid tot uniatistisch geestelijke. Geenszins van zijn stuk gebracht, had Micu-Klein Wenen tussen 1730 en 1744 met vierentwintig uitvoerige petities

1 Waarschuwingsbord, de grens met de berg Athos

2A Het Krkaklooster in Kroatië

2B Vader Ilija, geflankeerd door Serviërs op de binnenplaats van Krka

3A Archimandriet Benedict in Bijeljina, de Bosnisch-Servische Republiek

3B Bisschop Vasilije Kaćavenda van Tuzla en Zvornik op de zeshonderdste herdenkingsplechtigheid van de slag bij Kosovo (Marcus Tanner)

4 Het veertiende-eeuwse Gračanicaklooster (Hutchinsonbibliotheek)

5 Vader Sava van het Dečaniklooster, Kosovo

6A Aartsbisschop Amfilohije Radović van Montenegro zalft de beenderen van de doden

6B Aartsbisschop Amfilohije, de auteur en Goran drinken thee in het Jovandolklooster

7A Negentiende-eeuwse witte vakwerkgebouwen, Voormalige Joegoslavische Republiek Macedonië

7B Kastoria, Noord-Griekenland

8A Bisschop Naum van Strumica met nonnen voor het Veljušaklooster

8B Veljuša's dertiende-eeuwse kerk

9A Buste van bisschop Germanos van Kastoria, Thessaloniki

9B Groot-Lavra, het oudste klooster op de berg Athos (Marc Dubin/travel Ink)

10A Sarandi aan de paasmaaltijd
op Patmos

10B John Kritikos bij de kerk
die zijn grootvader heeft
gebouwd, Patmos

11A De archimandriet die de lezing in Nafplio, Peloponnesos hield

11B Graaf Ioannis Capodistrias, Griekenlands eerste president (Hulton)

12A De staatsbegrafenis van aartsbisschop Serapheim van Athene, 1998

12B Aartsbisschop Serapheims opvolger Christodoulos, de 'Donderbui' (PA News)

13A De weg naar het klooster van de Geboorte van de Moeder Gods, Transsylvanië

13B Het klooster van de Geboorte van de Moeder Gods, Târgu Mureş, Transsylvanië

14A Monniken bouwen een klooster bij Târgu Mureş, Transsylvanië

14B Broodjes en boeken na de plechtigheid ter herdenking van de Unie, Alba Iulia, Transsylvanië

15A Ion-Innocenti Micu-Klein, de eerste geünieerde bisschop van Transsylvanië (R.W. Seton, *A history of the Roumanians*, afb. XI, 1934, Cambridge University Press)

15B De achttiende-eeuwse Oekraïense hesychast Sint-Païsi Velitsjkovski (Ukranian Research Institute, Harvard University)

16A Een non zeemt de ramen van het Moldoviţaklooster

16B Detail: Petru Rareş en zijn gezin bieden het Moldoviţaklooster aan God aan

17A Het Solovjetskiklooster, Solovjetski-eiland

17B Zondagse processie om het Solovjetskiklooster

18A Ivan de Verschrikkelijke (Bridgeman Art Library)

18B Tsaar Nicolaas II en tsarina Alexandra in zogenaamd middeleeuwse Moskouse klederdracht

18C Raspoetin (David King)

19A Moskous nieuwe Christus-Verlosser-kathedraal

19B Hovenier van het Stretenskiklooster, Moskou

20A Igumen Tikhon van het Nikolajevskiklooster, Verchotoerje, Siberië

20B Verchotoerjes achttiende-eeuwse kathedraal

21A Aartsbisschop Makarios,
president van Cyprus van 1960-1974
(Peter Mitchell/Camera Press)

20B Het aarts-
bisschoppelijk
paleis van
Cyprus met
het standbeeld
van Makarios
in de tuin

22A Ariko, de 'mukhtaris' van Kambos aan de paasmaaltijd

22B De Russische kapel in Limassol

23A Aartsbisschop Chrysostomos van Cyprus

23B Het Apostolos Andhreasklooster, Karpasschiereiland, Noord-Cyprus

24A Oecumenisch patriarch Bartholomaios I van Constantinopel en aartsbisschop Christodoulos van Athene (PA News)

24B Vader Dorotheos in de Theologische Hogeschool op het eiland Heybeliada, Turkije

gebombardeerd. Hij wilde dat de Roemenen werden erkend als een volk met eenzelfde status als de Hongaren en de Saksische Duitsers in Transsylvanië. Voor het eerst werd Roemenië's Dacische-alias-Romeinse herkomst als politiek argument aangevoerd. 'Sinds de tijd van Trajanus [de Romeinse keizer die Dacië veroverde] zijn we als wettige erfgenamen meesters van dit land van koningen geweest,'[6] schreef hij in een van die petities.

Maar de Oostenrijkers peinsden er niet over hun broze betrekkingen met de licht ontvlambare Hongaren op het spel te zetten terwille van een arrogante Roemeen die niet veel terecht had gebracht van zijn smerige taak. In 1733 toonde een telling aan dat er in Transsylvanië bijna zes keer zoveel geünieerde als orthodoxe priesters waren, maar de indruk dat de Roemeens-orthodoxen zich en masse tot het uniatisme hadden bekeerd was zonder meer misleidend. De ambachtslieden hadden dan misschien wel meteen begrepen dat het omhelzen van dat halfslachtige geloof materiële voordelen kon opleveren, maar de grote massa van de Roemeense boerenbevolking was mordicus tegen de vernieuwing gebleven. Wenen vermoedde niet ten onrechte dat Micu-Klein niet de moeite had genomen het ze uit te leggen, maar dat was niet de wortel van het probleem. Al hun redenaties en al hun argumenten konden een volk dat was grootgebracht met een geloof dat zowel met het een als het ander bijzonder weinig ophad niet aan het wankelen brengen. Een boer verwoordde zijn bezwaren tegen het uniatisme als volgt:

> De jas die ik aan heb is van mij. Maar als de keizerin hem zou willen hebben, zou ik hem graag afstaan. Ik heb dag en nacht met deze oude armen en benen en met mijn hele lichaam gewerkt om de tienden te betalen. Ze komen de keizerin toe en als zij ze wilde hebben kon ik daar niets tegen doen. Ik heb echter maar één ziel, die ik voor God bewaar, en die mag voor geen aardse macht buigen.[7]

In 1744 bracht een Servische monnik, Vissarion geheten, de uniatistische doelstelling onherstelbare schade toe door over het Transsylvaanse platteland te reizen en te beweren dat hij door een engel was gezonden om 'het voorvaderlijke Griekse geloof'[8] te verkondigen. Omdat monniken bij orthodoxe volkeren altijd meer eerbied en aandacht afdwingen dan priesters of bisschoppen, luisterden honderdduizenden Transsylvaanse Roemenen naar hem. Enorme aantallen verwierpen hun vooral formele uniatistische geloof en bekeerden zich weer tot de orthodoxie. Vissarion had hen gewaarschuwd dat iedereen die door een geünieerde priester was gedoopt, gehuwd of begraven, was 'overgeleverd aan de handen van de duivel'. Geünieerde priesters – als 'duivels uit de hel' bestempeld – werden uit hun dorpen verjaagd, hun kerken met geweld in bezit genomen en de zondigheid van hun muren geschrobd. Kinderen werden overgedoopt, huwelijken opnieuw ingezegend en doden herbegraven. Vissarions triomftocht werd al snel gevolgd door ongeregeldheden die werden aangewakkerd door een volgende populaire monnik, wat op zijn beurt weer leidde tot de komst van generaal Bukow met zijn kanonnen en de letterlijke uitroeiing van de orthodoxe monniken in Transsylvanië. De orthodoxie overleefde het echter en het duurde niet lang of Wenen werd onder Russische druk gedwongen de wettigheid ervan te erkennen. Het uniatistische geloof overleefde eveneens, maar de dagen van Micu-Klein waren geteld.

In het jaar dat Vissarion in Transsylvanië aankwam, werd Micu-Klein door keizerin Maria Theresa naar Wenen ontboden. Hij kon nog net voorkomen dat hij in een gekkenhuis ter plaatse werd opgesloten en vluchtte zuidwaarts, naar Rome, waar hij ontdekte dat de paus geen enkel belang in zijn benarde positie stelde. Verdrietig en berooid, aan handen en voeten gebonden, zag Micu-Klein zich gedwongen zijn officiële ambtskruis te verpanden. Hij stierf in de heilige stad, zich tragisch genoeg niet bewust van het feit dat hij bij de Roemenen met succes de kiem had gelegd voor het besef een volwaardige natie te zijn, een besef dat in de negentiende eeuw pas echt ontwaakte. In Blaj, waar hij zijn bisschopszetel in het herenhuis van een Hongaars edelman had gevestigd, hadden zijn neef en een eerste generatie uniatistische Transsylvaanse intellectuelen zich aan het opstellen van een geloofwaardige geschiedenis van de Roemenen en van een Roemeense grammatica gewijd. In 1848 was het conflict tussen de Roemeense orthodoxen en de geünieerden zodanig bekoeld dat de leiders van beide Kerken elkaar op een veld buiten Blaj konden ontmoeten om gezamenlijk hun Roemeense rechten op te eisen.

In de zomer van 1997 was het gebeente van Micu-Klein uit Rome naar huis gekomen om in de uniatische kathedraal naast dit seminarie te rusten. Ik wilde mijn respect tonen voor de man die zo tragisch verstrikt was geraakt in de tegenstrijdigheden tussen Oost en West, tussen zijn streven naar materieel welzijn voor zijn volk en het gegeven dat datzelfde volk zo getrouw vasthield aan een godsdienst en een cultuur die nog steeds diep in het bovenwereldlijke universalisme van het Byzantijnse tijdperk wortelde en helemaal niet verlangde naar het tijdperk van westers nationalisme dat al daagde. Met de Franse Revolutie aan het eind van de achttiende eeuw zouden die nieuwe tijden echt doorbreken, goedschiks of kwaadschiks. De westerse opvattingen over nationaal bewustzijn en nationale Kerken zouden in die nieuwe tijd boven aan de agenda staan. Griekenland nam daarbij het voortouw.

De reusachtige houten deuren van de uniatistische kathedraal zaten op slot, dus ging ik op zoek naar de sleutel. Achter in het park vond ik het paleis van de geünieerde aartsbisschop, hetzelfde Hongaarse grootgrondbezittershuis waar Micu-Klein twee eeuwen geleden had gewoond. Een vochtig aandoend stenen gebouw met torentjes en kleine ramen, in een beslist on-Roemeens stijve tuin. Ik belde, wachtte, belde nog eens. Toen de zware houten deur eindelijk krakend openging, herkende ik Lucian Mureşan, de aartsbisschop, moeiteloos. In zijn zwarte gewaad, met zijn roodzijden kalotje en sjerp, was hij op en top een rooms-katholieke kerkvorst. Ik moest een lachbui onderdrukken omdat de pompeuze Oostenrijkse gebouwen van Blaj, het aartsbisschoppelijk paleis én zijn plechtstatige gestalte plotseling het volstrekt onwerkelijke gehalte van het decor van een komische opera kregen. De aartsbisschop keek argwanend, maar toen ik mijn bedoeling had uitgelegd glimlachte hij en verontschuldigde hij zich voor het feit dat de kerk op slot was. Nadat hij een mollige jonge non met een sleutel die de lengte en het gewicht van haar onderarm had, eropuit had gestuurd om de deur open te maken, wenste hij me Gods zegen. De geünieerden van Blaj waren op hun hoede en letten goed op voor wie ze op een herfstige middag de deur openmaakten en wie hun heilige der heiligen binnenging.

De kathedraal was ruim, licht en smetteloos schoon. Het altaar was, zoals in de meeste orthodoxe kerken, door een iconostase van het schip gescheiden. Maar er stonden ook rijen glimmend gewreven houten kerkbanken en onmiskenbaar onorthodoxe beelden van de Maagd Maria in haar blauwe gewaden. Opzij van de altaartreden lag de eenvoudige, witmarmeren steen waaronder Micu-Klein rustte. Zijn naam en geboorte- en sterfdatum waren in het oppervlak gegrift en erbovenop prijkte een klein portret waarop hij er met zijn lichte ogen en blozende wangen even knap uitzag als Vader Ioan en Vader Nicolae. Het viel me op dat Micu-Kleins relikwieën kennelijk niet in deze kerk werden vereerd. Alles was even indrukwekkend, maar licht en eenvoudig.

Die avond, bij Viorel thuis, in Târgu Mureş, herkende ik de aartsbisschop van Blaj op het televisiejournaal. Diezelfde dag hadden de geünieerden en de orthodoxen informeel afgesproken om geen geweld meer te gebruiken om hun meningsverschillen bij te leggen. Ze zouden snel tot een formele overeenkomst moeten komen, omdat het eerste bezoek van een paus aan een orthodox land ervan afhing. Paus Johannes Paulus II zou Roemenië in mei 1999 bezoeken, meer op uitnodiging van de Roemeense regering dan op die van de orthodoxe Kerk. Geen vredesverdrag tussen orthodoxen en geünieerden betekende geen pausbezoek, en geen pausbezoek betekende een diplomatieke nederlaag voor de regering, en een diplomatieke nederlaag voor de regering zou kunnen betekenen dat patriarch Teoctişt in Boekarest de miljoenen dollars voor zijn nieuwe kathedraal wel kon vergeten.

De volgende ochtend vroeg wierp ik, voordat ik rechts afsloeg naar het vliegveld voor mijn vlucht uit Transsylvanië over de bergen naar Boekarest, een laatste blik op het klooster van De Geboorte van de Moeder Gods.

Het eiland Snagov
Walachije

Transsylvanië's meest beruchte zoon, de vijftiende-eeuwse Vlad de Spietser, was degene die Boekarest, toen hij voor de derde en laatste maal in zijn lange loopbaan over Walachije heerste, in een vestingstad veranderde en er zodoende de aanzet toe gaf dat ze halverwege de negentiende eeuw de hoofdstad van een verenigd Roemenië zou worden. Vlad had zich echter ook uitstekend thuis gevoeld in een versterkt klooster op een eiland in het Snagovmeer, zo'n vijfendertig kilometer ten noorden van de hoofdstad.

Ik ging er op een druilerige ochtend heen, samen met Dan Ciachir, een bekende Roemeense schrijver over religieuze zaken, die me had verzekerd dat we het Snagovklooster alleen in zouden komen als we onderweg bij een ander klooster langsgingen om een zekere Vader Damaskinos op te halen, die bevriend bleek met de enige monnik die nog op het eiland woonde. Ik constateerde dat ik weer helemaal terug was in de orthodoxe wereld, waar persoonlijke contacten het sine qua non zijn om iets voor elkaar te krijgen. Ik zou in Walachije en Moldavië niet – zoals ik in Griekenland en gedeelten van Transsylvanië wel had gedaan – op goed geluk kunnen rondreizen en ergens aankloppen. Daarom zou Dan in dit eigentijdse Byzantium mijn gids zijn, zoals Goran en Bogdan dat in delen van het voormalige Joegoslavië waren geweest.

Alles verliep volgens Dans plannen en halverwege de ochtend stonden wij drieën – Dan, Vader Damaskinos en ik – in de regen aan de oever van het Snagovmeer door een rietkraag en de mist erachter naar het eiland te turen en te roepen: 'Halloooo – halloooo!' Vrijwel meteen verscheen de voorsteven van een smalle roeiboot, gevolgd door de omtrek van een vrouw met een hoofddoek aan de riemen. Dan en ik stapten aan boord, gevolgd door Vader Damaskinos, die behoedzaam zijn omvangrijke lijf op het smalle bankje liet zakken en zijn gewaden om zich heen trok. Al gauw gleden we tussen het riet door het meer op, over het ondoorzichtige grijze water naar het eiland.

'Hoor eens,' zei Dan, toen we langs een van Ceaușescu's lustoorden op de rechteroever voeren en de toren van de kerk op het eiland boven de bomen zichtbaar werd, 'begin alsjeblieft niet meteen met vragen over Dracula. Vader Emilian is dat toeristische gedoe spuugzat.'

Ik knikte. Ik was al gewaarschuwd dat Vader Emilian Poenaru, vrijwel de enige bewoner van het eiland, niet de meest sympathieke monnik was. De lekenvrouwen die zijn huishouden deden – misschien ook deze roeister – hadden hem vanwege zijn heetgebakerde temperament dan ook de bijnaam Dracula gegeven.

Toen we op het eiland aankwamen was ik teleurgesteld dat ik geen sporen meer aantrof van de stoere muren waarmee Vlad de Spietser de plek had versterkt, en zelfs geen enkel klooster meer. Er stond alleen nog een veertiende-eeuws kerkje, in dezelfde vriendelijke, bescheiden stijl die ik in Macedonië had gezien. Een al even bescheiden houten hut, een paar passen van de kerk, bood onderdak aan Vader Emilian. In de dagen van Vlad hadden die inmiddels verdwenen muren zich helemaal tot de oevers van het meer uitgestrekt en alle aanvallers afgeschrikt, net als de muren van Constantinopel. Binnen die muren hadden drie kapellen gelegen, de cellen van de monniken, gastenverblijven voor de bojaren die op bezoek kwamen en ook voor hun dienaren, een bescheiden paleis voor de vorst, een kleine gevangenis, een schatkamer en een munt. Het Snagovklooster was een kleine versterkte stad geweest en dankzij de ligging een zeer effectief toevluchtsoord. Vlad had hier zonder twijfel zijn God vereerd, maar ook – te oordelen naar het aantal onthoofde skeletten die er sindsdien zijn ontdekt – zijn vijanden gemarteld. Lokale boerenlegenden verhalen hoe hij zijn slachtoffers in een bepaalde kleine cel plachtuit te nodigen, hen op de knieën voor een icoon van de Moeder Gods dwong en dan een speciaal geconstrueerd valluik opende om ze tot zijn grote genoegen omlaag te zien vallen, recht op een woud van scherp geslepen spietsen.

Plaatselijke legenden vertellen ook dat Vlad de Spietser, na zijn dood tijdens een gevecht met de Turken in 1476, hier in deze kerk was begraven, recht tegenover het altaar. Maar er gaan ook geruchten dat de Griekse monniken die het klooster in de achttiende eeuw bestuurden hem hebben opgegraven en op een minder bevoorrechte plek achter in de kerk herbegraven. Tegenwoordig ligt er zomaar ergens in de kerk een simpele steen, herkenbaar aan een kopie van zijn beroemdste portret. Ik was niet onder indruk en Dan verheugde zich vooral op de uitgebreide koffietafel in de houten hut van Vader Emilian, waar Vader Damaskinos zich al had teruggetrokken.

'Een van de eerste punten die je van het orthodoxe kloosterleven moet begrijpen,' legde Dan uit, 'is de traditie van de kloosterlijke gastvrijheid.'

De grote kamer van Vader Emilians hut werd behaaglijk verwarmd door een tegelkachel. Er hingen iconen en er stonden een groot televisietoestel en een tafel boordevol Roemeense lekkernijen – warme, koude en zoete vleesschotels, ingemaakte rode pepers en pinda's. De kopjes koffie stonden te dampen. Er werden een karaf met heldere *ţuica* en een fles wijn te voorschijn gehaald. Wenkend dat we moesten gaan zitten, schoof Vader Emilian, een gebrilde veertiger, aan tafel, met een pakje Marlboro Light, een bovenmaatse asbak en een of ander breiwerkje.

'*Ora et labora* – dat is het monnikenleven,' zei hij bij wijze van uitleg. 'In één enkele winter krijg ik zo'n twaalf stuks af, sommige met mouwen, sommige zonder. Kijk, dat is een van mijn scheppingen,' en hij wees naar Vader Damaskinos, wiens forse tors behaaglijk werd omsloten door een dikke, zwarte versie van het roomkleurige wollen vest dat de ander onder handen had. Vader Damaskinos bloosde.

Dan was in zijn element. Hij genoot van de gelegenheid om kerkelijke roddels uit te wisselen, schepte zijn bord vol, prees de wijn. Door stilletjes mee te luisteren kwam ik te weten dat Dan en Vader Emilian zich, hoewel Roemenië op dit moment op zo'n driehonderd kloosters en sketes méér kon bogen dan in 1989, zorgen maakten over het bedroevende niveau van de jonge mensen die ze bevolkten. Ze waren ervan overtuigd dat het waarschijnlijk voor het grootste deel 'economische vluchtelingen' waren, op zoek naar een levenslang abonnement op maaltijden. Was het feit dat de meeste monniken en nonnen uit Moldavië afkomstig waren, de armste streek van Roemenië, daar niet het duidelijkste bewijs van? De Transsylvaanse Vader Emilian moest niets hebben van de manier waarop veel van die Moldavische monniken op hun heiligheid pochten en zich zelfs hesychasten durfden te noemen, alleen maar omdat Sint-Païsi Velitsjkovski, een grote achttiende-eeuwse hesychast, uit Moldavië kwam.

'Als iemand zichzelf hesychast noemt kun je er donder op zeggen dat hij het niet is! Zodra je van iemand weet dat hij hesychast is, is de duivel al aan het werk!' zei hij, zijn breinaald door de lucht zwaaiend om zijn woorden kracht bij te zetten. Dan knikte, zijn mond te vol om te kunnen antwoorden, dus vervolgde Vader Emilian: 'Onder het communisme was het heel anders. Toen moest je echt roeping hebben om monnik te worden. Je moest erop voorbereid zijn dat je familie eronder zou lijden. Mijn zuster was stewardess en vloog de hele wereld rond, totdat ik monnik werd. Toen kreeg ze alleen nog binnenlandse vluchten. Het is tegenwoordig gewoon veel te makkelijk om monnik te worden...'

'Vader Emilian,' waagde ik hem te onderbreken, 'hoe bent u ertoe gekomen om monnik te worden?'

'Ik was op een middag in Boedapest,' zei hij, even pauzerend om zijn handwerkje neer te leggen en een nieuwe sigaret op te steken, 'en ik ging naar een Britse film over Thomas Becket kijken – u weet wel, die met Peter O'Toole en Richard Burton. Ik zal u zeggen, ik heb hem die middag niet één keer maar wel zes keer achter elkaar gezien. De volgende dag was het feest van Sint-Paraschiva. Ik liep regelrecht naar een klooster en dat was dat. Dat was in 1969.'

Ik vond het ontroerend te bedenken dat die amusante maar enigszins cynische monnik ooit zodanig door een film was geraakt dat hij de wereld had verlaten om in te treden. Terwijl ik met een half oor naar zijn bittere klaagzang over het Westen luisterde, dat alle kwaad van de wereld naar Roemenië had geëxporteerd – homoseksualiteit, drugs en rockmuziek – vroeg ik me af of hij er ooit van had gedroomd zich heldhaftig tegen de communistische staat te verzetten, net zoals Thomas Becket zich tegen Hendrik II had verzet. Was het feit dat hij dat niet had gedaan soms de bron van zijn bitterheid? Hij had daarnet ten slotte toegegeven dat hij bevriend was geweest met de jongste zoon van Ceauşescu, de playboy Nicu.

'... de hoer van Babylon in het boek Openbaring is overduidelijk Amerika – een land zonder tradities, zonder geschiedenis, zonder wat dan ook...' zei hij, terwijl hij zijn sigaret uitdrukte en zijn hand naar de karaf uitstak. Ik hoorde een echo van het late Byzantium, dat de tulband van de sultan boven de kardinaalsmijter had verkozen. 'De islam heeft tenminste eigen tradities en probeert ook niet zijn standpunten te exporteren. Dat moet ik ze nageven. De paus – lieve hemel – die denkt dat hij Jezus Christus zelf is!'

'En die geünieerden beschouwen zichzelf ook als kerkvorsten, waar of niet?' viel Dan hem bij. 'Ze zijn vreselijk trots op wat ze voor de Roemeense natie hebben gedaan, maar wat stelde dat nou eigenlijk voor?'

Dan had de plank echter volkomen misgeslagen. Hij was vergeten dat hij het tegen een trotse Transsylvaniër had.

'Nee en nog eens nee. Je kunt over de geünieerden zeggen wat je wilt,' zei Vader Emilian op onheilspellend afgemeten toon, 'maar je kunt niet om het feit heen dat hun intellectuele bijdrage aan de ontwikkeling van Roemenië in de achttiende en de negentiende eeuw cruciaal is geweest – cruciáál, zeg ik!'

Oog in oog met de zwaaiende breinaald haalde Dan zijn schouders op en pakte hij nog een stuk taart. Toen er een schaal met jam gevulde pannenkoeken uit de keuken kwam, greep hij de kans om van onderwerp te veranderen. 'Wist je,' zei hij, zich naar mij omdraaiend, 'dat het woord voor pannenkoek in het Roemeens hetzelfde is als het woord voor "tiet" in het Nederlands?' Die coïncidentie bracht hem op een hele reeks bizarre nieuwe gedachten. 'Ik heb een interessante theorie,' meldde hij, 'namelijk dat er een belangrijk verband bestaat tussen een tekort aan orthodox geloof en de frigiditeit van een vrouw – het heeft waarschijnlijk iets te maken met een hartstochtelijk hart dat ook tot andere soorten hartstocht leidt, denk je niet?'

Tot mijn verbazing hadden de twee monniken geen enkele behoefte ertegen in te gaan. Integendeel. Terwijl ik woedend fantaseerde over de stoel van Dan, een valluik en een woud van spietsen, zaten ze instemmend te knikken.

Tegen de tijd dat we van tafel opstonden was de wijnfles helemaal leeg, de karaf met brandewijn half en stroomde het nog steeds van de regen in de almaar somberder wordende buitenwereld.

Het Bistriţaklooster
Moldavië

Pas nadat we samen van Boekarest naar het noorden waren gereisd, heel Moldavië door, om laat in de middag bij het Bistriţaklooster aan te komen, wist ik zeker dat ik er goed aan had gedaan mijn vrouwelijke trots opzij te zetten en van Dans diensten gebruik te blijven maken.

Het was een slopende rit geweest. De enige fatsoenlijke weg door Moldavië loopt via een paar van de armste steden van Roemenië. Buzau, Bacau en Barlad klinken niet alleen vrijwel hetzelfde maar zien er met hun vochtige, bouwvallige huizenblokken, stukgereden wegen, smerige winkels en gebarsten trottoirs ook hetzelfde uit. Stinkende, dieselolie uitbrakende vrachtwagens, roetzwarte bussen en paard en wagens hadden ons op elk stukje weg verhinderd vaart te maken. Pas toen we linksaf waren geslagen, van de hoofdweg af, en door de uitlopers van de Karpaten die Moldavië van Transsylvanië scheiden omhoog reden, werd het verkeer minder druk, de lucht schoner en het uitzicht mooier.

'Doorrijden, rechtdoor!' zei Dan toen ik het parkeerterrein van het klooster op wilde draaien. 'Rij maar door de poort – je kunt op de binnenplaats parkeren, daarginds, naast de kerk.'

'Weet je dat wel zeker?' zei ik, omdat ik graag een bescheiden en eerbiedige indruk wilde maken.

'Natuurlijk. Vader Kiprian, mijn geestelijk vader, is hier ook de starets – de abt. We blijven vannacht hier, dus binnen staat de auto veiliger.'

De kille herfstlucht rook naar houtvuur. Het klooster, aan de voet van een hoge heuvel met her en der wat bomen en de witte stipjes van snaterende ganzen, was een plaatje. Monniken liepen de kerk in en uit en de klanken van de gezongen vespers waren nog net hoorbaar. In de kloostergebouwen gingen de lampen aan. Hun witgepleisterde muren en donkerhouten veranda's deden me denken aan de gebouwen die ik eerder in Dečani had gezien, het laatste klooster waar ik had mogen overnachten. Maar de kerk was heel anders, al vertoonde ze evenveel westerse invloed als die in Dečani. We waren mijlenver van de bekoorlijke koepeltjes van de Macedonische kerken, van de stoere vierkante vorm van het Griekse kruis en het fraaie metselwerk van de beeldschone kerk van Gračanica met haar druppelvormige koepels. Deze kerk was gebouwd van zandsteen. Hoog, lang en smal, met een steil zwart dak en een lage torenspits.

'Deze stijl noemen we Byzantijns-gotisch,' legde Dan uit, 'die vind je alleen hier in Moldavië. Polen en Hongarije hadden hier in de Middeleeuwen veel invloed, zodat de architecten zich zowel door het rooms-katholieke Westen als door het Oosten lieten inspireren.'

Het interieur was al even onorthodox. Hoewel de donkere fresco's – waarvan er een de Byzantijnse keizer Constantijn en diens moeder Helena op een van de eerste kerkelijke concilies afbeeldde – onmiddellijk herkenbaar waren als oosters-orthodox, was het grondplan van de kerk dat niet. Dan en ik liepen vanuit een vertrek met tapijten op de vloer en een stalletje waar kaarsen, kerkelijke kalenders, wierook en iconen werden verkocht, door een lage, smalle gang naar een donkere, lege *pronaos*, en vervolgens naar een nog kleinere ruimte waar de stenen graftombes van voormalige abten waren ondergebracht, en weer verder, door de volgende smalle overwelfde gang naar de grotere *naos*, waar kaarsen brandden en vrouwen de fresco's kusten. De voornaamste attractie in de naos was een donkere icoon, verlicht door een in geel nylon gestoken tl-buis, als een Turkse marktkraam.

'De wonderbaarlijke icoon van Sint-Anna,' siste Dan in mijn oor. 'Je kunt abt Kiprian er alles over vragen. Kom nu maar mee, anders zijn we te laat voor het avondeten.'

Tot mijn spijt merkte ik dat we niet samen met de monniken in hun refter zouden eten. Dan en ik werden ondergebracht in een modern gebouw, ver van de communiteit. Onze eetzaal was een pompeuze, kille ruimte met een hoog plafond en dikke, roodfluwelen gordijnen. Op de lange tafel stond een schaal koolsla en een schaal vettige patat. Pas toen Dan me de aard van de nauwe betrekkingen tussen het klooster en de plaatselijke communistische autoriteiten tot 1989 had uitgelegd, begreep ik waar deze zaal oorspronkelijk voor had gediend. Het pand met zijn officiële ontvangstkamers was gebouwd en gebruikt door de plaatselijke communistische partijbonzen – bazen van fabrieken en gemeenschappelijke landbouwbedrijven, commissarissen van politie, partijsecretarissen en dergelijken – als een soort privérestaurant waar ze regelmatig terechtkonden voor een behoorlijke maaltijd in een beschaafde omgeving. In deze zaal hadden de monniken maar al te graag het beste dat ze bezaten geserveerd, in het vaste vertrouwen dat de beloning navenant zou zijn. Er was altijd wel een fabrieksopzichter geweest wiens vrouw heimelijk geloofde en bereid was haar man onder druk te zetten om het klooster een lading cement of stenen te schenken. Weer een ander had dan gezorgd dat het de monniken aan niets ontbrak als het om nieuw meubilair ging, enzovoort.

Op dat moment verscheen abt Kiprian uit de richting van de keuken, stil, indrukwekkend. Een soort Repelsteeltje, zijn stoffige monnikskap achter op zijn hoofd en een warrige, grijze haardos tot op zijn schouders. Zijn grijze baard was een wildernis, maar zijn ogen glommen en hij verwelkomde me met een tandeloze glimlach. Achter op de bruine leren gordel die hij hoog over zijn buik droeg, was het woord 'Jeruzalem' ingebrand. In zijn handen hield hij een grote schaal vis die in dikke, bruine aspic zwom.

Dan sprong overeind en kuste vurig de hand van zijn duhovnik alvorens hem te smeken mij te vertellen hoe hij de communistische autoriteiten ooit te slim af was geweest en het verbod op nachtenlange plechtigheden en klokgelui had weten te omzeilen. Abt Kiprian ging aan het hoofd van de tafel zitten en glimlachte bescheiden. 'Ik heb ze gewoon verteld dat het houden van nachtwaken en het luiden van klokken zinvol was omdat ik bang was voor rovers, met al die kostbaarheden in de kerk. Dat was alles.'

'Maar...' protesteerde Dan, die ook de rest van de anekdote wilde horen.

'O, dat is allemaal zo lang geleden – u moet iets van deze *crap* nemen,' zei hij, viste een karperkop met blinde ogen voor me op en schepte mijn bord vol gele *mamaliga*. Onder de indruk van zijn gastvrijheid, zijn bescheidenheid en zijn gelijkmatige, goede humeur, voelde ik me bij Vader Kiprian voldoende op mijn gemak om hem te vragen me iets te vertellen over de wonderbaarlijke icoon van Bistriţa.

Die was bijna zeshonderd jaar oud, vertelde hij. In 1407 had de Byzantijnse keizer Manuel Paleologus – dezelfde die een rondreis door Europa had gemaakt en Engeland had bezocht in een laatste vergeefse wanhopige poging om de christenen in het Westen warm te krijgen voor steun tegen de Turken – hem aan de vorst geschonken die dit klooster had gesticht. Een eeuw later had hij een andere Moldavische vorst van een zekere dood gered. Vorst Petru Rareş had de hele nacht in de kerk doorgebracht, biddend voor de icoon van Sint-Anna, toen vijandige Turken waren binnengestormd met de bedoeling hem te onthoofden.

'God heeft hem door een wonderbaarlijke transformatie gered,' zei abt Kiprian, 'plotseling veranderde hij voor de ogen van zijn vijanden in een sultan, met tulband en al. De boosaardige Turken gooiden hun wapens neer en begonnen voor hem te buigen en zich ter aarde te werpen.'

Daarna was de icoon, telkens als er behoefte was aan een wonder, naar buiten gebracht. Ze was vooral in tijden van droogte nuttig gebleken.

'In 1990 namen we haar voor het eerst in vijftig jaar mee op bedevaart. Het was begin zomer en het land had water nodig. 's Middags om vier uur regende het – gewoon een wonder! Vorig jaar heeft de icoon nog een vrouw met dikkedarmkanker genezen.'

'Maar Vader, wie is de heilige Anna?'

'Onze patrones – de patrones van alle Moldaviërs.'

'Ja, maar ik bedoel: wat deed ze toen ze nog leefde?'

'O,' zei hij, met zijn tandeloze grijns, 'weet u dat niet? Ze was toch de grootmoeder van Christus! De heilige Anna was onvruchtbaar maar merkte op een dag dat ze zwanger was. Toen de kleine Maria was geboren, nam ze haar uit Nazareth mee naar Jeruzalem – niet echt ver, ik ken de situatie ter plaatse omdat ik in het Heilig Land ben geweest. Afijn, de heilige Anna liep rechtstreeks naar de tempel, legde de kleine Maria op het hoogaltaar en ging toen weer naar huis. Maria is twaalf jaar lang door een engel van God grootgebracht, tot haar werd gezegd dat ze zelf een kind zou krijgen.'

Dat, bedacht ik, verklaarde wel zijn souvenir, de riem met 'Jeruzalem' erop, maar niet dit verhaal. Pas later ontdekte ik dat dit soort verhalen, die niet in de evangelies te vinden zijn, vóór de Reformatie in heel Europa circuleerde via de geschriften van een rooms-katholieke bedelmonnik, Jacobus de Voragine. Abt Kiprian was ongetwijfeld ook op de hoogte van het verhaal over de vroedvrouw die Christus veilig ter wereld had gebracht maar Maria's bewering dat ze nog maagd was zó twijfelachtig had gevonden dat ze een inwendig onderzoek bij de Moeder Gods had uitgevoerd en aan haar sceptische inspanningen een verschrompelde arm overgehouden. De protestantse Kerken en de rooms-katholieke Kerk van de Contrareformatie hadden al die kleurrijke volksverhalen naar de prullenmand verwezen, maar deze sprookjesachtige uithoek van de orthodoxe wereld is er nog steeds gek op en gelooft ze allemaal.

Abt Kiprian ging door en gaandeweg herkende ik het verhaal over de aankondiging. '"Hoe zal dat geschieden, daar ik geen omgang met een man heb?" vroeg Maria aan de engel. Ze kreeg opdracht de situatie te accepteren. Zoals u ziet, is de Maagd Maria niet zomaar als de eerste de beste geboren en heeft ze niet zomaar als de eerste de beste een kind gekregen... Neem nog wat van onze brandewijn. U moet goed slapen, want morgen wordt een belangrijke dag voor jullie.'

Dat was waar. Abt Kiprian was zo vriendelijk geweest ons te voorzien van een onmisbare introductiebrief voor het nabijgelegen Sihastriaklooster, thuishaven van archimandriet Cleopa, de beroemdste heilige man en duhovnik van Moldavië – en misschien wel van heel Roemenië en de rest van de orthodoxe wereld. Ik had de abt van een Grieks klooster de lof van deze oude Roemeense monnik horen zingen en Bogdan had me verteld dat zijn geestelijk vader, een Servische heilige man die Vader Tadej heette, regelmatig naar Sihastria reisde om hem te bezoeken. Archimandriet Cleopa was een vurig liefhebber van het Jezusgebed en van de *Philokalia*, een verzameling uitspraken van heiligen, en ik was tot de conclusie gekomen dat hij waarschijnlijk de enige echte hesychast zou zijn die ik zou ontmoeten.

Daar in die noordoostelijke uithoek van het land bevonden we ons in een van de oudste centra van het Roemeense kloosterleven. Hier had Moldavië's grootste vorst, de vijftiende-eeuwse Stefanus de Grote, voor alle vierendertig keren dat hij de Ottomanen had overwonnen uit dankbaarheid een kerk of een klooster gebouwd. Stefanus, door paus Sixtus IV vereerd met de titel 'Athleta Christi', had de Ottomaanse opmars in Europa aanzienlijk vertraagd.

De volgende ochtend verried een blik op Dans kloosterkaart een concentratie van ongeveer twintig belangrijke kloosters binnen een straal van zeventig kilometer om Suceva, de hoofdstad van Stefanus de Grote, een paar kilometer ten noorden van het Bistriţaklooster. Hier, bedacht ik, zou ik de sfeer van de Heilige Berg waarschijnlijk het dichtst benaderen. Overal waar we langsreden zagen we de zwarte gestalten van monniken en nonnen. We zagen nonnen die op het land werkten, monniken die schapen hoedden, monniken die in auto's reden of ze repareerden, nonnen die boodschappen deden of langs de weg liepen. We volgden de borden naar twee van Roemenië's grootste en bekendste vrouwenkloosters, Agapia en Varatec. In de negentiende eeuw waren dat geliefde toevluchtsoorden voor welgestelde weduwen en dochters van geestelijken en bojaren. De Roemeense orthodoxie was er nooit alleen voor de boeren geweest. Net als in Byzantium hadden de hogere standen een belangrijke rol in het leven van de Kerk gespeeld. Het was in Roemenië in elk geval nooit beneden je stand geweest je leven aan God te wijden in een prachtig klooster in een heilzame omgeving. De jongste dochter van koningin Maria van Roemenië, een van koningin Victoria's kleindochters, is een tachtigjarige orthodoxe non die tegenwoordig in Amerika woont.

We hadden de hoofdweg achter ons gelaten en volgden een weggetje dat door een rivierdal met aan weerszijden hoge, beboste heuvels omlaag kronkelde. Toen we Abt Kiprians alma mater voorbij waren, het Secuklooster, kwamen we bijna meteen bij het Sihastriaklooster, het verblijf van archimandriet Cleopa. Omdat het in de negentiende en niet in de vijftiende eeuw was gesticht, miste het de charme van abt Kiprians Bistriţaklooster. De gebouwen zagen er te nieuw uit, het schilderwerk glom oogverblindend, en te oordelen naar de betonmolens op de binnenplaats breidde het zich razendsnel uit. Maar boven aan een steil pad, achter het klooster, stond een rij haveloze zomerhuisjes met vaalblauwe houten balkons. Een ervan, met rijen houten banken ervoor, bood onderdak aan de beroemde duhovnik.

Een beeldschone jonge monnik met een dik leren jack over zijn habijt verscheen op het balkon om ons mee te delen dat de befaamde Vader Cleopa zich zojuist had teruggetrokken om vijftien minuten een dutje te doen. We gingen op een van de banken zitten wachten. Stond ik op het punt om mijn eerste echte hesychast te ontmoeten? vroeg ik me af. Welke vragen zou ik hem stellen? Wat zou hij me kunnen vertellen over het redden van mijn ziel en het aanschouwen van het Ongeschapen Licht? Had hij ooit een engel gezien? Zou hij net zo iemand zijn als Vader Ioan in het klooster van De Geboorte van de Moeder Gods, bij Târgu Mureş – vol grappen en grollen? Ik hoopte van niet.

De modelhesychast die ik in gedachten had was de achttiende-eeuwse Sint-Païsi Velitsjkovski, de man die door Vader Emilian op Snagov was genoemd als degene die het startsein had gegeven tot een verbazingwekkende opleving van het kloosterwezen in dit gebied, door de geschriften van de woestijnvaders en van de hesychasten uit het Grieks in het Roemeens en het Slavisch te vertalen. Een achttiende-eeuwse Griekse pelgrim die Sint-Païsi ooit had ontmoet, heeft ons een gedetailleerde beschrijving van de man nagelaten. 'Voor het eerst in mijn leven heb ik geïncarneerde en ongeveinsde heiligheid gezien,' schreef hij. 'Ik werd getroffen door zijn bleke, stralende gelaat, door zijn lange, weelderige baard, glanzend als zilver, door de smetteloosheid van zijn kleren en zijn cel. Zijn woorden zijn vriendelijk en oprecht... Hij heeft het voorkomen van een man die zich geheel en al van zijn lichamelijke behoeften heeft bevrijd.'[9]

Sint-Païsi Velitsjkovski, Oekraïner van geboorte, was nog maar een schooljongen toen hij gehoor gaf aan Gods oproep om de wereld vaarwel te zeggen. Toen hij een paar monniken in een kluizenaarsverblijf dicht bij zijn huis in Kiev bezocht, had hij het gevoel dat hij 'Gods engelen' ontmoette, en hoopte dat ook hij ooit 'het heilige engelenkleed waardig zou zijn'.[10]

Hij ging prompt op zoek naar een geestelijk vader en zwierf in de Oekraïne van klooster naar klooster, houten lepels snijdend en het hesychastische Jezusgebed opzeggend. Omdat zijn zoektocht niets opleverde en hij te lijden had onder de vervolging van de orthodoxen door zowel de rooms-katholieken als de geünieerden in die streek, stak hij ten slotte de grens over naar Moldavië, waar de druiven, die in het koudere Oekraïne niet groeiden, een heuse tantaluskwelling voor hem werden. Het ontbrak hem echter nog steeds aan geestelijke leiding. Op zijn vierentwintigste bracht zijn speurtocht naar een geschikte leidsman hem naar de berg Athos.

Hij leefde als kluizenaar op de Heilige Berg en leende boeken bij de bibliotheek van het Servische Hilandarklooster, voortdurend uitkijkend naar een geestelijk vader. Na verloop van tijd begonnen twaalf jonge monniken – zeven spraken Roemeens, vijf Slavisch – zich tot hem aangetrokken te voelen. In plaats van een geestelijk vader had hij nu een aantal geestelijke kinderen, en al heel gauw spoorde hij de hele monnikengemeenschap op de Athos aan om haar spirituele leven te verdiepen door de striktere Coenobitische Regel weer in te voeren en voortdurend het hesychastische Jezusgebed te herhalen: 'Heer Jezus Christus, Zoon van God, ontferm U over ons.' Hij legde zo uitzonderlijk veel nadruk op dat gebed omdat het, zoals hij zei, 'het werk is dat engelen en mensen gemeen hebben. Door dit gebed kunnen mensen de leefwijze der engelen benaderen.'[11]

Paissi's faam verbreidde zich, maar naarmate zijn communiteit groter werd, had hij meer gebouwen nodig om zijn monniken te huisvesten en werden de Ottomaanse belastingen fnuikender. Uiteindelijk gaven hij en zijn tweetalige broeders de dagelijkse strijd om op de Heilige Berg te overleven op en scheepten ze zich in naar Moldavië. Daar vonden ze rust in het bouwvallige klooster van Dragomirna, iets ten noorden van Sihastria. Het had geen dak en slechts weinig cellen, maar wel bijenkorven, zes ossen en akkers. Net als Athos was het verboden voor vrouwen. En wat nog belangrijker was: er hoefde geen belasting te worden betaald.

Toen deze verre noordoostelijke uithoek van Roemenië in 1774 door Rusland werd overgedragen aan het Oostenrijkse Keizerrijk, als prijs voor de hulp bij het terugdrijven van de Turken, werd die idylle ruw verstoord. Païsi gruwde van de expansiedrift van het rooms-katholieke Westen, zó ver naar het Oosten. Het riep natuurlijk nare herinneringen op aan de zware tijden in het door rooms-katholieken geregeerde West-Oekraïne, waar het wemelde van de geünieerden. Voordat hij naar Vader Kiprians alma mater was gevlucht, het Secuklooster, had hij de monniken die in Dragomirna achterbleven een ernstige waarschuwing gegeven: 'Het is onmogelijk om aan ketterijen te ontkomen als we door ketters worden omringd. De Roomse paus is overal, brullend als een leeuw, zoekende wie hij kan verslinden. Hij laat geen plaats met rust, zelfs niet in het hart van het Turkse rijk. Hij verontrust en beledigt de Heilige Kerk van het Oosten onophoudelijk.'[12]

Het spreekt vanzelf dat Païsi de nieuwe Transsylvaanse geünieerden had verafschuwd. Op een keer had hij er bij een geünieerde priester die hem om raad vroeg op aangedrongen 'de geünieerden zo spoedig mogelijk te verlaten, opdat de dood je niet inhaalt en tot de ketters rekent, en niet tot de christenen'.[13]

Zoals Sint-Christodoulos van Patmos en diens monniken in de Byzantijnse elfde eeuw van hot naar her waren gejaagd en ten slotte op Patmos rust hadden gevonden, gebeurde Sint-Païsi zeshonderd jaar later hetzelfde. In het laatste decennium van de achttiende eeuw was zijn communiteit zó gegroeid, dat de toenmalige Grieks-Fanariotische vorst van Moldavië hem had gevraagd naar Neamţ te verhuizen, een groot oud klooster op een paar kilometer van Secu en Sihastria. Païsi had er niets voor gevoeld. Hij was bang geweest dat er in Neamţ geen hesychia te vinden zou zijn, omdat er een wonderbaarlijke icoon was die druk werd bezocht door vrouwelijke pelgrims. Maar hij had het geschenk van de vorst niet durven weigeren. Toen hem later werd gevraagd hoe het leven in Neamţ was in vergelijking met dat in Dragomirna, had hij geklaagd: 'Het wordt elk jaar erger en het is onmogelijk dat ook maar enigszins te voorkomen, ondanks al mijn inspanningen. De oorzaak van dat alles is de onbeperkte toegang die vrouwen tot het klooster hebben...'[14]

Tegen het eind van zijn leven bracht Païsi hele nachten door met het vertalen van de belangrijkste hesychastische teksten uit het oorspronkelijke Grieks in het Kerk-Slavisch. Op bed, omringd door grammatica's, woordenboeken, evangelies en uitspraken van de woestijnvaders, schreef hij met zijn ganzenveer zo goed en zo kwaad als het ging, bij het licht van een kaars, zonder aandacht aan zijn doorgelegen, met korsten bedekte lijf te schenken. Die nachtelijke arbeid zou niet alleen in Moldavië vruchten afwerpen, maar ook in de meer dan honderd kloosters in de vijfendertig bisdommen in Rusland,[15] en de aanzet geven tot een langdurige, traag op gang komende opleving van het kloosterwezen. Rusland had in 1810 vierhonderdvijftig kloosters, maar in 1914 duizendvijfentwintig. Dat het aanzien en de vitaliteit van de hesychastische rijkdommen van de orthodoxie overeind zijn gebleven in een tijd dat platvloers nationalisme aanzwol tot een vloedgolf die heel Europa in de negentiende eeuw zou overspoelen, is voor een groot deel te danken aan Sint-Païsi.

Maar ook Païsi zelf is in ere gehouden. Zijn biograaf, een monnik uit het Neamţklooster, eindigde zijn versie van de levensgeschiedenis van de beroemde duhovnik met een dierbare herinnering aan de keer dat hij hem in de vredige tijden van Dragomirna onverwacht had gezien. Païsi had in zijn kamer zitten soezen, 'en zijn gezicht leek te stralen van genade'. De monnik had beseft dat 'de liefde van het vurige gebed in zijn hart ook op zijn gezicht glansde'.[16]

Zou het gezicht van archimandriet Cleopa na diens middagdutje ook glanzen van genade? Zou ik hem ongewild van zijn hesychia beroven? vroeg ik me bezorgd af. De mooie jonge monnik verscheen weer en beduidde ons binnen te komen.

'Niet meer dan tien minuten, alstublieft,' fluisterde hij. 'Vader Cleopa is zevenentachtig en heeft zes nieroperaties achter de rug.'

Op een hoog, hard bed in een kleine, slecht verlichte, bedompte kamer, die nog smaller en bedompter leek door de alle muren van vloer tot plafond bedekkende iconen, kaarsen en boeken, zat archimandriet Cleopa. Zijn gezicht glansde niet maar was wel merkwaardig glad. Zijn ogen stonden wat wazig, zijn met gouddraad geborduurde stola was een tikje sleets en in een hand klemde hij een groot, houten kruis, net als Vader Kiprians riem opgeluisterd door het woord 'Jeruzalem'. Hij was eerbiedwaardig, indrukwekkend oud en erg stil.

'Vader,' begon ik aarzelend, 'wat is de taak van een duhovnik?'

'Een duhovnik is de ziel van het klooster of het dorp. Door zijn leven en zijn preken hoort hij het Licht der wereld te zijn,' begon hij, maar vervolgde met een wat praktischere opmerking, en ook iets luider, 'een duhovnik moet het orthodoxe kerkrecht door en door kennen om mensen de juiste penitentie op te kunnen leggen. Een vrouw die abortus heeft laten plegen mag twintig jaar lang niet ter communie gaan! Maar iedereen die ziek is mag psalm 50 lezen in plaats van zich vijftig keer ter aarde te werpen...'

Zijn praktische schoolmeesterachtigheid verbaasde me, maar toen hij aan zijn levensverhaal begon bedacht ik dat die niet strijdig was met het hesychasme. De negen en een half jaar dat hij zich na de Tweede Wereldoorlog schuil had moeten houden vanwege de eerste communistische vervolgingen, had hij waarschijnlijk zoveel hesychia op zijn weg gevonden als een monnikenhart maar wensen kan.

Zijn herinneringen aan die tijd waren glashelder.

'Omdat ik als monnik twaalf jaar lang schapen had gehoed, kende ik de bossen op mijn duimpje, dus lag het voor de hand dat ik in 1959, toen de staat aan een nieuwe golf vervolgingen begon, besloot me daar te verbergen. Het nieuwe onderkomen dat ik voor mezelf bouwde lag drie meter onder de grond. Het was drie meter hoog, vier meter diep, drie meter breed en met boomschors geïsoleerd. Ik camoufleerde het zorgvuldig met dennentakken. Iedereen had er wel duizend keer langs kunnen komen zonder ooit te vermoeden dat daar beneden iemand woonde. Ik had een klein luik als voordeur, met een stuk ijzerdraad om het open te doen...'

'Maar hoe kwam u aan eten, Vader?'

'Kijk, op de eerste plaats had ik een doosje waarin ik het heilig sacrament bewaarde, en ik had ook een godslamp. Dat was natuurlijk mijn echte voedsel. Maar ik had ook paddestoelen, bessen en noten, en er was een vrome boswachter die me eenmaal per maand kwam opzoeken. Hij bracht altijd genoeg aardappels voor me mee om er elke dag een te kunnen eten, en soms wat maïs. Het was gevaarlijk voor hem dus liep hij altijd achteruit naar mijn hol – zo liet hij geen sporen na.'

'En de wilde dieren?' vroeg Dan.

'O ja, er waren herten en beren. We meden elkaar,' zei hij met een onverwacht luide schaterlach.

Maar wat deed u de hele dag? Bad u het Jezusgebed? Had u boeken – misschien een exemplaar van de hesychastische *Philokalia*? Er tolden allerlei vragen door mijn hoofd, maar onze tijd was om. De jonge monnik verscheen weer en wenkte ons naar buiten, terwijl Dan aangaf dat ik naar archimandriet Cleopa toe moest gaan om zijn kruis uit Jeruzalem te kussen. Dat deed ik en op mijn gebogen hoofd voelde ik de warme, zegenende hand van de oude monnik.

Toen ik op een ochtend iets meer dan een maand na onze korte ontmoeting zat te schrijven, kwam er een e-mail van Viorel, waarin stond: 'Vader Cleopa van het Sihastriaklooster is vandaag gestorven. Door de slechte toestand van de wegen kan Carmen niet naar de begrafenis. Ik vind het vreselijk dat ik je dit bericht moet sturen – maar zoals een stand-up filosoof uit Transsylvanië placht te zeggen: de dood hoort bij het leven...'

Het overlijden van Roemenië's meest geliefde geestelijk vader was voorpaginanieuws. Hij schijnt zijn dood een maand van tevoren te hebben aangekondigd, zoals grote orthodoxe heilige mannen betaamt. 'Dit is de laatste keer dat ik voor jullie zal preken. Ik moet me voorbereiden op de dood,'[17] had hij een groep regelmatig terugkerende pelgrims gewaarschuwd. Ongeacht het weer zouden er duizenden verweesde geestelijke kinderen naar Sihastria komen om langs de open kist te defileren en zijn koude hand te kussen. Hij zou in zittende houding worden begraven, zoals bij orthodoxe monniken gebruikelijk is.

Oosters-orthodoxe kerken weten wel raad met de dood. Viorel en die door hem merkwaardigerwijs 'stand-up' filosoof genoemde Transsylvaniër herhaalden alleen wat de fresco's op de muren van oosters-orthodoxe kerken de gelovigen eeuwenlang hebben ingehamerd. Al die massa's grootogige Byzantijnse heiligen met opgeheven zwaarden, al die engelen en koningen in hun Byzantijnse gewaden, vormen samen met de levenden één gemeenschap – één enkele Kerk. In de orthodoxe wereld rust op de dood geen taboe. Helemaal aan het begin van mijn reis, in het Krkaklooster, had ik mogen kiezen of ik een kaars in het zandbakje met het opschrift 'Levenden' of in dat met het opschrift 'Doden' wilde zetten. Op die warme herfstdag in het Jovandolklooster in Montenegro hadden we voor al lang geleden gestorven generaties van het geslacht Nikčević gebeden voordat hun beenderen met wijn werden overgoten. De innige band tussen levenden en doden betekent dat orthodoxe begraafplaatsen geen stille, verlaten oorden zijn, maar juist levendig en druk. Orthodoxe graven liggen dicht naast elkaar en zijn vaak alleen gescheiden door kleurige spijltjes, zoals die van een kinderledikantje. Er staan meestal tafeltjes en een paar bankjes, voor de bijeenkomsten die een maand, veertig dagen, drie maanden, negen maanden of een jaar na iemands dood worden gehouden. Op die dagen komen familie en vrienden naar het graf om iets te drinken en een plak *koliva* – begrafenisgebak – te eten. In de Oudheid deden de heidense Romeinen precies hetzelfde.

Door de Reformatie raakte het Westen niet alleen zijn rijke kloosters en op winst beluste priesters kwijt, maar ook deze levendige betrokkenheid van de levenden bij het lot van de zielen van de overledenen. Door ons voor te houden dat we niets kunnen doen om onszelf of onze dierbaren in de komende wereld van een aangenaam leven te verzekeren, lijken de protestanten ons te hebben aangemoedigd ons in plaats daarvan te concentreren op het leiden van een goed (deugdzaam of – misschien vaker – comfortabel) leven op deze wereld. We zijn onze band met de doden kwijt. Eerst werd de dood een droevig voorspel op een Oordeel waarvan de uitkomst schrikbarend onvoorspelbaar was, en toen gewoon een zinloos einde. Diepe angsten kweken onoverkomelijke taboes.

De volgende ochtend zat ik weer in het Bistrițaklooster van abt Kiprian op een bank op de binnenplaats te genieten van flarden van de liturgie die in de kerk werd gezongen. De zon die tussen de hoge heuvels opkwam verwarmde de stenen van het plaveisel en bescheen een rij schragentafels die tegen een van de kerkmuren waren gezet. De planken kraakten onder de zware last van de verrukkelijk uitziende gevlochten broden, de met cacaopoeder en gekleurde suikerkraaltjes bestrooide koliva, de zware trossen blauwe druiven en de flessen wijn en Coca-Cola. De vrouwen uit de omgeving, allemaal in hun zondagse kleren, waren druk bezig dunne gele waskaarsen in elk brood en elk stuk gebak te zetten, die aan te steken – en nogmaals aan te steken als de wind ze uitblies. Er verscheen een handvol monniken om met gewaden die wapperden in de wind een zegewens te zingen voor een van de dorpsbewoners die een jaar geleden was gestorven.

We hadden nog een nacht in het Bistriţaklooster doorgebracht omdat ook ik wilde doen wat de zeldzame toeristen in deze afgelegen noordoostelijke uithoek van Roemenië komen doen: de vijftiende- en zestiende-eeuwse 'beschilderde kloosters' bezoeken. Geen enkel ander orthodox land in Europa kan bogen op iets wat even aangenaam verrast als de kerken van die vijf kloosters. Omdat ze door Moldavië's godvruchtige vorsten zijn gebouwd in een tijd dat de rest van de orthodoxe Balkan zuchtte onder het Ottomaanse juk en zich door de wet gedwongen zag genoegen te nemen met kerken die eerder lage schuren leken, van het soort dat ik in Sarajevo had gezien, vertonen deze kerken dezelfde stijl als die van Bistriţa – hoog, smal en met een spitse toren. Wat ze zo bijzonder maakt en wereldwijde bekendheid en de bescherming van de UNESCO heeft opgeleverd, zijn niet zozeer de verbazingwekkend goed bewaard gebleven fresco's aan de binnenkant, maar vooral die aan de buitenkant.

Niemand weet precies waarom die vorsten de buitenkant van hun kerken hebben laten beschilderen. Misschien was het de bedoeling dat het gemene volk, de hoi polloi die de kerk niet in mochten, zo toch enig godsdienstonderricht zouden genieten. Misschien waren ze een betrouwbare graadmeter voor de enorme rijkdom van hun stichters. Ik denk echter liever dat ze getuigen van het vertrouwen en de onverschrokken orthodoxe geest van deze vorsten. Waarom zou je de fresco's en hun heilige leer naar het donkere inwendige van een kerk verbannen als niets je belet om het Ware Geloof in het daglicht op de buitenkant aan te prijzen? Wat de waarheid ook moge zijn, de prachtige kleuren van de met plantaardige verf geschilderde fresco's – blauw, rood, geel en groen – zijn op minstens één muur van elke kerk duurzaam genoeg gebleken om vijf of zes eeuwen lang winters te trotseren. Heiligen en koningen, engelen en duivels, wonderen, veldslagen en *Laatste Oordelen* zijn nog steeds net zo levendig als de plaatjes van een stripverhaal.

In de schitterende herfstzon van de ene plaats naar de andere snellend, kreten van verrukking slakend bij het vlammende rood en goud van de beuken die de bergen overdekten – en zich in elk tafereel met de rode gloed van hellevuur en groepen heiligen met gouden aureolen herhaalden – zagen we kans vier beschilderde kerken op één dag te bezichtigen. In Humor vonden we een zesde-eeuws *Beleg van Constantinopel* door de Perzen, compleet met de Byzantijnse keizer en keizerin hoog boven de kantelen op de zachtroze torens van de stad, naast een groepje geestelijken met aureolen. In Voroneţ wemelde de rode stroom hellevuur uit het boek Openbaring van de zondaars – sluwe kooplieden met verkeerd afgestelde weegschalen, aan elkaar geketende naakte overspelige vrouwen, Turken met tulbanden, aartsvaderlijke joden en barbaarse Tartaren. In Moldoviţa bekeken we een *Val van Constantinopel* met vuurspuwende kanonnen, boogschutters in torentjes en bisschoppen in zwart-wit geruite gewaden die ketels kokende olie droegen. We merkten op dat de Byzantijnse soldaten die de stad verdedigden iets aanhadden dat verdacht veel op de Moldavische klederdracht leek. We ontmoetten ook een non, Moeder Tatiana, die op de zonnige binnenplaats van Moldaviţa een internettijdschrift door zat te bladeren. Ze vertelde ons dat 'een hele vloedgolf' aan Roemeense vrouwen voor het kloosterleven koos, omdat 'daarbuiten de situatie zo moeilijk is'. Ik begreep heel goed dat een vredig, overzichtelijk bestaan in het klooster van de Geboorte van de Moeder Gods of verder zuidwaarts, in de uitlopers van de Karpaten, of helemaal in deze uithoek, in een van die prachtige oude gebouwen, een onweerstaanbaar alternatief bood voor de mistroostige en lelijke chaos van het huidige Roemenië.

Maar Suceviţa was mijn favoriete beschilderde klooster. Een van de buitenmuren is helemaal gewijd aan een tafereel met de Ladder van de Deugd waarlangs de zondaars naar de hemel klauteren. Rechts van de ladder zie je onafzienbare rijen identieke engelen. Met hun gouden aureool en hun rooskleurige vleugels vliegen ze in strakke formatie, als een eskader gevechtsvliegtuigen. Ze vormden de gedisciplineerde goddelijke strijdmacht van de hemelse heerscharen, toegerust om te voorkomen dat zondaars aan de andere kant van de ladder in de hel zouden tuimelen. De duistere wanorde aan die kant ziet er net zo weinig aanlokkelijk uit als de meeste Roemeense steden.

Dat we de volgende ochtend, grauw en stormachtig, vier uur lang huiverend op het plein van Târgu Neamţs moesten staan was een soort hel na de verrukkingen van de beschilderde kloosters, maar een bescheiden prijs voor de kans om de rechtmatige erfgenaam van Roemenië's patriarchale troon te ontmoeten, een robuuste, jonge, donkerharige schoonheid uit Moldavië, metropoliet Daniël.

Metropoliet Daniël was toevallig in de buurt om een nieuwe kerk in die vuile, winderige stad in te wijden. Er waren honderden mensen naar het plein gekomen om naar het zingen te luisteren en de zegen van hun opperherder te krijgen. Hoewel het klaaglijke gezang melodieuzer klonk dan het Griekse of Servische equivalent, waren de woorden die het vaakst terugkwamen dezelfde: *Gospodi pomiluji* of *Kyrie eleison* was *Domne miluieqqte* geworden – Heer, ontferm u! Heer, ontferm u!

In een preek die, verminkt door het rondzingen van de installatie, over de gebogen hoofden van die haveloze menigte op het plein schalde, verwees metropoliet Daniël naar de beschilderde kloosters. 'Als we een beschilderde kerk in lopen,' zo waarschuwde hij zijn kudde, 'denken we dat we de hemel binnengaan, omdat een kerk de hemel op aarde is...' De gedachte dat abt Kiprian, die vriendelijk had aangeboden me zodra de plechtigheid voorbij was aan Daniël voor te stellen, zich ergens temidden van die schitterende geestelijken bij de kerk bevond, troostte me even.

Toen het laatste 'amen' en 'Heer, ontferm u over ons' had geklonken, drong de menigte als een vloedgolf voorwaarts, omdat er voor de kerk gratis heiligenplaatjes werden uitgereikt. Toen veranderde de vloedgolf plotseling van richting en sleurde ze het schitterende leger ambtsdragers – aangevoerd door metropoliet Daniël en omsingeld door de politie – mee over het plein naar het beste restaurant van de stad. Bij de deur wierpen oude vrouwen zich op Daniëls hand en kusten huilend zijn ring. Zigeunervrouwen met gouden munten uit het Oostenrijkse Keizerrijk in hun haar gevlochten, grepen naar zijn gewaden en bekruisten zich. Metropoliet Daniël, met zijn zegenende handen en zijn donkere ogen met lange wimpers, die na de marathon van de vier uur durende plechtigheid glommen van vreugde, was een superster.

Abt Kiprian verscheen net op tijd om ons nog snel het restaurant in te loodsen voordat de deuren dichtgingen. Zo'n vijftig notabelen, inclusief de burgemeester en de commissaris van politie, zorgvuldig geselecteerde abten uit nabijgelegen kloosters zoals Kiprian, een Nederlander en wijzelf waren de eregasten aan een fabelachtig zevengangendiner. Aan de hoofdtafel sprak Daniël een dankgebed uit en iedereen nam plaats om te eten. Een tijdlang was er niets anders te horen dan het getik van bestek en een Ave Maria over de geluidsboxen van het restaurant.

Ik wachtte tot de Turkse koffie, de honingraat en het gebak waren opgediend voordat ik Daniël aansprak. De Nederlander was me voor geweest, tussen de gevulde koolbladeren en de biefstuk met gebakken aardappelen in. Door zijn gesprek met Daniël af te luisteren kwam ik te weten dat hij de laatste negen jaar had besteed aan het inzamelen van geld voor de bouw van het nieuwe weeshuis. Nu dit klaar was liep hij stuk op een laatste, onoverkomelijke bureaucratische hobbel en was zijn enige hoop dat metropoliet Daniël tussenbeide zou komen en de zweep erover zou halen. Het kwam erop neer dat hij niet naar zijn plaats aan het uiteinde van de hoofdtafel zou teruggaan voordat hij een duidelijke belofte in die richting had losgekregen. Die kreeg hij niet. Metropoliet Daniël suste hem en betuigde zijn sympathie, maar stuurde hem met een heiligenplaatje en de zegen het bos in voordat hij zich naar mij omdraaide en me – in uitstekend Engels – van harte aanbeval een stukje honingraat in mijn koffie te doen.

Daniël, het best opgeleide en meest bereisde lid van de Roemeense hiërarchie, spreekt een aantal Europese talen. Daardoor, en ook door zijn oecumenische sympathieën, is hij geliefd bij buitenlandse kerkleiders maar vervreemd van zijn meeste collega's in Roemenië. Op dit moment gaat het gerucht dat allerminst vaststaat dat hij Teoctişt op de patriarchale troon zal opvolgen. De al wat oudere bisschop Bartolomeo van Cluj, die luidruchtig en onverzoenlijk stelling heeft genomen tegen de Transsylvaanse geünieerden, blijkt een serieuze rivaal. Ik besloot de troebele wateren van de Roemeense kerkpolitiek te mijden. In plaats daarvan begon ik Daniël te vertellen dat ik een boek aan het schrijven was dat naar ik hoopte de aard en de geschiedenis van de oosters-orthodoxe cultuur in Europa zou verhelderen. Ik vermeldde erbij dat ik mijn aandacht voornamelijk op twee van haar belangrijkste kenmerken richtte: het phyletisme en het hesychasme.

Hij slurpte wat koffie naar binnen. 'Nee, nee, nee,' zei hij, heftig het hoofd schuddend. 'Ten eerste, wie bent u eigenlijk dat u het over nationalisme hebt terwijl jullie Noord-Ierse kwestie nog steeds niet is opgelost? Ten tweede, uw nieuwe tweedeling van Europa langs de lijn van het schisma van 1054 is volkomen verkeerd. Kijk, het zijn niet alleen orthodoxe landen die buiten de uitgebreide EU worden gehouden. Vergeet niet dat Slowakije, een rooms-katholiek land, ook niet wordt toegelaten. Waar het om gaat is dat Oost en West complementair zijn en niet opnieuw van elkaar mogen worden gescheiden.'

'O ja, daar ben ik het volledig mee eens, maar...' probeerde ik sussend.

'Ik weet het wel! U hebt die gevaarlijke Samuel Huntington gelezen, nietwaar?' onderbrak hij me ongeduldig.

'Ja,' gaf ik toe.

'In zijn boek over botsende beschavingen,' zei Daniël, zijn stem plotseling zacht en indringend, 'heeft hij het over blokken en ideologieën, niet over de werkelijkheid. De wereld is niet langer in blokken verdeeld. Kijk eens naar het huidige Groot-Brittannië – jullie hebben daar ik weet niet hoeveel Aziaten en Afrikanen wonen. Huntington is érg gevaarlijk.'

De heftigheid van Daniëls reactie schokte me. Ik had kennelijk een zeer gevoelige snaar geraakt. Dat hij op de hoogte was van Huntington en van de uitbreiding van de EU rechtvaardigde het vermoeden dat hij veel tijd had gewijd aan discussies met zijn medekerkleiders over de voors en tegens van de opvatting dat orthodox Europa een afzonderlijke entiteit vormde. Met zijn wanhopige hameren op het feit dat Europa – Oost en West – één wereld moest blijven, klonk hij defensief, als een minderheid.

'De Russen,' gromde hij, 'zijn zo dol op Huntingtons boek omdat ze zichzelf al zien als de baas van zijn zogenaamde orthodoxe blok. Maar de Grieken moeten er niets van hebben, omdat die al in de EU en de NAVO zitten en heel goed aanvoelen dat zij in dat orthodoxe blok niet de baas zouden zijn. Nee, nee, nee. Huntingtons opvatting is niet goed voor Europa en zeker niet voor Roemenië.'

Ik begreep zijn angst wel. De Roemenen, door hun godsdienst

naar het Oosten en door hun Latijnse taal naar het Westen getrokken, zijn bijna net zo'n schizofreen volk als de Grieken. Na ruim veertig jaar communisme hebben ze schoon genoeg van Rusland als Grote Broer. Dank zij Ion-Innocenti Micu-Klein en de bijbehorende geünieerde intellectuelen en de Latijnse wortels van de Roemeense taal, hebben ze heel lang gestreefd naar nauwe betrekkingen met de Latijnse landen in het Westen – Frankrijk, Italië en Spanje. Maar het Westen heeft hun schuchtere toenaderingspogingen afgewezen, evenals hun verzoek zich te mogen aansluiten bij de Centraal-Europese landen die in 1999 lid van de NAVO zijn geworden. Door een nieuwe splitsing van Europa loopt dit vlees-noch-visland in de val. Roemenië kan alleen maar hopen dat mensen zoals metropoliet Daniël van Moldavië die valstrik in een brug tussen Oost en West weten te veranderen. Dat is vermoedelijk de gedachte achter de uitnodiging van de regering aan paus Johannes Paulus II. Maar de heftigheid van de anti-Vaticaanse gevoelens waarop ik, behalve in Roemenië zelf, ook in de rest van oosters-orthodox Europa was gestuit, maakte de kans van slagen van die tactiek in mijn ogen zeer twijfelachtig.

Zonder me een heiligenplaatje te geven draaide metropliet Daniël zich plotseling om en richtte hij zich tot de verzamelde gasten. Toen hij van wal stak werd het stil in het restaurant. 'Deze Engelse vrouw is naar ons land gereisd om onze orthodoxie te leren kennen, maar ze vergelijkt het beste van haar westerse cultuur met het slechtste van de onze en dat is gevaarlijk.' Ik verbleekte, geschrokken van de plotselinge zee van vijandige gezichten. 'Niet dat ze de enige is die zo'n ernstige fout maakt,' vervolgde hij vergoelijkend. 'Wij, Roemenen, zijn vaak even schuldig doordat we het beste van onze cultuur met het slechtste van het Westen vergelijken.'

'*Asa e* – Absoluut!' bracht ik er zwakjes uit, hopend dat een paar woordjes Roemeens zouden helpen om de vijandigheid te sussen.

Gelukkig was het gezelschap na al die heerlijke spijzen en dranken welwillend genoeg om mij te vergeven. Alleen aartsbisschop Petre van de naburige voormalige sovjetrepubliek Moldova – de oostelijke helft van Moldavië, die Rusland in 1941 had geannexeerd – keek nog steeds even stuurs. Zijn norsheid zij hem vergeven, dacht ik. De Moldovisch-orthodoxe Kerk wordt verscheurd door partijtwisten. Terwijl patriarch Petres deel van de Kerk zich laat leiden door Teoctişt in

Boekarest, is de rest, die een meerderheid vertegenwoordigt, nog steeds trouw aan de Russische patriarch in Moskou.

Toen we uit het warme restaurant het lege, halfdonkere, koude plein op liepen, rook ik de naderende winter. Ik zou heel snel terug moeten naar Rusland, verreweg het grootste orthodoxe land ter wereld. Ik had al ooit een enerverende maand doorgebracht in het Europese gedeelte van het land, dat ten westen van de Oeral ligt, maar een Rusland zonder Siberië en sneeuw is nauwelijks Rusland.

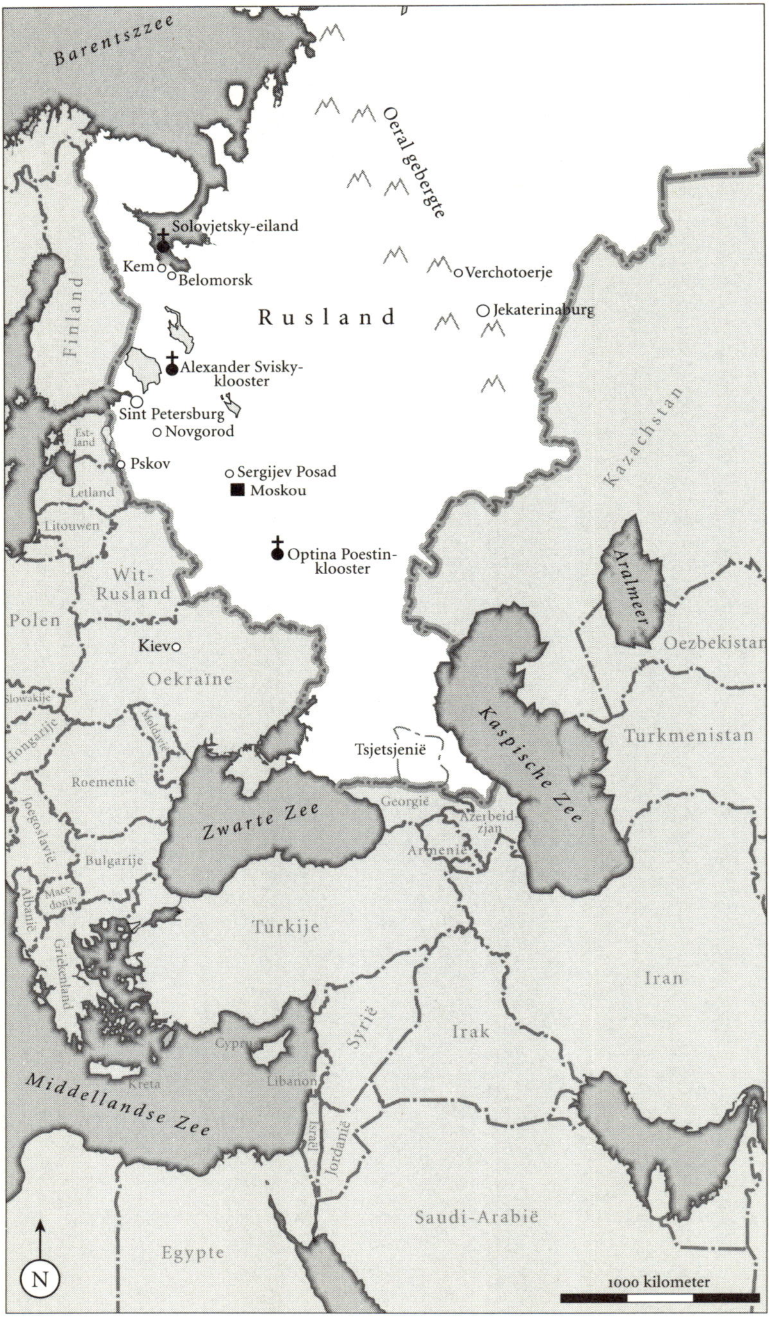
Barentszzee
Oeral gebergte
Solovjetsky-eiland
Kem
Belomorsk
Verchotoerje
Jekaterinaburg
Finland
Rusland
Alexander Svisky-klooster
Sint Petersburg
Novgorod
Estland
Pskov
Sergijev Posad
Moskou
Letland
Litouwen
Kazachstan
Optina Poestin-klooster
Wit-Rusland
Polen
Aralmeer
Kievo
Oezbekistan
Oekraïne
Slowakije
Hongarije
Moldavië
Turkmenistan
Tsjetsjenië
Kaspische Zee
Roemenië
Georgië
Joegoslavië
Zwarte Zee
Azerbeidzjan
Armenië
Bulgarije
Macedonië
Albanië
Turkije
Griekenland
Iran
Syrië
Irak
Cyprus
Libanon
Kreta
Middellandse Zee
Israël
Jordanië
Saudi-Arabië
Egypte
N
1000 kilometer

RUSLAND

Het Solovjetskiklooster
De Witte Zee

Een fata morgana in een koud klimaat...

Ver beneden me, tussen een laaghangende witte lucht en een grijze Witte Zee, drijft een archipel ons gezichtsveld binnen. Het grootste eiland, dicht bebost met daarin het fijne kantwerk van meren, verdwijnt in het niets door een bovenmaats wit klooster, compleet met hoge muren en een aantal grijze, uivormige koepels met gouden kruisen erop.

Het gammele vliegtuigje helde over en zwenkte in de richting van de noordelijkste voorpost van de oosterse orthodoxie, op de poolcirkel. Het begon aan de afdaling naar de geïmproviseerde landingsbaan die op het hobbelige gras was aangegeven, landde, gleed door en taxiede verder tot het met een schok tot stilstand kwam voor een blauw gekalkte houten schuur met een verbleekte Aeroflot-poster op het raam. Mijn vriend, de Russische kunstenaar Vanya, een stel Nederlandse biologen, een gelukzalig glimlachende doofstomme met zijn moeder en ikzelf klauterden eruit, de loeiende zomerwind in, ritsten onze anoraks dicht en glimlachten opgelucht omdat we de enige wekelijkse vlucht van Archangel naar Solovjetski hadden overleefd.

Die glimlach verdween al snel toen Vanya en ik op weg gingen, langs het pad dat naar het dorp beneden leidde en vervolgens naar het klooster. Terwijl we naar het door onkruid overwoekerde dorp van blokhutten liepen zwermde er een hele wolk muggen om ons heen, werden we uitgescholden door een halfgekke oude *baboesjka* in haar moestuintje en bulderde een motor met zijspan langs. Voor een sombere, smerige winkel klokte een aantal mannen in trainingspakken en slonzige spijkerjacks flessen wodka naar binnen. Ze draaiden hun hoofden af toen wij langskwamen. Vanya verbrak ons verbouwereerde stilzwijgen met: 'Het is zó sovjet. Ik had iets moois en ongerepts verwacht – een nieuw Jeruzalem...'

We hadden allebei moeten weten dat zelfs een klein eiland bijna zeventienhonderd kilometer ten noorden van het Kremlin niet aan de dodelijke greep van het totalitaire systeem in de Sovjet-Unie had kunnen ontsnappen. Andrei Tarkovsky, kenner bij uitstek van Ruslands verminkte lichaam en gebroken hart, had van dit geteisterde landschap met zijn zware luchten nog wel iets kunnen maken. Hij had gesmuld van het haveloze klooster aan het eind van het onbegaanbare pad, van de door het vocht kromgetrokken blokhutten en de skeletten van de schaarse stenen gebouwen waarvan het verval eerder aan veronachtzaming en vandalisme dan aan het klimaat en de tijd te danken was. Tarkovsky placht te dromen over oorden als Solovjetski en had ooit in zijn dagboek geschreven: '... een vreselijk treurige droom. Ik droomde opnieuw van een meer ergens in het noorden (denk ik) van Rusland; het was vroeg in de ochtend en aan de overkant stonden twee orthodoxe kloosters, met verbazingwekkend mooie kathedralen en muren. Maar ik voelde me zo treurig, wat een droefenis!'[1]

Hij had de sfeer, die niet zozeer *fin de siècle* alswel *fin du monde* was, ongetwijfeld weten te treffen en zou de apocalyptische geschiedenis ervan in geluidloze beelden hebben naverteld: een vijftiendeeeuws kluizenaarsverblijf, een heilig pelgrimsoord en vijfhonderd jaar lang een onneembare grenspost, het eerste sovjetkamp van de Goelagarchipel en synoniem voor de zinloze terreur na 1917, een thuishaven voor oorlogsschepen na de Tweede Wereldoorlog.

Solovjetski is een van de meest vervallen en in economisch opzicht minst interessante plaatsen van het postcommunistische Rusland. De duizend inwoners verdwijnen gaandeweg naar het vasteland, om zowel het verleden als het heden te ontvluchten. De toekomst van het eiland hangt volledig af van de paar dozijn jonge monniken die het massieve klooster met zijn vijf bouwvallige kerken en acht meter dikke stenen muren na 1991 opnieuw in bezit hebben genomen. Het vervallen complex wordt opgeknapt en houdt de orthodoxe, door rituelen ingedeelde tijd weer aan. Op zondag zijn er liturgieën, op heiligendagen processies om de kloostermuren en dagelijks gebedsdiensten.

Vanya en ik liepen door de openstaande poort een met puin bezaaide binnenplaats op en bleven staan om naar een paar monniken te kijken die in hun stoffige habijten aan het werk waren, hun dikke leren riemen laag om hun heupen en hun hoge fluwelen hoofddeksels als helmen over hun ogen getrokken. Eén van hen droeg een stofbril en hanteerde een kettingzaag, in een storm van door de wind opgewaaid zaagsel. Een tweede spleet houtblokken, met ritmische bijlslagen. Een paar anderen stonden tot hun middel in een modderige greppel en groeven een gat naar een gebroken waterleiding.

'Die is in april gebarsten,' vertelde een van hen, op zijn schop leunend, zijn voorhoofd afvegend met de mouw van zijn pij. 'Sindsdien hebben we geen stromend water meer. Nu, vier maanden later, is de grond eindelijk ontdooid en als God het wil...'

Allemaal prachtig, Gods wil en de orthodoxe tijd, dacht ik, maar hun levens worden elk jaar weer bepaald door de acht donkere maanden met vorst, die ze doorbrengen met wachten en uitkijken naar de dooi. Dan begint hun race tegen de korte, hevige zomers, waarin ze genoeg brandhout moeten hakken, genoeg groenten verbouwen en gebarsten leidingen repareren voordat de ijskoude duisternis weer toeslaat. Waarom moesten ze Solovjetski zo nodig opeisen, terwijl het vasteland van Rusland – het Europese gedeelte ten westen van het Oeralgebergte en Siberië – wemelt van de kloosterruïnes die snakken naar herstel en bewoning? Vertrouwden die monniken er soms op dat hun dagelijkse strijd tegen de elementen hier, in deze uithoek, het bijna een eeuw lang durende goddeloze kwaad van de sovjets goed kon maken en op de een of andere manier kon helpen om Rusland weer op het goede pad te brengen, zoals vóór de bolsjewistische catastrofe?

Misschien wel, maar misschien waren er wel eeuwen – en niet slechts een paar decennia – goed te maken, want je zou evengoed kunnen zeggen dat het heilige Rusland niet pas in 1917 in ongenade was gevallen, toen het een atheïstisch regime had gekregen, en evenmin in de achttiende eeuw, toen Peter de Grote met nietsontziende ijver zijn westerse ideeën had doorgevoerd en het Russische patriarchaat afgeschaft en Catharina de Grote de kloosters 'efficiënter' had gemaakt door het grootste deel ervan op te heffen. Je kunt evengoed zeggen dat die neergang al minstens een paar honderd jaar eerder was begonnen, onder de heerschappij van Ivan de Verschrikkelijke in de zestiende eeuw, en dat de moord van die geschifte tiran op een abt van dit Solovjetskiklooster het fatale keerpunt had betekend.

Maar afgezien van al het andere: hoe bestaat het dat Byzantium de bakermat is geweest van een staat die kans heeft gezien zich zo ver naar het noorden uit te breiden en het bovendien heeft gewaagd zichzelf de titel 'Heilig Rusland' toe te kennen?

Lang geleden, in de tiende eeuw, toen Byzantium het Gouden Middelpunt van de beschaafde wereld was, was het heidense Kiev-Rusland een van de partners waarmee het soms handeldreef en oorlog voerde. Kiev, dat later de kern van het Heilige Rusland zou worden,* lag helemaal in het zuiden, op een klein sprongetje over de Zwarte Zee van Constantinopel, aan de oevers van de Dnjepr in wat nu Oekraïne is. Als voornaamste pleisterplaats aan de handelsroute tussen de Baltische Zee in het noorden en de Zwarte Zee in het zuiden, verbond het Byzantium met Noord- en West-Europa.

De heidense Kiev-Russen hadden lang de gewoonte gehad strooptochten naar de Byzantijnen te organiseren, maar daar was in 860 nagenoeg een eind aan gekomen, toen de Byzantijnen zo slim waren geweest om tijdens een van die plunderingen de sluier van de Moeder Gods uit te hangen, die een storm had doen opsteken die zo hevig was dat de angst voor de christengod de roversbende in de benen sloeg, zodat ze halsoverkop terug naar Kiev vlogen. In de tijd daarna bestonden de betrekkingen tussen de twee machten over het algemeen uit vreedzame handel in was, huiden, hout en amber. Maar het wonder van het kledingstuk van de Moeder Gods had in de hoofden van de Kiev-Russen twijfel gezaaid over de doelmatigheid van hun talrijke inheemse goden zoals de zon, de donder en de berken. De toekomst was kennelijk aan het monotheïsme.

Zo kwam het dat vorst Vladimir van Kiev-Rusland tegen het eind van de tiende eeuw de verdiensten van de verschillende monotheïstische godsdiensten van die tijd tegen elkaar afwoog. De islam kwam volgens hem niet aanmerking voor zijn volk, omdat die het gebruik van alcohol verbood. 'De grootste vreugde van de Russen is drinken; daar kunnen we niet buiten', zou zijn afweging hebben geluid. De vernederende statenloosheid van de joden volstond om het jodendom buiten beschouwing te laten. Hij had voor het westerse chris-

* Aldus de stelling van de Russische historici. Dit wordt betwist door de Oekraiense historici, met als argument dat de Russisch-orthodoxe Kerk een afzonderlijk organisme was.

tendom kunnen kiezen, aangezien het verschil tussen beide helften van de christelijke wereld al duidelijk zichtbaar was, al zou het schisma zich pas meer dan een halve eeuw later voltrekken. Maar hij had zijn afgezanten nu eenmaal naar Constantinopel gestuurd, en daar waren ze zo onder de indruk geraakt van de schoonheid van de Byzantijnse liturgie zoals die in de Aya Sofia werd gevierd, dat ze niet wisten of ze 'in de hemel of op aarde' waren. Bovendien waren de Griekse kerkelijke teksten dankzij de negende-eeuwse Macedonische missionarissen Cyrillus en Methodius vertaald in een Slavische taal die de Kiev-Russen min of meer begrepen. De aantrekkingskracht van de orthodoxie was onweerstaanbaar en Byzantiums macht onaantastbaar. De vooral spirituele en niet zozeer militaire verovering van Kiev-Rusland, dus het latere Rusland, was een roemrijke overwinning waar de westerse Kerk nooit aan zou kunnen tippen.

Vorst Vladimir had zich laten dopen en was tot ieders tevredenheid in Constantinopel met een Byzantijnse prinses getrouwd alvorens samen met zijn bruid, een hele menigte Griekse geestelijken en de schedel van de heilige Clemens naar Kiev terug te keren. Thuisgekomen zette hij de Byzantijnse kerkdienaren binnen de kortste keren aan het werk om zijn onderdanen op de oevers van de Dnjepr massaal te dopen. Afgezien van die Realpolitik bleek Vladimir zo'n vurig christen dat hij de Byzantijnen een lesje leerde door de doodstraf in zijn rijk af te schaffen. Minder dan honderd jaar na zijn bekering kon Kiev bogen op een eigen Aya Sofia, opgeluisterd door fresco's en behangen met iconen van Byzantijnse kunstenaars, net als Novgorod, een stad aan het noordelijke traject van de handelsroute, vlak bij de Baltische Zee. Hoewel Vladimirs zoon Svjatoslav allesbehalve vroom was geweest, had hij Rusland in 1015 een grote dienst bewezen door zijn deemoedige en zachtaardige jongere broers de marteldood te laten sterven. Dat waren Ruslands eerste heiligen geworden: Boris en Gleb.

Maar de kloosters waren de meest efficiënte doorgeefluiken van Byzantijnse invloed. Minder dan dertig jaar na Vladimirs bekering had een Kiev-Rus die op Athos het 'leven der engelen' leidde, van zijn abt opdracht gekregen om naar zijn land terug te keren: 'Antonij, ga terug naar Roes, om anderen door jouw welslagen moed te geven, en moge de zegen van de Heilige Berg met je zijn.'[2] Antonij was niet naar huis gegaan voor een leven van actieve geloofsverkondiging. In plaats daarvan had deze eerste Russische asceet het voorbeeld van de Byzantijnse woestijnvaders van dissident, passief verzet tegen het kwaad op de wereld gevolgd, hetzelfde voorbeeld dat Vader Cleopa uit Roemenië duizend jaar later zou volgen. Hij had een hol gegraven waarin hij de rest van zijn leven had doorgebracht. Aangetrokken door zijn voorbeeld, hadden verscheidene Russen overal om hem heen hun eigen holen gegraven om zich terug te trekken. Op den duur had een van zijn geestelijke kinderen, de monnik Theodosius, de gemeenschap bovengronds gebracht en Kievs vermaarde Holenklooster gesticht. Daarvandaan waren door de Kiev-Russen de eerste pogingen ondernomen om hun plaats op de wereld en in de geschiedenis te bepalen. Over het algemeen wordt aangenomen dat een monnik, een zekere Nestor, de schrijver is van het 'Verhaal van de voorbije jaren'. Een geschiedenis van de wereld die begint met Adam en Eva in de hof van Eden en vaststelt welke rol de joden, de Oude Grieken, de Romeinen, de Byzantijnen en ten slotte ook de Russen hebben gespeeld in het nog altijd voortdurende historische drama van de mensheid die, geleid door de Voorzienigheid, op zoek is naar verlossing. De opvatting van Rusland als een heilig land met een missie die even goddelijk is als die van de Byzantijnen, gaat helemaal tot daar terug.

Omdat het niet in het belang van de Byzantijnse Kerk was hun glasheldere wateren te laten vertroebelen door wereldse kennis, hebben de Russen onvermijdelijk hun eigen religieuze mythische geschiedenis en een typisch Byzantijns-orthodox wantrouwen jegens het intellect ontwikkeld. Hun volledige isolement van de rest van Europa onder de tweehonderd jaar durende Mongoolse overheersing, zou hen stijven in de overtuiging dat redeneren de 'moeder van alle begeren'[3] was, zoals een Russische theoloog ooit heeft verklaard. Russische geestelijken pochten op hun gebrek aan kennis van het Latijn en het Grieks en op de religieuze zuiverheid van hun christelijke cultuur. Het verstand hoefde alleen de waarheid van de orthodoxie te bevestigen.

Philotheos, een zestiende-eeuwse Russische monnik, gunde zichzelf de luxe van de volgende redenatie: aangezien het oude Rome aan ketterij ten prooi was gevallen en het nieuwe, Constantinopel, aan de

Ottomanen, moest Moskou wel het derde en laatste Rome zijn. Maar hij lapte alle oude kennis aan zijn laars: 'Ik ben niet in Athene geboren, heb niet bij wijze filosofen gestudeerd en evenmin met dat soort mensen gesproken. Ik heb de boeken over de Goddelijke Genade bestudeerd, waardoor ik wellicht mijn zondige ziel kon redden,'[4] schreef hij. Tweehonderd jaar later was Peter de Grote vastbesloten geweest zijn enorme land tegen wil en dank de moderne tijd in te slepen door de nieuwe westerse wetenschappen te introduceren, maar zijn onderdanen hadden hem uitgescholden voor antichrist. Catharina de Grote had de waarden van de Franse Verlichting geïmporteerd, maar die waren niet verder gekomen dan haar Franssprekende hofhouding. Zij en Peter hebben samen de basis gelegd voor de splitsing die Rusland in de negentiende eeuw fataal is geworden: tussen de broze bovenlaag van de maatschappij en de enorme onwetende massa van de orthodoxe boerenbevolking. Tot 1917 was het beeld dat een gewone Rus van zichzelf en zijn plaats in de wereld en de geschiedenis had waarschijnlijk meer door zijn godsdienst bepaald dan dat van een Griek of zelfs een Serviër.

Kiev-Rusland glanst in het collectieve Russische geheugen nog steeds net zo helder als een verloren gegaan Nieuw Jeruzalem. De korte, roemrijke periode tussen Vladimirs bekering in 988 en de plundering van de stad door de Mongolen, iets meer dan tweehonderd jaar later, is voor de Russen wat het veertiende-eeuwse Servië voor een Serviër is of het gouden Byzantium voor een Griek. Zoals een Russisch kerkhistoricus ooit vol bewondering schreef: 'In de dramatische en zelfs tragische geschiedenis van de betrekkingen tussen de christelijke Kerk en de staat mag de episode in Kiev, ondanks de korte duur en de broosheid ervan, worden beschouwd als een van de fraaiste prestaties van de christenen.'[5]

De Kiev-Russische vorsten stonden nederig voor Gods troon. Een doodgewone monnik kon een vorst straffeloos 'een usurpator' noemen, of zijn soeverein voor de kloosterpoort laten wachten. Een bejaarde heilige starets kon de vrolijke stemming aan het hof plotseling bederven en een vorst tot tranen bewegen door een simpele vraag te stellen als: 'Zou het er in díe wereld net zo aan toe gaan?'[6] Vorst Vladimir van Monomakh, die na de invasie van de Noormannen met Gytha, de zuster van koning Harold van Engeland was getrouwd, heeft voor hun zoons instructies nagelaten die minstens even moreel als politiek van aard waren.

> Mijn kinderen, prijst God en bemint de mensen... Vergeet de armen niet maar voedt hen. Bedenkt dat alle rijkdom van God komt en jullie slechts korte tijd is gegeven... Weest een vader voor de wezen, weest een rechter voor de weduwe en laat de machtigen de zwakken niet onderdrukken. Brengt onschuldigen noch schuldigen ter dood, want niets is zo heilig als het leven en de ziel van een christen. Laat de zieken niet aan hun lot over; laat de aanblik van doden jullie niet afschrikken, want we moeten allen sterven. Verdrijft alle sporen van trots uit julie harten en bedenkt dat wij allen sterfelijk zijn, heden vol hoop, morgen in de kist...[7]

In de elfde eeuw had Kiev-Rusland zijn plaats als volwaardig lid van de Europese gemeenschap van christelijke staten ingenomen. Het feit dat de nieuwe Kerk van Kiev-Rusland werd gedomineerd door Byzantijnse geestelijken die werden uitgeleend en van harte gesteund door het machtige Constantinopel, verklaarde voor een groot deel waarom de symphonia daar zo goed werkte. Van de drieëntwintig metropolieten die tussen Vladimirs bekering en de Mongoolse invasie, tweehonderd jaar later, aan het hoofd van de Kerk stonden, waren er zeventien Byzantijns en slechts drie van Russische oorsprong.

In 1240 werd de stad met haar twaalf kloosters en vierhonderd kerken, de eerste en fraaiste incarnatie van het Heilige Rusland, door de Mongolen verwoest en ingenomen. Net als de Ottomanen na 1453 op de Balkan, hebben ook de Mongolen de Kerk niet vervolgd en hebben ze haar zelfs geen schatting opgelegd, zodat het haar, net als de orthodoxe Kerken op de Balkan, vrij stond om de Russische droom van een onderscheiden, coherente christelijke identiteit en de mythen over een voorbije gouden eeuw te koesteren. Terwijl de inheemse vorsten op hun ontelbare leengoederen kibbelden en ruzie maakten, en zich vernederden door zich telkens weer voor de Mongoolse khans ter aarde te werpen en hun jaarlijkse bijdragen te betalen, maakten de kerkelijke hoogwaardigheidsbekleders zich nuttig door hun kudden bij het Mongoolse hof te vertegenwoordigen. Vanaf Vladimirs bekering in 988 tot 1448, toen de Mongolen zuidwaarts waren gedreven en Moskou kans had gezien de andere vorstendommen onder haar heerschappij te verenigen, was de zoals gebruikelijk Byzantijnse metropoliet van Kiev de enige die in een zodanige positie verkeerde dat hij alle Russen kon vertegenwoordigen.

De Mongoolse overheersing van Rusland had zo lang geduurd omdat Byzantium en de Byzantijnse geestelijken van mening waren geweest dat het ketterse westerse christendom een veel groter kwaad was. Telkens weer had de Byzantijnse Kerk de Russische vorsten aangespoord de orthodoxie te verdedigen tegen de rooms-katholieke Zweden en de Teutoonse ridders, die aan het begin van de dertiende eeuw met harde hand probeerden de zeggenschap van de rooms-katholieke paus tot de heidense stammen rond de Baltische Zee uit te breiden. Die langdurige geschiedenis van verzet tegen westerse inmenging heeft bij de Russen een slechte indruk van het westerse christendom achtergelaten, even slecht als die van de Byzantijnen na de plundering van hun stad door de deelnemers aan de vierde kruistocht in 1204.

Eén veldslag in het bijzonder heeft zich in het collectieve onderbewustzijn van de Russen genesteld, en telkens als er een westerse invasie dreigt galmt die weer na, als een angstaanjagende alarmklok – of het nu gaat om de zeventiende-eeuwse Poolse invasie, om de negentiende-eeuwse napoleontische, om de twintigste-eeuwse nazistische of om de huidige, oostwaarts opschuivende NAVO-grenzen en de toestroom van Amerikaanse protestante zendelingen of rooms-katholieke jezuïeten. In 1242 was vorst Alexander Nevski op het Tsjoedmeer een leger rooms-katholieke Teutoonse ridders tegen het lijf gelopen, op ijs dat veel te dun was om het enorme gewicht van de westerse ketters met hun ijzeren wapenrusting en hun paarden te kunnen dragen. Tot zijn grote vreugde was het ijs op het laatste nippertje gebroken en had het meer zijn machtige vijand verzwolgen.

In de veertiende eeuw had Byzantium de groothertogen van Moskovië gesteund als degenen die het meest geschikt waren om de orthodoxe Russische gebieden te verenigen en het Westen op afstand te houden. Moskou was gunstig gelegen in ontoegankelijke bossen, op het kruispunt van de handelsroutes naar Novgorod en de Baltische Zee in het noorden en naar de Zwarte Zee in het zuiden. De metropoliet van Kiev gaf blijk van zijn goedkeuring door zich permanent in de nieuwe hoofdstad te vestigen, in een speciaal daarvoor gebouwd stenen paleis naast het wat nederiger houten exemplaar van de vorst.

Het hesychasme had Rusland bereikt en de band van de nieuwe staat met het in fysiek opzicht gekrompen maar geestelijk gesproken expansieve Byzantijnse Rijk versterkt. De monniken in het Sergijev-Drievuldigheidsklooster in Sergijev Posad, ruim tachtig kilometer ten noorden van Moskou, genoten van hetzelfde in het Slavisch vertaalde geestelijke voedsel als hun broeders die bijna vijfduizend kilometer zuidwaarts in Constantinopel, op het eiland Patmos en de berg Athos woonden, of in de grote hesychastische complexen in Bulgarije en Macedonië of in de Servische kloosters in Kosovo. Ruslands favoriete heilige man, Sergius van Radonesj, werd vooral bewonderd door de hesychastische patriarch van Byzantium, Cyprianus, die Sergius en diens broeders een hartverwarmende brief heeft gestuurd waarin hij schreef: 'Ik hoor over u en uw deugdzaamheid, dat u alle wereldse verleidingen veracht en u alleen om de wil van God bekommert: daarvoor dank ik God uit de grond van mijn hart, en ik bid Hem dat Hij ons goedgunstig zal toestaan elkaar te ontmoeten en het genoegen van een geestelijk gesprek te smaken...'[8]

In de tijd dat de Russen klaar waren om de Mongolen af te schudden was de heilige Sergius abt van het door hem gestichte Sergijev Posad en geestelijk vader van de vorst van Moskovië. Sergius, die zijn geestelijke aspiraties aan aardse doelmatigheid wist te paren, spoorde de vorst aan tot de beslissende slag bij Koelikovo, in 1380, en stuurde twee van zijn monniken eropuit om de vijandelijkheden te openen. Volgens de legende had de heilige man terwijl de veldslag woedde zo'n vijfhonderd kilometer verderop in zijn klooster gezeten, had hij op onverklaarbare wijze de namen van de gesneuvelde Russische krijgers genoemd en vervolgens voor hun zielenrust gebeden.

Sint-Sergius, ooit begonnen als kluizenaar in het woud met hoogstens een gemoedelijke beer als gezelschap, was de meest bekende van een klein leger kluizenaars die, gesterkt door de uitspraken van de woestijnvaders, hun oude leefwijze opnieuw hadden opgepakt, de wereld verzaakt en naar de *Poestin*, de woestijn, waren gevlucht, op zoek naar hesychia. Ze hebben zich ongetwijfeld gewarmd aan het vuur van hun geloof en aan het aloude Byzantijnse vermogen om de werkelijkheid te negeren terwille van het ideaal, want woestijnen worden in Rusland alleen enigszins benaderd door ijskoude, duistere wouden. Ze hakten bomen om, bouwden hutten, kastijdden hun lichaam en baden. Net als voor Christodoulos op Patmos of Païsi in het achttiende-eeuwse Moldavië gold, werd ook hun hesychia regelmatig verstoord, soms door een oorlog, maar veel vaker door andere monniken die door hun voorbeeld werden aangetrokken. Binnen de kortste keren werd er dan een klooster gesticht. Vervolgens ontstond er natuurlijk een dorp en werd het klooster overladen met donaties. Als het eenmaal volledig was afgegleden naar een bandeloos, werelds bestaan, sloop er dan weer een andere dissidente hesychast stilletjes het woud in, op zoek naar een nieuwe, nog afgelegener plek, en dan herhaalde de hele cyclus zich, telkens weer.

Die dissidente hesychasten hebben de aanzet gegeven tot de Russische expansie in noordelijke richting, weg van de oude handelsroute langs de rivier. Als pioniers die eerder een spiritueel dan een wereldlijk doel nastreefden, werden ze vooral gedreven door hoop op verlossing en niet zozeer door begeerte naar onontgonnen natuurlijke rijkdommen. Monniken als Sint-Sergius en Sint-Alexander Svirski – een vermaard hesychast die zeven jaar in een kuil in het woud heeft doorgebracht en de hongerdood op afstand heeft gehouden door handenvol aarde te eten, terwijl zijn naakte lijf 's zomers werd belaagd door zwermen muggen en de vorst zijn huid 's winters in leer veranderde – waren de grondleggers van Rusland. En zo kon het gebeuren dat twee monniken, Zosima en Savvati, in de buurt van de poolcirkel belandden. In 1429 hadden ze de Witte Zee bereikt, de natuurlijke grens, met zijn archipel waarvan het grootste eiland Solovjetski was. Ze hadden zich niet laten afschrikken door de talloze aan die plek verbonden nadelen, en evenmin door de raad van de aartsbisschop van Novgorod, die had gezegd: 'Jullie klooster ligt zo ver van de mensen – wie zou daar ooit heen gaan? Hoe kan de Kerk daar bestaan?'[9] maar zich juist verbaasd over het merkwaardig zachte microklimaat, een cadeautje van de Golfstroom. Nadat ze een handvol heidense Finnen hadden verjaagd, hadden ze een eerste kluizenaarsverblijf gesticht, dat gaandeweg veranderde in een groot versterkt klooster. Al spoedig stroomden de vrome schenkingen binnen, land en geld, en het duurde niet lang of de monniken waren eigenaar van tweeëndertig dorpen op het vasteland. Ivan de Verschrikkelijke, die in 1547 de troon besteeg, beschouwde het eiland als een nuttige voorpost van de Russische macht tegenover de vijandige rooms-katholieke Zweden, en schonk in zijn goedgunstigheid nog eens twee dorpen, waarvan de opbrengst moest worden besteed aan de bouw van de grote kathedraal van de Transfiguratie.

Het Solovjetskiklooster was de belangrijkste motor van de Noord-Russische economie geweest en had ook het plaatselijke bestuur in handen gehad toen een monnik van goede komaf, Philip genaamd, abt werd. Halverwege de zestiende eeuw werd hij aanleiding tot de eerste belangrijke verwijdering tussen Kerk en staat, en daarmee ook tot het slepende verval van het Heilige Rusland.

Als zoon van een bojaar van lage rang, was Philip opgevoed aan de periferie van het koninklijke hof in Moskou, een zo weerzinwekkende ervaring dat hij, toen hij dertig was, de schrijnende tegenstelling tussen de wereld die het Kremlin hem bood en de wereld die Christus voor ogen had gehad niet langer kon verdragen. Vermomd als eenvoudige boer verliet hij Moskou en vluchtte hij naar Solovjetski-eiland en het klooster aldaar, dus zo ver mogelijk van de verdorvenheid van de hoofdstad. Het klooster was nog provisorisch en bezat alleen een granieten altaar, een stenen hamer en een gong in plaats van klokken, plus een enorm, uit de slagtanden van walrussen gesneden ruw crucifix. Na een paar jaar zwaar werk onder begeleiding van een schrandere starets, die het geestelijke kind van de door muggen gebeten Alexander Svirsky was geweest, werd Philip abt.

Net als Sint-Sergius schijnt Philip zowel op materieel als spiritueel vlak te hebben uitgeblonken. De heilige hesychast bleek een getalenteerd zakenman en een genie in het uitvinden van werk besparende apparaten. Hij transformeerde het klooster tot een zeer welvarende en efficiënte industriële onderneming, met belangen in boerderijen, de scheepvaart, zoutpannen, hout, was en talk, de visserij, zuivelproducten en een brouwerij. Philip verbond de meren op het eiland door kanalen, groef visvijvers en verbeterde het dieet van de monniken met boter, vruchtenjam en roerei. Hij bouwde de grootste kerk en luisterde die op met een van de twee nieuwe, met robijnen en parels bezette altaarkruisen die tsaar Ivan had geschonken. Op Solovjetski liep alles op rolletjes, totdat Ivan besloot dat de talenten van de abt van Solovjetski bij nader inzien veel te zeldzaam waren om ze in zo'n afgelegen uithoek van zijn groeiende rijk te verspillen. In 1566, toen Philip al twintig jaar abt van Solovjetski was, nodigde tsaar Ivan hem uit naar Moskou te komen en zijn aanstelling als metropoliet van Rusland te aanvaarden. De Byzantijnse Kerk had de Russen al bijna een eeuw eerder toestemming gegeven om hun eigen kerkleiders te kiezen, maar pas na de dood van Ivan in 1588 kregen ze het recht hun eigen patriarch te kiezen.

Philip voelde er niets voor zijn hesychia op te geven en het eervolle aanbod van de tsaar te accepteren. 'Waarom belast u zo'n kleine boot met zo'n zware lading?'[10] protesteerde hij nederig. Maar zijn terughoudendheid had vooral te maken met de hopeloos slechte situatie op het Russische vasteland. Tsaar Ivan, die kennelijk al in een ver voortgeschreden stadium van paranoia verkeerde, zag overal vijanden en verraders. Zijn *opritsjniki* – een zesduizend man sterk paramilitair privéleger, dat bestond uit bloeddorstige gangsters die godbetert in zwarte monnikshabijten opereerden – trokken plunderend door het land, te paard, met lange messen, hondenkoppen en bezems aan hun zadels. Het tweede voorwerp stond voor Ivans vermogen om zijn vijanden te bijten, het derde voor zijn vastbeslotenheid om Rusland te zuiveren. De opritsjniki richtten ware bloedbaden aan. De mensen wendden zich tot de Kerk om hen van deze gesel van mensenhand te verlossen, dus tot geestelijken als Philip. Zoals een negentiende-eeuwse Russische kerkhistoricus heeft geschreven: 'De terreur was aan de macht. De mensen deden hun deuren op slot, pleinen en straten waren verlaten. In die angstaanjagende stilte wachtte het ongelukkige volk op slechts één enkele stem: die van Philip.'

Ondanks zijn adembenemende wreedheid is tsaar Ivan IV de eerste geweest die zijn land 'Het Heilige Rusland' heeft genoemd en was hij een diep religieus mens, blijkbaar gekweld door hetzelfde dilemma dat Philip naar Solovjetski had gedreven: hoe kunnen we het alledaagse leven op aarde verzoenen met de compromisloze voorschriften van het ware christendom. In een brief aan een van zijn belangrijkste critici schreef Ivan: 'Is het gepast dat een tsaar, als hij op één wang wordt geslagen, ook de andere toekeert? Is dat niet het hoogste gebod van het christendom? Maar hoe kan een eerloze tsaar zijn land regeren?'[11]

De onbestendigheid van zijn gestaag groeiende rijk, de kwetsbaarheid ervan voor dreigingen van buitenaf, van het westerse christendom en van de moslimwereld, maar evengoed voor binnenlandse rivaliteit, schenen het oude Byzantijnse ideaal om in goddelijke symphonia samen met een kerkelijk leider te regeren uit te sluiten. Ivan kon zich in ieder geval met recht afvragen in hoeverre de symphonia Byzantium goed had gedaan. Wat had het toegeven aan het passieve defaitisme van hesychastische geestelijken opgeleverd? Tsargrad, de keizersstad, was al een eeuw eerder door de Ottomanen ingenomen, maar die ramp lag nog vers in Ivans geheugen. De meeste Russen weten de val van Constantinopel aan de lafhartigheid van de laatste Byzantijnse keizer, toen deze op het concilie van Florence in ruil voor militaire steun uit het Westen tegen de Ottomanen bereid was geweest het Ware Geloof op te geven en zich aan de paus te onderwerpen. Maar Ivan was blijkbaar tot een andere conclusie gekomen. In dezelfde brief komt hij naar voren als een man die van harte bereid is het Ware Geloof overboord te gooien als de veiligheid van de staat op het spel staat. Hij schrijft: 'Welnu, u zult nooit een koninkrijk vinden dat niet ten onder gaat als het wordt geregeerd door priesters... Zo hebben de Grieken hun koninkrijk vernietigd en zijn ze schatplichtig geworden aan de Turken.'[12] Dat klinkt alsof Ivan zich in 1438 op het concilie van Florence waarschijnlijk ook aan de paus zou hebben onderworpen, net als de Byzantijnse keizer, maar dat híj nooit zou hebben toegestaan dat hesychastische prelaten, legers fanatieke nonnen en door monniken aangevoerde bendes die beslissing na zijn terugkeer zouden ondermijnen en tenietdoen.

Ivan kon gerust zijn, want geen enkele andere Europese heerser deelde zijn macht met priesters. De westerse staten waren voortdurend in oorlog met de paus. De Reformatie was ophanden. Hendrik VIII van Engeland had zo'n zeshonderdvijftig kloosters opgeheven. Na Engelands kortstondige bekering tot het rooms-katholicisme onder Maria Tudor, had Hendriks tweede dochter, Elisabeth, de banden met Rome weer doorgesneden. Machiavelli's politieke filosofie vierde hoogtij, en dichter bij huis had vorst Vlad de Spietser van Walachije een eeuw geleden al een fraai voorbeeld gegeven. Ivan heeft er nooit van gedroomd dat hij allen weer in één universeel christendom zou verenigen. Het ging hem alleen om de veiligheid van zijn rijk, maar de kloof tussen het hemelse en het aardse koninkrijk bleef hem hinderen en schijnt hem letterlijk krankzinnig te hebben gemaakt. Met een hoofd vol puur pragmatische westerse opvattingen over het koningschap maar een hart dat nog steeds het Byzantijnse ideaal koesterde, was hij een verscheurd mens. Hij laveerde tussen woeste slachtpartijen en martelingen en het betalen van mensen om voor zijn slachtoffers te bidden, terwijl hij zich voor zijn iconen ter aarde wierp tot de blauwe plekken op zijn voorhoofd permanent waren. Hoewel Rusland, dankzij de ontdekking van Siberië na 1582, onder Ivans regime in omvang was verdubbeld, waren de laatste woorden die hij in 1584 op zijn sterfbed uitbracht nog steeds die van een gekweld man. Het onoplosbare raadsel dat tot uiting kwam in de botsing tussen het werkelijke en het ideële gunde hem geen rust. 'Het lichaam is uitgeput, de geest is ziek. De snaren van mijn ziel en mijn lichaam zijn te strak gespannen geweest en er is geen enkele arts die mij kan genezen...'[13] zou hij hebben gezegd. Toen zijn einde naderde, moet de wijze waarop hij twintig jaar eerder Philip had behandeld zwaar op zijn geweten hebben gedrukt.

Philip had de zware last die op zijn schouders was gelegd ten slotte aanvaard, afscheid genomen van Solovjetski en zich geïnstalleerd in het stenen paleis van het Kremlin. Maar omdat hij vastberaden gebruik maakte van het oude Byzantijnse privilege dat de patriarch kritiek mocht uiten op de tsaar, kwam hij al snel in aanvaring met Ivan. Een van hun ruzies verliep ongeveer als volgt:

P: Almachtige Tsaar... Omdat u zo'n hoge positie bekleedt, zoudt u God moeten eerbiedigen, omdat uw kroon en uw macht van God komen – u bent immers Gods beeld. Maar u bent ook sterfelijk. Een heerser is iemand die zichzelf kan beheersen en zich niet aan zijn hartstochten overgeeft. Wanneer u zichzelf vergeet in uw razernij, schaadt dat uw staat.

I: Dat zijn uw zaken niet. U bent maar een eenvoudige monnik.

P: Dankzij de genade van de Heilige Geest, de vergadering van de Heilige Kathedraal en op uw wens ben ik de herder van de christelijke Kerk. Samen moeten we de vrede en de godsvrucht van dit orthodoxe rijk bewaren.

I: Zwijg!

P: Ik kan niet zwijgen. Zwijgen zou de zonden en de laster vermeerderen. Hoe zullen we rekenschap afleggen wanneer Jezus Christus terugkomt?

I: Philip, keer u niet tegen onze staat en zorg dat mijn woede u niet het ambt van metropoliet kost.

P: Ik heb geen verzoeken of boodschappen gestuurd, ik heb niemand omgekocht om de functie van metropoliet te krijgen. U hebt mij uit mijn Poestin weggehaald. Doe wat u wilt![14]

Op een lenteochtend in 1568 stond Philip voor het altaar van de Oespenskikathedraal in het Kremlin voor een icoon van Christus-Verlosser te bidden toen Ivan en een horde opritsjniki naar voren beenden, in zwarte gewaden en met getrokken messen. Philip scheen zich niet bewust van hun komst en was nog steeds verzonken in de aanschouwing van de icoon. 'De tsaar staat voor u – zegen hem,' beval een van hen, maar Philip weigerde.

P: Tsaar, wiens voorbeeld meent u te volgen door u op die manier uit te dossen en zo het ware beeld van uw grootheid te verdoezelen?... Ik rouw om uw ziel.

I: Keert u zich tegen ons? Ik zal eens zien hoe sterk u bent!

P: Ik ben slechts te gast op deze aarde, net als mijn vaderen... en bereid om voor de Waarheid te lijden![15]

Ivan maakte rechtsomkeert en marcheerde de kerk uit, om zijn opritsjniki eropuit te sturen om een aantal kerkleiders bijeen te roepen die bereid waren Philip aan te klagen. Zijn boodschappers reisden helemaal naar Solovjetski, waar de nieuwe abt van het klooster maar al te graag bewijsmateriaal tegen zijn heilige voorganger uit zijn duim zoog. Een partijdige rechter veroordeelde Philip, op grond van nergens op gebaseerde beschuldigingen van zwarte magie en morele verdorvenheid.

Philip wist dat zijn lot bezegeld was en bood aan de bij zijn ambt behorende met gouddraad bestikte stola en zijn kromstaf over te dragen. Hoe ongeneeslijk ziek Ivans geest en hart waren kunnen we min of meer opmaken uit het feit dat hij Philip tegenhield en 'nee' zei, Philip moest op een belangrijke feestdag nog een laatste liturgie vieren. Maar zodra de plechtigheid was afgelopen, trokken de opritsjniki de oude man zijn gewaden uit, hulden hem in een ruw habijt, gooiden hem op een slee en sleepten hem weg om hem in een afgelegen klooster gevangen te zetten. Zijn trouwe kudde huilde toen ze zag hoe hij werd weggevoerd en volgde de slee de hele weg. Philip werd in een stinkende cel vastgeketend. Ivan, nog steeds ziedend van woede en schuldbesef, liet een neef van de in ongenade gevallen kerkvorst ter dood brengen en diens hoofd naar Philip sturen met de boodschap: 'Dit is uw meest geliefde familielid – uw toverkunsten hebben hem niet geholpen.'[16]

Een jaar later, toen Ivan op weg was om de steden Novgorod en Pskov, die zich veel te onafhankelijk opstelden, te zuiveren, bezocht de commandant van de opritsjniki Philip in zijn cel. De oude monnik moest een laatste kans krijgen om berouw te tonen over zijn halsstarrige verzet tegen de tsaar en zo Ivans slechte geweten te sussen.

'Heilige bisschop, zegen de tsaar die op weg is naar Novgorod,' beval Ivans handlanger.

Maar Philip wilde hem dat genoegen niet doen. Zoals alle heilige orthodoxe mannen, dus net zoals de oude Vader Cleopa in Sihastria, had hij gevoeld dat zijn einde nabij was. Drie dagen eerder had hij zijn bewakers gewaarschuwd: 'Het einde van mijn *podvig* [in de christelijke traditie proeve van volharding] nadert.' Hij werd met een kussen verstikt.

Oppervlakkig gezien is de moord van Ivan op Philip vergelijkbaar met de al even dramatische moord op Thomas Becket in 1170 op het altaar van de kathedraal in Canterbury, de oplossing waar Hendrik II van Engeland tijdens een gelijksoortige machtsstrijd tussen Kerk en staat voor had gekozen. Maar Thomas Becket had zowel de tijdelijke als de spirituele macht van de Romeinse paus gesteund, terwijl Philip een hartstochtelijk patriot was geweest die Ivans goddelijke recht om over Rusland te regeren nooit ter discussie had gesteld. De dreiging die van hem uitging was hoogstens van geestelijke aard.

We zouden kunnen zeggen dat het dieptreurige drama van de moord op Philip het moment is waarop Rusland het Byzantijnse ideaal van de symphonia openlijk heeft laten varen. Na Philips dood hield Ivan niet eens meer de schijn op dat hij in goede harmonie met de Kerk samenwerkte. De geestelijkheid beefde en trok zich terug achter wolken wierook, of vluchtte naar de bevroren toendra om kluizenaarshutten te bouwen. De belangen van de nieuwe Russische staat en de autocratie gingen vóór, en alle latere pogingen om het aloude Byzantijnse evenwicht te herstellen zijn min of meer in een debacle geëindigd. In 1613, toen de tiener Mikhail, de eerste Romanovtsaar, zijn vader tot patriarch had benoemd en hem had toegestaan uit zijn naam een slecht bewind te voeren, was er even sprake geweest van een soort vader-en-zoonsymphonia. In de zeventiende eeuw had patriarch Nikon de macht van een tsaar overgenomen en kans gezien een schisma uit te lokken dat de Kerk vreselijk veel schade had berokkend. Peter de Grote, geïnspireerd door het voorbeeld van de dociele anglicaanse Kerk van de achttiende eeuw, had de wijze waarop Ivan Philip had behandeld een officieel tintje gegeven door de Kerk ondergeschikt aan de staat te maken en het patriarchaat af te schaffen. Zonder een vertaling van de bijbel in de omgangstaal, wat in het grootste deel van Europa een wezenlijke rol had gespeeld bij de ontwikkeling van het individuele besef van goed en kwaad, waren de hervormingen van Peter de Grote een regelrechte ramp geworden. Pas in 1876, na *Das Kapital* van Marx, werd een eerste volledige bijbelvertaling uit het oude Slavisch in modern Russisch gedrukt. De hervormingen van Peter de Grote hadden de Russische Kerk in de verschrompelde arm van een schaamteloos onrechtvaardige staat veranderd, zodat er begin negentiende eeuw in de harten van de opkomende Russische massa's in de moderne steden, met name in de harten van de intelligentsia, sprake was van een leegte – een leegte die erop wachtte te worden opgevuld door de vooral materiële vertroostingen van Karl Marx. De Kerk, overduidelijk niet in staat om de hemel op aarde te realiseren in een land dat alles op alles zette om de westerse industriële revolutie te evenaren, kon hoogstens gerechtigheid in het hiernamaals beloven. Het socialisme, de nieuwe godsdienst, beloofde gerechtigheid op aarde. Een moedige Engelse journalist, die vlak voor het losbarsten van de Eerste Wereldoorlog honderden Russen op hun pelgrimstocht naar Jeruzalem had begeleid, had het dramatische bewijs van de tragische kloof in de Russische maatschappij met eigen ogen gezien. Hij schreef hoe verdeeld de menselijke lading op de boot die over de Zwarte Zee voer was:

'... zolang de monnik op het bovendek zijn oerconservatieve Russisch-orthodoxe preek afstak, preekte de scheepstimmerman benedendeks de vuurrode sociale democratie.'[17]

Een uitmuntend kenner van de Russische geschiedenis heeft onlangs op overtuigende wijze aangetoond dat 'het grootste gebrek van het tsaristische Rusland de hopeloze zwakheid van de orthodoxe Kerk was'.[18] De postcommunistische Russische Kerk is nog steeds zwak, maar wint in letterlijke en figuurlijke zin steeds meer verloren terrein.

Vanya en ik hadden eerst de zegen van patriarch Alexi II zelf moeten krijgen om zeker te zijn van een audiëntie bij de huidige opvolger van Philip als abt van het Solovjetskiklooster, archimandriet Iosif. Een satellietverbinding tussen het patriarchaat van Moskou en Solovjetski had hem van onze naderende komst verwittigd. We troffen hem in zijn kantoor op de derde verdieping van het enige volledig gerestaureerde gebouw van het kloostercomplex, een man met een goudblonde baard, blozende wangen en in de bloei van zijn leven. Gezeten op zijn fraai gebeeldhouwde, met purperkleurig fluweel beklede houten troon, bladerde hij wat papieren door terwijl over het diepblauwe computerscherm links van hem eindeloos de woorden van het hesychastische Jezusgebed vlogen: 'Heer Jezus Christus, Zoon van God, ontferm u over ons!' Verder was zijn kantoor even functioneel als dat van welke sovjetbureaucraat ook. Zijn houding was dienovereenkomstig behoedzaam, totdat ik uitlegde dat ik helemaal hierheen was gereisd om hem te spreken, omdat Solovjetski bij vrijwel alles wat Rusland de afgelopen vijfhonderd jaar was overkomen een belangrijke rol scheen te hebben gespeeld. Bijvoorbeeld de dappere stellingname van Philip van Solovjetski tegenover tsaar Ivan, of Solovjetski als bolwerk van de Oudgelovigen, die de Kerk in de zeventiende eeuw met hun laatste wanhopige verzet tegen de staat hadden verscheurd, of Solovjetski als een door monniken bemand fort tegen de Zweden in de tijd van Peter de Grote, of Solovjetski's heldhaftige standhouden onder de regen kanonskogels die aan het begin van de Krimoorlog door Britse oorlogsschepen waren afgevuurd, of Solovjetski als het eerste goelagkamp, of Solovjetski als een van de eerste kloosters die na de ineenstorting van het communisme in 1991 waren heropend, en dat in 1997 was afgebeeld op een nieuw bankbiljet, maar tot afschuw van alle ware gelovigen beroofd van zijn gouden kruisen – zoals in de goddeloze sovjettijden.

Hij vond die bloemlezing mooi genoeg om me een definitie van de geschiedenis te geven die ik heel even aanzag voor de ouderwetse, orthodoxe zienswijze, tot ik doorkreeg dat ze eerder bij het sovjetdenken paste. 'Geschiedenis is in de regel,' begon hij, 'de stem van het volk... en de stem van het volk is Gods stem,' voegde hij er snel aan toe.

Hij begon net op dreef te komen met een klaagzang over de nooit gebroken 'gouden draad' van de spiritualiteit van Solovjetski, die Lenin had doorgeknipt door het oord te veranderen in een goelagkamp waar 'meer dan duizend' geestelijken waren omgekomen, toen ik hem in de rede viel. 'Maar er was toch al lang voordat de bolsjewieken de macht overnamen iets heel erg misgegaan op Solovjetski en in de Russische Kerk?' Ik dacht aan abt Philip en Ivan de Verschrikkelijke, maar zei: 'Dit klooster had in de tijd van de tsaren toch net als talloze andere ook een vreselijke gevangenis?'

'Ja...' zei archimandriet Iosif met een waakzame blik in zijn ogen, 'het klooster kon zich niet tegen de wil van de tsaren verzetten... De tsaren hebben het klooster mogelijk niet op de juiste manier gebruikt...'

Vlak voor onze ontmoeting met archimandriet Iosif hadden Vanya en ik een uur in de kleine gemeentebibliotheek van Solovjetski doorgebracht – een haveloos, stoffig vertrek, zonder elektrisch licht omdat de rekening niet betaald was – en met veel moeite geprobeerd om in een boek over het sovjettijdperk van het klooster uit de hele rimram aan atheïstische propaganda de zeer schaarse feiten te zeven. We hadden uit de puzzelstukjes kunnen opmaken dat het klooster zo'n honderdvijftig jaar lang, tot eind achttiende eeuw, de reputatie van de meest gevreesde strafkolonie van heel Rusland had genoten. De gevangenen werden in piepkleine ondergrondse cellen gesmeten, waarvan de houten vloeren met hooi bedekt waren, om ze daar tientallen jaren lang te laten wegrotten, amper in leven gehouden door het brood en het water dat de monniken via een gat in de zoldering aanreikten. De auteur schatte dat er in die holen vierhonderd gevangenen waren omgekomen, onder meer een rooms-katholieke Spaanse monnik, die was veroordeeld omdat hij had geprobeerd zieltjes te winnen en bankbiljetten te vervalsen. In de zestiende eeuw had Maksim de Griek, een monnik van Athos die de Russische clerus had uitgescholden voor 'een soort bloedzuigende beesten', er een tijdlang zitten verkommeren. 'Die gevangenschap heeft sommigen hier natuurlijk wel tot boetvaardigheid gebracht,' zei archimandriet Iosif. 'Bepaalde mensen moeten eerst een tijd van hun leven zo doorbrengen om daarna de juiste spirituele weg te kunnen kiezen.' Hij was overduidelijk niet van zins nog eens samen met mij in de geschiedenis te duiken en helemaal terug te gaan naar het jammerlijke einde van het symphonia-ideaal en het martelaarschap van Philip. Hij leek meer geneigd de nadruk te leggen op de smadelijke rol die de Russisch-orthodoxe Kerk later had gespeeld, als de verschrompelde arm van een repressieve staat die de wet aan zijn laars lapte. Dat verbaasde ons nauwelijks. Onze ontmoeting vond krap een maand vóór de catastrofale val van de roebel plaats, in augustus 1998. Zijn gedachten waren natuurlijk bij het Rusland van Boris Jeltsin, waar de wetteloosheid nog angstaanjagerder was dan onder de tsaren.

Omdat het de cruciale steun van een eeuwenoud rechtsbestel miste, móést Ruslands onstuimige liefdesgeschiedenis met het Westen en met de democratie wel snel schipbreuk lijden. Veel Russische geestelijken schimpten net als archimandriet Iosif op de nieuwe vrijheden waarvan de Russen op dit moment konden genieten, maar die niet veel meer schenen in te houden dan het kunnen begaan van misdrijven en het consumeren van westerse pornografie. Om beurten kraaiden ze: 'We hebben het wel gezegd.' De drie pijlers onder de staatsideologie van het voormalige tsaristische Rusland – orthodoxie, autocratie en nationale eenheid – spelen nog steeds een voorname rol in de gedachten van de meerderheid van de Russische geestelijken, ook de jongere. De communisten hadden een van die pijlers, 'orthodoxie', geveld door een atheïstische staat uit te roepen, maar de andere twee laten staan door een onmiskenbaar autocratisch systeem te handhaven en Ruslands traditionele westerse tegenstanders vijandig te blijven bejegenen. In de ogen van de huidige Russische kerkleiders was de misdaad die Boris Jeltsin had begaan door de twee andere pijlers te verbrijzelen veel weerzinwekkender dan wat de sovjets ooit hadden gedaan. Na 1991 was Ruslands 'autocratie' – de repressieve, patriarchale staat – verbrokkeld tot een angstaanjagende chaos die democratie werd genoemd, en was Ruslands 'nationaal bewustzijn' door de westerse consumptiedwang, het oostwaarts opschuiven van de NAVO en ketterse protestantse en rooms-katholieke zendelingen wreed geschonden. In het licht van die afschuwelijke, tweeledige verwoesting, legden Jeltsins rehabilitatie van de eerste pijler, de 'orthodoxie', en zijn teruggave van alle kerkelijke eigendommen die na 1917 waren geconfisqueerd, nauwelijks gewicht in de schaal.

Gaandeweg wordt steeds duidelijker waar de op het eerste gezicht onverklaarbare waardering van de voormalige atheïstische communisten voor de Russisch-orthodoxe Kerk vandaan komt. Beide groeperingen zijn het erover eens dat Rusland onmiddellijk de twee ontbrekende pijlers overeind moet zetten. Een sterke leider gekoppeld aan een zelfopgelegde quarantaine tegen het besmettelijke Westen zou Rusland weer op het rechte pad brengen, denken ze.

'Een Rus is van nature zó dat hij qua gewoontes, houding en karakter nooit een Europeaan of een westerling kan worden,' verklaarde de archimandriet Iosif. En terwijl hij fronsend de papieren op zijn bureau ordende, voegde hij eraan toe: 'Ik denk niet dat de tijd voor de Russen al rijp is om nauwe contacten met het Westen aan te knopen. Onze voorouders zijn niet voor niets altijd tegen dat soort contacten geweest.'

Met deze woorden stond hij op en ging hij ons voor naar de binnenplaats, waar zijn monniken nog steeds hard aan het werk waren, hakkend en gravend. Na wat gebabbel over de veelvuldige stroomuitval op het eiland, de bevroren waterleidingen en de vliegtuigverbinding die zich tot één wekelijkse heen-en-weervlucht beperkte, concludeerde de archimandriet op onheilspellende toon: 'U ziet hoe het er voor staat. Aan het eind van de twintigste eeuw keert de beschaafde wereld ons de rug toe. En waar logeert u zolang u hier bent?'

'O – ik weet niet...' zei ik met een weifelende blik op de vervallen kloostergebouwen, 'we kunnen zeker niet in het klooster logeren?'

'Nee,' zei hij, en belde met het mobieltje dat hij uit de plooien van zijn habijt opdiepte Solovjetski's enige hotel.

De langwerpige blokhut die Solovjetski's hotel is, biedt een bijna even onwaarschijnlijke aanblik als het klooster. Tijdens de schaarse lichte maanden van het jaar – wanneer de boten met pelgrims arriveren plus, als ze geluk hebben, een handvol westerse biologen met dollars op zak, aangetrokken door de walvissen die voor de noordoostkust van het eiland hun jongen werpen – werken eigenaar Sergei en diens vrouw Ljoeba even hard als de monniken.

Het kleine gebouw was vol, maar de vriendelijke Ljoeba had tegen de archimandriet gezegd dat ze ons wel in hun flat aan de rand van het dorp kon onderbrengen. Ze liep er met ons heen, achter het klooster en de bouwval van de voormalige vlootbasis langs, waar de vertrekkende soldaten alles vanaf hadden gesloopt alvorens die in brand te steken. We liepen rakelings langs het Heilige Meer, woelig en duister in de wind. Het kostte me moeite me voor te stellen hoe het er aan het eind van de negentiende eeuw uit had gezien, toen het er had gewemeld van de winterbleke lijven van alle pelgrims die hun heil in de gezegende wateren zochten, zwemmers die door heilige vrees zodanig met stomheid waren geslagen dat iemand die zijn mond open durfde te doen meteen door een ander werd vermaand: 'Stil! Weet u niet wat voor oord dit is? Kunt u zich voorstellen hoe veel heiligen hier hebben gezwommen?'[19] Een wegwijzer in de buurt had de gezegende badgasten eraan herinnerd dat ze hier op Solovjetski vierduizend achthonderdachttien werst van Tsargrad, Constantinopel, vandaan waren. Aan het eind van de eeuw voeren zo'n dertigduizend pelgrims per jaar hierheen, op schepen die eigendom van het klooster waren, met flonkerende gouden kruisen boven in de mast. Het uitstekend georganiseerde en schatrijke klooster met zijn zeshonderd monniken had al degenen die naar Solovjetski kwamen gevoed en onderdak verleend. De pelgrims hadden vouchers kunnen kopen – dertig kopeken per gebed, anderhalve roebel voor een gebed met wijwater, enzovoort. Een smalspoortreintje had hen door hun heilige vakantieoord vervoerd.

De schrijver Dostojevski had al op de buitengewone voorliefde van de Russen voor bedevaarten gewezen. De Russische boer, zo schrijft hij in *De gebroeders Karamazov*, 'is in staat om plotseling... alles achter zich te laten en op bedevaart te gaan om zijn ziel te redden, of hij steekt plotseling zijn geboortedorp in brand, en misschien doet hij allebei tegelijk. Er zijn onder de boerenvolking heel wat "contemplatieven".'[20] Na het Heilig Land en de berg Athos, was Solovjetski voor de doorsnee Rus de meest geliefde vakantiebestemming geweest, met het Heilige Meer als belangrijkste attractie. Tegenwoordig oefenen alleen de belastingvrije winkels van Dubai en de zuidelijke stranden van Cyprus op de meeste Russen een vergelijkbare aantrekkingskracht uit.

Ljoeba leidde ons langs de knarsende generator van het eiland, langs stoere blokhutten, gebouwd om de bewakers van het goelagkamp te huisvesten, en nog verder, naar een aantal nieuwere maar er desondanks haveloos uitziende flats. In een daarvan, een naargeestig donker hok met getraliede ramen, begon ze ijverig bedden op te maken, zich verontschuldigend omdat er geen warm water was. Ik gluurde door de tralies naar een erf met zwerfhonden, onkruid en een schuur vol roestend ijzer.

'Ljoeba,' vroeg ik, 'heeft het eiland iets aan de monniken in het klooster?'

'O ja, op moreel gebied zeker. Zo wordt het vuil stukje bij beetje van de ziel van de mensen gewassen. De mensen zijn nu niet meer tegen de monniken, zoals in 1991, toen ze voor het eerst weer terugkwamen. U moet niet vergeten dat er tot die tijd mensen in het klooster woonden, met winkels en zo...' Toen ze weg was pakten Vanya en ik de noodvoorraad Snickers uit en aten er een van op, die door ons schuldgevoel nog lekkerder werd. Snickers zijn het symbool geworden van alles wat heel veel Russen aan de meest recente, gebundelde poging om hun land te verwestersen haten. *Snickerizatsiya* – Versnickering is een laatdunkende term voor verwesterlijking. Archimandriet Iosif had waarschijnlijk nooit een Snickers geproefd, bedacht ik.

Het was elf uur 's avonds, maar nog steeds even licht als op een nazomermiddag toen we aan een wandeling over weer een andere onverharde weg begonnen, dwars door het bos en hele wolken muggen, rechts de meren en links de – nog net tussen de bomen door zichtbare – hemelkleurige zee. Vanya was op zoek naar een van abt Philips meest bewonderenswaardige vernieuwingen: de visvijvers langs de kust die zijn monniken, als ze niet vastten, van verse eiwitten hadden voorzien.

Solovjetski had iets van een andere wereld, zij het niet in de verheven spirituele zin van het woord, vonden we. Ik bedacht dat het eiland misschien een ruwe schets van de wereld was geweest die door God terzijde was geschoven ten gunste van iets wat beter geproportioneerd en harmonieuzer was – iets wat het leven een tikje welgezinder was. De rotsen op zijn kusten zijn veel te groot en een belangrijk deel van de vegetatie is merkwaardig armetierig, waarschijnlijk door de wind. Er zijn veel te veel meren, veel te veel muggen in de zomer en er staat veel te veel wind. De eeuwig lichte zomernachten werken bijna even ontwrichtend als een voortdurend door tl-buizen verlichte gevangeniscel.

We konden de visvijvers niet vinden en – voor mij nog teleurstellender – ook geen enkel spoor van het kerkhof van de Oudgelovigen. Het grote aantal toegewijde Russisch-orthodoxe gelovigen dat in de zeventiende eeuw een laatste, tot mislukken gedoemde, poging tot verdediging van het Heilige Rusland tegen de hooghartige tirannie van de staat had georganiseerd – het heftige protest van de Oudgelovigen tegen het autoritaire besluit van de patriarch om de Russische Kerk in het keurslijf van de toenmalige Griekse Kerk te dwingen – zou de oorzaak worden van een schisma, in een Kerk die na de moord van Ivan de Verschrikkelijke op Philip toch al was verzwakt. Patriarch Nikon was een Byzantijnse imperialist geweest, die had gemeend dat het opheffen van de verschillen die tussen de Griekse en de Russische oosterse orthodoxie waren gerezen, de eerste stap zou zijn op de roemrijke weg naar de eenwording van het oosters-orthodoxe christendom en de herovering van Tsargrad op de Ottomanen. Maar de Oudgelovigen – zoals ze bekend zouden worden – hadden elke verandering afgewezen alsof die van de duivel zelf kwam en hevig geprotesteerd, omdat ze Nikons minimale aanpassingen beschouwden als een klap in het gezicht van de eeuwenoude orthodoxie – letterlijk: Juiste Aanbidding. Hoe kon de Russisch-orthodoxe Kerk, geheel en al gebaseerd op het streng bewaken van de aloude Byzantijnse traditie, zich al die tijd hebben vergist? Had een dapper verdediger van Rusland tegen de Mongolen als Sint-Sergius er verkeerd aan gedaan met twee in plaats van drie vingers een kruis te slaan? Natuurlijk niet, overwogen ze. Kon je zo met de kalender knoeien dat het nieuwe jaar in januari in plaats van in september begon? Nee, een godslastering! De wereld en de tijd moeten in de herfst zijn begonnen: hoe kon Eva in de hof van Eden anders een appel hebben geplukt? Appels worden niet in januari rijp. Voor deze aartsconservatievelingen kondigden de hervormingen van patriarch Nikon de komst van de antichrist en het ophanden zijnde einde van de wereld aan. De Openbaring van Johannes was nabij.

Het toeval wilde dat de verfoeide patriarch Nikon zijn kerkelijke loopbaan was begonnen als een weinig geliefde monnik in Solovjetski, dus toen zijn bevel om nieuwe kerkelijke handboeken in gebruik te nemen uit Moskou was gekomen, had de toenmalige abt zich gerechtigd gevoeld als volgt te antwoorden:

> Er staan heel wat onware zaken in deze boeken... niets anders dan de geschriften van de Dienaren van de antichrist... Waarom hebt u ons deze anti-christelijke leer gebracht? Nikon is geen patriarch maar een ketter. Hij spreekt niet tot de ziel maar is een wrede wolf, een dienaar van Satan... Rusland is al deze jaren orthodox geweest en kan onmogelijk onorthodox zijn... Wij aanvaarden dit nieuwe geloof niet... We zullen grote beproevingen doorstaan en met vreugde het einde van ons leven aanvaarden als de grote Tsaar dat wil, en we zullen onberispelijk voor Christus' laatste oordeel verschijnen![21]

Zo'n twintigduizend Oudgelovigen, van de hoogstgeborenen tot de nederigsten in het land, gingen liever de dood tegemoet dan één jota aan hun orthodoxe ritueel te veranderen. Twintigduizend van hen sloten zich in kerken op en verbrandden zichzelf liever dan 'onorthodox' te sterven. Anderen zochten een veilig heenkomen in de onbewoonde woestenij van Siberië, buiten bereik van de vervolgingen. Weer anderen vonden de weg naar Solovjetski, waar ze in de kloostervesting samen met de monniken een vreselijke, acht jaar durende belegering door de troepen van de tsaar doorstonden. Uiteindelijk zijn ze door een monnik verraden. Het bastion van het Oude Geloof werd ontruimd en vervolgens opnieuw bevolkt door volgelingen van Nikon, maar modern onderzoek naar de Oudgelovigen stelt hen in het gelijk. Hun oude Russische rituelen stonden inderdaad dichter bij de oorspronkelijke Byzantijnse liturgie dan die van de toenmalige Grieken. Tot nu toe heeft de Russisch-orthodoxe Kerk zich echter nog niet verontschuldigd tegenover de Oudgelovigen, die nog steeds, in her en der verspreide, steeds kleiner wordende groepjes, hun eigen plechtigheden in hun eigen kerken vieren. Alexander Solzjenitsyn heeft dat gebrek aan schuldbesef ten opzichte van de Oudgelovigen een van de belangrijkste kwalen genoemd waar de Russisch-orthodoxe Kerk op dit moment aan lijdt.

Er is op Solovjetski geen kerkhof om het verhaal van de Oudgelovigen te vertellen, zelfs geen gedenkplaat ter herinnering aan hun belegering. Maar zo zijn er evenmin sporen die vertellen over Solovjetski's jaren na 1917, als dependance van de hel. Sinds 1966 wordt één kamer in het kloostermuseum opgeluisterd door het werk van een toegewijde leek: een hartverscheurend monument van foto's, kledingstukken, identiteitskaarten en gebruiksvoorwerpen van de duizenden die in het eerste goelagkamp van de Sovjet-Unie zijn omgekomen, en de monniken hebben op het eiland een paar houten kruisen neergezet. Maar een kerkhof is er niet. Niemand die de goelag heeft overleefd is hier blijven wonen en in de dikke, stenen kloostermuren zijn geen woorden gegrift. Wie het Solovjetski uit die tijd weer tot leven wil roepen, moet zich tot Solzjenitsyn wenden, en tot de memoires van Ruslands grootste levende historicus, Dmitri Likhatsjev. Solzjenitsyns beschrijving van de helse gebeurtenissen in het goelagkamp in de Witte Zee, zijn *De Goelag Archipel*, is bijna onsamenhangend van woede vanwege de onmenselijkheid van de sovjetmens. De woorden struikelen over elkaar.

> Of in de zomer 'aan de stam', wat inhield naakt ten prooi aan de muggen. Maar in dat geval moest de schuldige in de gaten worden gehouden, want omdat hij naakt aan een boom was gebonden wisten de muggen wel raad met hem. Ze waren ook in staat om hele compagnieën wegens ongehoorzaamheid buiten in de sneeuw te zetten. Of om iemand het moeras in te drijven, tot zijn nek in de blubber, en hem daar achter te laten. En dan was er nog een manier; een disselboom achter een paard hangen en de benen van de schuldige aan de dissel vastmaken; dan stapte de bewaker op het paard en joeg hij het net zolang over een opengehakte plek in het woud tot het gekerm en geschreeuw achter hem eenvoudigweg ophielden.[22]

De historicus Likhatsjev had in 1929 een straf op Solovjetski moeten uitdienen omdat een vriend hem op zijn verjaardag voor de grap een neptelegram van de paus had gestuurd en iemand anders hem had aangegeven wegens het bezit van een boek met de titel *Het internationale jodendom*. In zijn memoires vertelt hij hoe de bewakers die de veroordeelden van de schepen hadden gehaald en over het eiland begeleid, hen opgewekt hadden gewaarschuwd: 'De wet is hier niet *Sovietsky* maar Solovjetski,' en vervolgens allerlei obsceniteiten hadden uitgekraamd, waarvan 'Ik zal je het snot van lijken laten likken' nog de minst gruwelijke was. Likhatsjev had bij aankomst voor de kloosterpoort heimelijk een kruis geslagen. 'Ik heb Solovjetski niet als een gevangenis maar als een heilige plaats benaderd,' herinnert hij zich.

Likhatsjev beschrijft het klooster waar het merendeel van de gevangenen was samengepropt – een aantal dat de bevolking van België overtrof, zegt hij – als het gekrioel van 'een reusachtige mierenhoop'. De gevangenen waren over vijftien afdelingen verspreid. In afdeling zes zaten de geestelijken, die een vijfde van de gevangenisbevolking uitmaakten en als enigen betrouwbaar genoeg werden geacht om de kloosterpoorten te bewaken. Afdeling elf was voor gewone misdadigers, verkrachters, dieven en moordenaars. Nummer zeven werd bevolkt door leden van de gehate 'creatieve intelligentsia'. Likhatsjev zat in afdeling veertien en sliep met zijn benen in de mouwen van zijn bontjas uit angst voor de jeugdige dieven met wie hij zijn cel deelde. Hij is alleen aan het vuurpeloton ontsnapt door zich op de dag dat hij zijn naam op de lijst veroordeelden zag staan niet te melden. Solovjetski is nog steeds een nachtmerrie. 'Er is natuurlijk iemand anders in mijn plaats meegenomen en ik zou voor twee willen leven – voor mezelf en voor die ander...'[23] schreef hij in 1995. De inmiddels negentigjarige Likhatsjev is in het nieuwe Rusland een alom gerespecteerd historicus en geniet zoveel aanzien dat hij president Jeltsin in juli 1998 een brief kon sturen waarin hij erop aandrong één dag de politiek te vergeten en zich achter de collectieve spijtbetuiging te scharen door in Sint Petersburg de al veel te lang uitgestelde herbegrafenis bij te wonen van de laatste Romanovtsaar, Nicolaas II en diens gezin, van wie de verbrijzelde beenderen in 1991 in een kuil in de bossen van de Oeral waren ontdekt.

Tijdens Likhatsjevs verblijf waren er nog steeds een paar monniken op Solovjetski geweest. Wie van hen bereid was zich aan het nieuwe regime te houden werd ingezet om de gevangenen te tonen hoe ze de verrukkelijke haring moesten vangen die naar het zuiden werd verscheept om de tafels in het Kremlin op te luisteren. De massa geestelijken die op Solovjetski gevangenzat bestond voornamelijk uit mensen die in de korte periode tussen de troonsafstand van tsaar Nicolaas II in maart 1917 en de bolsjewistische revolutie in november enthousiast hadden meegedaan aan de veel te late poging van de Kerk om zichzelf te zuiveren en te vernieuwen, dus die het atheïsme van het nieuwe regime hadden verworpen. Er waren op Solovjetski vier dissidente bisschoppen geweest die in het geheim nieuwe priesters hadden gewijd en heldhaftig manieren bedacht om de paasplechtigheden te kunnen vieren. De geestelijken kwamen altijd heimelijk bij elkaar op een open plek in het bos, die ze de kerk van de Heilige Drievuldigheid noemden en die de hemel als koepel had. In 1927 was hun organisatie sterk genoeg geweest om een protestbrief op te stellen aan de nieuwe patriarch, die tot een vergelijk met de bolsjewieken was gekomen. Die brief luidde als volgt:

> De Kerk erkent het bestaan van een geestelijk beginsel; het communisme ontkent dat. De Kerk gelooft in de Levende God, Schepper van de wereld, Leidsman van het leven; het communisme ontkent Zijn bestaan... De Kerk gelooft in de onwrikbare beginselen van moraal, gerechtigheid en wet; het communisme ziet ze als de voorlopige resultaten van de klassestrijd en bekijkt morele vraagstukken alleen voor zover ze toepasbaar zijn. De Kerk brengt het besef bij dat nederigheid de ziel van de mens verheft; het communisme verlaagt de mens door trots.[24]

Dit was de stem van abt Philip, die vierhonderd jaar na zijn dood nog steeds voor dezelfde zaak opkwam. Ditmaal was die zaak echter nog urgenter en hopelozer. Ivan de Verschrikkelijke had dan wel geprobeerd om over de Kerk te heersen, maar nooit om haar af te schaffen. De verwesterde Peter de Grote had het patriarchaat afgeschaft en priesters gedwongen om in hun biechtstoel spionnen te worden, maar zelfs hij had de waarde van de Kerk zelf niet ter discussie gesteld. Al aan het begin van zijn loopbaan was hij naar het Sint-Sergiusklooster in Sergijev Posad gevlucht om aan zijn vijanden te ontkomen, en bij een bezoek aan Solovjetski had hij in het kloosterkoor de tenorpartij meegezongen. Maar nu waren er de bolsjewieken, die niet alleen de Kerk afschaften maar God met het geweer in de aanslag dood verklaarden. De meeste ondertekenaars van die protestbrief zijn op Solovjetski gestorven of meteen na hun vrijlating gedood.

Om halfeen 's nachts schemerde de hemel nog steeds als roze parelmoer achter de silhouetten van de kloosterkoepels, het Heilige Meer en de donkere zee om ons heen. Vanya en ik hadden toen al schoon genoeg van dat gevangeniseiland met zijn vreselijke eeuwige licht.

De volgende dag was een stormachtige zondag. Windvlagen striemden het oppervlak van het Heilige Meer en floten door de kieren in de kloostermuren waar archimandriet Iosif en zijn monniken een processie omheen hielden. Met hun fraaie, wapperende gewaden stopten ze bij alle acht torens op de muur om te zingen en ze met wijwater te zegenen. Het zou een groots en schitterend spektakel zijn geweest als de wind het onafgebroken gezang van de monniken niet aan flarden had gewaaid, de heilige vaandels die ze meedroegen niet had geranseld en geen wolken wierook in hun gezichten had geblazen. In de menigte verfomfaaide pelgrims en eilandbewoners die hen gedwee volgde, hun anoraks dichtritsend en hun hoofddoeken vaster aantrekkend, ontwaarde Vanya de gelukzalig glimlachende doofstomme en zijn moeder, die vanaf Archangelsk met ons mee waren gereisd. We wuifden naar hen, lieten de processie voor wat ze was en zochten onze toevlucht in de warme eetzaal van Ljoeba's hotel, waar we een afspraak hadden voor een ontmoeting met een leraar van het eiland.

Oleg, een broodmagere jongeman met een miezerig baardje, kromme schouders en het ronde metalen brilletje van de Russische intellectueel, keek droeviger dan alle anderen die we op Solovjetski waren tegengekomen, als het ware verdoofd door de machteloze eenzaamheid van een van Toergenjevs 'overtollige' mensen. Ik besefte dat het lot van intellectuelen in het grootste deel van orthodox Europa niet benijdenswaardig is. De Latijnse herkomst van de term die in de negentiende eeuw werd gebruikt om de klasse van de hoog opgeleide en politiek geëngageerde Russen – de intelligentsia – te beschrijven, is al een overduidelijke indicatie voor de marginale positie van deze mensen in een cultuur die per traditie altijd meer waardering heeft getoond voor geestelijk inzicht en voor het zielenheil dan voor het intellect op zich. In de orthodoxe cultuur zijn intellectuelen buitenstaanders en mislukkelingen die, gevoed met seculiere kennis, als het ware met de duivel hebben getafeld. Bedorven door het ketterse, humanistische Westen, ontkennen ze het mysterie van de ziel en pochen ze in hun eigenwaan op het vermogen van de menselijke creativiteit en van de rede. De mystiek-religieuze laatste tsaar van Rusland, Nicolaas II, was het tegendeel van een op het Westen georiënteerde intellectueel en wilde het woord intelligentsia zelfs uit de taal laten schrappen. 'Wat heb ik toch een hekel aan dat woord!'[25] had hij ooit geroepen. Nicolaas II en Stalin, de tiran die ooit had gekozen voor het orthodoxe priesterschap, stonden beiden even wantrouwig tegenover intellectuelen en joden.

Halverwege de negentiende eeuw werden er pogingen ondernomen om de fatale tweedeling in de Russische maatschappij ongedaan te maken. Honderden goed bedoelende intellectuelen waren uit de universiteiten naar de provincies gesneld om de boeren uit te leggen hoe ze hun armzalige lot konden verbeteren, maar werden met argwaan en woede ontvangen. Ruslands negentiende-eeuwse slavofiele beweging was onderdeel van de pogingen van de Russische intelligentsia om dichter bij de massa's te komen door de orthodoxie met de moderne wereld van wetenschap en rede te verzoenen. De slavofielen brachten terecht tegen de op westerse leest geschoeide modernisering in dat het Westen, ondanks de materiële vooruitgang, zijn ziel en zijn spiritualiteit kwijt was. Omdat het Westen al te zeer op de menselijke rede vertrouwde, veel te ambitieus was in zijn eigenwaan, was het tot de ondergang gedoemd, zeiden ze. In de ban van de Byzantijnse geschiedenis en de traditie van de *sobornostj*, die voor de hele orthodoxie gold, geloofden ze dat Rusland en haar Kerk alleen maar naar de tijd vóór Peter de Grote terug hoefden te keren om oneindig superieur aan het Westen te zijn. Die oude waterscheiding binnen Ruslands intelligentsia, tussen op het Westen gerichte mensen en slavofielen, is weer helemaal terug en wordt weer elke dag groter.

Degenen die zich op het Westen richten zijn aan de verliezende hand. Slavofilie nadert uiteraard gevaarlijk dicht de ketterij van het phyletisme, het Russische religieuze nationalisme, en gaat er vaak naadloos in over.

Het duurde even voordat ik de moed opbracht om Oleg de vraag voor te leggen waar ik vanaf het moment dat we op het eiland waren aangekomen een antwoord op had gezocht. 'Oleg, waarom zijn de monniken hier teruggekomen? Het heeft hier nog steeds meer van een gevangenis dan van een heilige plaats, er is hier zoveel vreselijks gebeurd. Zou het niet beter zijn het eiland aan zijn lot over te laten?'

'Nee nee,' antwoordde hij ongeduldig. 'Dat kwaad is nou juist de reden waarom er hier weer monniken moeten leven. Patriarch Alexius II vindt Solovjetski zo belangrijk dat hij hier de laatste zeven jaar al twee keer is geweest.'

Oleg ontpopte zich als een vurig orthodoxe, slavofiele intellectueel. Ook hij was een nieuwkomer op Solovjetski, net als de jonge monniken, en twee jaar geleden uit Sint Petersburg hierheen gekomen in de hoop dat hij en zijn vrouw op Solovjetski een goed, deugdzaam leven zouden kunnen leiden, buiten bereik van het weerzinwekkend verwesterde 'nieuwe Rusland met zijn *mafiya* en alles wat erbij hoort'.

Terwijl we daar thee zaten te drinken en de wind aan de ramen rammelde, vertelde hij hoe hij tot het orthodoxe geloof was gekomen. Begin jaren tachtig had hij zich aan de universiteit van Sint Petersburg laten inschrijven om filosofie te studeren en zo de zin van het leven te ontdekken. Omdat hij een dieet van louter marxisme door de strot geduwd kreeg, was hij al snel kotsmisselijk geworden. Veel te materialistisch om te verteren. Hijzelf en veel van zijn jaargenoten hadden hun toevlucht bij andere westerse filosofen gezocht, maar ook hun rationalisme al even weerzinwekkend gevonden.

'Toen we inzagen dat wetenschap en filosofie ons niet konden helpen, hebben velen van ons hun heil bij de godsdienst gevonden,' verklaarde hij. 'We deden niets nieuws, maar gewoon wat al zoveel negentiende-eeuwse slavofielen en Russische filosofen hadden gedaan, zelfs diegenen die overtuigd marxist waren. Een heleboel Russische intellectuelen zoeken op dit moment weer de puurheid van de hesychastische traditie...'

Dat was logisch. Het spirituele licht van het hesychasme brandt het helderst wanneer orthodoxe rijken worden bedreigd of stervende zijn. Toen de Ottomanen aan de poorten van veertiende-eeuws Bulgarije, Servië en Byzantium hadden gerammeld, toen het rooms-katholicisme in het achttiende-eeuwse Roemenië een geünieerde vinger in de pap had gekregen, toen de Mongolen over het veertiende-eeuwse Rusland hadden geheerst en ook toen het nieuwe marxistische geloof zich over het negentiende-eeuwse Rusland had verspreid, was daar het hesychasme opgebloeid. Nu het westerse materialisme en rationalisme de belangrijkste bedreigingen voor de orthodoxie vormen, gedijt het in de kloosters van Moldavië, onder Russische intellectuelen en op de berg Athos. Tegen alle logica in beweren de hoeders van die traditie met volle overtuiging dat de Almachtige een plan heeft dat de orthodoxen tot in de kleinste details doorgronden: de aarde mag hopen op verlossing, want 'God is mens geworden opdat de mens God kan worden'.

Oleg was zich echter pijnlijk bewust dat zijn hoog ontwikkelde intellect hem hinderde bij het vinden van innerlijke rust in het Ware Geloof. 'De meeste priesters hier op Solovjetski zijn geen intellectuelen, dus kunnen ze mijn problemen en mijn manier van denken niet begrijpen,' zei hij, 'maar pas de laatste tijd begin ik te beseffen dat mijn geestelijk vader in het klooster, de oude Vader German, me ook kan helpen zonder dat hij me begrijpt... Afgelopen winter hebben we het hier een tijdlang heel moeilijk gehad, echt heel moeilijk... Vader German wist dat op de een of andere manier, want hij is ons komen helpen. Misschien is dat de energie van de hesychast...'

Ik was bang dat ons gesprekje Olegs ellende alleen maar groter maakte.

De vriendelijke, moederlijke Ljoeba stond ons op te wachten om ons te vertellen dat als we echt zo graag van Solovjetski weg wilden voordat het vliegtuig volgende week kwam, een vriend van haar ons die middag nog met zijn zelfgebouwde jacht naar het vasteland kon varen. De vreugde die Vanya bij dat vooruitzicht liet blijken woog ruimschoots op tegen mijn twijfels over de zeewaardigheid van het schip.

Halverwege de middag was de lucht opgeklaard, de zon scheen en het jacht lag afgemeerd aan de pier tegenover het klooster. Onze schipper was een door de zon gebruinde veertiger, die naast zijn baan bij de Russische spoorwegen wat bijkluste. Hij was zeeman in hart en nieren en had zijn boot geduldig en vol toewijding in elkaar geflanst op het moment dat de Sovjet-Unie uiteen was gevallen en alles wat hij nodig had óf moeilijk te krijgen óf van slechte kwaliteit was. Met een stukje badkamer hier en iets wat aan een auto of een trein hoorde daar, was de Antar een object van zeldzame schoonheid.

Al snel scheerden we over de glinsterende zee, met volle zeilen, een vaste koers en de zon in onze ogen, vrij. De schipper zette Vanya aan het roer en verdween met een sprong onder het dek, om weer te verschijnen met een tinnen kroes thee en een anorak voor mij. Even later zweefden uit de kajuit krakerige flarden van de hymne van de Beatles over Moeder Maria's wijze woorden in woelige tijden over de zee. Ik was waarschijnlijk tegelijkertijd ontroerd door de vriendelijkheid van de schipper, overmand door heimwee naar de simpele jaren zestig en onuitsprekelijk opgelucht dat Solovjetski's duistere verleden en hopeloze toekomst volledig in de glinsterende zee van een adembenemend heden was verdwenen, want ik huilde.

Het was vroeg in de avond toen Antar ons afzette bij de troosteloze woestenij van Kems scheepswerf, het beruchte punt waar in de jaren twintig en dertig de duizenden veroordeelden werden verzameld die uit alle uithoeken van de Sovjet-Unie op weg waren naar Solovjetski. We liftten naar de al even troosteloze woestenij die Kem zelf was en vonden onderdak bij de enige priester van de stad, Vader Igor. Net als zijn kerk, die in de jaren zeventig tot sporthal was omgetoverd, onderging zijn flat op dit moment een grondige verbouwing, maar hij maakte het ons zo aangenaam mogelijk en leek ondanks zijn somberheid blij met ons gezelschap. De jonge Vader Igor was Moskoviet en voormalig producer van een popband met de naam Mongol Post – wat bij Vanya een belletje deed rinkelen. Hij was bij toeval gelovig geworden, zei hij. Op een goede dag was hij er, na een bijzonder slopende tournee met zijn band, tussenuit geknepen naar een klooster, om uit te rusten en op verhaal te komen, en daar was hij simpelweg blijven hangen, totdat hij had besloten priester te worden en vervolgens hierheen, naar Kem, was gestuurd. 'Ach, niets gebeurt natuurlijk bij toeval. Het is Gods wil,' concludeerde hij chagrijnig, een stuk koek in zijn thee soppend.

'Maar wat kunt u voor deze mensen doen?' vroeg ik. 'Deze stad is zo arm en er zijn geen banen...'

Vanya en ik waren helemaal beduusd van het weinige dat we van Kem hadden gezien, met haar vervallen betonnen woonblokken en haar gebarsten wegdek. In de enige open eetgelegenheid, een zwak verlichte, spelonkachtige hal vol dronken, in spijkerbroeken gehulde *angry young men*, kromgebogen en wankel als hoogbejaarde mannen, hadden we ons koest gehouden en snel gegeten. Op de terugweg naar Vader Igors flat had de aanblik van een jonge vrouw die met haar opzichtige minirok, onmogelijke hoge hakken en zonnebril in de lichte, noordelijke avond tussen de kuilen door strompelde, ons met een mengsel van afgrijzen en bewondering vervuld. Kem zag eruit als iemand die nauwelijks bij zinnen wakker wordt na een godvergeten drinkgelag. De stad maakte de indruk van een voor de helft onbewoond oord dat de nasleep van een atoomaanval nog maar nauwelijks te boven is.

'Wat ik voor deze mensen kan doen? Niets,' zei Vader Igor. 'Hele generaties zijn verloren. Ik kan proberen de kinderen op te vangen, en misschien de jongelui onder de twintig, maar alle anderen zijn verloren. Het enige dat ik kan doen is oprecht de liturgie vieren.' We raakten in gesprek over de aanstaande herbegrafenis van het stoffelijk overschot van tsaar Nicolaas II en diens gezinsleden. Zo beleefd mogelijk vroeg ik hem waarom de Kerk nog steeds hardnekkig haar toestemming onthield en de patriarch weigerde de begrafenis te leiden, terwijl wetenschappers de authenticiteit van de beenderen met DNA-tests uitputtend hadden bevestigd.

'Die DNA-wetenschappers waren westerlingen, nietwaar?' antwoordde hij, alsof het een uitgemaakte zaak was dat ze als westerlingen niet tot objectiviteit in staat waren als het om iets Russisch ging.

'Ja?'

'We kunnen die tests niet vertrouwen. Daarmee lopen we hetzelfde risico als bij het accepteren van een westerse versie van onze geschiedenis. In jullie geschiedenisboeken staat dat Rusland in 1917 te uitgeput en te slecht georganiseerd was om de strijd in de Eerste Wereldoorlog vol te houden. Dat is niet waar. Nee,' zei hij, terwijl hij nog een kop thee inschonk, 'dat is louter de westerse versie. De waarheid is dat het Russische leger sterk genoeg was om moeiteloos naar

Berlijn te marcheren, en zelfs helemaal naar Tsargrad, om alles terug te veroveren voor de orthodoxie. Maar we werden gedwongen om een wapenstilstand te ondertekenen, en toen hebben de Duitsers Lenin naar Sint Petersburg gestuurd om een eind aan de oorlog te maken, de revolutie te beginnen en de orthodoxie te vernietigen. Zo is het gegaan.'

Waar had ik dat eerder gehoord? Vader Giorgios Metallinos, de energieke, heetgebakerde Griekse professor theologie die ik in het voorjaar in Athene had ontmoet, had datzelfde verdachte deuntje gezongen. De Griekse versie had me geschokt. De Russische versie – met zijn DNA-voorspel en minieme verfraaiingen – joeg me de stuipen op het lijf.

Noord-Rusland

Boem. Beng. Boem. Beng! Alweer mijn favoriete Russische popsong: 'Mijn ster is ver weg en de nacht duurt zo lang...' Vanya en ik waren dagenlang op weg geweest, hadden in nachttreinen geslapen, in vunzige stationsrestauraties gegeten, Snickers opgepeuzeld, bussen genomen die door een rommelig, leeg landschap traag van de ene haveloze stad naar de andere sukkelden – en een perverse voorliefde voor dreunende discoritmes ontwikkeld.

In Belomorsk, een troosteloze stad aan de Witte Zee, aan het uiteinde van het in opdracht van de sovjets door gevangenen gebouwde Witte-Zeekanaal, hadden we nog zo'n eenzame priester ontmoet, compleet met wodkakegel, tranende ogen en een brede, tandeloze lach. Vader Sergeis voorganger was in 1938 neergeschoten en zijn kerk was een provisorisch verbouwde spaarbank. Een beer van een vent in een habijt als een tent met een brede leren riem om zijn middel die – samen met de twee katten die over zijn machtige schouders hingen – in een gammel houten hutje zonder stromend water woonde. Het was helemaal volgestouwd met boeken, serviesgoed met plaatjes van het Solovjetskiklooster, zware stalen gewichten, een oude radio die op de Russischtalige BBC-zender was afgestemd en een grote verzameling rozenkransen.

We hadden hem vergezeld op een wandeling door de hoge brandnetels naar de rivier om een emmer water voor onze thee te halen. In de winter, had hij verteld, gebruikte hij een houten stok om het anderhalve meter dikke ijs te breken alvorens een kleine ladder aan de rand vast te haken en naar het ijskoude water onder hem af te dalen om een duik te nemen. Voordat we ons op krukjes om zijn keukentafel hadden geperst, hadden we ons alle drie omgedraaid naar de iconen terwijl hij vijf 'Heer-ontferm-u's' had gemompeld. Terwijl hij achteloos aardbeienjam van een lepel op zijn habijt had laten druppelen – dat al vol vlekken zat – had hij geklaagd over de moordende maandelijkse belasting die hij aan het patriarchaat in Moskou moest betalen. Ik had gekookt van plaatsvervangende woede. Het patriarchaat van Moskou zou hém toch zeker moeten betalen om op zo'n godvergeten plek te wonen? 'Kunt u niet vragen om overplaatsing naar een andere stad, of minstens naar een betere behuizing?' had ik gevraagd.

'Ho, ho,' had hij wrang gegrijnsd. 'Niemand zou me hier opvolgen – er is geen geld in dit soort plaatsen. Met een gemeente van krap zestig arme mensen kan ik de belasting al nauwelijks betalen, laat staan een betere behuizing. Bovendien is deze plek prima voor iemand als ik. Dit soort huisjes staat bekend als de kluizenaarshutten. Ze zijn eind vorige eeuw voor de weduwen van de stad en voor een paar Oudgelovigen gebouwd.'

'Zijn hier nog steeds Oudgelovigen?' had ik hem gretig onderbroken.

'Nee, de laatste oude vrouw – een bijzonder goed en ontwikkeld iemand – is vorig jaar gestorven... Maar weet u, ik woon echt liever hier dan in een van die nieuwe huizenblokken aan de rand van de stad, waar een paar van mijn parochianen wonen. Dat is de Hel!'

Nadat we in traag tempo zuidwaarts waren gereisd, waren we in Lodeinoje Polje gekomen, de stad aan het meer waar Peter de Grotes vloot ooit was gebouwd, en daar hadden we een lift gekregen naar het klooster dat was ontstaan uit de kluizenaarshut van de door muggen geteisterde hesychast Sint-Alexander Svirski. Het was een al even reusachtig fort als Solovjetski en zag eruit of het net als Pompeji in een ver verleden was verwoest. Na zeventig jaar communisme, in een klimaat als het Russische, hadden we ons onmogelijk meer kunnen voorstellen hoe het er in zijn hoogtijdagen, in 1910, had uitgezien. De daken waren ingezakt en de muren afgebrokkeld. De binnenplaats was overwoekerd door hoog gras en een paar patiënten uit het psychiatrische ziekenhuis, dat nog steeds in een van de kloostergebouwen was gevestigd, hadden onder het toeziend oog van zeven jonge monniken huishoudelijke taken uitgevoerd. Een van hen had ons opgetogen meegedeeld dat de welriekende overblijfselen van Sint-Alexander Svirski weer thuis waren nadat ze bijna tachtig jaar lang in de ondergrondse gewelven van het Militaire Artsenijmuseum in Sint Petersburg hadden liggen rotten.

De hele achterwand van de kerk was bedekt met een luguber achttiende-eeuws fresco van het Laatste Oordeel. Aan de verkeerde kant van de helse stroom stonden de traditionele vijanden van Rusland, dus ook van de Kerk, in een veel groter aantal en veel gedetailleerder dan ze in Roemenië op de muren van de beschilderde kloosters van Moldavië zijn afgebeeld. Er waren Duitsers in achttiende-eeuwse brokaten mantels met driekantige hoeden op, Tartaren, Turken met tulbanden, oud-testamentische joden met lange baarden, rooms-katholieke Polen, Grieken (wellicht vanwege hun bereidheid om de orthodoxie te verraden toen ze in het vijftiende-eeuwse Byzantium een unie met het ketterse Rome hadden overwogen), Finnen en Arabieren.

We hadden opnieuw een nachttrein naar het zuiden genomen en waren net lang genoeg in Sint Petersburg gebleven om een overvol treintje naar het lommerrijke Poesjkin te halen, vroeger bekend als Tsarskoje Selo, in de achttiende en negentiende eeuw het buitenverblijf van de tsaren. Toen we in een van de oude keizerlijke paleizen een tentoonstelling bezochten van voorwerpen uit het leven van de laatste Russische tsaren, sloten we ons aan bij de achterhoede van een Russisch reisgezelschap. De gids vertelde steeds enthousiaster, over de gouden helm van Alexander III met zijn Byzantijnse tweekoppige adelaar, over de ontelbare militaire uniformen, over het sierharnas van de ezel van de laatste tsarevitsj en over een paar prachtige witte jurken. Maar haar welsprekendheid bereikte pas echt een hoogtepunt toen ze over het vreselijke lot van de laatste tsaar en zijn gezin sprak.

'De oudste dochter van de laatste tsaar, Olga, stond op het punt om te trouwen toen de bolsjewistische revolutie uitbrak. Ze was zo gelukkig dat ze dat nog niet had gedaan, zo blij dat ze bij haar familie kon blijven om samen met hen te lijden! En haar moeder, tsarina Alexandra, heeft verklaard dat ze zich liever zou verlagen tot het boenen van vloeren in Rusland dan het door haar geadopteerde land in deze zware tijden te ontvluchten. En het leven van Nicolaas II was natuurlijk één lange podvig geweest,' vertelde ze de groep. 'Zijn leven en dood kunnen alleen worden vergeleken met die van Jezus Christus, die ook door de joden is gedood. Ik neem aan dat u allemaal weet dat er op de muren van de kelder waar zij in die vreselijke nacht precies zeventig jaar geleden zijn vermoord joodse kabbalistische tekens zijn aangetroffen...'

Dat verhaal over joodse moordenaars en kabbalistische tekens is louter een gerucht, maar heeft vooral onder de Russische geestelijkheid gretig gehoor gevonden. Ze kunnen het heel goed gebruiken bij hun moeizame worsteling om hun haat jegens de communisten die de tsaar hebben gedood te verzoenen met hun sympathie voor de vastbeslotenheid van de huidige ex-communisten om de verloren gegane pijlers van 'nationaal bewustzijn' en 'autocratie' in ere te herstellen. Door te hameren op de grote rol die de joodse Russische communisten in de begintijd van de bolsjewistische beweging heeft gespeeld, dus vermoedelijk ook bij de moord op de tsaar, kunnen ze de ethnische Russische communisten probleemloos vrijpleiten zonder hun nieuwe bondgenoten in verlegenheid te brengen.

Vanuit Sint Petersburg waren we per trein verder westwaarts gereisd, naar Pskov, waar een nieuwe, aan de muur van het stationsgebouw bevestigde gedenkplaat ons nogmaals aan tsaar Nicolaas II herinnerde. In maart 1917 was zijn trein, onderweg van Ruslands misdadig slecht bevoorrade en ongeorganiseerde westelijke front naar Sint Petersburg, in Pskov gestopt. Hij had geen erewacht aangetroffen, maar wel een ambtenaar die heel oneerbiedig overschoenen droeg, en beide verschijnselen als slechte voortekens geïnterpreteerd. En terecht, want al snel had hij niet alleen te horen gekregen dat de politici in Sint Petersburg er bij hem op aandrongen af te treden, maar ook dat zijn generaals hem niet langer het opperbevel toevertrouwden. In zijn luxueuze, als salon ingerichte wagon had hij afstand gedaan van zijn door God gegeven troon. 'Wat had ik nog meer kunnen doen,' schreef hij indertijd, als een soort griezelige echo van zowel de gevoelens van Jezus Christus als die van de paranoïde Ivan de Verschrikkelijke, 'nu iedereen me heeft verraden?'[26]

Nicolaas II schijnt met hetzelfde onoplosbare dilemma te hebben geworsteld als zijn gevreesde zestiende-eeuwse voorganger: hoe kan men een uitgestrekt en kwetsbaar rijk besturen en tegelijkertijd de geboden van Christus in acht nemen? Hoe kan men een door God aangestelde autocraat én een goed christen zijn? Hoe kan men een moderne staat regeren in de stijl van een halfgod die allang niet meer in tel is? Maar in plaats van God brutaalweg uit te dagen, zoals Ivan herhaaldelijk had gedaan, mat Nicolaas zich een houding aan die nog passiever en fatalistischer was dan die van de eerste godvruchtige president van Griekenland toen die in 1831 dat witte kerkje in Nafplio had betreden. Een voorname hoveling heeft de geestesgesteldheid waarin tsaar Nicolaas ten tijde van zijn troonsafstand verkeerde geschetst. De tsaar, zo schreef Alexander Mossolov, had

> ... een onwrikbaar vertrouwen in het bovennatuurlijke karakter van zijn hoge ambt. Zijn opdracht kwam van God, hij was voor zijn daden alleen verantwoording verschuldigd aan zijn geweten en aan God... Verantwoordelijk tegenover elementen die zich aan de rede onttrekken en er soms zelfs tegenin gaan. Verantwoording aan onberekenbare factoren; aan de hang naar mystiek die steeds meer greep op hem kreeg...'[27]

De laatste tsaar van Rusland had precies dát gedaan wat Ivan altijd had geweigerd. Hij had zich naar het front gespoed om Rusland bij zijn oorlogsinspanningen voor de voeten te lopen, en het aan een 'priester' in de gedaante van de heilige man Raspoetin overgelaten om het rijk te besturen. Maar zelfs in het tot de ondergang gedoemde late Byzantium, de hoogtijdagen van het mystieke hesychasme, had geen enkele keizer, zelfs Andronicus II niet, die zich zo gedwee aan het gezag van een tirannieke hesychastische patriarch had onderworpen, zijn greep op de dagelijkse bestuurspraktijk zó achteloos laten verslappen. Op het moment dat hij afstand van de troon deed, werd Nicolaas II door de grote meerderheid van de Russen nog precies even hoog geacht als de Byzantijnen hún keizers vijf eeuwen eerder hadden gedaan. Een aantekening in het dagboek van de geestelijk

Vader van de keizerlijke familie, ten tijde van de gevangenneming van de tsaar door de bolsjewieken in Tsarskoje Selo, getuigt daarvan. Aartspriester Afanasi Beljajev beschouwde zichzelf als 'door Gods genade uitverkoren om middelaar tussen de hemelse en de aardse Heerser te mogen worden. Naast mij stond degene die door niemand die op deze aarde leeft wordt overtroffen. Tot op heden was hij onze door God gegeven Gezalfde Soeverein, een Russisch-orthodoxe tsaar...'[28]

Het trauma dat men moest aanzien hoe Ruslands door God gegeven Gezalfde Soeverein was gereduceerd tot de status van een gevangene die in de tuinen van Tsarskoje Selo zijn eigen brandhout hakt, stak natuurlijk bleekjes en onbeduidend af tegen de nachtmerrie van de revolutie en de burgeroorlog. Maar het was ongetwijfeld even groot als het leed van de oude Gennadius die, toen Constantinopel eindelijk was gevallen, nauwelijks meer kon zeggen wie hij was.

En dat trauma is nog steeds niet genezen. De prachtige droom van Byzantium met zijn idealistische nadruk op de plicht van een orthodox-christelijke keizer om over zijn gebieden te heersen zoals God in de hemel heerst, dus met de Kerk aan zijn zijde, werd in 1917 in Rusland de bodem ingeslagen – en dat de werkelijkheid allang niet meer met die droom strookte maakte niets uit. Toen ze de keizer en God eenmaal uit de weg hadden geruimd, hadden de communisten van het restant van die droom een godslasterlijke karikatuur gemaakt, tot ook die stierf. Als de inwoners van het grootste orthodoxe land ter wereld op dit moment naar hun verleden kijken, vinden ze alleen brokstukken. Ik ben tot de conclusie gekomen dat de naweeën van al die ijdel gebleken dromen de oorzaak zijn dat het land er nu uitziet als één reusachtig Kem, als een oord dat zich op een of andere manier niet weet te herstellen van een kernoorlog, of als iemand met een zware kater.

Het aantreden van Gorbatsjov en Jeltsin had niet alleen de omverwerping van een bankroet communistisch regime betekend. Ze hadden een veel radicalere en wellicht onmogelijke hervorming in gang gezet. Na bijna duizend jaar hadden ze de Russen gedwongen afstand te nemen van hun Byzantijnse vermogen om de werkelijkheid te negeren ter wille van een droom. 's Werelds tweede supermacht was bankroet en het gesnoef van Ronald Reagans Amerika over Star

Wars zette het bestaan van Rusland zelf op het spel. Rusland kon zich niet veroorloven te blijven dromen over heilige nationale missies en aardse verlossing.

De afgelopen tien jaar zijn niet alleen Rusland, maar in uiteenlopende mate al Europa's voormalige communistische orthodoxe landen wreed wakker geschud. Is het dan vreemd dat ze zich aan hun oude droom vastklampen en zich verzetten tegen alle pogingen om hen in een door het Westen gedomineerde versie van een goddeloze, realistische wereld mee te trekken? Het feit dat de belangrijkste hoeders van die oude droom – de orthodoxe Kerken, maar ook de in nationalisten veranderde voormalige communisten – weigeren om hun ogen open te doen, hoeft niemand te verbazen. Hoe kunnen ze blij zijn met de vrijheid om niet te dromen?

Vanya en ik wandelden het station van Pskov uit, door de straten van de stad, en werden treurig bij het zien van een vrouw die voor een ooit prachtige maar inmiddels vervallen kerk één gedroogde vis en een paar Chinese slippers te koop aanbood. Mijn stemming bereikte een dieptepunt, maar Pskov ligt gelukkig niet ver van het meer waar Alexander Nevsky in 1242 had gezien hoe het ijs gedwee onder de horden ketterse Teutoonse ridders was gebroken. Sinds de val van het communisme is het meer 's zomers een populair bedevaartsoord, want op een klein eiland midden op het meer woont de vermaarde starets Vader Nikolai, die onze gemoedsgesteldheid vast en zeker zou weten op te vijzelen. We kregen een lift naar de plek aan de oever van het meer waar een paar mensen uit de omgeving een goed belegde boterham verdienden met het overzetten van pelgrims naar en van het eiland, in smalle, gemotoriseerde vissersboten.

Onze boot tufte door een nauwe vaargeul in hoog riet naar het open water en het eiland in de verte. De schipper, met zijn modieuze zonnebril en baseballpet met Marlboro-reclame, haalde een bijbehorend pakje sigaretten uit het borstzakje van zijn spijkershirt en stak er een op. Ik volgde zijn voorbeeld, ontspannen in de zon en het verkoelende briesje.

'Nee! Verboden te roken!' riep hij boven het lawaai van de motor uit. 'U bent bedevaartganger. Vader Nikolai is fel tegen tabak. Dat zult u wel merken!' Zich naar Vanya omdraaiend schreeuwde hij: 'Waarom heeft ze geen rok aan en een hoofddoek om? Ze is toch orthodox?'

‘Rooms-katholiek!’ riep Vanya.

‘Waarom komt ze dan verdomme hierheen?’ blafte hij terug.

Het eiland was weelderig groen. Met zijn dorp van lage houten huizen, loslopende koeien en ganzen en onlangs witgekalkte kerk, was het minder troosteloos dan Solovjetski. Aan het eind van het hobbelige pad dat als hoofdweg diende, stond Vader Nikolais huis. Dat wisten we zonder dat we het hoefden te vragen, omdat er een kleine menigte – grotendeels vrouwen met hoofddoeken om en rokken aan – tussen de reusachtige brandnetels knielde die naast zijn tuinhek groeiden. Daarachter stond een groepje van vier jonge mannen in broederlijke harmonie te zingen. Nog iets verder naar achteren, in de schaduw van een paar bomen, lagen enkele jonge stellen in het gras te doezelen of stichtelijke theologische lectuur te lezen. Toen we hoorden dat de starets nog lag te rusten na het middageten, voegden we ons bij de laatste groep en ontdekten dat één stel helemaal van de oliestad Tjoemen in Siberië hierheen was gereisd in de hoop een glimp van de negenentachtigjarige monnik op te vangen. Ik herinnerde me dat een vriendin uit Moskou me had verteld dat haar dochter en schoonzoon elk jaar hierheen op bedevaart gingen. Afgelopen jaar had Vader Nikolai tegen hen gezegd dat ze moesten zorgen dat ze snel een kind kregen en dat ze het Andrei moesten noemen. Dat hadden ze gedaan.

Eindelijk verscheen de heilige man bij zijn tuinhek, een nietige gestalte in de schaduw van de hoge bomen. Etherisch bleek in zijn lange, zwarte habijt met gordel, een dunne, zilverwitte baard, vurige, diepliggende ogen en grote oren die aan weerszijden onder zijn hoge, fluwelen hoofddeksel uitstaken, had hij een geestverschijning uit vrijwel elke eeuw van de Russische geschiedenis kunnen zijn. Hij was bijna even oud als de twintigste eeuw zelf. Vader Nikolai, die al zeven jaar was geweest toen Nicolaas II samen met zijn vrouw, hun zoon en hun lieftallige dochters was doodgeschoten, in zoutzuur gedompeld en in een bos bij Jekaterinburg achtergelaten, was een overlevende uit een andere wereld.

De mensen kwamen dichterbij om zijn zwakke stem te horen. Omdat ik aan de buitenkant van de kring stond, kon ik het meeste wat hij zei niet verstaan, behalve de woorden ‘tabak’, ‘wodka’ en ‘kwaad’. Maar de volgende twee voorvallen spraken voor zich: een goed geklede man met een duur uitziende camera ging naar Vader Nikolai om te vragen of die het goed vond dat hij een foto van hem maakte, samen met zijn vrouw. Vader Nikolai reageerde door boos naar de camera te grijpen en te doen alsof hij die op de grond stuk wilde gooien. Daarna was een vrouw van middelbare leeftijd naar hem toegegaan en die had gezegd: 'Vader, het is zo moeilijk. Mijn man weigert naar de kerk te gaan. Wat moet ik doen?'

'Er staat in de bijbel dat u uw echtgenoot moet respecteren,' zei hij streng, 'u moet uw man gehoorzamen en vrezen. Ik denk dat u uw man niet voldoende vreest!'

Een Russisch-orthodoxe priester uit Manchester die tegenwoordig in Moskou woont, had me al gewaarschuwd dat 'iemand voor de één een starets kan zijn en voor de ander een dwaas', maar toch was ik teleurgesteld. Maar op dat moment veranderde er iets. Ik werd geraakt door iets in de aanblik van Vader Nikolais bevende hand die op de tast een rechtgebogen haarspeld in een olieflesje doopte, door iets aan de manier waarop hij er langzaam en weloverwogen een kruisje mee op het voorhoofd van alle aanwezigen maakte. Was het de wanhopige goedgelovigheid van de mensen? Was het de tragische, aloude Byzantijnse kloof tussen de werkelijkheid van een haarspeld met wat olie en het gouden mysterie van de zegen van een starets? Of was ik ten prooi aan hetzelfde soort hulpeloze droefenis als ik had waargenomen bij Oleg, ginds op Solovjetski, en die ik had toegeschreven aan het tragische onvermogen van een intellectueel om simpelweg te geloven? Misschien, ik zou het niet kunnen zeggen.

Mijn langdurige onderzoek naar de orthodoxie in Europa eiste hier in Rusland eindelijk voor het eerst zijn emotionele tol. Alle drie de jaren die ik werkend in het land had doorgebracht, en ook die twee laatste weken dat ik door het noorden had gezworven, had Rusland mijn pogingen om het te beschrijven telkens weten te verijdelen. Hoewel ik het grootste deel van oosters-orthodox Europa inmiddels als vergelijkingsmateriaal kon gebruiken, kon mijn verstand de verpletterende uitwerking die Rusland op mijn ziel had op geen enkele manier bevatten. Hulpeloze tranen schenen de mysterieuze waarheid op de een of andere manier dichter te benaderen.

Boem. Beng. Boem. Beng! 'Mijn ster is zo ver weg en de nacht duurt zo lang...' neuriede Vanya toen we uit de laatste nachttrein sprongen. Om zeven uur 's morgens, op een stralende zondag, zag Moskou er even betoverend, even bruisend en bedrijvig uit als New York.

Moskou

Allemaal dankzij de energieke burgemeester van de stad.

In de tien jaren nadat de Sovjet-Unie en het communisme de geest hadden gegeven, heeft burgemeester Joeri Loezjkov een soort Byzantijnse symphonia met patriarch Alexi II tot stand weten te brengen. Ze hebben samengewerkt bij een project waar honderden werklui bij betrokken waren, die dag en nacht hebben gezwoegd om de gigantische kathedraal van Christus-Verlosser, waarvan het origineel in 1931 door Stalin was opgeblazen, te doen herrijzen. De nieuwe kathedraal werd aangeprezen als een indrukwekkend teken van berouw van de vele zonden die tijdens de tientallen jaren goddeloos atheïsme waren bedreven, en de kosten worden op een miljard dollar geschat. In de zomer van 1998 had een Russische tv-commercial een oude man met een lange, witte baard getoond, een kruising tussen een starets en Lev Tolstoj die naast zijn skeelerende kleinzoon voortstapte. De jongen had naar zijn grootvader opgekeken: 'Grootvader, de mensen zeggen dat Moskou het hart van Rusland is, maar waar is dat hart? Is dat Moskou als geheel of het Kremlin?' 'Nee,' mijmerde de grootvader, 'het gaat om iets anders. Ik denk eigenlijk dat het hart de kathedraal is.' De gouden koepels van burgemeester Loezjkovs nieuwe Christus-Verlosserkathedraal waren vervolgens als een zon op de achtergrond verschenen, tegelijk met een rekeningnummer voor eventuele giften. Misschien heeft burgemeester Loezjkov Moskou niet haar hart teruggegeven, maar hij heeft de stad wél nieuw leven ingeblazen.

Het zien van Moskovieten die op een warme zomeravond vergenoegd op gloednieuwe banken zaten te luieren, in een gloednieuw park compleet met fonteinen en marmeren balustrades, was bemoedigend. Die banken daar in de schaduw van de rode muren van het Kremlin, waren minstens even wonderbaarlijk als de aanblik van het Solovjetskiklooster vanuit de lucht. Net als het nieuwe, er vlakbij gelegen winkelcentrum met zijn snackbars en de nieuwe bushokjes in de hoofdstad, kwamen ze op een eenvoudige, humane manier tegemoet aan de behoefte aan comfort van gewone mensen, iets wat Rusland, dat zo lang had gehamerd op het uitstellen van genoegens tot het hiernamaals, nog maar zelden had gedaan.

'Dat betekent zeker dat die lui bij het Leninmuseum de zaak hebben moeten sluiten?' zei ik tegen mijn oude vriendin Lena.

Lena wist precies wat ik bedoelde. Vier jaar eerder hadden zij en ik een koude winteravond bij het Leninmuseum doorgebracht en kennisgemaakt met boze, ontevreden jongeren die tegen Jeltsins op westerse leest geschoeide democratische hervormingen hadden gedemonstreerd. Ze hadden nauwelijks verhulde swastika's op rode armbanden gedragen en vertalingen van Hitlers *Mein Kampf* verkocht, plus extreem nationalistische en monarchistische kranten en herdrukken van het *Protocol van de Ouderlingen van Zion*, een negentiende-eeuws onweerlegbaar vals document waarin het joodse plan om de hele wereld te onderwerpen uitvoerig uit de doeken wordt gedaan. Lena – joodse van vaderskant – was ontdaan en bang geweest.

'Weg? Ben je gek! Nou, volgens mij niet...' zei ze. 'Laten we gaan kijken...' We laveerden door een hele menigte opgewekte gezinnen die in hun vrije tijd – kinderen met glimmende ballons en ouders met fototoestellen – naar een plein in de buurt waren gekomen voor een openlucht concert, langs pinda- en snoepverkopers in hun bijbehorende felgekleurde uniformen met petten, en nog verder, naar het Leninmuseum, de ossenbloedrode, gotische monstruositeit aan de rand van het Rode Plein. Het was al laat maar Lena had gelijk. Er viel dan misschien geen spoor meer van woedende jongeren te ontdekken, maar er stonden wel een paar vrouwen diezelfde oude krant te verkopen. Bij een van hen kocht ik een exemplaar met een nauwelijks verhuld swastikamotief. Hij heette *Roesski Porjadok* – Russische orde.

We kozen een van de nieuwe banken om te gaan zitten en van het gevarieerde geheel te genieten. Ik bladerde de krant door, matig geïnteresseerd door een artikel waarin werd beweerd dat Jezus Christus onmogelijk een jood kan zijn geweest. Een ander, dat betoogde dat 'het nationaal-socialisme het Tsarendom van God op deze aarde' is en dat Jeltsin & co verdoemd waren omdat ze Rusland hadden gedwongen met 'het Tsarendom van de antichrist te heulen, de geestloze gemeenschap van westerse landen die probeert zijn luxe bestaan te verlengen door de verse levenssappen uit onze [orthodoxe] volkeren te zuigen en hen vervolgens uit de weg te ruimen', was al interessanter. Maar mijn belangstelling werd pas echt gewekt door een grote streepjescode, een illustratie bij een artikel dat was geschreven door een zekere archimandriet Tikhon uit het Stretenskiklooster in Moskou. Het ging helemaal over het verzet van de Grieks-orthodoxe Kerk tegen het verdrag van Schengen. Terwijl het Westen op de rechten van de mens blijft hameren, beweerde het artikel, is er iets veel belangrijkers gaande 'in het laatste land dat zich bij Schengen heeft aangesloten – het arme, kleine Griekenland. Een klein, arm, maar orthodox land... Iets in de opzet van de vrijstaat Schengen, die zeggenschap zal krijgen over heel Europa en straks over heel de wereld, heeft hen doen denken aan de grootse finale van de menselijke geschiedenis zoals beschreven in het boek Openbaring.' Vervolgens citeerde het een verklaring die was uitgegeven door de heilige bisschoppensynode van de Grieks-orthodoxe Kerk:

> Tot onze grote spijt moeten we erop wijzen dat veel verworvenheden op het gebied van de elektronica zijn verbonden met het getal 666, dat bij de vervaardiging van elektronische paspoorten als het centrale codeteken wordt gebruikt. Over dat getal wordt in de Apocalyps onomwonden gezegd dat het het getal is van de antichrist.[29]

Het gegeven dat de Russisch-orthodoxe Kerk zo begrijpend en meelevend tegenover het optreden van de Griekse Kerk stond, waarmee ze op leven en dood om het leiderschap over de orthodoxe wereld heeft gestreden, was interessant. Maar ik vond het ronduit schokkend dat een kerkelijk leider zou schrijven voor de anti-semitische spreekbuis van een groeiende beweging van pakweg tienduizend van die met swastika-armbanden getooide jongeren die hun leider-met-Hitlersnor juichend de nazigroet brachten. In een land dat in de Tweede Wereldoorlog zo'n twintig miljoen levens heeft geofferd om de opmars van nazi-Duitsland aan het oostfront een halt toe te roepen, deed dat weerzinwekkend aan. Ik begreep best dat een meerderheid van de Russische geestelijken sympathiseerde met de hoop van de nationalisten – voormalige communisten – dat de democratie zou worden afgeschaft ten gunste van de 'autocratie' en het 'nationaal bewustzijn', maar dat was toch geen excuus voor het bundelen van de krachten met neonazi's.

'Lena, laten we die archimandriet Tikhon eens opzoeken,' zei ik.

'Wie?' zei ze peinzend. 'O ja, die is altijd op de televisie, in dat wekelijkse religieuze programma *Roesski Dom.*'

'Wat is dat?'

'Dat geeft de conservatieve orthodoxe kijk op gebeurtenissen in Rusland en de wereld, op de Russische geschiedenis...'

Het klooster van archimandriet Tikhon lag niet ver weg achter een hoge witte muur aan een van de hoofdstraten die in alle richtingen vanaf het Kremlin uitwaaieren. Het was een eiland van rust na het verkeersgeraas buiten, en de witgekalkte zeventiende-eeuwse kerk met haar groene koepel, omringd door bloeiende rozenstruiken, was alleraardigst. Verstopt tussen de onmenselijke, monolithische hoogbouw van de sovjetstad, houdt dit soort plekken met hun menselijke maat, hun ronde vormen, hun tuinen en kleurige koepels – groen, diepblauw met gouden sterren, goud, allerlei kleuren door elkaar of rood – de herinnering aan het tsaristische Moskou met haar veertig maal veertig kerken levend. De op westerse leest geschoeide achttiende- en negentiende-eeuwse grandeur van Sint Petersburg is hiermee vergeleken even weinig overtuigend als een slecht decor. Moskou hoort bij het Heilige Rusland, Sint Petersburg bij de opgelegde, halfwassen staat van Peter de Grote. Het was geen toeval dat de mystiek-religieuze Nicolaas II altijd de voorkeur aan Moskou had gegeven boven zijn noordelijke hoofdstad.

Met zijn schep nog in de hand rustte een oudere monnik na gedane arbeid in een stoel naast een rozenstruik, en keek keurend naar de tuin. 'Hier is alles voor de Koningin des Hemels.' Hij zuchtte gelukzalig terwijl hij over zijn onderrug wreef.

Archimandriet Tikhon was een pezige jonge monnik met scherpe ogen en een woeste, vuurrode baard. Met zijn mobieltje in de hand ging hij ons voor naar zijn kantoor, ons waarschuwend dat zijn tijd zó kostbaar was dat we er maar vijf minuten lang beslag op mochten leggen. Draaiend op zijn stoel achter een reusachtig bureau, intussen met zijn telefoontje spelend, babbelde hij snel en ontspannen over de vertienvoudiging van het aantal monniken in het klooster sinds het vier jaar geleden was heropend, over de goed lopende drukkerij waarmee ze de kost verdienden en over hoe hij tot het besluit was gekomen om de wereld te verzaken ter wille van het klooster. Hij had een filmopleiding gevolgd en Russische literatuur gestudeerd.

'Daar kwam ik erachter dat Dostojevski, Tolstoj en Toergenjev stuk voor stuk gelovig waren, ondanks hun onenigheid met de Kerk. Breznjev & co waren natuurlijk atheïsten, dus kwam ik al heel snel op de gedachte dat óf die eerste lui gek waren en Breznjev en ik gelijk hadden, óf dat wij gek waren en zij iets wisten waar wij geen benul van hadden. Zo is het gekomen,' besloot hij, met een zwieper van driehonderdzestig graden van zijn stoel. Hij doet het vast uitstekend als mediamonnik, dacht ik toen het gesprek soepeltjes op de politiek kwam.

'Rusland heeft op dit moment twee opties,' zei hij. 'Alle voorwaarden voor een splitsing van het land in drie of vier verschillende staten zijn aanwezig, en dat is natuurlijk wat Amerika hoopt dat zal gebeuren. Ik doe daar niet melodramatisch over. Als we ons heil nu niet bij een sterke macht zoeken zal dat vast en zeker gebeuren! Wat het Westen moet begrijpen is dat Rusland niet op de platvloerse democratische manier kan worden geregeerd. Het kan alleen bestaan als één reusachtig land dat met vaste hand wordt bestuurd... het zou natuurlijk heel mooi zijn als die vaste hand ook nog vriendelijk was...'

En zo niet? dacht ik. De tijd voor gekeuvel was voorbij.

'Vader Tikhon, ik ben naar u toe gekomen vanwege uw artikel over Griekenland en het verdrag van Schengen in *Roesski Porjadok*.'

'Werkelijk? Daar weet ik niets van – dat hebben ze vast ergens anders uit overgenomen en herdrukt.'

Ik wachtte tot hij in een verontwaardigde tirade zou losbarsten nu hij met een neonazikwast was zwartgemaakt, maar hij vervolgde achteloos: 'Nu ja, wat hindert het – ik heb er geen bezwaar tegen, want tot dusver heb ik nooit problemen met hen en hun doelstellingen gehad.'

'Maar we hebben het over een fascistische beweging!'

'Fascisme? Hoezo fascisme? Fascisme is in Rusland onbestaanbaar, omdat de mentaliteit van het Russische volk absoluut niet agressief is. De Duitsers zouden nooit met miljoenen tegelijk gedwee naar de goelagkampen zijn gegaan, zoals de Russen.'

'Neemt u me niet kwalijk, Vader Tikhon, maar waren de Russen die die miljoenen andere Russen naar de goelagkampen stuurden dan niet agressief?'

'Nee! Wat voor Russen? De goelagkampen zijn niet door Russen opgericht maar door joden. De Russische geest is niet in staat zoiets te bedenken! Drieënnegentig procent van de eerste communistische top was joods.'

Ik voelde hoe de halfjoodse Lena van narigheid ineenkromp en ik wist uit onderzoek dat de zoons van geestelijken in de hoogste echelons van de bolsjewistische partij minstens even ruim vertegenwoordigd waren geweest als de joden, ongeveer in dezelfde verhouding waarin de voormalige communistische activisten op dit moment deel uitmaken van de Russische geestelijkheid. Dat hoeft niemand te verbazen. Ik bedacht dat de gemeenschappelijke noemer een hang naar moralistisch geloof was. Vader Tikhon was het jonge, mediagenieke, bereisde boegbeeld van de Russisch-orthodoxe Kerk, maar gebruikte op dit moment hetzelfde negentiende-eeuwse anti-semitische gif dat de kerkelijke leiders in staat had gesteld om de Russen vrij te pleiten van schuld aan het vermoorden van hun laatste tsaar en te verdoezelen dat de doodskampen van Lenin en Stalin een product van eigen bodem waren geweest. Ik maakte aanstalten om te gaan. 'Dank u wel Vader – ik weet dat u het erg druk hebt...'

'Nog één minuutje, denkt u dat ik een fascist ben?' zei hij, met een snelle draai om me recht aan te kijken.

'Als u het weten wilt – ja, zeker.'

'Goed, kijk dan maar eens hiernaar,' zei hij. Uit de plooien van zijn habijt had hij een verkreukeld Amerikaans dollarbiljet opgediept. 'Lees dit eens, dit Latijnse opschrift... er staat, "Novos ordo seclorum" de nieuwe wereldorde.'

'O ja?' zei ik weifelend. Het Latijnse woord voor wereld was toch 'mundus', en had 'seclorum' niet iets met eeuwen te maken? Het opschrift zei: 'De nieuwe orde van de eeuwen', maar Vader Tikhon was inmiddels niet meer te stuiten.

'Dat is de nieuwe wereldorde van de joden. Kijk maar naar dat joodse symbool, een piramide met middenin een oog. Iedereen weet dat de joden het in Amerika voor het zeggen hebben. Nu willen ze het ook in Rusland voor het zeggen krijgen. In mijn artikel heb ik geschreven over de organisatie van een fascistische totalitaire politiestaat die te maken heeft met identiteitsbewijzen die zijn gebaseerd op het getal 666. Dat is nog maar één onderdeel van die nieuwe wereldorde. De antichrist is de leider die de hele wereld in één staat wil verenigen. Dat is het enige soort fascisme dat ík erken!'

Het Westen + Amerika + joden = antichrist, voor zover ik begreep. Haat en wantrouwen versus de joden en het Westen zijn vandaag de dag niet alleen voorbehouden aan het Midden-Oosten. Het was doorgesijpeld naar het noorden, naar post-Sovjet-Rusland, en strekte zich uit tot in Griekenland. Ik dacht terug aan zuster Agnes, de non die ik in het verwoeste Mistra in de Peloponnesos had ontmoet. Ik had er toen niet zoveel aandacht aan besteed, maar ook zij had verband gelegd tussen de joden en 666... Vader Tikhon kwam helemaal op dreef.

' – en die ziekte, aids, de afbraak van het immuunsysteem. Ons nationale bewustzijn is ons immuunsysteem en ook dat wordt aangetast...'

'Ja, bedankt,' zei ik. Zijn mobieltje rinkelde opdringerig.

De diep geschokte Lena en ik gingen er vlug vandoor.

'Zo, jij hebt je portie conservatieve orthodoxe opvattingen,' zei Lena. 'Kunnen we nu iets anders gaan doen? Wat vind je van een lunch bij McDonald's, de Kerk van de nieuwe wereldorde?'

Terwijl we onze patat en hamburgers oppeuzelden, bestudeerde Lena een dagblad dat vol stond met commentaren op de aanstaande herbegrafenis van de laatste tsaar in Sint Petersburg, en waarin nog steeds werd gedebatteerd over de vraag of president Jeltsin de begrafenis van de tsaar en diens gezin nu wel of niet moest bijwonen, en of patriarch Alexi wel of niet moest voorgaan bij de plechtigheid.

'Kijk, hier staan wat commentaren van geestelijken. Eens zien wat de oude Vader Dmitri Dudko te vertellen heeft. Die zegt misschien iets verstandigs.'

'Wie is dat?'

'Hij was in de jaren zeventig tot begin jaren tachtig een dissidente priester die in het Westen veel weerklank vond, omdat hij opruiende preken hield en de kerkelijke hiërarchie "marionetten van de atheïsten" noemde. Hij werd telkens weer naar de gevangenis gestuurd – heeft daar zo'n acht jaar doorgebracht – min of meer een cause célèbre... O nee... moet je horen... Mijn God, ik kan het nauwelijks geloven. Dat kan alleen in ons land.'

Lena's lachbui had verdacht veel van hysterie.

'Vader Dmitri zegt: "Stalin is ons door God gezonden. Hij heeft zo'n machtige staat geschapen dat die niet te gronde is gegaan, hoe ze zich ook inspanden om hem te vernietigen... Vanuit Gods standpunt bezien was Stalin werkelijk een bijzonder mens, door God gegeven en door God verlost... Vandaar dat ik, als orthodox christen en als Russisch patriot, diep voor Stalin buig." '[30]

Hoe kon een man die acht jaar lang vanwege zijn geloof in sovjetgevangenissen had doorgebracht nu een pleidooi houden voor het communisme, en dat niet alleen, maar voor een van de ergste exponenten ervan? Ik wilde hem ontmoeten.

'Lena'

'Goed, goed. Vanavond zoek ik zijn telefoonnummer op en dan bel ik hem wel. Ik hoop maar dat hij behalve stalinist niet ook nog eens anti-semiet is. Ik geloof niet dat ik dat aankan!'

'Met een beetje geluk is hij bovendien vrouwenhater en vreemdelingenhater en wil hij niets met ons te maken hebben.'

Ik deed Vader Dmitri onrecht. Hij had geen hekel aan vrouwen en evenmin aan vreemdelingen en ontving ons in zijn huis, één enkele kamer in een kleine flat in een sombere voorstad van Moskou. Die was slecht verlicht, zo bedompt als een vossenhol, behangen met iconen, en de stapels boeken reikten tot het plafond. Vader Dmitri, een kleine, wat oudere man met roze wangen en heldere ogen, in hemdsmouwen en bretels, met witte plukken haar boven zijn oren uit, ontving ons in bed, omdat hij vanwege zijn kreupele benen niet op kon staan.

'Ik ben zo blij dat u hierover schrijft,' zei hij enthousiast, 'het zal de mensen helpen om ons, orthodoxen, beter te begrijpen. Het rooms-katholicisme en het protestantisme zijn zó geseculariseerd. De orthodoxie is behoudender, maar de geest ervan vernieuwt zich voortdurend. Als God het wil kunt u met uw vrouwenhart de wortels van uw onderwerp bereiken.'

In al die maanden dat ik door orthodox Europa had gereisd, was dit de eerste keer dat ik een goed woord over vrouwen hoorde. Vader Ioan, in het klooster van De Geboorte van de Moeder Gods in Transsylvanië, had vol lof gesproken over de abdis die de fondswerving voor het gebouw volledig voor haar rekening had genomen, maar vervolgens de berg Athos geprezen voor het niet toelaten van vrouwen. Als getrouwd priester was Vader Dmitri's ervaring met vrouwen uit de eerste hand.

Hij deed merkwaardig luchtig over de achtenhalf jaar die hij in gevangenkampen had doorgebracht. 'De laatste keer dat ik gevangen was genomen, in 1980, merkte ik dat ik een beroep kon doen op de wat nobeler gevoelens van de bewakers. Toen ze probeerden me ervan te weerhouden de paasliturgie te vieren, zei ik: "Zeg eens, waarom maken jullie dit kapot? Ik ben een priester die zijn werk doet." Daarna brachten ze me brood en wijn voor de plechtigheid! Een van hen kwam later naar me toe en zei: "Wat hebt u me blij gemaakt! Mag ik u de hand schudden?"' Vader Dmitri's heldere ogen werden wazig bij de herinnering.

'Hoe ging het in de tijd van Stalin?' vroeg ik.

'Natuurlijk, in de tijd van Stalin mocht er niets, maar weet u, als ik de verwoesting en het verval van nu om me heen zie, dan zit ik toch liever in de gevangenis, zelfs in een stalinistische gevangenis – echt waar! In het kamp werd je niet zo snel beledigd of vermoord als vandaag de dag. Ik heb respect voor Stalin. Hij was niet zo wreed. Hij begreep gewoon dat je mensen met harde hand moet regeren. Net als de tsaar hanteerde hij het zwaard, begrijpt u. Hij beschermde de mensen door een sterke staat te creëren. Nu zijn we weerloos...'

Ik hoorde de verre nagalm van de politieke denkbeelden van Ivan de Verschrikkelijke. Vader Dmitri was de zoveelste geestelijke die de aloude 'autocratie' en het 'nationale bewustzijn' miste. Zijn bittere ontgoocheling over het eigentijdse Rusland en het huidige regime vertroebelde ook zijn oordeel over de herbegrafenis van het gebeente van de laatste tsaar.

'Die hele aangelegenheid is pure politiek. Jeltsin en zijn democraten willen gewoon een politiek slaatje uit die begrafenis slaan, maar ik ben er voor honderd procent van overtuigd dat het niet de beenderen van de tsaar zijn.'

'Maar hoe zit het dan met die DNA-proeven?'

'Ach! Kijk, deze democratische regering accepteert de Russische aard niet. Alles moet in de doofpot, omdat de mensen die de tsaar hebben doodgeschoten joden waren. U weet toch dat er op de muren van de kelder waar ze werden doodgeschoten kabbalistische tekens stonden? Het wordt allemaal duidelijk als je bedenkt dat het hoofd van de commissie die de begrafenis regelt een jood is.'

Uit naam van Lena kromp ik ineen.

'Democraten en joden proberen iemands innerlijke structuur te vernietigen. De communisten waren beter, omdat ze de weloverwogen vernietiging van Rusland als spiritueel organisme nooit hebben aanvaard. Weet u, het Westen probeerde me altijd als een dissident af te schilderen, maar ik ben nooit tegen mijn land geweest.'

Het was tijd om te gaan. Vader Dmitri had oprecht van ons bezoek genoten en verraste me met zijn tweedelige autobiografie. Op het schutblad krabbelde hij: 'Aan Victoria – met diep respect. God geve dat het Westen en Rusland elkaar verstaan en zich buigen voor het Kruis van Christus.' Op de terugweg naar de stad verbrak ik de drukkende stilte met: 'Ik zal eens iemand van het patriarchaat naar dat anti-semitisme vragen.'

De volgende ochtend liep ik in mijn eentje door de stad naar het hoofdkwartier van de patriarch in het Danilovskiklooster, dat met zijn hoge muren, zijn kantoorgebouwen, bloembedden en kerken een compleet Kremlin lijkt. Een kozakkenveteraan in een blauwe broek met een rode streep opzij, een bloezende tuniek, een hoge bontmuts en medailles, hield me bij de poort tegen en beval me mijn hoofd te bedekken.

'Maar ik heb geen hoofddoek bij me,' protesteerde ik.

'U kunt er hier een kopen,' zei hij, wijzend op een souvenirstalletje dat flodderige hoofddoeken met luipaardmotief verkocht. Ik zocht de goedkoopste uit, drapeerde die over mijn hoofd en slenterde weg, naar een bank in de tuin, om van het zonnetje te genieten en te wachten tot het tijd was voor mijn afspraak met Vader Vsevolod, aalmoezenier van het kerkelijke departement van Buitenlandse Zaken.

Ik probeerde wat te lezen maar werd onweerstaanbaar afgeleid door het wonderlijke gedrag van twee Russen op de banken rechts en links van mij. De ene was een alledaags uitziende vrouw van middelbare leeftijd die haar schoenen uittrok, de rok van haar jurk optilde om haar kousen los te maken, die zorgvuldig omlaag rolde en vervolgens een plastic fles met water leeggoot over haar blote witte schenen, die ze om de beurt stevig wreef. Ik bedacht dat ze misschien last van haar schenen had en dat de fles waarschijnlijk wijwater had bevat. De tweede was een keurig geklede oudere heer die het gebarsten spiegeltje van een poederdoos, een kam en een schaar uit een plastic tasje pakte en zijn baard begon bij te knippen, alsof hij zich thuis in zijn eigen badkamer bevond. In zijn geval kon ik me nauwelijks voorstellen dat hij misschien geen badkamer of zelfs geen huis had. Zowel in Rusland als Roemenië stuitte je soms op die merkwaardig ontroerende, surrealistische wereld. Het was iets wat ik in beide landen bewonderde, en langzamerhand begon ik me af te vragen hoeveel het te maken zou kunnen hebben met het oude Byzantijns-orthodoxe wantrouwen jegens de rede en de logica van de wereld, en met hun vertrouwen in de onvoorspelbaarder maar wijzere wegen van hart en ziel...

Vader Vsevolod, op-en-top een bureaucraat, met zijn aktetas open op zijn bureau voor zich en een batterij telefoons binnen handbereik, vatte mijn opmerking dat anti-semitisme onder de Russische geestelijkheid gemeengoed leek ontmoedigend luchtig op.

'Wat had u anders verwacht? Je kunt er nog niets van zeggen. Hoewel we op dit moment godzijdank eenentwintig seminaries hebben en geen drie meer, krijgt zelfs de nieuwste generatie seminaristen nog geschiedenis en theologie uit herdrukken van negentiende-eeuwse tekstboeken. We zullen moeten wachten op de volgende generatie kerkhistorici en theologen,' glimlachte hij schouderophalend.

Het goede nieuws dat hij me kon vertellen was dat de Russisch-orthodoxe Kerk zowel in alle voormalige sovjetrepublieken als in het eigenlijke Rusland meer dan vierhonderd kloosters had kunnen heropenen. Tien jaar geleden, in 1988, waren het er nog maar eenentwintig. Ik vroeg hem waarom patriarch Alexi II weigerde de volgende dag voor te gaan bij de herbegrafenis van de tsaar in Sint Petersburg, vooral nu Jeltsin uiteindelijk had besloten om wel aanwezig te zijn en iedereen wist dat Alexi de uitslag van het DNA-onderzoek op de beenderen had aanvaard. Ruslands patriarch zou bij zo'n belangrijke uiting van collectief berouw over de zonden van het sovjettijdperk toch het voortouw moeten nemen? Ik zei maar niet dat dat, gezien zijn verleden als KGB-informant onder de codenaam Thrush, wel het minste was dat hij kon doen.

'Nee. De patriarch zal niet naar Sint Petersburg gaan,' zei hij. 'U hebt zelf kunnen vaststellen hoe de meeste geestelijken tegenover deze regering staan, en dat geldt ook voor de organisatie van de herbegrafenis van die stoffelijke resten. De patriarch hecht er vooral aan de interne vrede van de Kerk te bewaren en dicht bij de gevoelens van zijn kudde en zijn clerus te blijven.'

Die laatste opmerking bevestigde mijn vermoeden dat Vader Tikhon en Vader Dmitri, en zelfs archimandriet Iosif van Solovjetski en de koekjes soppende Vader Igor in Kem, de heersende mening van de Kerk hadden verkondigd.

Terwijl ik daar in het kerkelijke departement van Buitenlandse Zaken was, liep ik Vader Ilarion tegen het lijf, de priester die de betrekkingen met niet-orthodoxe religies onderhoudt. Hij overviel me met zijn scherpe kritiek op de Amerikaanse protestantse zendelingen die naar Rusland waren gekomen om de mensen met gratis bijbels van de orthodoxie weg te lokken, waarop hij in één adem door tekeerging tegen de Oekraïense geünieerden. Het religieuze leven in de Oekraïne was een volslagen chaos, de slechtste reclame die de oosterse orthodoxie zich kon denken. Oekraïnes hoogtijdagen als Kiev-Rusland zijn hoogstens nog een vage herinnering, alleen levend gehouden door de Byzantijnse Sint-Sofiakathedraal en het eerste Russische holenklooster. Nadat Oekraïne onafhankelijk is geworden, is de orthodoxe gemeenschap in drie onhandelbare stukken uiteengevallen: één nog steeds trouw aan het patriarchaat van Moskou, en twee onafhankelijke Oekraïense Kerken met eigen patriarchen, beide niet erkend door Constantinopel. In westelijk Oekraïne winnen de geunieerden – net als in Roemenië volop bezig om de kerkelijke eigendommen terug te vorderen die na de Tweede Wereldoorlog zijn geconfisqueerd, maar veel talrijker dan de geünieerden in Roemenië – steeds meer terrein.

'De geünieerden hebben zo'n duizend orthodoxe kerken van ons afgepakt. Het was natuurlijk volkomen onterecht dat Stalin ze in 1946 heeft opgeheven, maar je kunt het ene onrecht niet met het andere goedmaken.'

‘Hebt u hierover contact met het Vaticaan?’

‘Toe maar!’ brieste Vader Ilarion. ‘Het Vaticaan zegt altijd tegen ons dat de geünieerden eigenlijk onafhankelijk zijn, dat ze niet verantwoordelijk zijn voor de geünieerden. Maar ze horen natuurlijk bij de rooms-katholieke Kerk en dat is een van de voornaamste redenen waarom onze patriarch Alexi de laatste paar jaar geweigerd heeft de paus te ontmoeten. Er zijn in een stad als Novosibirsk overigens veel meer rooms-katholieke priesters dan nodig is. Allemaal je reinste proselitisme en bedoeld om mensen te bekeren die al christen zijn, en daar zijn we categorisch tegen! Het heeft natuurlijk niet dezelfde omvang als tijdens de kruistochten, maar het getuigt van precies dezelfde mentaliteit!’

De plundering van Byzantium in 1204, tijdens de vierde kruistocht, zou ook gisteren gebeurd kunnen zijn.

Het Sergijev-Drievuldigheidsklooster

In plaats dat hij meehielp om tsaar Nicolaas II en diens gezin in Sint Petersburg een fatsoenlijke en veel te lang uitgestelde herbegrafenis te geven, zou patriarch Alexi naar het Sergijev-Drievuldigheidsklooster in Sergijev Posad gaan, zo’n tachtig kilometer ten noorden van Moskou, om daar het feest van Sint-Sergius te vieren.

Lena en ik zouden daar ook zijn, en we hielden ons hart vast vanwege het eerste ernstige meningsverschil tussen de staat en de Russisch-orthodoxe Kerk sinds de val van het communisme. Door te weigeren bij de herbegrafenis van de tsaar te zijn, had de Kerk zich achter de verschillende krachten geschaard die zich tegen hervormingen verzetten. De plotselinge val van de roebel en van de Russische regering zou nog een maand op zich laten wachten, maar alle voortekenen wezen erop dat het vreselijk uit de hand zou lopen. Lena, die het met haar oude Lada dapper opnam tegen de glanzende Mercedessen en Cherokee-jeeps van Ruslands nouveau riches, zei net dat ze durfde te wedden dat er tegen de herfst ernstige politieke problemen zouden komen, toen ze plotseling van de noordelijke uitvalsweg afdraaide in de richting van een groepje hoopvolle lifters.

‘Een monnik!’ zei ze, over me heen reikend om het achterportier open te maken. 'Wedden dat hij ook naar Sergijev Posad gaat? Laten we hem een lift geven.'

Lena was tijdens de drie jaren die ik in Moskou had doorgebracht mijn secretaresse maar ook mijn beste vriendin geweest. Haar bliksemactie was typerend voor onze vruchtbare werkstijl van weleer. Een wantrouwig kijkende jonge monnik installeerde zich, samen met zijn grote plunjezak en zijn zwijgzame jongere reisgezel, op de achterbank en wierp een paar heiligenplaatjes op mijn schoot. 'Kun jij rijden?' vroeg hij Lena.

'Ach, we zijn hier niet door een wonder terechtgekomen! Mijn oude Lada is geen vliegend tapijt!' gaf ze hem lik op stuk terwijl ze de auto behendig tussen het verkeer manoeuvreerde. 'Zitten jullie goed daarachter? We gingen ervan uit dat jullie op weg waren naar Sergijev Posad, maar zijn jullie niet wat laat voor de plechtigheid? Die is al meer dan een uur geleden begonnen.'

'Ik weet het, ik weet het. Ik had mijn wekker op zes uur gezet maar ik kon mijn ogen gewoon niet openkrijgen,' antwoordde de monnik verstrooid, zijn handen om de rugleuning van de chauffeursstoel geklemd en strak naar de weg voor ons starend.

Ik begon me al snel af te vragen wat voor soort monnik Lena precies had opgepikt. Toen ik hem vroeg uit welk klooster hij kwam, deed hij ontwijkend. Toen ik hem vroeg hoe hij heette antwoordde hij met een raadseltje. 'Ik heb dezelfde naam als een van de favoriete medemonniken van Sint-Sergius in het Sergijev-Drievuldigheidsklooster...' plaagde hij.

Zosima, Christodoulos, Païsi, Amfilohije? Ik somde alle favorieten op die me te binnen schoten, maar zonder succes, en gaf het al gauw op. Hoe zou ik de naam van een of andere onbeduidende Russische monnik uit de veertiende eeuw moeten kennen? Plotseling voelde ik een soort heimelijke bewondering voor Peter de Grote, die kerkensloper. Behalve dat hij het ambt van patriarch had afgeschaft en priesters had gedwongen om voor de regering te spioneren, had hij er ook op gestaan dat monniken niet langer als bedelende nietsnutten door het land zouden zwerven maar in hun kloosters zouden blijven om hun land te bewerken. De zorgeloze nonchalance van onze passagier leek me een teken dat de Russisch-orthodoxe Kerk misschien weer een aantal van die lakse gewoontes uit het verleden had opgepakt.

‘Hou hem aan de praat, hou hem aan de praat,’ mompelde Lena in het Engels. ‘Hij zit in de val. We nemen hem voor een paar goedkope heiligenplaatjes helemaal mee naar Sergijev Posad. Hij moet wel praten, ik wed dat hij nu wenste dat hij was gaan lopen!’

Ik vertelde de monnik dat ik op Solovjetski was geweest. Hij zei dat hij er ook was geweest, om meteen te vragen wat ik van archimandriet Iosif vond. Door zijn weigering om een eigen oordeel over de man te geven, vermoedde ik dat hij een aanvaring met de archimandriet had gehad. Ik veronderstelde dat hij vanwege een of andere smerige streek het klooster uit en het eiland af was gegooid. Ik vertelde hoe interessant ik het vond om hem te ontmoeten, omdat ik een boek over oosters-orthodox Europa aan het schrijven was. Zijn reactie op die informatie was een snelle waarschuwing aan Lena – te zacht en te snel uitgesproken om te verstaan – dat ze moest uitkijken met wie ze praatte, omdat er hele legers buitenlandse spionnen en joden in de buurt waren. Toen vroeg hij: ‘Aan wie zou u de voorkeur geven als u zich tot de orthodoxie zou bekeren, aan de Russische versie of de Griekse?’

‘Een goede vraag,’ zei ik beleefd, al viel er in mijn ogen niet veel te kiezen. ‘Ik denk dat ik op dit moment het meest voel voor de Macedonische orthodoxie,’ antwoordde ik ten slotte, terugdenkend aan de verpauperde kerk en die rattenvanger van Hameln, bisschop Naum van Strumica met zijn gelukkige nonnen. ‘De Roemeense orthodoxie spreekt me ook wel aan.’

‘Nee! U moet voor de Russische orthodoxie kiezen! De Macedonische Kerk bestaat niet en de Grieken, de Serviërs, de Bulgaren en de Roemenen vergissen zich allemaal, omdat ze zijn overgestapt op de westerse kalender. Alleen de Russische Kerk heeft aan de oude juliaanse kalender vastgehouden, en daarom hebben wij het Ware Geloof behouden! Volgens de oude kalender is het vandaag de vierde en niet de zeventiende juli. Wij lopen altijd dertien dagen achter.’

‘Dertien dagen? Zeg maar dertien eeuwen,’ sputterde Lena.

Onze passagier besefte waarschijnlijk niet dat de oude kalender ook op de Heilige Berg nog steeds in ere wordt gehouden, en dat er in alle andere orthodoxe landen bloeiende bewegingen ten gunste van de oude kalender zijn, maar vooral in Griekenland, waar die stroming, met haar eigen hiërarchie en haar eigen kerken en kloosters, door het grootste gedeelte van de Grieks-orthodoxe Kerk als gevaarlijk schismatiek en fundamentalistisch wordt beschouwd.

'Rusland,' ging hij door, 'is het enig overgebleven onbedorven land. Alle heiligen die ooit hebben geleefd hebben gezegd dat Rusland de wereld zou redden. Wist u dat Rusland nog nooit een veldslag heeft verloren? Het heeft ook nooit een ander land aangevallen. Ik beschik over informatie dat er in het Vaticaan een document is dat is getekend door Alexander de Grote en waarin staat dat de Slaven nooit mogen worden aangevallen.'

Wat voor kerkgeschiedenisboeken zou híj hebben gelezen, vroeg ik me af. Of dacht hij gewoon terug aan zijn geschiedenislessen op de sovjetschool? Moeilijk te zeggen. Toen we in het zicht van de reusachtige witte kloostervesting van Sergijev Posad kwamen, waren we blij dat we zo meteen van hem af zouden zijn, en ik weet zeker dat dat gevoel wederzijds was.

Het klooster zag er prachtig uit. De blauwe, met gouden sterren bezaaide koepels waren adembenemend mooi. Die warme, helderblauwe zomerochtend was uitermate ongeschikt om door te brengen in schemerige, door kaarsen verlichte kerken waar je geen lucht kreeg door de wierook, zodat ik blij was toen ik zag dat de plechtigheid al was afgelopen. Vrouwen met hoofddoeken om, in slecht passende zondagse kleren, stroomden door de kloosterpoorten naar buiten. Een hele vloot glimmend zwarte Mercedessen en Cherokee-jeeps met nummerborden van Moskouse gemeenteambtenaren stond nog aan de voorkant geparkeerd, wat het vermoeden rechtvaardigde dat er ergens in het inwendige een postliturgische maaltijd werd aangericht voor de patriarch, een aantal van zijn bisschoppen en een paar politici die de kant van de Kerk hadden gekozen en niet die van de regering. Daar zouden we onmogelijk onuitgenodigd kunnen binnenvallen. We hadden hier niet te maken met een gewone kerkwijding in een klein stadje in Roemenië, maar met de viering van de feestdag van Ruslands voornaamste heilige, in Ruslands voornaamste klooster, terwijl Rusland het machtigste orthodoxe land ter wereld was.

We slenterden door de poort naar een schaduwrijke binnenplaats waar kleine vlekjes zonlicht dansten. Het was er net zo bedrijvig en overvol als op een marktplein in een klein stadje. Er liepen jonge seminaristen in fraaie zwarte kostuums naast hun trotse moeders.

Vrouwen met zware boodschappentassen vol etenswaren voor het klooster – bosuitjes, tomaten, komkommers, eieren, zonnebloemolie voor de godslampen en honing – dwongen priesters het hoofd te buigen om stante pede hun biecht te aanhoren, of raadpleegden hun geestelijk vaders. Getrouwde stellen grepen in het voorbijgaan naar de wijde mouwen van de zwarte gewaden van bepaalde monniken, kusten vurig hun handen en bevalen hun kinderen hun voorbeeld te volgen. Een met plastic flessen gewapende menigte verdrong zich bij een overvloedig stromende wijwaterkraan. Tegen bomen geleunde mensen krabbelden verzoeken om gebeden op stukjes papier en telden de daarvoor vereiste roebels na. Grote groepen mensen zwermden de vele kerken van het klooster in en uit, kusten de schitterende iconen en relikwieën, wierpen zich ter aarde, maar krioelden ook in de kloosterwinkels om het aantrekkelijke assortiment van liturgische gewaden, met namaakparels bezette mitra's die voor zo'n honderd dollar per stuk te koop waren, iconen, boeken, video's en rozenkransen te bekijken.

Ik bedacht dat het waarschijnlijk altijd zo was geweest, met slechts een paar onderbrekingen in tijden van oorlog, met name gedurende Ruslands 'Tijd der Troebelen' in de zeventiende eeuw, toen dertigduizend rooms-katholieke Polen het klooster zestien maanden lang hadden belegerd. Toen Ivan de Verschrikkelijke hier vlak voor zijn kroning in 1547 op bedevaart was gekomen en met gulle hand geld voor een nieuwe kerk had geschonken, toen een jeugdige Peter de Grote op een nacht in ongeklede toestand uit het Kremlin hierheen was gegaloppeerd om aan de sluwe plannen van zijn zuster te ontkomen, toen de ene na de andere negentiende-eeuwse Romanovtsaar het klooster onder de kostbaarheden had bedolven, was het er ook al zo aan toe gegaan, op precies dezelfde manier. Op een bepaald punt in zijn geschiedenis werd het totale bezit aan landerijen van het klooster alleen overtroffen door dat van de tsaar zelf. De hesychastische Sint-Sergius, die zo graag karrenvrachten brood naar de armen bij de kloosterpoort had gestuurd, had het misschien niet goedgekeurd, maar zou wel onder de indruk zijn geweest van deze vrome heksenketel.

Ik had me nog nooit zo dicht bij het oude Heilige Rusland gevoeld en was blij dat ik de verleiding had weerstaan om naar Sint Petersburg te reizen voor een verre blik op Jeltsin en de West-Europese afstammelingen van de Romanovtsaren op hun paasbest voor de begrafenis.

Overal waar we heen gingen kwamen we onze vreemde passagier tegen, nog steeds in gezelschap van zijn jonge reisgezel, zwetend onder het gewicht van die geheimzinnige plunjezak. Maar ze waren bij lange na niet de enigen in die kleurrijke menigte die zo'n merkwaardige aanblik boden. Ik ontwaarde een verfomfaaide jonge monnik in een bemodderde witte mantel met rode franje, die doelbewust rondstapte met een rokend wierookvat in de ene en een plastic tas met een Marlboro-reclame in de andere hand. We zagen hoe een paar vrouwen hem bij zijn met rood afgezette mouw grepen en zijn hand begonnen te kussen. Zodra ze daarmee klaar waren en de monnik er zo snel hij kon vandoor was gegaan om zijn mysterieuze bezigheden elders voort te zetten, werden ze aangesproken door een strenge monnik in een zwart gewaad. 'Waar denken jullie dat je mee bezig bent door zíjn hand te kussen?' beet hij hun woedend toe. 'Kunnen jullie niet zien dat hij geen monnik is? Dat is gewoon een geschifte zwerver!' Ze vielen meteen neer om zíjn hand te kussen.

Ik begreep ze wel. In een land met een lange traditie van *yurodivy* (heilige dwazen) verering, was hun misstap zonder meer vergeeflijk. We moeten helemaal terug naar de dwaze grazende monnik op Athos voor een ander voorbeeld van een orthodoxe gemeenschap die een paar verzen uit de evangelies even lachwekkend letterlijk had opgevat. Dat was tot op zekere hoogte de schuld van de apostel Paulus. In zijn eerste brief aan de Korinthiërs zegt hij: 'Als iemand onder u meent wijs te zijn in deze tijd, hij worde dwaas, om wijs te worden,'[31] en hamert dat punt er verderop in dezelfde brief nogmaals in: 'Wij zijn dwaas om Christus' wil...'[32] Ook de Byzantijnen hadden iets als heilige dwazen gekend, maar hun versie, de *saloi*, was nooit zo extreem theatraal geweest als de Russische. Van de vierenveertig heilige dwazen die op de kalenders van alle orthodoxe Kerken prijkten, waren er zevenendertig Russisch.

Een moderne autoriteit op het gebied van de Russische 'dwazen omwille van Christus' oppert dat ze meer gemeen hadden met de heidense priesters van de Siberische stammen, de sjamanen, dan met Byzantiums saloi. Ze heeft ons een kort overzicht nagelaten van het verschijnsel, dat tot 1917 in Rusland verbazingwekkend vaak voorkwam. Heilige dwazen, zegt ze, werden 'gekenmerkt door een verbluffende veronachtzaming van hun lichamelijke behoeften, een opvallende voorliefde voor ijzeren voorwerpen, voor zwerven, waarzeggerij, helderziendheid, en door hun neiging tot uitgesproken immoreel gedrag, met inbegrip van heiligschennis en zelfs moord'.[33] Als *startsy* waren ze evenmin onderworpen aan de beperkingen van de hiërarchie van de officiële Kerk als Vader Nikolai op zijn eiland in het meer van Pskov, en genoten ze vaak eenzelfde mate van populariteit en eerbied; het waren echter geen contemplatieve eenlingen, maar veel vaker exhibitionistische nudisten – 'spiernaakt, op een lap om het middel na',[34] zoals een Engelsman die er vier jaar na de dood van Ivan de Verschrikkelijke op bezoek was geweest heeft genoteerd. Ze waren gek op mensenmassa's en de weergaloze kick van het zeggen en doen van dingen waar niemand anders mee weg kan komen. Aan het aantal heilige dwazen valt min of meer af te meten waar het koppige anti-intellectualisme van de Russische orthodoxie en het van staatswege verstikken van afwijkende politieke standpunten het land in 1917 had gebracht. Net als die eerste heilige kluizenaars, die hun afwijzing van de wereld hadden geuit door naar de onbevolkte noordelijke wildernis te vluchten, hadden ze een ongeorganiseerde maar opmerkelijk effectieve dissidente beweging gevormd in een meedogenloos autocratische staat.

Ivan de Verschrikkelijke had van de heilige dwazen gehouden en hen gerespecteerd. De Sint-Vasilikathedraal met zijn psychedelisch gedraaide koepel, die nog steeds aan het ene uiteinde van het Rode Plein in Moskou staat en de vakantiefoto's van elke willekeurige toerist opluistert, was oorspronkelijk aan de Moeder Gods gewijd maar was al snel een monument ter nagedachtenis aan Sint-Vasili de Gezegende geworden. Vasili was een van de zes heilige dwazen die Ivan tijdens zijn regering heilig had verklaard, al vóór zijn twintigste had hij zijn kleren weggedaan en zich opgeworpen als heilige dwaas. Hij had al spoedig naam gemaakt door stenen naar kerken te gooien, een groep meisjes die hem uitlachten blind te maken en een rover die zijn nieuwe bontjas wilde stelen te vermoorden. Ooit had Vasili Ivan de Verschrikkelijke zelf een uitbrander gegeven omdat hij zijn gedachten niet bij de liturgie had gehouden. Bij Vasili's begrafenis was niemand minder dan de toenmalige metropoliet van Moskou voorgegaan, de voorganger van de heilige Philip, en was Ivan zelf een van de dragers van de kist geweest. In 1569, het jaar waarin Philip was vemoord, was Ivan al op weg geweest om de zich al te onafhankelijk opstellende stad Pskov te bestraffen, toen hij werd aangesproken door een andere heilige dwaas, die simpelweg Nikolai werd genoemd. Het was vastentijd, dus toen Nikolai Ivan een homp rauw vlees had aangeboden, had die dat vroom afgeslagen. 'Zo?' had Nikolai gezegd, 'maar het vlees en bloed van menselijke wezens eet en drinkt u wel...' Ivan was diep geschokt en Pskov ontsprong de dans. Ivan was zo gecharmeerd van heilige dwazen dat hij het aan het eind van zijn gruwelijke leven bestond zichzelf 'De Heilige Dwaas Parfeni' te noemen.

Begin negentiende eeuw stelden Russische revisionistische historici Ivan de Verschrikkelijke liever voor als een heilige dwaas dan als een psychotische krankzinnige. Ivans heilige dwaasheid verklaarde en vergoelijkte alles, en zijn rehabilitatie heeft ertoe bijgedragen dat heilige dwazen voortaan weer als uiterst respectabel werden beschouwd. In 1912, toen in Macedonië de Eerste Balkanoorlog woedde, trokken er twaalf met ijzeren helmen en rammelende kettingen en veel lawaai om de Noord-Russische stad Novgorod. Ongeveer in diezelfde tijd zorgde de dochter van een Sint Petersburgse aristocraat voor opschudding door met een 'heilige dwaas' te trouwen die bekendstond als Mitja en door verschillende geledingen van Sint Petersburgs hogere kringen als een achterlijke doofstomme dwerg zou zijn beschreven.

Ik dacht weer terug aan de gelukzalig glimlachende doofstomme op Solovjetski en vroeg me af of ook hij misschien in aanmerking kwam voor de titel 'heilige dwaas'. In de Griekse havenstad Patras, in het noorden van de Peloponnesos, had ik nog een mogelijke kandidaat ontmoet. Een simpele, vriendelijk lachende jongen die me op een avond na enig aandringen dwars door de stad had geleid om me de relikwieën van Sint-Andreas te laten zien, in de kathedraal die daar aan zee lag. Ook de opgeschoten jongen die in Moldavië om het Bistriţaklooster van Vader Kiprian had rondgehangen leek aan het profiel te voldoen. De razendsnelle opkomst van Ruslands Grigori Raspoetin – een figuur die vaak ten onrechte is beschreven als monnik of priester – is natuurlijk ook begrijpelijker binnen de context van die heilige dwaasheid. Hoewel hij in de ogen van sommige Russen – en zeker in die van Nicolaas II en diens vrouw Alexandra – vanwege zijn wonderbaarlijke geneeskrachtige gaven, zijn helderziendheid en zijn wijze raadgevingen een starets was, was hij voor velen in Sint Petersburg gewoon een op macht beluste malloot die zich had vermomd als een gevaarlijke kruising tussen een starets en een heilige dwaas. De omhooggevallen Siberiër die met zijn magnetische blik vrouwen verleidde en in het openbaar met zijn penis liep te pronken, was op zich niets bijzonders, ware het niet dat zijn telefoonnummer – 64646 – toevallig het merkteken van het Beest uit de Apocalyps bevatte.

Lena en ik reden terug naar Moskou, tevreden over onze expeditie naar Sergijev Posad, al was het ons niet gelukt het feestmaal te verstoren en een glimp van patriarch Alexi op te vangen. Terwijl we met één oog naar het televisieverslag van de begrafenis in Sint Petersburg keken, en heel even de voormalige Solovjetskigevangene Dmitri Likhatsjev* met een flakkerende waskaars in zijn bevende handen zagen staan, maakten we alweer plannen voor een volgend uitstapje.

Het Optina Poestinklooster

Een bezoek aan het klooster in Optina Poestin, dat bijna even beroemd is als Sergijev Posad maar ongeveer honderdzestig kilometer ten zuiden van Moskou ligt, zou een aangrijpend licht werpen op het mysterie hoe drie negentiende-eeuwse startsy het zoete, vergulde, flinterdunne marsepeinlaagje over de gistende massa's in Rusland hadden kunnen worden.

Hun geesten hadden zich gelaafd aan de uitgelezen hesychastische zielenspijs van Païsi Velitsjkovski's vertalingen van het Grieks in het Slavisch, en ze hebben meer dan wie ook gedaan om de kloof tussen de stadse intellectuelen en aristocraten aan de ene en de bijgelovige boeren aan de andere kant te dichten. Van 1828 tot 1911 hebben ze om beurten iets tot stand gebracht wat een historicus ooit heeft gedefi-

* Dmitri Likhatsjev stierf in september 1999, drieënnegentig jaar oud.

nieerd als 'een soort formele reïntegratie van de meest verheven en de meest platvloerse elementen van de Russische cultuur, op een wijze die noch de keizerlijke staat, noch de intellectuelen hebben weten te evenaren'.[35]

De eerste van het heilige drietal, Leonid, had zich in de vertalingen van Sint-Païsi verdiept en stond bekend om de nederigheid die hij zijn medemonniken in Optina wist bij te brengen. Toen een van hen hem had toevertrouwd dat hij kettingen wenste te dragen, als een speciaal teken van berouw, was Leonid bij de kloostersmid langsgegaan om te zeggen: 'Als die-en-die broeder je komt vragen om kettingen voor hem te maken, zeg dan: "Waar heb jij kettingen voor nodig?" En sla hem dan hard in zijn gezicht.' Alles was aanvankelijk volgens plan verlopen, maar toen had de onaangenaam verraste jonge monnik de smid meteen een klap teruggegeven en was er een gevecht uitgebroken. Ze waren uiteindelijk in de cel van de starets beland en hadden hem gevraagd te bemiddelen. Leonid had de monnik alleen gevraagd: 'Hoe haal je het in je hoofd om kettingen te dragen als je niet eens tegen een gewone klap in je gezicht kunt?'[36]

De anonieme auteur van de beroemde hesychastische tekst *De weg van een Pelgrim* had aan de voeten van Macarius gezeten, de tweede grote starets van Optina. Het boek dat hij naderhand heeft geschreven is een aangrijpend en ontroerend verslag van een Rus die op weg gaat om zijn ziel te redden door van klooster naar klooster door het land te reizen, met een exemplaar van de *Philokalia* in zijn tas en het Jezusgebed zó diep in zijn hart gegrift, dat het uitspreken ervan even vanzelfsprekend werd als ademhalen. Terwijl hij overal waar hij gaat behulpzame startsy vindt en miniwondertjes ziet in alles wat hem overkomt, wordt hij door de Russische politie wegens landloperij bijna doodgeslagen, maar dan krijgt hij steun van een godvruchtige Russische grootgrondbezitter. We nemen afscheid van hem als hij in gezelschap van een professor noordwaarts trekt, naar Solovjetski, waar hij 'een tweede Athos' hoopt te vinden.

De Russische adel, bekende slavofielen en uitblinkers op het Russische literaire toneel onder wie Dostojevski en Tolstoj, maar ook duizenden arme boeren – in het Russisch simpelweg *krestyane*, christenen, genoemd – zijn allemaal regelmatig op bezoek geweest in de cellen van de startsy in Optina. In zijn roman *De Gebroeders Kara-*

mazov, heeft Dostojevski zich voor het karakter van zijn starets, Zosima, laten inspireren door Optina's derde grote starets, Ambrosius. Dostojevski laat een van de broers een opmerkelijk verhaal vertellen, dat op briljante wijze het fundamentele bezwaar van de orthodoxe Kerken tegen de rooms-katholieke Kerk toelicht. Dat verhaal gaat over Christus die zijn langverwachte terugkomst in het zestiende-eeuwse Sevilla laat plaatsvinden, op het hoogtepunt van de Spaanse rooms-katholieke inquisitie. Hij verschijnt als een nederige bedelaar op een drukke markt, maar wordt al snel herkend als de Messias. Nadat hij voor de nodige opschudding heeft gezorgd door een dood kind tot leven te wekken, wordt hij door de grootinquisiteur van de stad opgepakt om te worden ondervraagd. De rooms-katholieke ambtsdrager is er al spoedig van overtuigd dat hij werkelijk oog in oog met de Zoon van God staat, en dan begint het drama pas echt. De grootinquisiteur klaagt dat Christus de mens bij zijn laatste bezoek aan de aarde met de verschrikkelijke gave van de keuzevrijheid een veel te zware last heeft opgelegd.

> Ik bezweer u dat de mens zwakker en minderwaardiger is dan u aannam... Als u hem minder hoog had aangeslagen, zou u ook minder van hem gevergd hebben en dat zou de liefde meer benaderd hebben, want de last zou dan niet zo zwaar geweest zijn... Wij hebben uw heldendaad geretoucheerd en gefundeerd op wonder, mysterie en autoriteit. En de mensen waren verheugd, omdat ze weer als een kudde werden geleid en eindelijk de zo verschrikkelijke gave die hun zoveel misère bezorgde uit hun hart werd weggenomen. Zeg op, hadden wij niet gelijk door aldus te leraren en te handelen? Hebben wij de mensheid soms niet liefgehad, wij die ons haar onmacht zo nederig bewust waren, vol liefde haar last verlichtten en haar zwakke natuur zelfs de zonde toestonden, zolang het maar binnen de ons gestelde perken bleef?[37]

Dan houdt de grootinquisiteur op met het spuien van zijn ergernis en met zijn gepoch op de ongeëvenaarde organisatie en efficiëntie van de rooms-katholieke Kerk. Als hij zwijgt antwoordt Christus door op te staan en een raadselachtige kus op zijn 'bloedeloze, oude lippen' te drukken. De grootinquisiteur, bedoelt Christus, is vrij om te doen en te geloven wat hij wil. Mateloos geïrriteerd laat de inquisiteur Hem vrij en beveelt hij Hem: 'Ga heen en kom niet meer terug... kom beslist niet terug... nooit, nooit meer!'

Die derde starets uit Optina, Ambrosius, had 'de gave der tranen' – een onmiskenbaar teken van oprecht berouw en nederigheid bij iedereen die de hesychastische weg naar de verlossing verkoos. Een andere Optinamonnik herinnerde zich: 'Soms vond ik hem op bed, in tranen die hij nooit de vrije loop liet en die nauwelijks zichtbaar waren. Ik had het gevoel dat de eerbiedwaardige Ambrosius altijd in de aanwezigheid van God verkeerde...'[38] Nadat hij de godsdienst tijdens een langdurig verblijf in een Siberische gevangenis had herontdekt en weer op vertrouwelijke voet stond 'met de Christus die ik als kind had leren kennen maar had verlaten toen ik een liberale Europeaan werd',[39] had Dostojevski troost gezocht in Optina en had Ambrosius zijn goedkeuring over hem uitgesproken: 'Dit is een man die berouw toont,' had hij aangetekend. Graaf Lev Tolstoj, een diepreligieus mens maar een aartsvijand van de officiële Russische Kerk, ontmoette Ambrosius voor het eerst in 1878. Omdat Optina Poestin slechts vijf dagreizen van zijn buitenverblijf in Jasnaja Poljana lag, bracht hij in de dertien daarop volgende jaren regelmatig een bezoek aan het klooster. Op een keer schreef Ambrosius Tolstoj ter geruststelling, of mischien als waarschuwing, dat 'iemand zijn ziel ook buiten het klooster kan redden, maar met veel meer moeite'.[40] In 1910 was Tolstoj nog maar net uit Optina vertrokken, na een bezoek aan een van zijn zusters in een nabijgelegen klooster, toen hij ziek was geworden en op een station in de buurt gestorven.

We moesten beslist naar Optina Poestin. Het klooster was een belangrijk knooppunt op de reis die onze ziel door Rusland maakte.

'Ik bel ze meteen op,' zei Lena, 'om ze te laten weten dat we onderweg zijn en dat je iemand wilt spreken.'

Haar telefoongesprek met een zekere Vader Vasili verliep aanvankelijk geheel naar wens. Hij klonk bijzonder gastvrij, totdat hij min of meer terloops vroeg: 'Ze is toch wel christen?'

'Ja, ze is gedoopt,' zei Lena, zorgvuldig haar woorden kiezend.

'Ik bedoel, is ze orthodox?' antwoordde hij bits.

'Ze is eerlijk gezegd niet praktiserend rooms-katholiek,' gaf ze toe.

Lena vreesde het ergst, en daar kwam het: 'Nee, we ontvangen geen rooms-katholieken,' zei hij, en de verbinding werd verbroken.

Na even nadenken stelde ik voor: 'Lena, laten we er gewoon heen gaan. We kunnen altijd nog net doen of de verbinding vóór het slechte nieuws werd verbroken. Wat zouden ze kunnen doen? Van de vestingwallen kokende olie over ons heen gooien?'

'Nog veel ergere dingen, als ze erachter komen dat ze zowel een jodin als een rooms-katholiek in handen hebben!' zei Lena met een nerveus lachje. 'Maar ik zou het daar weleens willen zien...'

De volgende morgen vroeg gingen we keurig uitgedost, met hoofddoeken om en rokken aan, op weg naar het zuiden, naar Optina Poestin. Terwijl we door de zacht glooiende groene heuvels van het zuiden van Europees-Rusland reden, konden we ons moeiteloos voorstellen hoe Dostojevski en Tolstoj ruim een eeuw eerder op zomerse dagen in hun rijtuigen over de onverharde wegen hadden gehobbeld, met de koepels en de witte torenspits van Optina al in zicht en de hoop op 'spirituele gesprekken' in hun hart. Het landschap was onvergelijkelijk veel vriendelijker dan in Noord-Rusland. We kwamen door het mooie stadje Kaloega aan de oever van de brede Oka, en verderop door het dorp Kozelsk, met links een groen moeras en de koepels van Optina als een lichtpuntje in de verte. Voor alle zekerheid parkeerden we de auto – ditmaal niet Lena's Lada maar een andere wagen met nadrukkelijk buitenlandse nummerborden – een eindje van de overkoepelde kloosterpoort, knoopten onze hoofddoeken om en gingen te voet verder.

Het was een doordeweekse dag, maar de parkeerplaats van het klooster stond bomvol touringcars en op de binnenplaats krioelden bijna evenveel pelgrims en monniken als in Sergijev Posad, en daar kwamen de verschillende bij bouwwerkzaamheden horende apparaten en geluiden nog eens bij. Onopgemerkt in dat allegaartje schuifelden we langs perken uitbundig bloeiende goudsbloemen en vingerhoedskruid de hoofdkerk in, waar we tientallen pelgrims geduldig in de rij zagen staan om een gouden crucifix te kussen in de handen van een romantisch knappe jonge priester, met een middenscheiding in zijn schouderlange haar en een wasbleek gezicht. De bedevaartgangers bogen zich er om beurten overheen en sloegen vervolgens een kruis. Toen we weer naar buiten liepen bedacht ik dat de Russen hun vermaarde uithoudingsvermogen waarschijnlijk in hun Kerk hadden geleerd. Om het gevreesde ogenblik dat ik Vader Vasili moest opzoeken en trotseren uit te stellen, zei ik tegen Lena dat ik de cel van de heilige Ambrosius wilde zien. Aan een oudere vrouw die eruitzag alsof ze daar goed bekend was, vroegen we waar het was.

'De skete waar hij heeft gewoond is veertig minuten lopen, die kant op,' zei ze, naar een pad wijzend dat in het bos achter het klooster verdween, 'maar daar kunt u niet heen. Daar mogen geen vrouwen komen, behalve om de mis van vijf uur 's morgens bij te wonen...'

Er was geen ontkomen aan. Het werd tijd om Vader Vasili op te zoeken, dus wees de vrouw ons de weg naar het administratiegebouw. Terwijl we voor de halfopen deur van zijn kantoor stonden te wachten, vingen we een glimp op van het interieur. Het was ingericht in zakelijk chroom en grijs, helemaal elektrisch verlicht en ruim voorzien van computers, met op een van de schermen een onscherpe foto van Nicolaas II. Er stonden printers, scanners en tv's. Het was een geweldige verbetering in vergelijking met Vader Sava's krappe werkruimte in het Dečaniklooster in Kosovo en had best de cockpit van een ruimteschip kunnen zijn. Eindelijk verscheen Vader Vasili, blozend van verlegenheid vanwege ons bezoek. Er werd geen woord gezegd over zijn abrupte beëindiging van ons telefoongesprek en ik legde hem zo geruststellend als ik kon mijn plannen voor.

'Dus u benadert de orthodoxie wetenschappelijk,' zei hij, toen hij ons weer voorging naar de zonnige binnenplaats.

'Nee, nee,' stelde ik hem gerust, wetend dat alles wat naar wetenschap riekt elke orthodoxe monnik gegarandeerd van me zou vervreemden. 'Ik ben geen wetenschapper. Ik houd van geschiedenis, en mijn rooms-katholieke opvoeding betekent dat ik wel een en ander van godsdienst weet.'

'Pff, het rooms-katholicisme!' zei hij. 'Wat is nou rooms-katholicisme? Als rooms-katholieken naar de mis gaan zitten ze in rijen, alsof ze een theatervoorstelling bijwonen! Ik heb gehoord dat sommige rooms-katholieken de heilige communie tegenwoordig per post ontvangen!'

Hij was niet op zijn standpunt teruggekomen, maar volgens mij was alleen al het feit dat hij met ons sprak een goed voorteken. Hij liep helemaal met ons mee naar de kloosterrefter, waar honderden bedevaartgangers, jong en oud, mannen en vrouwen, rijk en arm, gezond of hulpbehoevend, gestoord of normaal, in de rij stonden voor het middageten, in ploegen van ongeveer honderd. Lena was verbaasd bij de aanblik van de opgeschoten jongens met spijkerjacks en trendy sportschoenen die geduldig stonden te wachten tot het hun beurt was om te eten en de hand van Vader Vasili te kussen. In de negentiende eeuw was het er in het bedevaartseizoen op Solovjetski of in het Sint-Panteleimonklooster op de Heilige Berg waarschijnlijk precies eender aan toe gegaan, dacht ik toen Vader Vasili ons beval ons bij de rij aan te sluiten en beloofde ons na het middageten op te zoeken.

Nadat de kudde een schemerige, met lange tafels en banken volgestouwde hal in was geloodst, liepen we als ganzen op een rij naar onze plaatsen. Binnen een mum van tijd zat onze ploeg klem, als sardientjes in een blik, met onze ruggen tegen die van de mensen aan de volgende tafel. Overwerkte nonnen met hoge, zwartfluwelen kappen en sluiers zetten met veel lawaai emmers vol waterige soep, bakken boekweitpap, zwart brood en reusachtige potten thee op elke tafel. Aan de muur hing een bord met de tekst van de gebeden die voor en na het eten moesten worden gezegd. Voor het eerste gebed stonden we allemaal op en reciteerden de woorden op de maat van het stokje dat werd gezwaaid door een baardige man in een witte doktersjas. Twee opgeschoten jongens kregen een uitbrander omdat ze onder het bidden zaten te praten. 'Niemand heeft je gedwongen om hierheen te komen. Houd je mond of ga weg!' blafte de witgejaste meester. We aten in stilte, tot een wat oudere dronken man, die tegenover me zat en zag dat ik een bord boekweitgrutten afsloeg, zich realiseerde dat ik geen Russin was en nijdig opmerkte: 'U denkt natuurlijk dat u waar u vandaan komt beter eten hebt dan wij hier.'

De vriendelijk glimlachende jongen naast me fluisterde: 'Ik weet dat het er net zo uitziet als de boekweitgrutten van vroeger, maar op de een of andere manier is het hier in het klooster lekkerder. Proef maar.' Hij schepte mijn bord vol en ik at.

Vader Vasilij hield zich aan zijn woord. Hij stond voor de refter op ons te wachten en ging ons voor naar een nabijgelegen kerkhof. Daar bekeken we de fraai gegraveerde grafstenen van de drie grote heilige mannen, die naast elkaar op een rij lagen. Maar mijn ogen dwaalden al snel weg bij het zien van drie nieuwe graven, aangegeven door drie eenvoudige nieuwe houten kruisen en overdekt met bloemen. Die waren van drie jonge monniken, Ferapont, Trofim en Vasilij geheten. Ze waren alle drie drie jaar geleden gestorven, op dezelfde paaszondag – 5 april 1993 volgens de oude kalender, 18 april volgens de nieuwe.

'Waaraan zijn ze gestorven, Vader? Was er een griepepidemie?' vroeg ik.

'Nee nee. Het klooster was pas twee jaar tevoren heropend en begon net weer tot leven te komen, net als het land na de winter. Het was paaszondag en alles zag er even schitterend en vrolijk uit, en alle klokken luidden om de mensen naar de paasviering te roepen. Mijn naamgenoot, Vader Vasilij, en een van de twee anderen, stonden daarginds onder in de klokkentoren te luiden, toen het gebeier plotseling vertraagde en ophield. De derde monnik rende erheen om te kijken wat er was gebeurd en ontdekte dat er een gruwelijke misdaad had plaatsgevonden en dat hij de volgende was die moest sterven...'

'Wat was er gebeurd?' vroeg ik, meegesleept door zijn verhaal.

'Ze zijn alle drie door een duivelse moordenaar doodgestoken. Naderhand werd het wapen gevonden, een reusachtig mes van een halve meter lang, met het getal 666 in het lemmet gegraveerd. De misdadiger zit nu in een psychiatrisch ziekenhuis, omdat het hof hem krankzinnig heeft moeten verklaren. De Russische wet kent geen categorie "rituele satanische moord", maar hij was niet krankzinnig... Het vreemde maar ook mooie was dat Vader Vasili altijd had gezegd dat hij het heerlijk zou vinden om te sterven op een paasochtend, onder het luiden van de klokken – en dat is precies wat God voor hem heeft beschikt.'

Lena en ik waren sprakeloos van afgrijzen. Terwijl Vader Vasilij met ons naar een bank liep, waar we met ons drieën in de warme namiddagzon gingen zitten, vervolgde hij: 'Weet u, orthodoxe mensen zijn niet zo bang voor de dood, en al helemaal niet voor de dood op paaszondag. Die drie zijn natuurlijk regelrecht naar de hemel gegaan. Voor jullie hier weggaan zal ik jullie een kopie geven van de video die de vader van een van de martelaars erover heeft gemaakt.'

We zijn daar een tijdje in contemplatieve stilte blijven zitten. Ik durfde nauwelijks meer vragen te stellen, uit angst dat ze onvergeeflijk banaal zouden klinken na dat verhaal over duister afgrijzen dat op wonderbaarlijke wijze was doordesemd van vreugde over hun verlossing.

'Vader, lijkt het klooster volgens u weer precies op dat van voor 1917? U krijgt hier zo te zien heel wat bedevaartgangers.'

'Zo'n zeshonderd per dag op dit moment,' zei hij. 'U kunt de goddelijke energie hier waarschijnlijk niet voelen, maar onze bedevaartgangers wel – zelfs als onze starets Ilias weg is, zoals nu, om te rusten. Voor de revolutie kwamen de mensen met heel andere problemen naar het klooster, voornamelijk problemen van spirituele aard. Nu komen mensen hierheen om in boeken te snuffelen.'

Ik lachte om zijn goedmoedige plagerijtje. Hij schonk me een eerste ironische glimlach en daarna konden we uitstekend met elkaar overweg.

'Het maakt niet uit met wat voor probleem iemand komt: het voornaamste is dat God ze allemaal om de een of andere reden heeft aangespoord om hierheen te komen,' zei hij.

Vader Vasilij nam mijn zoektocht, maar vooral ook mijn ziel, ernstiger dan welke andere monnik, non, priester of bisschop met wie ik op mijn lange reizen ook had gesproken. In een vurige poging mij voor het Ware Geloof te winnen, stelde hij mij evenveel vragen als ik hem. Ongeveer drie uur lang, tot de zon achter de beboste heuvels om het klooster onder begon te gaan, praatten we zo eerlijk mogelijk met elkaar, waarbij we om beurten argumenten aandroegen, grappen maakten of onze ziel blootlegden. Mijn aantekeningen van ons 'spirituele gesprek' zijn helaas nogal schetsmatig, maar ik herinner me nog wel dat hij me zonder omhaal vroeg waarom ik een boek schreef over een godsdienst waar ik zelf niet in geloofde.

'Ik kan met mijn verstand wel uitleggen waarom,' antwoordde ik omzichtig. 'Ik houd heel veel van al deze landen, en nu ik meer dan tien jaar lang in drie ervan heb gewoond ben ik ervan overtuigd dat ze niet echt naar waarde kunnen worden geschat en begrepen zonder de orthodoxie en alles wat daaraan vastzit erbij te betrekken.'

'Ja, dat zegt je verstand,' onderbrak hij me, openlijk verveeld door mijn omstandige uitleg. 'Maar wat is er nog meer?'

'Nou, ik weet op de een of andere manier zeker dat ik op het juiste spoor zit, omdat ik voel dat ik op mijn reizen bij elke stap geluk heb gehad. Ik ben kennelijk steeds op het juiste moment op de juiste plaats, ontmoet de juiste mensen en hoor de juiste dingen. Dat heeft niets met professionaliteit te maken. Het lijkt puur geluk, wat u zegen zou noemen,' antwoordde ik.

Ik herinnerde me dat Bogdan onze veilige en probleemloze tocht door Servië en Montenegro ooit had toegeschreven aan de zegen die hij voor ons van zijn geestelijk Vader Tadej had losgekregen. Vader Vasilij knikte instemmend, dus ging ik door: 'En hier hebben we een volmaakt voorbeeld. U zei dat ik niet moest komen omdat ik rooms-katholiek ben en moet je ons nu eens zien! Ik vind het fijn dat ik hier ben en het is heerlijk dat ik u heb ontmoet.' De arme man bloosde en veegde geconcentreerd het stof van zijn habijt, dus veranderde ik van onderwerp. 'Maar hoe bent u monnik geworden, Vader? Wat hebt u daarvóór gedaan?'

'Monniken worden niet geacht over hun vroegere leven te praten. Alles wat ik kan zeggen is dat ik een echte vrijbuiter was – zoals Opta, de stichter van dit oord, die in de dertiende eeuw, toen de Mongolen over Rusland heersten, een doodgewone struikrover was maar berouw over zijn zonden kreeg. Ik was net als de dief die naast Jezus Christus aan het kruis hing. Net als elke andere monnik kwam ik naar het klooster zoals een ander naar het ziekenhuis zou gaan – om in geestelijk opzicht te genezen en een heilige te worden, om mijn hartstochten op te geven en vrij te worden. Onze opvatting van vrijheid is zo anders dan de westerse, de vrijheid om drugs te gebruiken, te drinken en seks te hebben.'

Omdat ik per se wilde vookomen dat we afgleden naar een aanval op het Westen, veranderde ik weer snel van onderwerp door te vragen of hij een hesychast was, en werd getroffen door de trieste oprechtheid van zijn antwoord. 'Nee,' zei hij, 'dat ben ik niet – bij lange na niet. U hebt al die monniken hier met hun gebedssnoeren in hun handen zien rondlopen. In hun hart zeggen ze allemaal het Jezusgebed. Ik schijn dat niet te kunnen... ik wou dat het wel zo was.'

Ik bedankte hem uitvoerig voor zijn tijd en zijn aandacht.

'Ach, ik denk dat onze volgende ontmoeting onder andere omstandigheden zal plaatsvinden,' antwoordde hij bedachtzaam, me met zijn toegeknepen ogen onderzoekend aankijkend.

'Bedoelt u dat u dan geen habijt meer zult dragen, of dat ik nonnenkleren aan zal hebben?' grapte ik terug.

Hij schonk me alleen zijn ironische glimlach en zei: 'Ik zal een exemplaar van die beloofde video voor u halen.'

Bij de kloosterpoort overlaadde hij ons behalve met de video ook met boeken. Ik zei nog eens vaarwel en gaf hem wat schutterig een hand. Wat daarna gebeurde kwam geheel onverwacht. Lena ging naar hem toe, boog haar hoofd, met hoofddoek, en kuste zijn handen. Ik stond een paar passen verderop, verbaasd en ook een beetje jaloers op wat het ook mocht zijn dat haar ertoe had gebracht zich zo nederig te gedragen.

'Ik kuste zijn hand omdat ik mezelf te trots vind,' zei ze eenvoudig, alsof het de gewoonste zaak van de wereld was.

Die avond gingen we in Lena's flat in Moskou naar de video over de *Nieuwe martelaars van Optina Poestin* zitten kijken. Hij bevatte beelden van de moordenaar, die met onherkenbaar gemaakt gezicht werd ondervraagd door een rechercheur, die hem vroeg of hij er berouw over had dat hij die misdaad had gepleegd.

'Nee, ik voel helemaal geen berouw... ik wilde God te pakken nemen met die monniken. Het waren geen vijanden van me. Het spijt me voor hen. Ik weet dat ze nu in de hemel zijn, dat ze even duidelijk bestaan als ik u hier zie,' zei de vrome moordenaar.

Verchotoerje
Siberië

Alweer de Beatles. Uit de intercom in de trein schalt een liedje over heldere sterren die aan een donkere hemel flonkeren en over onsterfelijke liefde.

In de omgekeerde richting rennen berken langs, hun stammen als zilverwitte benen van sneeuw. Bomen, sneeuw, bomen en sneeuw. De trein schommelt vervaarlijk in een lange bocht, jankend als een wolf. We zitten al urenlang te smullen. Een benevelde Vanya, met een glas wodka in de ene en een met kaviaar gevulde pannenkoek in de andere hand, probeert me te vertellen dat een trein een 'droommachine' is en een kater 'een vorm van religieuze extase'.

Terwijl de trein het Jaroslavskistation in Moskou uit gleed, begon hij al een feestje te bouwen. Uit zijn tas waren een stapel nog warme, in aluminiumfolie verpakte pannenkoeken gekomen, drie potjes rode kaviaar, twee flessen wodka en twee flessen bier, een half zwart brood, gerookte ham, sinaasappels, vier Snickers om ons aan de zomer en Solovjetski te herinneren, en een komkommer.

'Morgen is de eerste dag van de vasten, dus vieren we mijn verjaardag een dag eerder,' had hij aangekondigd. 'Heb je gemerkt dat patriarch Alexi zijn verjaardag om dezelfde reden vervroegd heeft gevierd?... O jee, ik ben vergeten glazen in te pakken – wacht even!'

Op de gang was hij onmiddellijk een reizende verkoopster tegen het lijf gelopen en die had hij gevraagd of ze toevallig glazen te koop had. Uit de diepten van haar weekendtas had ze een grappig setje opgevist dat uit zes vingerhoedgrote glaasjes bestond.

'Precies wat we nodig hebben! U bent vast een door God gezonden engel!' had Vanya uitgeroepen terwijl hij haar een biljet van vijftig roebel gaf.

Weer ging het precies zoals ik Vader Vasilij in het Optina Poestinklooster die zomer had verteld – de juiste persoon, de juiste plaats, de juiste tijd en de juiste handeling, dacht ik verbaasd.

We reisden oostwaarts, dwars door Europees Rusland, door het Oeralgebergte naar Siberië, een gebied dat zo uitgestrekt is dat we meer dan een week in die 'droommachine' zouden moeten rijden om de meest oostelijke grens, Wladiwostok aan de Japanse Zee, te bereiken. Terwijl ik uitrekende dat je makkelijk pakweg vijf Europese Ruslanden in één enkel Siberië kwijt kon, vergat ik bijna dat Europees-Rusland zelf al ruim tien keer groter was dan enig ander land in Europa... mijn hoofd tolde bij de inspanning die het me kostte om de oneindigheid te berekenen.

Gelukkig waren we maar krap vijfendertig uur van onze bestemming verwijderd: Verchotoerje, een kleine stad, net aan de andere kant van de Oeral. Verchotoerje was aan het eind van de zestiende eeuw gesticht door Fjodor, de zoon van Ivan de Verschrikkelijke die een heilige dwaas was geweest, en werd de Poort naar Siberië genoemd. Omdat al het sabelbont, Siberië's 'zachte goud', dit afgelegen oord moest passeren om te worden geteld, getaxeerd en naar het Westen vervoerd, was het al snel uitgegroeid tot een bruisende, bedrijvige stad vol soldaten, vrijgevochten kozakken en geestelijken.

Verchotoerje bleef welvarend tot het eind van de zeventiende eeuw, toen het plotseling aan de rand van de afgrond stond. Peter de Grotes nieuwe postweg van Europees-Rusland door de Oeral naar Siberië – en daarmee natuurlijk ook het 'zachte goud' van het sabelbont – zou zuidelijker lopen, dus de oude Poort naar Siberië niet aandoen, en zo werd Verchotoerjes levensader afgesneden. De stad had wanhopig behoefte gehad aan een nieuwe kip met gouden eieren, die als door een wonder was verschenen in de onwaarschijnlijke gedaante van de relikwieën van Siberië's eerste heilige.

Er is helaas maar weinig bekend over die eerste, economische wonderen verrichtende heilige van Verchotoerje. In het begin van de zeventiende eeuw schijnt er in een dorp op drie dagreizen van Verchotoerje een arme, godvrezende man te hebben gewoond, Simeon genaamd, die in het gelukkige bezit was van een visplaats aan de rivier de Toera en de kost verdiende met het naaien van bontjassen. De eenvoudige Simeon zou ongetwijfeld voor eeuwig rust en vergetelheid hebben gevonden, als zijn kist een paar jaar na zijn verscheiden niet uit de aarde was opgerezen en dus om nader onderzoek had gevraagd. Men had vastgesteld dat de inhoud ervan onmiskenbaar lekker rook en niet was aangetast, wat maar één ding kon betekenen: Simeon was een heilige. Heilig verklaard en met een reeks wonderen op zijn naam, werd hij al spoedig op iconen afgebeeld, altijd met grijs haar, altijd aan een rivier, zijn hengel in de aanslag.

De gewiekste geestelijken van Verchotoerje hadden al snel begrepen dat Sint-Simeons geurige overblijfselen gegarandeerd vrome lieden met gulle gaven zouden aantrekken. Het duurde niet lang of de stoffelijke resten van de eenvoudige visser werden in een plechtige processie overgebracht naar het ongeveer zestig kilometer van zijn geboortedorp liggende Verchotoerje. De processie was van begin tot eind begeleid door een heilige dwaas die Kosma heette en de afstand helemaal op zijn knieën had afgelegd. Telkens als hij moe werd, zo gaat het verhaal, bad Kosma tot Sint-Simeon, die de menigte ervan weerhield één stap te zetten voordat Kosma was uitgerust.

Met de relikwieën van een heilige én een heilig verklaarde dwaas, plus hele generaties *startsy* die zich in sketes en kluizenaarshutten in de omliggende wouden bezighielden met het redden van hun zielen, trok Verchotoerje – net als Solovjetski – tegen het eind van de negentiende eeuw natuurlijk duizenden pelgrims. Stom toevallig was een van hen Siberië's beruchtste zoon, Grigori Raspoetin, die zijn heilloze roeping tot freelance heilige man in Verchotoerje zou ontdekken en het oord tot zijn dood in 1916 regelmatig zou bezoeken.

Ik wist wel iets van Verchotoerjes kleurrijke pre-sovjetverleden, maar bitter weinig van het heden. Ik had gehoord dat het klooster was heropend, maar niet of de relikwieën van Sint-Simeon het sovjettijdperk hadden overleefd. Zou iemand daar ooit van Raspoetin hebben gehoord, vroeg ik me af.

De volgende dag stapten Vanya en ik laat in de middag uit de trein pardoes in de één meter dikke laag sneeuw. Het stationnetje van Verchotoerje was nog maar pas in pistachegroen, geel en wit overgeschilderd, maar eromheen was niets. Geen huizen, geen mensen of auto's, alleen maar naaldbomen, sneeuw, een laaghangende witte lucht en stilte. Een paar seconden later denderde een afgedankte legerjeep de weg naar het station af en stopte knarsend voor ons. Er sprong een vriendelijk ogende jongeman in een zwartleren jack uit.

'Willen jullie een lift naar de stad? Die ligt zeven kilometer ver weg,' zei hij met een innemende glimlach.

We kwamen tot de conclusie dat ook hij weer zo'n 'door God gezonden engel' moest zijn. Ik klom op de passagiersstoel en keek naar het met icoonstickers overdekte dashboard, toen hij zich voorstelde als Sergei, perssecretaris van abt Tikhon van Verchotoerjes Nikolajevskiklooster. Hij overhandigde me een glimmend karmozijnrood visitekaartje met nepgouden cyrillische letters en een nepgouden reliëf van het klooster. De jeep, legde hij uit, was eigendom van het klooster. Hij schreeuwde boven het in- en intreurige gejammer van de soundtrack van een van Quentin Tarantino's films uit, die hij op een draagbare cassetterecorder afspeelde.

'Als u met Abt Tikhon wilt praten, kan ik dat natuurlijk makkelijk regelen,' bood hij aan, 'maar houdt u niet van Tarantino's films?'

'Waarom bent u daar zo gek op?' vroeg ik, alleen maar omdat ik veronderstelde dat zijn antwoord me waarschijnlijk zou verbazen. Dat klopte. In plaats van iets vaags te grommen over het feit dat hij wel wist waar Tarantino vandaan kwam, zei Sergei: 'Ik voel dat de ziel van Tarantino en die van mij in wezen uit dezelfde substantie bestaan.'

Sergeis antwoord sloot naadloos aan bij de Tarantino-achtige levensgeschiedenis die hij ons begon te vertellen. Nadat hij op zijn vijftiende van school was gegaan, had hij een moeilijk jaar als novice in het Nikolajevskiklooster doorgebracht voordat hij was ontsnapt om zijn militaire dienstplicht te vervullen in Ruslands meedogenloze en nog steeds onbesliste oorlog tegen de Tsjetsjenen. Hoewel hij had gezien hoe de stoffelijke resten van zijn twee beste vrienden in aardappelzakken naar huis werden gestuurd, had hij zijn diensttijd in Tsjetsjenië verlengd door als beroepssoldaat bij te tekenen, maar al snel daarna was hij met zijn motor bijna dodelijk verongelukt en had hij maandenlang in coma gelegen. Ergens tijdens die hellevaart was hij ook nog getrouwd en gescheiden. Hij kon niet ouder zijn dan vijfentwintig.

'Had je ooit het gevoel dat het een godsdienstoorlog was, tegen de islamitische Tsjetsjenen?' vroeg ik terwijl we over een besneeuwde weg door een naaldbomenwoud snelden.

'Natuurlijk,' zei hij, alsof ik geen gekke maar een domme vraag had gesteld.

We reden de laatste heuvel op, naar de stad. Links van ons, iets verderop, lag de kleurige poort van het Nikolajevskiklooster. Achter de hoge witte muren torende een reusachtige, grijsbruine kathedraal omhoog, bijna even massief als de Christus-Verlosserkathedraal van Moskous burgemeester Loezjkov, en helemaal in de steigers. Sergei vertelde dat er voor achtduizend mensen staanplaatsen waren en dat hij honderdzevenendertig ramen had. Maar naar het ontwerp te oordelen kon hij nog geen honderd jaar oud zijn, en ik vroeg me af wie indertijd, begin twintigste eeuw, had bedacht dat de voormalige Poort naar Siberië zo'n grandioos en overmaats godshuis verdiende. In 1913 was de driehonderdste verjaardag van de Romanovdynastie er herdacht, maar ik vermoedde dat Raspoetin, met zijn machtige connecties aan het hof in Sint Petersburg en zijn duurzame genegenheid voor deze plek – die de aanzet tot zijn noodlottige loopbaan had gegeven – het meesterbrein achter dit protserige vertoon was geweest.

Iets verderop rechts stond een tweede kathedraal, achttiende-eeuws en bescheidener van formaat. Bekroond met een aantal kleine koepels als gouden paddestoelen, schitterde hij even wit als de sneeuw in het afnemende gouden namiddaglicht. Zelfs naast het hemelse Gračanica in Kosovo, de bescheiden bakstenen kerken in Macedonië met hun sierlijke koepels, de Hovisbroodkerken op Patmos en de Byzantijns-gotische beschilderde schatten in Roemenië, was het een overweldigend en overtuigend argument voor de orthodoxie. Ik kon me heel goed voorstellen dat de slavofielen ervan hadden gedroomd naar een pre-Peter de Grotetijdperk terug te keren, maar helaas had Rusland in de loop der gebeurtenissen afstand moeten doen van dit juweel.

De stad Verchotoerje, die zich langs beide oevers van de bevroren Toera uitstrekte, lag voor ons. Een auto reed langzaam over de bevroren rivier, onder een brug door, langs de kleine, zwarte gestalte van een vrouw die twee emmers water uit een gat in het ijs haalde en die aan een juk hing dat ze op haar schouders in evenwicht hield. In dit klimaat geen stromend water hebben maar wel twee prachtig gerestaureerde kathedralen! Ik dacht terug aan Roemenië, met zijn honderden gloednieuwe kloosters maar afgrijselijke weeshuizen en bouwvallige woonblokken. De aloude orthodoxe prioriteiten hadden de storm van het louter materialistische communisme wonderwel doorstaan. De volgende wereld is wat telt, niet deze. Een kerk gaat nog steeds voor drinkwater, en de geest voor het vlees. Naast die eerste, in de steigers staande kathedraal van de Kruisverheffing, verzonk het kluitje donkere houten huizen, allemaal met een royale laag sneeuw op het dak, een rookwolkje uit de schoorsteen en oranjegloeiend licht achter de ramen, in het niets. Ik bedacht dat Marc Chagall zich, als hij die moderne kathedraal had kunnen negeren, misschien geïnspireerd had gevoeld om de stad te schilderen, met een engel die vlak erboven in de lucht zweefde. 'Dit is Siberië,' riep een verrukte Vanya. We haalden een met hooi beladen arrenslee in en zagen vrouwen met elegante hoeden van sabelbont in lange bontjassen door de sneeuw naar huis ploeteren. Er scharrelden een paar dronken mannen met kniehoge viltlaarzen in de gesmolten sneeuw voor een louche bar, hun bontmutsen ver naar achteren op hun hoofd, hun halzen bloot. Overal renden keffende honden met krulstaarten rond.

'Omdat allebei de kathedralen worden gerestaureerd, gebruiken we nu een andere grote kerk, in het klooster,' vertelde Sergei.

Nog een grote kerk! Ik vroeg hem wat er in de sovjettijd met het klooster en al die kerken was gebeurd.

'Het klooster en de grote kathedraal waren tot 1990 één grote jeugdgevangenis voor ongeveer zeshonderd jongens. Kijk, daarboven kun je nog steeds de wachttorens en wat prikkeldraad zien,' zei hij. 'Het nonnenklooster aan de andere kant van de stad was een weeshuis. Hun kerk was omgebouwd tot badhuis, met een bierkelder en zelfs toiletten erin! Ziet u dat daar? Dat was een kerk die ze als bakkerij gebruikten – ze hebben gewoon de koepels eraf gesloopt en vervangen door golfplaten – maar binnen kun je nog steeds wat fresco's zien. De witte kathedraal, de Drievuldigheid, was tien jaar geleden gewoon een warenhuis. Abt Tikhon heeft deze stad binnen tien jaar weten te transformeren. Zonder hem zou hier niets te zien zijn!'

Sergei, begreep ik langzamerhand, was net zo verknocht aan abt Tikhon als aan Quentin Tarantino. De abt van het Nikolajevskiklooster was zijn geestelijk Vader, mentor en held.

'Wat is dat voor gedenkteken?' vroeg ik, op een brok rood marmer met letters wijzend, midden op wat – onder de dikke sneeuwdeken – het stadsplein moest zijn.

'Abt Tikhon heeft dat vorig jaar opgericht om de vierhonderdste verjaardag van de stichting van de stad te vieren. Hij had er ook een grote, gouden tweekoppige Byzantijnse adelaar op gezet, maar die heeft iemand gestolen – een godgeklaagde vandaal! Zo, we zijn er,' verklaarde hij, en stopte voor een groot, gloednieuw rood bakstenen gebouw. 'Dit hotel, Sabelbont, is een belangrijk onderdeel van de strategie van abt Tikhon en de regionale gouverneur om Verchotoerjes reputatie als 'religieus toeristenoord' te herstellen. Jullie zijn zo'n beetje de eerste gasten.'

Onder nog meer treurig gejammer van Tarantino's soundtrack hobbelden we de volgende ochtend in de oogverblindende zonneschijn de stad uit. Het speet Sergei vreselijk dat abt Tikhon ons niet kon ontvangen omdat hij iets aan zijn lever had, maar hij deed zijn uiterste best onze teleurstelling te verzachten door ons naar het geboortedorp van Sint-Simeon van Verchotoerje te brengen.

'Daar gaan we abt Avraam opzoeken. Hij heeft in Jekaterinaburg een nonnenklooster, maar hier hebben ze een *podvor*,' lichtte hij toe.

Abt Avraam klonk als een miezerig surrogaat voor de heldhaftige abt Tikhon, dacht ik mistroostig, terwijl we dezelfde weg af reden die de heilige dwaas Kosma eind zeventiende eeuw op zijn knieën had afgelegd, maar nu in omgekeerde richting. Ik wilde weleens zien hoe een moderne Russische podvor, het equivalent van een Griekse of Servische *metochia*, eruitzag. Toen we de bevroren Toera over waren, kwamen we bij een schitterend witte kerk met een zwarte koepel en een gouden torenspits, die scherp afstak naast een dorp dat zo arm was dat het verlaten leek.

'De mensen hier zijn ontzettend verknocht aan hun kerk,' zei Sergei.

Toen hij de jeep eenmaal voor de podvor had geparkeerd, een groot, nieuw, roodstenen gebouw, omgeven door een metalen afrastering met scherpe, afwerende punten, begreep ik heel goed waarom dat zo was. Elke nieuwe Rus uit Moskou zou dolblij zijn met dit mini-Kremlin, dacht ik terwijl ik naar binnen liep. Het was uitbundig versierd, in de stijl die de Russen *Euro-remont* noemen, een term die betekent: gebouwd naar West-Europese maatstaven met geïmporteerde inrichting.

'Dat moet een fortuin hebben gekost! Waar is dat geld vandaan gekomen?' hoorde ik Vanya – als Russen onder elkaar – tegen Sergei fluisteren terwijl we wachtten tot we bij abt Avraam werden toegelaten.

'Een van Avraams geestelijke kinderen is directeur van Oeralmash in Jekaterinaburg. Die heeft alles betaald,' zei Sergei, en voegde er toen loyaal aan toe, alsof hij elke mogelijke verkeerde indruk wilde wegnemen, 'maar de nonnen hier zijn zo heilig dat het wel engelen lijken – ze zeggen voortdurend het Jezusgebed op.'

Oeralmash is de grootste zware machinefabriek van Jekaterinaburg en Jekaterinaburg is voor Rusland wat Manchester in de vorige eeuw voor Engeland was. De directeur van Oeralmash was ongetwijfeld schatrijk, zelfs in deze barre tijden. Maar wat me verbaasde was het schokkende bewijs dat het aloude Byzantijnse web van invloed tussen een geestelijk vader en diens kinderen hier, eind twintigste eeuw in post-Sovjet-Rusland, opnieuw werd gesponnen. Vader Ioan in het klooster van de Geboorte van de Moeder Gods in Transsylvanië en diens korte vakantie naar Patmos en Athos, het eerbetoon van een geestelijk kind, hadden ook al op het herleven van die traditie gewezen, maar die bescheiden luxe verbleekte naast dit kloosterpaleis vol kroonluchters en fluwelen gordijnen. Vanya en ik keken onze ogen uit naar de marmeren vloeren en de houtsnijwerk deuren met hun koperen knoppen.

Abt Avraam, die begin veertig zal zijn geweest, leek in geen enkel opzicht op een van de andere orthodoxe geestelijken die ik had ontmoet. Ten eerste droeg hij een zachtbruin gewaad, dat bijna perfect bij zijn lange, rossige haar en de getinte glazen van zijn goudkleurige, speels gegraveerde bril paste. Ten tweede droeg hij zijn haar los, in golven tot op zijn schouders, en had hij makkelijk voor het twijfelachtige soort Indische goeroe kunnen doorgaan dat door sommige westerlingen in de jaren zestig en zeventig werd vereerd. De kamer waar hij uitgezakt in een leunstoel hing – zo te zien herstellend van een lichte ongesteldheid – was luxueuzer ingericht dan alle andere. Hij stond op om ons te verwelkomen, een grote, vriendelijke man, en prettig om mee te praten. Al snel vertelde ik hem welke indruk ik van de Russisch-orthodoxe Kerk had gekregen en bracht ik dus ook het anti-semitisme ter tafel.

'Ik ben zelf een jood, weet u,' luidde abt Avraams verbijsterende commentaar, 'een gedoopte jood uit Odessa. Het is niet iets wat ik overal rondbazuin maar ik verzwijg het evenmin.'

Ik stelde me voor dat hij zich uitermate ongemakkelijk moest voelen in de moderne Russisch-orthodoxe Kerk, maar als dat al zo was, liet hij het niet blijken. De enige klacht die hij zich permitteerde was dat mensen zoals hij, joodse intellectuelen, die in de jaren zeventig tot het orthodoxe christendom waren overgegaan, vreselijk werden gewantrouwd door hun etnisch-Russische lotgenoten, die zich pas veel later, tijdens Gorbatsjovs perestrojka of daarna, hadden bekeerd. Hij lachte zelfs toen ik blijk gaf van plaatsvervangende verontwaardiging. 'Natuurlijk, u zult nooit één enkele Rus vinden die de joden niet verwijt de tsaar en zijn gezin te hebben gedood. Dat staat voor iedereen buiten kijf! Ha! Ha!'

'Ik hoop dat uw optimisme terecht is,' zei ik, verbijsterd door zijn houding. 'Voor mij is het een van de meest beangstigende aspecten van de anti-westerse stemming die ik in alle orthodoxe landen waar ik ben geweest heb aangetroffen.'

Hij luisterde belangstellend naar wat ik elders had ontdekt, dus vertelde ik hem over de Grieken die zich zorgen maakten over 666, en over computers en streepjescodes die de wereld onder controle hebben, over de hekel die de Roemenen aan de geünieerden en de Hongaren in Transsylvanië hadden, over het feit dat geen enkele orthodoxe Kerk de Macedonische Kerk wilde erkennen, en hoe de Serviërs tegen Amerika en het Westen in het algemeen aankeken, en natuurlijk ook tegen de moslims...

'Tja, ik kan me best voorstellen hoe Servië zich voelt als soeverein land dat door een invasie van NAVO-troepen wordt bedreigd,' onderbrak abt Avraam.

Ik deed mijn best om de, indertijd gangbare, westerse kijk op de kwestie-Kosovo weer te geven en hem te wijzen op de omvang van de slachtingen en op het gevaar dat de chaos zou toeslaan in een staat die zo weinig levensvatbaar was als de Voormalige Joegoslavische Republiek Macedonië, en dat die zou uitlopen op een oorlog tussen alle Balkanlanden.

Hij luisterde beleefd voordat hij zijn commentaar gaf. 'Er bestaat een gezegde: "Niemand helpt de Serviërs, behalve God in de hemel en Rusland op aarde." Ha! Ha! Ja ja. Zoals de oude profetie zegt, zal alles spoedig uiteenvallen, en dan zal de antichrist verschijnen om het Romeinse keizerrijk te doen herrijzen.'

Toen we opstonden om weg te gaan, liep Sergei naar hem toe, boog diep, tot het hoogpolige tapijt, en kuste zijn hand. Het gebaar riep herinneringen op aan de vroegere oosterse weelde, aan de hoven van de Mongoolse khans, aan Constantinopel en Roemeense Fanarioten, aan Byzantijnse keizers.

De terugweg naar Verchotoerje werd muzikaal begeleid door Tarantino en de ondergaande zon gaf de ongerepte sneeuw een gouden glans. Toen we weer in het louche café tegenover hotel Sabelbont zaten, ontmoetten we een jonge man met uitzonderlijk lichte blauwe ogen. Hij droeg de gebruikelijke bovenmaatse bontmuts en vilten laarzen en liep stomdronken te waggelen, te knipogen en te boeren.

'*What is your randy*?' probeerde hij in het Engels, en sperde zijn ogen heel wijd open. '*My randy is 'Risha*! (Boer!)'

'Jouw naam is Richard?'

'Nee, 'Risha! Net als 'Risha Raspoetin!'

'O, Grisha!' lachte ik, me opeens herinnerend dat dat de verkorte vorm van Raspoetins voornaam, Grigori, was.

Volgens Vanya was deze Grisha al twee dagen stomdronken. Terwijl ik me op mijn door de baas zelf gemaakte *pelmeni* met zure room concentreerde, en hij op zijn vastendieet van gebakken aardappelen, trakteerde Grisha de Tweede ons op een extatische, slepende dans om de lege tafels, zijn armen in de lucht, langzaam zijn heupen wiegend. Grisha de Eerste zou in deze gelegenheid nauwelijks zijn opgevallen, besloot ik.

Raspoetin was begonnen als paardenfluisteraar, drinkebroer en kruimeldief. Hij was ook wagenmenner geweest en had regelmatig het traject tussen zijn geboortedorp Pokrovskoje en Siberië's hoofdstad Tobolsk afgelegd, zo'n driehonderdvijftig kilometer ten zuidoosten van Verchotoerje. Toen hij zich op zijn zestiende voor het eerst zo ver naar het westen had gewaagd, had hij het erg naar zijn zin gehad en hij was er een paar jaar later teruggekomen, gelukkig getrouwd maar met een zieke ziel. Zijn eerste kind was gestorven toen het zes maanden oud was, en hij was verontrust door een visioen van Maria, die hem in een pas geploegd veld was verschenen. Net als Sergei was hij als novice in het Nikolajevskiklooster in Verchotoerje ingetreden, voor een jaar of wat. Daar had iemand hem zo'n beetje leren lezen en schrijven. Een zekere starets Makarius, die er eerst een vorstelijke erfenis doorheen had gejaagd en vervolgens had geprobeerd zijn ziel te redden in Aktai, een skete aan de rivier, was zijn geestelijk vader geworden.

Op onze tweede dag in de stad reed Sergei ons de paar kilometers naar Aktai. Na 1917 was het een sovjetweeshuis geweest, en toen een rusthuis voor vakbondsleden, en tegenwoordig was het een vakantieoord. Behalve een laag sneeuw van een meter dik, had het een leuke tuinverlichting en een openlucht-danspaviljoen. Zonder koepels was het oorspronkelijke houten kerkje onherkenbaar, maar de lucht rook heerlijk, naar sneeuw en houtvuur. Je kon je makkelijk voorstellen hoe zielendokter Makarius, behangen met ijzeren ketenen als boetedoening, Raspoetins geestelijke temperatuur had opgenomen en tegen hem had gezegd: 'God heeft jou uitverkoren voor een belangrijke taak. Om je geestelijke kracht te vergroten moet je naar Athos gaan en tot de Heilige Maagd bidden.'[41]

Raspoetin was bereid geweest zijn geestelijk vader te gehoorzamen, hoewel dat betekende dat hij zijn huis en zijn gezin moest verlaten om als een zwervende *strannik* te gaan leven en het zonder liefdadigheid en kloosterlijke gastvrijheid stellen. Gelukkig was zijn voorgenomen vertrek niet op tegenstand van zijn vrouw gestuit, die de geestelijke moed van haar echtgenoot altijd had bewonderd. Alleen zijn vader, een boer, had gemopperd dat hij uit pure luiheid pelgrim was geworden. Raspoetin begon aan de duizenden kilometers lange voettocht dwars door Siberië, over de Oeral, toen verder door Oekraïne, Moldavië, Roemenië en Bulgarije helemaal naar de indertijd nog Ottomaans-Turkse provincie Macedonië en de zuidelijkste punt daarvan aan de Egeïsche Zee – de berg Athos.

Maar de door Makarius voorgeschreven kuur was mislukt. Geschokt, en walgend van de enorme homoseksuele bedrijvigheid van de monniken op de Heilige Berg, had Raspoetin de Tuin van de Moeder Gods tot een plaats verklaard waar 'morele vuiligheid en ongedierte'[42] welig tierden. In plaats van daar monnik te worden, had hij gemaakt dat hij wegkwam en zich naar huis gehaast, waar Makarius hem er fijntjes op had gewezen dat kloosters noodgedwongen broeinesten van ontucht waren. 'Denk aan je opdracht,' had zijn raad geluid, 'nu je geen verlossing in het klooster hebt gevonden, moet je je ziel in de buitenwereld proberen te redden.'[43]

Historici hebben zich dikwijls afgevraagd hoe het Rusland in de twintigste eeuw zou zijn vergaan als de jonge troonopvolger geen hemofiliepatiënt was geweest. Maar het is misschien ook de moeite waard ons af te vragen hoe het Rusland zou zijn vergaan als de monniken op de Heilige Berg hun zondige vlees hadden weten te verzaken. Dan was Raspoetin daar waarschijnlijk zonder ophef ingetreden in het Russische klooster van Sint-Panteleimon en nooit meer naar Sint Petersburg teruggereisd om de salons van de high society onveilig te maken, het vertrouwen van Nicolaas en Alexandra te winnen door het bloeden van de tsarevitsj te stelpen en het einde van het rijk te bespoedigen. Maar helaas, hij keerde wel terug naar Rusland, waar zijn nauwe banden met de vermaarde starets Makarius en zijn visioen van de Moeder Gods hem veel aanzien verschaften bij hooggeplaatste leden van de kerkelijke hiërarchie. Daartoe behoorde ook de geestelijk vader van Nicolaas II, Theofan, die Raspoetin voor het eerst bij Makarius in Verchotoerje had ontmoet, maar die hij later zelf had opgezocht en als ladder gebruikt om de hoge ramen van Sint Petersburgs aristocratische kringen te bereiken.

De reusachtige Siberische boer met zijn lange, vettige haar, woeste baard, doordringend blauwe ogen en zware laarzen, stapte precies op het juiste moment uit de Siberische kou de oververhitte luxe van Sint Petersburgs paleizen binnen. Raspoetins opmerkelijke mix van seksuele en spirituele energie schijnt op een klasse die verveeld, oververzadigd en decadent was, en diep in haar hart doodsbang vanwege de angstaanjagende impasse waarin Rusland was beland, te hebben gewerkt als een slok ijskoude wodka. Terwijl Rusland zich in hoog tempo tot een moderne industriële grootmacht ontwikkelde, werd het nog steeds geregeerd als een politiestaat, door een middeleeuwse autocraat die geloofde dat hij door God was aangesteld. Dat de hogere kringen de onbeschaafde Russische boeren opeens op een voetstuk plaatsten, was een bizar noodverband dat de fatale kloof die de westers opgeleide Russen van de boerenbevolking scheidde moest dichten. Wijze mannen als de startsy van Optina Poestin deden het echte werk.

Maar zo belandde Raspoetin in de boezem van de keizerlijke familie in Tsarskje Selo, zelfs nog voordat hij had aangetoond als enige de bloedingen van de tsarevitsj te kunnen stoppen. Toen hij de tsaar en diens vrouw in 1905 voor het eerst had ontmoet, in Sint Petersburg, ten paleize van twee Montenegrijnse prinsessen, was hij gewoon een van die vrome boeren geweest die destijds in zwang waren en waar Nicolaas en Alexandra altijd zo graag sentimenteel over deden. Er was niets opmerkelijks aan hem geweest toen hij in het Tsarskoje Selopaleis was verschenen om een dertig centimeter hoge houten icoon van Sint-Simeon van Verchotoerje aan de tsaar te overhandigen. Het was evenmin bevreemdend dat hij al snel vrij toegang had gekregen tot de slaapkamers van de opgroeiende groothertoginnen en de kinderkamer van de tsarevitsj. Maar buiten het paleis was hij in opspraak gekomen en er waren tijden dat de kwade reuk die hem omgaf door de paleismuren heen drong en dat de tsaar probeerde afstand van hem te nemen.

Tijdens een van die periodes ruimde Raspoetin voor een tijdje het veld door op bedevaart naar het Heilig Land te gaan en Patmos aan te doen om de grot van Johannes de Theoloog te zien. Tijdens het paasfeest in Jeruzalem kon hij niet anders dan de superioriteit van het orthodoxe paasfeest ten opzichte van het rooms-katholieke vaststellen en schreef hij, om later te publiceren:

> Bij ons verheugen wij, Ware Gelovigen, ons niet alleen, maar lichten onze gezichten op van vreugde. Bij hen zien we echter geen vreugde, niet eens in de kerk zelf. Het lijkt wel of er iemand is gestorven... Hoe kan iemand dit met het orthodoxe paasfeest vergelijken? Het is iets heel anders! O, wat hebben wij, Ware Gelovigen, een geluk! Geen enkel geloof is vergelijkbaar met het orthodoxe!... Ik wil niet kritisch doen, maar ik geef gewoon mijn mening en vergelijk het rooms-katholieke paasfeest met het onze... Ik pretendeer niet dat ik de wijsheid in pacht heb.[44]

Toen hij om de door de Ottomanen bezette Griekse eilanden was gevaren, had hij opnieuw blijk gegeven van dat typisch Russische dedain voor de vruchten van het intellect. In zijn ogen 'waren de Grieken trots op hun filosofie. En de Heer was toornig geworden en had al de werken van de apostelen aan de Turken uitgeleverd.'[45] Dat, zo redeneerde hij, was overduidelijk de reden waarom Klein-Azië, Constantinopel en het grootste deel van de Balkan aan het eind van de vijftiende eeuw in handen van de Ottomanen waren gekomen. En de meeste tijdgenoten van Ivan de Verschrikkelijke zouden het met hem eens zijn geweest.

De Eerste Wereldoorlog brak uit. Toen de tsaar naar het front was gesneld om zijn ongewenste bijdrage aan de oorlogsinspanningen te leveren, was de weg vrij geweest voor Raspoetin. De tsarina had zich bij het aanstellen en ontslaan van een hele reeks steeds minder bekwame ministers door hem laten leiden, hoewel hij nooit erg goed was geweest in het beoordelen van mensen. Zijn dochter Maria, met wie hij zijn appartement in Sint Petersburg deelde en die later naar de Verenigde Staten is gevlucht, heeft deze periode in haar vaders leven tamelijk laconiek beschreven en zegt: 'Raspoetins helderziendheid scheen hem in de steek te laten als hij mensen moest beoordelen terwijl zijn eigen belangen op het spel stonden.'[46] In 1916 liet Rusland het op alle fronten afweten en zette Raspoetin, die volgens een geheel eigen en zeer merkwaardige agenda te werk ging, de Franse ambassadeur in Sint Petersburg onder druk. Zouden de bondgenoten zich aan hun belofte houden dat Rusland, in ruil voor haar bijdrage aan het verslaan van de Duitsers, Constantinopel zou krijgen, vroeg hij weinig tactvol aan Monsieur Maurice Palèologue, zelf een afstammeling van de laatste grote Byzantijnse dynastie. Monsieur Palèologue verzekerde hem dat die belofte zou worden nagekomen. 'Dan zal het Russische volk er niet om rouwen dat het zoveel heeft geleden, en ermee instemmen nog veel meer te lijden,' had Raspoetin geantwoord.[47]

Raspoetin had een hele hofhouding van hielenlikkers om zich heen verzameld – een ontwikkeling die vooral zijn vrouw zorgen had gebaard. De Siberische heilige man die ooit zó'n hekel aan wodka had gehad dat hij de tsaar aan het begin van de oorlog had aangeraden het, zolang de vijandelijkheden duurden, te verbieden, had een voorliefde voor goede madera ontwikkeld. De asceet, die altijd vlees en zoetigheid had geweigerd, fleurde zijn menu intussen met beide op. In plaats van een sobere kaftan droeg hij toen het liefst wijde fluwelen kniebroeken, felgele of blauwe door vrouwelijke bewonderaarsters geborduurde zijden blouses, zachte leren laarzen en een met juwelen bezet kruis dat hem door de tsarina was geschonken. Hij vond het heerlijk om door de nieuwerwetse telefoon te praten, in een auto te rijden, met de nieuwe transsiberische spoorweg te reizen en met zigeuners te dansen. Hij leefde als een verwende popster, maar God vergat hij nooit.

In een curieuze plaatselijke krant, uitgegeven door de kennelijk almachtige abt Tikhon, ontdekte Vanya een verbazingwekkend levendig verslag van een van de tweejaarlijkse bezoeken die Raspoetin Verchotoerje placht te brengen. De auteur van het artikel, een zekere Sjisjkina-Berezovskaja, was in de zomer van 1916 een meisje van tien geweest toen ze met haar moeder en grootvader naar Verchotoerje was gereisd, en had de stad in rep en roer aangetroffen, omdat Raspoetin in aantocht was. De populaire Sint Petersburgse pers stond indertijd vol spotprenten die suggereerden dat Raspoetin, terwijl hij Ruslands ondergang beraamde, de seksuele gunsten van de Duitse tsarina genoot. De bloedstollende moord op hem en het dumpen van zijn lichaam in de Neva, in Sint Petersburg, was nog maar een kwestie van een paar maanden. Maar in Verchotoerje was hij die zomer nog als een vorst verwelkomd. Raspoetin en zijn gevolg hadden de plechtigheid in die gigantische en indertijd gloednieuwe kathedraal van de Kruisverheffing bijgewoond.

> ... de menigte in de kathedraal is enorm. Raspoetin en zijn gevolg staan midden in de kerk. Iedereen is prachtig gekleed, iedereen is belangrijk... de mensen zijn uit het gebied om Jekaterinburg gekomen, sommigen van nog verder weg. Alles schittert. Alle kroonluchters zijn aangestoken en ook de iconen en de schrijn van Sint-Simeon, de Wonderdoener van Verchotoerje, zijn verlicht. Alle iconen zijn met bloemen versierd... Raspoetin staat op de belangrijkste plaats, aan het hoofd van zijn gevolg, op het tapijt. Hij draagt een lichtgeel Russisch hemd, een sjerp met franje, een wijde fluwelen kniebroek en glanzende kniehoge laarzen. Zijn haar zit net als dat van Jezus Christus op de iconen, in het midden gescheiden en kastanjebruin, tot op zijn schouders. Hij bidt vurig, met heel zijn gevolg... generaals met talloze medailles, voorname dames... zijn gelukzalige gezicht ziet er kalm, geconcentreerd en vriendelijk uit. Aan het eind van de plechtigheid wordt het kruis van het altaar gehaald en midden in de kerk gezet, zodat iedereen het kan kussen. De eerste die het kruis komt kussen is Raspoetin, en dan komt zijn gevolg, maar daarna wordt het een heel gedrang. Alle pelgrims, alle biddende mensen snellen toe om het kruis te kussen, maar ook om dicht bij Raspoetin te komen en de starets beter te kunnen zien en aanraken... Dan duwt die menigte me pardoes tegen de starets aan, vlak onder zijn rechterarm, en als hij een groot kruisteken maakt strijkt hij met zijn elleboog langs mijn hoofd... De priesters, parochianen en pelgrims waren niet geconcentreerd genoeg om vurig te bidden...[48]

Vaak moet Raspoetin, net als in dit verslag, een lichtend voorbeeld van oprechtheid en goedheid hebben geleken. Zelfs in die laatste jaren van ongebreidelde luxe en rampzalige politieke spelletjes, gaf hij bij tijd en wijle nog steeds blijk van een bijzonder scherp inzicht. Hij was in hart en nieren anti-semiet, al had hij geen enkele ervaring met joden, omdat die er in Siberië zo weinig waren, maar hij had er wel een paar ontmoet toen hij in Sint Petersburg de bloemetjes buitenzette, en geprobeerd Nicolaas II over te halen hun dezelfde rechten als de Russen te geven. Zo had hij het ook gewaagd om zich, gesteund door de kennis die hij tijdens zijn tocht over de Balkan op weg naar Athos had opgedaan, tegen de toenmalige publieke opinie te verzetten en een krant in Sint Petersburg verteld dat de orthodoxe christenen die hun oorlogen op de Balkan uitvochten Ruslands steun tegen de Ottomanen eigenlijk niet verdienden. Hij had zelfs opgemerkt dat 'de Turken redelijker en vreedzamer met religieuze aangelegenheden omgaan'.[49] Hij had voorzien dat deelname aan de Eerste Wereldoorlog Ruslands uiteindelijke ondergang zou betekenen, en uit alle macht geprobeerd het onvermijdelijke tegen te houden, door bloedstollende profetieën in zijn brieven aan Nicolaas op te nemen.

Mijn nieuwsgierigheid naar Raspoetins betrokkenheid bij die reusachtige, grijsbruine kathedraal was nog niet helemaal bevredigd, dus toen we vernamen dat Sergeis goeroe, de fameuze abt Tikhon, van zijn ziekbed was opgestaan, gingen Vanya en ik naar het kloostermuseum voor een bezoekje aan de conservator, Raïsa Nikolajevna. We stelden haar vragen over Raspoetin, in de hoop dat ze ons naar de abt zou doorverwijzen.

'Ach, Raspoetin kan niet alleen slecht of alleen goed zijn geweest, dat is wel duidelijk,' bracht ze bedachtzaam naar voren.

'Raïsa Nikolajevna, ik heb gehoord dat abt Tikhon een belangrijk historicus is,' zei ik.

'O ja, hij is dol op geschiedenis en weet alles wat er over Raspoetin te weten valt! U zou eigenlijk met hém moeten praten,' zei ze, op eerbiedige toon.

De gepensioneerde onderwijzeres babbelde door over hoe gelukkig en gezond het werk in het klooster haar had gemaakt, en dat ze zich nooit fitter had gevoeld dan nadat ze in de herfst door abt Tikhon was gedoopt, totdat Vanya haar voorzichtig naar het onderwerp terugbracht: een ontmoeting met abt Tikhon. 'Raïsa Nikolajevna, we hebben abt Tikhons perssecretaris, Sergei, gevraagd om een ontmoeting met hem te regelen, maar zonder enig resultaat. Denkt u dat u ons zou kunnen helpen?' smeekte hij met een innemende glimlach.

Alleen al het noemen van Sergei had haar een afkeurende grijns ontlokt. Onze vriend bleek uiteindelijk niet zozeer de perssecretaris alswel de klusjesman van het klooster. Het zag er inderdaad naar uit dat hij van hetzelfde slag was als het stel onbehouwen Kozakken dat het klooster bewaakte, met hun decoratieve *nagajka* zwepen en ruige mutsen van schapenvacht, en we hadden hem, tot onze spijt, tot onze 'gevallen engel' bestempeld nadat hij die ochtend te laat en met een flinke kater in ons hotel was verschenen, met een gezwollen, opengehaalde rechterhand. 'Gebroken,' had hij gemompeld, 'ik raakte in de disco bij het busstation in gevecht – die andere kerel was in ieder geval de helft van zijn tanden kwijt toen hij wegging. Maar ik wil niet dat abt Tikhon ervan hoort. Christenen horen niet te vechten.'

Intussen keek Raïsa Nikolajevna van mij naar Vanya en van Vanya naar mij, alsof ze inschatte of we abt Tikhon in volle glorie wel waard waren. 'Hij heeft het erg druk – hij is pas vierendertig, maar zijn baard is al grijs. Hier, ik zal u deze foto van hem als souvenir geven. Kijk maar, u kunt het grijs zien. Arme man! Goed, ik zal kijken wat ik doen kan,' beloofde ze, en verliet de kamer.

De foto liet zien dat abt Tikhon even omvangrijk was als president Jeltsin, die toevallig ook uit dit gedeelte van Rusland afkomstig is. De verontrustend directe blik in zijn donkerblauwe ogen deed me denken aan de beschrijving die de Franse ambassadeur van Raspoetins ogen had gegeven, die glansden met een 'vreemde schittering, diep en fascinerend'. Zijn ogen blonken in een groot gezicht, waarvan tweederde werd verborgen door een baard die tot aan zijn middel reikte. Zijn lange haar hing, net als dat van abt Avraam, los op zijn schouders, en hij droeg een leren riem hoog over zijn borst, net als het uit Jeruzalem afkomstige exemplaar van abt Kiprian van het Bistrițaklooster. Terwijl ik naar dat ontzag inboezemende gezicht staarde, besefte ik dat ik half en half hoopte dat hij uiteindelijk zou weigeren ons te ontvangen. Aangezien ik had ontdekt dat hij, voordat hij priester werd, een getrouwde bouwvakker was geweest die zijn gezin in de steek had gelaten om monnik te worden en ten slotte was opgeklommen tot abt, hier in Verchotoerje, stelde ik me voor dat hij uit hetzelfde hout gesneden was als die Bosnische Vasilije, bisschop van Tuzla en Zvornik. Ik voelde er niets voor me te laten afsnauwen of die donkerblauwe ogen in mijn ziel te laten boren.

Te laat. Raïsa Nikolajevna was al terug, in alle staten. 'Gauw! Hier, doe dit over uw hoofd!' zei ze, me een groene nylon sjaal toewerpend. 'Hij zei dat hij u nu kan ontvangen! NU METEEN! Kom mee! Vlug!'

Abt Tikhon, met zijn lange, ongekamde haar, bruiste van een energie die eerder zakelijk dan spiritueel of seksueel aandeed. Hij wuifde mijn beleefdheidsfrasen over de voortvarende restauratie van de spirituele hoofdstad van Siberië weg en herinnerde me eraan dat hij het vreselijk druk had.

'Vader, ik zou iets meer willen weten van de geschiedenis,' zei ik.

Dat was natuurlijk meteen raak, want abt Tikhon is dol op geschiedenis. Zijn blauwe ogen lichtten op, er verscheen een brede glimlach onder zijn baard en hij leunde voorover in zijn fauteuil. Als amateurhistoricus, vertelde hij, was zijn hart 'volgestroomd met bloed' toen hij Verchotoerje in 1990 voor het eerst had gezien. 'Ik kon me precies voorstellen hoe het was geweest en hoe het weer kon worden!' zei hij.

We discussieerden over de vraag of er na de moord op Philip van Solovjetski in de zestiende eeuw in Rusland nog sprake was geweest van symphonia tussen Kerk en staat. Hij beweerde dat dat vurig begeerde, wankele evenwicht inderdaad ooit was bereikt. Wist ik iets van het zeventiende-eeuwse patriarchaat van Nikon? Natuurlijk wist ik daarvan. Hoe zou ik de fanatieke hiërarch kunnen vergeten die de oorzaak was van het schisma en van het feit dat de Oudgelovigen zichzelf met tienduizenden tegelijk in brand hadden gestoken?

'Nikon? Symphonia? Nee!' protesteerde ik. 'Die plaatste zichzelf simpelweg boven de tsaar. Dat was geen symphonia – dat was megalomanie. Zijn schisma was een regelrechte ramp voor de Russische Kerk!'

'Nee, nee, u hebt het mís!' zei vader Tikhon, een dikke vinger voor mijn neus zwaaiend, 'Nikon was een groot patriarch. Er zouden in elk geval vroeg of laat veranderingen zijn doorgevoerd, want de Kerk was in die tijd helemaal verziekt door bijgeloof. Zo moest een vrouw bijvoorbeeld nadat ze een kind had gekregen naar de kerk komen en de nageboorte op het altaar leggen, waar die veertig dagen bleef liggen rotten en stinken.'

'Nee toch!'

'Ze geloofden dat dat hun baby's geluk zou brengen.'

'Goed, er was veel bijgeloof,' gaf ik toe, maar ik hield koppig vol dat Nikon net zo iemand was geweest als Raspoetin, ze hadden Rusland immers allebei bestuurd en te gronde gericht.

'Aha! Raspoetin! Dat is iemand over wie ik de laatste twaalf jaar heb nagedacht en me vaak het hoofd heb gebroken, vooral toen alle archieven in de jaren negentig werden geopend.'

'Wat denkt u, was hij een starets of een heilige dwaas?'

'Geen van beide. Maar ik heb wel de indruk dat hij ten onrechte als een exponent van het kwaad is gezien. Eigenlijk droom ik ervan een hele kamer in het kloostermuseum aan Raspoetin als gelovige te wijden, aan Raspoetin als spirituele persoonlijkheid.' Ik zei dat ik graag zou terugkomen om ernaar te kijken en vroeg vervolgens of er connecties bestonden tussen Raspoetin en de ten dele gerestaureerde bruingrijze kathedraal.

'Zeker, volgens mij kunnen we een bijzonder nauwe band aanwijzen,' antwoordde hij voldaan. 'Ik weet niet zeker of het geld voor de bouw op verzoek van Raspoetin rechtstreeks van de tsaar kwam, maar wel dat de keizerlijke familie dankzij Raspoetin onze Sint-Simeon van Verchotoerje kwam vereren. Wist u dat tsarevitsj Alexei gewend was om tot Sint-Simeon te bidden als hij een bloeding kreeg? Wist u dat er plannen waren om de jongen hierheen te brengen, in de hoop dat Sint-Simeon hem op wonderbaarlijke wijze zou genezen? Wist u dat er na de slachting in het Ipatjevhuis in Jekaterinburg om de hals van elk lid van de keizerlijke familie een medaille van Sint-Simeon werd aangetroffen?'

'Goh!'

'U weet waarschijnlijk wel dat de tsaar een kostbare kist en een reliekschrijn voor de heilige overblijfselen van Sint-Simeon heeft geschonken. Die was van zilver en woog meer dan honderd kilo, maar schijnt helaas in Amerika te zijn beland. Tsarina Alexandra en haar dochters hebben er prachtige kleden voor geborduurd. We hebben ook een afschrift van een telegram dat Raspoetin de tsaar in de zomer van 1916 hiervandaan heeft verzonden, om hem ervan te verzekeren dat Sint-Simeon voor hem bad.'

'De keizerlijke familie is nooit hierheen gekomen?'

'Nee. De zuster van de tsarina, een non, is in 1914 hierheen gekomen. Als de Eerste Wereldoorlog niet was uitgebroken, had de keizerlijke familie de tsarevitsj hierheen gebracht, want Raspoetin had hier zelfs een huis voor hen laten bouwen. Dat is nu het stedelijk museum. Maar ik kan met trots zeggen dat de erfgenaam van de Romanovtroon, Georgi Michajlovitsj, hier afgelopen jaar met zijn moeder is geweest.'

O ja. De mollige tiener Georgy en diens moeder hadden in juli 1998 een bedevaart door Rusland gemaakt. Terwijl zijn grootmoeder net als Lena en ik op de dag van de begrafenis van de tsaar in Sint Petersburg naar Sergijev Posad was gegaan om vóór patriarch Alexi en de Kerk en tégen Jeltsin te kiezen, waren Georgy en zijn moeder naar Verchotoerje gereisd. De tiener en zijn vrouwvolk, allemaal afkomstig uit Madrid, zijn door andere loten aan de Romanovstam gebrandmerkt als opdringerige troonpretendenten. Maar ze komen zeer regelmatig naar Rusland en zijn dus een vanzelfsprekend doelwit van alle mogelijke monarchistische sentimenten.

'Zou u zichzelf als monarchist beschrijven?' vroeg ik, denkend aan wat Sergei ons had verteld over de gouden, tweekoppige Byzantijnse adelaar die abt Tikhon op het stadsplein had geplaatst.

'Jazeker. Ik vind dat er een referendum zou moeten worden gehouden over het terughalen van de monarch. Maar ja, misschien is Rusland het nog niet waard om weer een tsaar te krijgen. Ik denk dat we pas als we een tsaar hebben het Derde Rome kunnen zijn. Dan pas kunnen we ons met recht opwerpen als erfgenamen van het gouden Byzantium.'

Tijdens de regering van de vader van Ivan de Verschrikkelijke, in de zestiende eeuw, had een zekere Vader Philotheos uit Pskov heel slim opgemerkt dat, aangezien het oude Rome in handen van de ketterse paus was gevallen en het nieuwe Rome van Constantinopel in handen van de islamitische Ottomanen, Moskou wel het derde en laatste Rome moest zijn. Die dubieuze uitspraak was vervolgens verwerkt in een gezaghebbende imperialistische ideologie, die ooit van stal was gehaald om zowel Constantinopel voor de orthodoxie terug te veroveren als de Russische vloot toegang tot de Middellandse Zee te verschaffen. Die uitspraak, en het voorwendsel dat de orthodoxe christenen moesten worden verdedigd, hadden het tsaristische Rusland eeuwenlang een weergaloos alibi verschaft om zich met de Balkan te bemoeien. Je zou kunnen zeggen dat Philotheos van Pskov het zijne heeft bijgedragen aan de transformatie van de Balkan in het levensgevaarlijke kruitvat dat het tijdens de voorlaatste eeuwwisseling was – en opnieuw tijdens de laatste. De andere, al wat meer gevestigde grootmachten, probeerden voortdurend de gretigheid waarmee het machtige nieuwe Rusland naar meer invloed in de regio streefde in te tomen. De angst voor het Russische expansionisme heeft het kwijnende Ottomaanse Rijk er in 1878 bijvoorbeeld toe gebracht de zeggenschap over Cyprus aan Groot-Brittannië af te staan. De Britse minister van Buitenlandse Zaken, lord Salisbury, telegrafeerde een waarschuwing naar zijn ambassadeur in Istanbul: Als Turkije Cyprus niet onmiddellijk aan Groot-Brittannië zou overdragen om het als vlootbasis te gebruiken, zou 'de inname van Constantinopel [door Rusland] en de opsplitsing van het Britse Rijk het onmiddellijke gevolg zijn'.[50] Of Groot-Brittannië, Frankrijk en Amerika zich zouden hebben gehouden aan de – door ambassadeur Palèologue tegen Raspoetin herhaalde – belofte dat Rusland de 'Stad der steden' zou krijgen, als beloning voor haar aandeel in het verslaan van de Duitsers, valt te betwijfelen.

In zijn verhaal over het Derde Rome had de jonge abt Tikhon de hele sovjetperiode in de Russische geschiedenis tot een onbeduidend moment gereduceerd. Ik protesteerde dat Rusland niet de enige macht was die aanspaak maakte op het recht om leiding te geven aan alle orthodoxe christenen ter wereld. 'De Grieken –' begon ik.

'Tss!' zei hij, terwijl hij zijn lange haar ongeduldig naar achteren gooide, opeens een gevaarlijk soort *Hell's Angel*. 'Griekenland, Roemenië, Servië, Bulgarije en Macedonië zijn allemaal landjes van niks! U moet één ding niet vergeten: alleen Rusland is nobel genoeg om God te dragen!'

Toen ik ongelovig lachte, fronste hij de wenkbrauwen.

Die avond begonnen Vanya en ik aan onze lange terugreis naar het Westen, door de Oeral naar Europees-Rusland en Moskou. In een wervelende sneeuwstorm ploeterden we van het klooster langs de oude pelgrimsroute omlaag, want we moesten naar het station liften omdat Sergei zijn aanbod om ons te brengen op het laatste moment had ingetrokken en de bus het had begeven.

Mijn gedachten waren ver weg. Zodra het lente werd zou ik me naar Cyprus spoeden, die eeuwenoude pion in de politieke spelletjes van de grootmachten. Hoewel Cyprus – voor zover ik weet – er nooit aanspraak op heeft gemaakt groot genoeg te zijn om God te dragen, levert het de berg Athos verhoudingsgewijs meer monniken dan elk ander orthodox land in Europa.*

* Abt Tikhon en abt Avraam speelden een leidende rol bij het aangeven van hun bisschop Nikon bij patriarch Alexi. Aan het begin van de zomer van 1998 hadden ze negentig afzonderlijke rapporten verzameld over Nikons schandalige homoseksuele activiteiten – waaronder een van Sergei, die verklaarde dat Nikon hem in 1996 het equivalent van duizend dollar had betaald om seks te hebben en daarbij 'de mannenrol' te spelen. Twee maanden na mijn bezoek besloot de heilige synode van de Russisch-orthodoxe Kerk met algemene stemmen de bisschop van zijn functie te ontheffen, maar dat gold ook voor Tikhon en Avraam. Begin juli 1999 kreeg abt Tikhon de leiding over een ander klooster in het bisdom Nizjni Novgorod.

N
Middellandse Zee
Karpasschiereiland
Apostolos Andhreas-klooster
Groene Lijn
Nicosia
Ayios Varnavas-klooster
Famagusta
Cyprus
Kambos
Kykkoklooster
Makhairasklooster
Troódosmassief
Larnaca
Paphos
Limassol
30 kilometer
Turkije
Griekenland
Cyprus
Jeruzalem

CYPRUS

Nicosia

Ik zat in een taxi en reed met hoge snelheid van het vliegveld van Larnaca landinwaarts, langs vakantieappartementen en een nachtclub die Byzantium heette, over een smalle autoweg tussen lage, vaalgroene heuvels met hier en daar wat struikgewas. Er woei een warme bries door het raampje en een eenzame palmboom, heel karakteristiek tegen de achtergrond van die groene heuvels, riep de wereld van de kruistochten voor me op.

In 1191 was Engelands favoriete kruisvaarder, Richard Leeuwenhart, onderweg geweest naar de derde kruistocht om het Heilig Land voor het christendom terug te winnen, toen zijn zuster en zijn verloofde zó ernstig werden beledigd dat hij zich gedwongen zag om bij Cyprus voor anker te gaan. De vrouwen waren eerst ternauwernood aan een schipbreuk ontsnapt en vervolgens door de Byzantijnse heerser over het eiland gegijzeld nadat hun een voorraad vers water was geweigerd. Richard was hen te hulp geschoten, had het eiland moeiteloos veroverd en was – in een 'vrolijke, goedmoedige' bui – in fort Limassol met zijn prinses, Berengaria van Navarra, getrouwd alvorens zijn tocht naar het Heilig Land voort te zetten. Kort daarop sloeg hij twee vliegen – zijn kastekort en de verontrustende berichten dat de Cyprioten in opstand waren gekomen – in één klap door zijn nieuwe aanwinst aan de tempeliers te verkopen. In 1196 noteerde een diep beledigde Cypriotisch-orthodoxe monnik dat het enige dat Richard 'die goddeloze schurk, heeft gepresteerd, is dat hij ons land voor tweehonderdduizend pond goud aan de Latijnen heeft verkocht'.[1]

Door het eiland veel te zware belastingen op te leggen, veroorzaakten de tempeliers zoveel onrust dat ze al spoedig de controle verloren en het aan Richard teruggaven, die er nog steeds geen bestemming voor wist. Cyprus ging dat jaar voor de derde keer in andere handen over toen de schatrijke kruisvaarder-koning van Jeruzalem, Guy de Lusignan, het kocht. Er streken steeds meer ridders uit de teloorgegane kruisvaarderskoninkrijken neer. Geheel in overeenstemming met het feodale stelsel werden de inheemse orthodoxe Grieken lijfeigenen, en door rooms-katholieke geestelijken in plaats van orthodoxe aan te stellen behielden Guy en diens nazaten de eerstkomende drie eeuwen de zeggenschap over Cyprus. Tijdens een merkwaardige, in twee delen uiteenvallende plechtigheid, werden ze eerst onder de spitsbogen van de gotische kathedraal die ze zelf in Nicosia hadden gebouwd tot koning van Cyprus gekroond, en vervolgens in de al even reusachtige gotische kathedraal van Famagusta, de punt van het eiland die het dichtst bij Jeruzalem ligt, tot koning van Jeruzalem gezalfd.

Begin dertiende eeuw was de ware kruisvaardersgeest lang niet meer wat ze geweest was, en daar had Cyprus het nodige toe bijgedragen. Het schijnt dat de kruisvaarders onderweg naar het Heilig Land om Jeruzalem op de ongelovigen terug te veroveren, hun zeereizen soms voor lange vakanties op het eiland onderbraken en zich bij de inheemse Grieken bepaald niet bemind maakten. Ze gokten en dronken zich lam aan de plaatselijke wijnen die, zoals een kroniekschrijver klaagde, '*intestina et cerebrum destruunt et comburunt*',[2] waarna ze op de vuist gingen. Velen van hen kwamen berooid, ziek en verzwakt op het slagveld in het Heilig Land aan.

Omdat de kruistochten één eeuwenlange public-relationsramp zijn geweest, hebben ze het Westen een imago bezorgd dat moslims noch orthodoxen ooit hebben kunnen vergeten. Richards aanvankelijke verovering van Cyprus was voor orthodox Byzantium een overduidelijke aanwijzing dat het westerse christendom alle mogelijke srcupules met betrekking tot het bezetten van vanouds christelijke gebieden had laten varen. Dit avontuur bleek achteraf een onheilspellende voorbode van de misdadige inname en plundering van Constantinopel, krap een eeuw later. En die misdadige kruistocht heeft uiteindelijk alle hoop op een hereniging van oosters en westers christendom de bodem ingeslagen.

Ik moest me noodgedwongen naar het heden verplaatsen omdat de blikkerige Griekse muziek uit de autoradio werd weggedraaid voor een nieuwsbulletin met kersverse berichten over wat westerse sceptici al een nieuwe westerse kruistocht begonnen te noemen. Net als zijn middeleeuwse voorgangers met veel morele humbug gelanceerd, was de NAVO-campagne, bedoeld om de Servische politie, het leger en de paramilitairen die Kosovo wilden zuiveren van ethnische Albanezen een halt toe te roepen, in morele dilemma's verzand. Al na twee weken leek hij te mislukken.

Bombardismos ... *Yugoslavias* ... was alles wat ik van het bulletin oppikte.

'Zo,' verzuchtte de taxichauffeur in het Engels, 'het wonder van de Amerikanen en de Britten.'

'Een wonder?' vroeg ik verbijsterd. Het woord 'bom' had me doen huiveren. Ik had verwacht dat de chauffeur zijn gal over de NAVO zou spuwen, dus toen hij over wonderen begon wist ik het niet meer.

'Hier op Cyprus,' verklaarde hij, 'gebruiken we het woord "wonder" als we het over iets hebben wat voor honderd procent slecht of stompzinnig is.'

'O, ik snap het.' Ik begon ook nog iets anders te snappen: dat ik twee ongemakkelijke weken op 'vijandelijk' orthodox territorium in het verschiet had.

Minder dan tien jaar na het eind van de Koude Oorlog, werd het continent opnieuw door een conflict verscheurd. Ten westen van de lijn die het schisma van 1054 had getrokken, leefden de mensen die geloofden dat de NAVO bezig was met een actie om Europa van een oorlogszuchtige tiran te verlossen. Aan de oostkant woonden volkeren die ervan overtuigd waren dat het gepraat van de NAVO over 'humanitaire interventie' ten behoeve van de Kosovo-Albanezen een schaamlap was die de ambitie van de Verenigde Staten om over de hele wereld te heersen amper verhulde. Aartsbisschop Christodoulos van Griekenland beschreef de pogingen van de NAVO om de Albanezen te beschermen als een 'oorlog tegen de orthodoxie'. De Cypriotisch-orthodoxe Kerk zamelde geld in voor de Serviërs. Van de Bosnisch-Servische republiek in het westen tot Wladiwostok in het oosten, van Solovjetski in het noorden tot Cyprus hier in het zuiden, werden alle wijzers teruggezet op de orthodoxe tijd. De NAVO droeg de kleuren van alle legers die ooit uit het Westen waren gekomen om het Oosten te bedreigen – kruisvaarders, Teutoonse ridders, Napoleons legers of Hitlers nazi's. In die Goede Week voor hun eigen paasfeest, herdacht oosters-orthodox Europa het verraad, het lijden en het sterven van Christus met nóg hartstochtelijker medeleven dan anders.

We ploegden ons al door het spitsuurverkeer in de binnenstad van Nicosia, maar de chauffeur was nog steeds niet klaar met zijn commentaar op het 'wonder' van het Westen. 'Hebben we in deze eeuw nog niet genoeg oorlogen gehad met ons allen? Amerika wil over de hele wereld heersen!' zei hij toen hij me bij mijn hotel afleverde.

Het was al donker toen ik naar buiten ging voor een eerste wandeling door een oude stad die onmiskenbaar exotisch rook, naar een of andere zoet geurende bloesem en naar het riool. Smal, onverlicht, geflankeerd door hoge, donkere, vrijwel lege gebouwen, galmden de straten luguber van het verre, metaalachtige geknars van rolluiken dat om een hoek klonk, en van het geklikklak van hoge hakken een paar straten verderop. Na ongeveer een halfuur kwam ik bij een open plek met wat bomen en een groot gebouw met twee verdiepingen en een hoge schutting met glasscherven eromheen. Dit moet het aartsbisschoppelijk paleis zijn, leidde ik uit mijn plattegrond af. Maar wat was dat? Een reusachtige zwarte gestalte, misschien wel tien meter hoog, stond tegenover me, achter de schutting. Als ik ergens in Rusland was geweest, had ik het herkend als een overgebleven standbeeld van Lenin of een monument voor de socialistische arbeider. Maar wie eerden de Grieks-Cyprioten op deze wijze? Ik kon nog net onderscheiden dat de reus een baard had en iets anders dan een broek droeg.

Het kon alleen aartsbisschop Makarios III van Cyprus zijn, de beroemdste orthodoxe geestelijke aller tijden en de lastigste religieuze en politieke leider waar de Britse koloniale heersers over Cyprus ooit mee te maken hadden gehad. Het reuzenmonument herdacht een man wiens activiteiten de krantenkoppen over de hele wereld een groot deel van de jaren vijftig en zestig hadden beheerst, en die in de jaren zeventig de supermachten van de Koude Oorlog meedogenloos op de proef had gesteld.

Makarios was natuurlijk niet alleen aartsbisschop. Hij was 'Ethnarch', wat betekende dat hij, net als hele generaties orthodoxe geestelijken tijdens de eeuwenlange Ottomaanse overheersing, politiek én geestelijk leider van zijn orthodoxe kudde was. Midden in de twintigste eeuw had Cyprus nog zoiets archaïsch als een ethnarch omdat het eiland, bijna honderd jaar nadat de rest van de orthodoxe Balkan het Ottomaanse koloniale juk had afgeworpen, nog steeds onder Britse heerschappij viel. Ethnarch Makarios had het wankele evenwicht kunnen handhaven door de belangen van zijn kudde te behartigen en ondertussen een goede verstandhouding met zijn koloniale meesters te bewaren, zoals de oude Gregorius v van Constantinopel aan de vooravond van de Griekse Onafhankelijkheidsoorlog had gedaan. Maar nee, Makarios' droom over *Enosis* – de hereniging van Cyprus met Griekenland – liet geen ruimte voor een compromis. Hij had liever een voorbeeld genomen aan de met zijn vlag zwaaiende aartsbisschop Germanos van Patras, in de Peloponnesos, en Cyprus' gewelddadige strijd voor Enosis in de tweede helft van de jaren vijftig gezegend en gesteund. Een guerrillabeweging, de zogeheten Griekse Organisatie van Cypriotische Strijders, bekend onder de afkorting EOKA, had het gewelddadige vuile werk opgeknapt.

Een jaar voordat EOKA geweld begon te gebruiken, had een Brits vlugschrift Makarios vol bewondering beschreven als iemand die van nature over minstens evenveel filmsterkwaliteiten beschikte als de jonge Macedonische bisschop Naum van Strumica, of abt Tikhon van Verchotoerje: 'Zijn persoonlijkheid is zowel hartverwarmend als markant. Door zijn waardigheid en zijn donkere kledij lijkt hij veel langer dan hij is. Zijn baard is met grijs doorschoten, zijn gelaatstrekken zijn buitengewoon fraai. Hoewel hij in gesprekken blijk geeft van zijn grondige kennis van de politiek, lijkt hij met name belang te stellen in de onderliggende spirituele kwesties...'[3]

Die rooskleurige voorstelling van zaken was razendsnel veranderd. Halverwege de jaren vijftig werden de vrouwen van Britse militairen opgeblazen en bestempelden de boulevardbladen hem als 'Black Mak'.

De Britten, niet van zins hun strategische bruggenhoofd in het Midden-Oosten op te geven en bang om de Turks-Cypriotische minderheid aan de grillen van de Griekse meerderheid uit te leveren, stelden hun vertrek uit en talmden met de overdracht van de kolonie. Het heilige vuur waarmee de Grieks-Cyprioten bereid waren de droom na te jagen van hun aartsbisschop – Cyprus met het vasteland van Griekenland herenigen – vervulde hen met angst. Enosis was economisch gesproken onzin, want Cyprus was beter georganiseerd en welvarender dan het naoorlogse vasteland van Griekenland. Ook politiek gezien was het onzin. Turkije zou nooit toestaan dat een eiland dat minder dan tachtig kilometer van zijn kust lag, en waar de Turken achttien procent van de bevolking uitmaakten, bij Griekenland zou horen. Een duidelijker voorbeeld van het gegeven dat het orthodoxe hart over het verstand heerst, zoals blijkt uit het Grieks-Cypriotische aandringen op Enosis in de jaren vijftig, is nauwelijks denkbaar.

Toen de Britten ontdekten dat EOKA werd gesteund door Makarios en gefinancierd door onuitputtelijke kerkelijke fondsen, en bovendien kon rekenen op een heel netwerk van kloosters, begrepen ze eindelijk dat het Griekse religieuze nationalisme hun vijand was. In hun wanhoop kwamen ze tot de slotsom dat de EOKA-moordmachine het best onklaar kon worden gemaakt door de geestelijke motor eruit te verwijderen. In 1956 werd aartsbisschop Makarios gearresteerd en samen met twee of drie andere kerkelijke oproerkraaiers op een RAF vliegtuig naar de Seychellen gezet.

Daar kwijnde hij een jaar lang weg in het huis van de voormalige Britse gouverneur, villa Sans Souci. Hij vulde de lege uren door zich op het Engels en op het exotische leven van inheemse insecten te werpen, door te ballen met een hond die Bimbo heette, door met een springtouw te oefenen, naar radionieuws over zijn vaderland te luisteren en onder een boom in de tuin erediensten te houden. Van tijd tot tijd kwamen de plaatselijke anglicaanse aartsdiaken en de rooms-katholieke bisschop op bezoek, om thee te drinken en over theologie te keuvelen. Zijn ontvoerders begonnen hem steeds meer te mogen. De Britse officier die de vier Cyprioten moest bewaken vond Makarios een verdraaid aardige kerel. 'Ik kan haast niet begrijpen waarom een man met zo'n oprecht karakter de onoprechte tactieken van de EOKA-terroristen niet heeft veroordeeld,'[4] schreef kapitein Le Geyt. Zijn vrouw, die Makarios Engels gaf, was zeer gecharmeerd van haar leerling: 'Makarios heeft bijzonder opmerkelijke ogen,' schreef ze, 'als hij geamuseerd is, of geïnteresseerd of enthousiast, beginnen ze plotseling te gloeien alsof er een lamp wordt aangestoken.'[5]

Groot Brittannië's kuur voor zijn EOKA-kwalen was spectaculair mislukt. Zijn ballingschap had Makarios alleen maar tot martelaar verheven en EOKA had de geweldscampagne gewoon voortgezet. Toen Cyprus zich in 1960 eindelijk onafhankelijk mocht noemen, greep Makarios meteen de presidentiële macht, met een klinkende twee derde meerderheid.

Makarios schijnt Cyprus te hebben bestuurd zoals een abt zijn klooster deed, of een vader zijn gezin. Maar zijn politieke stijl – op de aloude Byzantijnse wijze elegant om de hete brij heen draaien – strookte niet met een moderne wereld die werd gedomineerd door twee meedogenloze supermachten die over de middelen beschikten om de wereld die ze elkaar betwistten op te blazen. In Makarios' denkwereld was Cyprus de gelijke van elke willekeurige supermacht. De toon van zijn inaugurele rede-alias-preek spreekt boekdelen: 'Wij zijn een klein volk dat alleen kan bogen op spirituele kracht, dat zich alleen staande kan houden door moreel overwicht... De rol van de Republiek Cyprus zal aanzienlijk zijn en de taak die op haar schouders rust is betekenisvol en heilig... de verontrustende ambities van drie continenten en de conflicten van twee werelden spelen zich rondom onze zeeën af...'[6]

De betrekkingen tussen Grieks- en Turks-Cyprus verslechterden na de onafhankelijkheid in hoog tempo. Geen van beide bevolkingsgroepen vertrouwde de andere en deed evenmin erg haar best om de nieuwe grondwet te laten functioneren. Toen de Turkse Cyprioten in 1963 weigerden in te stemmen met de door Makarios voorgenomen wijzigingen van de grondwet, lokten voormalige EOKA-leden straatgevechten uit en vochten de Turkse Cyprioten terug. De spanning escaleerde. In 1964, toen Griekse Cyprioten in Limassol vijftig Turkse Cyprioten hadden gedood, vloog George Ball van het Amerikaanse ministerie van Buitenlandse Zaken erheen om orde op zaken te stellen. Op de tweede dag van hoffelijke gesprekken met Makarios, zei Ball tegen de aartsbisschop-president dat het geweld een onaanvaardbaar niveau had bereikt. Hij heeft de onderstaande woordenwisseling met Makarios op papier gezet:

> *Makarios*: Maar, Mr. Secretary, de Grieken en de Turken hebben tweeduizend jaar lang op dit eiland samengewoond en er zijn in die tijd wel vaker incidenten geweest; daar zijn we echt wel aan gewend.

Ball: Excellentie – ik heb de laatste twee dagen geprobeerd duidelijk te maken dat we niet meer in de Middeleeuwen leven maar in de twintigste eeuw. De wereld zal niet werkloos blijven toezien hoe u dit prachtige kleine eiland in een privéabattoir verandert.
Makarios: O, Mr. Secretary, wat bent u een onbuigzaam man, bijzonder onbuigzaam.[7]

In 1964 kwamen VN-troepen proberen de vrede te herstellen.

Tien jaar later kwam Makarios in aanvaring met het Griekse vasteland, waar de rechtse militaire junta door Amerika in het zadel werd gehouden. De kolonels en hun Amerikaanse vrienden vreesden en haatten de gemoedelijke betrekkingen die de eigenzinnige Makarios met de Sovjet-Unie onderhield. Makarios, die alles op alles zette om onafhankelijk van beide supermachten te blijven, besteedde waarschijnlijk veel meer tijd aan gesprekken over het door de Griekse Cyprioten en de Russen gedeelde orthodoxe erfgoed dan aan het bedenken van plannen om het sovjetsysteem in te voeren of het Kremlin zeggenschap over zijn eiland te geven. Maar Amerika's president Nixon had Makarios ooit minachtend afgedaan als 'Castro in habijt'. Bijgestaan door Amerika, beraamde de Griekse junta plannen om de aartsbisschop-president af te zetten en Cyprus bij Griekenland te voegen. Enosis bleek uiteindelijk toch een mooie gedachte.

Op 15 juli 1974 zat Makarios thuis in zijn aartsbisschoppelijk paleis aan een werkontbijt met een delegatie schoolkinderen, toen er een granaat insloeg. Buiten op de parkeerplaats stond een rij schietende tanks. Een bediende, een van Makarios' neven, overtuigde hem ervan dat hij onmiddellijk moest vluchten. Tot zijn grote ongenoegen – Makarios was altijd tot in de puntjes verzorgd – droeg hij geen hoed en geen toog toen hij en zijn neef aan de zijkant van het gebouw van een balkon sprongen, door het dichte struikgewas renden, een droge rivierbedding overstaken en een smal achterafweggetje bereikten. Daar lukte het hun een Morris 1500 aan te houden – die bijna onmiddellijk zonder benzine kwam te staan. Toen was er een gedeukte Vauxhall komen aanrijden, waarvan de godvruchtige, gehandicapte chauffeur zijn auto onbaatzuchtig aan de Kerk had afgestaan.

Makarios en zijn neef waren naar de koelere, westwaarts gelegen hellingen van het Troódosmassief gereden, op weg naar Kykko, het oude klooster waar de aartsbisschop op zijn dertiende aan zijn priesteropleiding was begonnen en in de jaren vijftig bijeenkomsten met EOKA had georganiseerd. Toen ze aankwamen vertelden Makarios' medemonniken hem dat de radio zijn dood al had gemeld. Omdat er geen tijd te verliezen was geweest, was Makarios opnieuw van ontsnappingsvoertuig gewisseld en zuidwaarts gereden, naar de kustplaats Paphos. Vanuit het plaatselijke radiostation had hij zijn verslagen volk toegesproken: 'Cyprioten! U kent deze stem. U weet wie hier spreekt... ik ben het, Makarios, degene die u tot uw leider hebt gekozen... Ik ben niet dood zoals de junta in Athene en haar vertegenwoordigers hier ter plaatse hadden gewild. En ik ben met u, om samen te vechten en de vlag tijdens onze gezamenlijke strijd hoog te houden. De staatsgreep van de junta is mislukt.'[8]

Bij het horen van zijn vertrouwde stemgeluid dachten sommigen dat hun geliefde leider was gestorven en weer verrezen, als een soort bovennatuurlijke imitatie van Jezus Christus zelf, maar anderen namen klakkeloos aan dat hij door een wonder was gered.

Toen had een afvaardiging van de Verenigde Naties in Paphos, in samenwerking met de nabijgelegen Britse legerbasis, gezorgd dat Makarios met een helikopter van het eiland werd gehaald en in veiligheid gebracht.

Vier dagen na Griekenlands stuntelige staatsgreep nam Turkije op een afschuwelijke manier wraak door Cyprus binnen te vallen. De Turkse troepen liepen het meest welvarende en mooiste noordelijke gedeelte van het eiland onder de voet en vervolgens werd er door beide kanten een gruwelijke 'ethnische zuivering' uitgevoerd. Zo'n honderdtachtigduizend Griekse Cyprioten verlieten hun huizen, hun sinaasappel- en citroenplantages, hun korenvelden en hun hotels in de gloednieuwe vakantieoorden, en vluchtten naar het zuiden. Duizenden Turkse Cyprioten werden met bussen in tegenovergestelde richting vervoerd. Er werd een door de VN gecontroleerde Groene of Attilalijn ingesteld, compleet met bufferzone, prikkeldraad met scheermesjes, zandzakken, vlaggen en wachtposten. Die loopt er nog steeds, dwars over het eiland en door het hart van de hoofdstad Nicosia.

Aartsbisschop Makarios werd weer geïnstalleerd als president, maar alleen van Zuid-Cyprus. Hij stierf in 1977, na twee hartaanvallen, slechts vierenzestig jaar oud. Volgens zeggen heeft zijn verscheurde land zijn hart gebroken. Zijn opvolger, aartsbisschop Chrysostomos, heeft zich nooit als presidentskandidaat opgeworpen, maar verder is er niet veel veranderd. Zodra ik met mensen in gesprek raakte, merkte ik dat 1974 geen kwart eeuw geleden was, maar gisteren, pas geleden, nu. De wonden zijn niet geheeld. Aan het begin van de eenentwintigste eeuw is Nicosia de enige stad in Europa die nog steeds verdeeld is, en de VN-vredesmacht die in 1964 voor zes maanden kwam, heeft het vijfendertig jaar lang volgehouden. Nu de orthodoxen onder de moslims in Kosovo een slachting hebben aangericht, lijkt een oplossing verder weg dan ooit. In de oorlog die de orthodoxie over het hele continent voert om haar traditionele grondgebied tegen de islam en het Westen te verdedigen, neemt Cyprus een belangrijke plaats in. Griekenland en Turkije zijn beide lid van de NAVO.

Van tijd tot tijd vinden er schermutselingen plaats. In augustus 1996 scheurden de leden van een patriottistische Grieks-Cypriotische motorclub, waarvan de activiteiten royaal werden gesubsidieerd door de orthodoxe Kerk,[9] op verschillende plaatsen langs de Groene Lijn de VN-bufferzone in. In Nicosia werd hun provocatie beantwoord door met stokken en loden pijpen bewapende Turkse Cyprioten. Overal braken gevechten uit. Er waren zeventig slachtoffers, waaronder twaalf gewonde VN-soldaten en één dode Griekse Cyprioot. Een week na die botsing werd een Griekse Cyprioot gefilmd die de bufferzone inrende, een Turkse vlaggenmast omvergooide en door Turkse Cyprioten werd neergeschoten. Terwijl de VN-vredesmacht kookte van woede en de Griekse Cyprioten vanwege hun uitdagende gedrag vervloekte, hield aartsbisschop Chrysostomos een grafrede waarin hij de jonge heethoofden op hun stalen rossen prees: 'Jullie demonstratie bewees dat jullie worden gedreven door Griekse strijdlust. Jullie hebben de politieke leiders geholpen om Cyprus' oprechte vraag naar gerechtigheid en herstel van de mensenrechten naar voren te brengen... Jullie zullen binnenkort tonen dat jullie Grieken zijn, nakomelingen van helden en martelaars.'[10]

Ik wendde mijn verbaasde blik van de reus Makarios af en liep weer door, in de richting van een helder licht dat zo'n honderd meter verderop scheen, aan het eind van de scherpgepunte omheining.

Het kwam uit een geel stenen kerkje, zó propvol dat de gelovigen door de glazen draaideuren weer naar buiten, de binnenplaats op stroomden. Ik had opeens het gevoel dat de hele orthodoxe bevolking van de stad zich op die eerste avond van de Goede Week in deze helverlichte, gonzende kleine ruimte had geperst. Ik was blij dat ik weer aan de oostelijke kant van de schismalijn was. Terwijl ik naar binnen schuifelde kwam ik tot de slotsom dat Raspoetin volkomen terecht over de superioriteit van het orthodoxe Pasen had opgeschept. Ik stak een kaars op voor Bogdan, die een paar honderd kilometer noordwaarts in Belgrado was, en ook een voor de Kosovo-Albanezen.

De kerk was benauwd door de hitte van de kaarsen, de lichamen en de lampen van een filmploeg die met snoeren achter zich aan door het schip heen en weer draafde en camera's over de met fresco's bedekte plafonds liet zwenken. Om het altaar stond een groep mannen in koor de liturgie te zingen. De hoge kerkbanken voorin zaten vol zwetende mannen in pakken. In de achterste helft wuifden elegante dames zich koelte toe. Ik zag hoe een van de cameramannen op een geestelijke met een zilveren baard en droefgeestige bruine ogen inzoomde. In het rood met zwart gekleed, in zijn ene hand een met juwelen bezette scepter, zat hij op een gebeeldhouwde gouden troon, meteen rechts van het altaar, waar hij zijn geringde hand door de schare liet kussen. Een vraagje aan de vrouw naast me bevestigde mijn vermoeden: dat was aartsbisschop Chrysostomos.

Ik schuifelde de kerk weer uit en liep verder. Aan het eind van een stikdonkere straat met volkomen vervallen gebouwen erlangs, stond een wachthokje, een simpele houten keet, beschilderd met de strepen van de Griekse vlag, die de grens aangaf. Aan mijn kant wapperde hoog in de lucht de blauwe Griekse vlag met het witte kruis. Aan de andere kant van de in doodse stilte gehulde VN-bufferzone hing de Turkse halve maan. Ik hoorde de jonge Griekse grenswachten in hun hok met elkaar praten terwijl de ingeblikte gebedsoproep van de islamitische muezzin over de Groene Lijn kwam waaien. Beelden en geluiden hoorden bij een andere tijd, bij de vergane glorie van het kruisvaarderstijdperk.

Toen ik een paar straten terugliep, vond ik een door wijnranken overwoekerd eethuisje, waar het licht brandde en iets wat vreemd genoeg als kerkmuziek klonk uit de open voordeur naar buiten zweefde. Binnen was alleen de verveeld kijkende eigenaar. Aan een van de met wit plastic gedekte tafels, een enorme berg in blokjes gesneden vlees en een bos vleespennen voor zich, reeg hij op zijn gemak zijn varkens-*souvlaki* en bromde intussen met het kerkgezang mee dat uit de tv in de hoek schalde. In één oogopslag herkende ik het prachtig verlichte interieur van de kerk die ik een paar minuten eerder had verlaten. De filmploeg was met een live uitzending bezig geweest.

Omdat Dimos zijn souvlaki's in de steek liet om een bijzonder smakelijk stuk vlees met vers citroensap, gevulde wijnbladeren die met munt op smaak waren gebracht en frietjes voor me klaar te maken, ging ik daarna elke avond van de Goede Week trouw naar zijn zaak. Meestal was ik zijn enige klant, omdat, zoals hij uitlegde, de meeste mensen er weinig voor voelden om in het donker zo dicht bij de Groene Lijn te komen. We ontwikkelden een soort kameraadschappelijke routine. Avond na avond keken we eerst naar een Goede-Weekplechtigheid die rechtstreeks uit de een of andere beroemde Cypriotische kerk werd uitgezonden, gevolgd door het late nieuwsbulletin over *Yugoslavias* en de NAVO-*bombardismos*, alvorens over de meest brandende kwesties te debatteren: was Milošević' aanbod van een eenzijdig staakt-het-vuren tijdens het oosters-orthodoxe Pasen gemeend? Zou de voormalige president van Cyprus Milošević kunnen overhalen om de drie Amerikaanse soldaten vrij te laten? Moest de Russische dreiging met militair ingrijpen ten gunste van de Serviërs ernstig worden genomen? Dimos deelde de opvattingen van de taxichauffeur over de oorlog. 'De meeste mensen hier vinden dat Amerika ongelijk heeft,' zei hij tegen me.

Op Witte Donderdag zaten we weer te eten en te kijken en zaten we toen het nieuws allang voorbij was nog steeds te praten. Het gesprek kwam op aartsbisschop Makarios.

'Wil je weten hoeveel hij per dag rookte? Raad eens?'

'Veertig?'

'Pff, veertig! Honderdvijftig!'

'Ik geloof je niet, Dimos.'

'Ik weet het voor duizend procent zeker – en hij had een broodmagere vriendin. Wil je weten hoe ze heette? En hij had nog een vriendin, een politieagente.'

'Je hebt kennelijk geen hoge pet van hem op,' zei ik lachend terwijl ik nog een cola uit zijn koelkast pakte.

Dimos vertelde dat hij en zijn vader eind jaren zestig en begin jaren zeventig verhitte meningsverschillen hadden gehad over de koers die Makarios voor het onafhankelijke Cyprus had uitgezet. Zijn vader was zo verknocht aan de aartsbisschop geweest dat hij hem 'de Tweede Jood' had genoemd, dus een tweede Christus. Hij had zijn zoon ooit een gouden ring gegeven waar Makarios' gezicht in was gegraveerd, maar Dimos had hem nooit gedragen. Dimos was eenentwintig geweest en had al in ditzelfde restaurant gewerkt toen de Turken op 15 juli 1974 waren binnengevallen. Het schieten was rond acht uur 's morgens begonnen en het radionieuws had zijn angstigste vermoedens bevestigd.

'Wil je weten wat ik deed? Het eerste wat ik deed? Ik liep de keuken uit en trok de foto van Makarios – die daar vlak boven de deur hing – van de muur. En wil je weten wat ik daar toen mee heb gedaan? Ik heb hem op de grond gesmeten.'

Vervolgens was hij opgeroepen om mee te vechten, maar de voorraad geweren was net uitgeput toen hij er een zou krijgen. Iedereen vóór hem in de rij was naar het noorden gestuurd, om een gebied dat Kyrenia heette te verdedigen.

'Geen van die mannen is teruggekomen. Ik denk dat ik door een wonder ben gered,' zei hij. Dimos' diepgewortelde haat jegens Makarios had nooit gebotst met zijn geloof in God en in wonderen.

'Makarios maakte een verschrikkelijk grote fout met zijn Enosis,' zuchtte hij, in zijn piepkleine koffiekopje starend, 'en weet je wat met velen van ons, Grieken, het probleem is? Dat we denken dat de geschiedenis pas in 1974 is begonnen. We denken niet meer aan al die vreselijke dingen die we de Turken vóór die tijd hebben aangedaan. Daar zal niemand het meer over hebben! Maar nu leest mijn dochter op het internet over Cyprus en dan zegt ze: "Papa, is het waar dat wij de Turken hebben gedood?" En dan moet ik zeggen: "Ja, dat is waar." '

Dimos vertelde me hoe onrechtvaardig Makarios de Turkse Cyprioten na de onafhankelijkheid in 1960 had behandeld. Hij vertelde dat hij nog wist dat het in de laatste pakweg tien jaren van het Makariostijdperk net was alsof je onder een sovjetregime leefde. 'Je mocht niets van Makarios zeggen, anders kreeg je de volgende dag een bom door je ruit – boem!'

'Maar op dit moment mag je zeggen wat je wilt.'

'Nou,' zei Dimos met een gepijnigde blik, 'ik zou dat soort dingen niet zeggen tegen de mensen die hier elke dag komen eten, want sommigen van hen zouden mijn restaurant dan boycotten of zelfs een bom gooien.'

'Willen die mensen nog steeds Enosis?'

'Nee, ik denk dat alleen aartsbisschop Chrysostomos nog steeds Enosis wil.'

Het Kykkoklooster

Op een stralende, warme Goede-Vrijdagmorgen reed ik Nicosia uit, op weg naar het westelijk gelegen Troódosmassief, de weg die Makarios op die ochtend van 15 juli 1974 in zijn Vauxhall had genomen. Ik bedacht hoe vanzelfsprekend het was geweest dat hij, om zijn leven te redden, rechtstreeks naar Kykko was gegaan.

Kykko, het beroemdste klooster op het eiland, was Makarios' echte thuis. Vanaf het moment dat de monniken de briljante dorpsjongen hadden opgenomen om hem op te leiden en voor te bereiden op een hoog ambt in de hiërarchie van de Cypriotische Kerk, waren zij zijn nieuwe familie en veranderde hij zijn achternaam Moukhas in 'Kykkotis'. Zeven jaar lang studeerde hij ijverig, woonde hij kerkelijke plechtigheden bij, haalde hij water uit de put en zorgde hij voor de kaarsenvoorraad in de kerk. Hij hield echter ook wel van een geintje, voerde de lievelingsworstjes van zijn leermeester aan de katten en kraste *Zito I Enosis* – Lang Leve de Hereniging – op de keukenmuur. Toen Makarios twintig was stuurden de monniken van Kykko hem naar het gymnasium in Nicosia en huisvestten ze hem in hun metochion ter plaatse. Later betaalde het klooster zijn verdere studies, theologie en rechten in Athene, en ten slotte gaf het zijn zegen toen hij per oceaanstomer naar Boston vertrok, met een beurs van de Wereldraad van Kerken. Cleopa, Kykko's abt en geestelijk vader van Makarios, was uiteindelijk degene geweest die zich sterk had gemaakt voor zijn bevordering tot bisschop en die zijn verblijf in Boston had bekort. In 1950 was Makarios de zevenendertig jaar oude aartsbisschop van Cyprus. Kykko werd het trefpunt voor geheime bijeenkomsten met EOKA-leiders en een geliefde plek om op hete zomeravonden buitenlandse gasten te ontvangen. Ik veronderstelde dat het me niet veel moeite zou kosten een monnik te vinden die zich herinnerde dat Makarios in Kykkos verbleef, en ging ervan uit dat ik er binnen het uur zou zijn.

De weg liep vlak langs de VN-bases en her en der verspreide dorpen met nieuwe witte huizen van één verdieping, tot hij na zo'n halfuur begon te stijgen, de uitlopers van het gebergte in. Ik was helemaal opgetogen bij het zien van het eerste bord met 'Kykkoklooster'. Ik klom hoger en hoger, om dichtbegroeide bergen heen en langs een bord dat het bos in wees, naar een oude EOKA-schuilplaats, tot de weg plotseling overging in een parkeerplaats vol touringcars en huurauto's, dezelfde als de mijne. Daar, op het raakpunt van twee ondiepe dalen en twee bergen, lag een enorm kloostercomplex, met rode daken en een Griekse vlag erop.

De overkoepelde ingang werd opgeluisterd door glinsterende, moderne mozaïeken en een hele horde politieagenten. Op de binnenplaats stonden drie verschillende reisgezelschappen naar een aantal kersverse fresco's te kijken. Een van hen wees op Sint-Paulus, die voorover in een greppel belandde, over het hoofd van een welhaast als stripfiguur geschilderd paard. Mijn hart hunkerde naar Gračanica, eenzaam op de vlakte van Kosovo, met zijn eerbiedwaardige, sombere meesterwerken, en naar het beroete kerkje van het Veljušaklooster in de bergen in het zuiden van de FYROM. Kykko's in goud-met-rode livreien gestoken suppoosten en glimmende marmeren kerkvloer deden denken aan de lobby van het luxehotel dat in Nicosia iets verderop aan mijn straat lag. Je zag de put waar Makarios water moet hebben gehaald, maar dan wel verfraaid met een glimmende nieuwe emmer, die naast het keurig opgerolde touw was gehangen. Ik dacht aan de krakkemikkige wanorde op Solovjetski en aan de bouwwerkzaamheden in Verchotoerje. Van alles wat ik had gezien benaderde het splinternieuwe klooster van de Geboorte van de Moeder Gods in Transsylvanië dit sprookjespaleis nog het meest, al was dat in vergelijking hiermee nog zeer bescheiden en ingetogen.

Kykko is fabelachtig rijk geworden door schenkingen van geld en legaten, dankzij een icoon van de Moeder Gods die Lucas nog tijdens haar leven zou hebben geschilderd. Door het bezit van die icoon – een van de drie op de hele wereld – is het klooster voor hele generaties Russische pelgrims op weg naar Jeruzalem een even belangrijke pleisterplaats als Athos vóór 1917 was. Hoe het klooster precies aan dat heilige goudmijntje is gekomen is een dramatisch verhaal over onopzettelijk geweld en wonderbaarlijke genezingen.

Volgens zeggen was een Byzantijnse hertog van Cyprus, Mihailis Voutomedes genaamd, op zekere dag in het Troódosmassief op jacht naar de op het eiland inheemse *moufflon* toen hij in het woud verdwaalde. Na een tijdje was hij een oude kluizenaar tegen het lijf gelopen, aan wie hij hooghartig de weg had gevraagd. De kluizenaar had zich tegen die onvriendelijke behandeling verzet door te doen of hij de hertog niet had gehoord, en dat maakte Voutomedes op zijn beurt zo kwaad dat hij de oude man een stevig pak slaag had gegeven. Dat had de kluizenaar vergolden met een vervloeking, die de hertog bleef achtervolgen toen hij kort daarop levensgevaarlijk ziek was geworden. Voutomedes had de kluizenaar naar zijn ziekbed laten komen en beloofd elke straf te zullen aanvaarden die de oude man hem wilde opleggen in ruil voor het opheffen van de vloek. 'Ga naar Constantinopel, vraag de keizer om de icoon van de Moeder Gods die door Sint-Lucas is geschilderd, en breng die mee naar Cyprus,' had de kluizenaar bevolen. De hertog had zich ingescheept naar de Stad der steden, met de kluizenaar in zijn gevolg. Zoals te verwachten viel had de keizer er niets voor gevoeld een van Constantinopels meest waardevolle iconen naar een onbetekenend eiland te zien verhuizen. Na een hoop gekrakeel had de kluizenaar de icoon ten slotte uit dankbaarheid gekregen, omdat hij de dochter van de keizer van een of andere vreselijke aandoening had genezen. Weer terug op Cyprus, had de hertog de schat laten installeren in een kerk die hij naast de cel van de kluizenaar had laten bouwen. Zelfs de bomen hadden uit eerbied voor de icoon gebogen toen die op weg naar zijn nieuwe onderkomen langs was gekomen.

Anders dan de oorspronkelijke kloostergebouwen, heeft de icoon de drie kloosterbranden wel ongedeerd doorstaan. Tijdens een ervan was hij door een gehandicapte man in de holle stam van een pijnboom verstopt nadat de Moeder Gods hem had bevolen: 'Sta snel op, haal mijn icoon en breng uzelf in veiligheid'.[11] De icoon had ook een zekere reputatie vanwege zijn gruwelijke gewelddadigheid. Het gezicht van een achttiende-eeuwse monnik was voor straf met een steekvlam getroffen, omdat hij het had gewaagd de beschermende bekleding eraf te halen. Een andere keer had de icoon een goddeloze Turk, die zijn sigaret aan een godslamp probeerde aan te steken, een arm afgerukt. Kykko heeft ook zachtaardiger wonderen meegemaakt. In februari 1997 begon een van de andere iconen van de Moeder Gods te wenen. Een novice had als eerste de tranen gezien die van de gezichten van Maria en haar Christuskind vloeiden. Aartsbisschop Chrysostomos van Cyprus had het wonder meteen als een teken van naderend onheil verklaard, maar Nikiforos, de abt van het klooster, was minder pessimistisch geweest. Volgens hem was het mogelijk een gebaar van medeleven met de Griekse Cyprioten, vanwege de tragische verdeeldheid van hun eiland.

Omdat het Goede Vrijdag was, waren alle iconen met donkere doeken bedekt, als teken van rouw vanwege Christus' dood aan het kruis, zodat ik niet kon nagaan of er druppels of natte plekken op de icoon te zien waren. In plaats daarvan ging ik op zoek naar de kloosterwinkel, die liep als een trein, omdat er heldere, van druiven gestookte *zivania*brandewijn aan de toeristen werd verkocht. Bij de kassa vroeg ik een vriendelijk uitziende jongeman me te helpen een monnik te vinden die zich Makarios en de tijd van de EOKA nog herinnerde. Hij was zo aardig over de binnenplaats mee te lopen naar een corpulente, wat oudere man die – te oordelen naar de manier waarop hij in een deuropening het geheel stond op te nemen en met een zilveren kralensnoer speelde – een verantwoordelijke positie in het klooster had. Die zei dat ik maar eens met een zekere Vader Kirillos moest praten, die ginds in het toeristenrestaurant koffie zat te drinken. Toen ik het grote, lage, uit glas en beton opgetrokken gebouw dat Kykko's toeristenrestaurant was had opgespoord, kwam de corpulente man met het kralensnoer er ook net aan. Met een kop koffie in de ene hand, zijn kralensnoer in de andere en een mobieltje op tafel, zat hij bij een groep mensen onder wie een monnik met een grijze baard in een koningsblauw habijt en een zakelijk aandoende pennenset in zijn borstzakje. Ik veronderstelde dat dat Vader Kirillos was. De corpulente man nodigde me uit een kop koffie mee te drinken.

Vader Kirillos, een uitzonderlijk goed uitziende vierenzeventigjarige, had een gelijkmatig gebruind gezicht en glinsterende donkere ogen. Door zijn baard heen vermoedde je een glimlach. Hij had de nodige vragen bij mijn plannen, maar vertelde me hoffelijk een verhaal over de dagen van weleer en over één dag in het bijzonder – 28 januari 1956 – toen hij de Enosis had geholpen. Makarios had beslist naar Kykko gemoeten om contact op te nemen met Giorgios Grivas, de opperbevelhebber van EOKA, wiens geheime hoofdkwartier ik was gepasseerd toen ik de berg opreed. Maar de aartsbisschop ging midden in de winter nooit naar Kykko. Dergelijk verdacht afwijkend gedrag zou gegarandeerd de argwaan van de Britten wekken. Uiteindelijk was besloten dat alleen de zalving van een nieuwe priester zo'n onverwacht uitstapje naar de bergen in januari kon verklaren. De vijfentwintigjarige Vader Kirillos werd plotseling van diaken tot priester gepromoveerd.

Maar de Britten waren opgerukt en hadden hem steeds verder in het nauw gedreven. Makarios was dat jaar naar de Seychellen gedeporteerd en de EOKA-activisten waren door een reeks bosbranden uit hun schuilplaatsen in de bergen verjaagd. Toen de Britse soldaten de safe van het klooster hadden opengebroken en ontdekt dat die vol dynamiet zat, was Kykko ontruimd, op drie oude monniken na. Vader Kirillos en het merendeel van zijn medebroeders waren naar de metochion van het klooster in Nicosia overgebracht. De Britten waren ervan uitgegaan dat ze hen daar beter in het oog konden houden, maar hadden Vader Kirillos' toewijding aan de zaak onderschat.

'Ik mag met trots zeggen dat ik daar, aan de rand van de stad, met mijn eigen handen de schuilplaats heb gegraven waar Grivas tot op het laatst heeft gewoond,' zei hij met een vaag lachje. We babbelden verder over de bevoorrading van de schuilplaatsen van EOKA vanuit Kykko, en over de coördinatie- en communicatieproblemen die dat mee had gebracht.

'De EOKA-mannen moesten voor postbode spelen,' kwam Vader Kirillos' corpulente vriend ertussen, naar zijn mobieltje reikend. 'Toen had niemand zo'n ding. Nu hebben we er allemaal een. Ha! Ha!' Wederom met een vaag lachje haalde de oude monnik uit de plooien van zijn koningsblauwe habijt een volmaakt bijpassend koningsblauw mobieltje te voorschijn.

Ik wenste het gezelschap een zalig Pasen en vroeg de weg naar de grot waar Makarios begraven had willen worden, met uitzicht op zijn geboortedorp Panayia, zo'n vijftig kilometer naar het zuiden. Dat was maar vijf minuten rijden, helemaal op de top van de berg. Voor een oogverblindend betegeld mausoleum en een graftombe die werd opgeluisterd door Makarios' portret en wat verse bloemen, zaten twee piepjonge soldaten hun lunch te eten.

De volgende ochtend vroeg reed ik uit de nabijgelegen stad, waar ik de nacht had doorgebracht, terug naar Kykko. Het was paaszaterdag. De plaatselijke houtvesters en fruittelers zouden vast de ochtendplechtigheid bijwonen, dacht ik. Bij aankomst trof ik Kykko's parkeerterrein vol met hele rijen gloednieuwe Japanse en Amerikaanse auto's met vierwielaandrijving en bestelbusjes, maar op de binnenplaats krioelde het van de gelovigen in donkere zondagse pakken. De plechtigheid was bijna afgelopen. Een jongen sloeg op een *semantron* die aan het balkon hing. Een rij in het zwart geklede monniken liep met gezwinde spoed de kerk uit, de trap op naar de tweede verdieping, en verspreidde zich over het balkon. Gevolgd door een deel van de gelovigen, verdwenen ze daarna achter gesloten deuren. De atmosfeer was samenzweerderig en ik was een verdachte indringer.

Ik vertrok, achter een lange stoet bestelbusjes aan, allemaal op de terugweg naar het dorp Kambos. De Groene Lijn lag een paar kilometer ten noorden van Kambos, en het gebied dat in 1974 door de Turken was ingepikt lag weer ten noorden daarvan. De weg, omzoomd door hagen vol gele bloemen, kronkelde langs de berg omlaag, een groen dal in met een waas van bloeiende kersenbomen, om een andere berg heen en weer verder, naar een dorp in een bergkloof waar zo weinig plaats was dat de huizen eruitzagen alsof ze tegen de berg waren gestapeld. Toen ik langs de steile weg naar de dorpskern omlaag reed, kwam ik bij een bruggetje over een beek en een door bomen overschaduwd openlucht-*kafeneion*. Het murmelen van het stromende water, de koele, ontspannen sfeer van mannen die onder een plataan zaten te roken en koffie te drinken, deed me denken aan een Bosnische stad die ik heel goed kende. Wat Kambos en Travnik gemeen hadden, bedacht ik, was die ongedwongen Ottomaanse sfeer, de rust die uitgaat van een plek met kabbelend water, bomen, schaduw en een zee van tijd. Ik stopte bij dat kafeneion om koffie te drinken en wilde net weer wegrijden toen niemand anders dan Vader Kirillos' corpulente vriend verscheen, in een Isuzu-jeep met getinte ruiten en aan de achterkant opgeluisterd met de woorden 'Big Horn'. Ik zag hoe enthousiast de koffiedrinkende mannen hem verwelkomden. Er werd nog meer koffie besteld.

Ariko, een afkorting van Theokharis, wat hij-die-God-draagt betekent, was groot genoeg om wat dan ook te kunnen dragen. Hij was bijna even breed als lang en het gezag dat hij uitstraalde werd nog versterkt door een dun, kortgeknipt snorretje en onverstoorbare blauwe ogen. Het bericht dat Ariko *mukhtaris* van Kambos was – burgemeester ofwel dorpshoofd – verbaasde me geenszins. Ik ontdekte later dat zowel het woord zelf als de positie die het aanduidt een regelrechte nalatenschap van bijna vierhonderd jaar Ottomaanse overheersing zijn. Ariko was al twintig jaar mukhtaris van Kambos, vertelde hij, maar het grootste deel van de tijd hielp hij mee in het klooster. Ik was zo in de ban van de gelijkenis tussen Kambos en Travnik en het overleven van Ottomaanse dorpshoofden, dat ik overal waar ik keek Ottomaanse invloeden begon te zien. Ik suggereerde dat Ariko's gebedssnoer ook best zo'n Ottomaans erfstuk zou kunnen zijn. 'Nee, nee – niks Turks!' verbeterde hij me streng, 'dat zijn *kombolloi* – puur Grieks! puur christelijk! Een cadeau van Vader Kirillos!'

Maar in plaats van me mijn domme opmerking kwalijk te nemen, zei Ariko dat ik Pasen in Kambos moest doorbrengen. Nadat hij de eigenaar van het kafeneion had opgedragen me voor die nacht een kamer te verhuren, beval hij me om halftwaalf 's avonds klaar te staan als hij toeterde, dan zou hij me oppikken en meenemen naar de dorpskerk voor de middernachtplechtigheid. De dag daarop, deelde hij mee, zou ik samen met hem, zijn vrouw, zijn twee getrouwde dochters en zes kleinkinderen de paasmaaltijd gebruiken. Daarna hees hij zich, met de kombolloi in de ene en zijn mobieltje in de andere hand, in zijn Isuzu-jeep en ronkte de helling weer op.

Ik bracht er een plezierige dag door, van het ene stenen kerkje naar het andere rijdend, allemaal zonder echte klokkentoren, en al helemaal geen kruis dat hun functie zou verraden. In plaats daarvan hadden ze de steil aflopende, sneeuwbestendige daken van Roemenië's beschilderde kerken. De kleine juweeltjes waren merendeels gebouwd nadat de kruisvaarders naar het eiland waren gekomen, de Lusignans, die het een rooms-katholiek regime hadden opgelegd. De Lusignans hadden de inheemse orthodoxe bisschoppen vervangen door rooms-katholieke bisschoppen van eigen bodem, en de orthodoxen afgescheept met onwaarschijnlijk afgelegen en onbelangrijke zetels. De knusse kerkjes van de Hoge Troódos waren de kostelijke producten van een cultuur en een gemeenschap die zich gedwongen had gezien de heuvels in te trekken. De afbladderende fresco's in hun interieurs zijn over het algemeen van later datum dan de exemplaren die ik in Macedonië en Servië had gezien. De levendige uitdrukking op de gezichten van de apostelen, de toevoeging van een moufflon of een jachthond – figuren die de Byzantijnse kunst niet kent – zijn de welsprekende getuigen dat de orthodoxen niet immuun waren geweest voor de eerste seismische trillingen van de renaissance. De bijna vier eeuwen durende rooms-katholieke overheersing van het eiland betekende dat in de loop van de tijd allerlei aanpassingen hadden plaatsgevonden en er een merkwaardige synthese tussen oosters en westers christendom tot stand was gekomen. Ayios Ioannis Lambadhistis heeft zelfs een vijftiende-eeuwse rooms-katholieke kapel aan zijn veel oudere orthodoxe kerk gebouwd.

Buitenstaanders toonden zich soms geschokt door een dergelijke symbiose. Toen Felix Fabri, een Duitse rooms-katholieke monnik, Cyprus in de vijftiende eeuw bezocht, gruwde hij toen hij merkte dat een priester twee kerken bediende, de ene orthodox, de andere rooms-katholiek. In de eerste, zag hij, deelde de priester bij de communie gedesemd en in de andere ongedesemd brood uit. Fabri klaagde de priester aan als 'een ketter van de ergste soort, die het volk op allerlei dwaalwegen leidt'.[12] De religieuze tolerantie van de Cyprioten viel natuurlijk meestal in het voordeel van de Latijnen uit. Een geliefd orthodox verhaal vertelt dat er eens twee monniken gezellig met twee rooms-katholieke monniken zaten te kibbelen over gedesemd of ongedesemd brood voor de communie, tot een van de orthodoxe monniken voorstelde de proef op de som te nemen. Een orthodoxe en een rooms-katholieke monnik zouden elk hun communiebrood in hun handen nemen en daarmee dwars door het vuur lopen. Wie er ongedeerd uitkwam zou winnaar zijn, zei de orthodoxe monnik. De rooms-katholieken gruwden zó van de uitdaging dat ze wegrenden om de orthodoxe monniken bij de rooms-katholieke autoriteiten aan te geven. Beschuldigd van ketterij, werden de orthodoxe monniken tot hun afgrijzen met hun voeten aan de staart van een paard gebonden en op het marktplein over de keien gesleurd, tot het vlees van hun lichamen was gerukt. Ze kwamen ten slotte op de brandstapel aan hun einde. Ook de zware belasting die de orthodoxe geestelijken aan hun rooms-katholieke tegenhangers moesten betalen, een bijkomend ongemak, vrat aan eerstgenoemden. Halverwege de zestiende eeuw moest de orthodoxe aartsbisschop in de zomer twaalf maten rozenwater en twaalf strengen knoflook bij elkaar zien te krijgen, terwijl hij in de winter zeshonderd walnoten, vier maten vijgen, zes zakken wijn, twaalf varkens en twaalf hennen verschuldigd was.

Nog nagenietend van mijn dag en me al verheugend op het paasfeest met Ariko en diens familie, reed ik terug naar Kambos. Het snel afnemende licht was zachtroze toen ik na een lange bocht in een van die stille bergwegen tot mijn schrik een aan een boom bevestigd wit aanplakbiljet zag met het woord NAVO en een swastika erop. Ik was al gewend om zo hier en daar een glimp op te vangen van een schietschijf, afgekeken van de badges waar de Serviërs in Belgrado tijdens hun dagelijkse demonstraties tegen de NAVO-bombardementen mee hadden gelopen, of op de achterruit van een auto, op een bureau of zelfs op een T-shirt. Maar het idee dat iemand dat aanplakbiljet had gemaakt, het naar deze afgelegen plek had gebracht en tot boven de weg was geklommen om het aan een boom vast te binden, vond ik verontrustend.

Toen ik later in het veel en veel te grote restaurant van Kambos zat te eten en met één oog naar een video over het leven van Christus keek, op een reusachtig scherm, verscheen de behulpzame jongeman die ik achter de kassa in Kykko's souvenirwinkel had ontmoet. Hij stelde zich voor als Kyriakos, bestelde een biertje en kwam bij me zitten. Gaandeweg bleek dat hij en Ariko familie waren, via zijn broer, die met Ariko's oudste dochter was getrouwd. Kyriakos, die uitstekend Engels sprak, vertelde me dat Ariko's voorspoed aan een winnend lot te danken was. De mukhtaris van Kambos had zijn prijs opgeëist, zijn baan als houtvester opgezegd en zijn diensten in Kykko aangeboden, waar zijn leiderskwaliteiten hooglijk werden gewaardeerd. Aanvankelijk was hij belast met het toezicht op de vrouwenploeg die de gastenvertrekken schoonhield, maar hij had al snel verantwoordelijker taken gekregen. Nu was hij vermaard als de rechterhand van Vader Kirillos, die zelf weer de rechterhand van abt Nikiforos was. Net zoals Sergei als een magneet was aangetrokken door Verchotoerje in Siberië, duizenden kilometers noordwaarts, was Ariko door Kykko aangetrokken. Beide mannen waren volgens mij energieke mensen die op zoek waren gegaan naar een doel in het leven dat geldelijk gewin oversteeg. Zeker van Gods zegen en bruisend van vaderlandslievende eerzucht, waren mannen als Ariko of Sergei vanzelfsprekend trots op de samenwerking met hun kloosters.

Een van de redenen voor Ariko's populariteit als mukhtaris, was het feit dat Vader Kirillos niet zonder hem kon, want dat betekende dat hij precies op de juiste plek zat om de mensen in Kambos banen te bezorgen, bijvoorbeeld als suppoost in het museum, personeel van het restaurant, bewaker, schoonmaker of winkelbediende.

'Die baan in de souvenirwinkel heeft Vader Kirillos mij eerlijk gezegd ook gegeven vanwege Ariko,' gaf Kyriakos toe. 'Abt Nikiforos wil dat er jonge mensen in de dorpen blijven, en daarom helpt hij door banen voor ons te creëren. Sommige mensen klagen dat Kykko wel een schaduwregering van Cyprus lijkt, die zelf banen in zijn eigen civiele dienst te vergeven heeft – maar ik vind dat wel een goede zaak.'

Kyriakos had me net voor de zoveelste keer verbaasd met het nieuws dat het grote restaurant waar we zaten een gift van Kykko aan Kambos was, toen Louka, zijn jongere broer, bij ons kwam zitten, en daarna kwam de mukhtaris zelf, heel even. Ariko wandelde binnen, knikte ons toe, beval de restauranthouder me niet voor mijn maaltijd te laten betalen, en wandelde weer naar buiten.

Ik vond Cyprus zelfs nog vriendelijker dan Patmos. Op die avond vóór Pasen daar in Kambos leken de oorlog om Kosovo en de wijder wordende kloof tussen oosters-orthodox Europa en het Westen mijlenver.

Om halftwaalf precies stond ik al bij het kafeneion te wachten toen Ariko de claxon van zijn Isuzu een dreun gaf. Ik klom erin en ging naast twee van zijn kleindochters en zijn kalme, vriendelijke vrouw Niki zitten voor de paar honderd meter die we naar de kerk moesten rijden. Het was een bescheiden stenen gebouw zonder verdieping, met een steil dak, en al helemaal vol. Zoals een mukhtaris betaamt schreed Ariko naar voren, naar de voor de mannen gereserveerde ruimte dicht bij het altaar, terwijl zijn vrouw zorgde dat ik een kaars kreeg om aan te steken op dat middernachtelijke moment van doodsverachting, en me toen naar het achterste deel van de kerk loodste. Daar stonden alle vrouwen en kleine kinderen. Overal om me heen stonden diepgebogen weduwen in het zwart, jonge moeders met pas gewassen haar en zondagse kleren aan, tienermeisjes in minirokjes en strakke bloesjes. Eén peuter eiste dat haar mooi versierde kaars nu al werd aangestoken, terwijl een andere sliep, met bungelende voetjes en open mond. Terwijl Niki het hoofd boog in gebed, wierp haar kleindochter een koele, kritische blik op elke jonge man die binnenkwam.

Van de plaats waar ik stond had ik een prachtig uitzicht op de achterkant van Ariko's glimmende schedel, op de vergulde iconostase en op de priester in zijn schitterende gewaden. Eerst zong het koor een poosje, slecht maar vol overgave, en toen, om vijf voor twaalf, werden alle lampen behalve de lichtjes voor de iconen gedoofd. De gouden achtergrond van een van de iconen glansde in het duister. Je hoorde het zachte gonzen van kinderlijke opwinding, maar het werd stil toen de priester, met aangestoken kaarsen in zijn handen, van achter het altaar te voorschijn kwam om te verkondigen dat Christus was opgestaan. Daarna gaf hij het licht door, en dat ging verder en verder, helemaal tot achter in de kerk, tot er over alle kindergezichten een gouden gloed lag. Het gezang klonk enthousiaster dan ooit.

Toen was het kennelijk afgelopen. De mensen gingen in de rij staan om de icoon te kussen, een bijdrage te geven en hun handen met rozenwater te laten besprenkelen voordat ze de kerk verlieten. Buiten waren de luidruchtige feestelijkheden al begonnen. De kille nachtlucht werd meteen verscheurd door het opwindende onberekenbare geknal van voetzoekers, terwijl de mannen van het dorp met rode gezichten in een kring om een hoog oplaaiend vreugdevuur stonden. De hele dag had ik gezien hoe er voor de dorpskerken stapels houtblokken waren verrezen ter voorbereiding van dit moment – het verbranden van de afbeelding van de apostel die zich bereid had getoond Christus voor dertig zilverlingen te verraden. De Judas van Kambos kromp ineen en stortte midden in het loeiende inferno. Oranje vonken schoten omhoog om zich te meten met de sterren, en dorpsjongens brulden uitgelaten. Ariko en zijn schoonzoon Louka begroetten me met '*Christos anesti*!' – Christus is opgestaan! Patmos indachtig antwoordde ik aarzelend: '*Halithos anesti*!' – Hij is waarlijk opgestaan.

De volgende ochtend groette iedereen elkaar met die woorden. Terwijl ik in de schaduw van de boom bij de brug koffie zat te drinken, zag ik hoe een tienermeisje het goede nieuws van Christus' opstanding naar de kafeneioneigenaar riep. Een oude man mompelde het tegen een oude vrouw in het zwart toen ze elkaar over de weg schuifelend passeerden. Mannen draaiden de ramen van hun bestelwagens omlaag en riepen het elkaar toe. Een vrouw schreeuwde het van haar houten balkon naar haar buurman aan de overkant, die op zijn drempel zijn paasvlees met margarine bedroop terwijl het aan het spit boven een houtskoolvuur draaide. Aan het eind van de ochtend moest iedereen het nieuws wel hebben gehoord en bevestigd. Het hele dorp was in de geur van geroosterd vlees gehuld.

Ik wandelde de weg af naar de kerk, langs het kerkhof en het monument voor de vijf dorpelingen die hun levens voor de Griekse zaak hadden geofferd toen de Turken in 1974 waren binnengevallen. Toen ik aankwam was er kennelijk weer een plechtigheid afgelopen, want de deuren zwaaiden open en er tuimelden een paar misdienaars in blauw met zilveren satijnen togen naar buiten. Ze stompten elkaar en duwden elkaar opzij in hun enthousiasme om met veel misbaar een houten stellage naar buiten te brengen en klaar te zetten alvorens er de grote icoon van de schutspatroon van hun kerk op te hijsen. Eindelijk was het klaar en stak de gouden achtergrond van de icoon oogverblindend af tegen de met groen beklede bergen erachter. Terwijl een vrouw zich een weg door de menigte baande en uit een grote mand brokken communiebrood uitdeelde, werden we allemaal verwarmd door de felle lentezon. Met een verlegen glimlach gaf ze mij het laatste brokje. Ontroerd en blij verrast ging ik het op een bank zitten oppeuzelen, naast een rijtje oude vrouwen in het zwart, terwijl ik toekeek hoe alle anderen naar de icoon gingen, die kusten, hun handen met rozenwater lieten besprenkelen en de priester groetten.

Toet, toet! Dat was Ariko in zijn Isuzu, die me kwam halen voor de maaltijd. Ik klom erin en daar scheurden we al door het dorpscentrum. Nadat hij de hoofdweg door het dorp had verlaten, joeg hij de auto langs een bijna verticale helling omhoog en zwenkte toen met een scherpe bocht naar een groot, wit familiehuis. De voortuin wemelde van de kinderen en overal hing rook van de barbecue. Toen het eten werd opgediend, op een voor veertien personen gedekte tafel in de keuken, werd ik op de ereplaats gezet, aan het hoofd van de mannenkant, vlak bij Ariko en diens schoonzoon. Terwijl Ariko en zijn vrouw kibbelden of de vastenvoorschriften toelieten dat ze op paaszaterdag olijfolie had gebruikt en de kinderen luidruchtig tussen de tafel en de schallende televisie heen en weer renden, vertrouwde Ariko's schoonzoon Louka me toe dat hij een van de eerste getuigen was geweest van het wonder van de wenende icoon van Kykko. 'Ik kan je wel vertellen dat ik me doodschrok,' zei hij, op een bot knagend, 'maar abt Nikiforos zei dat we niet bang hoefden te zijn.'

Toen de schaal met vlees eindelijk leeg was en iedereen zijn vette handen had afgeveegd met papieren servetten uit een porseleinen houder met het woord JERUZALEM erop, werd er een mand beschilderde eieren op tafel gezet. Dit was het moment waar de zes kinderen – drie meisjes van de ene dochter en drie zoons van de andere – naar hadden uitgekeken. Elk lid van het gezelschap zocht een ei uit en we begonnen aan een spelletje eitjetik. Mijn gele ei weerstond een bijzonder felle aanval van een donkerrood exemplaar, dat door Ariko's oudste kleinzoon werd gehanteerd. Mijn ei werd kampioen.

Ariko interpreteerde mijn overwinning als een duidelijk teken dat ik nooit moest trouwen. Ik zei dat er meestal meer manieren waren om dat soort voortekens uit te leggen. Abt Nikiforos en aartsbisschop Chrysostomos waren het toch ook niet eens geworden over de betekenis van de wenende icoon van Kykko?

Het Troódosmassief

Terug in Nicosia had ik enkele dagen doorgebracht in de Aartsbisschop Makarios Bibliotheek in het souterrain van cultureel centrum Aartsbisschop Makarios, vlak achter de kathedrale kerk die ik op mijn eerste avond op Cyprus had bezocht. Daar had ik een verslag gevonden van de reizen die een Oekraïense monnik over het eiland had gemaakt toen de Ottomanen hier begin achttiende eeuw de scepter zwaaiden, plus het verhaal van een Britse schrijver over zijn voettocht om het eiland in 1972, toen Cyprus nog tamelijk wankel op eigen benen stond en werd geregeerd door Makarios, twee jaar voor de opdeling. Toen ik Kambos uit reed besloot ik dat ik me op mijn komende verkenningstochten zou laten leiden door Vader Vasili Barski en Colin Thubron.

Barski was van vrijwel dezelfde generatie als zijn landgenoot Sint-Païsi Velitsjkovski, maar had weinig van een heilige hesychast gehad en was eerder een gewetensvol geleerde geweest. Hij was geboren en getogen in de buurt van Kievs vermaarde Holenklooster, en toen hij in Kiev op school had gezeten had een etterende zweer op zijn been gedreigd een stokje voor zijn carrière te steken. Gelukkig was de zweer door een wonder genezen, en uit dankbaarheid was hij op bedevaart gegaan. Hij was op zijn zwerftochten helemaal op Athos, Patmos, Cyprus en in Jeruzalem terechtgekomen en had zijn roeping ontdekt. Barski was drieëndertig geweest toen hij als monnik Kykko had bezocht en verklaard dat het klooster, het paradepaardje van het eiland, 'tot in de kleinste details volmaakt was'.

Zo'n tweehonderd jaar later had Thubron Kykko tot zijn ontsteltenis verwaarloosd en vrijwel geheel verlaten aangetroffen. Ervan overtuigd dat het orthodoxe kloosterwezen in Europa tot uitsterven gedoemd was, schreef hij: 'Ik dacht aan de zieltogende kloosters van Meteora en de Peloponnesos, aan de lege sketes op Athos, de steeds schaarser bevolkte Russische broederschappen, de steeds stiller wordende kloosters op de Balkan...'[13] Hij heeft onmogelijk de totale ineenstorting van het communisme aan het einde van de twintigste eeuw kunnen voorzien, of dat de onstuitbare renaissance van het kloosterwezen zo'n belangrijke rol zou spelen bij de verdediging van Europa's orthodoxie tegen het oprukkende Westen.

Om een aantal redenen besloot ik eerst naar het Chrysorrhoyiatissaklooster te gaan, een naam die wordt vertaald door 'Onze-Lieve-Vrouwe van de Gouden Borsten'. Barski beschreef het denigrerend als een 'zeer kleine en arme' dependance van Kykko, met als enig pluspunt zijn 'gezonde ligging',[14] maar het was wel het klooster dat het dichtst bij Makarios' geboortedorp had gelegen en waar hij in zijn jongensjaren zo vaak zijn toevlucht had gezocht. En in 1956 had EOKA de abt van Chrysorrhoyiatissa van verraad verdacht. Op een avond was een gemaskerde verzetsgroep van EOKA, gekleed in habijten, het klooster binnengevallen terwijl de abt in zijn spreekkamer naar de radio zat te luisteren, en had hem met kogels doorzeefd. Toen Thubron bijna twintig jaar later een nacht in het klooster doorbracht, had hij geen woord over die verschrikkelijke daad gehoord.

Chrysorrhoyiatissa, dat er veel authentieker en lieflijker uitziet dan Kykko, heeft nog steeds een prachtig uitzicht over de vlakte die zich ten zuiden van het Troódosmassief naar Paphos uitstrekt. Maar het ligt wel aan een drukke weg. Een restaurant met een terras en stalletjes waar goedkope iconen en lekkernijen van Ottomaanse oorsprong worden verkocht, verdringen zich voor de toegang. Een monnik haastte zich de kloosterkerk uit en de binnenplaats over, nors, zijn ogen afwendend van een paar Duitse toeristen in korte broek. Ik stond stil om het overzicht van de plaatselijke geschiedenis te lezen dat ik, ingelijst achter glas, aan een stenen muur gespijkerd zag. Het begon bij de twaalfde eeuw, met een verhaal over een wonderbaarlijke icoon uit Constantinopel die op een strand in de buurt van Paphos was aangespoeld en door een kluizenaar vanuit de verte was opgemerkt, vervolgde met een aantal plunderingen door de Turken en een brand in 1967, om in augustus 1974 een hoogtepunt te bereiken: 'Opnieuw hebben de Turkse horden het klooster bestookt, ditmaal vanuit de lucht... De schade die hun vliegtuigen het dak, de zonnecollector en de kloostergewelven hebben toegebracht is nog steeds zichtbaar.'

Ik reed nog een paar kilometer de weg af, naar Ayia Moni, ook een metochion van Kykko, waar ik volgens Vader Kirillos een paar Roemeense monniken zou aantreffen. Ayia Moni was even zorgvuldig hersteld als Kykko, maar niet zo luxueus, en het lag ook aan de hoofdweg. Een jonge monnik, met zo op het oog een paar schots geruite pantoffels van Marks & Spencer aan, was met lange, luie halen de binnenplaats aan het vegen. Hij was Vader Dumitru uit het Suceavaklooster in Moldavië, vertelde hij. Het eerste contact tussen zijn klooster en Kykko was gelegd toen zijn geestelijk vader op uitnodiging van abt Nikiforos naar Kykko was gekomen om van een operatie aan zijn prostaat te herstellen. Die eerste uitnodiging was gevolgd door andere, ditmaal gericht aan jongere monniken, om Grieks te komen leren en de vele metochia van Kykko te bevolken. We babbelden nog een tijdje over Roemenië en hij vroeg of ik wist dat de paus daar in mei een bezoek zou brengen.

'O ja, en ik vind het geweldig dat juist Roemenië het eerste orthodoxe land zal zijn dat na het schisma van 1054 een paus verwelkomt,' zei ik enthousiast.

'Hm, maar we laten hem niet doorreizen naar Transsylvanië, waar de geünieerden en de rooms-katholieke Hongaren wonen. Hij mag alleen in Boekarest komen,' snoerde Vader Dumitru me de mond.

Vanuit Ayia Moni reisde ik noordwaarts, de bergen weer in, naar het Troódhitissaklooster, waar zowel Barski als Thubron tamelijk uitvoerig over hebben geschreven. Beiden waren op hetzelfde verhaal getracteerd, over hoe de kostbaarste icoon van het klooster, die van de Allerheiligste Moeder Gods, aan het stuk steen in de houten achterkant was gekomen. Lang geleden was er een jongen ongeneeslijk ziek geworden. Zoals dat indertijd de gewoonte was, hadden de radeloze ouders beloofd hem als monnik aan God te wijden als hij maar beter werd. In de vreugde om de wonderbaarlijke genezing van de zieke werd de belofte al snel vergeten. Op zekere dag was het gezin in de kerk voor een schenking, toen zich plotseling een steen van het kerkdak losmaakte. Hij dreigde al op de jongen neer te komen en hem te doden, toen de icoon te hulp snelde door zich van haar standaard te verheffen en zich voor de aanstormende steen te werpen. De steen was in de achterkant blijven steken. Door dat wonder was de weerstand tegen het idee om de jongen aan God toe te wijden als sneeuw voor de zon verdwenen.

Hoewel Barski overtuigd orthodox was, had hij ernstig getwijfeld aan de juistheid van dat verhaal. Een onderzoek van de houten achterkant van de icoon en de steen die erin vastzat, had de sluimerende rationalist in hem gewekt. Hij had geschreven dat het projectiel 'zo te zien niet is blijven steken, maar heel gewiekst is vastgezet. Bovendien zou een steen die vanzelf is gevallen nooit blijven steken, want de kerk is laag, de steen klein en het hout zo hard dat dit niet op natuurlijke wijze kon gebeuren.'[15] Twee eeuwen later had Thubron geduldig naar hetzelfde verhaal geluisterd en vervolgens naar de moraal die de gids-monnik eraan ontleende. '"U ziet dat God zowel gerechtigheid als liefde is," zei de monnik... "U zult niet iedereen in de hemel aantreffen. Geen joden, nee, en ook geen Arabieren, of Russen die nergens in geloven, en evenmin... maar Amerikanen zijn toch christenen?" '[16]

Geïntrigeerd door het verhaal over de icoon, volgde ik de borden naar Troódhitissa. Toen ik bijna op de top van de berg was, wees een laatste wegwijzer me rechtsaf, naar een reusachtige, lege parkeerplaats, waar de ooit vrolijk gekleurde stalletjes met hapjes en koude dranken inmiddels krakkemikkig en verroest waren. Ik kwam tot de slotsom dat de monniken het voorbeeld van hun Heer hadden gevolgd en de kooplieden en geldwisselaars bij wijze van spreken uit hun tempel hadden gegooid. Op dat moment verscheen aan de overkant van de parkeerplaats een rij monniken, vier aan vier. Ze kwamen op me af, passeerden me en zouden net door een hoge houten poort verdwijnen, toen een van hen naar me omkeek en op een koperen plaat aan de muur wees. Die maakte me in onderstreept Engels duidelijk dat Troódhitissa niet langer toeristen verwelkomde.

Nadat ik in al die Russische, Macedonische, Servische en Roemeense kloosters succes had gehad, werd ik heel even onredelijk boos. Maar zowel Cyprus als Griekenland zijn de laatste pakweg dertig jaar overspoeld door toeristen. Ik kon me best voorstellen dat de bereidheid van een kloostergemeenschap om gastvrijheid te verlenen zwaar onder druk komt te staan als die gemeenschap hele hordes niet-orthodoxe vakantiegangers door haar geliefde spirituele herstellingsoord ziet dwalen. Mijn weer snel wegebbende ergernis was niets in vergelijking met Thubrons dagenlang durende aanvallen van neerslachtigheid als zijn voeten waren stukgelopen en zijn kleren doornat van de regen. Ook Barski had zijn moeilijke momenten gehad. Op een bepaald moment was de slimme maar ziekelijke Oekraïense monnik tijdens zijn omzwervingen verdwaald en een stel houtvesters tegengekomen. Ze hadden hem verzorgd, maar hij had een vreselijke nacht doorgemaakt:

> ... woelend en me telkens omdraaiend, als een lam aan het spit, gefolterd door de hitte van het vuur aan de ene of de koude van de berg aan de andere kant, die ik kon voelen omdat mijn kleren nat van het zweet waren... Telkens als ik indommelde schoot ik weer

wakker, nu eens door het huilen van de wind en door de kou, dan weer door bijtende mieren of uit angst voor slangen, of door de heerlijke geur van brandend hout... al woelend heb ik de hele vespers en de metten gebeden...[17]

Ik liet de Hoge Troódos achter me en had me net in de verkeerschaos van de tweede paasdag gestort, terug naar Nicosia, toen ik me herinnerde dat de vriendelijke boekenverkoopster die ik een week geleden in de hoofdstad had ontmoet, me dringend had aanbevolen het klooster van Makhairas te bezoeken. Ik kwam er toch langs. 'Niet uitstellen,' had de vrouw aangedrongen, 'want het ziet ernaar uit dat vrouwen er zeer binnenkort niet meer in mogen. De invloed van Athos wordt daar steeds groter.' In het kantoor achter in haar uitstekend gesorteerde 'Moufflon Boekwinkel' had ze me op een dringende fluistertoon die beter paste bij het doorgeven van staatsgeheimen en militaire inlichtingen dan bij kerkroddels, onthuld dat de op Athos opgeleide Athanasios, de voormalige abt van Makhairas, de aanzet had gegeven tot een overweldigende opleving van het klooster voordat hij bisschop van Limassol was geworden.

'U moet niet vergeten,' ging ze op dezelfde dringende en enigszins ademloze toon verder, 'dat er op dit moment in onze Kerk een totale oorlog gaande is. Aan de ene kant heb je mensen zoals deze oprecht spirituele Athanasios, die, zoals veel mensen hopen, aartsbisschop zal worden als Chrysostomos overlijdt. Maar aan de andere kant heb je mensen zoals de in opspraak geraakte Chrysanthos, die vóór Athanasios bisschop van Limassol was. U hebt vast wel van hem gehoord... Nee...? Nadat jullie New Scotland Yard de eerste keer aan de bel had getrokken vanwege zijn gerommel met beleggingen, zijn er meer dan dertig aanklachten over frauduleuze zakelijke transacties tegen hem ingediend. Het is een schurk, ik heb het over miljoenen dollars! Afgelopen november was hij eindelijk zo verstandig om af te treden, maar er zijn er meer met dat soort neigingen. U hebt vast wel gehoord hoe de bisschop van Paphos Athanasios' goede naam door het slijk probeerde te halen om diens aanstelling in Limassol te verhinderen door te beweren dat zijn geestelijk vader – een Athosmonnik die over de tachtig is – met elf Cypriotische nonnen had geslapen en ze allemaal met een geslachtsziekte had besmet...'

'Wacht even,' zei ik, omdat mijn aandacht, terwijl de vrouw in hoog tempo de huidige situatie van de Kerk op Cyprus schetste, te veel in beslag werd genomen door de onsmakelijke hoogtepunten, 'wanneer speelde dat schandaal?'

'Ergens in de jaren zeventig, maar het is nu pas aan het licht gekomen. O ja, nog iets, hij beweert dat hij bewijzen heeft – de recepten van de nonnen voor de medicijnen die ze nodig hadden om hun infecties te genezen. De berg Athos en zelfs de patriarch van Constantinopel zijn ten slotte voor die oude monnik in de bres gesprongen... Nou ja, ik ben met al die smeerlapperij even de draad kwijt. Ik wilde alleen maar zeggen dat het de moeite waard is om naar Makhairas te gaan.'

Ook mijn beide gidsen hadden het vermaarde klooster geroemd, dus was er alle reden om te gaan. Barski's bezoek aan Makhairas was toevallig samengevallen met dat van een Athosmonnik, wiens geldinzameling voor zijn klooster op rolletjes liep omdat hij iedereen die hij om geld vroeg voor zich had ingenomen met 'zijn wonderschone geoefende zangstem', met een blik op een 'deel van de schedel van de martelaar Sergius' en een stuk 'bot met wat vlees van de befaamde martelaar Sint-Panteleimon'.[18] Maar de Oekraïener was met name onder de indruk geweest van Makhairas' analfabete abt Parthenios, die het had bestaan om in zijn monnikskap 'allerlei klein gereedschap te vervoeren, zoals dunne en dikke priemen, drilboortjes, een mes, een stuk ijzer om vuur mee te slaan, een kam, nagels, een dikke naald, naald en draad, was, touw en nog veel meer'.[19] Een paar honderd jaar later had Thubron, met pijnlijke voeten en uitgeput, de pech gehad dat hij in de paasnacht bij Makhairas was aangekomen, dus zeker had geweten dat alle gastenkamers in het klooster bezet zouden zijn. Nadat hij de middernachtelijke plechtigheid als het ware slaapwandelend was doorgekomen, was hij uitgenodigd om in het klooster zelf te slapen.

Toen ik het klooster eindelijk, na urenlang door de bergen rijden, in het zicht kreeg, leek het in het namiddaglicht – net als de vogelnestkloosters op Athos – aan een loodrechte groene berghelling te hangen. Bovendien was Makhairas een witgekalkt vakwerkgebouw in de oude, Macedonisch-Ottomaanse stijl, waardoor het nog meer aan een klooster op Athos dan aan Kykko deed denken. Makhairas zou in een plaats als Ohrid in de FYROM, of in Kastorias, aan het meer in Macedonië, niet uit de toon vallen, dacht ik.

Op een bord bij de poort stond in het Engels:

> Dit klooster is geen picknickplaats. Verboden toegang voor iedereen in korte broek en voor vrouwen in lange broek. Betreed deze heilige plaats alstublieft vreedzaam, rustig en met zelfrespect.

Maar een jongeman in de souvernirwinkel waar ik twee boekjes kocht (een over het hesychastische Jezusgebed, het andere over heilige dwazen), plus een pot in het klooster gemaakt marsepein met rozengeur, verzekerde me dat ik het best in lange broek kon wagen. Hij zei dat de meeste monniken een dutje deden.

Achter de voordeur van het klooster lag een mozaïekvloer met in het midden een tweekoppige Byzantijnse adelaar, maar voor zover ik kon zien was dat de enige verwijzing naar invloed van Athos. Misschien had ik me echter te snel laten afleiden door iets wat allesbehalve spiritueel was. Pal rechts naast de deur lag een klein museum dat leven en dood van een EOKA-martelaar herdacht, Grigori Afxentiou, die in 1957, nadat hij had geweigerd zich aan de Britten over te geven, in zijn schuilplaats was opgeblazen. Je zag zijn geweer (met het acroniem EOKA op de lade gegraveerd), een verschoten Griekse vlag, een paar handgranaten, een verrekijker, een vuilgrijs habijt, wat ondergoed (een groezelig plastron en een slobberige lange onderbroek) een foto van hem, nog een foto van een andere monnik (die griezelig veel op hem leek) en – het merkwaardigst van al – een gouden tand. Ik vroeg een Cypriotische die naast me stond en elk voorwerp even zorgvuldig bestudeerde als ik, of ze zo viendelijk wilde zijn me het verhaal achter deze verzameling overblijfselen te vertellen. Ze zei dat Afxentiou op het hoogtepunt van het EOKA-tijdperk tijd en goed voedsel nodig had gehad om bij te komen van een operatie, en zich dus verkleed als monnik had schuilgehouden in Makhairas. Hij was al bijna hersteld en klaar om de strijd weer te hervatten, toen een paar Britse officieren langskwamen voor een routinecontrole. Voor de grap had de guerrillaleider, ofwel Vader Chrysanthos, de honneurs waargenomen en zijn gezworen vijanden nederig van glazen limonade en water voorzien. Hij had geglimlacht maar geen mond opengedaan, uit angst dat zijn ene gouden tand hem zou verraden.

Iets verderop langs dezelfde weg stond een reusachtig bronzen standbeeld van de grappenmaker die dankzij de Britten tot martelaar was verheven. In maart 1970 was aartsbisschop Makarios helemaal hierheen gereisd om de dertiende verjaardag van zijn dood te vieren, ongetwijfeld nog enigzins geschokt na de eerste van de vele aanslagen op zijn leven. Pas een paar uur eerder was zijn helikopter opgestegen van het terrein bij zijn paleis in Nicosia en had een handvol strijders, nijdig vanwege Makarios' bereidheid om genoegen te nemen met onafhankelijkheid in plaats van vereniging met Griekenland, de onderkant ervan met kogels doorzeefd. De helikopter was neergestort. Makarios was overeind gekrabbeld, had het stof afgeklopt, zijn reis per auto voortgezet en was hier maar iets te laat aangekomen.

Limassol

De enige onplezierige minuten van mijn veertien dagen op Cyprus waren het gevolg van een onschuldige, door mijzelf gestelde vraag: 'Kunt u me alstublieft zeggen waar het bisschoppelijk paleis is?'

Ik was in Limassol aangekomen, had een hotel met uitzicht op zee geboekt en was een wandeling gaan maken. Volgens mijn reisgids moest ik meteen rechts van het hotel de voormalige aartsbisschoppelijke kathedraal vinden. Dat klopte, maar dan wel volledig aan het oog onttrokken door een blauwe glazen wolkenkrabber van de Hanzeatische scheepvaartmaatschappij. Ik zocht net in de kleine, lege kerk een kaars om aan te steken, toen ik merkte dat er iets achter de iconostase bewoog. Na een poosje trok een broodmagere, wat oudere man links van het altaar een gordijn opzij en kwam naar beneden om te vragen wat ik daar deed. Aan hem had ik die simpele vraag gesteld. 'Bent u orthodox?' had hij wantrouwig geantwoord.

Ik had nee geschud en uitgelegd wat ik daar deed en waarom ik wilde weten waar het paleis van de bisschop stond.

'Bent u getrouwd? Nee?... Jammer. U had in een van de orthodoxe landen waar u hebt gereisd met een orthodoxe man moeten trouwen. Waar komt u vandaan?'

'Londen.'

'Kunt u me nou vertellen waarom uw land op dit moment tegen alle orthodoxe landen is? Rusland, Griekenland, Cyprus – we zijn het geen van allen eens met wat de NAVO Servië aandoet.'

'Ik weet het.'

'Maar waarom? Waarom valt de NAVO aan?' zei hij, plotseling heftig en met zijn vinger naar mijn onderarm prikkend. 'Kunt u me dat uitleggen?' Hij sleurde me de kerk bijna uit.

'Ik kan het proberen,' zei ik, met het vage vermoeden dat hij ruzie zocht en niet van een verklaring gediend was, 'maar wilt u alstublieft ophouden met duwen en schreeuwen?'

Hij wilde weten waarom de NAVO geen vinger had uitgestoken om te voorkomen dat mensen zoals hij in 1974 door de Turken uit Noord-Cyprus waren weggezuiverd. Hij eiste een verklaring waarom de BBC alleen maar opnamen liet zien van huilende Kosovo-Albanese vluchtelingen in plaats van beelden van NAVO-bombardementen. Hij geloofde dat het Westen van plan was een reeks belangrijke orthodoxe machten te veroveren – eerst Servië, dan Griekenland en ten slotte Rusland. De oude man met zijn fijn getekende trekken en vurige zwarte ogen was buiten zichzelf van angst en woede. Ik had al eerder dit soort ontmoetingen gehad, maar alleen met Bosnische Serviërs tijdens de oorlog, of met Russische ultranationalisten, of Roemenen in Transsylvanië in 1990. Die doodsbange en boze man had me daar op die zondagse lenteavond in dat vakantieoord op Cyprus totaal overrompeld.

'Wat Clinton in deze oorlog doet is erger dan wat Hitler heeft gedaan!' schreeuwde hij, met een nog venijniger por in mijn arm.

'Nu praat u echt onzin,' zei ik, 'daar wil ik niet meer naar luisteren.'

'Onzin, zegt u!' [Duw, prik.] 'O nee! Wegwezen!'

Boos en geschokt ging ik weg, ervan overtuigd dat alleen mijn geslacht me voor een pak slaag had behoed.

Tijdens mijn verblijf in Limassol had ik niet veel contact meer met Cyprioten. Ik was er alleen omdat ik tot de slotsom was gekomen dat als Athos de spirituele hoofdstad van orthodox Europa was, Limassol – een bedrijvige havenstad én vakantieoord – de seculiere antithese ervan genoemd kon worden.

Door het simpele feit dat de inwoners van de orthodoxe landen van het voormalige Oostblok voor een bezoek aan Cyprus geen visa nodig hebben en overal elders in West-Europa wel, is het eiland – en vooral Limassol – een luilekkerland voor werkzoekende Russen, Oekraïners, Serviërs, Roemenen en Bulgaren. Vrouwen komen er gemakkelijk in de prostitutie terecht. Vooral begin jaren negentig maakte het ongereglementeerde banksysteem van Cyprus het witwassen van geld uitermate makkelijk voor Servische zwarthandelaars, of voor Russen die een veilige plek zochten om de gigantische bedragen te deponeren die ze met de verkoop van bezittingen van de voormalige Sovjet-Unie hadden verdiend.

Ik merkte dat het eenvoudiger was om de smerige seksbusiness van Limassol te lokaliseren dan de smerige zwart-geldbusiness. De eerste Russin die ik zag was een beeldschone, hoogbenige blondine in hotpants en een strak T-shirt. Ze was in gezelschap van een Cyprioot met de omvang en het model van Ariko. Hij boog zijn hoofd, klom chagrijnig uit zijn bestelwagen en volgde haar naar een tafel in het hotel-restaurant. Op mijn eerste ochtend in de stad siste een hoerenloper me door zijn autoraampje toe: 'Rusland? Roemenië? Joegoslavië?' Later op dezelfde dag zat ik op het keienstrand van Limassol een boek te lezen toen een stem riep: '*Dyevushka*!' – de gebruikelijke Russische term voor een ongetrouwde vrouw. Ik keek op en ontdekte een rood motorbootje met de naam Rendezvous in het ondiepe water een paar meter van het strand. Aan boord bootsten drie Russische mannen een martini-advertentie na, met zonnebrillen boven hun voorhoofden en flessen wodka binnen handbereik. De man die naar me had geroepen had blond haar, een strakke rode zwembroek en was fraai gebruind.

'Wat?' riep ik in het Russisch terug.

'Ben je met vakantie?'

'Nee, aan het werk.'

'Werk?' zei hij, even de tijd nemend om zich naar zijn vrienden om te draaien en luidkeels te lachen. 'En wat voor werk mag dat wel zijn?'

'Ik ben een boek aan het schrijven.'

'Een boek aan het schrijven, alsof het niks is! Ha! Ha! Waarover, als ik vragen mag?'

'Over de orthodoxie.' Ik kreeg schoon genoeg van het schreeuwen en hoopte dat ze nieuwsgierig genoeg waren geworden om aan land te komen voor een behoorlijk gesprek.

'De orthodoxie?' loeide hij ongelovig. 'Veel succes! Dag!'

De Rendezvous met haar 'jolige, innemende' lading spurtte weg, naar de einder en de ondergaande zon.

Het was misschien maar goed ook dat ze niet naar me toe waren gekomen, want terwijl ik daar aan dat strand zat, naar het gebrul van het verkeer achter me op de weg luisterde en naar de ondergaande zon keek, sloeg mijn tevreden stemming om in bezorgdheid. Ik besefte dat er nog geen tien jaren voorbij waren gegaan sinds de Russen de vrijheid hadden gekregen om naar Cyprus te gaan en zich zij aan zij met hun westerse tegenhangers te vermaken, maar dat een van de indirecte resultaten van de oorlog van de NAVO met Servië nu al zichtbaar werd doordat het continent opnieuw verdeeld raakte, ditmaal langs de schismalijn. Stel dat dit soort onbekommerde contacten met Russische vakantiegangers op Cyprus – en dan heb ik het niet eens over werkelijk vruchtbare uitwisselingen – weer onmogelijk zou worden. Stel dat de schismalijn uit 1054 in zoiets als de Groene Lijn verandert. Stel dat oosters-orthodox Europa zich van het ontzielde Westen zou afsnijden. Stel dat de verschillende oosters-orthodoxe Kerken waarachtige symphonia zouden eisen en al hun kloosters hun deuren zouden sluiten voor ketterse ongelovigen, en dat de aartsbisschoppen net als Makarios ook als president zouden optreden. In een zeer levendige flashback zag ik weer voor me hoe Goran, achterover in zijn stoel onder het gele zonnescherm van Bijeljina's Café Byzantium, tegen me zei dat Servië zo iemand als een patriarch nodig had 'om ons uit de rotzooi te halen'.

De volgende dag ontmoette ik weer een ander soort Rus, een die niet zijn lichaam te koop aanbood en ook niet op vakantie was, maar wel het soort perfect verzorgde Engels sprak dat ik had leren associeren met voormalige KGB'ers. Joeri Pjanych, die aan het hoofd stond van iets wat 'Genootschap van Russische Zakenlieden in Cyprus' heette, had bijna tien jaar op Cyprus gewoond, dus vroeg ik hem waarom de Russen zich zo thuis voelden op het eiland.

'Nou, vooral omdat het woord *taverna* in het Grieks en het Cyrillisch hetzelfde wordt geschreven,' zei hij minzaam, 'maar nu even serieus: wist je dat zeventig procent van de lichtarmaturen in de kerk van Kykko uit Rusland komt en dat Kykko vóór de bolsjewistische revolutie een metochion in Rusland had?... Nee, ik weet niet meer waar. De contacten tussen de Russische en de Cypriotische Kerken gaan heel ver terug.'

Yuri was degene die me vertelde over een plan om die oude en inmiddels weer aangetrokken banden tussen beide landen te vieren door ergens in de heuvels boven de stad een machtige Russisch-orthodoxe kerk te bouwen. Vervolgens regelde hij dat zijn zakenpartner Wladimir, een reusachtige man die in een lange, zwarte Mercedes-limousine reed, me erheen zou brengen om de plek te bezichtigen.

We spoedden ons de stad uit over een nieuwe autoweg, de met gloednieuwe of half afgebouwde buitenhuizen bezaaide heuvels in. Het was alsof de Cyprioten – net zoals in de twaalfde eeuw naar het Troódosmassief – hierheen waren gevlucht om, na zich te hebben neergelegd bij het verlies van hun stad en hun kust, de invasie van westerse toeristen te ontlopen.

Wladimir onthaalde me op de wederwaardigheden van het plan voor de Russische kerk. Nadat de Russische ambassade in Nicosia het plan halverwege de jaren negentig aan de Cypriotisch-orthodoxe Kerk had voorgelegd, begon het vaste vorm aan te nemen. De inmiddels in ongenade gevallen bisschop Chrysanthos van Limassol had onmiddellijk een prachtige lokatie voor de kerk geschonken. Een gift van zevenhonderdvijftienduizend dollar van een anonieme Russische zakenman was voldoende geweest om met het leggen van de fundering te beginnen. De toenmalige onvermoeibare burgemeester van Moskou, Joeri Loezjkov, had zich ermee bemoeid en besloten dat Limassol eerst een kapel moest krijgen die als gebedshuis kon dienen terwijl de grote kerk werd gebouwd. Hij had bevel gegeven tot het bouwen van een getrouwe replica van Ruslands oudste houten kerk. Die zou in Moskou worden gebouwd, vervolgens gedemonteerd, naar Cyprus verscheept en daar weer in elkaar gezet.

Het project had zich geen betere peetouders kunnen wensen dan die alleenstaande welgestelde zakenman en burgemeester Luzhkov, maar kwam al snel in de problemen. Om te beginnen was begin 1998 het schandaal rond de talloze malversaties van bisschop Chrysanthos van Limassol losgebarsten. Opeens had men zich herinnerd dat dat hele anoniem geschonken bedrag van zevenhonderdvijftienduizend dollar aan genoemde prelaat in bewaring was gegeven, maar het officiële onderzoek door patriarch Alexi II van Rusland had geen nieuws over de verblijfplaats ervan opgeleverd. Het geld was verdwenen. Intussen was het werk aan de kleine geprefabriceerde kapel achter geraakt op het schema. Met Pasen 1998 was een groots opgezette inzegening van zowel het terrein als de kapel gepland, maar er was geen tijd meer geweest om de kapel naar Cyprus te verschepen. Die had per vliegtuig moeten reizen. Er was een reusachtig Antonov-vrachtvliegtuig van het Russsische ministerie voor Calamiteiten gecharterd en de kapel was aan boord gebracht. Zodra het op Cyprus was geland, begonnen krankzinnige en gevaarlijke verhalen op het eiland de ronde te doen: 'De raketten zijn aangekomen.'

Al maandenlang hadden de Griekse Cyprioten vol verwachting uitgekeken naar de komst van een lading in Rusland gefabriceerde luchtdoelraketten, zodat de onaangekondigde komst van een reusachtig Russisch vrachtvliegtuig, met zo op het oog militaire kenmerken, meteen met die wapens was geassocieerd. De mensen hadden naar elkaar geknikt en geknipoogd en waren het erover eens geweest dat de aanpak van deze delicate zaak – Rusland wist hoe Noord-Cyprus, Turkije en het Westen zich verzetten tegen het plaatsen van dergelijke wapens in een gebied dat toch al het meest gemilitariseerde land van Europa was – bewonderenswaardig discreet was. Ten slotte had de Russische ambassadeur in Nicosia het gerucht, dat zich als een lopend vuurtje had verspreid, met een officiële ontkenning de kop in moeten drukken. 'De lading van de Antonov bestaat niet uit SAM-300 raketten, maar uit een veel krachtiger wapen – een Russische kerk,' had hij op een persconferentie schaapachtig meegedeeld.

Grinnikend bij de herinnering aan dat fiasco, stopte Wladimir op een winderige heuveltop voor een houten Russische kerk in de kleur van een oude ezel. Ze had wel iets van de kerken die Vanya en ik in de buurt van Archangelsk hadden gezien, in hun natuurlijke habitat van hoge, heldere luchten, zilverberken en water. Deze snikhete heuveltop, een paar rotsachtige meters van een half afgebouwde villa, was een volkomen misplaatst decor.

Gebouwen transplanteren is verkeerd. Maar hoe zit het met het transplanteren van mensen? Vader Dumitru, ginds in Ayia Moni, had toegegeven dat hij heimwee had naar de regen en de beukenwouden van Noordoost-Roemenië. Hoe hadden de monniken van Kykko zich gered toen ze hun metochion in het verre Rusland hadden bevolkt? vroeg ik me af.

Nicosia

Hoe was Kykko aan die Russische metochion gekomen? Waar had die gestaan en wat was ervan geworden?

Terug in Nicosia hoorde ik op de dag vóór het vastgestelde onderhoud met aartsbisschop Chrysostomos over een historicus die al mijn vragen zou kunnen beantwoorden. Hij verbleef in Kykko's belangrijkste metochion in Nicosia, een klooster-alias-zakencentrum-alias-centrum-voor-historisch-onderzoek dat zich in een van de mooiste, door weelderig groene tuinen omgeven panden van de stad bevond.

De man zat aan zijn bureau, graag bereid me bij mijn onderzoek te helpen, maar sprak jammer genoeg geen woord Engels. 'Geen probleem,' zei een kogelronde jonge monnik met blauwe ogen, lange wimpers en glanzend zwart, strak in een knotje gebonden haar, 'ik zal wel vertalen.' Maar ik had mijn eerste vraag nog niet geformuleerd of de arme historicus was vergeten.

'Maar ík ben degene die u moet spreken,' zei de monnik met een ongelovig lachje. 'Ik ben de enige die in onze zogenaamde "Russische metochion" is geweest. Ik weet alles wat erover te weten valt! Ik heb vijf jaar van mijn leven in Rusland doorgebracht! En zal ik eens wat zeggen? U mag blij zijn dat u me hier vindt, want morgen ga ik weer lesgeven in Thessaloniki.'

Nadat ik twee jaar lang telkens weer blij verrast was geweest door elke gelukkige samenloop van omstandigheden die ik op mijn reizen was tegengekomen, was ik minder verbaasd dan Vader Isaias over onze toevallige ontmoeting, al bleek hijzelf minstens zo interessant als welke Russische metochion dan ook.

Begin jaren negentig had Kykko's machtige abt Nikiforos Vader Isaias opgedragen Athos te verlaten en naar Rusland te verhuizen voor een vijfjarige studie aan het befaamde seminarie in Sergijev Posad. Toen hij daar net zijn tweede jaar had afgerond, was er een nieuwe opdracht uit Kykko gekomen. Hij had te horen gekregen dat hij al zijn vrije tijd moest gebruiken om te achterhalen waar Kykko's Russische metochion voor 1917 had gelegen. Er waren talloze vruchteloze speurtochten en doodlopende sporen gevolgd, maar pas drie jaar later, toen hij de jacht al bijna had opgegeven en op het punt stond Rusland te verlaten om zijn theologische studie in Thessaloniki voort te zetten, had Vader Isaias eindelijk enige vooruitgang geboekt. Iemand had hem weten te vertellen dat Kykko's Russische metochion helemaal niet in Rusland lag, maar in de pas onlangs onafhankelijk geworden voormalige sovjetrepubliek Georgië.

Georgië, een zonnig, vruchtbaar land ten noorden van de Zwarte Zee, was ruim vier eeuwen eerder tot het christendom bekeerd dan Rusland, door een vrouwelijke heilige, Nino genaamd. Ergens in de achttiende eeuw hadden een paar bedelmonniken van Kykko kans gezien helemaal naar het hof van ene godvruchtige koning Heraklitos te lopen, waar ook dit juweel in de kroon van de oosterse orthodoxie toe had behoord. Met bloedstollende verhalen over Ottomaanse strooptochten naar Kykko, over branden en verwoestingen, hadden ze de monarch zover gekregen dat hij bereid was diep in de buidel te tasten. Tot de geschenken waarmee hij Kykko had overladen behoorde niet alleen een kant-en-klaar klooster, maar ook de opbrengst van complete bossen, wijngaarden en bergen. Hoewel koninklijke milddadigheid op zo grote schaal wel opmerkelijk was, was ze voor die tijd zeker niet buitensporig. De kloosters van de door de Fanarioten geregeerde Donauvorstendommen vervulden voor de al even vaak overvallen orthodoxe kloosters in Griekenland en Klein-Azië eenzelfde suikeroomfunctie. In 1811 had het Russische Rijk zowel het onafhankelijke godvrezende Georgië als zijn autecefale Kerk opgeslokt maar Kykko's metochion, in een plaats die Vartzja heette, ongemoeid gelaten.

'De tocht erheen had iets van een safari,' zei Vader Isaias. 'U weet wat reizen in de voormalige USSR betekende, waar je ook heen ging. Toen we er eindelijk waren, was er een groot feest in het dorp – een wake voor iemand die net gestorven was. Er was veel wijn en er werd volop getoast, uw weet hoe Georgiërs zijn...'

Dat was waar. Georgië, dat van het hele voormalige Russische Rijk of van de voormalige Sovjet-Unie nog het meest op de landen rond de Middellandse Zee leek, moet voor de Cyprioten een soort thuis zijn geweest, geen verbanningsoord. Vader Isaias had een groots onthaal gekregen, als een held die naar huis komt, en was als een vorst behandeld. Tot zijn verbazing had hij ontdekt dat het verre Kykko ongeschonden voortleefde in het plaatselijke geheugen, net als het verhaal over de metochion en het verhaal over de laatste archimandriet van het klooster, die samen met zijn neef aan het eind van de negentiende eeuw uit Cyprus was gekomen. Die neef, had men Vader Isaias verteld, had hier wortel geschoten door Georgisch te leren, een vrouw uit de omgeving te trouwen en een gezin te stichten. Vader Isaias was vervolgens voorgesteld aan een oude man die de zoon van die neef bleek te zijn.

'Zodra ik over Cyprus begon barstte die oude kerel in tranen uit – en ook voor mij was het een heel emotioneel moment,' zei Vader Isaias beschroomd, druk in de weer met de knopjes op zijn chique verchroomde mobieltje. 'Hij zei dat hij al zijn hele leven over Cyprus had willen praten maar dat vanwege de communisten niet had gedurfd. Hij vertelde me in het Russisch dat zijn familie uit Nicosia kwam en dat het recept voor zivania – u weet wel, die kleurloze brandewijn die we in Kykko stoken en verkopen – door zijn oudoom via zijn vader aan hem was doorgegeven!'

Vader Isaias was geschokt geweest door de verwaarloosde toestand waarin de kloosterkerk verkeerde, maar dankbaar toen hij vernam dat er op 8 september, de feestdag van de Maagd Maria, altijd in het geheim een eredienst was gehouden. De onderwijzer van Vartzja had hem precies kunnen aanwijzen welke 'duizenden en nog eens duizenden morgens' bossen, wijngaarden en bergen ooit aan Kykko hadden toebehoord.

'De oude archimandriet en zijn neef waren al voor 1917 begonnen land van de metochion te verkopen. Uit de brieven die ze daarvandaan naar Cyprus stuurden kon je opmaken dat ze voelden dat er iets vreselijks stond te gebeuren...'

Ons gesprek werd onderbroken door het oorverdovende lawaai van de kerkklok van het klooster. Al pratend stond Vader Isaias op en liep hij door de schaduwrijke kloostergang met me mee naar een groepje monniken. Een van hen was een kleine man in een prachtig purperen habijt, met pennen in zijn borstzakje, een onberispelijk geknipte baard en een soort pommade in zijn haar dat hoog genoeg was gekapt om hem een paar centimeter extra te geven.

'Mag ik u voorstellen aan onze abt Nikiforos,' zei Vader Isaias, die me eerst naar genoemde opvallende verschijning had geloodst, die ik een hand gaf, en vervolgens naar een andere monnik, in alles het tegendeel van de abt. Dat was Vader Gavriil, de geestelijk vader van Vader Isaias, een broodmagere oude man in een vaal, haveloos habijt.

'Waarom gooit het Westen bommen op Servië?' wilde hij van me weten, met zijn ijle, bevende stem, zijn doffe ogen gericht op een eeuwigheid die vlak achter mijn rechterschouder lag. 'Wat in honderden jaren is opgebouwd – zowel aan tastbare als aan spirituele banden – mag niet vernietigd worden!'

Vader Isaias ging me voor naar de koelte van de kloosterrefter, een hoge ruimte met een glimmende marmeren tafel, lang genoeg voor twintig mensen, en een kleurig fresco van Christus, omringd door zijn apostelen aan het Laatste Avondmaal. Aan het hoofdeinde, vlak bij abt Nikiforos, zaten vier of vijf monniken in eenvoudige marineblauwe of donkerrode habijten. Ze hadden allemaal even keurig geknipt haar en pennen in hun borstzakje. Daarna kwamen de stokoude Vader Gavriil en een al even haveloze jongeman met vurige donkere ogen, vervolgens de druk pratende Vader Isaias, dan ikzelf, en als laatsten een stuk of wat leken. Nadat abt Nikiforos had voorgebeden, verscheen naast me een monnik-kelner die me een in een gesteven wit servet gewikkelde fles van Kykko's eigen rode wijn aanbood.

Vader Isaias schepte mijn bord vol gestoofde bonen, de heerlijkste frietjes die ik ooit had geproefd, perfect al dente gekookte spruitjes en eersteklas tonijnmoten uit blik. Over dit merkwaardige assortiment spijzen goot hij een flinke scheut van wat hij 'de beste' olijfolie noemde – Kykko's eigen merk. Ik dacht aan Thubrons beschrijving van zijn maaltijd in Kykko, bijna dertig jaar geleden: 'De reftertafel van aaneengevoegde platen marmer is ruim dertien meter lang, en de monniken die er samenkomen zien er allemaal even welgedaan uit. Zelfs de bonen worden weggespoeld met olijfolie en citroensap, aangevuld door met uien op smaak gebrachte kroketten.'[20]

'We luisteren onder de maaltijden meestal naar geestelijke lectuur,' mompelde Vader Isaias met iets verontschuldigends in zijn stem, 'maar dit is het bestuurscentrum van Kykko. Als de abt hier in Nicosia is moet hij allerlei zakelijke aangelegenheden afhandelen.'

Ik had dolgraag meer willen vragen over Kykko's zakelijke aangelegenheden, maar vond dat gezien de omstandigheden niet erg welvoeglijk. Het klooster was zonder enige twijfel fabelachtig rijk en wrong zich in allerlei bochten om zich te onttrekken aan de toenemende druk om belasting te gaan betalen. Maar na mijn ervaringen in Kambos mocht ik ook veronderstellen dat de abt de verantwoordelijkheid van het klooster jegens de gemeenschap heel ernstig nam. Terwijl sommige Cyprioten het religieuze establishment in hun land haatten en vreesden, en het beschreven als een reusachtige belastingvrije en onaantastbare maffiaorganisatie die op het eiland ongeveer de helft van de grond, van de radio- en tv-zenders, van de hotels en de fabrieken bezat, beweerden anderen dat daar veel goede kanten aan zaten. Een vrouwelijke academicus die er wekenlang de oude fundamenten had bestudeerd, bezwoer me dat ze Kykko altijd heel kritisch had bekeken, tot ze met eigen ogen had gezien dat abt Nikiforos voor tweeduizend pond aan cheques had uitgeschreven voor de plaatselijke armen.

Terwijl de zakenmonniken over zaken praatten en de jonge monnik met de vurige ogen zijn eten naar binnen schrokte, vervolgden Vader Isaias en ik ons gesprek. Hij legde uit hoe hij aan zijn geestelijk vader en aan zijn roeping was gekomen. Toen hij zijn dienstplicht er bijna op had zitten en naar een door zijn vader voor hem uitgekozen gerenommeerde Amerikaanse opleiding voor zakenlieden zou gaan, had zijn moeder hem voorgesteld haar geestelijk vader eens op te zoeken. 'Ik ontmoette Vader Gavriil en meteen veranderde mijn hele leven. Zo zit dat,' besloot hij, met een gelukkige glimlach.

Vader Isaias herinnerde me in zekere zin zowel aan de Rattenvanger-van-Hamelnbisschop in de FYROM als aan Vader Sava. Alle drie beschikten ze over de zelfbewuste intelligentie die ik verder alleen bij afgestudeerden van de beste Britse universiteiten of de Oxbridge colleges had aangetroffen. Geen van hen had er moeite mee een vrouw recht aan te kijken. Ze hadden het niet over de hoer van Babylon of over het teken van het Beest. Geen van hen was defensief, bitter, agressief of opgeblazen van trots. Ze hadden hun jeugd, hun intelligentie en hun ontwikkeling gemeen, maar er was nog een andere gezamenlijke noemer. Ik besefte dat ze stuk voor stuk met volle teugen de zelfbewuste nieuwe geest van de wedergeboorte van de Heilige Berg hadden ingedronken. Mijn bezorgdheid van een paar dagen geleden was vergeten. Ik voelde me plotseling opgetild door een golf van optimisme. Stel dat de Heilige Berg wemelde van de Sava's, de Naums en de Isaiassen! Stel dat ze een voorhoede vormden die niets liever wilde dan bewijzen dat hart en verstand heel goed konden samenwerken, dat de intellectuele traditie van het Westen en de spirituele traditie van het Oosten elkaar niet uit hoefden te sluiten, dat Oost en West weer samen konden gaan.

Na de lunch beantwoordde Vader Isaias in vloeiend Russisch zijn mobieltje, maar leek daarna net zo blij als ik dat we ons gesprek konden hervatten. Hij ging me voor naar wat hij zijn cel had kunnen noemen maar wat in feite een klein appartement was, dat bestond uit een zitkamer met een bureau, boekenkasten en een bank, een badkamer en een slaapkamer. Hij maakte het zich makkelijk in de draaistoel achter zijn bureau, nog steeds met de toetsen op zijn mobieltje spelend, terwijl ik op de bank plaatsnam. Het onderwerp Kosovo was niet te vermijden. Al snel begreep ik dat deze opgewekte vertegenwoordiger van de geest die de renaissance op de Heilige Berg had bewerkstelligd in dezelfde mate was getekend door de droevige geschiedenis van de orthodoxie als wie van zijn oudere of minder ontwikkelde medebroeders dan ook.

'Ik weet dat het evangelie zegt dat we onze vijanden moeten liefhebben, maar wij, de orthodoxen, hebben andere mensen veel te vaak vertrouwd en zijn altijd weer verraden. Nu een van onze verwanten lijdt, lijden we allemaal, want de orthodoxie is als een lichaam. Als één lichaamsdeel pijn heeft, lijdt het hele lijf daar onder. Als één orthodox volk wordt vervolgd, voelen alle andere zich evengoed bedreigd, geestelijk maar ook territoriaal. Zelfs een kind kan zien dat Amerika Rusland probeert te wurgen door eerst een land kapot te maken dat een sterke bondgenoot zou kunnen zijn...'

In de woorden van een achtentwintigjarige volmaakt drietalige monnik, die werd opgeleid voor een hoog ambt en voor grote verantwoordelijkheid in zijn Kerk, hoorde ik de bekende klacht van het eeuwige orthodoxe slachtoffer naar het voorbeeld van de gekruisigde Christus, de jammerlijke ellende van het krimpende Late Byzantium en een 'goed of slecht, het is mijn volk'-instelling die eerder tribaal dan religieus klonk.

'Het probleem is dat Amerika ons er niet van heeft kunnen overtuigen dat het alleen uit humanitaire motieven handelt. De geschiedenis bewijst dat Amerika nooit iets om humanitaire redenen doet. Als dat wel zo was, waarom hielden ze dan de Turken niet tegen toen die ons, de Grieken, in 1974 uit het noorden van ons land verjoegen, zeggen wij dan.'

'Toen zat de wereld anders in elkaar, er was een Koude Oorlog gaande,' protesteerde ik, maar ik zag de onoverbrugbare kloof tussen een cultuur die is gebaseerd op het zorgvuldig bewaren van collectieve herinneringen aan oud zeer en een cultuur die is gebaseerd op vergeten en opnieuw beginnen.

Vader Isaias vertelde dat hij een paar dagen eerder de straat op was gegaan om mee te doen aan een demonstratie tegen de NAVO-aanvallen op Servië. 'Ik liep daarbuiten met mijn Griekse vlag te schreeuwen: "Stop de bombardementen! Stop de bombardementen!" Abt Nikiforos had goedgevonden dat ik dat riep, maar niet iets als "Weg met Amerika!" Omdat ik een monnik was zoomden alle camera's van de westerse tv natuurlijk op mij in!'

'Over Griekse vlaggen gesproken, Vader Isaias, waarom wapperen er boven alle kloosters en naast het aartsbisschoppelijk paleis Griekse vlaggen? Waarom geen Cypriotische?'

'Daar kan ik makkelijk antwoord op geven – we zijn de Kerk van de Griekse *ethnos* – hier, ziet u wel?' zei hij, sprong uit zijn draaistoel, pakte een Griekse vlag uit zijn boekenkast en ontrolde hem met een zwierig gebaar. 'Zijn die kleuren niet prachtig? Het blauw is zo blauw, het wit zo helder. Ik zal de abt aanraden om dit soort in de toekomst aan te schaffen. Katoenen vlaggen verbleken veel te snel. Dit is ijzersterk nylon.'

Vader Isaias bood me heel vriendelijk een lift naar de stad aan. We liepen net zijn appartement uit toen hij even stilstond, zijn voorhoofd fronste, grinnikte en me een ethisch probleem voorlegde van het soort waar zijn professor op de universiteit hem mee kwelde.

'Goed, stel dat je een monnik bent en een geweer hebt,' begon hij, 'en plotseling is daar een Turkse vijand – of een andere vijand natuurlijk,' voegde hij er snel aan toe. 'Afijn, die Turk staat op het punt een groep kinderen te vermoorden. Zou jij je geweer gebruiken om hem eerst te doden?'

'Als ik een goede monnik was zou ik denk ik mijn geweer op de grond gooien, voor de kinderen gaan staan en de Turk smeken mij in hun plaats te vermoorden,' antwoordde ik.

'Nee, nee. Dat is echt niet goed,' zei Vader Isaias, 'want u weet dat hij die kinderen toch zal vermoorden.'

'Maar als ik een goede monnik was zou ik toch nooit het slechtste van iemand denken en er dus op vertrouwen dat hij de kinderen zal sparen?' wierp ik tegen.

'Nee, nee, nee! Je weet zeker, honderd procent zeker, dat hij íedereen zal vermoorden!'

'Dan geef ik het op. Wat is het goede antwoord?'

'Ik denk dat ik, op mijn leeftijd en wetend wat ik nu weet, helaas moet zeggen dat ik die Turk vast en zeker zou doden,' zei hij. Zijn blauwe ogen glommen, hoewel moeilijk te zeggen viel of hij zich verkneukelde omdat de puzzel was opgelost of omdat hij die Turk zou omleggen. 'Maar daarna zou ik God om vergeving vragen, gaan biechten en bereid zijn tot elke boetedoening die me zou worden opgelegd, hoe zwaar dan ook!'

We waren beneden, op de binnenplaats van het klooster, en Vader Isaias maakte het portier aan de passagierskant van een grote, zilverkleurige Mercedes voor me open terwijl hij me, mogelijk bij nader inzien, toevoegde: 'Een andere oplossing zou natuurlijk kunnen zijn: "God zal me op dat moment wel leiden. Het antwoord rust bij Hem." Dat is het antwoord van de ware gelovige.' Dat is ook het antwoord van iemand die zijn verantwoordelijkheid afwijst, dacht ik.

Het was spitsuur en toen we in een van Nicosia's verkeersopstoppingen vastliepen stelde ik hem een paar vragen over het hesychasme – en was onder de indruk van zijn snelle en glasheldere omschrijving. 'Hesychasme is de toestand waarin de ziel verkeert en een wijze van bidden,' zei hij. 'De opdracht van mijn leven als monnik is hesychia verwerven – rust in mijn ziel. Dat lukt pas als mijn ziel onafgebroken met Christus is verbonden. In Kykko proberen we hesychasme te combineren met een dienstbaar leven in de gemeenschap, maar u zult tot de conclusie komen dat de monniken in Makhairas en Troódhitissa consequenter naar hesychasme streven.' We naderden de historische Paphospoort die toegang geeft tot de oude stad en bijna op de Groene Lijn ligt, toen hij op een Turkse vlag wees die hoog boven de oude stadsmuur wapperde en hij zonder overgang van onderwerp veranderde. 'Weet u dat ik me dooderger aan die rode vlag... Ha, dat is beter!' snoof hij toen we een bocht omgingen en een Griekse en een Cypriotische vlag broederlijk naast elkaar zagen wapperen. Vader Isaias kwam van het noordelijke deel van het eiland, uit Kyrenia. Toen zijn familie in 1974 alles had achtergelaten en het huis was ontvlucht, was hij drie jaar oud geweest.

De volgende dag leek het aartsbisschoppelijk paleis in Nicosia – vlak naast de kleine kathedrale kerk waar ik op mijn eerste avond op Cyprus aartsbisschop Chrysostomos had gezien – na Kykko's bedrijvige metochion zo leeg en stil als het graf.

Ik werd eerst naar een trap geloodst waarvan de muren met bijbelse taferelen beschilderd waren, toen naar een wachtkamer die vol hing met portretten van Makarios en Chrysostomos, en vervolgens naar een zitkamer die zó overvol en zó schaars verlicht was dat ik aanvankelijk niet in de gaten had dat ook Zijne Excellentie Chrysostomos zich daar bevond. Ik ontdekte nog meer portretten van Chrysostomos en Makarios, en ook een bijzettafeltje met een marmeren blad waarop twee foto's stonden, de ene van Zijne Excellentie met president Clinton, de andere van Zijne Excellentie met Benjamin Netanyahu. De aartbisschop gebaarde me op een mosgroene veloursbank plaats te nemen en stak van wal.

'U moet weten dat de Kerk van Cyprus de eerste Kerk was na die van Jeruzalem... de eerste mensen die het christendom buiten Jeruzalem verspreidden waren Cyprioten... De heilige Lazarus, die door Onze Heer uit de dood is gewekt, was de eerste bisschop van Larnaca... Sint-Paulus is naar Cyprus gekomen en heeft de Romeinse gouverneur van Paphos tot het christendom bekeerd... zijn metgezel, Sint-Barnabas, heeft de Cyprioten tot Christus gebracht...'

Ik moest eraan denken hoe een andere hoogwaardigheidsbekleder, aartsbisschop Mihail van Macedonië en Ohrid, eenzelfde lofzang op de roemrijke geschiedenis van zijn Kerk had gehouden. Maar hoewel Chrysostomos meer dan tien jaar jonger was dan Mihail, leek hij ouder en enigszins verward. Twee keer legde hij me de regels voor het verkiezen van een aartsbisschop van Cyprus uit en eindigde hij met dezelfde slotconclusie: 'Het werkt net als bij de presidentsverkiezingen in de Verenigde Staten! Als hier Amerikanen komen zeg ik tegen ze: "Wij zijn ouder dan jullie, dus jullie hebben ons systeem gestolen!" Ha, ha!'

Aanvankelijk hield ik zijn gebrek aan helderheid over Kosovo voor de elegante Byzantijnse vaagheid waar ook Makarios in soortgelijke omstandigheden zijn toevlucht toe had genomen. Hij mompelde iets over Albanezen – uit Kosovo of van elders – die 'een probleem' vormden, maar hij voelde zich niet goed.

Over één berucht controversieel onderwerp was de aartsbisschop echter volmaakt duidelijk. Turkse Cyprioten, zo beweerde hij, waren helemaal geen etnische Turken maar arme orthodoxe Grieken die, als ze hun belastingen niet hadden kunnen betalen, door de Ottomanen waren gedwongen zich tot de islam te bekeren. Ver weg in Bijeljina had de slechtgehumeurde Bosnische bisschop van Tuzla en Zvornik de moslims van Bosnië eenzelfde soort orthodoxe afkomst toegedicht. Beide kerkleiders leken impliciet te zeggen dat hun islamitische buren op de dwalingen huns weegs moesten terugkeren naar de orthodoxe schaapskooi, die natuurlijk nog altijd aanspraak maakte op hun ziel en dus ook op hun land. De waarheid die daarachter schuilgaat is dat sommige Turkse Cyprioten en Bosnische moslims van Turken op het vasteland afstammen, terwijl anderen de nazaten zijn van Grieken en Serviërs die in situ tot de islam zijn bekeerd. Dat zou geen enkel verschil moeten maken, omdat we het over religie hebben, een zaak van het eigen geweten en niet van ethniciteit of vaderland. Maar voor mannen als aartsbisschop Chrysostomos en bisschop Vasiljie Kaćavenda van Tuzla en Zvornik maakt het alle verschil van de wereld. Ik had het gevoel dat een geloof dat lang geleden, in het late Byzantium, had geleerd zich volkomen met een ethnos te identificeren, hier was aangevreten door een dodelijk gif.

Er verscheen een bediende met een fraai geïllustreerd boek over Griekse iconen, dat hij behoedzaam op de schoot van de aartsbisschop legde. Uit een binnenzak van zijn toog haalde de oude man voorzichtig een fraaie vulpen. Ik hoopte van harte dat die met rode inkt was gevuld, want ooit, in de vijfde eeuw, toen de Kerk van Cyprus voor het eerst haar recht op onafhankelijkheid had vastgelegd, had Constantinopel haar een aantal privileges toegestaan. Een ervan was het recht om documenten met rode inkt te ondertekenen, net als de Byzantijnse keizers. Ik hield mijn adem in terwijl de aartsbisschop – onder een voorgedrukte opdracht die luidde: 'Ter herinnering aan Cyprus, dat lijdt onder de Turkse bezetting en vecht voor zijn Vrijheid, voor Gerechtigheid en voor de Mensenrechten, met de beste wensen' – langzaam zijn naam zette: bloedrood.

Toen we de zitkamer uit liepen, wees de aartsbisschop op een versleten en verschoten Griekse vlag die op een in het oog springende plek aan een stok bij de deur hing. Dat was, vertelde hij, de banier die in 1821 tijdens de opstand van de Griekse Cyprioten tegen de Turken door een andere ethnarch was gehesen.

Het Apostolos Andhreasklooster
Noord-Cyprus

Op de passagiersstoel van een royale Mercedes doezelde ik in, schrok wakker, doezelde in en schrok weer wakker, met uitzicht op blauwgroene bergen en witgouden korenvelden. Alles was rustig en de weg was leeg.

Om halfnegen 's ochtends was ik de Griekse grensovergang gepasseerd en had ik door het stukje niemandsland gelopen – langs het Ledra Palace Hotel dat door de Verenigde Naties was gevorderd, langs etalages met kleren die nog van voor 1974 waren, langs sinaasappelbomen barstensvol overrijpe vruchten en langs braakliggende stukken grond. Bij aankomst in de door zichzelf uitgeroepen maar nog steeds niet erkende Turkse Republiek van Noord-Cyprus, had ik mijn paspoort te voorschijn gehaald, wat formulieren ingevuld en afgedongen op de prijs van de taxi die ik voor die dag wilde huren. Mijn chauffeur was een verlegen jonge Turkse Cyprioot die acht jaar was geweest toen de Turken van het vasteland in 1974 het eiland waren binnengevallen, en hij wist nog hoe hij en zijn familie in bussen waren geladen en uit hun geboortestad Paphos verdreven, de Groene Lijn over, naar het noorden, waar geen van hen ooit eerder één voet had gezet. Hij woonde in een dorp dat tegenwoordig Goede Huizen werd genoemd maar vroeger Sint-Mola had geheten, en waarvan de moskee een voormalige orthodoxe kerk was.

Hij wilde eigenlijk niet over politiek praten, dus had hij me, in een poging mijn honger naar informatie te stillen, een verfomfaaide brochure toegeworpen met de titel: 'Het Culturele Erfgoed van Cyprus: het beschermen en bewaren ervan – een publicatie van het ministerie van Defensie en Buitenlandse Zaken van de Republiek'. Het was het wrevelige antwoord van de Turken op de jammerklachten van de Grieken dat zij tientallen van hun dierbare orthodoxe kerken hadden geplunderd en ontheiligd. Hun zwakke verdediging was zo te zien voornamelijk gebaseerd op het feit dat de Grieks-orthodoxe geestelijkheid zich, toen ze nog de kans had gehad om voor het onderhoud van hun dierbare monumenten te zorgen, liever met de politiek had beziggehouden, tot de toestand van die monumenten tegen het eind van de vorige eeuw 'een openlijke schande' was geweest. Er werd ook op bittere toon aan herinnerd dat de huidige rijkdom en macht van de Grieks-orthodoxe Kerk het rechtstreekse gevolg waren van 'de materiële gunsten en de verdraagzaamheid die ze van de Ottomaanse Turken had ondervonden'.[21] Al snel dwong het hete zonlicht dat door de voorruit naar binnen viel me mijn ogen dicht te doen en viel ik in slaap.

Eerst stopten we bij Famagusta, waar de chauffeur er terecht op aandrong dat ik de ruïnes bezichtigde van de werkelijk schitterende kathedraal die de Lusignans, koningen van Cyprus en Jeruzalem, eind dertiende eeuw voor zichzelf hadden gebouwd. Toen ik op de dikke stadsmuren stond die de Lusignans en later de Venetiaanse heersers over Cyprus hadden opgetrokken om de Ottomanen buiten te houden, keek ik gefascineerd over de lelijke, moderne en overal oprukkende woonblokken naar de massieve maar vervallen gotische grandeur van de kathedraal. Met zijn ranke, goudgele stenen spitsbogen, zuilengangen, dubbele maar onthoofde torens en roosvensters, hoorde hij ergens ver weg, in een ander Europa thuis, in Frankrijk of Duitsland, in Reims of Chartres. De orthodoxe Cyprioten, aanvankelijk verblind door de voorliefde die de rooms-katholieke kruisvaarders voor gotische pracht en praal en voor gigantische afmetingen aan de dag legden, hadden daar in hun eigen kleine kerken wel een aantal decoratieve elementen van overgenomen, maar nooit de strengheid van die stijl. Toen de Ottomanen het eiland in 1571 hadden veroverd en de orthodoxe geestelijken met de Rum-millet belast, zoals ze ook op de Balkan hadden gedaan, waren alle sporen van rooms-katholieke invloed al snel vervaagd. De goudgele stenen van deze kathedraal, waar generaties Lusignans tot koning van Jeruzalem waren gekroond, waar het schip had weergalmd van Latijnse gezangen en gefluisterde Franse woorden, waren getransformeerd tot een moskee met één enkele minaret en een schemerig, met tapijten bedekt interieur. Tegenwoordig wordt de schitterende gevel opgeluisterd door rood-witte Turkse vlaggen met de halve maan.

We reden op die rustige, heldere ochtend door naar het klooster van Sint-Barnabas, vernoemd naar de apostel van Christus die na het korte maar intensieve bezoek van Paulus op Cyprus was achtergebleven om de eilandbewoners tot het christendom te bekeren. Vier eeuwen later had Sint-Barnabas meegeholpen om de kerkelijke onafhankelijkheid van Cyprus veilig te stellen door een aartsbisschop in diens droom de plaats van zijn graf te onthullen. Dit had tot gevolg gehad dat hij was opgegraven en een exemplaar van het evangelie van Mattheüs in zijn ontvleesde handen bleek te hebben, wat weer als afdoende bewijs had gegolden dat de apostel op Cyprus had geleefd en er ook was gestorven. De Cypriotische Kerk werd oud genoeg bevonden om haar onafhankelijkheid te behouden, dus ook oud genoeg om zich de meerdere te weten van alle andere orthodoxe Kerken, behalve die van Constantinopel, Jeruzalem, Alexandrië en Antiochië. Rusland was dan misschien als enig land groot genoeg om God te dragen, zoals abt Tikhon van Verchotoerje tegen me had gezegd, maar formeel gezien neemt de kleine Cypriotische Kerk een belangrijkere positie in dan de Russische. Aartsbisschop Chrysostomos, de herder van zo'n half miljoen Cypriotische zielen – en niet patriarch Alexi II met zo'n honderdvijfentwintig miljoen Russische zielen onder zijn hoede – is degene die zijn naam met rode inkt mag schrijven en een gouden, met robijnen bezette scepter mag dragen.

In het witstenen klooster woonden geen monniken meer en het was verbouwd tot archeologisch museum, dus bleven we er niet langer. In plaats daarvan gingen we oostwaarts, over de smalle, naar boven uitstekende landtong die als een geweerloop over de zee op Syrië is gericht, het schiereiland Karpas. Ik zag witte kerken zonder deuren en ramen en vol zwarte graffiti, en roze bloemen en klaprozen, drie hoge palmen, twee wilde ezels die op een open plek rondsprongen, een slaperige slang, een zwerm vlinders en de glinsterende zilveren zee. Onder de haat die de Cypriotische Grieken de Turken toedragen, omdat die bijna de helft van hun vaderland hebben gestolen, knaagt ongetwijfeld de bittere constatering dat ze hun eigen helft ondoordacht hebben verpatst aan de wildgroei van de toeristenindustrie. Het ongerepte landschap van Noord-Cyprus – zacht glooiende heuvels, bezaaid met bloemen en her en der verspreide palmen – herinnerde me telkens weer aan de achtergrondtafereeltjes op de miniaturen in middeleeuwse handschriften, waarop je pelgrims op ezels door het Heilig Land ziet rijden. Het was even argeloos mooi als het paradijs voor de zondeval.

We reden over de eenbaansweg naar het eind van de geweerloop, naar het Apostolos Andhreasklooster, genoemd naar Christus' apostel Andreas, die hier ooit had aangemeerd toen hij uit het Heilige Land kwam. Dit is ook de plek waar Richard Leeuwenhart de verslagen Byzantijnse gouverneur zou hebben getreiterd door opdracht te geven hem in zilveren boeien te slaan nadat de man op zijn knieën had gesmeekt hem de vernedering van ijzeren boeien te besparen.

Drie keer per jaar geven de Turken een door een gewapend escorte van de VN begeleid konvooi bussen met duizend Grieks-Cypriotische orthodoxe pelgrims toestemming om hierheen te komen. Op de paasmaandag voor mijn bezoek was er net zo'n gezelschap geweest, zodat we bij aankomst in het naar alle kanten uitdijende negentiende-eeuwse klooster, met uitzicht op loodrecht uit zee oprijzende rotsen, een priester met opgerolde mouwen aantroffen, en ook een paar van de zeldzame Griekse Cyprioten die na 1974 koppig in de nabijgelegen stad waren achtergebleven. Ze gooiden emmers water over de plavuizen van de kloosterkerk, of lagen op hun knieën in schuimend zeepsop te schrobben. Een paar Turkse politieagenten stonden naar de nederige werkzaamheden te kijken, de armen over elkaar, de stropdassen los en de hoge petten achter op hun hoofd. Er zat er ook een op een klapstoel achter een picknicktafel onder een paar roodwitte Turkse vlaggen. Hij zei dat ik mijn paspoort moest laten zien en noteerde datum en tijdstip van mijn bezoek. Ik was die dag de eerste en heel waarschijnlijk ook de laatste bezoeker aan een plaats die in de tijd van Colin Thubron even bedrijvig was geweest als het

Drievuldigheidsklooster in Sergijev op de feestdag van Sint-Sergius.

Er viel niet veel te zien, en wat er wel was bracht me meteen, als om de orthodoxe cirkel te sluiten, terug naar waar ik zo'n achttien maanden eerder was begonnen, namelijk het mistige groene dal in Kroatië met het verlaten, door de oorlog geteisterde Krkaklooster. Deze plek, waar de orthodoxe en de islamitische wereld tot 1974 telkens weer in botsing waren gekomen, was welhaast een replica van die andere, waar de werelden van het orthodoxe en het westerse christendom tot 1995 telkens weer in botsing waren gekomen. Er verbleven hier geen monniken en er viel niets moois te zien. De rijen cellen voor de pelgrims – een kruising tussen badhuisjes en motelkamers – waren in 1974, toen de binnenvallende Turkse troepen het klooster als kazerne hadden gebruikt, met in het rood geschilderde nummers beklad.

Nu het levende hart uit het klooster was gerukt, maakte het even weinig indruk als een afgedankt decor. Ik vond het vreselijk te bedenken dat Dečani, Peć en Gračanica in Kosovo misschien eenzelfde lot beschoren was.

Terwijl ik dit schrijf, in juli 1999, zijn de bombardismos van de NAVO op Yugoslavias afgelopen en keren honderdduizenden Albanezen terug naar een Kosovo dat dankzij het leger en de politie van Servië is bezaaid met de bulten van ondiepe massagraven en verkoolde ruïnes. In dit veranderde gebied, waar de orthodoxe en de islamitische wereld eeuwenlang met elkaar hebben gestreden, heeft het Westen het op dit moment voor het zeggen. Een Britse generaal staat aan het hoofd van een NAVO-protectoraat met een missie zonder nader omschreven doel. Vader Sava is een dappere Serviër en blijft volhouden dat de Kosovo-Serviërs in die provincie een toekomst hebben, maar de vooruitzichten op de lange termijn zijn niet bepaald rooskleurig. De kloosters van Dečani, Gračanica en Peć verlenen onderdak aan Serviërs die doodsbang zijn voor de wraak van de Kosovo-Albanezen. Vandaag bestaat Vader Sava's e-mail alleen uit een lijst van beschadigde of totaal verwoeste Servisch-orthodoxe kloosters. In een andere klaagt hij dat 'alles wat van Servische mensen is geweest overal in Kosovo kans loopt meedogenloos te worden vernietigd. Nog afgezien van de talloze gruwelijke moorden, plunderingen, uitzettingen, verkrachtingen en huizenverbrandingen, hebben we hier te maken met de totale vernietiging van onze cultuur.'[22]

De Griekse Cyprioten weten daar alles van, en ook dat er wel een kwart eeuw voorbij kan gaan zonder dat er iets wordt opgelost terwijl westerse soldaten de vrede in stand houden langs een lijn die de oosters-orthodoxe christenen van de moslims scheidt.

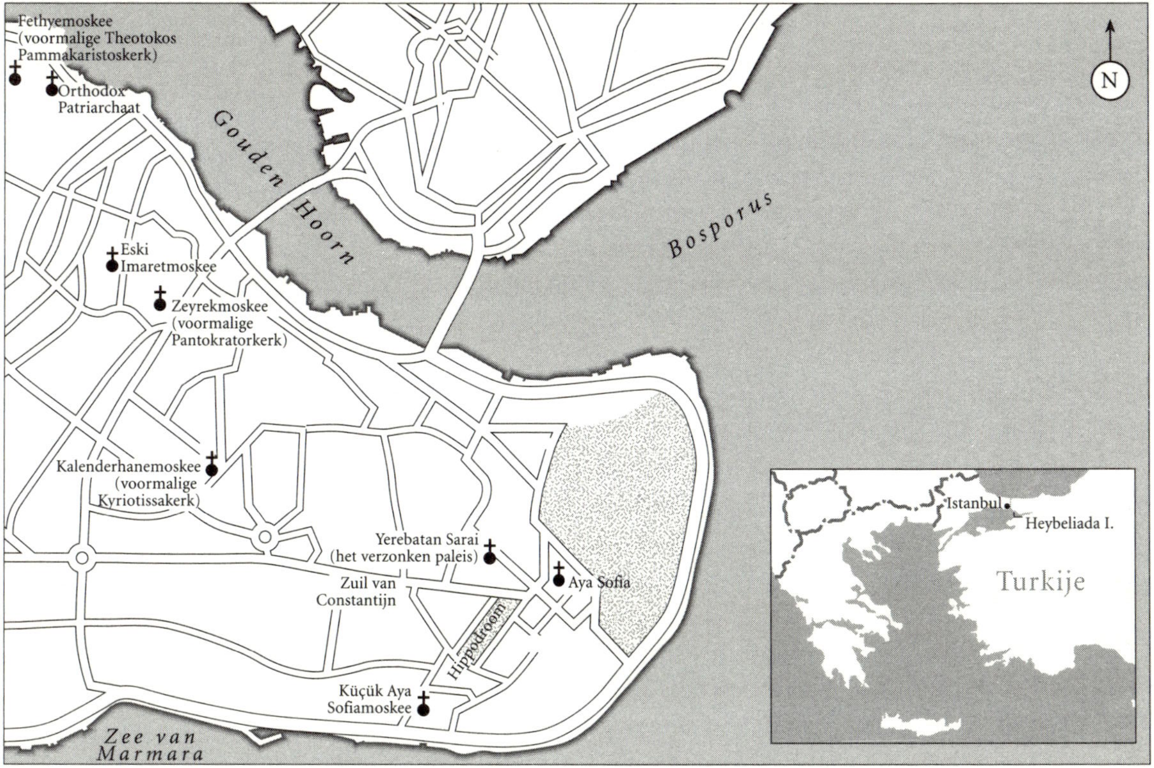
Fethyemoskee
(voormalige Theotokos
Pammakaristoskerk)
Orthodox
Patriarchaat
Gouden Hoorn
Bosporus
N
Eski
Imaretmoskee
Zeyrekmoskee
(voormalige
Pantokratorkerk)
Kalenderhanemoskee
(voormalige
Kyriotissakerk)
Yerebatan Sarai
(het verzonken paleis)
Aya Sofia
Zuil van
Constantijn
Hippodroom
Küçük Aya
Sofiamoskee
Zee van
Marmara
Istanbul
Heybeliada I.
Turkije

ISTANBUL

Istanbul

Een mooie zonsondergang, als het oppervlak van de Zee van Marmara op de dofgouden achtergrond van een oude icoon lijkt, kan Byzantium bijna doen herrijzen. Maar op een drukkend hete zomerdag, als de lucht prozaïsch grauw is en de regen met emmers tegelijk in een grijze Bosporus valt waar een Russische olietanker de hele vaargeul in beslag neemt, bestaat alleen het heden.

De vierbaansweg die langs de westoever van de Gouden Hoorn loopt, stond al snel onder water, de goten veranderden in bruine rivieren waar plastic afval op meedanste. Er raasden bussen langs die modder en diesel sproeiden. De man die ik even tevoren had ontmoet sjokte voor me uit, zijn gebogen schouders en de onderkant van zijn broek doornat, en bezwoer me dat het niet ver meer was. Het gebruik wilde dat je op de eerste dag van elke maand drie kerken bezocht, zei hij – maar dan wel te voet en niet met een taxi, ongeacht het weer. Çem, een jonge handelaar in antiek en van Grieks-Russische afkomst, was van geboorte een Turkse burger maar in zijn hart een Byzantijn. Dat werd geïllustreerd door de tweekoppige adelaar op zijn visitekaartje en zijn hartstochtelijke liefde voor vijftiende-eeuwse Byzantijnse kerkmuziek. Hij wond zich op over elk vergeten fragment van een Byzantijnse muur, elk vervallen Grieks koopmanshuis, elke in het vocht wegrottende orthodoxe kerk waar we langskwamen, en over alles waarin de smakeloosheid van de moderne tijd triomfeerde. Hij stond even stil om op een stukje oud metselwerk te wijzen, ongeveer een meter hoog en overwoekerd door onkruid. 'Kijk, de oude muur van Byzantium. Zie je die graafmachine – die zal deze muur verbrijzelen en dan gaan ze er een winkel of benzinestation neerzetten, of misschien wel niets. Alles gaat of is al kapot.'

Eindelijk hield het op met hozen en kwamen we bij een vochtig betonnen winkelcentrum in een gebouw dat misschien ooit een orthodoxe kerk was maar nu niet meer. Het had geen iconostase en evenmin een altaar, alleen een paar onmiskenbaar orthodoxe koperen kandelaars, met genoeg kaarsen om de toch al verzengende hitte ondraaglijk te maken. Honderden mensen van allerlei slag en van alle leeftijden – moslims, christenen, Armeniërs en joden, zoals Çem me aanwees – stonden in een rij die helemaal de trap af naar het souterrain ging, waar ze bij een marmeren fontein hun gezicht en handen wasten en een wens deden. Op weg naar beneden passeerden ze een zittende orthodoxe priester, die hun naam vroeg en een gebed over hen mompelde.

'Wacht hier,' zei Çem, terwijl hij de dop van een plastic flesje schroefde. 'Ik heb een vriend van me beloofd om wat wijwater in de hoeken van zijn verzekeringskantoor te sprenkelen...' Hij spurtte bij me vandaan, de tegenoverliggende trap af, om de rij naar de bron af te snijden.

Ik was totaal overrompeld, begreep niets van mijn metgezel, keek stomverbaasd naar het bizarre interreligieuze ritueel waar ik getuige van was, murw door de constante worsteling om iets van het verre verleden te bespeuren in een stad waar veranderingsprocessen en verval alle bestaande regels tartten. Hoe een Byzantijnse kathedraal veertien eeuwen kon overleven terwijl een herenhuis van rond de eeuwwisseling nu al een ruïne was, bleef een mysterie. Geen wonder dat een belangrijke veertiende-eeuwse Turkse mysticus als Bedreddin zich ooit geroepen had gevoeld om hardop te mijmeren dat 'alles is opgenomen in het proces van schepping en vernietiging... er is geen hier of hiernamaals, alles is een en hetzelfde moment'.[1] Ik verlangde naar oosters-orthodox Europa met zijn altijd aanwezige verleden.

De Aya Sofia, het zesde-eeuwse wereldwonder van keizer Justinianus, de Grote Kerk van de Romaioi waar zij de avond voordat de Ottomanen hun stad veroverden hun kaarsen hadden aangestoken en samen hadden gebeden, was al veel te lang als moskee en daarna als museum gebruikt. Op de ochtend dat ik er was liep een groep Russische toeristen mistroostig naar het lege hart van hun geliefde Tsargrad te kijken, met boze blikken vanwege de islamitische inscripties. Niets wat ik daar zag beantwoordde aan de ronkende beschrijving die de Byzantijnse Procopius vlak na de voltooiing van het gebouw had gegeven:

> Binnen is het uitzonderlijk licht en zonnig, je zou bijna zeggen dat de ruimte niet van buitenaf wordt verlicht, maar dat de stralen uit haarzelf voortkomen, zulk een overvloed van licht valt naar binnen. Het vergulde plafond verhoogt de heerlijkheid van het interieur, hoewel het licht dat via het marmer op het goud weerkaatst het in schoonheid overtreft. Wie is in staat de pracht van de zuilen en van het marmer waarmee de kerk is verfraaid te verwoorden? We zouden bijna denken dat we in een weide vol bloeiende bloemen terecht waren gekomen.[2]

De Grote Kerk van de Byzantijnen had ook een reusachtig warenhuis, een afgedankt station of een verlaten overdekte markt kunnen zijn, en het was er lawaaierig door het helse geknars van metaal over metaal. Werklui waren een reusachtige steiger in elkaar aan het knutselen, voor een of andere lang uitgestelde reparatie. De nieuwe constructie van vijftien verdiepingen, met lift, was pas op zo'n twee derde van de hoogte van de koepel.

De Hippodroom, waar de Romaioi plachten te roepen: 'Victorie voor de Blauwen! [of de Groenen]. Ja, Moeder Gods, victorie voor de Blauwen! [of de Groenen]' ziet er veel te klein uit om plaats te bieden aan paardenraces die zo spectaculair waren dat de uitslag tot rellen kon leiden. Tegenwoordig liggen er in de schaarse plekjes schaduw tapijtverkopers op de loer die de theehuizen eromheen onveilig maken met de mooie maar wel hinderlijke praatjes waarmee ze toeristen naar hun winkels in de buurt lokken. Nog erger werd het toen ik een taxi nam om me naar de 'Rum Patrikhanesi in de Fener' te laten brengen – met andere woorden: naar het patriarchaat van de Romaioi in het Fanardistrict van de stad, Istanbuls laatste nog levende schakel met Byzantium – en ontdekte dat het patriarchaat een armzalige mini-uitgave is van het versterkte Late Byzantium en het gebied eromheen een sloppenwijk.

Ik was een halfuur te vroeg voor mijn ontmoeting met de tweehonderdzeventigste oecumenisch patriarch van Constantinopel en vond een paar meter verderop een theehuis, aan een straat vol modderige plastic tassen, schillen van zonnebloempitten, kleurige chipszakken en sigarettenpeukjes, en installeerde me op een lichtblauwe plastic stoel om een cola te drinken. De sfeer was niet al te plezierig.

Twee moslimvrouwen in lange jurken en hoofddoeken, met identiek geklede dochtertjes, schopten tegen de gesloten deur van een drogisterij, en een man op de hoek aan de overkant keek van mij en mijn aantekeningenboekje naar het vervallen huis waar ik naar keek. Hij fronste de wenkbrauwen en schreeuwde iets. Ik stopte mijn boekje weg, nadat ik had aangetekend dat de lege bouwval ooit een Griekse woning moest zijn geweest.

Honderd jaar geleden waren er nog bijna twee miljoen Romaioi of orthodoxe Grieken in het Ottomaanse Turkije geweest, van wie een kwart miljoen in Istanbul zelf. De meest invloedrijken, de welgestelde Fanarioten, hadden in deze wijk gewoond, waaraan ze ook hun naam hadden ontleend, tot een groot aantal van hen tijdens de Griekse Onafhankelijkheidsoorlog bij de sultan in ongenade was gevallen en geëxecuteerd. De ineenstorting van het Ottomaanse Rijk in 1918 en de mislukte poging van Griekenland om Byzantium – met steun van Groot-Brittannië en Frankrijk, maar ook van de toenmalige oecumenisch patriarch – terug te winnen, had de onttakeling alleen maar versneld. De *Katastroph* van 1922 was de schuld van de Grieken zelf, die vol vertrouwen naar Ankara waren gemarcheerd – volstrekt onterecht aangemoedigd door Groot-Brittannië's eerste minister Lloyd George – tot ze werden tegengehouden en verslagen en hun *Megali Idea* voorgoed in duigen was gevallen. Aan de vele verschrikkingen zoals massamoorden, het aan de grond gelijkmaken van grote delen van Smyrna – het huidige Izmir – en de massa's die verdronken toen de Grieken uit die stad aan boord van te weinig schepen wilden klauteren, was pas een eind gekomen toen het verdrag van Lausanne de etnische zuivering van bijna alle Turken uit Griekenland en van alle Grieken – met uitzondering van degenen die in Istanbul woonden – uit Turkije had gewettigd. De betrekkingen waren nog verder verslechterd toen de Grieks-Cyprioten halverwege de jaren vijftig tegen beter weten in een campagne voor Enosis hadden gelanceerd. In september 1955 had de moderne Turkse staat op een verschrikkelijke manier wraak genomen op de manier waarop de Grieks-Cyprioten de Turkse minderheid hadden behandeld door een oogje toe te knijpen terwijl gangsterbendes het merendeel van de tachtig orthodoxe kerken van Istanbul plunderden en verwoestten. Ze staken huizen in brand, gooiden winkelruiten in, schonden graven en verkrachtten Griekse vrouwen. Meteen daarna hadden de duizenden overgebleven Grieken in Istanbul de meer dan duidelijke waarschuwing ter harte genomen en waren ze gevlucht. Omdat de kwestie-Cyprus in de jaren zestig en begin zeventig nog steeds doorzeurde, waren de drukpersen van het patriarchaat en zijn vermaarde negentiende-eeuwse theologische hogeschool op het nabijgelegen eiland Heybeliada – of Halki, in het Grieks – stilgezet. De kleine Griekse gemeenschap van Istanbul – alles wat nog over was van Constantinopel en het christelijke rijk dat meer dan duizend jaar lang had bestaan – kwijnde langzaam weg tot er vrijwel niets meer over was.

In 1990 woonden er nog geen vijfduizend nakomelingen van de Romaioi meer in de stad. Het laatste decennium van de twintigse eeuw zou evenmin makkelijk zijn, dankzij de ellende die de ineenstorting van het communisme overal in het voormalige Oostblok met zich meebracht. De misdaden van de orthodoxe Serviërs tegen de Bosnische moslims tussen 1992 en 1995, de misdaden van de orthodoxe Russen tegen de Tsjetsjeense moslims tussen 1994 en 1996, en de misdaden die de orthodoxe Serviërs al tien jaar lang tegen de islamitische Kosovo-Albanezen begaan, met als dieptepunt de meedogenloze massale verdrijving en de moordpartijen in de lente van 1999, bleken een krachtige impuls voor het Turkse islamitische fundamentalisme en bevorderden het ontstaan van een onmiskenbaar nationalistischer klimaat.

De positie van de Grieken in de stad wordt zienderogen zwakker. De woorden 'dood aan de patriarch!' worden regelmatig op de muren van het patriarchaat gespoten en er worden stenen door de ruiten gegooid. In 1994 werd er een bom die groot genoeg was om het hele complex op te blazen bij dezelfde poort gelegd waar patriarch Gregorius v aan het begin van de Griekse Onafhankelijkheidsoorlog was opgehangen om drie dagen lang als een ledenpop in de brandende zon te bungelen. Het explosief was op het laatste nippertje onklaar gemaakt, maar een briefje dat er vlakbij werd gevonden waarschuwde dat een groep die zich Strijders van het Licht noemde zou doorvechten 'tot deze plek, waar jarenlang Byzantijnse samenzweringen tegen de islamitische volkeren in het Oosten zijn beraamd, is weggevaagd'.[3] In 1997 viel er weer een bom op het dak van de patriarchale kerk. Op de onverwachte klap sprong een monnik in zijn kantoor op de derde verdieping van een aangrenzend gebouw achter zijn computer vandaan en vloog naar het raam. De bom explodeerde en verwondde hem zo ernstig dat hij aan een arm verlamd blijft. Nog maar een paar dagen voor mijn bezoek waren een paar Griekse graven geschonden.*

Dat er meer dan vijfhonderd jaar na de val van Constantinopel nog steeds een patriarch in deze stad moest zetelen was in mijn ogen de schrijnende en onrealistische belichaming van alles wat ik de laatste twee jaar over Byzantium en de erfgenamen daarvan had geleerd. En het ziet er niet naar uit dat Zijne Heiligheid Bartholomaios I zijn machteloosheid in Constantinopel kan compenseren door zijn gezag in de rest van de oosters-orthodoxe wereld te doen gelden. Hoewel hij primus inter pares is, heeft hij over de andere patriarchen niet veel te zeggen en is hij bij lange na niet zo machtig als een rooms-katholieke paus. Hij kan niet eenzijdig de nieuwe Kerk van Macedonië erkennen, of bevelen dat een willekeurige Kerk zich van nationalisten moet ontdoen, of zijn medepatriarchen en aartsbisschoppen een consistent oosters-orthodox beleid opleggen. Als hij dat wel kon, zou het huidige orthodoxe Europa een heel ander beeld opleveren, omdat hij zich krachtig tegen de ketterij van het phyletisme heeft uitgesproken. Zoals het er nu voorstaat zijn ze volkomen vrij om dat soort uitspraken en al zijn oecumenische pogingen te negeren en moet hij hen met fluwelen handschoenen aanpakken, omdat ze hun onafhankelijkheid en hun territorium allemaal even angstvallig bewaken. Ze zijn bovendien voortdurend gespitst op tekens dat hij zich pauselijke allures aanmeet en zichzelf privileges toekent. Al vanaf de Eerste Wereldoorlog doen de huidige patriarch en zijn voorgangers verwoede pogingen om een 'Groot en Heilig Concilie' van alle orthodoxe Kerken te organiseren, maar tot dusver zonder resultaat. Ondanks de diepzinnigheid van hun gemeenschappelijke culturele erfgoed, lijken de Europese orthodoxe Kerken nog steeds meer op afzonderlijke en elkaar regelmatig beconcurrerende ondernemingen

* In augustus 1999 hadden zowel Turkije als Griekenland onder zware aardbevingen te lijden. De rampspoed bracht hen nader tot elkaar. Hun toenadering betekende dat Turkije werd aanvaard als kandidaatlid van de EU.

dan op de vertakkingen van één enkel internationaal conglomeraat – zoals de rooms-katholieke Kerk.

De betrekkingen tussen patriarch Bartholomaios van Constantinopel en patriarch Alexi van Rusland, die beiden het leiderschap over de orthodoxe wereld opeisen, kwamen in 1996 onder grote druk te staan toen Alexi Bartholomaios' naam bewust niet opnam in de diptieken – de lijst van andere orthodoxe Kerken waarmee een orthodoxe Kerk een eenheid vormt. Een tijdlang leek de Russische patriarch bereid Moskou tot het randje van een schisma met Constantinopel te brengen om protest te kunnen aantekenen tegen de manier waarop maar één van de twee rivaliserende orthodoxe Kerken van Estland door de regering van de kleine Baltische staat was erkend en vervolgens opgeëist door patriarch Bartolomaios. Zijne Heiligheid van Rusland was razend dat Zijne Heiligheid van Constantinopel die oplichterij had voorgesteld als de daad van een 'liefhebbende moeder', die 'het vrije en unanieme verzoek van haar kinderen wel moet inwilligen'.[4]

De kuikens van 'liefhebbende moeder' Constantinopel hebben bijna allemaal het nest verlaten. De spirituele jurisdictie van de oecumenisch patriarch is in de loop der eeuwen zo dramatisch afgenomen dat ze zich tegenwoordig nog maar tot zes miljoen orthodoxe zielen uitstrekt. Patriarch Alexi van Rusland kan bogen op een twintigvoud daarvan, ongeveer een derde van alle orthodoxe gelovigen ter wereld. Bartholomaios' kleine kudde is bovendien niet veilig bijeen in één land met een orthodoxe meerderheid. De helft ervan woont in de Verenigde Staten en de rest is over het hele aardoppervlak verstrooid. Zijn bonte kudde bestaat uit Grieken in Australië en Amerika, uit andere oosters-orthodoxe diaspora's, waaronder de Russische Kerk in Ballingschap, gesticht door Wit-Russen op de vlucht voor de bolsjewistische revolutie, uit leden van de autonome orthodoxe Kerk van Finland, uit Grieken op Kreta, Patmos en de andere eilanden van de Dodekanesos, en uit de monniken op Athos.

De grote rood-witte Turkse vlag die voor de poort van het patriarchaat wappert is schokkend maar verklaarbaar. De Turken hebben zo weinig vertrouwen in de loyaliteit van hun kleine Griekse minderheid, dat hun wet eist dat een patriarch van Constantinopel een Turkse ingezetene moet zijn die zijn militaire dienstplicht heeft vervuld. Gezien de omvang van de huidige Griekse gemeenschap in Istanbul, is de opvolging van de patriarch voor de Grieks-orthodoxen een bron van zorg. Omdat de keuze onvermijdelijk tot een handvol monniken beperkt blijft, zou het weleens onmogelijk kunnen blijken een geschikte kandidaat voor die positie te vinden. Er wordt al tientallen jaren lang steeds meer druk op de Grieken uitgeoefend om het patriarchaat te evacueren en de stad voorgoed te verlaten. Die druk schommelt mee met de betrekkingen tussen de Grieken en de Turken op Cyprus.

Ik kreeg toestemming om het patriarchaat via een zij-ingang en een piepende metalen veiligheidsdeur te betreden. Achter de hoge muren staan tien gebouwen dicht op elkaar, het complex bestaat uit de negentiende-eeuwse residentie van de patriarch, kantoorgebouwen, een gebouw dat is bestemd voor de productie van *myron* – het heilige mengsel van olie en kruiden dat bij de sacramentele zalving wordt gebruikt, als iemand in een orthodoxe Kerk wordt opgenomen – en een achttiende-eeuwse kerk, de trotse bezitster van een derde deel van de houten paal waaraan Christus is gegeseld voordat hij werd gekruisigd. Ik liep achter een bewaker aan naar het hoofdgebouw en werd via een imposante, met mozaïeken versierde toegangshal en een lift naar boven gebracht, naar een voorkamer met het zware meubilair van de bourgeois-Balkanstijl.

Zijne Heiligheid Bartholomaios I – helderblauwe ogen en een onberispelijk geknipte witte baard – stelde zich op als een sympathieke tutor. Ik werd geacht me tijdens onze ontmoeting te voelen als een studente wier scriptieonderwerp belangwekkend en zelfs amusant was, maar niet geheel en al op academisch niveau. Zijn antwoorden op de vijf vragen die ik op zijn verzoek uit Londen naar hem had gefaxt, vulden vier bladzijden. Hij had, zoals hij vertelde, 'heel veel tijd' besteed aan nadenken over zowel de vragen als de antwoorden, en omdat hij in zijn hachelijke positie nog niet het kleinste misverstand of één verkeerd citaat kon riskeren, had hij al zijn antwoorden voor mij uit het Grieks in perfect Engels vertaald. Op zijn bureau lag een stapel boeken die hij me voorstelde mee te nemen voor mijn 'verdere studie'. Ik zag in één oogopslag dat de meeste van die lijvige boekdelen in het Engels waren, maar ook een paar ervan in het Grieks en het Russisch. Toen ik bekende dat ik geen van beide talen kon lezen, meende ik hem even wanhopig zijn hoofd met zijn hoge hoofddeksel te zien schudden. Maar de ogen achter zijn metalen brilletje keken nog steeds vriendelijk.

Zo'n halfuur lang lukte het ons informeel van gedachten te wisselen, in het Engels, een van de acht vreemde talen die Zijne Heiligheid vloeiend sprak. Alles liep op rolletjes, totdat ik vroeg of hij zich veilig voelde achter de kloeke muren om zijn paleis. Toen hij gebaarde dat hij daar niet vrijuit over kon spreken, trok ik de conclusie dat hij ervan uitging dat zijn kantoor vol afluisterapparatuur zat. Dus stapten we over op een onderwerp dat hem na aan het hart lag: de theologische school op het eiland Heybeliada in de Zee van Marmara. Die was in 1971 gesloten maar in de tussenliggende jaren liefdevol geconserveerd en onderhouden, zodat hij helemaal klaar was voor het moment dat de Turkse regering hem zou toestaan de school te heropenen.

Bartholomaios lachte schamper om het droeve feit dat het patriarchaat grote bedragen uitgaf om de theologische studie van mogelijke toekomstige patriarchen in Thessaloniki te subsidiëren, om er vervolgens achter te komen dat ze tegen de tijd dat ze hun studie hadden voltooid Griekse meisjes tegenkwamen en met ze trouwden, en niet naar Istanbul terug wilden. Hij bad dat de nieuwe, onlangs gekozen Turkse regering hem zou toestaan de school op het eiland te heropenen, om zijn opvolger dichter bij huis te kunnen opleiden.

'Overigens, zou u het leuk vinden om naar Halki te gaan, of naar Heybeliada, zoals de Turken het noemen? Ik heb daar zelf ook gestudeerd, weet u. Het eiland is koel en rustig en er zijn geen auto's. U moet met de ponywagen naar de school op de heuvel. Ik regel het wel.' Hij stond van achter zijn bureau op om me een zware kristallen presse-papier te geven, met het patriarchale kruis erin gegraveerd. De audiëntie, ofwel het begeleidingsgesprek, was beëindigd.

De volgende middag ging een van de assistenten van de patriarch, John, een ernstige jonge Griekse Amerikaan, met me mee op de wankele veerboot die de Gouden Hoorn uit voer, de Bosporus op, en vervolgens de Zee van Marmara. Anderhalf uur later bereikten we het eiland, dat er na de vochtige hitte en de lelijkheid van Istanbuls centrum wel zonnig maar even groen en aangenaam uitzag als Patmos in de lente. De cafés, de witte vakantiewoningen en de lome sfeer, allemaal even heerlijk. In een comfortabele verveloze open wagen reden we de hele weg naar de theologische school, door de dennenbossen op de heuvel achter de haven, de adem inhoudend als de weg zo steil werd dat het arme paard stapvoets moest lopen.

'Gaat de patriarch hier vaak op bezoek, John?' vroeg ik mijn reisgenoot.

'Heel vaak. Zijne Heiligheid neemt dan ook een wagen de heuvel op, net als wij.'

Ik vond het prettig te weten dat de patriarch soms uit zijn door sloppenwijken omringde fort naar dit verleden op zakformaat kon ontsnappen.

Het klooster van de Heilige Drievuldigheid, waarin de theologische school was opgenomen, was een reusachtig, indrukwekkend complex, aan het eind van de negentiende eeuw gebouwd door een rijke bankier. De oorspronkelijke, in 1844 gebouwde school was bij een aardbeving ingestort, wonderlijk genoeg terwijl alle studenten buiten in de tuin wachtten tot ze naar binnen werden geroepen voor het middageten. De stem van Vader Dorotheos, een slungelige monnik met het uiterlijk van een kraai, een enthousiaste manier van doen en een luide, vrolijke lach, sloeg over van vreugde toen hij over dit bewijs van Gods onuitsprekelijke genade vertelde. Daarna ging hij weer verder met zijn rondleiding.

De school, met drie verdiepingen en twee vleugels, was groot genoeg om honderdtwintig jongens en hun leraren te huisvesten en nog helemaal in oorspronkelijke staat, klaar om weer in gebruik te worden genomen, precies zoals de patriarch had beloofd. De houten en linoleum vloeren waren gewreven en de hoge houten lessenaars in de lege klaslokalen afgestoft. De zachtgroene wastafels in de gemeenschappelijke badkamer waren schoon en de slaapzalen met hun rechte rijen ijzeren ledikanten naar behoren gelucht. In de ziekenkamer met de icoon van Sint-Nicolaas aan de muur snoof Vader Dorotheos diep en lichtten zijn ogen op van blijdschap. 'Je kunt hier nog steeds een soort medicijnlucht ruiken, vindt u niet? Alsof iedereen gisteren pas weg is gegaan...' zei hij weemoedig.

Daarna nam hij ons mee naar de bibliotheek op de begane grond, waar de ene zaal overliep in de andere en die weer in een andere, allemaal vol machtige, meestal in leer gebonden boekwerken. 'Je kunt hierbeneden makkelijk worden vergeten,' vertelde hij me, 'het is een professor die hier op bezoek was ooit overkomen dat hij een hele dag en een hele nacht was opgesloten. Toen hij ten slotte werd gevonden zei hij dat hij zo dol op boeken was dat hij het helemaal niet erg had gevonden. Alleen het toilet... Hoehoe!'

Vader Dorotheos zat vol hilarische verhalen over onverwachte voorvallen en was de gelukkigste monnik die ik op mijn reizen heb ontmoet.

'Volgende week komt hier een echtpaar met veertien kinderen. De vader en de jongens zullen hier blijven en in onze kerk zingen. De moeder en de meisjes gaan in het dorp slapen.'

Terwijl onze voetstappen in de lange gangen weergalmden, vroeg ik me af of hij eenzaam was in dit lege schoolmausoleum. Zijn medemonniken waren allebei nog maar jongens.

'Ik heb eenenveertig jaar gewacht voordat ik monnik werd,' vertrouwde hij ons toe terwijl hij ons naar buiten bracht voor een rondleiding over het schoolterrein, 'omdat ik van plan was te trouwen. Maar dat heb ik niet gedaan, dus werd ik ten slotte toch maar monnik... Hoehoe!'

Er was een weelderige groentetuin en hele rijen potten met goudsbloemen. Vanaf het terras bewonderden we het prachtige uitzicht over de zee naar het naburige eiland. We liepen weer verder en stopten even bij de 'kloosterboerderij', zoals Vader Dorotheos hem noemde, om naar een eenzaam balkende ezel te kijken en naar een geit die net uit een stalraam klom.

'Als de patriarch op bezoek is gaat hij altijd hierheen om tegen Leo de ezel te praten en hem wat te eten te geven voordat hij zelf aan tafel gaat. Hij is echt dol op dieren en op de hele natuur,' vertelde Vader Dorotheos, met zijn hand op zijn hart.

Ik voegde deze nieuwe, tedere dimensie graag bij het beeld dat ik al had van Zijne Heiligheid, wiens geschreven antwoorden op mijn vragen ik nog niet had durven lezen, uit angst dat ik gedwongen zou worden mijn hele hypothese te herzien.

Terug in Istanbul was het dakterras van mijn kleine hotel bij de Aya Sofia een oase van rust, opgefrist door een zacht briesje. Ik was ook blij met het uitzicht op de glinsterende Zee van Marmara en met de geluiden van spelende kinderen in de wirwar van bouwvallige huizen vlak onder me, dus installeerde ik me die avond daar, met een koud drankje binnen handbereik, om de vier bladzijden met antwoorden te lezen.

Op de eerste vraag: 'Wat hebben het oosterse én het westerse christendom door het schisma van 1054 verloren?' had hij geantwoord dat het ervan afhing of ik de kwestie al dan niet vanuit een 'theantropisch' standpunt benaderde. Beoordeelde ik het christendom in termen van de religieuze inhoud of louter naar zijn 'epiphenomena'? Als patriarch kon hij mijn vraag kennelijk alleen vanuit het eerste standpunt, het strikt religieuze, beantwoorden. 'We kunnen zeggen,' had hij geschreven, 'dat het christelijke leven in het westerse christendom antropocentrisch is geworden, terwijl het in het oosters-orthodoxe christendom theantropisch is gebleven.' Als ik hem goed begreep was de orthodoxie helemaal niets kwijtgeraakt door het schisma, omdat het zich standvastig aan het ware geloof had gehouden. Ik huiverde bij de gedachte aan wat hij zou vinden van mijn onverschrokken stelling dat het schisma catastrofaal was gebleken voor zowel het westerse als het oosterse christendom: het ene was zijn hart, het andere zijn verstand kwijtgeraakt.

Mijn tweede vraag betrof de betekenis van de opleving van het kloosterleven die ik overal in oosters-orthodox Europa had waargenomen. Hij karakteriseerde het kloosterleven als een 'pure en oprechte zoektocht naar Christus als de Godmens, als een vriend en een broeder die benaderbaar, tastbaar, vlees geworden is en die onze menselijke natuur deelachtig is op een wijze die parallel loopt aan, maar niet opgaat in en evenmin losstaat van de goddelijke natuur'. Nogmaals, ik zou de voorkeur hebben gegeven aan een minder 'theantropische' benadering van een materieel verschijnsel. In zijn antwoord op mijn vraag of het hesychasme en het phyletisme zonder gevaar als het beste en het slechtste aspect van de oosters-orthodoxe beschaving konden worden beschreven, voelde ik zijn kritiek op die typisch westerse denktrant, die probeert keihard op elkaar botsende tegenstellingen te formuleren ten koste van een dieper inzicht in welk onderwerp ook. 'In de orthodoxe Kerk zijn we niet gewend iemand absoluut goed of kwaad te noemen,' stelde hij vast voordat hij uitlegde dat hesychasme simpelweg één bepaalde visie op het religieuze leven was en dat het phyletisme even erg was als andere ketterijen, omdat ze de mensen er allemaal toe brachten 'zich af te keren van Christus en zijn Kerk'. Mijn laatste vraag, de suggestie dat de oorlogen in het voormalige Joegoslavië de tweedeling van Europa langs de lijn van het schisma van 1054 gevaarlijk hadden geaccentueerd, werd krachtig, bijna ongeduldig ontkend. 'De oorlog in Joegoslavië is veroorzaakt door typisch kleinmenselijke beweegredenen. De poging van sommige mensen om de orthodoxie als een van die beweegredenen aan te merken is een poging om de werkelijke oorzaken van het conflict te verdoezelen,' had hij geschreven, en er belerend aan toegevoegd: 'Deze zienswijze is niet gebaseerd op een grondige feitenanalyse.'

Tja, dacht ik – even opkijkend om te luisteren naar de versterkte bandopname van de laatste oproep tot het gebed van die dag – Zijne Heiligheid had meteen aan het begin meegedeeld dat hij een 'theantropische' lijn zou volgen. Hij zou de oosters-orthodoxe landen van Europa natuurlijk niet willen zien als landen die deel hebben aan een cultuur die blijft steken in de tradities en het wereldbeeld van Byzantium, ondanks eeuwenlange Mongoolse, Ottomaanse, rooms-katholieke of atheïstisch-communistische onderdrukking. Bartholomaios was eerst en vooral monnik en patriarch. Uiteindelijk, zo redeneerde ik, valt er met gelovigen – en zeker met orthodoxen – niet te debatteren, omdat ze altijd kunnen weigeren je op gelijke voet tegemoet te treden en in plaats daarvan hun toevlucht kunnen nemen tot de bergtoppen van het dogma en de absolute waarheden die voor jou ontoegankelijk zijn. In de inleiding op zijn boek over de orthodoxe Kerken in het Ottomaanse tijdperk, *The Great Church in Captivity*, heeft sir Steven Runciman het probleem wat eleganter gedefinieerd: 'Van alle wegen die een historicus kan volgen, loopt er geen enkele door zwaarder terrein dan dat van de religieuze geschiedenis. Voor een gelovige zijn religieuze waarheden eeuwig.'[5]

Lekker ontspannen op dat terras, kijkend naar het witte knipperlicht van de vuurtoren aan de overkant, op de Aziatische kust, en naar de ondergaande zon die de zee goud kleurde als een oude icoon, mijmerde ik over mijn tweejarige reis over 'zwaar terrein'. Ik voelde me als een pelgrim die tegen de tijd dat hij of zij zijn of haar bestemming bereikt, heeft ontdekt dat het voorwerp van verlangen – of in dit geval de oorspronkelijk gestelde vraag – maar een deel van de lading dekte.

Het antwoord op de oorspronkelijke vraag Waarom engelen vallen, waarom de Europese oosters-orthodoxe Kerken het verheven ideaal waar Byzantium ooit van droomde zo uit het oog zijn verloren dat ze nu broeinesten van nationalisme zijn, een factor die het politieke spectrum van elk oosters-orthodox land naar xenofobisch rechts doet doorslaan en een obstakel wordt dat de Europese eenwording op westerse voorwaarden verhindert, ligt in de geschiedenis. De dodelijke trots die in de gestalte van het religieus-nationalisme in de negentiende eeuw hoogtij vierde maar waarvan we de oorsprong helemaal in het middeleeuwse Servië en het late Byzantium vinden, is de reden dat de engelen in oosters-orthodox Europa vallen. Maar dat wist ik allemaal al toen ik aan mijn zoektocht begon. Wat ik niet wist was hoezeer het westerse christendom of het Westen op zich hieraan had bijgedragen. De totstandkoming van het schisma, de vierde kruistocht en de wijze waarop achtereenvolgende pausen de Byzantijnen net zolang onder druk hebben gezet tot ze de suprematie van Rome erkenden, waren een slechte start geweest, maar het in het leven roepen van de geünieerde Kerk door de Habsburgers, de fatale rivaliteit tussen de grootmachten in de negentiende eeuw en de ellende die is ontstaan doordat Groot-Brittannië veel te lang aan Cyprus heeft vastgehouden, zijn even zovele diepe wonden. Ik had niet verwacht dat mijn ontmoetingen met mensen van de orthodoxe Kerk het uiteindelijke beeld in die mate zouden bijstellen. Vader Sava in Dečani, de jonge bisschop Naum met zijn blije nonnen, Vader Pavlos, de geront van Patmos, abt Kiprian in het Bistriţaklooster in Moldavië, starets Nikolai op zijn eiland bij Pskov, de ernstige nederigheid van Vader Vasili in Optina Poestin en ook de gelukkige Vader Dorotheos hadden me niet alleen aan het denken gezet maar ook mijn hart geraakt. Voor die mensen had het geen rol gespeeld dat ik een westerse vrouw ben, rooms-katholiek van geboorte maar niet langer gelovig. Ze hadden in mij het verlangen opgeroepen om net zo te kunnen geloven als zij.

Ook sommige plekken hadden datzelfde aangrijpende effect op me gehad. De roze kerk in Kosovo's Gračanica op een vroege herfstochtend, het Ohridmeer in het laagseizoen met zijn knusse kerkjes, de lentegroene heuvels op Patmos, bespikkeld met witte paddestoelkapelletjes, de beschilderde kloosters van Roemenië in beukenbossen die tot vlammend goud verkleurden, de schitterende Witte Zee, gezien vanaf een zelfgebouwd jacht, de vrome bedrijvigheid in Sergijev Posad op de feestdag van Sint-Sergius, de onaangetaste perfectie van de zeventiende-eeuwse kathedraal van Verchotoerje in de sneeuw, de Goede Week in Nicosia en Pasen in de hoge Troódos...

Alles wat ik heb gezien en gehoord heeft me ervan overuigd dat oosters-orthodox Europa in fysieke zin dan misschien wel krimpt, maar zeker niet stervende is. De verschillende nationale Kerken en de cultuur die ze gemeen hebben en door de eeuwen heen hebben bewaard en gevoed, staan niet op het punt te verdwijnen. Integendeel, afgaand op de hernieuwde aandacht voor het kloosterleven is het tegenovergestelde het geval. Het beste en het slechtste van het erfgoed van het grote keizerrijk dat hier zeventienhonderd jaar geleden aan de oevers van de Bosporus werd geboren, heeft overleefd en is aan een nieuw millennium begonnen. Maar er moet in beide delen van Europa nog heel wat gebeuren wil het continent een vredige eenheid worden.

Het orthodoxe Oosten moet de korst kitsch wegkrabben waarachter het zijn geestelijke schatten altijd zo meesterlijk aan het oog van de wereld heeft weten te onttrekken. Dat verfoeilijke religieus-nationalisme, compleet met achtervolgings- en martelaarscomplexen en smachten naar dood en lijden, het brandmerken van vijanden en die aandoenlijke maar ook gevaarlijke gewoonte om fantastische verhalen over het verleden te bedenken – mythologie in plaats van geschiedenis – moet ophouden. Symphonia is vrijwel altijd een te verheven en te vaag ideaal gebleken om onverkort in praktijk te worden gebracht, zelfs door een volk dat zo diepreligieus was als de Romaioi, laat staan in deze geseculariseerde tijd. Maar met hun dissidente kluizenaars – de smerige, uitgehongerde heilige mannen in de woestijn en de onverschrokken pioniers in het noorden van Rusland, die allemaal tekeergingen over de slechtheid van de wereld – kunnen de orthodoxe Kerken bogen op een kostbare oude traditie, namelijk het intomen van de excessen van corrupte regeringen en wrede regimes.

Een aantal van die veranderingen zou doorgang kunnen vinden als de westerse helft van ons continent eindelijk de geheel eigen geschiedenis en de wezenlijke kenmerken van orthodox Europa zou erkennen. Het rijkelijk late verzet van het Westen tegen het zielloze materialisme rechtvaardigt het vermoeden dat we beginnen te beseffen wat we kwijt zijn geraakt door ons zo op ons lichaam en ons verstand te richten ten koste van onze geest. De stap naar waardering van het beste van de orthodoxie is niet zo vreselijk groot, zelfs niet voor een ongelovige. Daarna zou het ons minder moeite kosten om te begrijpen dat de steeds luidere protesten van orthodoxe Europeanen tegen het Westen met bijbehorende waarden méér zijn dan een voorbijgaande woedeuitbarsting van de *have-nots* jegens de *haves* van het continent. De wortels van die protesten reiken helemaal tot het schisma van 1054 en het gaat om bezwaren die zich niet meteen door grote leningen en ladingen consumptieartikelen zullen laten smoren. Integratie van de oostelijke Balkan en Rusland met de rest van Europa is moeilijk voorstelbaar als beide zijden van het continent niet bereid zijn tot veranderen en tot meer onderling begrip. Zonder wederzijdse erkenning van wat Oost en West door het schisma zo tragisch aan elkaar hebben moeten afstaan en zonder een poging de balans in evenwicht te brengen is er alle reden om bang te zijn. Zoals professor Huntington aan het slot van zijn boek *The Clash of Civilisations and the Remaking of the World Order* waarschuwt: 'De toekomst van zowel de vrede als de beschaving hangt af van het begrip en de samenwerking tussen de politieke, geestelijke en intellectuele leiders van de belangrijkste beschavingen op de wereld.'[6]

De wind wakkert aan. De spelende kinderen zwijgen en de Zee van Marmara is dieppaars. Ik kijk naar een donker schip dat wordt opgeluisterd door hele rijen witte lampjes, net als de piepkleine pareltjes die op de Byzantijnse koninklijke gewaden waren geborduurd, en dat naar het westen vaart, naar de Dardanellen en de wijde Egeïsche Zee, en stel me voor hoe het de hele nacht doorvaart, langs de donkere Griekse kust naar Grieks-Macedonië. Ik zie voor me hoe het tegen het aanbreken van de dag bij de berg Athos aankomt, als het eerste zonlicht wordt weerkaatst door de kruisen op de Byzantijnse kloosters en de zee van grijs metaal in goud verandert.

Het verstand kan de cirkel zo wel sluiten, maar een hart kan open blijven...

WOORDENLIJST

baboesjka	Grootmoeder, oude vrouw (Russisch)
tsjetnik	Ultranationalistische Servische strijder die in de Tweede Wereldoorlog tegen de nazi's en Tito's partizanen streed. Van 1991-1995 herleving in Kroatië en Bosnië (Servisch)
crap	Karper (Roemeens)
duhovnik	Orthodoxe heilige man, oudste (Roemeens) of geestelijk leidsman (Servisch)
Enosis	Unie van Cyprus met Griekenland (Grieks)
ekklesia	Kerk als gemeenschap van gelovigen (Grieks)
ekklesiastika	Liturgische voorwerpen uit de orthodoxe kerk, zoals een icoon, een wierookbrander (Grieks)
flaunas	Traditioneel kwarkgebak voor Pasen (Grieks)
geront/gerontes	Orthodoxe heilige man, oudste (Grieks)
hesychia	De innerlijke stilte die nodig is voor het gebed (Grieks)
inteligentsiya	Negentiende-eeuwse intellectuelen uit de steden (Russisch)
kafa	Koffie (Servisch)
kafeneion	Café (Grieks)
katastroph	Katastrofale nederlaag tegen de Turken in 1922 (Grieks), evacuatie van Grieken uit Klein-Azië.
krestyane	Boeren (Russisch)
kellia	Kluizenaarsverblijf
koliva	Begrafenisgebak van gekookte boekweit, suiker en noten. Wordt gegeten op orthodoxe begrafenissen en op de sterfdag van de overledene (Roemeens, Grieks, Servisch, Russisch, enz.)
kombolloi	Kralenketting, bidsnoer (Grieks)
komitadji	Macedonische of Bulgaarse vrijheidsstrijder (Macedonisch)
kyriakon	Kerk als gebouw, huis van God (Grieks)
loukoumi	Griekse versie van Turkse lekkernij (Grieks)
mafiya	Georganiseerde misdaad (Russisch)
mamaliga	Polenta (Roemeens)
Megali Idea	Groots Idee, plan om alle Grieken in één natie te verenigen (Grieks)

metochion/metochia	Landerijen en gebouwen van orthodoxe kloosters, verworven via donaties en nalatenschappen. Vaak waardevol onroerend goed in de stad (Grieks)
metojiha	Zie *metochion* (Servisch)
mira	Chrisma, gebruikt bij het sacrament van het vormsel, waardoor iemand tot het orthodoxe geloof wordt toegelaten (Servisch)
myron	Zie *mira* (Grieks)
mukhtaris	Grieks-Cypriotische burgemeester of dorpshoofd
nefos	Atheense smog (Grieks)
novo pecheni	Versgebakken (Servisch)
oikumeme	De bewoonde wereld (Grieks)
opritsjniki	Lijfwacht van tsaar Ivan de Verschrikkelijke, bestaand uit als monniken verklede misdadigers (Russisch)
palikari	Strijder in de Griekse onafhankelijkheidsstrijd (Grieks)
paratesis	Onlogisch, onredelijk (Grieks)
parousia	Wederkomst van Christus, of verschijning (Grieks)
pelmeni	Ravioli, streekgerecht uit Siberië (Russisch)
perestrojka	Herstructurering van Rusland, in 1985 in gang gezet door Mikhail Gorbatsjov, die naar meer openheid streefde (Russisch)
Philiki Etairia	Verbond van vrienden die zich in het begin van de negentiende eeuw inzetten voor de bevrijding van de Grieken van de Ottomaanse overheersing (Grieks)
Philokalia	Liefde voor het goede. Titel van verzameling uitspraken van de kerkvaders uit het begin van de christelijke kerk. Tekstboek voor Hesychastische mystici (Grieks)
podvig	Proeve van spirituele of fysieke verdraagzaamheid (Russisch)
podvor	Landerijen en gebouwen van orthodox klooster, verkregen via donaties of nalatenschappen. Vaak waardevol onroerend goed in de stad (Russisch)
Poestin	Woestenij, wildernis, kluizenaarsverblijf (Russisch)
Romios/Romaioi	Roemeens. Naam die de Byzantijnen voor zichzelf gebruikten (Grieks)
Rum-millet	Orthodoxe volken in het Ottomaanse Rijk – letterlijk Roemeense natie (Turks)
saloi	Dwaas voor Christus, heilige dwaas in Byzantium (Grieks)
semantron	Houten bord waarop met een hamer wordt geslagen om monniken en nonnen naar de kerk te roepen (Grieks, Servisch)
slivovic	Kleurloze pruimenbrandewijn (Servisch)
souvlaki	Op houtskool gegrilde stukken vlees aan een spies (Grieks)
srpska	Servisch (Servisch)

srpstvo	Servendom (Servisch)
starets/startsy	Orthodoxe heilige man, oudste (Russisch) of abt/overste van een klooster (Roemeens)
strannik	Rondtrekkende pelgrim (Russisch)
symphonia	De harmonie die de betrekkingen tussen de Byzantijnse Kerk en de staat kenmerkt (Grieks)
theosis	Proces van vergoddelijking (Grieks)
Tsargrad	Constantinopel (Russisch)
tuica	Kleurloze pruimenbrandewijn (Roemeens)
turcocratia	Periode van Ottomaanse overheersing (Grieks)
turkska	Turks (Servisch)
vladika	Montenegrijnse vorst-bisschop, bisschop (Servisch)
werst/wersty	1.07 kilometer (Russisch)
Yevro-remont	Herinrichting in West-Europese stijl (Russisch)
yurodivy	Dwaas voor Christus, heilige dwaas (Russisch)
zivania	Kleurloze brandewijn op Cyprus (Grieks)

CHRONOLOGIE

4e	320	Romeinse keizer Constantijn bekeerd tot het christendom
	330	Constantinopel gesticht
5e	410	Val van Rome
6e		Bouw Aya Sofia
9e	800	Karel de Grote door de paus tot keizer van het Heilige Roomse Rijk gekroond
	843	Eerste vermelding van monniken op de berg Athos Mislukte aanval van Kiev-Russen op Constantinopel
	864	De heiligen Cyrillus en Methodius komen met het Slavische evangelie naar Moravië
10e	957	Stichting Megisti Lavraklooster op de berg Athos
	988	Kiev-Russen bekeerd tot het christendom, onder vorst Vladimir
11e	1014	Rijk van tsaar Samuil in Macedonië ingenomen door Byzantijnen
	1015	Eerste Russische martelaars, Sint-Boris en Sint-Gleb
	1054	Schisma tussen oosters en westers christendom
	1088	Sint Christodoulos krijgt het eiland Patmos van de Byzantijnse keizer
	1095	Eerste kruistocht, opgeroepen door paus Urbanus II
	1099	Jeruzalem ingenomen door westerse kruisvaarders
12e	1191	Richard Leeuwenhart verovert Cyprus voor de derde kruistocht
	1197	Vrouwen van de berg Athos verbannen op bevel van de patriarch van Constantinopel
13e	1204	Deelnemers aan de vierde kruistocht plunderen Constantinopel en nemen in Byzantium de macht over
	1219	De Servische Sint-Sava sticht een onafhankelijke kerk vanuit de naar Nicea verbannen Byzantijnse Kerk
	1240	Mongolen plunderen en veroveren Kiev-Rusland
	1242	Teutoonse ridders vallen Rusland vanuit het westen aan, bij Pskov
	1261	Byzantijnen veroveren Constantinopel op de Latijnen
14e	1321	Bouw Servische Gračanicakerk
	1346	In Skopje wordt tsaar Dušan tot koning van de Serven gekroond en het Servische patriarchaat uitgeroepen
	1350	Servische kloosters in Krka en Dečani gesticht

	1355	Tsaar Dušan sterft als hij op weg is om Constantinopel te bezetten
	1380	Russen verslaan Mongolen in de slag bij Koelikovo
	1389	De slag om Kosovo en vorst Lazars keuze voor een hemels koninkrijk
15e	1429	De Russische heiligen Zosima en Savvati bereiken Solovjetski-eiland in de Witte Zee
	1438	Concilie van Florence, formele maar mislukte hereniging van oosters en westers christendom
	1453	Constantinopel valt in handen van de Ottomanen
	1476	Dood van vorst Vlad, de Spietser van Walachije (Dracula)
16e	1538	Henry VIII van Engeland beveelt opheffing van kloosters
	1547	Tsaar Ivan de Verschrikkelijke in Moskou gekroond
	1569	Moord op Sint-Philip van Solovjetski, metropoliet van Rusland
	1570	Ottomanen veroveren Cyprus
	1582	De verkenning van Siberië begint
	1584	Dood van tsaar Ivan de Verschrikkelijke
	1588	Rusland verwerft zelfstandig patriarchaat
	1596	Ontstaan Geünieerde kerk West-Oekraïne
	1598	Verchotoerje, stichting van Siberië
17e	1642	Dood van Sint-Simeon van Verchotoerje, Siberië
	1699	Ontstaan Geünieerde Kerk van Transsylvanië
18e	1714	Laatste inheemse vorst van Walachije in Istanbul geëxecuteerd. De Fanariotische Grieken heersen een eeuw lang over de Donauvorstendommen
	1728	Ion-Innocenti Micu-Klein benoemd tot aartsbisschop van de Geunieerde Kerk van Transsylvanië
	1744	Servische monnik Vissarion herroept bekeringen tot de Geünieerde Kerken in Transsylvanië
	1794	Dood van Sint-Païsi Velitsjkovski
19e	1815	Einde van de napoleontische oorlogen
	1820	Begin van de Griekse Onafhankelijkheidsoorlog, eerst in het Donauvorstendom Moldavië, dan op de Peloponnesos Oecumenisch patriarch Gregorios V van Constantinopel wordt opgehangen
	1827	Ottomanen in de slag om Navarino door westelijke alliantie verslagen
	1828	Graaf Ioannis Capodistrias eerste president van onafhankelijk Griekenland Eerste fameuze trio *startsy* in het Optina Poestinklooster, Rusland
	1830	Griekse kerk verklaart zich onafhankelijk van het patriarchaat in Constantinopel
	1833	President Capodistrias vermoord in Nafplio Katholieke Beierse prins Otto wordt koning van Griekenland 412 Griekse mannen- en vrouwenkloosters opgeheven

	1870	Bulgaren brengen scheiding aan tussen Kerk en staat, het zogeheten Exarchaat
	1872	Patriarch van Constantinopel verspreidt een nieuwe ketterij, het 'phyletisme'
	1878	Britten veroveren Cyprus op de Ottomanen
20e	1910	Dood van Tolstoj
	1912	Uitbreken van de eerste Balkanoorlog, Ottomanen uit Europa verdreven
	1912/3	Tweede Balkanoorlog, opdeling van Macedonië
	1913	Aartsbisschop Makarios van Cyprus geboren
		Voltooiing van de Kerk van de Kruisverering, Verchotoerje, Siberië
	1914-18	Eerste Wereldoorlog
	1916	Grigori Raspoetin in Sint Petersburg vermoord
	1917	Bolsjewistisch-communistische revolutie in Rusland
	1918	Moord op de Romanovs, de keizerlijke familie, te Jekaterinburg
	1922	Griekse *Katastrophe.* Poging tot stichting van een nieuw Byzantium door herovering van Klein-Azië liep uit op een ramp, slachtingen, volksverhuizingen en einde van het *Megali Idea*
	1927	Bisschoppen in het Solovjetski Goelagkamp protesteren tegen het communisme
	1939-45	Tweede Wereldoorlog
	1948	Opheffing van de Geünieerde Kerk in Transsylvanië
	1955	Anti-Griekse rellen in Istanbul
	1956	Cypriotische EOKA-strijders beginnen gewelddadige campagne voor onafhankelijkheid van Groot Brittannië en *Enosis* met de Grieken
	1958	In de Joegoslavische Republiek Macedonië verliest Tito zijn zeggenschap over de Kerk
	1960	Cyprus onafhankelijk van Groot-Brittannië. Aartsbisschop Makarios wordt de eerste president
	1964	VN-troepen landen op Cyprus
	1968	De paus van Rome en de Griekse patriarch van Constantinopel herroepen de bij het schisma in 1054 uitgesproken anathema's
	1970	Het aantal monniken op de berg Athos bereikt een dieptepunt van iets meer dan duizend
	1974	Amerikaanse steun voor Griekse coup tegen president-aartsbisschop Makarios van Cyprus
		Turkse bezetting van Noord-Cyprus. Volksverhuizing. VN stelt Groene Lijn vast
	1977	Dood van president-aartsbisschop Makarios van Cyprus
	1980	Dood van Tito in Joegoslavië
	1987	Slobodan Milošević komt in Servië aan de macht en zegt tegen de Kosovo Serviërs dat hij niemand zal toestaan hen te verslaan

1989 Zeshonderdste verjaardag van de slag bij Kosovo
Val van de Berlijnse Muur
Roemeense opstand en executie van Nicolae Ceauşescu op eerste kerstdag

1990 Opheffing van de autonome status van Kosovo binnen de Joegoslavische republiek Servië
Restauratie van de Geünieerde Kerk in Transsylvanië
Gevechten tussen Roemenen en Hongaarse minderheid in Târgu Mureş, Transsylvanië

1991 Verkiezing Bartholomaios I tot oecumenisch patriarch van Constantinopel
Oorlog in Kroatië
Coup van harde-lijncommunisme tegen de hervormingsgezinde Mikhail Gorbatsjov in Rusland, Boris Jeltsin, einde Sovjet-Unie en het communisme
Overblijfselen van de Romanovs ontdekt in een kuil in de bossen bij Jekaterinburg
Kloosters Solovjetski en Optina Poestin weer door monniken in gebruik genomen
De Joegoslavische Republiek Macedonië krijgt onafhankelijkheid als Voormalige Republiek Joegoslavië

1992-5 Oorlog in Bosnië

1994-6 Rusland verliest de oorlog met de separatistische Tsjetsjenen

1995 Dayton, Ohio, vredesverdrag splijt Bosnië in de Kroatische Moslimfederatie en de Bosnisch-Servische Republiek
Vredesmacht onder leiding van NAVO

1997 Tentoonstelling 'schatten van de berg Athos' in Thessaloniki
Grieken sluiten zich aan bij het Schengenakkoord
Bevrijdingsleger Kosovo (UÇK) opgericht door Kosovaarse Albanezen

1998 Dood van aartsbisschop Serapheim van Griekenland, verkiezing van aartsbisschop Christodoulos
Romanovs bijgezet in Sint Petersburg
Besluit om Russische luchtdoelraketten op Kreta te installeren in plaats van Cyprus
Val van de roebel en de regering van Rusland
Begin Servische etnische zuiveringen in Kosovo

1999 Uitbreiding NAVO naar Centraal-Europa
Hongarije, Polen en de Tsjechische Republiek
Drie maanden durende NAVO-bombardementen op Servië om de etnische zuivering van de Kosovo-Albanezen ongedaan te maken
Paus Johannes Paulus II overbrugt het schisma van 1054 door een bezoek aan Boekarest, Roemenië
Door de NAVO aangevoerde troepen bezetten Kosovo

Vijfentwintigste verjaardag tweedeling Cyprus
Begin van Ruslands tweede oorlog met Tsjetsjenië
Boris Jeltsin treedt op oudejaarsavond af
Veertien oosters-orthodoxe leiders komen bijeen om in Jeruzalem het oosters-orthodoxe kerstfeest te vieren

NOTEN

De berg Athos

1 Choukas, Michael, *Black Angels of Athos*, Londen, 1935, p. 224.
2 Dawkins, R. M., *The Monks of Athos*, Londen, 1936, p. 104.
3 Byron, Robert, *The Byzantine Achievement*, Londen, 1929, p. 133.
4 Lossky, Vladimir, *The Mystical Theology of the Eastern Church*, Londen, 1957, p. 18.
5 Fletcher, Richard, *The Conversion of Europe. From Paganism to Christianity 371-1386 AD*, Londen, 1998, p. 22. Citaat Eusebius, bisschop van Caesarea, c.260-c.340.
6 Morris, Rosemary, 'The Political Saint of the 11th Century', in Sergei Hackel (red.), *The Byzantine Saint*, University of Birmingham 14th Spring Symposium, 1981, p. 47. Citaat van B. Krivocheine (red.), *Symeon le Nouveau Theologien*, vert. J. Paramelle, 1963-5, II, 335.
7 Psellus, Michael, *Fourteen Byzantine Rulers*, Penguin, 1966, p. 269.
8 Fortescue, Adrian, *The Orthodox Eastern Church*, Londen, 1911, p. 110, noot.
9 Liddell, Robert, *Byzantium and Istanbul*, Londen, 1956, p. 36.
10 Ibid., p. 29, citaat R. Henn, *The Lonely Tower*, 1950.
11 Sherrard, Philip, *Byzantium. Great Ages of Man*, Holland, 1966, p. 34.
12 Ibid., p. 30.
13 Meyendorff, John, *Byzantium and the Rise of Russia*, St Vladimir's Seminary Press, 1981, p. 5. citaat *The Russian Primary Chronicle*, vert. S.H. Cross en O.P. Sherbowitz-Wetzor, 1953, p. 111.
14 Philips, Fr. Andrew, 'Orthodox Christianity and the Old English Church', Greenprint and Design, 1996, p. 30.
15 Ware, Timothy, *The Orthodox Church*, (heruitgave), Londen, 1997, p. 37. Citaat van Gregorius Nazianzus, brief 124; Gedichten over hemzelf, XVII, 91.
16 Runciman, Steven, *The Great Church in Captivity*, Cambridge, 1968, p. 85.
17 Ware, T., *op.cit.*, p. 21. Citaat St Athanasius, 'Rede over de vleeswording des woords'.
18 Golitzin, Hieromonk Alexander, *The Living Witness of the Holy Mountain*, St Tikhon's Seminary Press, Pennsylvania, 1996, p. 20. Citaat *St Symeon the New Theologian, The Practical and Theological Chapters*, 3:4.

19 Botsis, Peter A., *What is Orthodoxy?*, Athene, p. 14.
20 Johnson, Paul, A *History of Christianity*, Londen, 1976, p. 178. Citaat Liutprand van Cremona.
21 Sherrard, Philip, *The Greek East and the Latin West*, Limni, Evia, 1959, p. 87.
22 Todorovich, Slavko, P., *The Chilandarians*, New York, 1989, p. 105.
23 Norwich, John Julius, *Byzantium. The Decline and Fall*, Londen, 1996, p. 171. Citaat Geoffrey van Villehardouin, *La Conquête de Constantinople*, red. E. Faral, 2 delen, Parijs, 1938-9.
24 Ibid., p. 179. Citaat van Nicetas Choniates, *Historia, in Corpus Scriptorum Historiae Byzantinae*, Bonn, 1828.
25 Gibbon, Edward, *Decline and Fall of the Roman Empire*, Penguin, beknopte uitgave, p. 177.
26 Billings, Malcolm, *The Cross and the Crescent*, Londen, 1987, p. 137. Citaat Gunther of Pairis.
27 Davis, R.H.C., *A History of Medieval Europe from Constantine to St Louis*, Londen, 1957, p. 349.
28 Schmemann, Alexander, *The Historical Road of Eastern Orthodoxy*, Londen, 1963, p. 252.
29 Norwich, J.J., *op.cit.*, p. 201. Citaat George Pachymeres.
30 Meyendorff, John, *The Byzantine Legacy in the Orthodox Church*, St Vladimir's Seminary Press, 1982, p. 69.
31 Boojamra, John Lawrence, *Church Reform in the Late Byzantine Empire*, Thessaloniki, 1982, p. 61.
32 Ware, Kallistos, *Act out of Stillness. The Influence of Hesychasm on Byzantine and Slav Civilization*, Toronto, 1995, p. 21. Citaat F. Miklosich en I. Muller, *Acta et Diplomata Graeca Medii Aevi Sacra et Profana*, deel. 2, Wenen, 1862, pp. 190-1.
33 Norwich J.J., *op.cit.*, p. 243.
34 Ibid. p. 357. Citaat Ducas, *Historia Turco-Byzantina*, *Corpus Scriptorum Historiae Byzantinae*, Bonn, 1828.
35 Runciman, Steven, *The Fall of Constantinople 1453*, Cambridge, 1965, p. 1. Citaat Thompson (red.), *Chronicon*, p. 57.
36 Ware, T., *Eustratios Argenti. A Study of the Greek Church under Turkish Rule*, Oxford, 1964, p. 111. Citaat Gill, *The Council of Florence*, p. 227.
37 Davis, R. H. C., *A History of Medieval Europe from Constantine to St Louis*, Londen, 1957, p. 349.
38 Schmemann, Alexander, *The Historical Road of Eastern Orthodoxy*, Londen, 1963, p. 252.
39 Norwich, J.J., *op.cit.*, p. 201. Citaat George Pachymeres.
40 Runciman, Steven, *op.cit.*, p. 136. Citaat Simeon de Jongere, *Divinorum Amorum Liber.*
41 Meyendorff, J., *op.cit.*, 1982, p. 185.
42 Winkler, Gabriele, *The Jesus Prayer in Eastern Spirituality*, Minneapolis, 1986, p. 19.

43 Verhandeling voor vrienden van de Mount Athos Society, Oxford, mei 1998.
44 Curzon, Robert, *Visits to Monasteries of the Levant*, Londen, 1916, p. 414.
45 Rycaut, Paul, *The Present State of the Greek and Armenian Churches*, 1678, 1679, p. 262.
46 Kwop, Marcia, 'Orthodoxy's Modern Appeal', *Christian Science Monitor*, 28 juli 1997; en Steve Crawshaw, 'Incense, Icon and Faith', *Independent*, 19 maart 1998.
47 Runciman, Steven, *The Great Church in Captivity*, Cambridge, 1968, p. 121. Citaat Georgius Scholarius Gennadius, *Contre les Juifs*, in *Oeuvres complètes*, III, 252.
48 Economides, Irene, *The Two Faces of Greece. A civilization of 7000 years*, Athene, 1990, p. 84.
49 Grieks volkslied vert.

De Serviërs

1 Bulgarian Academy of Sciences, *Macedonia. Documents and Materials*, Sofia, 1979, p. 86. Citaat *Monumenta Slavorum Meridionalium* II, Zabrabiae, 1870, p. 278.
2 Baynes, Norman H. en H. St. L. B. Moss (red.), *Byzantium. An Introduction to East Roman Civilization*, Oxford, 1948, p. 49. Citaat *Izvori* VI, 626, N. Radosevicc.
3 Soulis, George Christos, *The Serbs and Byzantium during the Reign of Tsar Stephen Dušan 1331 to 1355, and his Successors*, Washington, 1984, p. 85.
4 Moon, Paul, 'A History of Medieval Serbia', Auckland, 1988, p. 16.
5 Mileušnić, Slobodan, 'The Monastery of Krka', Belgrado, 1994, p. 11. Citaat bisschop Simeon Konćarević.
6 Ibid., p. 12.
7 Ibid.
8 Ibid., p. 21.
9 Silber, Laura en Little, Allan, *The Death of Yugoslavia*, Londen, 1995, p. 224.
10 Walker, Tom, 'Serbs threaten to defend Karadzić from NATO Swoop', *The Times*, 18 August 1997.
11 Powers, Gerard F, 'Religion, Conflict and Prospects for Peace in Bosnia, Croatia and Yugoslavia', in *Religion in Europe*, deel XVI, 5 oktober 1996, vert. interview uit 1995 met Karadžić in het weekblad *Sveti Gora*.
12 Anzulović, Branimir, *Heavenly Serbia from Myth to Genocide*, New York, 1999, p. 17. Citaat Patriarch Gavrilo, *Memoari Patrijarha Srpskog Gavrila*, 1990, p. 270.
13 Silber, L. en Little, A., *op.cit.*, p. 205.
14 Judah, Tim, *The Serbs. History, Myth and the Destruction of Yugoslavia*, Yale, 1997, p. 34. Citaat *Marko the Prince. Serbo-Croat Heroic Songs*, Anne Pen-

nington and Peter Levi, 1984, p. 17.

15 Anzulović, B., *op.cit.*, p. 31.

16 Ibid., p. 13.

17 Mihaljčić, Rade, *The Battle of Kosovo in History and Popular Tradition*, Belgrado, 1989, p. 61.

18 Kindersley, Anne, *The Mountains of Serbia. Travels Through Inland Yugoslavia*, Londen, 1976, p. 214. Citaat Robert Halsband (red.), *The Complete Letters of Lady Mary Wortley Montagu*, 1965, 1. 310.

19 Banac, Ivo, *The National Question in Yugoslavia. Origins, History, Politics*, Cornell, 1984, p. 143. Uit *Uspomene na politicke ljude I dogadjaje*, Ivan Mestrovic, 1961, p. 84.

20 Tachaios, A.E.N. (red.), *Mount Athos and the EU*, Thessaloniki, 1993, p. 103.

21 Truman, Ivan, 'The Serbian Orthodox Church in Kosovo', uit *Sobornost*, 1985, I, deel 7, I.

22 Silber, L. en Little, A., *op.cit.*, p. 72.

23 Durham, Mary E., *Through the Lands of the Serb*, Londen, 1904, pp. 307-8.

24 Kaplan, Robert D., *Balkan Ghosts*, New York, 1993, p. 33.

25 Runciman, Steven, *Byzantine Civilisation*, Londen, 1933, p. 284.

26 Kindersley, A., *op.cit.*, citaat van Abbot Caplak.

27 Durham, M. E., *op.cit.*, p. 317.

28 Malcolm, Noel, *Kosovo. A Short History*, Londen, 1998, p. 38.

29 I.M., *Vacation Tourists*, Londen, 1861, p. 380.

30 Anzulović, B., *op.cit.*, p. 54.

31 Banac, I., *op.cit.*, p. 60.

Macedonië

1 *Dr Browne's Travels through Hungary, Thessaly, Macedonia, etc.* Londen, 1673, p. 775.

2 Brailsford, H.N., *Macedonia. Its Races and their Future*, Londen, 1906, p. xi.

3 Levecque, J., *Coutumes Chrétiennes de Macedoine*, Saloniki, 1918.

4 Carnegie Endowment, *The Other Balkan Wars*, Washington, 1993, p. 73.

5 Handelingen 16:9,10.

6 Obolensky, Dimitri, *Byzantium and the Slavs*, St Vladimir's Seminary Press, 1994, p. 245. Citaat uit *Vita Constantini*, XIV, 10.

7 Internet http://www.geocities.com/~makedonija/samuil.html, uit *Makedonski Icelenuchki Almanac*, 1995, *Matitsa na Icelenitsite od Makedonija*, Skopje, 1995, p. 36.

8 Clogg, Richard (red.), *The Movement for Greek Independence 1770-1821*, Londen, 1976. Citaat DaniiI Mikhali Adami, 1802.

9 Danforth, Loring M., *The Macedonian Conflict*, Princeton, 1995, p. 62.

10 Carnegie Endowment, *op.cit.*, p. 95.

11 Abbott, G.F. (red.), *Greece in Evolution*, Londen, 1909, p. 58.

12 Ilievski, Done, *The Macedonian Orthodox Church*, Skopje, 1973, p. 93.
13 Ibid., p. 96.
14 Brailsford, H.N., *op.cit.*, pp. 59-61.
15 Ibid., p. 65.
16 Patriarchaat van Constantinopel (red.), *Official Documents concerning the Deplorable Condition of Affairs in Macedonia*, Constantinopel, 1906, p. 21.
17 Brailsford, H.N., *op.cit.*, pp. 192-4.
18 Ibid., p. 195.
19 Obolensky, Dimitri, *The Byzantine Inheritance of Eastern Europe*, Oxford, 1982, 'Cult of St Demetrius of Thessaloniki in the History of Byzantine-Slav Relations', p. 13.
20 Ibid., p. 16.
21 Choukas, Michael, *Black Angels of Athos*, Londen, 1935, p. 292. Citaat Kornaros, *Themistocles, 'The Holy Mountain. The Saints Unmasked'*, Athene, 1933, pp. 6-8.
22 Ibid.
23 Brewster, Ralph, *The 6000 Beards of Athos*, Londen, 1935, p. 38.
24 Ibid.
25 Choukas, M., *op.cit.*, p. 296.
26 Ibid., p. 61.
27 The Christian Activist, *Mt. Athos. An Introduction*, Graham Speake, maart 1996.
28 Loch, Sydney, *Athos. The Holy Mountain*, Londen, 1957, p. 101.
29 Athens news agency bulletin, no. 1202, 3 juni 1997.
30 Smith, Helena, 'Gamble of the Macedonia Gambit', *Guardian*, 31 januari 1992.
31 De volgorde van deze gebeurtenissen zijn uiteengezet in een lezing van Charles Stewart, King's College, Londen, 2 maart 1998.

Griekenland

1 Ware, Kallistos, 'Patmos and its Monastery', *Eastern Churches Review*, 1967, I, 3. Citaat F. Miklosich en Müller, *Acta et diplomata graeca medii aevi*, deel IV, Wenen, 1890, p. 56.
2 Papadopoulos S. A., *Monastery of St John the Theologian*, Patmos, 1993, p. 8.
3 Oecomenos, Lysimaque, *La Vie Réligieuse dans l'Empire Byzantine au temps des Comnenes et des Anges*, 1918, pp. 148-9.
4 Levi, Peter, *The Hill of Kronos*, Londen, 1981.
5 Papadopoulos, S.A., *op.cit.*, pp. 16-17.
6 Hill, Aaron, *A Full and Just Account of the Present State of the Ottoman Empire*, Londen, 1709, p. 215.
7 Openbaringen 1:9.

8 Clogg, Richard (red.), *The Movement for Greek Independence 1770-1821*, Londen, 1976, p. 93.

9 Fermor, Patrick Leigh, *Roumeli. Travels in Northern Greece*, Londen, 1966, pp. 107-13.

10 Walsh, Robert, *A Residence at Constantinople, during a period including the commencement, progress and termination of the Greek and Turkish revolutions*, Londen, 1836, p. 180.

11 Ibid., p. 179.

12 Clogg, Richard (red.), *The Struggle for Greek Independence*, Londen, 1973. Citaat *Kapodistrias and the Philiki Etairia* (1814-1821), C.M. Woodhouse, p. 123.

13 Bangerater, Kathryn Jean, *Three Hellenes in the Struggle for Greek Independence*, PhD thesis, University of California, 1982, p. 122.

14 Economides, Irene, *The Two Faces of Greece. A Civilisation of 7000 years*, Athene, 1990, p. 110.

15 Linner, Stuve (red.), *W.H. Humphreys First Journal of the Greek War of Independence, July 1821-February 1822*, p. 76.

16 Frazee, Charles, *The Orthodox Church and Independent Greece*, Londen, 1969, p. 40.

17 Ibid., p. 30.

18 Ibid., p. 34.

19 Clogg, Richard, *op.cit.*, p. 182.

20 Woodhouse, C.M., *Capodistrias. The Founder of Greek Independence*, Oxford, 1973, p. 393. Citaat brief van Capodistrias aan Jean-Gabriel Eyuard, Genève.

21 Clogg, Richard (red.), *The Struggle for Greek Independence*, Londen, 1973, p. 239. Essay van Douglas Dakin.

22 Ibid., p. 336. Citaat brief aan de onderminister voor de koloniën, Sir Robert Horton, *Correspondence* I, p. 265.

23 Frazee, C., *op.cit.*, p. 75. Citaat uit brief van I. Capodistrias aan C. Mustoxidis, 6 november 1827.

24 Par un Grec, *Renseignements sur la Grece et sur l'Administration du Comte Capodistrias*, 1833, p. 35.

25 Woodhouse, C.W *op.cit.*, p. 389. Citaat *Apomnimonevmata II*, pp. 10-11.

26 Lialiatsis, Panos, *Nauplion, Touristic Guide*, Athene, 1972, p. 53.

27 Phillips, Walter Alison, *The War of Greek Independence, 1821-1833*, Londen, 1897, p. 369.

28 Servische krant *Intervju*. Interview met Milorad Pavić, 13 december 1991, p. 8

29 Russische krant, *Nezavisimaya Gazeta*, Oleg Rumyantsev, 29 april 1993, p. 5.

Roemenië

1 Xenopol, A. D., *Histoire des Roumains*, Parijs, 1896, deel 1, p. 130.
2 Florescu, Radu R., en McNally, Raymond T., *Dracula. Prince of Many Faces*, Boston, 1989, p. 197.
3 Ibid., p. 198.
4 Wilkinson, William, *An Account of the Principalities of Wallachia and Moldavia with various political observations relating to them*, Londen, 1820, p. 71.
5 Deletant, Dennis, *Ceaușescu and the Securitate. Coercion and Dissent in Romania*, 1965-1989, Londen, 1995, p. 233.
6 Iorga Nicolae, *History of Romania*, Londen, 1925, p. 205.
7 Ibid., p. 229.
8 Hitchens, Keith, 'Religion and the Romanian National Consciousness in 18th-century Transylvania', in *Slavonic and East European Review*, april 1979, 57, 2, p. 226.
9 Aubry, Michel, *St Paisius Velichkovky*, Lausanne, 1992, p. 98.
10 Featherstone, J.M.E. (vert.), *The Life of Paisii Velyckovs'kyj*, Harvard, 1989, p. 9.
11 Aubry, M., *op.cit.*, p. 111.
12 Ibid., p. 66.
13 Ibid. p. 94.
14 Featherstone, J.M.E. (vert.), *op.cit.*, p. 136.
15 Chetverikov, S., *Starets Paisii Velichkovskii*, Massachusetts, 1980, p. 283-322.
16 Featherstone J.M.E., *op.cit.*, p. 149.
17 *Independent*, Obituary, december 1998.

Rusland

1 Tarkovsky, Andrei, *The Diaries. Time Within Time*, Calcutta, 1989, p. 333.
2 Mullet, Margaret, en Kirby, Anthony (red), *The Theotokos Evergetis and 11th-century Monasticism*, Belfast, 1994, p. 58. Citaat Muriel Heppell, 'The Early History of the Kievan Monastery of Caves'.
3 Maclean, Fitzroy, *Holy Russia*, Londen, 1978, p. 56.
4 Kampfer, Frank, 'The Image of Russian Christianity in the West and the Concept of Holy Russia', 1992, p. 198. Essay in *The Christianization of Ancient Russia. A millennium 988-1988*, Yves Hamant (red).
5 Fedotov, G., *The Russian Religious Mind*, New York, 1946, p. 42.
6 Tolstoj, Graaf M.B., *The History of the Russian Church*, Moskou, 1896, p. 41.
7 Zernov, Nicolas, *The Russians and their Church*, St Vladimir's Seminary Press, 1978, derde druk, p. 10. Citaat Vladmir Monomakh, 'A Charge to my Children'.
8 Meyendorff, John, *Byzantium and the Rise of Russia*, St Vladimir's Seminary Press, 1989, p. 292, Citaat brief van Patriarch Cyprianus aan St. Sergius, 3 juni 1378.

9 Klyuchevsky, B.O., *Khozyaismennaya Deyaltelnost Solovetskovo Monastiriya Belomorskom Krai*, 1958, p. 3.
10 Tolstoj, Graaf M.B., *op.cit.*, p. 414.
11 Bobrick, Benson, *Fearful Majesty*, New York, 1977, p. 187-8. Citaat uit een brief aan Vorst Andrei Kurbsky.
12 Ibid.
13 Apsler, Alfred, *Ivan the Terrible*, Folkestone, 1971, p. 166.
14 Tolstoj, Graaf M.B., *op.cit.*, p. 415.
15 Ibid. p. 415-6.
16 Ibid.
17 Graham, Stephen, *With the Russian Pilgrims to Jerusalem*, Londen, 1916, p. 61.
18 Hosking, Geoffrey, *Russia. People and Empire 1552-1917*, Londen, 1997, p. 244.
19 Danchenko, Vladimir Nemirovich, *Solovki*, Sint Petersburg, 1905, p. 18.
20 Dostojevski, Fjodor, *De gebroeders Karamazov*, Veen, Wageningen 1968, blz. 219.
21 Verzoekschrift van de Solovjetski Startsy, overhandigd aan Tsaar Aleksi Michajlovitsj in de stad Moskou, 1657 (Lenin bibliotheek, Moskou).
22 Solzjenitsyn, Alexander, *Goelag Archipel.*
23 Likhatsjev, Dmitri, *Vospominaniya*, Moskou, 1995, p. 198.
24 Zemov, *op.cit.*, p. 60.
25 Moynahan, Brian, *Rasputin. The Saint Who Sinned*, Londen, 1998, p. 74.
26 Steinberg, Mark D. en Khrustalev, Vladimir M., *The Fall of the Romanovs*, Yale, 1995, p. 58.
27 King, Greg, *The Last Empress. the Life and Times of Alexandra Feodorovna, Tsarina of Russia*, New York, 1994, p. 95. Citaat Alexander Mossolov, *At the Court of the Last Tsar*, 1935, p. 10-11.
28 Steinberg, M.D., en Khrustalev, V.M., *op.cit.* Uit het dagboek van aartspriester Afanasi Beljajev, deken van de Fyodorovsky kathedraal, Tsarskoe Selo, 2-31 maart 1917.
29 *Roesski Porjadok*, 1, 1998.
30 *Moskovsky Komsomolets* 14 juli 1998.
31 1 Korinthe, 3:18.
32 Ibid., 4:10.
33 Thompson, Ewa M., *Understanding Russia. The Holy Fool in Russian Culture*, Lanham, 1987, p. 197.
34 Milner-Gulland, *The Russians*, Oxford, 1997, p. 177 Citaat Giles Fletcher.
35 Hosking, G., *op.cit.*, p. 241.
36 Bolshakoff, Sergius, *Russian Mystics*, Londen, 1977, p. 181.
37 Dostojevski, F., *op.cit.*, p. 259-260.
38 Chetverikov, Father Sergius, *Elder Ambrosius of Optina*, St Tikhon's Press, 1997, p. 141.
39 Zernov, Nicholas, *Three Russian Prophets*, Londen, 1944, p. 106.

40 Wilson, A.N. *Tolstoy*, Londen, 1988, p. 292.
41 Raspoetin, Maria, *My Father*, Londen, 1934, p. 46.
42 Ibid., p. 47.
43 Ibid.
44 Ibid. p. 157.
45 ibid., p. 134.
46 Ibid., p. 61.
47 Ibid., p. 100.
48 *Verkhoturskaya Starina*, 1998, issue 8-9, p. 7.
49 Moynahan, B., *op.cit.*, p. 183. Citaat *St Petersburg Gazette*, 13 oktober 1917.
50 Thubron, Colin, *Journey into Cyprus*, Penguin, 1975, p. 217.

Cyprus

1 Alastos, Doros, *Cyprus Guerrilla. Grivas, Makarios and the British*, Londen, 1960, p. 6.
2 Courcas, N. en J. Riley-Smith (red.), *Cyprus and the Crusades*, 1995, p. 78.
3 Mayes, Stanley, *Cyprus and Makarios*, Londen, 1960, p. 33. Citaat van *Observer*, 17 oktober 1954.
4 Mayes, Stanley, *Makarios. A Biography*, Londen, 1981, p. 88.
5 Le Geyt, P.S., *Makarios in Exile*, Nicosia, 1961, p. 102.
6 Vanezis, P.N., *Makarios. Life and Leadership*, Londen, 1979, p. 120.
7 Faulds, Andrew M.P. (red.), *Excerpta Cypria for Today. A Source book on the Cyprus Problem*, Nicosia-Istanbul, 1988, p. 62.
8 Mayes, S., *op.cit.*, p. 238.
9 Smith, Helena, 1997 interview met Giorgios Hadjicostas, voorzitter van het Motorrijdersgenootschap. De aartsbisschop belde het genootschap persoonlijk om £10.000 aan te bieden.
10 *Cyprus Mail*, 17 augustus 1996.
11 Hackett J., *A History of the Orthodox Church of Cyprus*, Oxford, 1901, p. 336.
12 Ibid., p. 153.
13 Thubron, Colin, *Journey into Cyprus*, Londen, 1975, p. 123.
14 Grishin, Alexander, *A Pilgrim's Account of Cyprus Bars'kyj's Travels in Cyprus*, Greece and Cyprus Research Centre, New York, 1996, p. 50.
15 Grishin, *op.cit.*, p. 76.
16 Thubron, *op.cit*, p. 116.
17 Grishin *op.cit.*, p. 84.
18 Ibid., p. 86.
19 Ibid., p. 89.
20 Thubron, *op.cit.*, p. 122.
21 Ministeries van Defensie en van Buitenlandse Zaken van de Turkse Republiek Noord-Cyprus, *The Cultural Heritage of Northern Cyprus: Its Protection and Preservation*, Nicosia, 1996, p. 8.

22 Brief van 4 juli 1999, van bisschop Artemije te Gračanica aan H.E. Sergio De Mello UNMIK, Priština, en Generaal M. Jackson, KFOR HQ, Priština.

Istanbul

1 Goodwin, Jason *Lords of the Horizons. A History of the Ottoman Empire*, Londen, 1999, p. 9.
2 Oman C.W.C., *The Story of the Nations. the Byzantine Empire*, Londen, 1892 p. 109.
3 Dalrymple, William, *From the Holy Mountain*, Londen, 1997 p. 32.
4 Henry, Patrick, 'Schism looms with Byzantine Church', *Moscow Times*, 27 februari 1996.
5 Runciman, Steven, *The Great Church in Captivity*, Cambridge, 1968, p. 3.
6 Huntington, Samuel P., *The Clash of Civilisations and the Remaking of the World Order*, 1996, p. 321.

BIBLIOGRAFIE

Algemeen

Applebaum, Anne, *Between East and West*, Londen, Macmillan, 1994

Beeson, Trevor, *Discretion and Valour. Religious Conditions in Russia and Eastern Europe*, Londen, Fontana, 1974

Bideleux, Robert and Jeffries, Ian, *A History of Eastern Europe. Crisis and Change*, Londen, Routledge, 1998

Davies, Norman, *Europe. A History*, Oxford, OUP, 1996

Dimitrova, Ekaterina, *The Gospels of Tsar lvan Alexander*, Londen, British Library, 1994

Fletcher, Richard, *The Conversion of Europe. From paganism to Christianity 1371-1386 AD*, Londen, HarperCollins, 1997

Forbes, Nevill and Toynbee, Arnold J, *The Balkans. A History of Bulgaria, Serbia, Greece, Romania, Turkey*, Oxford, Clarendon Press, 1915

France, Peter, *Hermits. The Insights of Solitude*, Londen, Pimlico, 1996

Fortescue, Adrian, *The Orthodox Eastern Church*, Londen, Catholic Truth Society, 1911

French, R.M., *The Eastern Orthodox Church*, Londen, Hutchinson's University Library, 1951

Hobsbawm, E.J., *Nations and Nationalism since 1780*, Cambridge, CUP, 1990

Huntington, Samuel P., *The Clash of Civilisations and the Remaking of World Order*, New York, Simon and Schuster, 1996

Jelavich, Barbara, *History of the Balkans. Eighteenth and Nineteenth Centuries*, Cambridge, CUP, 1983

Kaplan, Robert D., *Balkan Ghosts*, New York, St Martin's Press, 1993

Knowles, David, *Christian Monasticism*, Londen, Weidenfeld & Nicolson, 1969

Lawrence, Sir John, *The Hammer and the Cross*, Londen, Ariel Books, 1986

Lendvai, Paul, *Eagles in Cobwebs. Nationalism and Communism in the Balkans*, Londen, Macdonald, 1970

Levi, Peter, *The Frontiers of Paradise. A Study of Monks and Monasteries*, Londen, Collins Harvill, 1987

Lossky, Vladimir, *The Mystical Theology of the Eastern Church*, Londen, James Clarke and Co., 1957
Mantzarides, Georgios L., *Time and Man*, South Canaan, Penn., St Tikhon's Seminary Press, 1996
Nafpaktos, Bisschop Hiërotheos van, *Orthodox Psychotherapy*, Levadia, Birth of the Theotokos Monastery, 1994
Olivier, Clement, *Conversations with the Ecumenical Patriarch Bartholomew* I, New York, St Vladimir's Seminary Press, 1997
Poulton, Hugh, *The Balkans. Minorities and States in Conflict*, Londen, Minority Rights Publications, 1991
Schmemann, Alexander, *The Historical Road of Eastern Orthodoxy*, Londen, Harvill Press, 1963
Sherrard, Philip, *The Greek East and Latin West. A Study in the Christian Tradition*, Limni, Evia, Denise Harvey, 1959
Stanley, Arthur Penrhyn, *Lectures on the History of the Eastern Church*, Londen, John Murray, 1883
Ware, Timothy, *The Orthodox Church* (nieuwe uitgave), Londen, Penguin, 1997
Zernov, Nicolas, *Eastern Christendom. A Study of the Origin and Development of Eastern Orthodox Christianity*, Londen, Weidenfeld & Nicolson, 1963

Byzantium

Alexander, Paul J., *Religion and Political History and Thought in the Byzantine Empire*, Londen, Variorum, 1978
Beaton, Roderick en Rouèche, Charlotte (red.), *The Making of Byzantine History*, Aldershot, Variorum 1993
Billings, Malcolm, *The Cross and the Crescent*, Londen, BBC Publications, 1987
Boojamra, John Lawrence, *Church Reform in the Late Byzantine Empire*, Thessaloniki, Patriarchikon Hidryma Paterikon Meleton, 1982
Botsis, Peter A., 'What is Orthodoxy?', Athene
Byron, Robert, *The Byzantine Achievement*, Londen, G. Routledge & Sons, 1929
Curzon, Robert, *Visits to Monasteries in the Levant*, Londen, Arthur Barker, 1955
Dalrymple, William, *From the Holy Mountain*, Londen, HarperCollins, 1998
Davis, R.H.C., *A History of Medieval Europe. From Constantine to St Louis*, Londen, Longmans, 1957
Economides, Irene, *The Two Faces of Greece. A Civilisation of 7000 years*, Athene, 1990
Freely, John, *Istanbul. The Imperial City*, Londen, Penguin, 1996
Gibbon, Edward, *The Decline and Fall of the Roman Empire*, deel 6, Londen, J.M. Dent & Sons Ltd., 1910
Golitzyn, Hieromonk Alexander, *The Living Witness of the Holy Mountain. Contemporary Voices from Mount Athos*, South Canaan, Penn., St Tikhon's Seminary Press, 1996

Goodwin, Jason, *Lords of the Horizons. A History of the Ottoman Empire*, Londen, Vintage, 1999
Hackel, Sergei (red.), *The Byzantine Saint. University of Birmingham 1981, 14th Spring Symposium of Byzantine Studies*, Oxford Fellowship of St Alban and St Sergius, 1981
Herrin, Judith, *The Formation of Christendom*, Oxford, Basil Blackwell, 1987
Hussey, J.M., *The Orthodox Church in the Byzantine Empire*, Oxford, OUP, 1986
Iorga, Nicolae, *Byzance après le Byzance*, Boekarest, Institut Roman de Byzantinologie, 1935
Jones, A.H.M., *Constantine and the Conversion of Europe*, Londen, Pelican, 1969
Levi, Peter, *The Hill of Kronos*, Londen, Collins, 1980
Liddell, Robert, *Byzantium and Istanbul*, Londen, Johnathan Cape, 1956
Mansel, Philip, *Constantinople. The World's Desire*, Londen, John Murray, 1995
Mayer, Hans Eberhard, *The Crusades*, Oxford, OUP, 1988
Melville-Jones, J.R. (vert.), *The Siege of Constantinople. Seven Contemporary Accounts*, Amsterdam, Adolf M. Hakkert, 1972
Meyendorff, John, *The Byzantine Legacy in the Orthodox Church*, New York, St Vladimir's Seminary Press, 1982
– *Byzantine Hesychasm. Historical, Theological and Social Problems*, Londen, 1974
Nicol, Donald M., *The Immortal Emperor. The Life and Legend of Constantine Palaiologus, Last Emperor of the Romans*, Cambridge, CUP, 1969
Norwich, John J., *A History of Byzantium*, 3 delen, Londen, Penguin, 1995
Obolensky, Dimitri, *The Byzantine Commonwealth. Eastern Europe 500-1453*, New York, St Vladimir's Press, 1982
– *Byzantium and the Slavs*, New York, St Vladimir's Press, 1994
– *The Byzantine Inheritance of Eastern Europe*, Londen, Variorum Reprints, 1982
Oecomenos, Lysimaque, *La Vie Religieuse dans L'Empire Byzantine au temps des Comnenes et des Anges*, 1918
Oman, C.W.C., *The Story of the Nations. The Byzantine Empire*, Londen, T. Fisher Unwin, 1982
Ostrogorsky, George, *History of the Byzantine State*, Oxford, Basil Blackwell, 1968
Phillips, Fr. Andrew, 'Orthodox Christianity and the Old English Church', Greenprint and Design, 1996
Psellus, *Byzantine Rulers*, Londen, Penguin, 1966
Runciman, Steven, *Byzantine Civilisation*, Londen, Methuen, 1975
– *The Eastern Schism. A Study of the Papacy and Eastern churches during the 11th and 12th centuries*, Oxford, Clarendon Press, 1955
– *The Fall of Constantinople 1453*, Cambridge, CUP, 1965
– *The Great Church in Captivity*, Cambridge, CUP, 1968
Rycaut, Sir Paul, *The Present State of the Greek and Armenian Churches 1678*, Londen, 1679
Sherrard, Philip en uitgevers van Time-Life Boeken, *Byzantium*, Nederland, Time-Life Boeken, 1966
Smart, Ninian, *The Phenomenon of Christianity*, Londen, Collins, 1979

Tachaios, A.E.N. (red.), *Mount Athos and the European Community*, Thessaloniki, Institute for Balkan Studies, 1993
Talbot-Rice, David, *Art of the Byzantine Era*, Londen, Thames & Hudson, 1963
Ware, Kallistos, *Act out of Stillness. The Influence of Hesychasm on Byzantine and Slav Civilisation*, Toronto, Hellenic Canadian Association of Constantinople and Thessalonikean Society of Metro Toronto, 1995
Ware, Timothy, *Eustratios Argenti. A Study of the Greek Church under Turkish Rule*, Oxford, Clarendon Press, 1964
Winkler, Gabriele, *The Jesus Prayer in Eastern Spirituality*, Minneapolis, Light and Life Publishing Company, 1986

De Serviërs

Alexander, Stella, *Church and State in Yugoslavia since 1945*, Cambridge, CUP, 1979
Anzulović, Branimir, *Heavenly Serbia. From Myth to Genocide*, Londen, Hurst & Co., 1999
Banac, Ivo, *The National Question in Yugoslavia. Origins, History, Politics*, Ithica, Cornell University Press, 1984
Baynes, Norman H., en Moss, H.St.L.B. (red.), *Byzantium. An Introduction to East Roman Civilization*, Oxford, Clarendon Press, 1948
Bogdanović, D., Djurić, V.J. en Medaković, D., *Hilandar. On the Holy Mountain*, Belgrado, Jugoslavenska Revija, 1978
Durham, Mary Edith, *High Albania*, Londen, Edward Arnold, 1909
Through the Lands of the Serb, Londen, Edward Arnold, 1904
French, R.M., *Serbian Church Life*, Londen, SPCK, 1942
Glenny, Misha, *The Fall of Yugoslavia*, Londen, Penguin, 1992
Judah, Tim, *The Serbs. History, Myth and the Destruction of Yugoslavia*, New Haven, Yale University Press, 1997
Kindersley, Anne, *The Mountains of Serbia. Travels though Inland Yugoslavia*, Londen, John Murray, 1977
Malcolm, Noel, *Bosnia. A Short History*, Londen, Macmillan, 1994
– *Kosovo. A Short History*, Londen, Macmillan, 1998
Mihaljćić, Rade, *The Battle of Kosovo. In History and Popular Tradition*, Belgrado, Beogradski Izdavaćko-Grafićki Zavod, 1989
Mileušnić, Slobodan, 'The Monastery of Krka', Belgrado, 1994
Moon, Paul, 'A History of Medieval Serbia', Auckland, 1988
Popović, Archimandrite Justin, *Orthodox Life and Faith in Christ*, Belmont, Mass., Institute for Byzantine and Modern Greek Studies, 1994
Reed, John, *War In Eastern Europe. Travels through the Balkans in 1915*, Londen, Orion Books, 1994
Samardzić, Radovan (red.), 'The Serbs in European Civilization', Belgrado, 1993
Sells, Michael A., *The Bridge Betrayed. Religion and Genocide in Bosnia*, Berkeley, University of California Press, 1996

Silber, Laura en Little, Allan, *The Death of Yugoslavia*, Londen, Penguin, 1995
Soulis, George Christos, *The Serbs and Byzantium during the Reign of Tsar Stephen Dusan 1331-1355 and his Successors*, Washington D.C., Dumbarton Oaks Library and Collection, 1984
Sudetic, Chuck, *Blood and Vengeance. One Family's Story of the War in Bosnia*, New York, W.W. Norton & Co. Inc., 1998
Todorovich, Slavko, *The Hilandarians*, New York, Columbia University Press, 1989
Tsernianski, Miloš, *Migrations*, Londen, Collins Harvill, 1994
Velimirovich, Bisschop Nikolai en Popovic, Archimandriet Justin, *The Mystery and Meaning of Kosovo*, Illinois, The Free Serbian Orthodox Diocese of America and Canada, 1989
West, Rebecca, *Black Lamb and Grey Falcon*, Londen, Penguin, 1968

Macedonië

Abbott, G.F. (red.), *Greece in Evolution*, Londen, Fisher Unwin, 1909
Balabanov, Kosta, *Ohrid. Cultural, historical and natural region in the catalogue of World Heritage*, Skopje, Skopje Misla, 1987
Brewster, Ralph H., *The 6000 Beards of Athos*, Londen, L.ć V. Woolf, 1935
Browne, Dr Edward, *Dr Browne's Travels through Hungary, Thessaly, Macedonia etc*, Londen, 1673
Brailsford, H.N., *Macedonia. Its Races and their Future*, Londen, Methuen & Co., 1906
Bulgarian Academy of Sciences, *Macedonia. Documents and Material*, Sofia, 1979
Byron, Robert, *The Station, Athos. Treasures and Men*, Londen, Duckworth, 1933
Carnegie Endowment for International Peace, *The Other Balkan Wars*, 1913
Choukas, Michael, *Black Angels of Athos*, Londen, Constable & Co., 1935
Constantinopel Patriarchaat (red.), *Official documents Concerning the Deplorable Condition of Affairs in Macedonia*, Constantinopel, 1906
Crampton, R.J., *A Short History of Bulgaria*, Cambridge, CUP, 1987
Danforth, Loring M., *The Macedonian Conflict*, Princeton, Princeton University Press, 1995
Dawkins, R.M., *The Monks of Athos*, Londen, George Allen & Unwin, 1936
Hasluck, F.W., *Athos and its Monasteries*, Londen, Keegan Paul & Co.,1924
Ilievski, Done, *The Macedonian Orthodox Church*, Skopje, Macedonian Review Editions, 1973
Institute for Balkan Studies, *Macedonia Past and Present*, Thessaloniki, 1992
Karakasidou, Anastasia N., *Fields of Wheat, Hills of Blood. Passages to Nationhood in Greek Macedonia 1870-1990*, Chicago, University of Chicago Press, 1997
Levecque, J., *Coutumes Chretiennes de Macedoine*, Salonica, Methuen & Co., 1918
Loch, Sydney, *Athos. The Holy Mountain*, Londen, Lutterworth Press, 1957
Mackridge, Peter en Yannakakis, Eleni (red.), *Ourselves and Others. The Develop-*

ment of a Greek Macedonian Cultural Identity since 1912, Oxford, Berg, 1997
Macdermott, Mercia, *Freedom or Death*, Londen, Journeyman Press, 1978
Poulton, Hugh, *Who are the Macedonians?*, Londen, Hurst & Co., 1995
Shea, John, *Macedonia and Greece. The Struggle to Define the New Balkan Nation*, Jefferson, NC, McFarland, 1997

Griekenland

Benjamin, S.G.W., *The Turk and the Greek*, New York, Hurd & Houghton, 1867
Clogg, Richard, *A Concise History of Greece*, Cambridge, CUP, 1992
– (red.) *The Struggle for Greek Independence*, Londen, Macmillan, 1973
– *The Movement for Greek Independence 1770-1821*, Londen, Macmillan, 1976
– *Greece in the 1980's*, Londen, Macmillan and University of London, 1983
– *Balkan Society in the Age of Greek Independence*, Londen, Macmillan and University of London, 1981
Durrell, Lawrence, *The Greek Islands*, Londen, Faber & Faber, 1978
Fleming, D.C., *John Capodistrias and the Conference of Londen 1828-1831*, Thessaloniki, Institute for Balkan Studies, 1970
Frazee, Charles A., *The Orthodox Church and Independent Greece*, Londen, CUP, 1969
Geil, William Edgar, *The Isle that is called Patmos*, Philadelphia, A.J. Rowland, 1896
Hill, Aaron, *A Full and Just Account of the present State of the Ottoman Empire*, Londen, 1709
Institute of Balkan Studies, *Hellenism and the First Greek War of Liberation 1821-1830*, Thessaloniki, 1976
Kizilos, Katherine, *The Olive Grove. Travels in Greece*, Melbourne, Lonely Planet Publications, 1997
Lear, Edward, *Journals of a Landscape Painter in Greece and Albania*, Londen, William Kimber, 1851
Leigh Fermor, Patrick, *Roumeli. Travels in Northern Greece*, Londen, Penguin, 1966
Lialiatsis, Panos, *Nauplion. Touristic Guide*, Athene, 1972
Mazower, Mark, *Inside Hitler's Greece*, New Haven, Yale University Press, 1993
Mustokidis, *Renseignements sur la Grèce et sur l'Administration du Comte Capodistrias*, Parijs, 1933
Papadopoulos, S.A., *Monastery of St John the Theologian*, Patmos, 1993
Pettifer, James, *The Greeks*, Londen, Penguin, 1993
Phillips, Walter Alison, *The War of Greek Independence 1821-1833*, Londen, Smith, Elder & Co., 1897
Runciman, Steven, *Mistra*, Londen, Thames & Hudson, 1980
Sherrard, Philip (red.), *The Pursuit of Greece*, Londen, John Murray, 1964
Storace, Patricia, *Dinner with Persephone*, Londen, Granta, 1996

Toynbee, Arnold, *The Greeks and their Heritages*, Oxford, OUP, 1981
Walsh, Robert, A *Residence at Constantinople during a period including the commencement, progress and termination of the Greek and Turkish revolutions*, Londen, 1836
Woodhouse, C.M., *Modern Greece. A Short History*, Londen, Faber & Faber, 1968
– *Capodistria. The Founder of Greek Independence*, Londen, OUP, 1973
– *The Greek War Of Independence*, Londen, Hutchinson's University Library, 1952
Yannaras, Christos, *The Freedom of Morality*, New York, St Vladimir's Seminary Press, 1984
Zakythinos, Dionysios, *The Making of Modern Greece*, Oxford, Blackwell, 1976

Roemenië

Almond, Mark, *The Rise and Fall of Nicolae and Elena Ceauşescu*, Londen, Chapmans, 1992
Aubry, Michel, *St Paisius Velichkovsky*, Lausanne, L'Age de l'Homme, 1992
Castellan, Georges, *Histoire de la Roumanie*, Parijs, Presses Universitaires de France, 1984
Chetverikov, Sergei, *Starets Paisii Velichkovskii*, Belmont Mass., Harvard, 1980
Deletant, Dennis, *Ceauşescu and the Securitate. Coercion and Dissent in Romania 1965-1989*, Londen, Hurst & Co., 1995
– *Some Aspects of the Byzantine Tradition in the Romanian Principalities*, Slavonic and East European Review deel 59, 1981, 1-14
Diaconescu, Mihai, *Romania. Biserici şi Monastiri Ortodoxe*, Boekarest, 1998
Featherstone, J.M.E. (vert.), *The Life of St Paisij Velyckovs'kyj*, Belmont Mass., Harvard, 1989
Florescu, Radu R. en McNally, Raymond T., *Dracula. Prince of Many Faces*, Boston, Little, Brown & Co., 1989
– *The Uniate Church. Catalyst of Romanian National Consciousness*, Slavonic and East European Review deel 45, 1967
Hale, Julian, *Ceauşescu's Romania. A Political Documentary*, Londen, Harrap, 1971
Hitchins, Keith, *Religion and the Romanian National Consciousness in 18th century Transylvania*, Slavonic and East European Review, deel 57, 1979
– *Orthodoxy and Nationality. Andrei Saguna and the Romanians of Transylvania 1846-1873*, Harvard, 1977
– *The Romanians. 1774-1866*, Oxford, Clarendon Press, 1996
Ioanid, Radu, *The Sword of the Archangel. Fascist Ideology in Romania*, New York, Columbia, 1990
Iorga, Nicolae, *History of Roumania*, Londen, T. Fisher Unwin, 1925
Kligman, Gail, *The Wedding of the Dead. Ritual, Poetics and Popular Culture in Transylvania*, Berkeley, University of California Press, 1988
Loughborough, Margaret R., *Romanian Pilgrimage*, Londen, SPCK, 1939
Lupaş, Ioan, *Istoria Bisericeasca a Romanilor Ardeleni*, Cluj-Napoca, Editura Dacia, 1995

Pakula, Hannah, *Queen of Roumania. The Life of Princess Marie, granddaughter of Queen Victoria*, Londen, Eland, 1989
Plamadeala, Dr Antonie, *Romanian Orthodox Church*, Boekarest, The Bible and Orthodox Mission Publishing House, 1987
Seton-Watson, R.W., *A History of the Roumanians*, Cambridge, CUP, 1934
Staniloae, Dumitru, *Uniatismul din Transilvania. Incercare de desmembrare a Poporului Roman*, Boekarest, 1973
Wilkinson, William, *An Account of the Principalities of Wallachia and Moldavia with various political observations relating to them*, Londen, 1820
Xenopol, A.D., *Histoire des Roumains*, Parijs, 1896

Rusland

Albarigo, Giuseppe en Beozzo, Oscar, *The Holy Russian Church and Western Christianity*, Londen, SCM Press, 1996
Anisimov, Evgenii, *The Reforms of Peter the Great. Progress through Coercion in Russia*, New York, M.E. Sharpe, 1993
Apsler, Alfred, *Ivan the Terrible*, Folkestone, Bailey Bros. & Swinfen, 1971
Berdyaev, Nicholas, *The Russian Revolution*, Londen, Sheed & Ward, 1931
Berlin, Isaiah, *Russian Thinkers*, Londen, Penguin, 1978
Bobrick, Benson, *East of the Sun. The Conquest and Settlement of Siberia*, Londen, Heinemann, 1992
– *A Fearful Majesty. The Life and Reign of Ivan the Terrible*, New York, Putnam, 1987
Boddy, Aleksandr A., *With Russian Pilgrims*, Londen, Wells Gardner & Co., 1893
Bolshakoff, Sergius, *Russian Mystics*, Londen, Kalamazoo Cistercian Publications, 1977
Bruce, Lincoln W., *The Conquest of a Continent. Siberia and the Russians*, New York, 1994
– *The Romanovs. Autocrats of all the Russias*, New York, Doubleday, 1986
Bushkovich, Paul, *Religion and Society in Russia. The 16th and 17th centuries*, Oxford, OUP, 1992
Carrère d'Encausse, Hélène, *The Russian Syndrome. One Thousand Years of Political Murder*, New York, Holmes & Meier, 1992
Chetverikov, Fr. Sergius, *Elder Ambrose of Optina Pustyn*, Platina, Calif., Herman of Alaska Brotherhood, 1997
Clark, Bruce, *An Empire's New Clothes*, Londen, Vintage, 1995
Crummey, Robert, *The Formation of Muscovy 1304-1613*, Londen, Longman, 1987
Custine, Marquis de, *Letters from Russia*, Londen, Penguin, 1991
Davchenko, Vladimir Nemirovich, *Solovki*, Sint Petersburg, 1905
Davis, Nathaniel, *A Long Walk to Church. A Contemporary History of Russian Orthodoxy*, Boulder Col., Westview Press, 1995
Dostojevski, Fjodor *De Gebroeders Karamazov*, Wageningen, Veen, 1968

Ellis, Jane, *The Russian Orthodox Church. Triumphalism and Defensiveness*, Londen, Macmillan with St Antony's College Oxford, 1996
– *The Russian Orthodox Church. A Contemporary History*, Londen, Croom Helm, 1986
Fedotov, G.P., *The Russian Religious Mind*, New York, Harper & Row, 1946
– *A Treasury of Russian Spirituality*, Londen, Sheed & Ward, 1950
Figes, Orlando, *A People's Tragedy*, Londen, Pimlico, 1996
French, R.M., The Way *of a Pilgrim*, Londen, SPCK, 1965
Graham, Stephen, *With the Russian Pilgrims to Jerusalem*, Londen, Macmillan, 1916
Harnel, J. von, *England and Russia*, Londen, 1854
Hosking, Geoffrey, *Russia. People and Empire 1552-1917*, Londen, HarperCollins, 1997
Howe, Sonia, *A Thousand Years of Russian History*, Londen, Williams & Morgate, 1915
Boddy, Aleksandr A., *With Russian Pilgrims*, Londen, Wells Gardner & Co., 1893
Bolshakoff, Sergius, *Russian Mystics*, Londen, Kalamazoo Cistercian Publications, 1977
Bruce, Lincoln W., *The Conquest of a Continent. Siberia and the Russians*, New York, 1994
– *The Romanovs. Autocrats of all the Russias*, New York, Doubleday, 1986
Bushkovich, Paul, *Religion and Society in Russia. The 16th and 17th centuries*, Oxford, OUP, 1992
Carrère d'Encausse, Hélène, *The Russian Syndrome. One Thousand Years of Political Murder*, New York, Holmes & Meier, 1992
Chetverikov, Fr. Sergius, *Elder Ambrose of Optina Pustyn*, Platina, Calif., Herman of Alaska Brotherhood, 1997
Clark, Bruce, *An Empire's New Clothes*, Londen, Vintage, 1995
Crummey, Robert, *The Formation of Muscovy 1304-1613*, Londen, Longman, 1987
Custine, Marquis de, *Letters from Russia*, Londen, Penguin, 1991
Davchenko, Vladimir Nemirovich, *Solovki*, Sint Petersburg, 1905
Davis, Nathaniel, *A Long Walk to Church. A Contemporary History of Russian Orthodoxy*, Boulder Col., Westview Press, 1995
Dostojevski, Fjodor *De gebroeders Karamazov*, Wageningen, Veen, 1968 *The House of the Dead*, Londen, Penguin, *1985*
Ellis, Jane, *The Russian Orthodox Church. Triumphalism and Defensiveness*, Londen, Macmillan with St Antony's College Oxford, 1996
– *The Russian Orthodox Church. A Contemporary History*, Londen, Croom Helm, 1986
Fedotov, G.P., *The Russian Religious Mind*, New York, Harper & Row, 1946
– *A Treasury of Russian Spirituality*, Londen, Sheed & Ward, 1950
Figes, Orlando, *A People's Tragedy*, Londen, Pimlico, 1996
French, R.M., *The Way of a Pilgrim*, Londen, SPCK, 1965
Graham, Stephen, *With the Russian Pilgrims to Jerusalem*, Londen, Macmillan, 1916

Hamel, J. von, *England and Russia*, Londen, 1854
Hosking, Geoffrey, *Russia. People and Empire 1552-1917*, Londen, HarperCollins, 1997
Howe, Sonia, *A Thousand Years of Russian History*, Londen, Williams & Morgate, *1915*
Iswolsky, Helene, *Christ in Russia. The History, Tradition and Life of the Russian Church*, Londen, The Bruce Publishing Company, 1960
Jeltsin, Boris, *Against the Grain*, Londen, Jonathan Cape, 1990
Johnston Pouncy, Carolyn, *The Domostroi. Rules for Russian Households in the time of Ivan the Terrible*, Ithica, Cornell University Press, 1994
King, Greg, *The Last Empress. The Life and Times of Alexandra Feodorovna, Tsarina of Russia*, Londen, Aurum Press, 1995
Klyuchevsky, B.O., *Khozyaisvennaya, Deyatelnost Solovetskovo Monastiriya Belomorskom krai*, 1958
Lieven, Dominic, *Nicholas II. Emperor of all the Russias*, Londen, Pimlico, 1993
Likhachev, Dmitri, *Vospominaniya*, Moskou, 1995
Maclean, Fitzroy, *Holy Russia*, Londen, Weidenfeld & Nicolson, 1978
Massie, Robert K., *Nicholas and Alexandra*, Londen, Victor Gollancz, 1967
Meyendorff, John, *Byzantium and the Rise of Russia*, Crestwood, NY, St Vladimir's Seminary Press, 1989
Milner-Gulland, Robin, *The Russians*, Oxford, Blackwell, 1997
Moynahan, Brian, *Rasputin. The Saint who Sinned*, Londen, Aurum Press, 1998
Mullet, Margaret en Kirby, Anthony, *The Theotokos Evergetis and 11th century Monasticism*, Belfast, Queen's University Press, 1994
Peskov, Vasily, *Lost in the Taiga. One Russian Family's Fifty-year Struggle for Survival and Religious Freedom in the Siberian Wilderness*, New York, Doubleday, 1994
Pipes, Richard, *Russia under the Old Regime*, Londen, Penguin, 1974
Radzinsky, Edvard, *The Last Tsar*, Londen, Doubleday, 1992
Raspoetin, Maria, *My Father*, Londen, Cassell & Co., 1934
Remnick, David, *Lenin's Tomb*, Londen, Penguin, 1993
Solzjenitsyn, Alexander, *Gulag Archipelago* (Abridged), Londen, Collins Harvill, 1986
Steinberg, Mark D. en Khrustalev, Vladimir M., *The Fall of the Romanovs*, Yale, 1995
Tarkovsky, Andrei, *Tarkovsky. The Diaries 1970-1986*, Calcutta, Seagull Books Private Ltd., 1991
Thompson, Ewa, *Understanding Russia. The Holy Fool in Russian Culture*, Lanham, MD, University Press of America, 1987
Tolstoj, Lev, *A Confession and Other Writings*, Londen, Penguin, 1987
Tolstoj, Graf M.B., *The History of the Russian Church*, Moskou, 1896
Wilson, Francesca, *Muscovy. Russia through Foreign Eyes 1553-1900*, Londen, Allen & Unwin, 1970
Wilson, A.N., *Tolstoy*, Londen, Hamish Hamilton, 1988

Zernov, Nicolas, *The Russians and their Church*, Crestwood, NY, St Vladimir's Seminary Press, 1994

Cyprus

Alastos, Doros, *Cyprus Guerilla. Grivas, Makarios and the British*, Londen, Heinemann, 1960
Courcas, N. en J. Riley-Smith (red.), *Cyprus and the Crusades*, 1995
Faulds, Andrew, (red.), *Excerpta Cypria for Today. A Source book on the Cyprus Problem*, Nicosia-Istanbul, 1988
Foley, Charles, *Island in Revolt*, Londen, Longmans, 1962
Grishin, Alexander, *A Pilgrim's Account of Cyprus. Bars'kyj's Travels in Cyprus*, New York, Greece and Cyprus Research Centre, 1996
Hackett, J., *A History of the Orthodox Church of Cyprus*, Londen, Methuen & Co., 1901
Hill, Sir George, *A History of Cyprus*, 4 delen, Cambridge, CUP, 1940
Hitchens, Christopher, *Hostage to History. Cyprus from the Ottomans to Kissinger*, Londen, Verso, 1997
Le Geyt, P.S., *Makarios in Exile*, Nicosia, Anagennisis Press, 1961
Mayes, Stanley, *Cyprus and Makarios*, Londen, Putnam, 1960
– *Makarios. A Biography*, Londen, Macmillan, 1981
Thubron, Colin, *Journey into Cyprus*, Londen, Penguin, 1975
Vanezis, Dr P.N., *Makarios. Life and Leadership*, Londen, Abelard Schuman, 1979
– *Makarios. Pragmatism and Idealism*, Londen, Abelard Schuman, 1974

REGISTER